C0-DVF-867

THEOLOGIA 11

To Bill,

With gratitude to the Lord for our friendship,

with thanks to you for your generosity.

With affection,

Scott

Scott Normand Brodeur SJ

# Il cuore di Cristo è il cuore di Paolo

## Studio introduttivo esegetico-teologico delle lettere paoline

SECONDO VOLUME

Prima Lettera ai Corinzi
Seconda Lettera ai Corinzi
Lettera ai Romani
Vangelo Paolino
Attualizzazione ermeneutica della Parola di Dio

G&BP
GREGORIAN & BIBLICAL PRESS

*Vidimus et approbamus ad normam Statutorum Universitatis*
*Romae, die 11ª mensis iunii, anni 2013*
*Vice-Rector Academicus: Hans Zollner sj*

Progetto grafico di copertina: Serena Aureli

Impaginazione: Lisanti Srl - Roma

Testo originale in lingua italiana

© 2013 Pontificio Istituto Biblico
Gregorian & Biblical Press
Piazza della Pilotta 35, 00187 - Roma
www.gbpress.net - books@biblicum.com

ISBN: 978-88-7839-**263**-2

**Legenda**

a.C.
avanti Cristo

A.D.
*Anno Domini*

*al.*
*alii* (altri autori)

AnBib
Analecta Biblica

AncB
Anchor Bible

*AncBD*
FREEDMAN, D. – *al.*, *Anchor Bible Dictionary*, I-VI, New York 1992.

AncYB
Anchor Yale Bible

ANTC
Abingdon New Testament Commentaries

Ap
Apocalisse di Giovanni

At
Atti degli Apostoli

AT
Antico Testamento

BAC
Biblioteca de Autores Cristianos

BB
Bibliotheca Berica

BC
Before Christ

BCE
Before the Common Era

BCR
Biblioteca di cultura religiosa

BD
BLASS, F.W. – DEBRUNNER, A., *Grammatik des neutestamentlichen Griechisch*, Gottingen 1896, 1976[14]; trad. italiana, *Grammatica del greco del Nuovo Testamento*, SGLNT 3, Brescia 1982; English trans., *A Greek Grammar of the New Testament and Other Early Christin Literature*, Cambridge (UK) – Chicago 1961.

BDAG
BAUER, W. – DANKER, F.W. – ARNDT, W.F. – GINGRICH, F.W., *A Greek-English Lexicon of the New Testament and other Early Christian Literature*, Chicago – London 1957, 2000[3].

BECNT
Baker Exegetical Commentary on the New Testament

*Bib*
*Biblica*

*BNP*
SALAZAR, C.F., English edition ed., *Brill's New Pauly. Encyclopaedia of the Ancient Word. Antiquity*, I-XV, Leiden – Boston 2002-2010; German orig., H. CANCIK – H. SCHNEIDER, ed., *Der Neue Pauly. Enzyklopadie der Antike*, I-XVI, Stuttgart 1996-2003.

BNTC
Black's New Testament Commentaries

BP
Bibbia e Preghiera

BRH.III.M
Biblioteca románica hispánica. III. Manuales

BS
La Bibbia nella Storia

BT
Bible Today

BVM
Beata Vergine Maria

cap. / capp.
capitolo / capitoli

*CBQ*
*Catholic Biblical Quarterly*

CB
Comprendere la Bibbia

*CCC*
*Catechismo della Chiesa Cattolica*

CCSS
Catholic Commentary on Sacred Scripture

CE
Common Era

CEI
Conferenza episcopale italiana

cfr.
confronta

CM
Collana di mistica

CNT
Commentaire du Nouveau Testament

Col
Lettera ai Colossesi

ColB
Collana biblica

ComB
Commenti Biblici

CTS:LCT
Collezione di testi e di studi: linguistica e critica letteraria

*DCT*
LACOSTE, J.-Y., ed., *Dizionario critico di teologia*, edizione italiana a cura di P. CODA, Roma 2005; édition originale, *Dictionnaire critique de théologie*, Paris 1998.

d.C.
dopo Cristo

*DENT / EDNT*
BALZ, H. – SCHNEIDER, G., ed., *Exegetisches Wörterbuch zum Neuen Testament*, Stuttgart 1981; trad. italiana, *Dizionario esegetico del Nuovo Testamento*, a cura di O. SOFFRITTI, I-II, Brescia 1995, 1998; English trans., *Exegetical Dictionary of the New Testament*, I-III, Grand Rapids 1990-1993.

*DMAC*
GISLON, M.– PALAZZI, R., *Dizionario di mitologia e dell'antichità classica*, Bologna 1997.

*DO*
SODI, M. – TRIACCA, A.M., ed., *Dizionario di Omiletica*, Torino – Bergamo 1998.

*DPL*
HAWTHORNE, G.F. – MARTIN, R.P. – REID, D.G., *Dizionario di Paolo e delle sue lettere*, edizione italiana a cura di R. Penna, Cinisello Balsamo 1999; English orig., *Dictionary of Paul and His Letters*, Downers Grove – Leicester 1993.

DSBP
Dizionario di Spiritualità Biblico-Patristica

DSP
I dizionari San Paolo

*DV*
*Dei Verbum*, Costituzione dogmatica sulla divina rivelazione, Concilio Vaticano II

Eb
Lettera agli Ebrei

ed.
editor(s) / a cura di

Ef
Lettera agli Efesini

EF
Erträge der Forschung

es.
esempio

*EMG*
LANZA, A. – *al.*, ed., *Enciclopedia della musica Garzanti*, Milano 1983, $1996^2$.

Ep
Epistola

*EtB*
*Études bibliques. Nouvelle série*

FC
Fede e Comunicazione

Fil
Lettera ai Filippesi

Fm
Lettera a Filemone

Fs.
*Festschrift* (opera in onore di)

Gal
Lettera ai Galati

*GEIB*
PRATO, G.L., ed., *Grande enciclopedia illustrata della Bibbia*, I-III, Torino 1997; opera di riferimento, H. BURKHARDT – *al.*, ed., *Das Grosse Bibellexikon*, Wuppertal – Zürich 1987-1989.

*GDIS*

RICCIO, A., ed., *Grande dizionario illustrato dei santi*, Casale Monferrato (AL) 1990; English orig., *The Book of Saints. A Dictionary of Servants of God Canonized by the Catholic Church*, London 1989.

Ger
Geremia

Gl
Gioele

*GLNT / TDNT*
KITTEL, G. – FRIEDRICH, G., ed., *Theologisches Wörterbuch zum Neuen Testament*, I-XI, Stuttgart 1933-1979; trad. italiana, *Grande Lessico del Nuovo Testamento*, I-XV, tr. F. Montagnini – G. Scarpat – O. Sofritti, Brescia 1988; English trans., *Theological Dictionary of the New Testament*, tr. G.W. Bromiley, I-X, Grand Rapids 1965.

Gn
Genesi

gr.
greco

Gv
Vangelo secondo Giovanni

Herm
Hermeneia — A Critical and Historical Commentary on the Bible Series

*IB*
BUTTRICK, G.A. – *al.*, ed., *The Interpreter's Bible. The Holy Scriptures in the King James and Revised Standard Versions with General Articles and Introduction, Exegesis, Exposition for Each Book of the Bible in Twelve Volumes*, I-XII, Nashville 1952-1957.

*Ibid.*
*Ibidem* (la stessa pubblicazione)

*IBC / CBI*
FARMER, W.R., *The International Bible Commentary. A Catholic Commentary for the Twenty-First Century*, Collegeville 1998; *Comentario bíblico internacional. Comentario católico y ecuménico para el siglo XXI*, Estella 1999.

ICC
The International Critical Commentary on the Holy Scripture of the Old and New Testaments

ID.
*Idem* (lo stesso autore)

IGL
i grandi libri

*Int*
*Interpretation*

IntEB
Introducción al estudio de la Biblia

Interpretation
Interpretation, a Bible Commentary for Teaching and Preaching

Is
Isaia

ISB
Introduzione allo studio della Bibbia

*JSNT*
*Journal for the Study of the New Testament*

JSNT.SS
Journal for the Study of the New Testament. Supplement Series

*JThS*
*Journal of Theological Studies*

lat.
latino

LB.NT
I Libri Biblici. Nuovo Testamento

Lc
Vangelo secondo Luca

L.CSB
Logos. Corso di Studi Biblici

*LF*
FRANCESCO, *Lumen Fidei,* Lettera enciclica, Città del Vaticano 2013

LP
Lettere Pastorali

LTPMV
La tua Parola mi fa vivere
LXX
Settanta

Mc
Vangelo secondo Marco

MHP
Miscellanea Historiae Pontificiae

MI
Milano

mss.
manoscritti

Mt
Vangelo secondo Matteo

MTB
Maria nella tradizione biblica

n.
nota

NA[27]
NESTLE, E. – ALAND, K., ed., *Novum Testamentum Graece*, Stuttgart 1898, 1993[27].

NAB
New American Bible

NAC
New American Commentary

NCBC
New Century Bible Commentary

*NDTB*
ROSSANO, P. – RAVASI, G. – GIRLANDA, A., ed., *Nuovo dizionario di teologia biblica*, Cinisello Balsamo (MI) 1988, 1996[6].

*NGCB*
BROWN, R.E. – FITZMYER, J.A. – MURPHY, R.E., ed., *Nuovo Grande Commentario Biblico*, ed. italiana a cura di F. DALLA VECCHIA – G. SEGALLA – M. VIRONDA, Brescia 1997, 2002[2]; English orig., *New Jerome Biblical Commentary*, Englewood Cliffs 1990.

*Neot*
*Neotestamentica*

*NIB*
*The New Interpreter's Bible. General articles & Introduction, Commentary, & Reflections for Each Book of the Bible, including the Apocryphal/Deuterocanonical Books in Twelve Volumes*, I-XII, Nashville 1994-2004.

NICNT
The New International Commentary on the New Testament

NIGTC
The New International Greek Testament Commentary

*NIDB*
DOOB SAKENFELD, K. – *al.*, ed., *The New Interpreter's Dictionary of the Bible*, I-V, Nashville 2006-2009.

NIGTC
The New International Greek Testament Commentary

*NJBC*
BROWN, R.E. – FITZMYER, J.A. – MURPHY, R.E., ed., *New Jerome Biblical Commentary*, Englewood Cliffs 1990; trad. italiana, *Nuovo Grande Commentario Biblico*, ed. italiana a cura di F. DALLA VECCHIA – G. SEGALLA – M. VIRONDA, Brescia 1997, 2002[2].

Nm
Numeri

NRSV
New Revised Standard Version

NT
Nuovo Testamento

*NT*
*Novum Testamentum*

NTG
New Testament Guides

NTL
The New Testament Library

*NTS*
*New Testament Studies*

NVE
Nuove vie dell'esegesi

orig.
originale

p. / pp.
pagina / pagine

PCB
Pontificia Commissione Biblica

PCM.SB
Piccola collana moderna. Serie biblica

PD
Parole de Dieu

PNTC
Pillar New Testament Commentary

PS
Pauline Studies

*PSV*
*Parola Spirito e Vita*

*RivBIt*
*Rivista Biblica Italiana*

Rm
Lettera ai Romani

RP
Respirare la Parola

*RSB*
*Ricerche Storico Bibliche*

*RSR*
*Recherches de Science Religieuse*

RSV
Revised Standard Version

Sal
Salmi

Sap
Sapienza

sec.
secolo / secoli

SM
Studia missionalia

SNTSMS
Society for New Testament Studies Monograph Series

SOCr
Scritti delle origini cristiane

SP
Sacra Pagina Series

ss.
seguenti

Ss.
santi

SS.
Santissima

*StMor*
*Studia Moralia*

SubB
Subsidia biblica

TEA
Tascabili degli Editori Associati

TG.T
Tesi Gregoriana. Serie Teologia

TM
Testo Massoretico

TMS
Threshold to Meaning Series

TNTC
The Tyndale New Testament commentaries

TO
Tempo ordinario

tr.
traduttore / translator

trad.
traduzione / translation

trans.
translation

Tt
Lettera a Tito

*TTB*
PENNA, R. – PEREGO, G. – RAVASI G., ed., *Temi teologici della Bibbia*, DSP, Cinisello Balsamo 2010.

v. / vv.
versetto / versetti

*VD*
Benedetto XVI, *Verbum Domini*, Esortazione apostolica postsinodale, Città del Vaticano 2010.

vol. / voll.
volume / volumi

VUL
Vulgata

V.S
Varia. Spiritualità

WBC
Word Biblical Commentary

WUNT
Wissenschaftliche Untersuchungen zum Neuen Testament

1Cor
Prima Lettera ai Corinzi
2Cor
Seconda Lettera ai Corinzi

1Gv
Prima Lettera di Giovanni

1Pt
Prima Lettera di Pietro

1Re
Primo Libro dei Re

2Sam
Secondo Libro di Samuele
1Tm
Prima Lettera a Timoteo

2Tm
Seconda Lettera a Timoteo

1Ts
Prima Lettera ai Tessalonicesi

2Ts
Seconda Lettera ai Tessalonicesi

§ / §§
sezione / sezioni

## Introduzione

Attraverso i secoli, la Chiesa è stata benedetta in abbondanza da molti grandi commentatori della sacra pagina, ma pochi hanno offerto il contributo straordinario di Giovanni Crisostomo. Penetrante, acuto esegeta e teologo, questo grande padre orientale della Chiesa ha scoperto e assimilato la straordinaria ricchezza della comprensione profonda di Paolo nei confronti del Vangelo di Gesù Cristo. Crisostomo può davvero affermare: "Ma vive in me Cristo. Dunque il cuore di lui [Cristo] era il cuore di Paolo"[1]. *Il cuore di Paolo è il cuore di Cristo* — la prospettiva di Crisostomo ci fornisce un meraviglioso titolo per il nostro libro introduttivo sul *corpus* paolino.

Cominciamo questo studio introduttivo delle lettere paoline presentando i contenuti e la metodologia del lavoro che ci attende. Il lavoro di questo capitolo prende le mosse da un breve e schematico profilo del libro e dalla descrizione del modo di procedere impiegato nelle prossime pagine. Nell'ambito dello studio complessivo del *corpus* paolino il nostro approccio a compiti teologici e esegetici esigenti ma, al tempo stesso gratificanti, sarà progressivo. In secondo luogo, in questo capitolo introduttivo intraprenderemo un breve ma dettagliato esame del genere letterario del *corpus* paolino[2]. Ad esempio, la composizione della lettera alla luce di tutta la Bibbia. È essenziale esaminare il *corpus* paolino nei suoi due contesti, canonico e storico, per apprezzare il suo contributo innovativo e unico alla proclamazione e alla diffusione del Vangelo di Dio. L'Apostolo delle genti, dopotutto, non ha scritto delle poesie o dei romanzi, o dei dialoghi filosofici, egli ha dettato, piuttosto, delle lettere personali alle sue comunità, al fine di confermare e rafforzare la loro fede nel Signore Gesù Cristo. Questa considerazione essenziale ci spinge ad intraprendere un esame attento della forma delle lettere paoline, i cui dettagli saranno

---

[1] *In Epistolam ad Romanos:* TLG 155.60.680; PG 61.

[2] "La parola latina *corpus,* passata tale e quale in italiano, designa l'insieme dei testi appartenenti ad un medesimo ambito: il *corpus* profetico, vale a dire tutti i libri profetici dell'Antico Testamento, e il *corpus* paolino, vale a dire tutte le epistole attribuite a Paolo, o ancora il *corpus* giovanneo, vale a dire gli scritti attribuiti a Giovanni" (J.-N. ALETTI – *al., Lessico ragionato dell'esegesi biblica,* 16).

indispensabili nei capitoli successivi, soprattutto nello studio del contesto letterario di ogni singola epistola. Gli studiosi oggi continuano a studiare la forma delle lettere antiche e la loro ricerca può veramente arricchire la nostra comprensione, individuando la maniera unica e creativa con cui Paolo componeva le sue missive. In terzo luogo, allo scopo di ottenere una più grande comprensione della figura di Paolo e il suo effetto duraturo sulla Chiesa di ogni epoca, termineremo questa introduzione rivolgendo un originale invito all'approfondimento, proponendo la testimonianza dei santi come stimolo ad un'attualizzazione. Vogliamo proporre una presentazione sintetica di come alcune figure esponenziali nella storia della Chiesa si siano rapportate a Paolo, attraverso i loro scritti. Poiché l'Apostolo delle genti ha toccato, influenzato e trasformato profondamente le vite di moltissimi cristiani attraverso i secoli, sarebbe una mancanza per noi non prenderli in seria considerazione come chiave ermeneutica essenziale. Sebbene l'Apostolo abbia scritto messaggi personali e particolari a comunità specifiche durante il I secolo, è come se le sue lettere continuassero a trovare nuovi destinatari lungo il corso della storia: il suo messaggio vibrante e la sua testimonianza energica continuano a toccare il cuore di persone di ogni età. I lettori incontrano non solo il messaggio vivificante di Paolo ma innanzitutto Paolo in persona — ciò che è precisamente la forza del genere epistolare. Naturalmente la testimonianza dei santi fornisce sempre una dimostrazione consolante della potenza di Dio, una forza dinamica guaritrice e vivificante che san Paolo stesso ha sperimentato personalmente (soprattutto sulla strada di Damasco dove ha incontrato il Signore Risorto) e ha coraggiosamente annunciato durante tutto il suo ministero apostolico. Abbiamo scelto sette santi dall'epoca dei Padri della Chiesa fino al XX secolo, come figure importanti per la nostra sintesi: san Giovanni Crisostomo, sant'Agostino d'Ippona, san Domenico di Guzmán, san Bernardino da Siena, san Vincenzo de' Paoli, santa Teresa di Gesù Bambino e sant'Alberto Hurtado. Questa selezione — molto personale dal momento che molti altri santi avrebbero potuto essere inclusi — ci permette di riflettere sulla citazione di Eb 12,1 relativa alla moltitudine di testimoni che ci hanno preceduti nel segno della fede. L'esempio eroico dei santi fornisce le istruzioni per l'uso a quanti desiderano leggere il Vangelo di Paolo con attenzione e con una mente aperta: se noi lo faremo con la grazia di Dio, ancora oggi profonde trasformazioni potranno compiersi in ciascuno di noi!

## 1. Studio introduttivo

Il sottotitolo di questo libro ci offre un sommario prospettico del suo obiettivo e metodo: *Studio introduttivo esegetico-teologico delle lettere paoline*. Nelle pagine che seguono, presentiamo un'introduzione allo studio delle lettere paoline. Questo lavoro è rivolto innanzitutto agli studenti che hanno una conoscenza elementare del greco della koinè, che stanno approfondendo la conoscenza dell'Apostolo Paolo per la prima volta nel loro piano di studi accademico e che non hanno una conoscenza anteriore delle caratteristiche della sua vita e del suo insegnamento. In questo senso questo libro è realmente uno "studio introduttivo": non si rivolge ad esegeti esperti, né pretende di trattare gli altri libri biblici. Per facilitare e promuovere l'incontro fra principianti e il testo paolino, abbiamo privilegiato, deliberatamente, un approccio interdisciplinare nei capitoli che seguono. In questi volumi, letteratura, storia, spiritualità, musica e arte arricchiranno la nostra lettura della Sacra Pagina e ci accompagneranno nel nostro studio dell'epistolario paolino. Inoltre, questo libro adotta anche un approccio "esegetico-teologico": si tratta di un'introduzione che mette il lettore in diretto contatto con le lettere di Paolo. Molte introduzioni allo studio di Paolo affrontano la sua vita e il suo pensiero ma, per quanto ne sappiamo, nessuno si è proposto di presentare al tempo stesso informazioni fondamentali e il contatto diretto con il testo biblico. Tuttavia, noi presenteremo un panorama dettagliato di ciò che gli studiosi dicono di Paolo, delle sue comunità, del suo sistema di pensiero e al stesso tempo un'esegesi accurata e precisa di alcune pericopi delle sue lettere. Così, la singolarità di quest'opera sta proprio nel giusto equilibrio tra la presentazione introduttiva di una certa lettera e l'analisi esegetica di un'importante pericope della lettera. Allo stesso modo gli studenti del primo ciclo di teologia, che conoscono il *background* del Nuovo Testamento, potranno trarre un grande profitto da questo libro. I più volenterosi saranno stimolati ad ampliare maggiormente la loro conoscenza partecipando alle discussioni accademiche, come viene presentato nelle *footnotes*. Il nostro approccio pedagogico vuole stimolare il lettore verso letture e ricerche ulteriori che non escludano corsi di livello avanzato del greco della koinè, l'esegesi del Nuovo Testamento e la conoscenza del mondo greco-romano. Per questo motivo, abbiamo incluso in ogni capitolo un'importante sezione intitolata "invito all'approfondimento". Questi testi scritti allo stesso tempo da autori contemporanei e classici sono presentati con l'intenzione di approfondire la discussione attraverso l'aggiunta di altre importanti voci nel dibattito accademico. In questo modo gli orizzonti intellettuali degli studenti verranno ampliati ed essi saranno in grado di approfondire meglio il mondo di Paolo e di apprezzare la sua teologia con un interesse e un entusiasmo maggiori. Nell'esegesi, come in ogni scienza, la pluralità delle opinioni e degli approcci potrebbe paralizzare ed ostacolare l'apprendimento; tuttavia ciò potrebbe anche invitarci ad entrare nel dibattito e confrontare i *pro* e i *contra*. Gli studenti del I ciclo, sia quelli ben preparati che quelli con difficoltà, potranno avanzare nella misura in cui si confronteranno con la sfida intellettuale loro proposta.

Nelle pagine che seguono esamineremo gli aspetti generali dei più importanti dibattiti accademici relativamente a Paolo, alla sua persona, alla sua missione, alle sue lettere. Il primo volume è stato concepito nella seguente maniera.

*Sguardo panoramico sugli argomenti principali*

Introduzione
Cap. I. Figura di Paolo di Tarso
Cap. II. Prima Lettera ai Tessalonicesi
Cap. III. Lettera ai Galati
Cap. IV. Lettere dalla prigionia
Cap. V. Lettera ai Filippesi
Cap. VI. Lettera a Filemone

Il prossimo volume presenterà, invece, i restanti libri del *corpus* paolino e una sintesi teologica essenziale del vangelo paolino, cioè il quadro sincronico del pensiero di Paolo nei suoi temi centrali: Dio e il suo progetto salvifico, il Vangelo che è Cristo, lo Spirito Santo, la fede in Cristo Gesù, la giustizia di Dio e la giustificazione gratuita *sola fide*, Chiesa ed escatologia. Esso terminerà con un capitolo finale che offrirà qualche spunto sull'attualizzazione ermeneutica.

Studieremo le lettere attraverso una lettura esegetica, dettagliata, di una pericope principale per ogni lettera: 1Ts 4,13-18 (la parusia del Signore); Gal 4,1-7 (la redenzione e l'adozione a figli); Fil 2,6-11 (elogio di Cristo [inno cristologico]); Fm 10b-11 (*nomen omen*: il nome è un presagio). Il volume II esaminerà 1Cor 15,1-11 (risurrezione di Cristo, rivelazione e tradizione ecclesiale); 2Cor 12,1-10 (visioni e rivelazioni di Paolo: ritratto dell'apostolo); Rm 8,5-13 (vita secondo la carne, vita secondo lo Spirito: dimora dello Spirito di Dio e di Cristo).

Lo schema di lavoro da utilizzare, relativamente ai passi delle lettere succitate, sarà il seguente (la Prima Lettera ai Tessalonicesi come esempio):

I. Notizie sulla Prima Lettera ai Tessalonicesi
   A. La Lettera nella liturgia
   B. Occasione, destinatari, luogo e data di composizione
   C. Contenuto
      1. Critica letteraria
      2. Composizione
      3. Teologia
II. Contatto diretto col testo biblico: 1Ts 4,13-18
   La Parusia del Signore

In breve ogni pericope paolina, verrà trattata in due principali sezioni. Dapprima, prenderemo in considerazione le notizie essenziali e l'occasione di ogni lettera. Intitoleremo questa parte "notizie sulla lettera". In secondo luogo, intraprenderemo una lettura dettagliata del testo biblico, versetto per versetto, sintagma per sintagma[3]. Chiamiamo questa sezione "contatto diretto col testo biblico". La novità di questo lavoro sta nell'affrontare insieme questi approcci, presentando allo studente del primo ciclo o anche dei cicli successivi, un'autentica sfida intellettuale. Un lavoro di introduzione che presenta un sommario di ciò che gli esegeti contemporanei dicono, potrebbe mettere in sordina la voce autentica di Paolo, lasciando il lettore deluso e frustrato. Allo stesso modo, una lettura attenta del testo greco, senza una presentazione dettagliata del mondo di Paolo, potrebbe determinare una lettura astorica e fondamentalista della

[3] "Come dice il suo nome (di origine greca, *sýn* = insieme, *tágma* = ordine) un sintagma è una disposizione di parole che forma una unità in una organizzazione gerarchizzata (sintattica). I sintagmi sono nominati a partire dalla prima parola che li compone. Si parla così di sintagma nominale ('corpo del Cristo'), verbale ('lavorare duro', 'procedere con costanza'), aggettivale ('santi e immacolati', 'grande sotto ogni aspetto')" (J.-N. ALETTI – *al.*, *Lessico ragionato dell'esegesi biblica*, 130-131).

Bibbia. Dopotutto, l'Apostolo ha scritto alle sue comunità in momenti particolari della sua vita, trattando argomenti *ad hoc* di interesse comune. In sintonia con la Pontificia Commissione Biblica, anche noi vogliamo "arrivare a un'interpretazione della Bibbia, la più fedele possibile al suo carattere insieme umano e divino"[4]. Questo *Studio introduttivo esegetico-teologico delle lettere paoline* cerca di conseguire questo obiettivo.

Una parola conclusiva è necessaria riguardo all'ordine degli argomenti presentati nelle "notizie sulla lettera". Il nostro intento è di iniziare lo studio di ogni epistola paolina facendo attenzione al suo utilizzo nella liturgia della Chiesa. Questa nuova chiave di lettura considera il testo biblico come Parola di Dio che è offerta a noi *dalla* Chiesa ed è celebrata nel culto. Questa intuizione viene dal commentario di P. Iovino sulla Prima Lettera ai Tessalonicesi.

Paolo stesso scrive:

> Fratelli, pregate anche per noi. Salutate tutti i fratelli con il bacio santo. Vi scongiuro, per il Signore, che si legga questa lettera a tutti i fratelli. (1Ts 5,25-27)

Nei suoi commenti su questi importanti versetti P. Iovino fa notare che:

> La preghiera, il bacio di pace e adesso la lettura della sua lettera hanno infatti senso solo se sono espressione autentica di una comunanza vitale di affetti donata ed esistenzialmente vissuta, cioè dell'essere Chiesa, nel caso specifico, comunità radunata per il culto. Infatti, come nella richiesta della preghiera d'intercessione e come nell'invito a scambiarsi il bacio di pace, così anche nel desiderio che la lettera sia letta a tutti, Paolo ha presente la comunità riunita nel culto. Alla sua lettera, perché apostolica e diretta a tutti i membri del popolo di Dio, egli annette l'importanza di un segno idoneo a *edificare* l'assemblea, allo stesso titolo della profezia o della didascalia[5].

Iovino, giustamente, evidenzia una triade molto significativa nel testo paolino: scrivere-leggere-conoscere, triade che terremo molto presente nel corso del nostro lavoro.

---

[4] PONTIFICIA COMMISSIONE BIBLICA, *L'interpretazione della Bibbia nella Chiesa*, Collana "Documenti Vaticani", 28.

[5] P. IOVINO, *La Prima Lettera ai Tessalonicesi*, 292-293.

## 2. Epistolografia

### 2.1 *Teorie epistolografiche*

Cominciamo il nostro approfondimento dell'epistolario paolino, partendo dall'origine dell'epistolografia. Dall'antichità fino ad oggi gli esseri umani, fisicamente distanti tra loro, hanno scelto di scrivere delle lettere. Questa pratica rappresenta infatti uno dei più comuni e più importanti esempi di composizione di testi scritti nell'antichità[6]. Le epistole, giunte fino a noi dal passato, furono redatte da contadini e da re, da schiavi e da imperatori, da segretari anonimi e da filosofi famosi. Questi testi trasmettono argomenti personali e privati tra familiari e amici, come pure questioni pubbliche e comuni tra governanti e sudditi. La descrizione di eventi ordinari e comuni e la sintesi di riflessioni filosofiche profonde venivano redatte sotto forma di lettera e scambiate tra individui che desideravano o necessitavano di rimanere in contatto gli uni con gli altri. I teorici dell'epistolografia affermano che la lettera è contrassegnata da tre importanti caratteristiche: la sua qualità *ad hoc*, la sua abilità di comunicare una presenza personale, la sua capacità di includere altri generi letterari[7]. La società civile, così come ci è nota, non sarebbe esistita senza la stesura di lettere[8]; addirittura la letteratura sarebbe inconcepibile senza

---

[6] Vedi S.K. Stowers, "Letters (Greek and Latin)", *AncBD*, IV, 290. Per maggiori informazioni circa l'antica composizione delle lettere cfr. L.C.A. Alexander, "Hellenistic Letter-Forms and the Structure of Philippians", 87-101; A. Deissmann, *Licht vom Osten*; W.D. Doty, "Pauline Letters", 21-47; R. Jewett, "Romans as an Ambassadorial Letter", 5-20; H.J. Klauck, *Die Antike Briefliteratur und das Neue Testament*; A.J. Malherbe, *Ancient Epistolary Theorists*; J. Murphy-O'Connor, *Paul the Letter-Writer*; M.L. Stirewalt, Jr., *Paul, the Letter Writer*; Id., "The Form and Function of the Greek Letter-Essay", 147-171; S.K. Stowers, *Letter Writing in Greco-Roman Antiquity*; Id., "Social Typification and the Classification of Ancient Letters", 78-90; J.L. White, *Light from Ancient Letters*; Id., "Ancient Greek Letters", 85-105.

[7] "Three important characteristics of the letter are its occasionality, its fiction of personal presence, and its ability to absorb other genres" (S.K. Stowers, "Letters (Greek and Latin)", *AncBD*, IV, 290).

[8] Nell'antichità senza le lettere come avrebbero potuto i re pubblicare importanti decreti e renderli noti ai loro sudditi? Come i governanti avrebbero potuto comunicare i loro ordini ai generali in tempo di guerra o stipulare dei trattati di pace con altri governanti al termine della guerra? Senza le lettere come avrebbero potuto imporre delle tasse sui loro popoli o decretare giorni di festa e di solennità ai quali i loro sudditi dovevano aderire? Come gli ambasciatori avrebbero potuto presentare le loro prove credenziali a re stranieri e ai loro colleghi diplomatici a corte? Perfino nel XXI secolo è una prassi della democrazia che dopo il loro arrivo in una terra straniera gli ambasciatori presentino le loro lettere credenziali al capo di Stato di quella na-

gli innumerevoli resoconti che descrivono l'abbozzo, lo scambio e la lettura di lettere[9]. Antiche e moderne teorie epistolari continuano ad affascinare studenti e specialisti, indirizzando i biblisti verso una maggiore capacità di scavo delle Scritture. Se il desiderio di restare in contatto con altri esseri umani attraverso la parola scritta resta una costante oggi come sempre, l'arte di comporre lettere sta subendo, invece, una profonda tra-

---

durante una cerimonia formalmente prescritta. Per i decreti all'interno di uno Stato come pure per i decreti fra gli Stati, la composizione di lettere è sempre stata essenziale al giusto funzionamento della società civile e alla pacifica coesistenza delle nazioni.

9 Dal momento che andremmo troppo lontano dando lo sguardo a questo soggetto nella letteratura occidentale, basterebbe a tal fine menzionare uno dei più grandi classici della letteratura mondiale, ad esempio *Pride and Prejudice* di Jane Austen (Penguin Classics Edition) [trad. it. *Orgoglio e pregiudizio*, Barbera 2007]. Il romanzo fa riferimento a quarantaquattro lettere che includono molti riferimenti alla vibrante corrispondenza fra Elizabeth Bennet e la sua amica Charlotte Lucas come pure lettere scambiate tra Elizabeth e la sorella Jane con la signora Gardiner. Forse la scena più importante dell'intero romanzo si trova nel cap. 35 dove il signor Darcy fa un dettagliato resoconto delle sue azioni e ragioni in una lettera ad Elizabeth piuttosto estesa. La sua lettera in effetti completa il resto del capitolo e la sua lunghezza rivela che egli ha impiegato un grande lasso di tempo riflettendo sugli argomenti a portata di mano e successivamente componendolo con molta cura. La prosa della Austen, fermandosi nella sua elegante semplicità e chiarezza, porta delle citazioni qui. "But the person who advanced, was now near enough to see her, and stepping forward with eagerness, pronounced her name. She had turned away, but on hearing herself called, though in a voice which proved it to be Mr Darcy, she moved again towards the gate. He had at that time reached it also, and holding out a letter, which she instinctively took, said with a haughty composure, 'I have been walking in the grove some time in the hope of meeting you. Will you do me the honour of reading that letter?' – And then, with a slight bow, turned again into the plantation, and was soon out of sight. With no expectation of pleasure, but with the strongest curiosity, Elizabeth opened the letter, and to her still increasing wonder, perceived an envelope containing two sheets of letter paper, written quite through, in a very close hand. – The envelope itself was likewise full. – Pursuing her way along the lane, she then began it. It was dated from Rosings, at eight o'clock in the morning, and it was as follows" (*Ibid.*, 226-227). Nei suoi commenti introduttivi su questo importante lavoro di *English fiction*, il critico T. Tanner sviluppa alcune utili indicazioni circa l'arte di scrivere (e leggere) lettere. "In essence a letter is written and read in retirement from the social scene; this is certainly true of Darcy's major epistolary clarification. The letter enables him to formulate things and convey information in a way which would not be possible on a social occasion where public modes of utterance necessarily restrict the more private ones. A letter is also a transforming of action into words which may then be reflected on in a way which is impossible while one is actually involved in the action. 'Introspection is retrospection' said Sartre, and so is letter-writing, even if the letter seems to be written in the midst of some anxious situation. Jane Austen has deftly set before us a basic truth — that we are both performing selves and reflective selves" (Id., "Introduction and Notes" to *Pride and Prejudice* (Penguin Classics Edition), 26).

sformazione grazie alla nascita di nuove tecnologie. I giovani (e non solo) stanno sempre più utilizzando e dipendendo da pc, notebooks, telefoni cellulari, smart phones e una schiera progressiva di dispositivi portatili per inviare emails, messaggi di testo, brevi annunci, fotografie, ecc., restando in contatto in modo continuo con altre persone per mezzo di Facebook, Twitter e simili social networks[10]. Penne, inchiostro e carta sembra appartengano ormai all'epoca della pietra, papiri e pergamena, rimpiazzati sempre più da tastiere, phone pads e touch screens[11]. Consci del fatto che viviamo in un periodo di rapido e drammatico cambiamento della pratica di composizione delle lettere[12], focalizziamo ora la nostra attenzione sul mondo biblico e esaminiamo come alcuni degli scrittori sacri hanno composto i loro testi con l'aiuto del genere letterario epistolare. Una tale impresa si rivela indispensabile per comprendere il ruolo unico di san Paolo nello sviluppo del cristianesimo primitivo.

### 2.2 *Lettere bibliche*

#### 2.2.1 Lettere veterotestamentarie

Dai libri storici dell'Antico Testamento (cfr. 2Sam 11,14ss. come primo esempio biblico) fino alle lettere cattoliche[13] nel Nuovo Testamento (cfr. 2Pt 3,16 come ultimo esempio), la Sacra Scrittura contiene molti esempi di lettere, narra resoconti di molti scambi epistolari e fa frequenti riferimenti ad essi. Nell'Antico Testamento, i re pagani e i re d'Israele commissionavano delle lettere e le inviavano ai loro simili allo scopo di fare

---

[10] Vedi W. POWERS, *Hamlet's BlackBerry. A Practical Philosophy for Building a Good Life in the Digital Age*, New York 2010.

[11] Le giovani generazioni che crescono nel comporre dei testi con le odierne tecnologie saranno in grado di comporre lettere nella forma tradizionale nel prossimo futuro? Forse il sempre crescente numero di emails e messaggi di testo toglie agli individui il tempo essenziale e necessario per riflettere su ciò che si comunica e su come è meglio rispondere alla mole di dati? Siamo come una società globalizzata che trascura l'importanza dell'equilibrio salutare tra i nostri "performing selves and reflective selves" (T. TANNER, "Introduction and Notes" to *Pride and Prejudice* (Penguin Classics Edition), 26)?

[12] Per maggiori informazioni sulle lettere antiche vedi A.J. MALHERBE, *Ancient Epistolary Theorists*, SBLSBS 19, Atlanta 1988.

[13] "7 *epistole cattoliche*: Giacomo, 1 e 2 Pietro, 1, 2 e 3 Giovanni, Giuda, il cui titolo menziona l'autore al quale il libro è attribuito" (J.-N. ALETTI – *al.*, *Lessico ragionato dell'esegesi biblica*, 15).

richieste o comunicare informazioni[14]. Nel Nuovo Testamento, inoltre, la lettera è di certo il genere letterario prevalente — in effetti tra i 36 libri contenuti 21 sono lettere[15]: quattordici sono riconosciute come lettere paoline[16] e sette come lettere cattoliche. Diamo uno sguardo d'insieme a questo vasto campo di attività epistolare, individuando il primo riferimento dell'Antico Testamento all'interno di una composizione di lettera[17] nel Secondo Libro di Samuele. Senza dubbio una lettura unitaria della Bibbia ci aiuta a considerare meglio l'attività di composizione letteraria di Paolo come un elemento cruciale delle sue fatiche apostoliche.

Cominciamo con il primo esempio di lettera presente nell'Antico Testamento. Il re Davide s'innamora di Betsabea, una donna bellissima, che

---

14 Vedi A. H. Podany, *Brotherhood of Kings. How International Relations Shaped the Ancient Near East*, New York 2010.

15 In questo libro useremo il termine "lettera" e "epistola" in modo intercambiabile. "Gli scritti di Paolo, Giacomo, Pietro sono chiamati lettere dagli uni ed epistole dagli altri. Di per sé, la distinzione non esiste, perché il termine *epistola* traduce il latino *epistula*, che designa le lettere. In realtà sono state chiamate *lettere* gli scritti in genere più breve, inviati per rispondere a problemi concreti affrontati dai credenti di allora (e ciò varrebbe per *1 Ts*, *Fil*, *Gal*, *1 Cor*, *2 Cor*), ed epistole gli scritti più lunghi che assomigliano maggiormente a dei piccoli trattati di teologia (ad es., *Rom*). Per gli specialisti queste distinzioni sono artificiali, perché tutti questi scritti di Paolo obbediscono alle regole della epistolografia di allora, ed è meglio attenersi all'appellativo di *lettera*" (J.-N. Aletti – *al.*, *Lessico ragionato dell'esegesi biblica*, 105).

16 "14 *epistole paoline*, indirizzate a comunità cristiane o ad alcune personalità; sono collocate secondo il loro ordine di lunghezza, fatta eccezione per la quattordicesima epistola, quella agli Ebrei, la quale non viene attribuita a Paolo, ma si ispira alla sua teologia; si ha così l'epistola ai Romani, 1 e 2 ai Corinzi, 1 ai Galati, 1 agli Efesini, 1 ai Filippesi, 1 ai Colossesi, 2 ai Tessalonicesi, 2 a Timoteo, 1 a Tito, 1 a Filemone e 1 agli Ebrei" (J.-N. Aletti – *al.*, *Lessico ragionato dell'esegesi biblica*, 14-15).

17 Nell'Antico Testamento non c'è un termine tecnico per "lettera". La parola usata a volte per designare uno scritto è כְּתָב/γραφή. Per esempio, in tre occasioni troviamo בְּמִכְתָּב / ἐν γραπτῷ o מִכְתָּב/ἐγγραφή per esprimere l'annuncio scritto di un decreto regale. Cfr. "Nell'anno prima del regno di Ciro, re di Persia, perché si adempisse la parola che il Signore aveva detto per bocca di Geremia, il Signore destò lo spirito di Ciro re di Persia, il quale fece passare quest'ordine in tutto il suo regno, anche con lettera (בְּמִכְתָּב / ἐν γραπτῷ)" (Esd 1,1); "Gli giunse da parte del profeta Elia uno scritto (מִכְתָּב / ἐγγραφή) che diceva: 'Dice il Signore, Dio di Davide tuo padre: Perché non hai seguito la condotta di Giosafat tuo padre né la condotta di Asa re di Giuda" (2Cr 21,12); "Nell'anno prima di Ciro, re di Persia, a compimento della parola del Signore predetta per bocca di Geremia, il Signore suscitò lo spirito di Ciro re di Persia, che fece proclamare per tutto il regno, a voce e per scritto (בְּמִכְתָּב / ἐν γραπτῷ)" (2Cr 36,22). In altri passaggi dell'Antico Testamento troviamo invece la parola סֵפֶר/βιβλίον per indicare un rotolo, una forma comune di testo. Cfr. ad es. 2Sam 11,14-15; 2Re 5,5-7; 10,2.6.7; 19,14. Infine l'Antico Testamento designa anche una comunicazione scritta con la parola אִגְּרָה/ἐπιστολή. Cfr. Esd 4,11; 5,6; Ne 2,8; 6,5 ecc.

vede dalla terrazza del suo palazzo. Dopo averla sedotta, scopre che ella aspetta un bambino da lui. Al fine di nascondere il peccato di adulterio, il re decide di richiamare dalla guerra Uria l'Ittita, marito di Betsabea, e di farlo tornare a Gerusalemme perché resti a casa con la moglie per un po' di tempo. Una volta rientrato nella capitale, Uria rifiuta l'ordine del re e dorme nel luogo riservato ai servi, mostrando solidarietà ai suoi compagni del fronte e tenendosi lontano dalla moglie e da casa sua. Frustrato dalla sua incapacità di indurre Uria a dormire con Betsabea, il re Davide escogita di eliminare Uria, piazzandolo nel punto più pericoloso del campo di battaglia.

> 14 La mattina dopo Davide scrisse una lettera a Ioab e gliela mandò per
> mano di Uria. 15 Nella lettera aveva scritto così: «Ponete Uria sul fronte
> della battaglia più dura; poi ritiratevi da lui perché resti colpito e muoia».
> 16 Allora Ioab, che assediava la città, pose Uria nel luogo dove sapeva che
> c'erano uomini valorosi. 17 Gli uomini della città fecero una sortita e attac-
> carono Ioab; caddero parecchi della truppa e dei servi di Davide e però
> anche Uria l'Ittita. 18 Ioab mandò ad annunciare a Davide tutte le cose che
> erano avvenute nella battaglia [...] 26 La moglie di Uria, saputo che Uria, suo
> marito, era morto, fece il lamento per il suo signore. 27 Passati i giorni del
> lutto, Davide la mandò a prendere e l'aggregò alla sua casa. Ella diventò
> sua moglie e gli partorì un figlio. Ma ciò che Davide aveva fatto era male
> agli occhi del Signore (2Sam 11,14-18.26-27).

Il re manda una lettera confidenziale a uno dei suoi principali ufficiali — in qualità di corrispondenza regale, il suo contenuto non poteva essere reso pubblico nelle varie circostanze — e Ioab, il destinatario, deve obbedire all'ordine impartito dal suo signore e comandante. Il povero Uria, latore della lettera, non ha alcuna idea che egli stesso stia consegnando la missiva che finirà per condannarlo ad una morte violenta. Il re Davide commette due gravi peccati, infrangendo due comandamenti: "Non commetterai adulterio" (Es 20,14) e "Non ucciderai" (Es 20,13). La sua offesa non piace agli occhi del Signore e per questo il re non scamperà alla punizione per aver trasgredito alla volontà del Signore: il bambino di Davide e Betsabea morirà.

La seconda lettera menzionata nell'Antico Testamento rivelerà un'intenzione sinistra con risultati ugualmente tragici. Nel Primo Libro dei Re leggiamo che Acab e la sua malvagia regina Gezabele desiderano una vigna che si trova nei pressi del palazzo regale. Tuttavia, c'è un piccolo problema: la vigna appartiene ad un uomo giusto e pio, di nome Nabot, che non vuole cederla. Dopo il tentativo fallimentare del re di prendere possesso della proprietà di Nabot, Gezabele umilia il re, suo marito, interferendo nei suoi affari: la regina stila delle lettere a nome di Acab e le invia agli anziani e ai capi della città di Nabot. Sebbene il re e la regina desiderino insieme entrare in possesso della vigna di Nabot, in realtà è la regina che farà di tutto per ottenerla.

> 8 Ella [Gezabele] scrisse lettere con il nome di Acab, le sigillò con il suo si-
> gillo, quindi le spedì agli anziani e ai notabili della città, che abitavano vi-
> cino a Nabot. 9 Nelle lettere scrisse: «Bandite un digiuno e fate sedere
> Nabot alla testa del popolo. 10 Di fronte a lui fate sedere due uomini per-
> versi, i quali l'accusino: "Hai maledetto Dio e il re!". Quindi conducetelo
> fuori e lapidatelo ed egli muoia». 11 Gli uomini della città di Nabot, gli an-
> ziani e i notabili che abitavano nella sua città, fecero come aveva ordinato
> loro Gezabele, ossia come era scritto nelle lettere che aveva loro spedito. 12
> Bandirono un digiuno e fecero sedere Nabot alla testa del popolo. 13 Giun-
> sero i due uomini perversi, che si sedettero di fronte a lui. Costoro accusa-
> rono Nabot davanti al popolo affermando: "Nabot ha maledetto Dio e il
> re". Lo condussero fuori della città e lo lapidarono ed egli morì. 14 Quindi
> mandarono a dire a Gezabele: "Nabot è stato lapidato ed è morto". 15 Ap-
> pena Gezabele sentì che Nabot era stato lapidato ed era morto, disse ad
> Acab: "Su, prendi possesso della vigna di Nabot di Izreèl, il quale ha rifiu-
> tato di dartela in cambio di denaro, perché Nabot non vive più, è morto".
> 16 Quando sentì che Nabot era morto, Acab si alzò per scendere nella vigna
> di Nabot di Izreèl a prenderne possesso. 17 Allora la parola del Signore fu ri-
> volta a Elia il Tisbita. 18 "Su, scendi incontro ad Acab, re d'Israele, che abita
> a Samaria; ecco, è nella vigna di Nabot, ove è sceso a prenderne possesso.
> 19 Poi parlerai a lui dicendo: "Così dice il Signore: Hai assassinato e ora
> usurpi!". Gli dirai anche: "Così dice il Signore: Nel luogo ove lambirono il
> sangue di Nabot, i cani lambiranno anche il tuo sangue". 20 Acab disse a
> Elia: "Mi hai dunque trovato, o mio nemico?". Quello soggiunse: "Ti ho tro-
> vato, perchè ti sei venduto per fare ciò che è male agli occhi del Signore"
> (1Re 21,8-20).

Dopo aver messo a morte un uomo innocente, la coppia reale sigilla il suo proprio destino. Esattamente come Davide prima di loro, essi hanno commesso dei crimini ignobili davanti al Signore sì da meritare una condanna. Essi infatti hanno infranto ben tre comandamenti: "Non desidererai la casa del tuo prossimo. Non desidererai la moglie del tuo prossimo, né il suo schiavo né la sua schiava, né il suo bue né il suo asino, né alcuna cosa che appartenga al tuo prossimo" (Es 20,17); "Non ucciderai" (Es 20,13); "Non ruberai" (Es 20,15). Come punizione, ogni maschio, libero o schiavo, sarà eliminato dal re e la sua casa sarà completamente distrutta. Quanto a Gezabele, sarà divorata dai cani (cfr. 1Re 21,23)[18] — sciagura più ripugnante e terribile in assoluto all'epoca della Bibbia. Così, decretando la morte di un israelita innocente e prendendo possesso della sua vigna, il re e la regina e la loro famiglia vengono distrutti completamente dal Signore Dio.

La terza lettera menzionata nell'Antico Testamento ci offre uno spaccato sulla situazione politica e sociale di un altro paese del Vicino Oriente Antico. Questa storia, accattivante, ha a che fare con un pagano di nome Naaman, capo dell'esercito del re di Aram. Naaman era un ufficiale, senza dubbio, abituato ad un corretto esercizio del potere politico e dell'autorità militare nella terra natia. Egli però soffre di una terribile malattia che ancora oggi spaventa quanti la contraggono: la lebbra. La lebbra non era spaventosa solo a causa della distruzione che procurava ai corpi di coloro che la contraevano, ma anche perché essa emarginava completamente i malati dalla vita della comunità e li estraniava da familiari e amici. Soffrendo di questa malattia debilitante, i lebbrosi, quindi, erano trattati come sventurati e reietti dalla società, considerati impuri sul piano religioso e maledetti da Dio. Non stupisce pertanto che i lebbrosi avrebbero fatto tutto ciò che era in loro potere per rimediare alla loro condizione miserevole. Ed è appunto ciò che Naaman fa nel testo seguente del Secondo Libro dei Re.

---

[18] "Dogs, like pigs, lived as scavengers. Feral pariah dogs roamed in packs on the outskirts of towns (Ps 59:6, 14; cf. Rev 22:15), where refuse was plentiful. Inside the towns, dogs also lived by scavenging (cf. *ANET*, 209, 228; cf. 1 Kgs 14:11). Even today one sees feral or nearly feral dogs scavenging in the streets of Cairo. Today we commonly speak of the dog as 'man's best friend.' In the Bible, however, the dog is always spoken of in contempt" (E. FIRMAGE, "Zoology (Animal Profiles)", *AncBD*, VI, 1143).

> [1] Naamàn, comandante dell'esercito del re di Aram, era un personaggio autorevole presso il suo signore e stimato, perché per suo mezzo il Signore aveva concesso la salvezza agli Aramei. Ma quest'uomo prode era lebbroso. [2] Ora bande aramee avevano condotto via prigioniera dalla terra d'Israele una ragazza, che era finita al servizio della moglie di Naamàn. [3] Lei disse alla padrona: "Oh, se il mio signore potesse presentarsi al profeta che è a Samaria, certo lo libererebbe dalla sua lebbra". [4] Naamàn andò a riferire al suo signore: "La ragazza che proviene dalla terra d'Israele ha detto così e così". [5] Il re di Aram gli disse: "Va' pure, io stesso invierò una lettera al re d'Israele". Partì dunque, prendendo con sé dieci talenti d'argento, seimila sicli d'oro e dieci mute di abiti. [6] Portò la lettera al re d'Israele, nella quale si diceva: "Orbene, insieme con questa lettera ho mandato da te Naamàn, mio ministro, perché tu lo liberi dalla sua lebbra". [7] Letta la lettera, il re d'Israele si stracciò le vesti dicendo: "Sono forse Dio per dare la morte o la vita, perché costui mi ordini di liberare un uomo dalla sua lebbra? Riconoscete e vedete che egli evidentemente cerca pretesti contro di me" (2Re 5,1-7).

Il re di Aram invia al re d'Israele la sua lettera personale circa il suo servo Naaman, insieme a Naaman stesso, latore della lettera. Ancora una volta notiamo la prerogativa regale di consegnare delle lettere allo scopo di comunicare ad altri importanti ordini e richieste. In questo caso sia il mittente che il destinatario sono dei re, il primo un pagano, il secondo un israelita. Sia la lettera sia il latore attraversano delle frontiere, viaggiano da un regno ad un altro. Una volta giunto in Israele, al comando di Eliseo, uomo di Dio, Naaman si lava nel Giordano sette volte ed è guarito. Grato per il miracolo ottenuto, Naaman decide di ritornare dall'uomo di Dio, con l'intenzione di fargli un dono prezioso. Riconoscendo che è il Signore che ha mondato Naaman, Eliseo rifiuta di accettare doni dall'ufficiale pagano. Giunto il tempo di tornare a casa, Naaman carica due muli con del terreno preso dal paese di Israele come gesto di gratitudine verso il Signore e riconoscenza verso la sua potenza salvifica. D'ora in poi, nel territorio d'Israele, come pure in Aram, la sua terra natale, Naaman offrirà i suoi personali olocausti e le offerte solo al Signore Dio d'Israele[19].

---

[19] Inoltre l'Antico Testamento contiene altre tre brevi menzioni di lettere reali. Cfr. "Ezechia prese la lettera dalla mano dei messaggeri e la lesse, poi salì al tempio del Signore, l'aprì davanti al Signore" (2Re 19,14); "In quel tempo Merodac-Baladàn, figlio di Baladàn, re di Babilonia, mandò

Che cosa si può dedurre da queste tre composizioni epistolari dell'antico Israele? Nel caso di Davide, Acab e Gezabele, essi compiono il male nei confronti del Signore, desiderando ciò che non appartiene a loro e complottando di uccidere le proprie vittime per mezzo delle lettere che hanno inviato. I capi in questione hanno chiaramente infranto l'alleanza sancita dal Signore con il suo popolo. Al contrario, il re di Aram fa un atto di fede nel Dio d'Israele. Egli, un pagano, crede che il Signore Dio, attraverso la mediazione del re d'Israele, può davvero guarire il suo servo Naaman dalla lebbra. Così come atto di fede in Dio, egli invia una lettera insieme ad una generosa offerta di "dieci talenti d'argento, seimila sicli d'oro e dieci mute di abiti" (2Re 5,5). L'ironia di queste differenti situazioni epistolari era chiara agli antichi israeliti: mentre i loro capi hanno commesso il male agli occhi del Signore, infrangendo i suoi comandamenti, uno straniero, un re pagano, esprime la sua fede nel Signore Dio, chiedendo un miracolo per il proprio servo. Nei regni di Israele e di Aram, le lettere comunicano ed eseguono la volontà di coloro che governano. Simili decreti regali in forma epistolare si trovano anche altrove nell'Antico Testamento: cfr. Esd 4,7.8.11.18.23; 5,5.6; 7,11; Ne 2,8; 6,5; Est 1,22; 3,13; 9,26.29; Is 37,14.

Concludendo, la composizione epistolare nell'Antico Testamento attesta le prerogative regali di re e regine. Allo stesso modo, la composizione epistolare rappresenta uno strumento essenziale nel governare i propri sudditi, un supporto da impiegare per fini politici sia buoni che cattivi. A questo proposito, i re di Israele non appaiono diversi dai re pagani limitrofi. Le lettere erano usate anche per comunicare con governanti stranieri, come possiamo notare nel caso del re di Aram. Dunque sia governanti giudei sia pagani componevano e mandavano lettere con fini nazionali e internazionali[20]. È interessante notare che anche il profeta Geremia sembra adottare una prerogativa regale, inviando una lettera da Gerusalemme ai deportati in Babilonia.

---

lettere e un dono a Ezechia, perché aveva sentito che Ezechia era stato malato" (2Re 20,12); "Sennàcherib aveva scritto anche lettere insultando il Signore, Dio d'Israele, e parlando contro di lui in questi termini: 'Come gli dèi delle nazioni del mondo non hanno potuto liberare i loro popoli dalla mia mano, così il Dio di Ezechia non libererà dalla mia mano il suo popolo'" (2Cr 32,17).

[20] Per maggiori informazioni che riguardano l'epistolografia nel mondo biblico, cfr. D. PARDEE, "Hebrew Letters", *AncBD*, IV, 282-285; P.E. DION, "Aramaic Letters", *AncBD*, IV, 285-290; S.K. STOWERS, "Greek and Latin Letters", *AncBD*, IV, 290-293.

1 Queste sono le parole della lettera che il profeta Geremia mandò da Gerusalemme al resto degli anziani in esilio, ai sacerdoti, ai profeti e a tutto il popolo che Nabucodònosor aveva deportato da Gerusalemme a Babilonia; 2 la mandò dopo che il re Ieconia, la regina madre, i dignitari di corte, i capi di Giuda e di Gerusalemme, gli artigiani e i fabbri erano partiti da Gerusalemme. 3 Fu recata per mezzo di Elasà, figlio di Safan, e di Ghemaria, figlio di Chelkia, che Sedecìa, re di Giuda, aveva inviati a Nabucodònosor, re di Babilonia, a Babilonia. Essa diceva: 4 "Così dice il Signore degli eserciti, Dio d'Israele, a tutti gli esuli che ho fatto deportare da Gerusalemme a Babilonia: 5 Costruite case e abitatele, piantate orti e mangiatene i frutti; 6 prendete moglie e mettete al mondo figli e figlie, scegliete mogli per i figli e maritate le figlie, e costoro abbiano figlie e figli. Lì moltiplicatevi e non diminuite. 7 Cercate il benessere del paese in cui vi ho fatto deportare, e pregate per esso il Signore, perché dal benessere suo dipende il vostro. 8 Così dice il Signore degli eserciti, Dio d'Israele: Non vi traggano in errore i profeti che sono in mezzo a voi e i vostri indovini; non date retta ai sogni che essi sognano, 9 perché falsamente profetizzano nel mio nome: io non li ho inviati. Oracolo del Signore. 10 Pertanto così dice il Signore: Quando saranno compiuti a Babilonia settant'anni, vi visiterò e realizzerò la mia buona promessa di ricondurvi in questo luogo. 11 Io conosco i progetti che ho fatto a vostro riguardo — oracolo del Signore —, progetti di pace e non di sventura, per concedervi un futuro pieno di speranza. 12 Voi mi invocherete e ricorrerete a me e io vi esaudirò. 13 Mi cercherete e mi troverete, perché mi cercherete con tutto il cuore; 14 mi lascerò trovare da voi. Oracolo del Signore. Cambierò in meglio la vostra sorte e vi radunerò da tutte le nazioni e da tutti i luoghi dove vi ho disperso. Oracolo del Signore. Vi ricondurrò nel luogo da dove vi ho fatto deportare. 15 Voi dite: "Il Signore ci ha suscitato profeti a Babilonia". 16 Ebbene, così dice il Signore al re che siede sul trono di Davide e a tutto il popolo che abita in questa città, ai vostri fratelli che non sono partiti con voi nella deportazione: 17 Così dice il Signore degli eserciti: Ecco, manderò contro di loro la spada, la fame e la peste e li renderò come i fichi guasti, che non si possono mangiare tanto sono cattivi. 18 Li perseguiterò con la spada, la fame e la peste; li renderò un esempio terrificante per tutti i regni della terra, e maledizione, stupore, scherno e obbrobrio in tutte le nazioni nelle quali li ho dispersi, 19 perché non hanno ascoltato le mie parole — oracolo del Signore — quando con assidua premura mandavo loro i miei servi, i profeti, ed essi non hanno

ascoltato. Oracolo del Signore. [20] Voi però, deportati tutti, che ho mandato da Gerusalemme a Babilonia, ascoltate la parola del Signore. [21] Così dice il Signore degli eserciti, Dio d'Israele, riguardo ad Acab, figlio di Kolaià, e a Sedecìa, figlio di Maasia, che vi profetizzano menzogne nel mio nome: Ecco, li darò in mano a Nabucodònosor, re di Babilonia, che li ucciderà sotto i vostri occhi. [22] E se ne trarrà una formula di maledizione che si diffonderà presso tutti i deportati di Giuda a Babilonia; si dirà: "Ti tratti il Signore come Sedecìa e Acab, che il re di Babilonia fece arrostire sul fuoco!". [23] Poiché essi hanno operato cose nefande a Gerusalemme, hanno commesso adulterio con le mogli del prossimo, hanno proferito nel mio nome parole menzognere senza che io avessi dato loro alcun ordine. Io stesso lo so bene e ne sono testimone. Oracolo del Signore. [24] E dirai a Semaià, il Nechelamita: [25] "Così dice il Signore degli eserciti, Dio d'Israele: Hai mandato nel tuo nome lettere a tutto il popolo di Gerusalemme e a Sofonia, figlio di Maasia, il sacerdote, e a tutti i sacerdoti, dicendo: [26] Il Signore ti ha costituito sacerdote al posto del sacerdote Ioiadà, perché fossi sovrintendente nel tempio del Signore, per reprimere qualunque forsennato che fa il profeta, ponendolo in ceppi e in catene: [27] orbene, perché non reprimi Geremia di Anatòt, che fa profezie fra di voi? [28] Infatti egli ci ha mandato a dire a Babilonia: Durerà a lungo la vostra situazione! Costruite case e abitatele, piantate orti e mangiatene i frutti!". [29] Il sacerdote Sofonia lesse questa lettera in presenza del profeta Geremia. [30] Allora la parola del Signore fu rivolta a Geremia: [31] "Invia questo messaggio a tutti i deportati: Così dice il Signore riguardo a Semaià, il Nechelamita: Poiché Semaià ha parlato a voi come profeta mentre io non l'avevo mandato e vi ha fatto confidare nella menzogna, [32] per questo dice il Signore: Ecco, punirò Semaià, il Nechelamita, e la sua discendenza; nessuno dei suoi dimorerà in mezzo a questo popolo, né vedrà il bene che farò al mio popolo — oracolo del Signore —, perché ha predicato la ribellione al Signore" (Ger 29,1-32).

Geremia accorcia la distanza che lo separa dai suoi connazionali per mezzo di una composizione epistolare. Fedele al Signore Dio e alla missione che ha ricevuto dall'Altissimo, il profeta invia un messaggio personale per rinsaldare la fede e la speranza degli esiliati (cfr. specialmente i vv. 10-11) e per tenerli insieme come popolo unito e fedele alle tradizioni dei loro padri, a differenza degli insegnamenti fuorvianti e illusori dei falsi profeti. Anche l'Apostolo Paolo decide di restare in contatto con le comunità da lui fondate attraverso composizioni epistolari, per edificarle nella fede, nella speranza e nella carità (cfr. 1Ts 1,3), tenendole unite come famiglia di Dio perfino di fronte alle ostilità e alle persecuzioni. Proprio come durante l'esilio babilonese Israele era una piccola nazione in mezzo ai pagani ostili, così adesso i cristiani (sia ebrei sia pagani) vivono in mezzo a una generazione malvagia e perversa, nella quale devono splendere come astri nel mondo, tenendo salda la parola di vita (cfr. Fil 2,15b-16a). Alla luce di ciò, sembrerebbe che nell'Antico Testamento la lettera di Geremia agli esiliati in Babilonia (Ger 29,1-32) fornisca l'esempio più vicino alle lettere paoline. Entrambe i mittenti desiderano inviare una parola di consolazione e di supporto ai loro destinatari che si trovano in situazioni difficili e spesso conflittuali. Sono in gioco il benessere e il futuro della comunità. Per proclamare la parola di Dio e dare testimonianza credibile della grazia del Signore entrambi sono stati messi a parte per il servizio sacro sin dalla nascita[21].

---

[21] Per un'autodescrizione sintetica delle loro missioni divine cfr. la vocazione di Geremia fino ad arrivare a quella di Paolo. Geremia descrive la chiamata del Signore in questi termini:

> [4] Mi fu rivolta questa parola del Signore: [5] "Prima di formarti nel grembo materno, ti ho conosciuto, prima che tu uscissi alla luce, ti ho consacrato; ti ho stabilito profeta delle nazioni". [6] Risposi: "Ahimè, Signore Dio! Ecco, io non so parlare, perché sono giovane". [7] Ma il Signore mi disse: "Non dire: 'Sono giovane'. Tu andrai da tutti coloro a cui ti manderò e dirai tutto quello che io ti ordinerò. [8] Non aver paura di fronte a loro, perché io sono con te per proteggerti". Oracolo del Signore. [9] Il Signore stese la mano e mi toccò la bocca, e il Signore mi disse: "Ecco, io metto le mie parole sulla tua bocca. [10] Vedi, oggi ti do autorità sopra le nazioni e sopra i regni per sradicare e demolire, per distruggere e abbattere, per edificare e piantare" (Ger 1,4-11).

Dal canto suo anche Paolo si trova messo a parte per grazia sin dalla nascita. Egli è stato chiamato a servizio del Dio vivo e vero che si è rivelato nel suo proprio Figlio, Gesù Cristo, il Redentore.

> [1] Paolo, servo di Cristo Gesù, apostolo per chiamata, scelto per annunciare il vangelo di Dio (Rm 1,1).

> [11] Vi dichiaro, fratelli, che il Vangelo da me annunciato non segue un modello umano; [12] infatti io non l'ho ricevuto né l'ho imparato da uomini, ma per rivelazione di Gesù Cristo. [13] Voi avete certamente sentito parlare della mia condotta di un tempo nel giudaismo: perseguitavo ferocemente la Chiesa di Dio e la devastavo, [14] superando nel giudaismo la maggior parte dei miei coetanei e connazionali, accanito com'ero nel sostenere le tradizioni dei padri. [15] Ma quando Dio, che mi scelse fin dal seno di mia madre e mi chiamò con la sua grazia, si compiacque [16] di rivelare in me il Figlio suo perché lo annunciassi in mezzo alle genti, subito, senza chiedere consiglio a nessuno, [17] senza andare a Gerusalemme da coloro che erano apostoli prima di me, mi recai in Arabia e poi ritornai a Damasco (Gal 1,11-17).

2.2.2 *Lettere paoline*

Dal tempo in cui Alessandro Magno sale al potere e conquista gran parte del Vicino Oriente Antico, i giudei della Palestina e della Diaspora cominciano a subire un graduale, ma inesorabile, periodo di ellenizzazione[22]. Il greco — non più l'aramaico — diventa lentamente, ma progressivamente, la lingua di questi popoli semitici caduti sotto l'egemonia della conquista macedone ed ellenica. Nel II secolo a.C., Roma, a sua volta, stabilisce il suo dominio su molti di questi popoli, permettendo loro di mantenere il greco come lingua della cultura e dell'attività quotidiana. È alla luce di queste trasformazioni culturali e religiose che anche la società civile subisce un notevole cambiamento mediante la composizione di lettere che è uno degli esempi di mutamento che interessa la società a tutti i livelli. Nel mondo greco-romano, infatti, le lettere sono composte e inviate da tutti i tipi di persone — non più soltanto da re e ufficiali di corte. Le lettere permettono agli amici di restare in contatto, agli affari di essere portati avanti e al commercio di fiorire, nonostante la distanza geografica. Allo stesso modo anche le autorità centrali, che risiedono nella capitale, hanno bisogno di comunicare con i loro consoli e proconsoli in tutte le provincie — per non parlare dell'esercito, dei generali, degli ufficiali e di numerose legioni, che devono restare in stretto contatto le une con le altre attraverso lo scambio continuo di rapporti e di ordini comunicati per mezzo di lettere. Così scrivere delle lettere appare lo strumento essenziale per la conquista, il controllo e il governo ordinario dell'impero come pure per il commercio, gli affari e il lavoro; esso permette alle famiglia e agli amici di rimanere in contatto e di condividere notizie personali e informazioni varie grazie alla "finzione della presenza personale"[23], che è alla base di ogni corrispondenza epistolare[24].

---

[22] Vedi L.I. LEVINE, *Judaism and Hellenism in Antiquity. Conflict or Confluence*, Seattle – London 1998.

[23] S.K. STOWERS, "Letters (Greek and Latin)", *AncBD*, IV, 290.

[24] "When evaluating the nature of an ancient Greek letter, most fall within one of two broad categories: personal correspondence, between friends or family, and official correspondence between, to or from government officials, business relationships, etc. This is not to say that there is no overlap between these two categories, rather that these two categories provide a helpful initial differentiation to prepare the reader for the type of content and method for expressing that content" (S.E. ADAMS, "Paul's Letter Opening and Greek Epistolography", 35-36).

Paolo di Tarso, come vedremo più dettagliatamente nel prossimo capitolo, si trova davvero a suo agio nell'impero romano del I secolo. Per capire bene come egli adatti e comunichi il suo pensiero ai sentimenti dei suoi destinatari è importante comprendere come le persone di quell'epoca componessero e organizzassero le loro lettere. Come uomo del suo tempo, l'Apostolo si rifaceva di certo agli stili di composizione e agli standard dei suoi contemporanei per redigere le sue lettere. Ci occupiamo di capire come egli organizzava le sue lettere al fine di cogliere la struttura della composizione letteraria.

### Forma della lettera paolina[25]

Le lettere paoline hanno parecchie caratteristiche in comune con le lettere greco-romane e semitiche del I secolo[26]. Esse possiedono quattro elementi: formula di apertura, ringraziamento, corpo e formula conclusiva. La composizione tipica di ogni lettera[27] dell'Apostolo delle genti è la seguente.

#### 1. Formula di apertura/prescritto (*praescriptum*)[28]

La formula di apertura è un ampliamento della forma ellenistica con utilizzazione di elementi semitici. Essa presenta tre elementi: *superscriptio, adscriptio* e *salutatio*. La *superscriptio* fornisce il nome del mittente della lettera (a volte anche i nomi dei mittenti, cioè i collaboratori dell'Apostolo, se ci sono), spesso con un titolo o con più titoli: "Paolo, schiavo di Cristo Gesù, apostolo per vocazione, prescelto per annunziare il Vangelo di Dio" (Rm 1,1). La *adscriptio* descrive i

---

25 Vedi A. Pitta, *Sinossi paolina*, Cinisello Balsamo (MI) 1994. Cfr. J.A. Fitzmyer, "The New Testament Epistles", *NJBC*, 769-770; trad. italiana "Introduzione alle epistole del Nuovo Testamento", *NGCB*, 1006; P.T. O'Brien, "Letters, Letter Forms", *DPL*, 550-553; trad. italiana "Lettere, forme epistolari", *DPL*, 951-955; J. Murphy-O'Connor, *Paul the Letter-Writer. His World, His Options, His Skills*, Collegeville 1995; trad. française, *Paul et l'art épistolaire. Contexte et structure littéraires*, Paris 1994.

26 "Nelle lettere antiche si rilevano tre componenti quasi sempre presenti, il *praescriptum*, il corpo della lettera e il *postscriptum*" (J.-N. Aletti – *al.*, *Lessico ragionato dell'esegesi biblica*, 105).

27 Eccezione fatta per il caso della Lettera ai Galati che manca del ringraziamento.

28 Vedi P.L. Tite, "How to Begin, and Why? Diverse Functions of the Pauline Prescript within a Greco-Roman Context", 57-99.

destinatari della lettera, a volte con aggiunta di epiteti che chiariscono la relazione tra il mittente/i mittenti e il destinatario/i destinatari: "a quanti sono in Roma amati da Dio e santi per vocazione" (Rm 1,7a). La *salutatio*, o saluto iniziale, esprime un desiderio del tutto cristiano inclusivo nella formula: "grazia a voi e pace" o "grazia a voi e pace da Dio, Padre nostro, e dal Signore Gesù Cristo" (Rm 1,7b). Questa frase viene presa in prestito dal giudaismo e fatta propria da Paolo alla luce dell'evento Cristo[29].

**2. Ringraziamento/rendimento di grazie**[30]
In questa sezione l'apostolo di Tarso prega per i suoi destinatari, ringraziando Dio per la loro fede in Cristo. La forma è tipicamente grecoromana, ma i sentimenti e i desideri espressi sono formulati secondo moduli eucaristici giudaici.

**3. Corpo/Messaggio**[31]
Questa parte presenta l'argomento principale della lettera. Essa rappresenta la componente più lunga e più nutrita della lettera e come sempre consta di due elementi: dottrinale (presentazione ordinata delle verità del Vangelo) e esortatorio (istruzioni per la condotta cristiana, cioè paraclesi[32] o parenesi[33]).

---

29 Per un'eccellente esposizione di questi elementi cfr. J.-N. Aletti – *al.*, *Lessico ragionato dell'esegesi biblica*, 105 e A. Pitta, *Sinossi paolina*, 24-25.

30 Cfr. D.W. Pao, "Gospel within the Constraints of an Epistolary Form: Pauline Introductory Thanksgivings and Paul's Theology of Thanksgiving", 101-127; P. Artz-Grabner, "Paul's Letter Thanksgiving", 129-158; R.F. Collins, "A Significant Decade: The Trajectory of the Hellenistic Epistolary Thanksgiving", 159-184.

31 Vedi T.W. Martin, "Investigating the Pauline Letter Body: Issues, Methods, and Approaches", 185-212.

32 "Il vocabolo *paraclesi* (dal greco *paráklēsis*, esortazione, consolazione) designa l'insieme delle esortazioni (relative alla vita nella Chiesa e nel mondo) che si trovano negli scritti paolini. Nelle lettere paoline le paraclesi sono molto numerose e iniziano spesso con il verbo *parakaléō*, che significa 'esortare'" (J.-N. Aletti – *al.*, *Lessico ragionato dell'esegesi biblica*, 107).

33 "Il termine *parenesi*, che viene dal verbo greco *parainéō* (esortare), è spesso usato in esegesi per designare le esortazioni di Paolo. Ma poiché l'apostolo usa uniformemente il verbo *parakaléō*, sono numerosi quelli che preferiscono parlare di paraclesi" (J.-N. Aletti – *al.*, *Lessico ragionato dell'esegesi biblica*, 107-108). Cfr. Y.C. Whang, "Paul's Letter Paraenesis", 253-268; A.W. Pitts, "Philosophical and Epistolary Contexts for Pauline Paraenesis", 269-306.

**4. Formula conclusiva/conclusione/"post-scritto" (*postscriptum*)**[34]
L'ultima sezione della lettera paolina contiene notizie personali e consigli specifici indirizzati a tutta la comunità e a individui della comunità. Segue il saluto finale dell'Apostolo, spesso con la sua firma (la *subscriptio*)[35] come prova di autenticità.
Indirizzando il suo messaggio alle varie comunità, nel suo epistolario Paolo sente l'esigenza di pensare agli elementi positivi che si trovano in esse e li offre subito a Dio. Tali aspetti incoraggianti permettono all'Apostolo di entrare subito in sintonia con le comunità cristiane. Per aiutare meglio la specifica chiesa in questione, l'Apostolo non pensa prima al male (che pure egli stigmatizza e condanna), bensì al bene in essa presente.

Concludendo, possiamo definire il genere letterario del *corpus paulinum* come eminentemente epistolare, come attesta benissimo il lessico succitato dell'analisi delle varie componenti delle lettere paoline.

Riportiamo il testo di G. Biguzzi per poter apprezzare meglio le caratteristiche specifiche e innovative della lettera e del suo impiego all'interno dell'epistolario paolino.

**Invito all'approfondimento**

G. BIGUZZI, *Paolo, comunicatore. Tra interculturalità e globalizzazione*, 51-54.

La lettera come sostituto della persona

Come strumento di comunicazione, la lettera è antica forse quanto la scrittura: i segni tracciati ai primordi dell'umanità sulla corteccia di un grosso albero o sulla roccia di un crocevia avranno infatti indicato a un interlocutore assente che cosa fare o dove dirigersi. Ma se è stata sempre strumento di comunicazione, la lettera si rese particolarmente utile nell'epoca ellenistica: la vastità dell'impero di Alessandro Magno aveva infatti creato l'esigenza di superare le grandi distanze nell'esercizio del commercio, della guerra, della cultura, della propaganda, ecc. Anche nell'ambito dell'impero romano la lettera fu uno strumento di comunicazione insostituibile, tanto è vero che "l'episto-

34 Vedi J.A.D. WEIMA, "Sincerely, Paul: The Significance of the Pauline Letter Closings", 307-345.
35 Cfr. Rm 15,33; 1Cor 16,19-24; 2Cor 13,13; Gal 6,18; Ef 6,23-24; Fil 4,23; Col 4,18; 1Ts 5,28.

lografia rappresenta, insieme con la satira, il più originale contributo di Roma alla letteratura mondiale"[56].

Nell'antichità la lettera fu messa al servizio anche della saggistica e della filosofia: Isocrate, Platone, Aristotele, Demostene, Epicuro, Archimede, Dionigi di Alicarnasso, ecc., scrissero veri e propri trattati in forma di lettera, così che il genere epistolare, assolutamente modesto dal punto di vista culturale, superò se stesso e assurse a dignità letteraria. La sua consacrazione definitiva come pezzo di letteratura si ebbe con la pubblicazione dell'epistolario di Cicerone (106-43 a.C.), probabilmente un secolo dopo la sua morte[57].

Nel mondo ellenistico ci furono perfino studiosi e teorici del genere epistolare: un certo Anemone, che si vuole abbia pubblicato le lettere di Aristotele, definiva la lettera "l'altra parte del dialogo" *(to héteron méros tou dialógou)*[58]. La definizione è quanto mai pittoresca e pertinente nello stesso momento: poter mettere mano su di una lettera significa strappare all'oblio una battuta dello sterminato dialogo che gli uomini intessono senza sosta lungo la loro storia. Ma molte volte possiamo ricuperare soltanto ipoteticamente il frammento di dialogo che ci manca, deducendolo dalla parte che abbiamo. E questo è vero ovviamente anche per le lettere di Paolo.

Gli aspetti tecnici della stesura delle lettere nell'antichità non sono nient'affatto irrilevanti. La posizione dello scrivente era molto scomoda: sedeva a terra e senza tavolo, con la sinistra teneva il foglio e con la destra scriveva[59]. La ruvidezza del papiro poi rendeva faticosa e lenta la scrittura. Secondo i calcoli, forse troppo pessimistici, di O. Roller (1933), si riuscivano a scrivere tre sillabe al minuto e 72 parole all'ora. In base a questi calcoli sarebbero state necessarie 98 ore continuate per scrivere la lettera ai Romani, che ha 7.101 parole, mentre la lettera a Filemone, che ha 335 parole, avrebbe richiesto 4 o 5 ore[60].

Le lettere antiche erano di lunghezza variabile: Roller, che ne ha passate in rassegna ben 15.000, dà queste statistiche: le lettere private erano generalmente molto brevi, contando da 18 a 209 parole, le 769 lettere di Cicerone hanno una inedia di 295 parole, mentre le 13 dell'epistolario paolino hanno una media di 2.500 parole. La 3Giovanni è la lettera più breve del NT con le sue sole 185 parole, e quella di Paolo ai Romani è la più lunga del NT e di tutta l'antichità.

Quanto alle esigenze più prettamente umane cui la lettera dava soddisfazione nella cosmopolita civiltà ellenistica, secondo H. Koskenniemi (1956), esse sono anzitutto l'affettuosità e cortesia, perché la lettera è o dev'essere come "il dono scritto" di se stesso; poi il farsi presente perché, quando si è lontani, la lettera avvicina l'uno all'altro per ravvivare l'amicizia; e infine il dialogo e lo scambio perché, anche quando si è fisicamente separati, la lettera permette di raccontarsi a vicenda gioie e angustie[61].

In particolare, che la lettera rappresenti il mittente e sia sostituto della sua presenza fisica, è così vero che a volte ciò viene dichiarato esplicitamente. Si potrebbe al proposito citare uno scritto giudaico di pochi anni posteriore a Paolo, nel quale una lettera si chiude con le parole: "Ricordatevi di me per mezzo di questa lettera, come anch'io mi ricordo di voi, in essa e sempre" (2Baruch 86,3). Ma un esempio particolarmente efficace è quello di san Girolamo. Dal 375 al 378 d.C. egli se ne andò a vivere da asceta nel deserto di Calcide, città presso l'attuale Aleppo, nel nord della Siria, e là egli sentiva i morsi della solitudine[62]. Tra le lettere che Girolamo ha scritto dalla Calcide, una decina sono sopravvissute[63], e in esse prega e supplica i suoi corrispondenti a farsi vivi con qualche riga, perché una lettera è "l'unico mezzo per rendere presente la persona lontana", dando "l'illusione della presenza". Delle proprie lettere lui stesso poi dice: "... al mio posto ti mando questa lettera" e imbastisce un lungo paragrafo per dire che egli è bensì "assente nel corpo... " ma che, con la sua lettera, egli si fa presente[64].

Quanto a Paolo, la lettera è un ripiego — come si è detto —, e tuttavia la comunicazione epistolare è per lui in qualche modo equivalente alla sua presenza fisica: "... Quel tale sappia che, quali noi siamo con le parole di una lettera, tali saremo anche con i fatti della presenza fisica" (2Cor 10,11); «Per questo vi scrivo queste cose da lontano, per non dovere poi, presente fisicamente, agire con severità con il potere che il Signore mi ha dato per edificare e non per distruggere» (2Cor 13,10)[65].

---

[56] R.G.C. LEVENS, «Epistolografia romana», in N.G.L. HAMMOND e H.H. SCULLARD (a cura di), *Dizionario di Antichità Classiche,* Cinisello Balsamo, Milano 1995 (Oxford 1970), p. 809. L'autore aggiunge: "Quando Roma divenne il pernio *[sic]* del Mediterraneo, le comunicazioni scritte aumentarono d'importanza. I possidenti terrieri che visitavano le loro tenute in Italia, i senatori con incarichi militari o amministrativi nelle province, i mercanti e gli appaltatori delle tasse, gli studiosi e gli esuli, tutti avevano bisogno di tenersi in contatto con la capitale, e ogni viaggiatore portava con sé numerose lettere da consegnare, spesso in cambio di lettere di presentazione".

[57] L'epistolario di Cicerone è composto di 931 lettere: 769 *di* lui, le altre *a* lui. Si discute sulla data della pubblicazione: cfr. R.G.C. Levens, "Epistolografia romana", n. 2; e J.P. Baldson, "Cicerone/4" nel *Dizionario di Antichità Classiche,* p. 457.

[58] La notizia si ricava dal trattato *Perì hermêneias (Sullo stile)* di un Demetrio vissuto probabilmente tra epoca ellenistica ed epoca romana.

[59] Cfr. le molte immagini di scribi pervenute a noi dalla civiltà egizia, ma anche quelle medievali.

[60] O. ROLLER, *Das Formular der paulinischen Briefe,* Stuttgart 1933, pp. 321-325.

[61] H. KOSKENNIEMI, *Studien zur Idee und Phraseologie des griechischen Briefes bis 400 n. Chr.,* Helsinki 1956, pp. 35-47. 1 termini greci sono *philophrónêsis* e, rispettivamente, *parousìa*, e *diàlogos* o *homilìa.*

[62] E pensare che Girolamo si era immaginato il deserto come "la città più fascinosa di ogni altra" (Ep. II, a Teodosio e agli altri anacoreti).

[63] Le lettere dell'epistolario geronimiano sono 154; cfr. san Girolamo, *Le lettere.* Traduzione e note di Silvano Cola, 1-4, Roma 1962-1964.

[64] Le citazioni sono tratte dalle lettere di Girolamo a Niceta *(Ep* VIII), a Rufino *(Ep* III, I ) e a Fiorentino *(Ep* V, I ).

[65] Cfr. R.W. FUNK, "The Apostolic *Parousia*", in W.R. Farmer (a cura di), *Christian History and Interpretation. Fs Knox,* Cambridge 1967, pp. 249-268.

### 3. **Attualizzazione del Vangelo: "I santi sono la vera interpretazione della Sacra Scrittura" (Benedetto XVI)**[36]

La vita dell'apostolo Paolo può essere assimilata a una lampada posta sul lucerniere della Chiesa e del mondo per illuminare e diffondere la luce di Cristo attraverso la sua predicazione della parola di Dio, le sue lettere e tutte le espressioni concrete della sua esistenza. Per poter illuminare gli altri questo campione della fede si è lasciato "accendere" dalla fiamma viva dello Spirito di Dio. Si stima che Paolo abbia percorso circa 15 mila chilometri, davvero tanti se pensiamo ai mezzi di trasporto dell'epoca! Questo perché egli è un uomo d'azione, un uomo "in corsa", che ricevuto un tesoro e non lo tiene per sé, ma si adopera per condividerlo.

---

[36] BENEDETTO XVI, *Udienza del 19 agosto 2009,* http: / / www.va / holy_father / benedict_xvi / audiences / 2009 / documents / hf_ben-xvi_aud_20090819_it.html.

Per questo l'amore di Cristo lo possiede (cfr. 2Cor 5,14), spingendolo oltre le pareti della sua casa, oltre le sue comodità, oltre le sue sicurezze. Poiché la parola è il più importante mezzo di comunicazione che permette di manifestare il cuore e di tessere relazioni, il ministero della Parola diventa ciò cui l'apostolo Paolo si dedica a tempo pieno, non per trasmettere un suo messaggio, ma per comunicare la Parola di Dio, parola che dall'alto del cielo ha raggiunto le tenebre della sua mente e gli ha trafitto il cuore. Nelle sue lettere, infatti, è questa parola viva che palpita e che comunica lo Spirito che l'ha ispirata. Paolo vede nella Parola di Dio la potenza operante, la *dynamis* di Dio (cfr. Rm 1,16) che manifesta concretamente i suoi effetti. Per Paolo annunciare Cristo non è fare sfoggio della propria eloquenza. L'annuncio della Parola di Dio mostra la sua efficacia non già grazie alle parole umane, ma alla potenza di Dio (cfr. 1Cor 3,2-5) che è all'opera nel cuore e nella vita di chi le pronuncia. Per questo la parola può diffondersi anche attraverso le catene dell'Apostolo: nessuno, infatti, può mettere in catene la parola di Dio (cfr. 2Tm 2,9)! Essa sfugge ad ogni presa, è più forte di ogni ostacolo, essa è della stessa natura dello Spirito Santo che l'ha ispirata. Come lo Spirito, essa è fuoco che brucia; è vento che nessuno può arrestare; è acqua che nessuno può afferrare.

Oggi viviamo in una società dove la parola è spesso "abusata". Risuonano parole a basso costo, cariche di promesse che lasciano il cuore vuoto, suoni che mascherano ampi spazi di solitudini e voragini di incomunicabilità. Tra queste valanghe di parole, la Bibbia ci propone parole di altra natura, che vengono sì dall'uomo, ma partono da Dio come da una sorgente purissima. Esse sono umane e divine, perché manifestano il connubio tra il cielo e la terra, l'alleanza eterna tra Dio e l'uomo. Queste parole che provengono da Dio Creatore hanno il potere di "toccare" l'uomo in profondità e rivelargli il suo cuore, i suoi bisogni e le sue attese, i suoi peccati e la bellezza dei suoi doni. È da questa parola che Paolo trae il suo nutrimento e la sua forza. Questa parola diventa la sua arma vincente perché mai una parola è stata così vicina all'uomo da farsi carne ed abitare il suolo degli uomini.

Paolo scrive la Parola di Dio e si nutre della Parola che lo ha preceduto, se ne fa interprete con il movimento della sua esistenza, come ha ricordato il Papa all'apertura del sinodo sulla Parola: "l'esegesi, la vera lettura della Sacra Scrittura, non è solamente un fenomeno letterario, non è soltanto la lettura di un testo. È il movimento della mia esistenza. È muoversi verso la Parola di Dio nelle parole umane. Solo conformandoci al mistero di Dio, al Signore che è la Parola, possiamo entrare all'interno della Parola, possiamo trovare veramente in parole umane la Parola di Dio"[37]. Questo approccio alla Parola di Dio ha due effetti: l'ingresso nell'"universo divino" e l'ingresso nella realtà universale, nella comunione ecclesiale, nella fraternità con l'intera umanità:

> ... la sua Parola è universale e non conosce confine. Entrando quindi nella Parola di Dio, entriamo realmente nell'universo divino. Usciamo dalla limitatezza delle nostre esperienze e entriamo nella realtà che, è veramente universale. Entrando nella comunione con la Parola di Dio, entriamo nella comunione della Chiesa che vive la Parola di Dio. Non entriamo in un piccolo gruppo, nella regola di un piccolo gruppo, ma usciamo dai nostri limiti. Usciamo verso il largo, nella vera larghezza dell'unica verità, la grande verità di Dio. Siamo realmente nell'universale. E così usciamo nella comunione di tutti i fratelli e le sorelle, di tutta l'umanità, perché nel cuore nostro si nasconde il desiderio della Parola di Dio che è una. Perciò anche l'evangelizzazione, l'annuncio del Vangelo, la missione non sono una specie di colonialismo ecclesiale, con cui vogliamo inserire altri nel nostro gruppo. È uscire dai limiti delle singole culture nella universalità che collega tutti, unisce tutti, ci fa tutti fratelli[38].

Il contatto di Paolo con la Parola ha procurato un "impatto" così forte da spingerlo a valicare i confini della sua terra e della sua cultura per poter parlare al cuore degli uomini e presentare Cristo al mondo al fine di guadagnare il maggior numero (cfr. 1Cor 9,22). Per intensificare e prolungare la sua missione, Paolo ama affiancare alla sua predicazione orale del Vangelo di Gesù Cristo un supporto scritto che manifesta e prolunga la sua presenza all'interno delle comunità cristiane. Ricorre così alla lettera, secondo la prassi del tempo, al fine di accorciare ogni distanza e

---

[37] BENEDETTO XVI, *Meditazione nel corso della prima congregazione generale della XII Assemblea del Sinodo dei vescovi*, http://www.va/holy_father/benedict_xvi/speeches/2008/october/documents/hf_ben-xvi_spe_20081006_sinodo_it.html.

[38] BENEDETTO XVI, *Meditazione nel corso della prima congregazione generale della XII Assemblea del Sinodo dei vescovi*, http://www.va/holy_father/benedict_xvi/speeches/2008/october/documents/hf_ben-xvi_spe_20081006_sinodo_it.html.

permettere al legame di amicizia con ciascuna delle comunità toccate dal suo raggio di azione di crescere e consolidarsi. Strumento privilegiato per insegnare, convincere, correggere (cfr. 2Tm 3,16) e rafforzare i vincoli di comunione ecclesiale, la lettera appare a Paolo un mezzo efficace per la comunicazione, grazie alla sua capacità di trascendere i limiti delle coordinate spazio-temporali. Questa intuizione ha permesso davvero alle sue lettere di attraversare i secoli e realizzare un "impatto" forte con i suoi lettori tanto da trasfigurare la loro vita. È il caso di molti santi che nel leggere Paolo hanno trovato Cristo e spinti dal suo esempio hanno tradotto nella società la valenza della fede cristiana, declinando in modo sempre nuovo la dinamica salvifica dell'incarnazione.

Per mostrare l'efficacia del messaggio paolino abbiamo scelto di inserire alcuni testi selezionati di santi che "passeggiando" nell'epistolario paolino hanno trovato un'oasi, un approdo, un trampolino di lancio ... una spinta ad ascendere a Cristo. Questa Parola racchiusa nelle epistole di Paolo ha permesso a molti di capire che "era Cristo che parlava in lui"[39] e ha provocato cambiamenti notevoli in santi — come Francesco, Agostino, Teresina — ed ha invitato altrettanti — come Crisostomo, Bernardino, Hurtado — a imitare Paolo nel desiderio di sperimentare la fecondità della sua vita.

Forti della convinzione che "i santi sono la vera interpretazione della Sacra Scrittura", presentiamo una breve antologia di testi che dalla loro penna sono giunti a noi, rivelandoci il tratto di "eternità" racchiuso nelle parole dell'Apostolo delle genti che trasmettono ad ogni generazione di credenti la parola di Dio "viva, efficace e tagliente" (Eb 4,12).

### 3.1 Giovanni Crisostomo, vescovo e dottore della Chiesa (347-407)[40]

*Paolo sopportò ogni cosa per amore di Cristo; ho combattuto la buona battaglia*

Che cosa sia l'uomo e quanta la nobiltà della nostra natura, di quanta forza sia capace questo essere pensante lo mostra in un modo del tutto particolare Paolo. Ogni giorno saliva più in alto, ogni giorno sorgeva più ardente

---

[39] Gregorio di Nissa, *L'ideale perfetto del cristiano, PG* 46, 254.

[40] "Nato nel 347 e morto il 14 settembre 407. Fu soprannominato 'Chrysostom' (dalla bocca d'oro) per la sua grande eloquenza. Nato ad Antiochia, da giovane si minò la salute tentando la vita monastica e poi fu ordinato sacerdote; fu mentre svolgeva il suo ministero ad Antiochia

e combatteva con sempre maggior coraggio contro le difficoltà che incontrava. Alludendo a questo diceva: Dimentico il passato e sono proteso verso il futuro (cfr. Fil 3,13). Vedendo che la morte era ormai imminente, invitava tutti alla comunione di quella sua gioia dicendo: «Gioite e rallegratevi con me» (Fil 2,18). Esulta ugualmente anche di fronte ai pericoli incombenti, alle offese e a qualsiasi ingiuria e, scrivendo ai Corinzi, dice: Sono contento delle mie infermità, degli affronti e delle persecuzioni (cfr. 2Cor 12,10). Aggiunge che queste sono le armi della giustizia e mostra come proprio di qui gli venga il maggior frutto, e sia vittorioso dei nemici. Battuto ovunque con verghe, colpito da ingiurie e insulti, si comporta come se celebrasse trionfi gloriosi o elevasse in alto trofei. Si vanta e ringrazia Dio, dicendo: Siano rese grazie a Dio che trionfa sempre in noi (cfr. 2Cor 2,14). Per questo, animato dal suo zelo di apostolo, gradiva di più l'altrui freddezza e le ingiurie che l'onore, di cui invece noi siamo così avidi. Preferiva la morte alla vita, la povertà alla ricchezza e desiderava assai di più la fatica che non il riposo. Una cosa detestava e rigettava: l'offesa a Dio, al quale per parte sua voleva piacere in ogni cosa.

Godere dell'amore di Cristo era il culmine delle sue aspirazioni e, godendo di questo suo tesoro, si sentiva più felice di tutti. Senza di esso al contrario nulla per lui significava l'amicizia dei potenti e dei principi. Preferiva essere l'ultimo di tutti, anzi un condannato però con l'amore di Cristo, piuttosto che trovarsi fra i più grandi e i più potenti del mondo, ma privo di quel tesoro.

Il più grande ed unico tormento per lui sarebbe stato perdere questo amore. Ciò sarebbe stato per lui la geenna, l'unica sola pena, il più grande e il più insopportabile dei supplizi.

---

che pronunciò le serie di sermoni che lo resero famoso in tutto l'Oriente. Nel 398, in netto contrasto con la sua volontà, fu eletto patriarca di Costantinopoli, dove il suo zelo ardente che non conosceva compromessi attirò su di lui l'ira imperiale: nel 403, in un raduno di vescovi conosciuto come il Sinodo della Quercia, egli fu deposto ed esiliato, ma l'opinione pubblica era così fortemente a suo favore che la corte non riuscì ad impedire il suo trionfale ritorno. Due mesi dopo, tuttavia, a causa di un'altra delle sue esplicite denunce del vizio, Giovanni fu nuovamente esiliato in Armenia, benché il papa avesse difeso strenuamente la sua causa; morì in esilio il 14 settembre 407. Oltre ad essere il più prolifico dei dottori greci, San Giovanni fu celebre per la sua revisione della lingua greca" (*GDIS*, 382-383).

Il godere dell'amore di Cristo era per lui tutto: vita, mondo, condizione angelica, presente, futuro, e ogni altro bene. All'infuori di questo, niente reputava bello, niente gioioso. Ecco perché guardava alle cose sensibili come ad erba avvizzita. Gli stessi tiranni e le rivoluzioni di popoli perdevano ogni mordente. Pensava infine che la morte, la sofferenza e mille supplizi diventassero come giochi da bambini quando si trattava di sopportarli per Cristo.

Paolo se ne stava nel carcere come se stesse in cielo e riceveva percosse e ferite più volentieri di coloro che ricevono il palio nelle gare: amava i dolori non meno dei premi, perché stimava gli stessi dolori come fossero ricompense; perciò li chiamava anche una grazia divina. Ma sta' bene attento in qual senso lo diceva. Certo era un premio essere sciolto dal corpo ed essere con Cristo (cfr. Fil 1,23), mentre restare nel corpo era una lotta continua; tuttavia per amore di Cristo rimandava il premio per poter combattere: cosa che giudicava ancora più necessaria.

L'essere separato da Cristo costituiva per lui lotta e dolore, anzi assai più che lotta e dolore. Essere con Cristo era l'unico premio al di sopra di ogni cosa. Paolo per amore di Cristo preferì la prima cosa alla seconda.

Certamente qui qualcuno potrebbe obiettare che Paolo riteneva tutte queste realtà soavi per amore di Cristo. Certo, anch'io ammetto questo, perché quelle cose che per noi sono fonti di tristezza, per lui erano invece fonte di grandissimo piacere. Ma perché io ricordo i pericoli ed i travagli? Poiché egli si trovava in grandissima afflizione e per questo diceva: "Chi è debole, che anch'io non lo sia? Chi riceve scandalo che io non ne frema?" (2Cor 11,29).

Ora, vi prego, non ammiriamo soltanto, ma anche imitiamo questo esempio così magnifico di virtù. Solo così infatti potremo essere partecipi dei suoi trionfi.

Se qualcuno si meraviglia perché abbiamo parlato così, cioè che chiunque avrà i meriti di Paolo avrà anche i medesimi premi, può ascoltare lo stesso Apostolo che dice: «Ho combattuto la buona battaglia, ho terminato la mia corsa, ho conservato la fede. Ora mi resta solo la corona di giustizia che il Signore, giusto giudice, mi consegnerà in quel giorno, e non solo a me, ma anche a tutti coloro che attendono con amore la sua manifestazione» (2Tm 4,7-8). Puoi vedere chiaramente come chiama tutti alla partecipazione della medesima gloria.

Ora, poiché viene presentata a tutti la medesima corona di gloria, cerchiamo tutti di diventare degni di quei beni che sono stati promessi.

Non dobbiamo inoltre considerare in lui solamente la grandezza e la sublimità delle virtù e la tempra forte e decisa del suo animo, per la quale ha meritato di arrivare ad una gloria così grande, ma anche la comunanza di natura, per cui egli è come noi in tutto. Così anche le cose assai difficili ci sembreranno facili e leggere e, affaticandoci in questo tempo così breve, porteremo quella corona incorruttibile ed immortale, per grazia e misericordia del Signore nostro Gesù Cristo, a cui appartiene la gloria e la potenza ora e sempre, nei secoli dei secoli. Amen[41].

### 3.2 Agostino d'Ippona, vescovo e dottore della Chiesa (354-430)[42]
*Rivestitevi del Signore Gesù Cristo*

Quando infine, dopo un'approfondita meditazione, ebbi la forza di far emergere dal fondo segreto di me stesso e di radunare davanti agli occhi del mio cuore (cfr. Sal 15,8; 18,15; At 2,25) tutta la mia miseria, l'anima mia fu scossa da una grande tempesta che provocò un'abbondante pioggia di lacrime. E per potermi completamente abbandonare al pianto e ai sin-

---

[41] GIOVANNI CRISOSTOMO, *Omelie 2. Panegirico di san Paolo*, *PG* 50,477-484.

[42] "13 novembre 354 - 28 agosto 430. Era nativo di Tagaste nell'Africa settentrionale. Nonostante l'educazione religiosa impartitagli subito da sua madre, Santa Monica, egli passò una gioventù scapestrata e giunse quasi a farsi manicheo. Di professione era insegnante di retorica ed insegnò successivamente a Tagaste, Cartagine, Roma (383) e Milano (384-386); sotto l'influenza di Sant'Ambrogio, delle Epistole di San Paolo e di alcuni scritti neoplatonici si convertì e fu battezzato a trentadue anni da Sant'Ambrogio, nella Pasqua del 387. In quello stesso anno partì per l'Africa; sua madre morì ad Ostia. Dal 388 al 391 condusse una sorta di vita monastica, presso Tagaste, insieme a pochi amici; nel 381 fu ordinato sacerdote ad Ippona e tre anni più tardi vescovo coadiutore della stessa città. Da quel momento dedicò tutta la sua energia e tutte le sue straordinarie doti intellettuali alla difesa della fede e della morale cristiana ed alla lotta contro l'eresia e gli scismi, giungendo così in conflitto con i manichei, i priscilliani, i donatisti, i pelagiani e semipelagiani ed i vandali ariani. Le sue idee fondamentali ed i suoi principi di vita religiosa sono ancora seguiti da numerosi canonici, frati, eremiti e monache. Sant'Agostino è uno dei più prolifici, e certamente il più influente, fra tutti i dottori della Chiesa; le sue opere 'Le Confessioni' e 'La città di Dio' sono considerate classici della letteratura mondiale. La sua vita è un miracolo della grazia divina, dal momento che persino il figlio del suo peccato, Adeodato, è ora venerato come santo. Le reliquie di Sant'Agostino sono conservate nella basilica di San Pietro in Ciel d'Oro a Pavia" (*GDIS*, 30-31).

ghiozzi, mi alzai e mi allontanai da Alipio — trovando che la solitudine era più adatta al mio bisogno di piangere — e me ne andai in un luogo più appartato, quel tanto che bastava perché la sua presenza non mi fosse di peso.

Questo era il mio stato d'animo e lui se n'era accorto, anche perché doveva essermi sfuggito non so bene che cosa che nel suono tradiva la mia voce ormai rotta dal pianto. Così mi ero alzato. Egli rimase lì dov'eravamo seduti, nel più completo stupore. Non so come, mi stesi a terra sotto un fico e lì diedi sfogo alle lacrime. Straripparono allora i fiumi dei miei occhi, sacrificio a te gradito (Sal 50,19), e il mio cuore si confidò a lungo con te rivolgendoti, se non proprio queste parole, questi stessi sentimenti: e tu, Signore, fino a quando? Fino a quando (Sal 6,4), Signore, durerà la tua collera? Non tener conto delle nostre passate iniquità (Sal 78,5-8). Perché avvertivo che non me ne ero del tutto liberato. E imploravo tra mille lamenti: per quanto tempo, per quanto tempo ancora? Quando sarà questo domani, domani? Perché non adesso? Perché non in questo stesso istante la fine della mia vergogna?

Mentre dicevo queste cose e piangevo, nella pena infinita del mio cuore affranto, ad un tratto mi parve di udire da una casa vicina una voce (cfr. Ap 14,2) — di bambino o di bambina, non saprei dire — che cantava ripetendo più volte: prendi, leggi, prendi, leggi. Cambiai aspetto all'improvviso e subito cominciai a pensare intensamente per ricordare se quella era una cantilena che faceva abitualmente i bambini in qualche loro gioco: ma non mi veniva in mente di averla mai ascoltata da nessuna parte. Trattenendo le lacrime, mi alzai, convinto che l'unico ordine che mi era stato impartito dal cielo era di aprire il libro e di leggere il primo capitolo che mi fosse capitato davanti. Mi era stato detto, in realtà, che proprio da una lettura del Vangelo alla quale aveva assistito per caso, Antonio si era sentito personalmente investire dall'esortazione di queste parole: va', vendi tutto quello che hai, dallo ai poveri e avrai un tesoro nei cieli; poi vieni e seguimi (Mt 19,21): parole che ebbero subito l'effetto di convertirlo a te.

Corsi allora verso il luogo dov'era seduto Alipio perché là avevo lasciato il libro dell'Apostolo nel momento in cui mi ero alzato. Lo presi in mano, lo aprii e, in silenzio, lessi il primo brano che mi cadde sotto gli occhi: "Non state nelle gozzoviglie e nelle orge, non nelle lussurie e nelle impudicizie, non nei litigi e nelle gelosie, ma rivestitevi del Signore Gesù Cristo, e non assecondate la carne nelle sue concupiscenze" (Rm 13,13-14). Non volli leggere altro, né altro era necessario. Perché, dopo aver letto queste ultime parole, tutte le tenebre del dubbio scomparvero, come se il mio cuore fosse stato inondato da una luce di certezza[43].

### 3.3 Domenico di Guzmán, sacerdote (1170-1221)[44]
*O parlava con Dio, o parlava di Dio*

Domenico era dotato di grande santità ed era sostenuto sempre da un intenso impeto di fervore divino. Bastava vederlo per rendersi conto di essere di fronte a un privilegiato della grazia.

V'era in lui un'ammirabile inalterabilità di carattere, che si turbava solo per solidarietà col dolore altrui. E poiché il cuore gioioso rende sereno il volto, tradiva la placida compostezza dell'uomo interiore con la bontà esterna e la giovialità dell'aspetto.

Si dimostrava dappertutto uomo secondo il Vangelo, nelle parole e nelle opere. Durante il giorno nessuno era più socievole, nessuno più affabile con i fratelli e con gli altri. Di notte nessuno era più assiduo e più impegnato nel vegliare e pregare.

Era assai parco di parole e, se apriva la bocca, era o per parlare con Dio nella preghiera o per parlare di Dio. Questa era la norma che seguiva e questa pure raccomandava ai fratelli.

---

43 AGOSTINO D'IPPONA, *Le confessioni*, a cura di G. VIGINI, Cinisello Balsamo (MI) 2001, 209.211.

44 "Nativo di Calaruega in provincia di Burgos (Vecchia Castiglia), era canonico regolare agostiniano nella cattedrale di Osma; nel 1203 accompagnò il suo vescovo, il beato Diego di Azevedo, nel sud della Francia, a quel tempo devastato dagli albigesi. Domenico iniziò il suo apostolato fra gli eretici, che sarebbe durato tutta la vita, e nel 1206 riuscì ad aprire a Prouille un convento per monache convertite dall'eresia albigese. Esso fu il germe del suo ordine di frati conosciuti come frati predicatori, che Domenico mandò ovunque a predicare e a insegnare. L'ordine fu approvato nel 1216 ed entro pochi anni si diffuse in tutta l'Europa; insieme a quello fondato da San Francesco e conosciuto come Ordine dei Frati Minori, l'Ordine dei Predicatori segna il culmine di quella potente ondata di ascetismo cristiano iniziata a Cluny e proseguita a Cîteaux. Con il suo fascino personale San Domenico si conquistò l'entusiastico affetto dei suoi seguaci; morì a Bologna e fu canonizzato nel 1234. Nell'arte veste l'abito del suo ordine, una tunica bianca con scapolare e cappuccio neri, e tiene in mano un giglio; spesso una stella risplende sulla sua testa. Talvolta ha accanto a sé un cane, un globo e del fuoco, oppure porta un rosario e tiene un'alta croce" (*GDIS*, 233).

La grazia che più insistentemente chiedeva a Dio era quella di una carità ardente, che lo spingesse a operare efficacemente alla salvezza degli uomini. Riteneva infatti di poter arrivare a essere membro perfetto del corpo di Cristo solo qualora si fosse dedicato totalmente e con tutte le forze a conquistare anime. Voleva imitare in ciò il Salvatore, offertosi tutto per la nostra salvezza.

A questo fine, ispirato da Dio, fondò l'Ordine dei Frati Predicatori, attuando un progetto provvidenziale da lungo accarezzato.

Esortava spesso i fratelli, a voce e per lettera, a studiare sempre l'Antico e il Nuovo Testamento. Portava continuamente con sé il vangelo di Matteo e le lettere di san Paolo, e meditava così lungamente queste ultime da arrivare a saperle quasi a memoria.

Due o tre volte fu eletto vescovo; ma egli sempre rifiutò, volendo piuttosto vivere con i suoi fratelli in povertà. Conservò illibato sino alla fine lo splendore della sua verginità.

Desiderava di essere flagellato, fatto a pezzi e morire per la fede di Cristo. Gregorio IX ebbe a dire di lui: "Conosco un uomo, che seguì in tutto e per tutto il modo di vivere degli apostoli; non v'è dubbio che egli in cielo sia associato alla loro gloria"[45].

### 3.4 Bernardino da Siena, sacerdote (1380-1444)[46]
*Il nome di Gesù, splendore dei predicatori*

Il nome di Gesù è la luce dei predicatori, perché illumini di splendore l'annunzio e l'ascolto delle sue parole. Donde credi si sia diffusa in tutto il mondo una luce di fede così grande, repentina e ardente, se non perché fu predicato

---

[45] DOMENICO DI GUZMÁN, «Storia dell'Ordine dei Predicatori», in *Libellus de Principiis O.P.; Acta canoniz. sancti Dominici*; Monumenta O.P. Mist. 16, Romae 1935, pp. 30 ss., 146-147.

[46] "1380-1444. Nacque l'8 settembre a Massa Marittima, presso Siena, dalla famiglia degli Albizzeschi; prese l'abito francescano (8 settembre 1402), fu ordinato sacerdote (8 settembre 1404) e dopo che ebbe pronunciato il suo primo sermone (8 settembre 1417) continuò a predicare sino alla morte. Fu considerato il più importante missionario italiano del XV secolo; era particolarmente eloquente quando predicava sul Santo Nome di Gesù, alla cui devozione diede grande diffusione. Fu anche responsabile della restaurazione della disciplina tra i francescani, e dal 1438 al 1442 fu vicario generale dell'ordine. Fu canonizzato nel 1450. Nell'arte è raffigurato in atto di mostrare un simbolo raggiante che porta la scritta IHS; è vestito da frate, con tre mitrie ai suoi piedi" (*GDIS*, 129).

Gesù? Non ci ha Dio "chiamati alla sua ammirabile luce" (1Pt 2,9) con la luce e il sapore di questo nome? Ha ragione l'Apostolo di dire a coloro che sono stati illuminati e in questa luce vedono la luce: "Se un tempo eravate tenebra, ore siete luce nel Signore: comportatevi perciò come figli della luce" (Ef 5,8).

Perciò si deve annunziare questo nome perché risplenda, non tenerlo nascosto. E tuttavia nella predicazione non lo si deve proclamare con un cuore vile o con una bocca profanata, ma lo si deve custodire e diffondere come da un vaso prezioso.

Per questo il Signore dice dell'Apostolo: Egli è per me un vaso eletto per portare il mio nome davanti ai popoli, ai re e ai figli di Israele (cfr. At 9,15). Un vaso eletto, dice dove si espone un dolcissimo liquore da vendere, perché rosseggiando e splendendo in vasi preziosi, inviti a bere; per portare, soggiunge, il mio nome.

Infatti come per ripulire i campi si distruggono con il fuoco le spine e i rovi secchi e inutili e come al sorgere del sole, mentre le tenebre vengono respinte, i ladri e i nottambuli e gli scassinatori si dileguano: così quando la bocca di Paolo predicava ai popoli, come per il fragore di un gran tuono, o per l'avvampare irruente di un incendio o per il sorgere luminoso del sole, l'infedeltà era distrutta, la falsità periva, la verità splendeva, come cera liquefatta dalle fiamme di un fuoco veemente.

L'Apostolo portava dovunque il nome di Gesù con le parole, con le lettere, con i miracoli e con gli esempi. Infatti lodava sempre il nome di Gesù e gli cantava inni con riconoscenza (cfr. Sir 51,12; Ef 5,19-20).

E di più, san Paolo presentava questo nome, come una luce, "davanti ai re, ai popoli e ai figli di Israele" (At 9,15) e illuminava le nazioni e proclamava dovunque: "La notte è avanzata, il giorno è vicino. Gettiamo via perciò le opere delle tenebre e indossiamo le armi della luce. Comportiamoci onestamente come in pieno giorno" (Rm 13,12). E mostrava a tutti la lampada ardente e splendente sul candelabro, annunziando in ogni luogo "Gesù, e questo crocifisso" (1Cor 2,2).

Perciò la Chiesa, sposa di Cristo, sempre appoggiata alla sua testimonianza, giubila con il Profeta, dicendo: "Tu mi hai istruito, o Dio, fin dalla giovinezza, e ancora oggi proclamo i tuoi prodigi" (Sal 70,17), cioè sempre. E anche il profeta esorta a questo, dicendo: "Cantate al Signore, benedite il suo nome, annunziate di giorno in giorno la sua salvezza" (Sal 95,2) cioè Gesù salvatore[47].

### 3.5 Vincenzo de' Paoli, sacerdote (1581-1660)[48]

*Servire Cristo nei poveri*

Non dobbiamo regolare il nostro atteggiamento verso i poveri da ciò che appare esternamente in essi e neppure in base alle loro qualità interiori. Dobbiamo piuttosto considerarli al lume della fede. Il Figlio di Dio ha voluto essere povero, ed essere rappresentato dai poveri. Nella sua passione non aveva quasi la figura di uomo; appariva un folle davanti ai gentili, una pietra di scandalo per i Giudei; eppure egli si qualifica l'evangelizzatore dei poveri: «Mi ha mandato per annunziare ai poveri un lieto messaggio» (Lc 4,18).

Dobbiamo entrare in questi sentimenti e fare ciò che Gesù ha fatto: curare i poveri, consolarli, soccorrerli, raccomandarli.

Egli stesso volle nascere povero, ricevere nella sua compagnia i poveri, servire i poveri, mettersi al posto dei poveri, fino a dire che il bene o il male che noi faremo ai poveri lo terrà come fatto alla sua persona divina. Dio ama i poveri, e, per conseguenza, ama quelli che amano i poveri. In realtà quando si ama molto qualcuno, si porta affetto ai suoi amici e ai suoi servitori. Così abbiamo ragione di sperare che, per amore di essi, Dio amerà anche noi.

---

47 BERNARDINO DA SIENA, "Discorso 49, sul glorioso nome di Gesù Cristo", cap. 2; *opera omnia*, 4, 505-506.

48 "1581-1660. Nato a Ranquine nella Francia sud-occidentale (oggi la città porta il suo nome), studiò brillantemente a Tolosa e a vent'anni fu ordinato sacerdote; nel 1605 cadde nelle mani di una banda di corsari e fu portato prigioniero a Tunisi, ma riuscì a fuggire ed andò a Parigi. Là, sotto la guida del Padre de Bérulle, iniziò quella attività caritativa, che avrebbe portato avanti per tutta la vita. Nessuno era escluso dalla sua assistenza: orfani, abbandonati, bambini malati, donne perdute, poveri, ciechi, pazzi. Cominciò a predicare missioni e ritiri e per questo lavoro si procurò l'aiuto di un certo numero di preti che nel 1625 organizzò in un nuovo istituto religioso, quello dei Lazzaristi o Vincenziani (Preti della Missione, in latino 'Congregatio Missionis'); nel 1633 organizzò anche la congregazione delle Suore della Carità, che da allora si sono diffuse in tutto il mondo. Vincenzo fu canonizzato nel 1737 ed è stato dichiarato patrono di tutte le società che si dedicano ad opere di carità; nell'arte è raffigurato con l'abito di un chierico del sedicesimo secolo, mentre compie qualche opera di misericordia, o con un bambino tra le braccia, o circondato da Suore della Carità" (*GDIS*, 794-795).

Quando andiamo a visitarli, cerchiamo di capirli per soffrire con loro, e di metterci nella disposizione interiore dell'Apostolo che diceva: «Mi sono fatto tutto a tutti» (1Cor 9,22). Sforziamoci perciò di diventare sensibili alle sofferenze e alle miserie del prossimo. Preghiamo Dio, per questo, che ci doni lo spirito di misericordia e di amore, che ce ne riempia e che ce lo conservi.

Il servizio dei poveri deve essere preferito a tutto. Non ci devono essere ritardi. Se nell'ora dell'orazione avete da portare una medicina o un soccorso a un povero, andatevi tranquillamente.

Offrite a Dio la vostra azione, unendovi l'intenzione dell'orazione. Non dovete preoccuparvi e credere di aver mancato, se per il servizio dei poveri avete lasciato l'orazione. Non è lasciare Dio, quando si lascia Dio per Iddio, ossia un'opera di Dio per farne un'altra. Se lasciate l'orazione per assistere un povero, sappiate che far questo è servire Dio. La carità è superiore a tutte le regole, e tutto deve riferirsi ad essa. È una grande signora: bisogna fare ciò che comanda.

Tutti quelli che ameranno i poveri in vita non avranno alcun timore della morte. Serviamo dunque con rinnovato amore i poveri e cerchiamo i più abbandonati. Essi sono i nostri signori e padroni[49].

### 3.6 Teresa del Bambin Gesù, vergine (1873-1897)[50]
*Nel cuore della Chiesa io sarò l'amore*

Siccome le mie immense aspirazioni erano per me un martirio, mi rivolsi alle lettere di san Paolo, per trovarvi finalmente una risposta. Gli occhi mi caddero per caso sui capitoli 12 e 13 della prima lettera ai Corinzi, e lessi

---

[49] VINCENZO DE' PAOLI, "Lettera 2546"; *Correspondance, entretiens, documents*, Paris 1922-1925.

[50] "1873-1897. Marie Françoise Thérèse Martin (il suo nome religioso era Teresa del Bambin Gesù) nacque ad Alançon; all'età di quindici anni entrò nell'ordine carmelitano a Lisieux e fece tali progressi nella vita spirituale che a ventidue anni fu nominata maestra delle novizie. Due anni dopo morì; la sua breve vita era stata straordinaria per l'umiltà, la semplicità e l'eroico silenzio con cui sopportava le sofferenze. Dall'anno della sua morte ella ha compiuto innumerevoli miracoli ed il suo culto si è diffuso in tutto il mondo; Pio XI l'ha dichiarata patrona delle missioni estere insieme a San Francesco Saverio e l'ha canonizzata nel 1925, e nel 1947 è stata dichiarata co-protettrice della Francia insieme a Santa Giovanna d'Arco. Nei paesi di lingua inglese è spesso chiamata 'il piccolo fiore di Gesù'; nell'arte è raffigurata con l'abito di carmelitana scalza con un mazzo di rose in mano, o con rose sparse ai suoi piedi" (*GDIS*, 749).

nel primo che tutti non possono essere al tempo stesso apostoli, profeti e dottori e che la Chiesa si compone di varie membra e che l'occhio non può essere contemporaneamente la mano. Una risposta certo chiara, ma non tale da appagare i miei desideri e di darmi la pace.

Continuai nella lettura e non mi perdetti d'animo. Trovai così una frase che mi diede sollievo: "Aspirate ai carismi più grandi. E io vi mostrerò una via migliore di tutte" (1Cor 12,31). L'Apostolo infatti dichiara che anche i carismi migliori sono un nulla senza la carità, e che questa medesima carità è la via più perfetta che conduce con sicurezza a Dio. Avevo trovato finalmente la pace.

Considerando il corpo mistico della Chiesa, non mi ritrovavo in nessuna delle membra che san Paolo aveva descritto, o meglio, volevo vedermi in tutte. La carità mi offrì il cardine della mia vocazione. Compresi che la Chiesa ha un corpo composto di varie membra, ma che in questo corpo non può mancare il membro necessario e più nobile. Compresi che la Chiesa ha un cuore, un cuore bruciato dall'amore. Capii che solo l'amore spinge all'azione le membra della Chiesa e che, spento questo amore, gli apostoli non avrebbero più annunziato il Vangelo, i martiri non avrebbero più versato il loro sangue. Compresi e conobbi che l'amore abbraccia in sé tutte le vocazioni, che l'amore è tutto, che si estende a tutti i tempi e a tutti i luoghi, in una parola, che, l'amore è eterno.

Allora con somma gioia ed estasi dell'animo gridai: O Gesù, mio amore, ho trovato finalmente la mia vocazione. La mia vocazione è l'amore. Sì, ho trovato il mio posto nella Chiesa, e questo posto me lo hai dato tu, o mio Dio.

Nel cuore della Chiesa, mia madre, io sarò l'amore ed in tal modo sarò tutto e il mio desiderio si tradurrà in realtà[51].

### 3.7 Alberto Hurtado, sacerdote (1901-1952)[52]

*"Già non vi appartenete". Meditazione sulla generosità apostolica*

#### I. L'Apostolo già non si appartiene

"Già non vi appartenete" (cfr. 1Cor 6,19-20). L'apostolo già non si appartiene più. Si vendette, si donò al suo Maestro. Per lui vive, per lui lavora,

[51] TERESA DI GESÙ BAMBINO, *Autobiografia*, Lisieux 1957, 227-229; orig. français, *Histoire d'une âme. Manuscrits autobiographiques*.

[52] "1. Nascita, infanzia e gioventù. Era un giorno d'estate in Cile. Il 22 di gennaio del 1901, nasce a Viña del Mar Alberto Hurtado Cruchaga. […] Nel 1909 Alberto entra al Collegio

per lui soffre. Il punto di vista del Maestro viene ad essere l'importante. Le mie preoccupazioni, i miei interessi lasciano il posto agli interessi del Maestro.

Che lavoro scegliere? Non quello che il gusto, il capriccio, l'utilità o la comodità mi indicano, se non quello con il quale possa servire meglio. Il servizio più urgente, il più utile, il più considerevole, il più universale. Quello del Maestro!

Con quale atteggiamento? Si lavora tanto se piace come se non piace, a me e agli altri. È il servizio di Vostra Maestà. Dobbiamo andare avanti, dilagare, abbandonarci, ma non per ambizione umana, bisogno di azione, o conquista di influenze, ma perché è l'opera del Maestro. Fare come Lui farebbe.

Per quest'opera si subordina tutto, incluso la salute, la gioia spirituale, il riposo e il trionfo. Secondo San Paolo: "Sono preso infatti fra queste due brame: desidero andarmene ad essere con Cristo, cosa di gran lunga mi-

---

Sant'Ignazio, diretto dai Padri Gesuiti. [...] Alberto entra all'Università Cattolica per studiare Giurisprudenza. [...] Nel 1923 diventa avvocato. 2. Religioso gesuita. Fortunatamente, la situazione economica della famiglia Hurtado Cruchaga migliora e ciò permette ad Alberto di realizzare il suo desiderio di entrare nella Compagnia di Gesù il 14 di agosto del 1923 a Chillàn (Cile). La lunga formazione religiosa lo allontanerà da sua madre e dal suo Paese per 11 anni. Studia in Argentina, a Barcellona e per finire a Lovanio in Belgio [...] 3. Educatore e apostolo dei giovani e delle vocazioni sacerdotali. Quando torna in Cile, nel febbraio del 1936, il giovane sacerdote inizia un intenso apostolato. [...] 4. La sua spiritualità. Per Alberto Hurtado, Cristo è semplicemente tutto: la sua ragione di vita, la forza di sperare, l'amico per cui e con cui affrontare le imprese più ardue per la gloria di Dio. Vede Cristo in ogni uomo e in ogni donna, specialmente se poveri: "Il povero è Cristo". [...] 5. La sua opera sociale: l'hogar de Cristo e l'Asich. Padre Hurtado è sempre stato in cuor suo particolarmente sensibile alle sofferenze dei poveri e degli emarginati. Si sente spinto con una gran forza a lottare per annunciare loro il messaggio di Cristo e cambiare la loro situazione. [...] La passione e la sofferenza che Padre Hurtado manifesta, in un ritiro dato ad alcune signore il 16 di ottobre del 1944, parlando della realtà di tanti poveri cileni, si incarna tre giorni dopo in una delle sue opere più note: l'Hogar de Cristo, casa di accoglienza e centro di formazione per gli emarginati. [...] 6. La sua opera culturale: la rivista "Mensaje" [...] nel 1951, quando ormai la malattia stava prendendo il sopravvento su di lui, P. Hurtado fonda la rivista "Mensaje" che uscì il primo di ottobre di quello stesso anno nella sua prima edizione in 20.000 copie. Esaurisce le sue forze cercando collaboratori e articoli, scrivendo lui stesso e ottenendo abbonati. 7. Malattia e morte. La salute di P. Hurtado peggiora rapidamente. Il 19 di maggio del 1952 celebra la sua ultima Messa nel Noviziato di Loyola (Cile), [...] Due giorni dopo soffre un grave e doloroso infarto polmonare. [...] Abbandona le sue spoglie mortali, in pace e serenità, il 18 di agosto del 1952, a soli 51 anni." ("Una visita di Dio in Cile", http://padrealbertohurtado.cl/italiano/index.php?pp=san_alberto).

gliore, ma d'altra parte il rimanere ancora nella carne è più necessario per il vostro bene. Persuaso di questo, so che rimarrò e continuerò a rimanere in mezzo a voi tutti" (Fil 1,23).

È un lavoro amoroso, non di schiavo. Non ci si lamenta, se non che ci si rallegra del donarsi, come la madre per suo figlio ammalato. È un dono totale all'opera del Maestro che si abbraccia con tenerezza, di modo che arriva ad essere più sacrificio il non sacrificarsi: Ama il suo dolore.

## II. La Pace apostolica

Il mondo vuole darci la pace con l'assenza di tutti i mali sensibili e la riunione di tutti i piaceri. La pace che Gesù promette ai suoi discepoli è diversa. Si basa non sull'assenza di ogni sofferenza e di ogni preoccupazione, se non sull'assenza di ogni divisione interiore profonda; si basa sull'unità del nostro atteggiamento verso Dio, verso di noi, e verso gli altri.

Questa è la pace nel lavoro-senza-riposo: Il Padre mio non ha lasciato di operare fino al presente, ed io pure opero (cfr. Gv 5,17). Il vero lavoro di Dio, che consiste nel dare la vita e conservarla, attira ogni essere verso il suo proprio bene, non cessa, nè può cessare. Così quelli che in verità sono associati al lavoro divino non possono riposarsi mai, perché niente è servile in questo lavoro. Un apostolo lavora quando dorme, quando riposa, quando si diverte [...] Tutto questo è santo, è apostolato, è collaborazione al piano divino.

La pace cristiana è fondata su questa unificazione di tutte le nostre capacità di lavoro e di resistenza, di tutti i nostri desideri e ambizioni [...] Colui che dal principio è così uno e che poco a poco mette in pratica questa unificazione, questo ha la pace.

## III. Il cielo di Paolo

L'apostolo è un martire o rimane sterile. Cerca, predicando lo zelo, l'abnegazione, l'eroismo, che siano virtù cristiane che nascano dall'esempio e dalla dottrina di Cristo. Lo zelo delle anime è una passione ardente. Si basa sull'amore; è il loro aspetto conquistatore e aggressivo, e quando si tocca la persona amata, si tocca lui. Così Paolo: "sono crocifisso con Cristo" (Gal

2,19), diventa furioso quando si tocca la fede dei suoi Galati [...] perché è identificato a Cristo: toccare quella fede, è toccarlo. "Non sono più io che vivo è Cristo che vive in me. Questa vita nella carne, io la vivo nella fede del Figlio di Dio, che mi ha amato e ha dato se stesso per me" (Gal 2,20). Non si tocca Cristo, se non passando per Paolo[53].

---

53 ALBERTO HURTADO, *Un fuoco che brucia altri fuochi*, http://padrealbertohurtado.cl/italiano/index.php?pp=legado&qq=publicaciones&rr=publ_01_43. Vedi il testo originale: ID., *Un fuego que enciende otros fuegos*, Santiago del Chile, 2004, 2005$^7$, 161-162.

## Prefazione del II volume *Il cuore di Cristo è il cuore di Paolo*

È con enorme gioia e viva soddisfazione che concludo il mio studio introduttivo della trattazione epistolare paolina con la pubblicazione di questo secondo volume, *Il cuore di Cristo è il cuore di Paolo. Studio introduttivo esegetico-teologico delle lettere paoline*. Sono quasi incredulo del fatto che siano già passati tre anni dal momento in cui il I volume vide la luce, nell'autunno del 2010. L'interesse e l'entusiasmo che il primo libro ha suscitato fra gli studenti e, insieme, i Professori, mi hanno spinto a concludere l'intero progetto in modo opportuno e tempestivo. A dire il vero, ho iniziato quest'opera in due volumi sin dall'ottobre 1999, cioè nel primo anno in cui ho cominciato il corso "corpo paolino" nel primo ciclo della Facoltà di Teologia della Pontificia Università Gregoriana. Da quella prima lezione, ho dedicato gli ultimi quattordici anni della mia vita alla ricerca universitaria, allo studio e alla scrittura che hanno reso possibile la realizzazione di tali volumi. Naturalmente, spetterà ai lettori giudicare se l'attesa sia valsa la pena, ma, dal canto mio, questo progetto nella sua interezza ha realmente costituito un esercizio intellettuale e spirituale molto stimolante.

I miei ringraziamenti vanno in special modo alla Dott.ssa Katia Paoletti, Direttore della G&BPress, la quale ha accolto con grande entusiasmo questo progetto sin dall'inizio e che, nel corso di questi anni, mi ha incessantemente incoraggiato a portarlo a compimento. La presente introduzione allo studio delle lettere paoline, concentrata essenzialmente sulle epistole incontestate dell'Apostolo dei Gentili, costituisce ora un'opera unica in due volumi: il I volume, *Il cuore di Paolo è il cuore di Cristo* e il II volume, *Il cuore di Cristo è il cuore di Paolo*. In tutto il percorso, ho adottato un'impostazione interdisciplinare per lo studio della Sacra Scrittura, poiché durante gli anni della mia docenza, mi sono pienamente convinto del suo notevole valore pedagogico, specialmente per un gruppo internazionale di studenti del primo ciclo. È sempre stato mio intento primario quello di commentare i testi di Paolo e spiegarne il ricco e profondo significato alle persone del ventunesimo secolo. Per compiere ciò in modo convincente, in queste pagine ho sistematicamente invitato i miei lettori ad ampliare i propri orizzonti attraverso le varie sezioni intitolate "invito all'approfondimento". Nel corso dei due volumi, ho integrato la mia esegesi e le mie riflessioni teologiche con contributi scientifici tratti dai seguenti ambiti: letteratura (due opere teatrali, una tragedia ed una commedia; varie poesie antiche e moderne; brani tratti da due romanzi, uno inglese e l'altro americano), storia dell'antica Roma, storia delle religioni, barocco musicale, spiritualità ignaziana e storia dell'arte. Tale impostazione narrativa per lo studio delle epistole paoline, insieme allo stretto contatto con il testo in greco dei brani tratti dalle sette lettere protopaoline, rende questi volumi davvero unici e singolari.

*Enseigner c'est apprendre deux fois*. È per i miei studenti che ho scritto questi due volumi ed è a loro che li dedico con gioia. Grazie di cuore... e buon lavoro!

Roma, 30 settembre 2013,
festa di san Girolamo, sacerdote e dottore della Chiesa

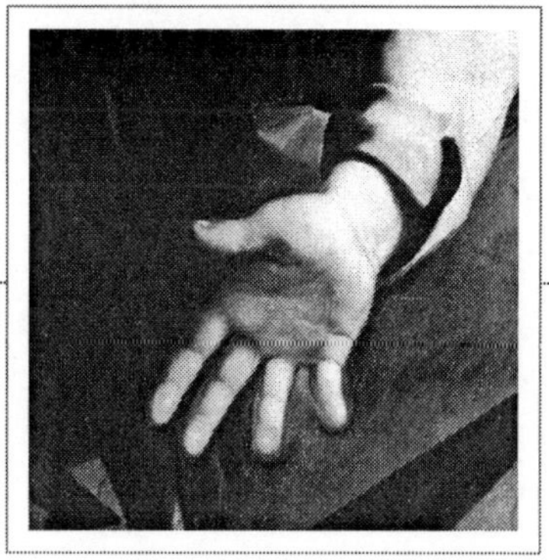

# CAPITOLO I

## PRIMA LETTERA AI CORINZI

### I. Notizie sulla Prima Lettera ai Corinzi

**A.** *La Lettera nella liturgia*

1. Lezionario

a. Liturgia romana

**liturgia dei giorni festivi:**

| | |
|---|---|
| 1,1-3 | $2^a$ domenica del TO / A |
| 1,3-9 | $1^a$ domenica di Avvento / B |
| 1,10-13.17 | $3^a$ domenica del TO / A |
| 1,22-25 | $3^a$ domenica di Quaresima / B |
| 1,26-31 | $4^a$ domenica del TO / A |
| 2,1-5 | $5^a$ domenica del TO / A |
| 2,6-10 | $6^a$ domenica del TO / A |
| 3,9b-11.16-17 | Basilica Lateranense, 9 novembre |
| 3,16-23 | $7^a$ domenica del TO / A |
| 4,1-5 | $8^a$ domenica del TO / A |
| 5,6-8 | Domenica di Pasqua / A, B, C |
| 6,13c-15a.17-20 | $2^a$ domenica del TO / B |
| 7,29-31 | $3^a$ domenica del TO / B |
| 7,32-35 | $4^a$ domenica del TO / B |
| 9,16-19.22-23 | $5^a$ domenica del TO / B |
| 10,1-6.10-12 | $3^a$ domenica di Quaresima / C |
| 10,16-17 | SS. Corpo, Sangue di Cristo / A |
| 10,31–11,1 | $6^a$ domenica del TO / B |
| 11,23-26 | Giovedì santo, cena del Signore / A, B, C; SS. Corpo e Sangue di Cristo |
| 12,3-7.12-13 | Pentecoste, messa del giorno / A, C |
| 12,4-11 | $2^a$ domenica del TO / C |

| | |
|---|---|
| 12,12-31a | 3ª domenica del TO / C |
| 12,31-13,13 | 4ª domenica del TO / C |
| 15,1-11 | 5ª domenica del TO / C |
| 15,12.16-20 | 6ª domenica del TO / C |
| 15,20-26 | Assunzione della BVM, giorno / A |
| 15,20-27a | Assunzione della BVM, giorno / C |
| 15,20-26.28 | 34ª domenica del TO, Cristo Re / A |
| 15,45-49 | 7ª domenica del TO / C |
| 15,54-57 | Assunzione della BVM, messa vespertina / A, C |
| 15,54-58 | 8ª domenica del TO / C |

**liturgia dei giorni feriali:**

Si leggono alcuni brani della Prima Lettera ai Corinzi dalla 22ª alla 24ª settimana, anno pari.

b. Liturgia bizantina

**liturgia dei giorni festivi:**

| | |
|---|---|
| 1,10-17 | 8ª domenica dopo la Pentecoste |
| 3,9-17 | 9ª domenica dopo la Pentecoste |
| 4,9-16 | 10ª domenica dopo la Pentecoste |
| 1,3-9 | Sabato della 11ª domenica dopo la Pentecoste |
| 9,2b-12 | 11ª domenica dopo la Pentecoste |
| 1,26–2,5 | Sabato della 12ª domenica dopo la Pentecoste |
| 15,1-11 | 12ª domenica dopo la Pentecoste |
| 2,6-9 | Sabato della 13ª domenica dopo la Pentecoste |
| 16,13-24 | 13ª domenica dopo la Pentecoste |
| 4,1-5 | Sabato della 14ª domenica dopo la Pentecoste |
| 4,17–5,5 | Sabato della 15ª domenica dopo la Pentecoste |
| 10,23-28a | Sabato della 16ª domenica dopo la Pentecoste |
| 14,20-25 | Sabato della 17ª domenica dopo la Pentecoste |
| 15,39-45 | Sabato della 18ª domenica dopo la Pentecoste |
| 15,58–16,3 | Sabato della 19ª domenica dopo la Pentecoste |
| 6,12-20 | Domenica del Figliol Prodigo |
| 10,23-28 | Sabato della 35ª domenica dopo la Pentecoste |

| | |
|---|---|
| 8,8–9,2 | Domenica di Carnevale |
| 11,23-32 | Giovedì Grande e Santo |
| 2,6-9 | Sabato prima dell'Universale Esaltazione della Preziosa e Vivificante Croce |
| 1,18-24 | Universale Esaltazione della Preziosa e Vivificante Croce |
| 1,26–2,2 | Sabato dopo l'elevazione della Preziosa e Vivificante Croce |
| 9,19-27 | 5 gennaio |
| 10,1-4 | Benedizione dell'acqua |
| 8,8–9,1 | Natività di Giovanni Battista (24 giugno) |
| 12,27–13,8 | Unzione dei malati (3° *Apostolos*) |
| 15,39-45 | Funerale di un bambino |
| 14,20-25 | Commemorazioni o feste dei Profeti |
| 4,9-16 | Commemorazioni o feste degli Apostoli |
| 15,1-11 | Funerale di un sacerdote o diacono sposato (3° *Apostolos*) |
| 15,20-28 | Funerale di un sacerdote o diacono sposato (4° *Apostolos*) |
| 15,47-57 | I defunti |

**liturgia dei giorni feriali:**

Si leggono alcuni passi della Prima Lettera ai Corinzi dal martedì della 6ª settimana dopo la Pentecoste al mercoledì della 10ª settimana dopo la Pentecoste.

2. Liturgia delle ore

a. Liturgia romana

i. Ufficio delle letture

| | |
|---|---|
| 1,1-17 | domenica, 5ª settimana del TO |
| 1,18-31 | lunedì, 5ª settimana del TO |
| 1,18–2,5 | comune degli apostoli (vol. I, II)<br>comune dei martiri (vol. IV) |
| 2,1-16 | martedì, 5ª settimana del TO<br>dottori della Chiesa (vol. II)<br>Santissima Trinità (vol. III) |
| 3,1-23 | mercoledì, 5ª settimana del TO |

| | |
|---|---|
| 4,1-16 | comune degli apostoli (vol. III, IV) |
| 4,1-21 | giovedì, 5ª settimana del TO |
| 5,1-13 | venerdì, 5ª settimana del TO |
| 6,1-11 | sabato, 5ª settimana del TO |
| 6,12-20 | domenica, 6ª settimana del TO |
| 7,1-24 | lunedì, 6ª settimana del TO |
| 7,25-40 | martedì, 6ª settimana del TO |
| | comune delle vergini (vol. I, II, III, IV) |
| 8,1-13 | mercoledì, 6ª settimana del TO |
| 9,1-18 | giovedì, 6ª settimana del TO |
| 9,19-27 | venerdì, 6ª settimana del TO |
| 10,1-13 | sabato, 6ª settimana del TO |
| 10,14-33; 11,1 | domenica, 7ª settimana del TO |
| 11,2-16 | lunedì, 7ª settimana del TO |
| 11,17-34 | martedì, 7ª settimana del TO |
| 12,1.11 | mercoledì, 7ª settimana del TO |
| 12,12-31 | giovedì, 7ª settimana del TO |
| 12,31; 13,1-13 | venerdì, 7ª settimana del TO |
| 12,31–13,13 | per coloro che lavoravano per i diseredati (vol. III, IV) |
| 14,1-19 | sabato, 7ª settimana del TO |
| 14,20-40 | domenica, 8ª settimana del TO |
| 15,1-19 | lunedì, 8ª settimana del TO |
| 15,12-34 | per i defunti (vol. I, II, III, IV) |
| 15,20-34 | martedì, 8ª settimana del TO |
| 15,35-57 | per i defunti (vol. I, II, III, IV) |
| 15,35-58 | mercoledì, 8ª settimana del TO |
| 16,1-24 | giovedì, 8ª settimana del TO |

ii. lodi, ora media, vespri e compieta

| | | |
|---|---|---|
| 1,7b-9 | martedì di Avvento | vespri |
| 1,23-24 | Croce gloriosa | vespri |
| 1,25.27a | martedì di Quaresima V | ora media |
| | martedì santo | ora media |
| 1,27b-30 | martedì di Quaresima V | vespri |
| | martedì santo | vespri |

| | | |
|---|---|---|
| 2,7-10a | venerdì II | vespri |
| 2,9-10a | mercoledì di Pasqua VII | vespri |
| 3,16-17 | comm. dedicazione | ora media |
| 4,5 | mercoledì di Avvento | vespri |
| 5,7-8 | venerdì di Pasqua VI | ora media |
| 6,19-20 | giovedì di Pasqua VII | vespri |
| 7,32b-34a | comune della BVM | primi vespri |
| | comune della BVM | vespri |
| 9,24-25 | domenica di Quaresima I-IV | vespri |
| 10,16-17 | SS. Sacramento | primi vespri |
| 11,23-25 | SS. Sacramento | vespri |
| 12,4-6 | SS. Trinità | lodi |
| 12,12-13 | martedì II | ora media |
| 12,13 | giovedì di Pasqua | ora media |
| | giovedì di Pasqua I | ora media |
| 15,1-2a.3-4 | S. Marco, S. Luca | lodi |
| 15,3-5.8 | Ss. Pietro e Paolo | vespri |
| 15,3b-5 | Pasqua | ora media |
| | Domenica di tempo pasquale | ora media |
| 15,9-10 | Conversione di S. Paolo | vespri |
| 15,22-23 | Assunzione della BVM | vespri |
| 15,22-28 | Cristo Re | vespri |
| 15,55-57 | Comune di defunti | vespri |

b. Liturgia bizantina

| | | |
|---|---|---|
| 11,23-32 | Giovedì Grande e Santo | vespri |
| 1,18–2,2 | Venerdì Grande e Santo | vespri |
| | Sabato Grande e Santo | vespri |

**B.** *Occasione, destinatari, luogo e data di composizione*

Situata in posizione strategica sull'istmo omonimo, la città di Corinto metteva in comunicazione la Grecia continentale con il Peloponneso[1] e

[1] Il Peloponneso (gr. Πελοπόννησος), una penisola tra il Mar Ionio e il Mare Egeo, è una regione geografica (21.379 km$^2$) della Grecia meridionale ricchissima di storia. La penisola — ormai di-

l'Oriente con l'Occidente, usufruendo di due porti. Il principale, Lecheo [lat. *Lechaeum*] era posto nel golfo di Corinto a 2,5 km a nord, in direzione del Mare Ionio e Adriatico; l'altro, Cencre [lat. *Cenchreae*], a 5 km a est sul golfo Saronico (o Golfo di Egina), si affacciava sul Mare Egeo. La città di Corinto era posto ai piedi di una montagna, chiamata Acrocorinto, alta 575 m, che dominava tutta la regione. Abitata fin dal periodo neolitico, Corinto diventò un centro commerciale importantissimo sin dall'VIII secolo[2], riuscendo così a garantire un alto tenore di vita alla sua popolazione. Nel 140 a.C. durante la guerra contro la Lega achea, i romani conquistarono tutto il territorio. Dopo essere stata distrutta nel 146 a.C. dal generale Lucio Mummio[3] a causa della sua opposizione a Roma[4], nel

ventata un'isola dopo la costruzione del canale di Corinto nel 1893 — prende il suo nome da Pelope, figlio di Tantalo, re di Lidia. Il tiranno Periandro (627-585 a.C.) fu la prima persona a voler scavare un canale lungo l'istmo ma riuscì solo a costruire una strada pavimenta (gr. δίολκος) per lo spostamento delle navi. In seguito il suo sogno fu condiviso dal re di Macedonia Demetrio Poliercete, da Giulio Cesare, da Caligola e da Nerone. Poiché la forma della penisola assomiglia a una foglia di gelso, i Crociati la chiamarono Morea (gr. Μωρέας), il toponimo veneziano medievale.

[2] Vedi TUCIDIDE, *La Guerra del Peloponneso*, 1,13,5.

[3] "Mummius. Name of a Roman plebeian family of little political significance except for L. M. [I 3], the destroyer of Corinth [...] Roman senator and general, son of M. [I 2]. As praetor of Hispania ulterior, he successfully fought in 153 BC against the Lusitanians, after an initial defeat (App. Ib. 236–242), and celebrated a triumph the next year (App. Ib. 243). In 146 he was consul together with Cn. Cornelius [I 33] Lentulus (MRR I,465f.) and took over the almost completed war against the Achaeans from Q. Caecilius [I 27] Metellus. He defeated them on the Isthmus and conquered the city of → Corinth (Paus. 7,16; Iust. 34,2,I–6), which was plundered (Zon. 9,3I) and, after the arrival of the decemviri, destroyed on the Senate's instructions (Liv. Pr.52; Vell. I,13,I; reservations regarding the extant [2.491–496]) with the surviving inhabitants being sold into slavery (Paus. 7,I6,8; Iust. 34,2,6). M. remained in 145 in Greece as proconsul (Syll.$^3$ 683, l. 55) and supervised the reordering of the province with a senate commission [...] After returning to Rome, he held a triumph (probably late in 145) over Achaea and Corinth (Cic. Mur. 3I; Liv. Per. 52). For the first time, theatrical performances in the Greek style were presented at the *ludi triumphales* (Tac. Ann. 14,21,I). He also built a temple for Hercules Victor on Mons Caelius, which he had vowed during the war (ILS 20 = ILLRP 122; against an association with his censorship 142 [I. 119]). He donated the works of art taken from Corinth to towns in Italy and even Spain" (W. KIERDORF, "Mummius [I 3]", *BNP*, IX, 279).

[4] La distruzione di Corinto simboleggia la fine di un'epoca: Roma dimostrò così la sua piena vittoria militare su un mondo, quello della civiltà greca, che le era superiore sotto tutti gli altri punti di vista. Si consideri l'epigramma di Antípatro di Sidone sul sacco di Corinto nell'eccellente traduzione del poeta siciliano S. Quasimodo (ID., *Dall'Antologia palatina*, IX, 151).

Dov'è la tua mirabile bellezza, o dorica Corinto?
E le corone delle tue torri e le antiche ricchezze,

44 a.C. Corinto fu ricostruita da Giulio Cesare, il quale vi fondò una colonia romana di liberti[5] e di veterani che ebbe presto un fiorente sviluppo: *Colonia Laus Iulia Corinthiensis*. Forse anche per la presenza rappresentativa di un nucleo romano nel 27 a.C. Corinto venne nominata capitale della provincia di Acaia e di conseguenza scelta come sede del propretore. Nel 15 d.C. Tiberio unificò le province dell'Acaia, della Macedonia e della Misia[6]. Grazie alla sua posizione strategica nel I secolo d.C. la città divenne uno dei più ricchi[7] e rappresentativi centri dell'impero romano[8] in età neotestamentaria. Corinto si presentava storicamente come una metropoli, florida città commerciale, rinomata per le sue produzioni artistiche[9]. A Corinto si studiava la filosofia. Trattandosi di un ambiente vivace ed emancipato in cui l'intelletto trovava la sua massima espressione. Ciò lo possiamo desumere dai racconti di Paolo, costretto in più occasioni a manifestare la sua straordinaria capacità dialettica (cfr. 1Cor

---

i templi degli dei, i tuoi palazzi?
Dove le tue donne, dove le folle immense del tuo popolo?
Nemmeno un segno rimane di te, infelicissima!
Divorò tutto a rapina la guerra.
Solo noi Nereidi, figlie di Oceano, immortali,
come alcioni, siamo rimaste a piangere le tue sventure.

Non dimentichiamo le celebri parole di Orazio, poeta augusteo (65 a.C. - 8 d.C.): *Graecia capta ferum victorem cepit* (ID., *Ep.* 2,1,156). La Grecia, vinta dalla violenza delle armi romane, conquistò a sua volta il suo vincitore e potente rivale con l'irresistibile fascino della sua raffinata cultura. Il topos *victi vicimus* ("vinti, abbiamo vinto"), ben conosciuto nel mondo greco-romano, si ricorda facilmente grazie all'esempio di poliptoto del verbo *vinco* (e, nel caso del detto di Orazio, del verbo *capio*). Per altri esempi di *polyptoton* in varie lingue antiche e moderne vedi H. LAUSBERG, *Elementi di Retorica*, §280.

[5] Cfr. G.D. FEE, *The First Epistle to the Corinthians*, 1.

[6] Vedi TACITO, *Annali* 1,80,1.

[7] Cfr. A.C. THISELTON, *The First Epistle to the Corinthians*, 3-4; R. FABRIS, *Prima lettera ai Corinzi*, 24. Thiselton sottolinea l'importanza del "market economy" sui valori dei corinzi e sulla loro ricerca sfrenata di benessere e di *status* sociale, valori condivisi in pieno dai neo-battezzati della città.

[8] "Anche dal versante governativo e amministrativo la città era stata romanizzata: all'assemblea dei cittadini si aggiungeva il consiglio dei decurioni o l'*ordo decurionum*, quello dei due magistrati, posti in carica per un anno (*duoviri iure dicendo*), due sovrintendenti all'urbanistica (*aediles*), un tesoriere (*quaestor*), un responsabile per il culto (*pontifex*) e un delegato per i giochi istimici (*sic*) (*agōnothetēs*)" (A. PITTA, *La Seconda Lettera ai Corinzi*, 35).

[9] Cfr. J. MURPHY-O'CONNOR, "The First Letter to the Corinthians", 798; A.C. THISELTON, *The First Epistle to the Corinthians*, 10-11.

1,19-24; 15,32-33). Nel I secolo la lingua ufficiale era divenuta ormai il latino[10], ma la lingua parlata dalla maggior parte del popolo era ancora il greco, assai diffuso nel settore del commercio e della cultura[11]. Nei variopinti quartieri della città portuale, popolati da gente proveniente da tutte le regioni dell'impero, fiorivano numerosi culti e religioni diverse. Era presente e attiva anche la comunità giudaica (cfr. At 18,2-8) e la sinagoga era frequentata da una folta popolazione ebraica. In occasione degli scavi archeologici è stato ritrovato un architrave in pietra con l'iscrizione, "sinagoga degli ebrei". La scrittura è piuttosto goffa; la porta si apriva probabilmente su un tempio di architettura e fattura molto sem-

[10] Lo attestano le iscrizioni dell'epoca anteriore ad Adriano: su un totale di 104, 101 sono in latino e solo tre in greco. Vedi J. MURPHY-O'CONNOR, *St. Paul's Corinth*, 8. "In the Roman Empire, there was an unusual situation in that both Greek and Latin were recognized, developed written and literary languages of high prestige. It is wellknown (*sic*) that, for an educated Roman, written and spoken Greek was part of the indispensable cultural know-how: → Ennius grew up trilingual (Latin, Greek, Ostin); Latin senatorial historiography used Greek; Latin literature is based on the foundations of Greek genres. Plautus and Terence are unthinkable without Menander, Virgil without Homer, Horace without Archilochus. The Romans made no serious attempt to establish Latin as the only official language of the empire — in the East, Greek served as the language of administration, and inscriptions were often accompanied by a Greek translation (cf. the → Monumentum Ancyranum: the only preserved purely Latin version is earmarked for the colony of Antioch). For specifically Roman official terms, standard renderings were introduced (e.g. Σεβαστός / *Sebastós* for Lat. *Augustus*). The same cannot be said of speakers of Greek; while we know of many that they were fluent in Latin (Plutarch, Dionysius [I 8] of Halicarnassus), knowledge of Roman literature can only be demonstrated rarely, and late (e.g. Nonnus). More than a few Romans wrote Greek, but the reverse is infrequent (Claudianus, Ammianus Marcellinus). [...] Thus, one is able to say that there were two different languages of prestige that claimed different domains. These two had their counterparts in a whole range of local languages for which, however, there is only scant evidence" (V. BINDER, "Multilingualism", *BNP*, IX, 270-271). Nel Vangelo secondo Giovanni troviamo prova di multilinguismo presente in un altro popolo sotto il dominio romano: "[17]Essi presero Gesù ed egli, portando la croce, si avviò verso il luogo detto del Cranio, in ebraico Gòlgota, [18]dove lo crocifissero e con lui altri due, uno da una parte e uno dall'altra, e Gesù in mezzo. [19]Pilato compose anche l'iscrizione e la fece porre sulla croce; vi era scritto: 'Gesù il Nazareno, il re dei Giudei'. [20]Molti Giudei lessero questa iscrizione, perché il luogo dove Gesù fu crocifisso era vicino alla città; era scritta in ebraico, in latino e in greco. [21]I capi dei sacerdoti dei Giudei dissero allora a Pilato: 'Non scrivere: 'Il re dei Giudei', ma: 'Costui ha detto: Io sono il re dei Giudei''. [22]Rispose Pilato: 'Quel che ho scritto, ho scritto'" (Gv 19,17-22).

[11] Ricordiamo le parole di Orazio poc'anzi citate: *Graecia capta ferum victorem cepit*. Cfr. J. MURPHY-O'CONNOR, *St. Paul's Corinth*, 8; A.C. THISELTON, *The First Epistle to the Corinthians*, 25; J.A. FITZMYER, *First Corinthians*, 30-31.

plice. A Corinto si incontravano e si mescolavano le culture dell'occidente e dell'oriente. L'importante storia della città è testimoniata ancora oggi dai suoi monumenti[12]: le mura cittadine, i numerosi templi, i porticati e gli edifici delle terme, il teatro, la grande piazza del mercato in cui campeggiava la tribuna giudiziaria: il cosiddetto "tribunale di Gallione" (At 18,12). Sull'istmo, a cadenza biennale, si svolgevano i giochi Istmici in onore di Poseidone[13] (giochi atletici non meno famosi dei giochi Olimpici[14]) e ciò era motivo di affluenza di gente di diversa stirpe, categoria sociale e cultura

---

[12] "Owing to the destruction of 146 BC structural remains in C. are rare. Apart from the various sections of the city wall, they comprise primarily the famous pillars of the temple to Apollo (map no. 17) from the last quarter of the 6th cent. BC, on the hill to the north above the market, as well as on the north side of the agora (no. 21) the underground well-house of a sacred spring (no. 20; with an oracular sanctuary), all covered by Roman structures, with many surviving and reused walls, especially those of the large market halls and spring houses. At the centre of the city is the agora (no. 21): an open space (c. 65 x 165 m) is skirted to the north and south by large pillared halls with shops, workshops and public buildings, forming to the south a magnificent complex on two terraces" (Y. LAFOND – E. WIRBELAUER, "Corinthus/Corinth", *BNP*, III, 802).

[13] "Poseidóne [gr. *Poseidôn*] *mit.* Figlio di Crono e Rea Cibele, e perciò fratello di Zeus, di Ades e di altre divinità. Anch'egli fu ingoiato dal padre appena nato, ma poi fu rigettato vivo. Quando Zeus assunse il dominio del cielo e della terra, diede a Poseidone la signoria del mare e ad Ades le regioni infernali. Ma Poseidone, invidioso del potere del fratello, si ribellò a quest'ultimo e tentò di incatenarlo. Zeus allora per punirlo lo condannò a trascorrere un anno sulla terra, durante il quale Poseidone costruì per il re Laomedonte le mura di Troia. Fu però al fianco di Zeus nella lotta contri i Titani e i Giganti, che volevano detronizzare il re dell'Olimpo. Questo dio marino era rappresentato su una grande conchiglia, che gli fungeva da cocchio, trainata da delfini o da cavalli marini, con in mano il tridente, con il quale percuoteva la terra, provocando terremoti e facendo emergere le isole dalle acque. Sposò Anfitrite che generò Tritone. Ebbe anche molti altri amori e molti figli: dalla ninfa Tiro ebbe Neleo e Pelia; da Toosa gli nacque Polifemo; da Gea, Anteo. Era di umore incostante, spesso violento e vendicativo, come sperimentò Ulisse, che subì la persecuzione del dio per avergli accecato il figlio Polifemo. Gli Ateniesi, che gli erano molto devoti e gli offrivano sacrifici di tori e cavalli, gli dedicarono un mese, il *poseideone* (→). A Corinto in suo onore si celebravano i giochi istmici. Dalla Grecia il culto passò in Italia, dove i Romani identificarono il dio con Nettuno, dio italico delle acque" (M. GISLON – R. PALAZZI, "Poseidóne", *DMAC*, 345).

[14] "Presso i Greci e i Romani i giochi erano spettacoli pubblici, collegati a ricorrenze religiosi o civili, che cominciavano con sacrifici e processioni. I giochi (*agónes*) più famosi della Grecia furono gli Olimpici, i Pitici, i Nemei e gli Istmici, che si celebravano solennemente con diverse gare ginniche, specialmente con la corsa a piedi, a cavallo e sul cocchio, con la lotta e con il lancio del giavellotto e del disco (→ *olimpiade*; *pitici, nemei, istmici, giochi*). Presso i Romani i *ludi* erano organizzati a spese dello Stato e duravano anche parecchi giorni" (M. GISLON – R. PALAZZI, *DMAC*, "giòco", 217).

(cfr. 1Cor 9,24)[15]. Sul monte che dominava la città, meta di pellegrini e approdo di marinai, si ergeva il tempio di Afrodite, dove si praticava la prostituzione sacra[16]. La licenziosità di costumi dei corinzi era proverbiale: "vivere alla maniera corinzia" significava vivere senza disciplina morale. Paolo si vide costretto a biasimare, nella comunità cristiana locale, pesanti casi di lussuria (cfr. 1Cor 5,1-13; 6,9.18-20). Proprio a Corinto, Paolo scrisse la Lettera ai Romani, la quale contiene severe parole di ammonimento riguardo alla dissoluzione morale vigente nel mondo pagano (cfr. Rm 1,18-32). In vista di tutto ciò, l'Apostolo delle genti decise di intraprendere la difficile opera di evangelizzazione di quell'importante insediamento e di servirsene come base strategica in vista del suo ambizioso programma missionario. Corinto, con la sua fortunata posizione di sbocco sul versante sia occidentale che orientale del Mediterraneo, ben si adattava alla realizzazione di tutti quei progetti che costituivano la principale ed unica ragione di vita di Paolo.

Chi erano dunque i cristiani di Corinto, destinatari originali di questa lettera? Senza dubbio, Paolo scrive a tutta la comunità, "alla Chiesa di Dio che è a Corinto, a coloro che sono stati santificati in Cristo Gesù, santi per chiamata, insieme a tutti quelli che in ogni luogo invocano il nome del Signore nostro Gesù Cristo, Signore nostro e loro" (1Cor 1,2). Alcuni studiosi hanno ipotizzato che la maggioranza dei credenti fosse costituita da gentili e che i detentori delle posizioni di leadership nella chiesa fossero gli ebrei più in vista. 1Cor 16, Rm 16 e Atti 18 registrano i nominativi di non pochi membri della chiesa in questione. L'onomastica risulta per lo più di origine greca[17] o italica[18]; scarsamente presenti i nomi

---

[15] Cfr. R.B. Hays, *First Corinthians*, 3; R. Fabris, *Prima lettera ai Corinzi*, 4.

[16] "The historicity of so-called sacral prostitution, by which female temple slaves (*hierodoûlai*) prostituted themselves for money in sanctuaries in honour of a divinity, is a matter of dispute. Ancient authors attest to the existence of such prostitutes, both in eastern and in Greek cults, especially in the temple of → Aphrodite at Corinth (Str. 8,6,20; 12,3,36; Ath. 13,573f., with a long quotation from Pindar, fr. 122, celebrating the dedication of one hundred young women to Aphrodite by the Corinthian Xenophon); but Pirenne-Delforge [7] now disputes that sacral prostitution on the eastern model ever existed at Corinth. *Hierodoûlai* are also assumed for the cult of Aphrodite on the Eryx [I] in Sicily, the influence of which extended as far as Rome (Str. 6,2,6; Ov. Fast. 4,865ff.; cf. Diod. Sic. 4,83)" (E. Heck, "Prostitution", *BNP*, XII, 61).

[17] Per esempio Stefanas (cfr. 1Cor 1,16; 16,15.17) e Acaico (cfr. 1Cor 16,17), mentre Erasto è collegato con Corinto in altri testi del NT (cfr. At 19,22; Rm 16,23; 2Tim 4,20).

[18] Per esempio Fortunato (cfr. 1Cor 16,17), Quarto (cfr. Rm 16,23), Gaio (cfr. Rm 16,23; 1Cor 1,14) e Tizio Giusto (cfr. At 18,7).

ebraici[19]. Accanto alla classe ricca, a Corinto viveva un ceto di persone nullatenenti. Anche nella comunità cristiana si trovava la gente povera: gente tenuta in nessun conto (cfr. 1Cor 1,28), benché non mancassero le famiglie abbienti e alcuni notabili (cfr. 1Cor 1,26; Rm 16,23). Verosimilmente la comunità (non più di 200 membri) era eterogenea e forse il divario economico all'interno di essa rilevante[20]. Di cultura per lo più medio-alta, i corinzi si rivelarono ben presto un pubblico difficile, in quanto ponevano interrogativi non secondari sulla loro fede e non si facevano scrupolo di pretendere da Paolo, fondatore della loro comunità, quelle risposte risolutive. Il missionario di Tarso era giunto a Corinto nel suo secondo viaggio missionario all'incirca nel 51-52 d.C.[21]

> [1] Dopo questi fatti Paolo lasciò Atene e si recò a Corinto. [2] Qui trovò un Giudeo di nome Aquila, nativo del Ponto, arrivato poco prima dall'Italia, con la moglie Priscilla, in seguito all'ordine di Claudio che allontanava da Roma tutti i Giudei. Paolo si recò da loro [3] e, poiché erano del medesimo mestiere, si stabilì in casa loro e lavorava. Di mestiere, infatti, erano fabbricanti di tende. [4] Ogni sabato poi discuteva nella sinagoga e cercava di persuadere Giudei e Greci (cfr. At 18,1-4).

A questo proposito egli stesso osserva: "Sono venuto tra voi in debolezza e con molto timore e trepidazione" (1Cor 2,3). L'Apostolo proveniva da Atene, dove aveva riscosso successi tutt'altro che soddisfacenti (cfr. At 17,34). All'inizio trovò ospitalità per la sua predicazione di sabato nella sinagoga; in seguito si spostò nella casa accanto, di proprietà di un "timorato di Dio": il gentile Tizio Giusto (cfr. At 18,5-7). Il successo suscitò l'opposizione degli ebrei, che volevano indurre il proconsole ro-

---

[19] Per esempio Aquila e Prisca (cfr. At 18,2.18.26; Rm 16,3; 1Cor 16,19; 2Tim 4,19), Crispo (cfr. At 18,8; 1Cor 1,14) e Sostene (cfr. At 18,17).

[20] Alcuni biblisti vedono nella condanna da parte di Paolo delle contese fra cristiani e dei relativi processi (cfr. 1Cor 6,1-11) l'indizio di un tentativo esperito dai ricchi per opprimere i poveri della comunità. In 1Cor 9,4 forse si allude al diritto degli apostoli di farsi mantenere dalle comunità cristiane in favore delle quali essi prestavano la loro opera. Cfr. Lc 10,7-8: "Restate in quella casa, mangiando e bevendo di quello che hanno, perché chi lavora ha diritto alla sua ricompensa. Non passate da una casa all'altra. Quando entrerete in una città e vi accoglieranno, mangiate quello che vi sarà offerto".

[21] Alcuni esegeti datano il suo arrivo a Corinto un po' prima, cioè nel 49 o nel 50. Cfr. D.E. GARLAND, *I Corinthians*, 18; J. MURPHY-O'CONNOR, *St. Paul's Corinth*, 158-160; A.C. THISELTON, *The First Epistle to the Corinthians*, 29.

mano Gallione[22] a interdire l'opera di pubblico insegnamento prestata dall'Apostolo, con il pretesto che essa era in conflitto con la legge (giudaica o statale?). Gallione, giudicando che si trattasse di una diatriba limitata all'ambito religioso giudaico, si rifiutò d'intervenire (cfr. At 18,12-17). Paolo rivolse quindi la propria missione ai gentili (cfr. At 18,18) ottenendo risultati lusinghieri rispetto al numero degli adepti che non appartenevano all'etnia ebraica (cfr. 1Cor 12,2). Con una permanenza di circa un anno, Paolo riuscì a raccogliere un numero considerevole di credenti. La missione oltrepassò i confini urbani: nell'intera provincia di Acaia si cominciarono a contare parecchi cristiani (cfr. 1Cor 1,2; 2Cor 1,1; 1Ts 1,7). Verso la fine del terzo viaggio missionario (probabilmente nell'inverno del 57-58) Paolo dopo aver appianato difficili controversie (cfr. 2Cor 7,5-13), si fermò ancora per tre mesi a Corinto (cfr. At 20,3). La comunità fondata da Paolo è rimasta ininterrottamente salda e robusta fino ai giorni nostri.

In occasione del suo soggiorno a Efeso (capitale della provincia romana di Asia) in primavera forse nel periodo precedente la Pentecoste (cfr. 1Cor 16,8), Paolo scrisse la lettera che noi chiamiamo La Prima Lettera ai Corinzi per rispondere alle angosciose domande poste dai corinzi. In quale anno? Gli studiosi propongono date oscillanti fra il 52 e il 57[23]: la maggioranza propende per il 54-55 (tra essi Barbaglio[24], Fabris[25], Fee[26], Lam-

---

[22] Per l'importanza della figura di Gallione per quanto riguarda la datazione della vita di Paolo vedi S.N. BRODEUR, *Il cuore di Paolo è il cuore di Cristo*, 78-79. "[II 15] L.I. Gallio Annaeanus. Eldest son of Annaeus Seneca and Helvia [2], Brother of Annaeus → Seneca. Adopted by I. [II 14]. Entered the Senate at the latest under Caligula; praetor at the latest around AD 46; Proconsul Achaea 51-52 (Thomasson, I, 191); in a letter Claudius calls him *amicus* (SEG 3,389 = [I]). The Jews of Corinth raised an accusation against Paulus before him; however, he rejected these accusations (Acta apostolorum 18,12ff.). *Cos. suff.* with T. Cutius Ciltus in July / August 56. After the enforced suicide of his brother, he also appears to have died" (W. ECK, "Iunius", *BNP*, VI, 1101).

[23] "Paul's letter was written from Ephesus (16:8) to Christians living in Corinth, sometime after his visit, certainly no later than 57, perhaps as early as 53-54" (R.F. COLLINS, *First Corinthians*, 24).

[24] "Siamo nella capitale della provincia romana di Asia, con probabilità nel 53 o 54, uno o due anni dopo la sua partenza dalla città dell'Istmo, quando l'apostolo, sollecitato dalla lettera dei corinzi e informato a viva voce della situazione della chiesa corinzia, scrive la nostra 1 Cor" (G. BARBAGLIO, *La prima lettera ai Corinzi*, 44).

[25] "Se Paolo è stato la prima volta a Corinto dal 50 al 52 d.C., la stesura della prima Lettera ai Corinzi va collocata verso la metà degli anni 50, dal 54 al 55 d.C." (R. FABRIS, *Prima Lettera ai Corinzi*, 29).

[26] "Our 1 Corinthians is an occasional, ad hoc response to the situation that had developed in the Corinthian church between the time Paul left the city, sometime in A.D. 51-52, and the

brecht[27], Collins[28], Thiselton[29] e Garland[30]); Sacchi[31] e Sánchez Bosch[32] propendono per il 53, Fitzmyer[33] per il 57 e Brown[34] per il 56/57. L'Apostolo scrisse la lettera per ovviare alla critica situazione della chiesa di Corinto, lacerata da dubbi, contrasti e addirittura scandali (cfr. 1Cor 5,1) tra le fazioni interne[35], di cui è difficile per noi oggi chiarire la natura. Allo scopo di eliminare tanti errori nella comprensione della dottrina e dell'etica cristiane, l'Apostolo delle genti si propose di insegnare, in forza della sua investitura di inviato da Gesù Cristo, la giusta concezione sulla vita autentica nello Spirito. Fra i temi più significativi della Prima Lettera ai Corinzi figurano il ruolo occupato dallo Spirito Santo e l'importanza

---

writing of our letter approximately three years later. The difficulty in determining the nature of that situation is intrinsic to the text" (G. FEE, *The First Epistle to the Corinthians*, 4-5).

[27] "Paul wrote his first letter to the Corinthians from Ephesus, most probably in the fall of 54 C.E." (J. LAMBRECHT, "1 Corinthians", 1601).

[28] "Paul's letter was written from Ephesus (16:8) to Christians living in Corinth, sometime after his visit, certainly no later than 57, perhaps as early as 53-54" (R.F. COLLINS, *First Corinthians*, 24).

[29] "If Paul left Corinth in September 51 after a ministry of a little more than eighteen months, *either two and a half years* (if 1 Corinthians dates from spring 54) *or perhaps three and a half years* (if the epistle derives from spring 55) *constitutes the probable period of development, expansion, and time for the emergence of the problems which Paul address in our epistle*" (corsivo nel testo originale)" (A.C. THISELTON, *The First Epistle to the Corinthians*, 32).

[30] "Paul writes his letter from Ephesus before Pentecost (16:8), probably in the spring of 54 or 55" (D.E. GARLAND, *1 Corinthians*, 20).

[31] "Come data approssimativa della sua stesura si può indicare la metà dell'anno 53" (A. SACCHI, *Lettere paoline e altre lettere*, 115).

[32] "Con todo, algún estudio de cronología coloca la entrada de Festo en Jerusalén el año 55, lo cual, si se confirmara, nos obligaría a 'comprimir' toda la historia anterior y a colocar posiblemente Primera Corintios en el año 53" (J. SÁNCHEZ BOSCH, *Escritos paulinos*, 198).

[33] "...to comment on reports and to answer questions sent to him, Paul wrote 1 Corinthians shortly before Pentecost (probably in 57)" (J.A. FITZMYER, "Paul", in *NJBC*, 1336); "The letter that is commonly called 'First Corinthians' was written from Ephesus towards the end of Paul's three-year ministry there, either toward the end of A.D. 56 or, more likely, at the beginning of A.D. 57, before Pentecost" (ID., *First Corinthians*, 48).

[34] Vedi R.E. BROWN, *Introduction to the New Testament*, 512.

[35] Per M.M. Mitchell queste divisioni costituiscono l'unico problema principale che Paolo deve affrontare nella sua lettera. Vedi ID., *Paul and the Rhetoric of Reconciliation*, 182-183. "The purpose of the letter is clearly to bring order and unity into the Corinthian community, about whose unhappy condition Paul has heard from the numerous reports mentioned above. He writes to the community as a whole as its founder (3:10): to stress the need for unity among them and to restore proper order (14:40)" (J.A. FITZMYER, *First Corinthians*, 52).

dei suoi molteplici doni spirituali nella Chiesa. Paolo non esita a trasmettere il messaggio con l'autorità che gli proviene da una tale investitura: "Ora credo di avere anch'io lo Spirito di Dio" (1Cor 7,40b).

### C. Contenuto

#### 1. Critica letteraria

Nel corso del secondo viaggio missionario, Paolo rimase per tre anni ad Efeso, città portuale omologa di Corinto, posta sulla costa asiatica che si affaccia sul Mar Egeo, sede di molti traffici. Messaggeri e lettere si incrociavano, facendo la spola tra l'uno e l'altro dei due punti nevralgici della civiltà ellenistica. Alcuni di essi vengono citati nelle due lettere canoniche ai corinzi, mentre altri, ai quali si fa riferimento, rimangono da scoprire. Paolo in questo periodo indirizzò alla comunità di Corinto almeno quattro lettere che — ai fini didattici — si è soliti denominare "lettere ai corinzi A, B, C, D"[36]. Nel Nuovo Testamento figurano due lettere ai corinzi, delle quali la Prima "canonica" corrisponderebbe alla lettera "B" e la Seconda anch'essa "canonica" alla lettera "D", ammesso che in entrambe le lettere non siano stati inseriti a loro volta brani di più lettere a noi non pervenute in forma esplicita. La lettera contrassegnata con la lettera "A" (perduta) è facilmente ravvisabile nella Prima Corinzi.

> [9] Vi ho scritto nella lettera di non mescolarvi con chi vive nell'immoralità. [10] Non mi riferivo però agli immorali di questo mondo o agli avari, ai ladri o agli idolatri: altrimenti dovreste uscire dal mondo! [11] Vi ho scritto di non mescolarvi con chi si dice fratello ed è immorale o avaro o idolatra o maldicente o ubriacone o ladro: con questi tali non dovete neanche mangiare insieme (1Cor 5,9-11).

---

[36] "Le lettere del Nuovo Testamento non sono state scritte da Paolo né dagli altri, bensì dettate oralmente a stenografi, tachigrafi (in greco, *tachýs* = veloce) o segretari (in latino, *amanuenses* — al sing. *amanuensis*) capaci di scrivere rapidamente sotto dettatura. È possibile che gli autori del NT vi abbiano fatto ricorso non soltanto per riprodurre parola per parola quello che era stato detto loro, ma anche per mettere in forma, con una certa libertà, le idee che era stato chiesto loro di sviluppare. Alcuni esegeti spiegano la redazione di *Col* e di *Ef* (che presentano un lessico e uno stile diversi da quelli delle protopaoline) con l'intervento di un segretario al quale Paolo avrebbe lasciato una maggiore libertà per esporre le sue idee" (J.-N. ALETTI – *al.*, *Lessico ragionato dell'esegesi biblica*, 108).

In questi versetti Paolo menziona una precedente lettera da lui inviata alla comunità. Il contenuto della lettera "A" sarebbe stato frainteso dai corinzi e di conseguenza egli avrebbe stilato la Prima Corinzi (corrispondente alla lettera cosiddetta "B"). Anche a motivo di tale travisamento, la lettera "A" con ogni probabilità non fu conservata, il che, per quanto ci concerne, equivale alla sua scomparsa dalla tradizione dei manoscritti. Del resto neppure Paolo avrà ritenuto opportuno occuparsi della conservazione della lettera "A"; tuttavia è verosimile — e in parte provato — che un certo numero di argomenti trattati sarà stato da lui trasposto nella attuale Prima Corinzi, naturalmente svincolata da tali argomenti e da tutti quegli aspetti formali e sostanziali soggetti a rischio di equivoci (cfr. 1Cor 7,1; probabilmente anche 8,1; 12,1;16,1). Poco dopo avere scritto la lettera "A", Paolo mandò Timoteo a Corinto attraverso la Macedonia, nel tentativo di migliorare i loro rapporti (cfr. 1Cor 4,17; 16,10; At 19,22) ma la sua missione non sembra aver avuto successo. Dunque, il missionario di Tarso scrisse verosimilmente la Prima Lettera ai Corinzi da Efeso (cfr. 1Cor 16,8) in risposta a notizie che lo avevano raggiunto da Corinto tramite una missiva (cfr. 1Cor 7,1) probabilmente recapitatagli "per mezzo della gente di Cloe" (1Cor 1,11 cfr. 11,18) e tramite vari emissari — alcuni ben identificati come Apollo (cfr. 1Cor 16,12), Stefanas, Fortunato e Acaico (cfr. 1Cor 16,17) e possibilmente anche altri non individuati — inviati dai cristiani di Corinto. Altre notizie, non certo buone, pare lo abbiano raggiunto per altre vie (1Cor 5,1; 6,1). L'Apostolo cerca di fornire una risposta esauriente a tutti gli interrogativi, partendo dalla fede. Il suo obiettivo è la costruzione della comunità (1Cor 8,11; 9,19; 10,33; 14,12). Paolo non obbliga, bensì motiva e tende a convincere. Fra la Prima Corinzi e la Seconda Corinzi canoniche siamo indotti a interporre una visita di Paolo a Corinto e una sua lettera indirizzata a quella comunità. Preoccupato per alcune notizie che riguardavano dei complotti orditi a Corinto, l'Apostolo partì da Efeso per effettuare una breve visita accompagnata da angosce e timori. Lo si ricava in 2Cor 12,14; 13,1, dove Paolo osserva di essersi già recato per due volte a Corinto mentre, secondo i dati degli Atti e della Prima Corinzi, egli sarebbe stato a Corinto una sola volta, e precisamente all'atto della fondazione della comunità. Con quella breve visita intermedia (cfr. 2Cor 2,1; 12,14.21; 13,1-2) Paolo aveva ottenuto ben poco; oltre tutto era stato personalmente offeso (cfr. 2Cor 2,5-11; 7,12). Tornato a Efeso Paolo scrisse una lettera che è ravvisabile nella Seconda Corinzi.

> [1] Ritenni pertanto opportuno non venire di nuovo fra voi con tristezza. [2] Perché se io rattristo voi, chi mi rallegrerà se non colui che è stato da me rattristato? [3] Ho scritto proprio queste cose per non dovere poi essere rattristato, alla mia venuta, da quelli che dovrebbero rendermi lieto; sono persuaso, riguardo a voi tutti, che la mia gioia è quella di tutti voi. [4] Vi ho scritto in un momento di grande afflizione e col cuore angosciato, tra molte lacrime, non perché vi rattristiate, ma perché conosciate l'amore che nutro particolarmente verso di voi (2Cor 2,1-4; cfr. 2Cor 2,9; 7,8.12; 10,9).

Siamo tentati di riconoscere in questi versetti la lettera contrassegnata con la lettera "C", andata persa. In ogni caso essa non è conservata come tale, anche se molti esegeti sospettano che in 2Cor 10–13 sia conservata la "lettera delle lacrime" o almeno una parte di essa. Paolo inviò a Corinto il suo collaboratore Tito, il quale raggiunse lo scopo di indurre la comunità a riflettere e a cambiare rotta (cfr. 2Cor 2,12ss.; 7,5-7). Nel frattempo, dopo aver lasciato Efeso nell'estate del 57, Paolo si ricongiunse con Tito in Macedonia (cfr. 2Cor 2,12ss.), probabilmente a Filippi. Il resoconto fornitogli da quest'ultimo fu per lui motivo di tale gioia e consolazione (cfr. 2Cor 7,5-7), che egli indirizzò ai corinzi un'altra lettera: la Seconda Corinzi (ovvero la lettera "D"[37]), redatta appunto in Macedonia, probabilmente nell'autunno del 57. Dopo aver evangelizzato Illiria (cfr. Rm 15,19), l'Apostolo delle genti arrivò di nuovo a Corinto per la sua terza e ultima visita nell'inverno del 57-58. Nella primavera del 58 ritornò a Gerusalemme con la coletta delle comunità della Galazia, della Macedonia e dell'Acaia per i poveri della Giudea (1Cor 16,3-4).

---

[37] La discussione fra esegeti sull'integrità o meno della Seconda Corinzi ferve tutt'ora. È preferibile ravvisare in questo testo canonico una, due o più lettere scritte dal padre della comunità corinzia? Nel prossimo capitolo dedicato appunto allo studio della Seconda Lettera ai Corinzi svilupperemo il problema dell'unità e dell'integrità della lettera "D" in modo più dettagliato.

## 2. Composizione e riassunto

L'autenticità paolina della Prima Lettera ai Corinzi è oggi incontestata da una maggioranza pressoché assoluta[38]; non lo è, però, l'originaria unità della lettera canonica che noi possediamo. Una parte in realtà minoritaria di esegeti pensa che la Prima Lettera ai Corinzi sia composta di due diverse lettere paoline: con ogni probabilità le lettere "A" e "B". Parti della lettera "A" sarebbero state inserite nel quadro della "B" (Schenke – Fischer[39] e Vielhauer[40]).

Il dibattito attuale si divide in due posizioni opposte: da un lato i biblisti che sostengono l'ipotesi redazionale (*Teilungshypothese*)[41], cioè coloro che trovano indizi di una redazione di più lettere originarie da parte di un redattore-editore. Infatti, il testo presenta alcune tensioni nei passaggi da un argomento a un altro, inoltre a alcune riprese tematiche. I primi sostenitori di questa ipotesi sono: H. Hagge (1876), C.F.G. Heinrici (1888), P. Bachmann (1905), J. Weiss (1910), M. Goguel (1926) e J. Héring (1949). Molti esegeti più recenti continuano a proporre questa tesi, ma con una divergenza fra loro per il numero e l'estensione delle lettere. Per esempio secondo De la Serna, la Prima Corinzi attuale è composta da due lettere distinte[42]. Questa teoria viene condivisa da M.C. de Broer il quale sostiene che Paolo abbia scritto e unificato due delle proprie lettere (1Cor 1–4, 1Cor 5–16)[43]. Invece G. Sellin sostiene che un editore abbia redatto tre lettere di Paolo (I. 5,1-8; 6,1-20; 9,24–10,22; 11,2-34; II. 5,9-13; 7,1-40; 8,1–9,23; 10,23–11,1; 12,1–16,24; III. 1,1–4,21)[44]. In più C. Senft iden-

---

[38] Nondimeno alcuni esegeti contemporanei trovano la presenza di interpolazioni successive in 1Cor 4,6b; 11,2-16; 14,33b-38. Per un riassunto di queste ipotesi interessanti ma non convincenti vedi A.J. DEWEY – *al.*, *The Authentic Letters of Paul*, 75-76.

[39] Vedi H.-M. SCHENKE – K.M. FISCHER, *Einleitung in die Schriften des Neuen Testaments*, Gütersloh 1978.

[40] Vedi P. VIELHAUER, *Geschichte der urchristlichen Literatur*, Berlin 1975.

[41] Il primo biblista a proporre questa ipotesi si chiama H. Hagge. Vedi ID., "Die beiden überlieferten Sendschreiben des Apostels Paulus in die Gemeinde zu Korinth", *Jahrbücher für protestantische Theologie* 2 (1876) 481-531.

[42] Vedi E. DE LA SERNA, "Los orígenes de 1 Corintios", *Bib* 72 (1991) 192-216.

[43] Vedi M.C. DE BROER, *The Composition of 1 Corinthians*, *NTS* 40 (1994) 229-245. J. Weiss nel 1910, J. Héring e E. Dinkler condividono questa ipotesi.

[44] Vedi G. SELLIN, „1Korinther 5–6 und der ‚Vorbrief' nach Korinther. Indizien für eine Mehrschichtigkeit von Kommunikationsaktern im ersten Korintherbrief", *NTS* 37 (1991) 535-558.

tifica quattro lettere (I. 6,1-11; 15,1-58; 16,13-24; II. 5,1-13; 9,24–10,22; III. 7,1-40; 8,1-13; 9,1-18; 9,19-23; 10,23–11,1; 12,1–14,40; 16,1-12; IV. 1,1–4,21)[45]. Due esegeti tedeschi trovano cinque lettere: il primo, H. Probst, nega l'integrità della lettera, sulla base dell'affermazione che nell'antichità in ciascuna lettera si era soliti trattare un solo argomento, e poiché Paolo nella Prima Corinzi ne sviluppa molti, probabilmente avremmo a che fare con almeno cinque, se non addirittura sei lettere (1Cor 1–4; 5–7; 8–10; 11; 12–14 e 15)[46]; il secondo, W. Schmithals, calcola addirittura tredici lettere complessivamente nelle due lettere canoniche ai corinzi[47]. A nostro avviso, la posizione di Schmithals è davvero al limite dell'immaginabile. Queste ipotesi confutabili, sono debolmente motivate dal fatto che la Prima Corinzi tratta temi disparati e non mostra alcuna rigida disposizione del materiale. Questo dato può essere facilmente spiegato con la constatazione che la lettera, dovendo rispondere ad interrogativi differenti tra loro, può ingenerare l'impressione di disorganicità.

Sull'altro versante si colloca la biblista americana M.M. Mitchell, la quale ha messo in rilievo l'unità della lettera riguardo ad una *propositio generalis* (tesi principale), cioè 1,10[48]. La Mitchell trova che la Prima Corinzi sia un esempio del genere deliberativo, poiché in queste pagine Paolo avrebbe fatto appello a ciò che è vantaggioso o proficuo. Ecco la composizione secondo la studiosa[49].

---

J. Weiss nel 1914 e W. Schmithals nel 1956 sono anche di questa opinione. Vedi W. Schmithals, *Die Gnosis in Korinth. Eine Untersuchung zu den Korintherbriefen*, Göttingen 1956; English trans., *Gnosticism in Corinth*, Nashville 1971.

[45] Vedi C. Senft, *La première Épître de Saint Paul aux Corinthiens*, CNT 2e série 7, Neuchâtel, 1979. Anche W. Schenk difende questo parere.

[46] Vedi H. Probst, *Paulus und der Brief. Die Rhetorik des antiken Briefes als Form der paulinischen Korintherkorrespondenz (1 Kor 8-10)*, WUNT 2a serie 45, Tübingen 1991.

[47] Vedi per esempio W. Schmithals, *Die Briefe des Paulus in ihrer ursprünglichen Form*, Zürich 1984.

[48] Vedi M.M. Mitchell, *Paul and the Rhetoric of Reconciliation. An Exegetical Investigation of the Language and Composition of 1 Corinthians*, Tübingen 1991.

[49] Vedi M.M. Mitchell, *Paul and the Rhetoric of Reconciliation*, 184-186.

prescritto (1,1-3)
*exordium* (1,4-9)
corpo della lettera (1,10–15,58)
    *propositio generalis* (1,10)
    *narratio* (1,11-17)
    *probatio* (1,18–15,57)
        1. monito contro la discordia (1,18–4,21)
        2. monito contro le divisioni in rapporto ai non credenti (5,1–11,1)
        3. monito contro le divisioni nel culto (11,2–14,40)
        4. monito contro le divisioni a proposito dell'escatologia (15,1-57)
    *peroratio* (15,58)
formula conclusiva (16,1-24)

Unificazione degli argomenti sotto una sola intestazione, sotto un solo topos dominante? Secondo la Mitchell il genere complessivo della Prima Corinzi è deliberativo: mira a convincere i corinzi a giungere a una vera riconciliazione basata su argomentazioni di mera convenienza utilitaristica. La commentatrice sostiene che è impossibile reperire nella lettera argomentazioni non riconducibili alla *propositio generalis* (1,10), finalizzata a unificarle tutte quante. Il biblista inglese J.D.G. Dunn giudica questa tesi suggestiva[50]. È davvero legittimo sostenere che durante tutte le sezioni dell'argomentazione, a loro avviso, il problema principale della discordia e del rischio di divisioni e fazioni sia la preoccupazione preminente dell'Apostolo Paolo? La Mitchell nota che la questione delle divisioni non occupa soltanto 1,10–4,21, ma anche esplicitamente 6,1-11; 8,1-13 (scandali); 9,1-27 (opposizione a Paolo); 11,1-34 (ordine nelle assemblee; separazioni durante la cena del Signore); 12,1-31 (il corpo come

[50] "Mitchell's overall argument makes an impressive case for the letter's unity and gives a very plausible explanation of the tensions which have given rise to so many partition theories. [...] Mitchell's work allows a natural transition to the first main section of the letter, for it becomes clear from her study that the question of the letter's unity is in large part a reflection of the disunity of the church in Corinth addressed in this letter. And that disunity becomes immediately clear in 1.12 and underlies the main thrust of the first section (1.10–4.21). It is in this section, too, that Paul's own evaluation of rhetoric comes most to the fore" (J.D.G. DUNN, *1 Corinthians*, 25).

esempio di unità organica); 13,4-7 (agape come opposto di separazione); 14,1-40 (edificazione e ordine), e implicitamente i capitoli 5, 7 e 15. Notiamo che all'inizio delle singole sezioni sono presenti alcune *propositiones*, la cui funzione non è quella di trattare il problema delle divisioni o di favorire una riconciliazione (cfr. per esempio 7,2.17.26; 15,3-4.12.35). A nostro avviso l'atteggiamento riduttivo della Mitchell è al quanto deludente, perché non rende giustizia alla nobiltà di sentire dell'Apostolo e alla sua profondità di pensiero, cui è ispirata la concezione cristiana. La maggioranza degli esegeti, pur riconoscendo la presenza di incongruenze nella lettera, non ritiene si possa individuare una *propositio generalis* (o *partitio*) in grado di unificare l'intera epistola. Non di meno un numero crescente di biblisti[51] ravvisa nel versetto 1,17 la tesi principale della Lettera: "Cristo non mi ha mandato a battezzare, ma a predicare il Vangelo; non però con un discorso sapiente, perché non venga resa vana la croce di Cristo." Il Vangelo di Cristo, dunque, sarebbe il centro d'interesse attorno al quale tutto l'argomento paolino viene articolato.

Ecco un possibile schema sintetico generale della composizione retorico-letteraria della Prima Lettera ai Corinzi.

### *Dispositio* retorico-letteraria della prima lettera ai Corinzi

prescritto (1,1-3): indirizzo e saluto iniziale
*exordium* (1,4-17)[52]
1. esordio generale con preghiera di ringraziamento (vv. 4-9)
2. esordio specifico con i dati principale della situazione (vv. 10-16)
3. *propositio generalis*: il ruolo di Paolo (v. 17a) e della croce (v. 17b)

*probatio* (1,18–15,58)[53] corpo della lettera

| | |
|---|---|
| 1. Prima dimostrazione (1,18–4,21) | divisioni nella comunità cristiana |
| 2. Seconda dimostrazione (5,1–7,40) | disordini e il buon ordine sessuale |
| 3. Terza dimostrazione (8,1–11,34) | banchetti pagani e banchetto cristiano |
| 4. Quarta dimostrazione (12,1–14,40) | doni e manifestazioni dello Spirito |
| 5. Quinta dimostrazione (15,1-58) | risurrezione di Cristo e dei credenti |

*peroratio* (16,1-24) colletta, progetti e saluti finali

---

[51] Vedi C. PELLEGRINO, *Paolo, servo di Cristo e padre dei Corinzi*, 109-113.
[52] Vedi C. PELLEGRINO, *Paolo, servo di Cristo e padre dei Corinzi*, 110-113.
[53] Per queste divisioni vedi V. MASALLES, *La profecía en la asamblea cristiana. Análisis retórico-literario de 1Cor 14,1-25*, TG.T 74, 123.

**Prima dimostrazione (1,18–4,21): divisioni nella comunità cristiana**

Un tema importante della Prima Lettera ai Corinzi (come poi anche della Seconda Lettera ai Corinzi) è quello dell'unità della Chiesa. Nella comunità di Corinto erano presenti tre (o forse quattro?) gruppi che si radunavano in varie case[54], ognuno dei quali aveva un suo particolare spirito guida: Apollo, Cefa, Paolo e Cristo (cfr. 1Cor 1,12: fermo restando che alcuni passaggi non sono chiari). Apollo era un giudeo-cristiano formatosi ad Alessandria, centro della scienza e dell'oratoria greca, persona istruita e piena di Spirito Santo; in passato era stato discepolo di Giovanni Battista (cfr. At 18,24-28). Dopo la partenza di Paolo, Apollo operò a Corinto (cfr. 1Cor 3,6). Il gruppo raccoltosi attorno a lui pretendeva di esercitare la predicazione del Vangelo come "discorso di sapienza" (1Cor 1,17), cioè in modo conforme alla retorica e alla filosofia greche. La corrente di Cefa probabilmente era costituita soprattutto da giudeo-cristiani che a lui facevano riferimento (Pietro) e pretendevano perciò l'osservanza della legge veterotestamentaria (cfr. Gal 2,2ss.). Che Pietro stesso abbia operato a Corinto è difficilmente sostenibile (cfr. 1Cor 1,12), benché di tanto in tanto questa opinione affiori tra gli esperti. Il gruppo di Paolo (la parola è eloquente) si rifaceva a lui, quale autentico seguace di Cristo. Non è chiaro, però, chi formasse il gruppo di Cristo. Vi si riconoscevano forse coloro che rifiutavano l'idea che l'Apostolo svolgesse il compito di mediatore e, per contro, si rifacevano, direttamente a Cristo, rivendicando una libertà in modo errato? Oppure le parole "Io sono di Cristo" sono solo una conclusione per assurdo sostenuta da Paolo su un principio che doveva valere per tutti? Contro ogni divisione in gruppi l'Apostolo sentenzia che tutti i maestri appartengono a tutti i corinzi, e i corinzi nel loro insieme appartengono però all'unico Cristo: "Tutto è vostro, ma voi siete di Cristo e Cristo è di Dio" (1Cor 3,22).

**Seconda dimostrazione (5,1–7,40): disordini e il buon ordine sessuale**

L'ordinamento morale di una comunità era per Paolo una *conditio sine qua non*. Come il giudaismo così anche Paolo di fronte alla dissolutezza morale del paganesimo esigeva una inequivocabile morale sessuale (cfr. Sap 14,24-26; Rm 1,24-27). Egli si indigna "che uno abbia preso in moglie la mo-

---

[54] Simili chiese domestiche erano presenti a Efeso e a Roma. Cfr. 1Cor 16,19 e Rm 16,5.

glie di suo padre" (1Cor 5,1-13). Questo fatto può essere interpretato unicamente nel senso che costui dopo la morte del proprio genitore (o la separazione dei due), si sia messo a convivere *more uxorio* con la matrigna o comunque con una concubina del padre. Infatti, anche la morale matrimoniale pagana non tollerava l'incesto con la propria madre naturale. Paolo esige che il colpevole venga escluso dalla comunità; inoltre proibisce nel modo più assoluto il rapporto con le prostitute. A quanto pare nella comunità alcuni fanatici dello Spirito pensavano che per loro tutto fosse indifferente, giacché ciò interessava pur solo la corporeità caduca. La loro massima o slogan era: "tutto mi è permesso" (1Cor 6,12; 10,23). Paolo sostiene fermamente che il corpo è tempio dello Spirito santo e che il cristiano deve glorificare Dio nel suo corpo (cfr. 1Cor 6,20). 1Cor 7 risponde alle questioni poste tramite lettera dai corinzi: "Quanto poi alle cose di cui mi avete scritto" (1Cor 7,1a). L'incontro con il Vangelo e, di pari passo, lo sviluppo di nuove condizioni di vita facevano sorgere, di continuo, nuovi interrogativi. Sembra che nella comunità di Corinto alcuni fratelli ritenessero il matrimonio una scelta negativa, e pretendessero l'astensione da esso o (addirittura) l'astinenza pur nella convivenza. Queste idee si erano sviluppate forse come ulteriore effetto del soprannominato fanatismo spirituale, ma di segno contrario. Il risultato di considerazioni di natura filosofica alle quali era pervenuta la cultura tardo-antica che fino ad allora aveva maturato un concetto distorto del matrimonio ossia come un incontro tra uomo e donna vissuto in modo falso e privo di stimoli. L'unico ruolo della donna era quello destinato alla procreazione, per garantire la continuità della discendenza e non godeva degli stessi diritti che, invece, venivano riconosciuti all'uomo. All'acquisita consapevolezza della perdita della supremazia da parte degli uomini si cercava inutilmente di compensare attraverso la rinuncia: era la sconfitta di un'innaturale concezione che, nei secoli precedenti l'età ellenistica, considerava i rapporti sessuali tra maschi gli unici meritevoli di essere praticati. Di questa rivoluzione mentale — (qualche traccia si scorge già nei testi tragici euripidei) — abbiamo la conferma nel poema epico "Le Argonautiche" di Apollonio Rodio (III sec. a.C.)[55]. Egli se

[55] "A. was one of the major literary figures of the Alexandria of 3rd cent. BC and the writer of the *Argonautica* (*Arg.*), the sole example of an epic composed in hexameters to have come down to us from the period of ancient Greek literature between Homerus and the Roman Empire" (R. Hunter – M. Fantuzzi, "Apollonius Rhodius", *BNP*, I, 870.

ne fa magnifico banditore di raffinata sensibilità. La sua arte annuncia e denuncia che ormai sono maturi i tempi per iniziare ad abbattere le frontiere fra i sessi e che alla donna in quanto persona spetta di diritto un posto al fianco dell'uomo. Forse era anche il risultato di un tipo di concezione filosofica che separava in senso platonico lo spirito dal corpo, svalutando quest'ultimo. Tendenze del genere appaiono nelle Lettere Pastorali (cfr. 1Tm 4,1-3) e nelle correnti più tarde, apertamente eretiche, specialmente in quelle gnostiche (Ireneo, *Adv. Haer.* 1,24,3). Paolo afferma, al riguardo, che l'unione coniugale è necessaria per il mantenimento dell'ordine morale. Egli mette in guardia da ogni forzatura ascetica: "meglio sposarsi che ardere" (1Cor 7,1-9). Nel caso di matrimoni religiosi misti, inizialmente molto frequenti nella comunità, all'inizio sicuramente i più comuni, Paolo raccomanda al coniuge cristiano di rimanere nello stato matrimoniale se possibile in pace. L'Apostolo coraggiosamente afferma che in una relazione del genere il coniuge non credente riceve insegnamenti da quello credente: il matrimonio è un rito duraturo e santificatore (cfr. 1Cor 7,10-17). Il missionario di Tarso prende, in tal modo, le distanze dalla legge giudaica, la quale proibiva le nozze miste. Egli è convinto che il Giorno del compimento finale stia già arrivando. Di fronte a tale evento il matrimonio, come ogni altro bene terreno (cfr. 1Cor 7,29-31) diviene qualcosa di problematico ed effimero; infatti, Paolo conclude che l'uomo sposato è diviso nel suo servizio verso Dio, mentre chi non è soggetto a legami del genere si trova avvantaggiato: "indiviso", perché non obbligato e combattuto tra due scelte tanto diverse. Il più antico esegeta del testo in questione, Clemente di Alessandria, si chiedeva così già nel III secolo: "Non è allora possibile vivere in accordo con Dio cercando di piacere ad una donna e contemporaneamente ringraziare Dio?" (*Stromata* 3,88,2).

**Terza dimostrazione (8,1–11,34): banchetti pagani e banchetto cristiano**

Riguardo alla celebrazione del culto del Signore era necessario dare qualche segnale di riordinamento anche esteriore. Osservando l'usanza giudaica Paolo desidera che le donne portino il velo durante la celebrazione (cfr. 1Cor 11,2-16) (concezione evidentemente legata a quel periodo storico). Paolo riconosce gli stessi diritti e la stessa chiamata sia per l'uomo che per la donna: "Come la donna deriva dall'uomo (secondo Gn 2,21ss.), così anche l'uomo ha vita dalla donna, ma tutto proviene da Dio" (1Cor 11,12). Il banchetto eucaristico era, nei primi tempi del cristianesimo, sia un vero pasto per saziare la fame, sia — secondo la sua istituzione — la cena del Signore sacramentale. Ora, però, questo pasto era stato turbato da disordini. I benestanti avendo la precedenza si saziavano; i poveri e gli schiavi restavano spesso privi di cibo. Paolo rammenta che la cena viene fatta in nome del Signore che ha sacrificato la propria vita. La comunità dovrà sempre ricordarsi di ciò (cfr. 11,17-34).

**Quarta dimostrazione (12,1–14,40): doni e manifestazioni dello Spirito**
Costituiva dilemma la partecipazione della donna nel culto. Secondo 1Cor 11,5 la donna nella comunità celebrante aveva il diritto di profetizzare (ovvero di predicare il Vangelo illuminata dallo Spirito Santo), come anche quello di pregare (cioè di compiere la preghiera cultuale nell'esercizio della liturgia). 1Cor 14,33b-35 d'altra parte afferma che "le donne durante la riunione della comunità devono tacere perché non è loro permesso parlare" (v. 34a). Come riuscire a armonizzare questi due principi? E potranno mai essere armonizzati? Nei manoscritti i vv. 33b-35 hanno una diversa collocazione: in alcuni testimoni sono successivi al v. 33a e in altri al v. 40. Tale dato è spiegabile non di rado col fatto che versetti, scritti a margine da mano estranea come integrazione del testo, sono stati poi più tardi inseriti nel testo originario stesso. I vv. 33b-36 interrompono il nesso logico che in 14,29-33a.37-40 tratta dei profeti della comunità. Per di più i vv. 33b-36 sembrano contenere alcune parole non paoline (ad esempio la formula di citazione nel v. 34: "come dice anche la legge"). Per questi motivi alcuni esegeti sono propensi a credere che i vv. 33b-36 (o i vv. 33b-38[56]) siano spuri, che si tratti di una glossa di epoca posteriore, quando i diritti della donna nell'ambito della Chiesa erano già stati limitati e ad ella non era più lecito insegnare (cfr. 1Tm 2,11-15). Preferibile sarebbe, invece, risolvere il problema assumendo come autentici i versetti in questione e interpretarli però nel loro contesto. Ci troviamo d'accordo con quegli studiosi che riconoscono in questi versetti lo slogan di un gruppo di corinzi emarginato dall'Apostolo[57]. I doni dello Spirito si manifestavano du-

---

[56] Per questa ipotesi vedi A.J. DEWEY – *al.*, *The Authentic Letters of Paul*, 76. Gli autori vedono un'interpolazione successiva anche in 1Cor 11,2-16.

[57] Per un ottimo riassunto della trattazione scientifica sul problema, vedi R.F. COLLINS, *First Corinthians*, "An Interpolation?", 515-517.

rante il culto con segni non sempre facili da comprendere, come il parlare in diverse lingue (una sorta di balbettare estatico) e la "profezia" (intesa non come predizione degli avvenimenti futuri, ma come annuncio pervaso dallo Spirito divino[58]). Tali doni dello Spirito sono, come è noto, coltivati anche oggi nelle comunità cristiane. "Voglio dire cinque parole con un significato preciso piuttosto che mille parole con il dono delle lingue" (1Cor 14,19).

**Quinta dimostrazione (15,1-58): risurrezione di Cristo e dei credenti**

Interrogativi e dubbi provenienti da Corinto offrono infine a Paolo l'occasione per infondere e divulgare la speranza della risurrezione. La filosofia greca poteva certo sostenere l'immortalità dell'anima, come fa Platone in modo imperituro nel dialogo intitolato *Fedone*, ma il corpo era pur sempre vissuto qui come peso e carcere dell'anima. Per questo motivo la concezione greca non riusciva a comprendere la dottrina della risurrezione del corpo e al tempo stesso della sua continuativa unità con l'anima (secondo gli At 17,32 posizione rifiutata dagli ateniesi). Con geniale intuizione, il Missionario di Tarso irrompe e sbaraglia gli agguerriti avversari presentando la risurrezione generale dei morti come radicata nella risurrezione di Cristo.

## II. Contatto diretto col testo biblico: 1Cor 15,1-11

### A. Contesto e composizione retorico-letteraria di 1Cor 15

Quali sono esattamente i problemi dottrinali della chiesa dei corinzi? Nel corso dei secoli i biblisti hanno proposto una molteplicità di ipotesi. Probabilmente non pochi tra gli appartenenti, forse anche alcuni tra gli esponenti della comunità, avevano negato la dottrina della risurrezione corporale dei morti (1Cor 15,12)[59]. Dato che questa gente non attribuiva

---

[58] Profezia nel significato etimologico di "dire, parlare davanti" a qualcuno (gr. πρόφημι, lat. *pro-fari*).

[59] Non sembri strano né illogico tale modo di reagire a simile annuncio. Cfr. la reazione negativa dei cittadini ateniesi al discorso di Paolo all'Areopago: "Quando sentirono parlare di risurrezione di morti, alcuni lo deridevano, altri dissero: 'Ti sentiremo su questo un'altra volta'" (At 17,32). Nell'antichità precristiana solo a personaggi di riguardo — come re, imperatori, eroi — era concesso il privilegio della divinizzazione o ammissione in cielo. L'impero romano aveva

importanza al corpo umano, vantandosi solo dello Spirito e dei suoi doni spirituali, allora la risurrezione del corpo umano non aveva senso e non ne avrebbe avuto nemmeno con la venuta gloriosa del Signore. Questo atteggiamento è tipico dell'antica filosofia greca, soprattutto di Platone[60]. Al contrario l'Apostolo insiste sul fatto che il corpo umano è molto importante, sia in terra sia in cielo. Agli uomini Dio ha già donato il suo Spirito, ma non ha ancora creato il loro corpo spirituale. Per soddisfare tale aspirazione i credenti devono aspettare la parusia di Cristo. Lo "Spirito donatore di vita" (1Cor 15,45), che vive nel corpo dei battezzati, trasformerà il corpo naturale in corpo spirituale al momento del ritorno del Signore Gesù nella sua gloria.

1Cor 15 costituisce una parte distinta nella lettera. L'unità più estesa che lo precede, 1Cor 12–14, presenta una descrizione dei doni spirituali concessi ai credenti. "Riguardo ai doni dello Spirito, fratelli e sorelle, non voglio che restiate nell'ignoranza" (1Cor 12,1). Per il bene di tutta la Chiesa ogni fedele riceve la manifestazione dello Spirito, e Paolo, citando nello Spirito il kerygma della Chiesa primitiva, proclama ai suoi destinatari che "Gesù è Signore" (1Cor 12,3). Nel corso del capitolo 13 egli celebra la lode dell'amore, mentre nel capitolo 14 tratta la situazione a Corinto rispetto ai doni spirituali della profezia e delle lingue. L'Apostolo termina questa parte con un'esortazione. Benché il capitolo 15 proponga un argomento nuovo, cioè la risurrezione dei morti, ciò non è fuori luogo rispetto al contesto generale della lettera[61]. Paolo lo ha collocato

---

assimilato tale concezione riservandola soltanto agli imperatori dopo il loro decesso. L'annuncio evangelico, che estende tale onore a qualunque uomo ne sia degno purché credente in Cristo provoca a tutta prima un trauma nel mondo ellenistico. Per quanto riguarda il territorio dell'Italia, si veda l'iscrizione del Duomo di Chiusi (provincia di Siena), a tutt'oggi leggibile nelle catacombe di Santa Mustiola: *Dum vibes homo vibe nam post mortem nil est omnia remanent et hoc est homo quod vides* ("Finché vivi, uomo, vivi! Infatti, dopo la morte niente esiste. Ogni cosa resta (qui), e (questo) ciò è l'uomo che vedi [cioè polvere]").

[60] "E in questo tempo che siamo in vita, tanto più noi saremo prossimi al conoscere, quanto meno avremo rapporti col corpo né altra comunanza con esso se no per ciò che ne costringa assoluta necessità; e in ogni modo non ci lasceremo contaminare dalla natura propria del corpo, e ci terremo puri e lontani da esso finché non venga dio di sua volontà a liberarcene del tutto" (PLATONE, *Fedone*, 67a).

[61] "Numerous commentators have noticed the climactic nature of chapter 15 and its function as theological foundation for much of what precedes it. In the last century perhaps Barth put it

alla fine, dopo i capitoli sui doni spirituali dello Spirito, perché la risurrezione dei morti riguarda anche lo Spirito Santo. "Siamo stati battezzati in un solo Spirito per formare un solo corpo" (1Cor 12,13), cioè essere incorporati nella comunità di credenti sulla terra; così accadrà anche ai morti con la loro risurrezione. È per mezzo dello stesso Spirito che i morti e i vivi cambieranno, i loro corpi saranno trasformati in corpi spirituali al compiersi della venuta del Signore, cioè annessi in cielo. Il peccato e la morte saranno definitivamente sconfitte[62]. Il capitolo 15 rappresenta un'evoluzione logica del tema "risurrezione", benché costituisca un'unità distinta nella lettera. La discussione più generale sui doni spirituali si focalizza ormai sul corpo spirituale di Gesù e dei credenti. Lo Spirito Santo — che è lo Spirito di Cristo — è il filo conduttore che unisce l'intera sezione e la collega con la tesi principale espressa all'inizio della lettera:

best when he called it the 'close and crown of the whole epistle'. It is, in this sense, both a climax and a recapitulation. The singular focus on the importance of Christ's resurrection imparts a logic to Paul's pastoral instruction and sometimes combative engagement with the church in Corinth. One feels the cumulative passion of the whole letter brought to bear on Christ's resurrection, such that one comes to recognize that the assurance of bodily resurrection has acted as Paul's theological anchor in the midst of the whole turbulent conflict" (J.W. YATES, *The Spirit and Creation in Paul,* 88).

[62] "La categoria della trasformazione descrive il nuovo con estremo riserbo. La nuova creazione non è né un paese dei balocchi, né un paradiso terrestre ristabilito, né un oggetto attorno a cui si possa fantasticare a piacimento. Paolo dice solo una cosa: la morte non ci sarà più. L'angustia limitatezza dovuta alla mortalità sarà eliminata. Trasformazione significa infatti solo questo: le cose saranno diverse, e precisamente in maniera consolante e in direzione di una maggiore somiglianza con Dio. Ciò è sobrio, è tutto ed è tuttavia incomprensibile. Sotto questo aspetto quanto Paolo qui dice è tipico della mistica cristiana: qualsiasi fantasticare sarebbe un'offesa a Dio. Questa mistica ci induce a concentrarci strettamente su ciò che è realmente un mistero esclusivo, ciò sulla sconfitta della morte. Un'altra cosa è altrettanto importante: saremo noi a essere trasformati. Non sarà quindi creato un uomo nuovo con lo stesso nome. Quel che rimane, quel che continuerà a essere è la personalità di ogni singolo, ivi inclusa la realtà dell'esistenza corporea. Paolo pensa a questo quando dice: 'noi' saremo trasformati, 'noi', cioè ogni singolo. Ognuno è infatti unico e insostituibile. In questo senso io intendo la proposizione medievale che parla dell'*individuum ineffabile,* cioè 'inesprimibile', 'indefinibile'. Con parole possiamo infatti solo e sempre esprimere qualcosa di generale, mentre il particolare possiamo solo descriverlo, mai definirlo. Questo infatti rappresenterebbe la quadratura del cerchio. Perciò in 1Cor 15 Paolo descrive un doppio mistero: il mistero della possibilità della trasformazione e il mistero della nostra salvaguardia come persone al di là della morte. Questa salvaguardia è resa possibile dalla grazia di Dio attraverso il giudizio, il cui esito non conosciamo. Il piano sul quale possiamo comunque parlare delle apparizioni del Risorto io lo chiamo realtà mistica" (K. BERGER, "Paradiso", *TTB,* 953-954).

"Cristo, infatti, non mi ha mandato a battezzare, ma ad annunciare il Vangelo; non però con un discorso sapiente, perché non venga resa vana la croce di Cristo" (1Cor 1,17). Ecco la disposizione retorica del capitolo.

**_Dispositio_ di 1Cor 15**

vv. 1-11 *narratio*
vv. 12-58 *argumentatio*
  vv. 12-34 prima parte: realtà della risurrezione dei morti
    v. 12 *subpropositio* (in forma di interrogativa retorica)
    vv. 13-33 *probatio* in tre microunità:
      A = vv. 13-19
      B = vv. 20-28
      C = vv. 29-32
    vv. 33-34 *peroratio* (include in sé un'esortazione, assumendone i toni)
  vv. 35-58 seconda parte: modo della risurrezione dei morti
    v. 35 *subpropositio* (in forma di interrogativa retorica)
    vv. 36-57 *probatio* in tre microunità:
      A = vv. 36-44a
      B = vv. 44b-49
      C = vv. 50-57
    v. 58 *peroratio* (include in sé un'esortazione, assumendone i toni)

**B. Composizione di 1Cor 15,1-11**

Questo testo importantissimo, la prima pericope del capitolo, conserva e sviluppa il più antico annuncio del credo cristiano sulla risurrezione di Gesù. La *narratio*[63] (vv. 1-11) consta di cinque brevi microunità: un breve esordio costruito sul binomio εὐαγγελίζω - ἐπιστεύσατε (vv. 1-2), la formula tradizionale della fede, cioè il kerygma prepaolino[64] (vv. 3-5), la diffusione

[63] "Il normale stato espressivo dei pensieri e delle parole si chiama *ordo naturalis*; esso si ritrova, per es., nella successione degli avvenimenti della *narratio*, corrisponde allo storico svolgimento degli avvenimenti, oppure nel susseguirsi consueto e normale delle parti nella frase" (H. LAUSBERG, *Elementi di retorica* § 47,1).

[64] Per altri esempi di possibili frammenti kerigmatici presenti nell'epistolario paolino cfr. "a noi che crediamo in colui che ha risuscitato dai morti Gesù nostro Signore, il quale è stato consegnato alla morte a causa delle nostre colpe ed è stato risuscitato per la nostra giustificazione" (Rm 4,24b-25); "O non sapete che quanti siamo stati battezzati in Cristo Gesù, siamo stati battezzati nella sua morte? Per mezzo del battesimo dunque siamo stati sepolti insieme a lui nella

del numero delle apparizioni (vv. 6-8), l'apparizione speciale del Risorto a Paolo (vv. 9-10) e una breve conclusione costruita sul binomio κηρύσσομεν - ἐπιστεύσατε (v. 11). L'apparizione speciale di Cristo a Paolo, a ben vedere, è una *digressio*, che mette in rilievo la sua vocazione apostolica per grazia di Dio. Che cosa Paolo vuole sottolineare esattamente in questa unità? La testimonianza delle Scritture? Le apparizioni di Cristo? L'ordine in cui esse si sono verificate? Il numero dei testimoni? L'effetto cumulativo delle ripetizioni può aiutarci a rispondere a queste domande.

Ecco la composizione di 1Cor 15,1-11 (*narratio*).

breve esordio (vv. 1-2)
A. kerygma: formula tradizionale di fede (vv. 3-5) [Cefa e i Dodici (gli apostoli più stretti di Cristo); indole cristologica]
B. diffusione del numero delle apparizioni e dei loro beneficiari (vv. 6-8) [Giacomo (e tutti gli apostoli, testimoni del Risorto); indole ecclesiologica]
C. apparizione speciale a Paolo (vv. 9-10) [Paolo (l'infimo degli apostoli, persecutore della Chiesa di Dio); indole teologica]
breve conclusione (v. 11)

La composizione tripartita della *narratio* (vv. 1-11) si rispecchia nelle due *probationes* (vv. 12-34.35-58) del capitolo 15, cominciando dal v. 12: non soltanto il tema basilare della risurrezione ma anche lo stile curato, incisivo e icastico dell'autore, unisce l'intero capitolo in un'unità letteraria felicemente riuscita e assolutamente incontestabile.

### Kerygma e fede della Chiesa in Cristo morto e risorto: tradizione ecclesiale

1 Vi rendo noto, fratelli e sorelle, il Vangelo che vi ho annunciato, che
anche avete ricevuto, nel quale anche restate saldi, 2 mediante il quale
anche siete salvati, se lo mantenete in quella forma in cui ve l'ho annunciato, a meno che non abbiate creduto invano. 3 Vi ho trasmesso dunque,
anzitutto, quello che anch'io ho ricevuto: che cioè Cristo morì per i nostri peccati, secondo le Scritture; 4 e fu sepolto ed è stato risuscitato il terzo

morte affinché, come Cristo fu risuscitato dai morti per mezzo della gloria del Padre, così anche noi possiamo camminare in una vita nuova" (Rm 6,3-4); "e attendere dai cieli il suo Figlio, che egli ha risuscitato dai morti, Gesù, il quale ci libera dall'ira che viene" (1Ts 1,10).

giorno secondo le Scritture, [5] e che apparve a Cefa e quindi ai dodici. [6] In seguito apparve a più di cinquecento fratelli e sorelle in una sola volta: la maggior parte di essi vive ancora, mentre alcuni sono morti. [7] Inoltre apparve a Giacomo, e quindi a tutti gli apostoli. [8] Ultimo fra tutti apparve anche a me come a un aborto. [9] Io infatti sono l'infimo degli apostoli, e non sono degno neppure di essere chiamato apostolo, perché ho perseguitato la Chiesa di Dio. [10] Per grazia di Dio però sono quello che sono, e la sua grazia in me non è stata vana; anzi, ho faticato più di tutti loro, non io però, ma la grazia di Dio che è con me. [11] Pertanto, sia io che loro, così predichiamo e così avete creduto.

**Lettura dettagliata**

**15,1-2**

**Γνωρίζω δὲ ὑμῖν, ἀδελφοί, τὸ εὐαγγέλιον ὃ εὐηγγελισάμην ὑμῖν,**
*Vi rendo noto, fratelli e sorelle, il Vangelo che vi ho annunciato,*

L'Apostolo delle genti inizia il discorso sulla risurrezione con un breve esordio (vv. 1-2) ricordando ai destinatari τὸ εὐαγγέλιον, il Vangelo che egli aveva già proclamato loro durante il suo primo soggiorno a Corinto. L'avvio del nuovo capitolo è particolarmente energico e decisivo, sia per l'utilizzo di voci verbali improntate alla solennità (per esempio Γνωρίζω)[65] o proclamazione ad alta voce e profondo coinvolgimento personale (per esempio εὐηγγελισάμην)[66], sia per il particolare risalto conferito al sostantivo τὸ εὐαγγέλιον, il complemento dell'oggetto interno (secondo le regole dell'analisi logica). A livello stilistico è ravvisabile la cosiddetta figura etimologica[67], costruita sommando un sostantivo simile per affinità, sia di significato, sia di tema al verbo, e come significato, e come tema al verbo, da cui esso sostantivo dipende come complemento

[65] Per lo stesso uso del verbo γνωρίζω cfr. 1Cor 12,3; 2Cor 8,1; Gal 1,11.

[66] εὐηγγελισάμην da εὐαγγελίζομαι — diatesi media, aoristo sigmatico indicativo, prima persona singolare.

[67] "La ripetizione della radice (§ 279), chiamata in tempi moderni *figura etymologica* e attribuita nell'antichità alla *derivatio* (παρηγμένον) (§ 280), serve alla intensificazione della forza semantica (*vis*): Luc. 22,15; Ioh. 17,26; Aen 6;247 *voce vocans Hecaten*; Georg. 4, 108 *ire iter*; fr. *vivre sa vie*; ted. *Sein Leben leben*; ingl.; *this is no life to live*; JC 2, 2, 16 *the most horrid sights seen by the watch*; Hml. 3, 2, 1 *Speak the speach*" (H. LAUSBERG, *Elementi di Retorica*, § 281).

oggetto. Tuttavia il rapporto non si ferma qui: il sostantivo τὸ εὐαγγέλιον, apparente filiazione del predicato εὐηγγελισάμην è in realtà generatore del verbo stesso, che infatti è, a tutti gli effetti, formazione verbale denominativa[68]. Il contrario avviene con il gruppo — meno nutrito — dei deverbali, per esempio τυγχάνω, τύχη. Per quelli che credono in Gesù, il Figlio di Dio, il Vangelo è il gioioso annuncio della potenza salvifica di Dio in mezzo agli uomini, della loro redenzione straordinaria realizzata da Cristo crocifisso e risorto e della loro adozione a figli mediante l'attività santificatrice e vivificante dello Spirito Santo[69].

**ὃ καὶ παρελάβετε,**
**ἐν ᾧ καὶ ἑστήκατε,**
**δι' οὗ καὶ σῴζεσθε,**
**τίνι λόγῳ εὐηγγελισάμην ὑμῖν εἰ κατέχετε,**
*che anche avete ricevuto,*
*nel quale anche restate saldi,*
*mediante il quale anche siete salvati,*
*se lo mantenete in quella forma in cui ve l'ho annunciato,*

Il ruolo di protagonista del termine chiave τὸ εὐαγγέλιον continua nell'anafora[70] del pronome relativo ὅ e nella *variatio* poliptotica del medesimo pronome (ἐν ᾧ [...] δι' οὗ), nonché nel pronome dimostrativo

[68] Per altri esempi nell'epistolario paolino cfr. ὅτι δωρεὰν τὸ τοῦ θεοῦ εὐαγγέλιον εὐηγγελισάμην ὑμῖν; (2Cor 11,7b); Γνωρίζω γὰρ ὑμῖν, ἀδελφοί, τὸ εὐαγγέλιον τὸ εὐαγγελισθὲν ὑπ' ἐμοῦ ὅτι οὐκ ἔστιν κατὰ ἄνθρωπον· (Gal 1,11); οὕτως καὶ ὁ κύριος διέταξεν τοῖς τὸ εὐαγγέλιον καταγγέλλουσιν ἐκ τοῦ εὐαγγελίου ζῆν. (1Cor 9,14).

[69] "Il contenuto del vangelo determina il metodo dell'annuncio da parte di Paolo e lo stile di vita delle comunità cristiane. Ai cristiani di Corinto, che tendono a contrapporsi gli uni agli altri in nome di uno o dell'altro predicatore, Paolo scrive che le loro divisioni contraddicono la logica del vangelo. In esso infatti si proclama il Cristo crocifisso, stoltezza per i greci che cercano la sapienza, e scandalo per i giudei che cercano segni potenti, ma per quelli che rispondono alla chiamata di Dio, esso è sapienza e potenza di Dio (cfr. 1Cor 1,12-25). Nella sua missione a Corinto Paolo sceglie di annunciare solo Cristo e questi crocifisso, con uno stile umile e dimesso, perché la fede dei corinzi sia fondata sulla potenza di Dio e del suo Spirito (cfr. 1Cor 2,1-5)" (R. FABRIS, "Vangelo/vangeli", *TTB*, 1484).

[70] "L'anafora consiste nella ripetizione di una parte della frase all'inizio di successivi gruppi di parole. Il tipo della figura è quindi /x.../x..." (H. LAUSBERG, *Elementi di retorica* § 265).

(τοῦτο) sottinteso per due volte (τίνι λόγῳ [τοῦτο] εὐηγγελισάμην ὑμῖν εἰ [τοῦτο] κατέχετε). La Buona Novella rappresenta il legame che unisce in comunione il missionario di Tarso e i corinzi e li stabilisce come veri "fratelli e sorelle" nel Signore Gesù. Il genere letterario, cioè il rapporto fra mittente e destinatari presente in tutta la lettera, si manifesta più chiaramente in questo breve esordio. L'Apostolo ha annunciato solennemente (εὐηγγελισάμην due volte) il Vangelo ai suoi interlocutori (ὑμῖν tre volte); essi lo hanno accolto (παρελάβετε) e vi hanno creduto (ἐπιστεύσατε.). La prima proposizione relativa (ὃ καὶ παρελάβετε[71]) concerne il passato quando i corinzi hanno accolto la tradizione cristiana al momento dalla prima visita di Paolo. La seconda (ἐν ᾧ καὶ ἑστήκατε[72]) riguarda il presente: i destinatari continuano a crescere nella fede e a vivere secondo i valori evangelici — non hanno abbandonato il kerygma predicato loro. La terza (δι' οὗ καὶ σῴζεσθε[73]) tocca il futuro: il processo della salvezza, già iniziato ma non ancora completo, vedrà la sua pienezza solo al momento della venuta gloriosa del Signore. In 1Cor 15,1-2 Paolo ricorda ciò che aveva scritto nella prima parte della lettera: "Potreste infatti avere anche diecimila pedagoghi in Cristo, ma non certo molti padri: sono io che vi ho generato in Cristo Gesù mediante il Vangelo" (4,15). Il Vangelo, la potenza divina, ancora di salvezza per tutti gli uomini che consapevolmente credono in Gesù Cristo[74]: "Infatti non mi vergogno del Vangelo; perché esso è potenza di Dio per la salvezza di chiunque crede; del Giudeo prima e poi del Greco" (Rm 1,16). La potenza di Dio rivelata nel Vangelo agisce tutt'ora nei corinzi: "mediante il quale anche voi siete salvati" (δι' οὗ καὶ σῴζεσθε). Una via durevole, come dimostra il tema durativo del verbo, appunto di tempo presente: voi corinzi siete sulla via della salvezza. Paolo aveva annunciato questo tema così significativo all'inizio del corpo della lettera: "La parola della croce infatti è stoltezza per quelli che si perdono, ma per quelli che si salvano, ossia per noi, è potenza di Dio" (1Cor 1,18)". Se i corinzi vogliono continuare a fare parte "di quelli che si salvano", devono accogliere

---

[71] παρέλαβετε — aoristo attivo, modo indicativo, seconda persona plurale di παραλαμβάνω.

[72] ἑστήκατε — perfetto attivo, modo indicativo (intransitivo con il valore del presente), seconda persona plurale di ἵστημι.

[73] σῴζεσθε — presente passivo, modo indicativo, seconda persona plurale di σῴζω, es. del passivo divino.

[74] In parecchi passi del suo epistolario l'Apostolo delle genti accentua la rilevanza del suo Vangelo. Cfr. per es. 1Cor 1,17; 9,12-23; Gal 1,11; 1Ts 2,13.

il messaggio evangelico nella sua totalità: τίνι λόγῳ εὐηγγελισάμην ὑμῖν εἰ κατέχετε. È necessario che il Vangelo paolino sia accettato integralmente e interamente da parte dei corinzi, con la stessa formula trasmessa e articolata da Paolo stesso, il padre della loro comunità. Altrimenti l'annuncio apostolico certamente perderebbe la sua efficacia salvifica.

**ἐκτὸς εἰ μὴ εἰκῇ ἐπιστεύσατε.**
*a meno che non abbiate creduto invano.*

Senza una speranza solida nella salvezza totale dell'uomo, credere in Gesù Cristo sarebbe εἰκῇ ("vano", "sconsiderato") per i suoi discepoli e quindi senza costrutto. Credere significa affidare la propria vita a Cristo come risposta positiva all'annuncio del Vangelo. Nel v. 2 l'Apostolo delle genti riconosce che i corinzi hanno già fatto quest'atto di fede durante la sua prima permanenza fra di loro come risposta alla sua attività evangelica: ἐπιστεύσατε ("voi avete creduto"). Ora, però, i destinatari della Lettera sono incoraggiati ad apprezzare le conseguenze escatologiche del loro credere. Ecco, dunque, lo scopo del capitolo 15: rafforzare la fede dei corinzi nella risurrezione corporale di Cristo, affinché essi possano credere e sperare nella loro risurrezione corporale, il vero profitto escatologico per il quale lavorano (cfr. Fil 2,12) già da ora nell'attesa della parusia di Gesù il loro Salvatore. Ancora una volta il messaggio di Paolo è incentrato su un problema di conoscenza, cioè l'essenza fondamentale del Vangelo, guida necessaria e insostituibile per un corretto comportamento cristiano secondo valori evangelici autentici.

**15,3a**

**παρέδωκα γὰρ ὑμῖν ἐν πρώτοις, ὃ καὶ παρέλαβον,**
**Vi ho trasmesso dunque, anzitutto, quello che anch'io ho ricevuto:**

Paolo ha trasmesso (παρέδωκα)[75] ciò che aveva prima ricevuto (παρέλαβον)[76]: nel v. 3a, breve formula introduttiva, l'Apostolo mette in rilievo per i suoi destinatari mediante il binomio verbale παρέδωκα / παρέλαβον

---

[75] παρέδωκα — aoristo attivo, modo indicativo, prima persona singolare di παραδίδωμι.
[76] παρέλαβον — aoristo attivo, modo indicativo, prima persona singolare di παραλαμβάνω.

(cfr. 1Cor 11,23a) l'importanza della tradizione cristiana che risale agli anni 30 e che ha probabilmente Antiochia di Siria come ambito ecclesiale[77]. Questa coppia lessicale corrisponde a quella della tradizione vivente dei rabbini (קִבֵּל/מָסַר) per designare insegnamento di carattere tradizionale, rilevante e essenziale per il bene della comunità. Secondo Paolo la tradizione cristiana è davvero normativa per tutti quelli che credono in Cristo. L'Apostolo delle genti è profondamente consapevole del suo ruolo di mediatore fra passato (le prime comunità di giudeo-cristiani in Giudea e Galilea) e presente (le chiese di etnico-cristiani fondate da Paolo stesso), nonché della realtà in base alla quale i corinzi a loro volta sono già servi di Cristo ed annunciatori del Vangelo ad altri (cfr. 1Cor 4,1).

**15,3b-5**

**ὅτι Χριστὸς ἀπέθανεν ὑπὲρ τῶν ἁμαρτιῶν ἡμῶν κατὰ τὰς γραφὰς**
**καὶ ὅτι ἐτάφη**
**καὶ ὅτι ἐγήγερται τῇ ἡμέρᾳ τῇ τρίτῃ κατὰ τὰς γραφὰς**
**καὶ ὅτι ὤφθη Κηφᾷ εἶτα τοῖς δώδεκα·**

*che cioè Cristo morì per i nostri peccati, secondo le Scritture;*
*e fu sepolto*
*ed è stato risuscitato il terzo giorno secondo le Scritture,*
*e che apparve a Cefa e quindi ai dodici.*

Formula tradizionale della fede cristiana, consistente in quattro proposizioni introdotte dalla congiunzione ὅτι (quattro volte), ulteriormente suddivisibili queste in dichiarazioni principali (v. 3b e v. 4b) e in precisazioni o dichiarazioni complementari (v. 4a e v. 5).

| | | |
|---|---|---|
| v. 3b | ὅτι Χριστὸς ἀπέθανεν ὑπὲρ τῶν ἁμαρτιῶν ἡμῶν κατὰ τὰς γραφὰς | a |
| v. 4a | καὶ ὅτι ἐτάφη | b |
| v. 4b | καὶ ὅτι ἐγήγερται τῇ ἡμέρᾳ τῇ τρίτῃ κατὰ τὰς γραφὰς | a' |
| v. 5 | καὶ ὅτι ὤφθη Κηφᾷ εἶτα τοῖς δώδεκα· | b' |

---

[77] Vedi R. PENNA, "'Morì per i nostri peccati' (1Cor 15,3b)", 199.

Dopo il breve esordio (vv. 1-2) e la formula introduttiva (v. 3a) Paolo presenta il kerygma, cioè il contenuto della tradizione evangelica preesistente ai destinatari, mediante quattro brevi proposizioni aventi un unico soggetto: Χριστός. Cristo "morì" [...] "fu sepolto" [...] "è stato risuscitato" [...] "apparve": l'Apostolo legge la storia della salvezza unicamente in chiave cristologica. La matrice di questa formula tradizionale si trova nell'ambiente originario della prima comunità: o Gerusalemme o Antiochia di Siria. Notare il parallelismo delle frasi (a, b, a', b'), il lessico semitizzante, caratterizzato dalla scelta del nome aramaico di Pietro: Κηφᾶς. La prima proposizione riguarda la morte di Cristo, storicizzata dalla presenza dell'aumento nella forma aoristica ἀπέθανεν ("morì"), coniugata al modo indicativo, che è appunto il modo della realtà[78]. La morte di Cristo ha significato vicario e soteriologico: egli morì ὑπὲρ[79] τῶν ἁμαρτιῶν ἡμῶν ("per i nostri peccati")[80], prendendo su di sé i nostri peccati per poter salvare gli uomini[81]. Con il sintagma κατὰ τὰς γραφάς ("secondo le Scritture"), ripetuto per due volte nei vv. 3b e 4b, Paolo sottolinea la continuità della Nuova Alleanza con quella Prima rivelata

[78] ἀπέθανεν (da ἀποθνῄσκω), aoristo forte, modo indicativo, diatesi attiva, terza persona singolare. Nella Prima Tessalonicesi Paolo attesta la morte di Cristo in modo simile: "Se noi crediamo infatti che Gesù morì (ἀπέθανεν) e risuscitò, così anche Dio per mezzo di Gesù condurrà con lui quelli che sono addormentati" (1Ts 4,14).

[79] "... il valore della preposizione ὑπέρ in 1Cor 15,3b con tutta probabilità non ha valore causale ma finale, sicché 'i nostri peccati' non sono intesi propriamente come causa della morte di Cristo ma come suo scopo / obiettivo" (R. Penna, "'Morì per i nostri peccati' (1Cor 15,3b)", 213).

[80] "Si tratta, dunque, di una formula secca, che va all'essenziale: da una parte c'è Cristo, dall'altra ci sono i peccati, e in mezzo ci sono gli uomini adombrati dalla preposizione di vantaggio. Una cosa è certa: a differenza del mondo ambiente, Paolo non ha mai inteso la morte di Cristo come una mitigazione dell'ira divina; al contrario, quella morte è sola una dimostrazione dell'agàpe di Dio (cf. Rm 5,8)" (R. Penna, "'Morì per i nostri peccati' (1Cor 15,3b)", 215).

[81] Paolo esprime questa antica convinzione cristiana in vari modi nel suo epistolario. Cfr. "a noi che crediamo in colui che ha risuscitato dai morti Gesù nostro Signore, il quale è stato consegnato alla morte a causa delle nostre colpe ed è stato risuscitato per la nostra giustificazione" (Rm 4,24b-25); "Infatti, mentre noi eravamo ancora peccatori, Cristo morì per gli empi nel tempo stabilito [...] Ma Dio dimostra il suo amore verso di noi perché, mentre eravamo ancora peccatori, Cristo è morto per noi" (Rm 5,6.8); "Ed egli è morto per tutti, perché quelli che vivono non vivano più per se stessi, ma per colui che è morto e risorto per loro" (2Cor 5,15); "che (Cristo) ha dato se stesso per i nostri peccati, per sottrarci al presente secolo malvagio, secondo la volontà del nostro Dio e Padre" (Gal 1,4); "Egli è morto per noi perché, sia che vegliamo sia che dormiamo, viviamo insieme con lui" (1Ts 5,10).

nella legge, nei profeti e negli scritti, cioè in tutto l'Antico Testamento (cfr. Rm 1,2; 15,4). Benché alcuni esegeti trovino un'allusione implicita al servo sofferente di Is 53,5-6.8-9.12 (LXX), il riferimento generico alle Scritture del popolo ebraico non permette di individuare un unico testo preciso. Dopo la menzione della morte di Cristo, segue quella della sepoltura: ἐτάφη ("fu sepolto")[82]. La connessione della sua morte con la sua sepoltura, presente anche in Rm 6,4 e Col 2,12, rafforza la realtà dell'avvenuta morte e corrisponde in pieno agli schemi narrativi dell'Antico Testamento[83]. La terza proposizione riguarda la risurrezione di Cristo: ἐγήγερται ("è stato risuscitato")[84]. Il cosiddetto passivo divino evidenzia l'iniziativa di Dio Padre nei riguardi del Figlio, come leggiamo sotto nel v. 15: "Noi siamo trovati anche falsi testimoni di Dio, poiché testimoniammo contro Dio, che egli risuscitò il Cristo, che egli non avrebbe risuscitato, se appunto i morti non risuscitano". La risurrezione di Cristo implica anche la sua esaltazione alla destra del Padre: "Dio lo esaltò oltre misura" (Fil 2,9a). Il v. 4b continua con una breve spiegazione di genere cronologico τῇ ἡμέρᾳ τῇ τρίτῃ (il terzo giorno), sintagma tradizionale[85] che calcola 1) venerdì, il giorno della sua morte e sepoltura, 2) sabato, il giorno interveniente e 3) domenica, "il primo giorno della settimana" (Mc 16,2). Segue di nuovo l'iterato rimando alle Scritture, sempre al plurale: κατὰ τὰς γραφάς. La quarta proposizione segna un dato importantissimo, relativo agli incontri del Signore risorto con i discepoli che avevano conosciuto il Gesù terreno: Cefa e i Dodici. Il verbo ὤφθη corredato dal dativo di pertinenza viene ripetuto per quattro volte (vv.

---

[82] ἐτάφη (da θάπτω) — aoristo forte, modo indicativo, diatesi passiva, terza persona singolare.

[83] Cfr. "Così Rachele morì e fu sepolta lungo la strada verso Èfrata, cioè Betlemme" (Gn 35,19); "Poi Gedeone, figlio di Ioas, morì molto vecchio e fu sepolto nella tomba di Ioas suo padre, a Ofra degli Abiezeriti" (Gdc 8,32); "Iefte fu giudice d'Israele per sei anni. Poi Iefte, il Galaadita, morì e fu sepolto nella sua città in Gàlaad" (Gdc 12,7); "Poi Ibsan morì e fu sepolto a Betlemme" (Gdc 12,10); "Poi Abdon, figlio d'Illel, di Piratòn, morì e fu sepolto a Piratòn, nel territorio di Èfraim, sul monte dell'Amalecita" (Gdc 12,15).

[84] ἐγήγερται — perfetto passivo, modo indicativo, terza persona singolare del verbo ἐγείρω: "è stato risuscitato e vive".

[85] Per altre ricorrenze di τῇ ἡμέρᾳ τῇ τρίτῃ nel NT cfr. Mt 16,21; 17,23; 20,19; Lc 19,22; 18,33; 24,7.46; At 10,40.

5.6.7.8)[86] sostanziato con precisione da un'indicazione atta a individuare i testimoni della visione. "L'esperienza visiva non dipende dal soggetto, ma da chi si fa vedere"[87]. Il primo testimone indicato con il suo nome aramaico, Κηφᾶς, mette in risalto la sua importanza come capo dei più stretti seguaci di Cristo. In modo indipendente Luca narra questa apparizione significativa nel suo Vangelo, utilizzando però l'altro nome del capo dei Dodici: "'Davvero il Signore è risorto ed è apparso a Simone!'" (Lc 24,34). Il termine δώδεκα[88] ("Dodici"), *hapax legomenon* nell'epistolario paolino, rivela il carattere primigenio della tradizione ricevuta e trasmessa dai primi testimoni della risurrezione a Gerusalemme[89].

---

[86] Per il senso di questo verbo, vedi il commento acuto di G. Barbaglio: "Ma con il passivo del verbo quale esperienza si vuole indicare? La traduzione normale sarebbe: 'fu visto'; ma, invece, di un atteso complemento d'agente (*hypo Kepha/ ton apostolon*), abbiamo un dativo. In realtà, corrisponde alla forma niphal del verbo ebraico *ra'ah* col significato di 'apparire a', 'darsi a vedere a'. Nell'AT è usato per indicare le teofanie divine a singole persone (cf. per es. Gen 12,7 e 17,1: *ophthe kyrios to-i Abram*), ma anche l'apparizione dell'angelo del Signore (cf. Es 3,2: a Mosé). Si tratta qui di apparizioni finalizzate alla parola rivelata; lo schema è questo, come ha rilevato Michaelis: *ophthe kyrios to-i...kai eipen (auto-i)*/ «apparve il Signore a [...] e disse (a lui)» [...] (*GLNT* VIII, 935-936). [...] La stessa concezione dei risorti che Paolo esprime in 15,42-49 e che vale anche di Cristo risorto conferma quanto ha detto Michaelis: «Quando abbiamo *ophthe* con dativo, l'aspetto importante è costituito dall'attività del soggetto che 'appare', 'si mostra'; l'attività della persona al dativo, di colui che 'vede', 'sente', 'percepisce', non è invece posta in rilievo alcuno. *Ophthe Kepha-i*, "apparve a Cefa", ecc., non vuol dire, in primo luogo, che essi lo hanno visto (mettendo cioè in evidenza il momento visivo rispetto, diciamo, a quello uditivo), ma che *parestesen autois heauton zonta*, "si mostrò a loro vivente (cf. Act. 1,3) o, ancor meglio, che *ho theos apekalypsen auton en autois*, "Dio lo rivelò tra loro" (cf. Gal 1,16): lui, il risorto e vivente, li ha incontrati; essi hanno sentito la sua presenza» (*GLNT* VIII, 1009s)" (ID., *La Prima Lettera ai Corinzi*, 811-812).

[87] Vedi R. FABRIS, *Prima lettera ai Corinzi*, 200.

[88] δώδεκα ricorre 75 volte nel NT: Mt (13 volte), Mc (15 volte), Lc (12 volte), Gv (6 volte), Atti (4 volte), Gc (1 volta), Ap (23 volte). In At 1,15-26 Mattia viene associato agli unidici apostoli, prendendo il posto di Giuda Iscariota.

[89] "...Nell'ambiente giudeo-cristiano di Gerusalemme il gruppo dei dodici discepoli, con Pietro in testa, doveva costituire il luogo di riferimento per eccellenza con la missione di radunare e guidare le dodici tribù disperse d'Israele (cfr. Mt 19,28). La missione prima rimane Israele. Alla morte di Giuda, il gruppo mutilato dovrà ritrovare la sua forza simbolica grazie all'elezione di Mattia scelto tirando a sorte, cioè costituito direttamente da Dio, a differenza dei sette discepoli, che saranno eletti dai Dodici e dalla comunità intera (cfr. At 1,15-26; 6,1-6)" (C. PERROT, "Ministeri/ministri", *TTB*, 845-846).

**Excursus: "il terzo giorno"**

Il sintagma "il terzo giorno" (1Cor 15,4), *hapax legomenon* nel corpo paolino, ci rammenta tre testi rilevanti dell'Antico Testamento. Questa frase di genere storico e cronologico ha anche un significato teologico molto importante. Ecco i tre passi biblici in questione.

**La Creazione**

> 9 Dio disse: "Le acque che sono sotto il cielo si raccolgano in un unico
> luogo e appaia l'asciutto". E così avvenne. 10 Dio chiamò l'asciutto terra,
> mentre chiamò la massa delle acque mare. Dio vide che era cosa buona.
> 11 Dio disse: "La terra produca germogli, erbe che producono seme e al-
> beri da frutto, che fanno sulla terra frutto con il seme, ciascuno secondo
> la propria specie". E così avvenne. 12 E la terra produsse germogli, erbe
> che producono seme, ciascuna secondo la propria specie, e alberi che
> fanno ciascuno frutto con il seme, secondo la propria specie. Dio vide
> che era cosa buona. 13 E fu sera e fu mattina: **terzo giorno** (Gen 1,9-13).

In Gen 1,1-31, il primo inno della Bibbia, Dio crea tutte le cose con amore e con benevolenza, mostrando la sua signoria paterna su tutto. L'Autore sacro unisce le varie azioni divine con una sorta di ritornello: "Dio vide che [...] era cosa buona" (Gen 1,4.10.12.18.21.25.31). Nella narrazione del terzo giorno, cioè martedì notiamo, infatti, due ricorrenze della frase, "Dio vide che era cosa buona" (Gen 1,10.12), mentre nel racconto degli altri cinque giorni di lavoro essa appare una sola volta per ciascun giorno (cfr. Gen 1,4.18.21.25.31). Il terzo giorno, dunque, è caratterizzato dalla doppia benedizione di Dio. Perciò per gli ebrei il terzo giorno della settimana è il giorno di favore divino del tutto eccezionale.

**L'alleanza sul Monte Sinai**

> 1 Al terzo mese dall'uscita degli Israeliti dalla terra d'Egitto, nello stesso
> giorno, essi arrivarono al deserto del Sinai. 2 Levate le tende da Refidìm,
> giunsero al deserto del Sinai, dove si accamparono; Israele si accampò
> davanti al monte. 3 Mosè salì verso Dio, e il Signore lo chiamò dal monte,
> dicendo: "Questo dirai alla casa di Giacobbe e annuncerai agli Israeliti:
> 4 'Voi stessi avete visto ciò che io ho fatto all'Egitto e come ho sollevato voi
> su ali di aquile e vi ho fatto venire fino a me. 5 Ora, se darete ascolto alla

mia voce e custodirete la mia alleanza, voi sarete per me una proprietà particolare tra tutti i popoli; mia infatti è tutta la terra! [6] Voi sarete per me un regno di sacerdoti e una nazione santa'. Queste parole dirai agli Israeliti". [7] Mosè andò, convocò gli anziani del popolo e riferì loro tutte queste parole, come gli aveva ordinato il Signore. [8] Tutto il popolo rispose insieme e disse: "Quanto il Signore ha detto, noi lo faremo!". Mosè tornò dal Signore e riferì le parole del popolo. [9] Il Signore disse a Mosè: "Ecco, io sto per venire verso di te in una densa nube, perché il popolo senta quando io parlerò con te e credano per sempre anche a te". Mosè riferì al Signore le parole del popolo. [10] Il Signore disse a Mosè: "Va' dal popolo e santificalo, oggi e domani: lavino le loro vesti [11] e si tengano pronti per **il terzo giorno**, perché **nel terzo giorno** il Signore scenderà sul monte Sinai, alla vista di tutto il popolo. [12] Fisserai per il popolo un limite tutto attorno, dicendo: 'Guardatevi dal salire sul monte e dal toccarne le falde. Chiunque toccherà il monte sarà messo a morte. [13] Nessuna mano però dovrà toccare costui: dovrà essere lapidato o colpito con tiro di arco. Animale o uomo, non dovrà sopravvivere'. Solo quando suonerà il corno, essi potranno salire sul monte". [14] Mosè scese dal monte verso il popolo; egli fece santificare il popolo, ed essi lavarono le loro vesti. [15] Poi disse al popolo: "Siate pronti per **il terzo giorno**: non unitevi a donna". [16] **Il terzo giorno**, sul far del mattino, vi furono tuoni e lampi, una nube densa sul monte e un suono fortissimo di corno: tutto il popolo che era nell'accampamento fu scosso da tremore. [17] Allora Mosè fece uscire il popolo dall'accampamento incontro a Dio. Essi stettero in piedi alle falde del monte. [18] Il monte Sinai era tutto fumante, perché su di esso era sceso il Signore nel fuoco, e ne saliva il fumo come il fumo di una fornace: tutto il monte tremava molto. [19] Il suono del corno diventava sempre più intenso: Mosè parlava e Dio gli rispondeva con una voce. [20] Il Signore scese dunque sul monte Sinai, sulla vetta del monte, e il Signore chiamò Mosè sulla vetta del monte. Mosè salì. [21] Il Signore disse a Mosè: "Scendi, scongiura il popolo di non irrompere verso il Signore per vedere, altrimenti ne cadrà una moltitudine! [22] Anche i sacerdoti, che si avvicinano al Signore, si santifichino, altrimenti il Signore si avventerà contro di loro!". [23] Mosè disse al Signore: "Il popolo non può salire al monte Sinai, perché tu stesso ci hai avvertito dicendo: 'Delimita il monte e dichiaralo sacro'". [24] Il Signore gli disse: "Va', scendi, poi salirai tu e Aronne con te. Ma i sacerdoti e il popolo non si precipitino per salire verso il Signore, altrimenti egli si avventerà contro di loro!". [25] Mosè scese verso il popolo e parlò loro (Es 19,1-25).

Nel racconto della teofania del Monte Sinai si intessono diverse tradizioni del popolo d'Israele. In questo incontro personale ma terrificante tra Dio e Mosè, il rappresentante del popolo eletto, il Signore rivela la sua santa volontà sia attraverso il fenomeno celeste di una tempesta tremenda che attraverso il fenomeno terrestre di un vulcano in eruzione: il cielo e la terra tremano a causa della discesa del loro creatore sul monte sacro, avvenimento che accade appunto il terzo giorno, il giorno della prima alleanza. Se Israele ascolterà la voce del Signore e osserverà la sua legge, il popolo eletto sarà la sua proprietà particolare per sempre. Il suono del corno (v. 16), atto particolare di culto, era utilizzato più tardi nel tempio di Gerusalemme per annunziare feste religiose, occasioni di grande gioia per tutto il popolo. Le prerogative del popolo sacerdotale descritte in Es 19 vengono poi riprese nel Nuovo Testamento per delineare la singolare identità dei cristiani (cfr. 1Pt 2,9; Ap 5,10).

**La conversione insincera di Israele**

> 1 "Venite, ritorniamo al Signore: egli ci ha straziato ed egli ci guarirà. Egli
> ci ha percosso ed egli ci fascerà. 2 Dopo due giorni ci ridarà la vita e **il terzo**
> ci farà rialzare, e noi vivremo alla sua presenza. 3 Affrettiamoci a conoscere
> il Signore, la sua venuta è sicura come l'aurora. Verrà a noi come la piog-
> gia d'autunno, come la pioggia di primavera che feconda la terra". 4 Che
> dovrò fare per te, Èfraim, che dovrò fare per te, Giuda? Il vostro amore è
> come una nube del mattino, come la rugiada che all'alba svanisce. 5 Per
> questo li ho abbattuti per mezzo dei profeti, li ho uccisi con le parole della
> mia bocca e il mio giudizio sorge come la luce: 6 poiché voglio l'amore e
> non il sacrificio, la conoscenza di Dio più degli olocausti (Os 6,1-6).

Nella predicazione di Osea troviamo spesso oracoli di minaccia, profezie che rivelano il castigo divino per Israele che non vuole convertirsi in modo sincero. Nonostante le sue parole di condanna questo libro profetico annuncia anche parole di salvezza, oracoli che enunciano la speranza di un nuovo inizio nelle relazioni fra il Signore e il popolo eletto.

Con l'espressione temporale "il terzo giorno", Paolo rilegge tutta la storia del suo popolo e dell'umanità alla luce dell'evento Cristo. Cominciando con i primi versetti della Bibbia, il fondatore della chiesa corinzia capisce che il terzo giorno, cioè martedì, ricorda il giorno della doppia benedizione nella Genesi, il giorno della prima alleanza in Esodo e il giorno del nuovo inizio tra Dio e l'uomo in Osea. Se la risurrezione di Cristo accade appunto il terzo giorno dopo l'inizio della sua passione, quel giorno glorioso — "il primo della settimana" (cfr. Mt 28,1; Mc 16,2.9; Lc 24,1; Gv 20,1; At 20,7) — commemora la sua vittoria sul peccato e sulla morte, il dono eccezionale della grazia divina e della vita eterna e la nuova alleanza fra Dio e l'umanità realizzata appunto nella persona e missione di Gesù, il Figlio di Dio. Perciò, nel giorno della domenica, i cristiani delle comunità paoline commemoravano le benedizioni straordinarie della prima e della nuova alleanza, della prima e della nuova creazione, del primo e del nuovo inizio tra Dio e l'uomo nello spezzare il pane eucaristico. In più, durante la domenica Paolo incoraggiava con vigore e con perseveranza una colletta a favore dei fratelli bisognosi della chiesa di Gerusalemme (cfr. Rm 15,25-28; 2Cor 8,1–9,15; Gal 2,10).

> [1] Riguardo poi alla colletta in favore dei santi, fate anche voi come ho ordinato alle chiese della Galazia. [2] Ogni primo giorno della settimana ciascuno di voi metta da parte ciò che è riuscito a risparmiare, perché le collette non si facciano quando verrò. [3] Quando arriverò, quelli che avrete scelto li manderò io con una mia lettera per portare il dono della vostra generosità a Gerusalemme. [4] E se converrà che vada anch'io, essi verranno con me (1Cor 16,1-4).

Concludendo, il giorno della risurrezione di Gesù Cristo, "il terzo giorno" (1Cor 15,4), cioè "il primo della settimana", è il giorno di gioia, di grazia e di generosità (sia divina che umana) per eccellenza nella storia di tutta l'umanità[90].

---

[90] Anche nel corpo giovanneo troviamo questo collegamento tra "il terzo giorno" e la gioia pasquale nel segno delle nozze di Cana (Gv 2,1-12), il primo segno compiuto da Gesù nel quarto Vangelo: "Il terzo giorno vi fu una festa di nozze a Cana di Galilea e c'era la madre di Gesù" (Gv 2,1). Secondo la Tosephta e il Talmud di Gerusalemme fra gli ebrei è diventata un'abitudine celebrare le nozze il terzo giorno, cioè martedì. Vedi F. MANNS, "Le trosième jour il y eut des noces à Cana", *Marianum* 40 (1978) 160-163. "Secondo il kerigma del Nuovo Testamento, recepito anche da Giovanni, 'il terzo giorno' è per eccellenza il giorno (il καιρός) della Risurrezione (cf. 1Cor 15,3-4 e Gv 2,19-21). Nell'episodio di Cana, in particolare, la menzione del 'terzo giorno' sta in rapporto con 'l'Ora di Gesù' (Gv 2,4), ossia 'quel giorno' (Gv 14,20; 16,23.26) e 'quell'Ora' (Gv 19,27b) in cui Gesù passa da questo mondo al Padre, con la morte-risurrezione" (A. SERRA, *Le nozze di Cana (Gv 2,1-12)*, 325).

**15,6-8**

**ἔπειτα ὤφθη ἐπάνω πεντακοσίοις ἀδελφοῖς ἐφάπαξ, ἐξ ὧν οἱ πλείονες μένουσιν ἕως ἄρτι, τινὲς δὲ ἐκοιμήθησαν·**
**ἔπειτα ὤφθη Ἰακώβῳ,**
**εἶτα τοῖς ἀποστόλοις πᾶσιν·**
**ἔσχατον δὲ πάντων ὡσπερεὶ τῷ ἐκτρώματι ὤφθη κἀμοί.**

*In seguito apparve a più di cinquecento fratelli e sorelle in una sola volta: la maggior parte di essi vive ancora, mentre alcuni sono morti.*
*Inoltre apparve a Giacomo,*
*e quindi a tutti gli apostoli.*
*Ultimo fra tutti apparve anche a me come a un aborto.*

Descrizione del ritmo alternato delle apparizioni a finire con Paolo (ὤφθη tre volte) e dichiarazione della qualità dei testimoni (quattro volte).

| | | |
|---|---|---|
| v. 6 | ἔπειτα ὤφθη ἐπάνω πεντακοσίοις ἀδελφοῖς ἐφάπαξ, ἐξ ὧν οἱ πλείονες μένουσιν ἕως ἄρτι, τινὲς δὲ ἐκοιμήθησαν· | a |
| v. 7a | ἔπειτα ὤφθη Ἰακώβῳ, | b |
| v. 7b | εἶτα τοῖς ἀποστόλοις πᾶσιν· | a′ |
| v. 8 | ἔσχατον δὲ πάντων ὡσπερεὶ τῷ ἐκτρώματι ὤφθη κἀμοί. | b′ |

Nei vv. 6-8 Paolo estende la serie di apparizioni del Signore risorto e quindi la lista dei testimoni della risurrezione del Signore. Notare di nuovo il parallelismo che segnala l'apparizione collettiva di Cristo al v. 6 ἐπάνω πεντακοσίοις ἀδελφοῖς ἐφάπαξ (a più di cinquecento fratelli e sorelle in una sola volta) e al v. 7b τοῖς ἀποστόλοις πᾶσιν (a tutti gli apostoli[91]), e quella singolare di Cristo Ἰακώβῳ (a Giacomo di Gerusa-

[91] Nel cristianismo delle origini non solamente i Dodici godevano del titolo di apostolo: anche altri discepoli menzionati nel NT furono chiamati "apostoli". Cfr. "La popolazione della città si divise, schierandosi alcuni dalla parte dei Giudei, altri dalla parte degli apostoli" (At 14,4); "Sentendo ciò, gli apostoli Bàrnaba e Paolo si strapparono le vesti e si precipitarono tra la folla, gridando:" (At 14,14); "Salutate Andrònico e Giunia, miei parenti e compagni di prigionia: sono insigni tra gli apostoli ed erano in Cristo già prima di me" (Rm 16,7); "Non abbiamo il diritto di portare con noi una donna credente, come fanno anche gli altri apostoli e i fratelli del Signore e Cefa?" (1Cor 9,5); "Alcuni perciò Dio li ha posti nella Chiesa in primo luogo come apostoli, in secondo luogo come profeti, in terzo luogo come maestri; poi ci sono i miracoli, quindi il

lemme[92], figura ben conosciuta nella Chiesa primitiva) al v. 7a e κἀμοί ("anche a me", cioè a Paolo) al v. 8. Cfr. "Non sono forse libero, io? Non sono forse un apostolo[93]? Non ho veduto Gesù, Signore nostro? E non siete voi la mia opera nel Signore?" (1Cor 9,1). 1Cor 15,1-11 mette in risalto il numero dei credenti che hanno incontrato il Signore risorto. Si veda, infatti, la conclusione del testo, "così predichiamo" (v. 11), in cui all'unisono e in perfetta armonia d'intenti tutti i privilegiati proclamano la risurrezione di Gesù. In questa microunità l'Apostolo ribadisce l'annuncio unanime e ufficiale della risurrezione di Cristo da parte della Chiesa. Tutti quanti, anche in armonia con le Scritture, proclamano la Buona Novella. Solo l'annuncio della risurrezione di Cristo è basilare per Paolo (cf. Fil 1,18: "Ma questo che importa? Purché in ogni maniera, per ipocrisia o per sincerità, Cristo venga annunziato, io me ne rallegro e continuerò a rallegrarmene."). Con ἔσχατον δὲ πάντων (v. 8) l'Apostolo crea un legame con i primi apostoli (i Dodici e gli altri discepoli che hanno conosciuto il Gesù terreno e il Signore risorto); nello stesso momento Paolo si differenzia da tutti i credenti che seguiranno: mentre egli ha conosciuto il Signore sulla via di Damasco attraverso un'apparizione particolare, quelli conosceranno Cristo solo tramite la fede. Con il termine ἐκτρώματι[94] ("aborto", "feto abortivo") Paolo si paragona in segno di

---

dono delle guarigioni, di assistere, di governare, di parlare varie lingue" (1Cor 12,28); "senza andare a Gerusalemme da coloro che erano apostoli prima di me, mi recai in Arabia e poi ritornai a Damasco" (Gal 1,17); "degli apostoli non vidi nessun altro, se non Giacomo, il fratello del Signore" (Gal 1,19).

[92] Luca menziona Giacomo tre volte negli Atti degli Apostoli. Cfr. "Egli allora fece loro cenno con la mano di tacere e narrò loro come il Signore lo aveva tratto fuori dal carcere, e aggiunse: 'Riferite questo a Giacomo e ai fratelli'. Poi uscì e se ne andò verso un altro luogo" (At 12,17); "Quando essi ebbero finito di parlare, Giacomo prese la parola e disse: "Fratelli, ascoltatemi'" (At 15,13); "Il giorno dopo Paolo fece visita a Giacomo insieme con noi; c'erano anche tutti gli anziani" (At 21,18).

[93] Apostolo. "Quest'ultimo termine deriva dal greco *apóstolos*, che ha il senso di 'inviato' o 'delegato'. In origine l'apostolo va distinto dai Dodici, come fa Paolo in 1Cor 15,5.7 quando elenca: Pietro e i Dodici, poi Giacomo e gli apostoli. Secondo Luca, invece, i Dodici includono in qualche modo il titolo apostolico (cfr. Lc 6,13), e secondo Atti essi, accompagnati dagli 'anziani', compaiono soprattutto nel contesto di Gerusalemme" (C. PERROT, "Ministeri/ministri", *TTB*, 846).

[94] ἔκτρωμα — *hapax legomenon* nel NT. Cfr. Nm 12,12; Gb 3,16; e Qo 6,3 secondo la traduzione della LXX.

umiltà ad un essere incompleto, imperfetto, difettoso, da catalogare tra i rifiuti: a un feto premorto nel seno materno o che viene alla luce privo di vita. ἐκτρώματι significa anche un feto mortifero, uno che è portatore di morte[95]. Con la similitudine[96] ὡσπερεὶ τῷ ἐκτρώματι l'Apostolo descrive la propria situazione spirituale precedente alla sua esperienza diretta di Cristo sulla via di Damasco: egli era come morto nel giudaismo farisaico, inerte e incapace di rendere un culto vivente a Dio e, nello stesso tempo, anche oppressore e persecutore dei discepoli di Gesù. Nel Nuovo Testamento ὡσπερεί si trova, come particella comparativa, solo in questo versetto. La menzione di τῷ ἐκτρώματι, "feto abortivo", mette in rilievo una delle tematiche principali del capitolo: la morte. La formula tradizionale della fede (vv. 3b-5) afferma che Cristo ha vinto la morte tramite la sua risurrezione: egli renderà partecipi della sua vittoria tutti gli uomini, morti a causa dei loro peccati. Il Salvatore vivifica gli uomini fin d'ora, mettendosi in contatto con i peccatori, attraverso l'esempio di Paolo, acquisito alla vita senza suo merito: "Ma Dio che m'aveva prescelto fin dal seno di mia madre e mi ha chiamato mediante la sua grazia, si compiacque di rivelare in me il Figlio suo perché io lo annunziassi fra i gentili" (Gal 1,15-16a). Egli, il Risorto, vivificherà gli uomini in modo pieno e perfetto alla fine dei tempi, all'atto della risurrezione generale dei morti: "Perché la tromba squillerà, e i morti risusciteranno incorruttibili, e noi saremo trasformati" (1Cor 15,52b). Gesù Cristo, l'unico Redentore, è vita per gli uomini. Dove c'è Cristo la morte non può più esercitare il suo potere, non può più far valere il suo dominio sugli uomini: d'ora in poi Cristo è l'unico Signore di tutto il creato (cfr. Fil 2,11)[97].

---

[95] Vedi A. Gieniusz, "'Come a un aborto'", 147-149.

[96] "La *similitudo* (παραβολή) è una sfera più infinita del simile (§ 400) e consiste in un fatto comune della vita della natura [...] o della vita umana tipica [...] che viene confrontato con il pensiero vero e proprio. La *similitudo* può essere formulata in maniera lunga [...] o in maniera breve con una parola singola legata da una particella comparativa: § 403)" (H. Lausberg, *Elementi di retorica,* § 401).

[97] "L'autobiografia dell'Apostolo nei versetti 8-10 e la metafora dell'aborto al suo interno non si trovano, dunque, casualmente al centro del brano iniziale del capitolo dedicato alla risurrezione. Essi costituiscono la parte precipua della semina *probationum,* funzione principale della *narratio* di 1Cor 15,1-11 all'interno di tutto l'argomento di 1Cor 15. Raccontando la sua imprevedibile metamorfosi, iniziata sulla via di Damasco, Paolo non fa, infatti, altro che seminare le

**15,9-10**

**Ἐγὼ γάρ εἰμι ὁ ἐλάχιστος τῶν ἀποστόλων ὃς οὐκ εἰμὶ ἱκανὸς καλεῖσθαι ἀπόστολος,**
**διότι ἐδίωξα τὴν ἐκκλησίαν τοῦ θεοῦ·**
**χάριτι δὲ θεοῦ εἰμι ὅ εἰμι, καὶ ἡ χάρις αὐτοῦ ἡ εἰς ἐμὲ οὐ κενὴ ἐγενήθη,**
**ἀλλὰ περισσότερον αὐτῶν πάντων ἐκοπίασα, οὐκ ἐγὼ δὲ ἀλλὰ ἡ χάρις τοῦ θεοῦ [ἡ] σὺν ἐμοί.**

*Io infatti sono l'infimo degli apostoli, e non sono degno neppure di essere chiamato apostolo,*
*perché ho perseguitato la Chiesa di Dio.*
*Per grazia di Dio però sono quello che sono, e la sua grazia in me non è stata vana;*
*anzi, ho faticato più di tutti loro, non io però, ma la grazia di Dio che è con me.*

Apparizione speciale riservata a Paolo, consistente in quattro proposizioni, ulteriormente suddivisibili queste in dichiarazioni principali: Paolo e la grazia di Dio (v. 9a e v. 10a) e in precisazioni o dichiarazioni complementari: comportamento di Paolo (v. 9b e v. 10b).

| | | |
|---|---|---|
| v. 9a | Ἐγὼ γάρ εἰμι ὁ ἐλάχιστος τῶν ἀποστόλων | |
| | ὃς οὐκ εἰμὶ ἱκανὸς καλεῖσθαι ἀπόστολος, | a |
| v. 9b | διότι ἐδίωξα τὴν ἐκκλησίαν τοῦ θεοῦ· | b |
| v.10a | χάριτι δὲ θεοῦ εἰμι ὅ εἰμι, | |
| | καὶ ἡ χάρις αὐτοῦ ἡ εἰς ἐμὲ οὐ κενὴ ἐγενήθη, | a′ |
| v. 10b | ἀλλὰ περισσότερον αὐτῶν πάντων ἐκοπίασα, | |
| | οὐκ ἐγὼ δὲ ἀλλὰ ἡ χάρις τοῦ θεοῦ [ἡ] σὺν ἐμοί. | b′ |

prove atte a rendere plausibile la risurrezione finale dei credenti. Essa sarà portata a compimento dallo stesso Signore che già adesso fa passare dalla morte alla vita e trasforma seminatore di morte in portatori di vita perché — per finire con una delle fondamentali convinzioni di Paolo stesso — l'agire di Dio appunto 'si fa riconoscere dalla generosità e costanza, dall'ἀρχή al τέλος' (Aletti, *Épître aux Philippiens*, 46)" (A. Gieniusz, "'Come a un aborto'", 149-150).

Nella lista dei testimoni è importante anche l'ordine in base al quale essi vengono menzionati. Forse la lista avrebbe la funzione di dare a Paolo un ruolo equivalente a quello degli altri apostoli, ma questa interpretazione non sembra del tutto persuasiva perché Paolo insiste sulla sua indegnità come persecutore della Chiesa (διότι ἐδίωξα τὴν ἐκκλησίαν τοῦ θεοῦ· v. 9)[98], evidenziando invece l'importanza fondamentale della grazia di Dio (v. 10). Dunque la menzione dell'apparizione di Cristo a Paolo non tende a mettere in risalto la sua autorità come apostolo; tuttavia, pur prendendone atto, sottolinea la sua modestia come annunciatore del Vangelo di Dio. Nei limiti delle attestazioni (espressioni di umiltà e indegnità) si potrebbe leggere la consapevolezza dell'importanza di sentirsi testimone oculare. Di qui la legittima aspirazione ad entrare anch'egli nel novero dei legittimi annunciatori della Buona Novella[99]. Consapevole della sua indegnità come accanito persecutore della Chiesa di Dio (v. 9), egli si autoaccusa, umiliandosi come aveva fatto prima di lui il suo Signore, evidenziando l'immensa bontà di Dio e la potenza della grazia di Dio (χάρις tre volte nel v. 10) non solo nella sua vita, ma anche in generale in quella di ogni credente[100]. περισσότερον αὐτῶν πάντων

---

[98] Cfr. "Voi avete certamente sentito parlare della mia condotta di un tempo nel giudaismo: perseguitavo ferocemente la Chiesa di Dio e la devastavo" (Gal 1,13); "Voi avete certamente sentito parlare della mia condotta di un tempo nel giudaismo: perseguitavo ferocemente la Chiesa di Dio e la devastavo" (Fil 3,6); "Saulo intanto cercava di distruggere la Chiesa: entrava nelle case, prendeva uomini e donne e li faceva mettere in carcere" (At 8,3); "Saulo, spirando ancora minacce e stragi contro i discepoli del Signore, si presentò al sommo sacerdote" (At 9,1); "e, cadendo a terra, udì una voce che gli diceva: 'Saulo, Saulo, perché mi perséguiti?'" (At 9,4); "E tutti quelli che lo ascoltavano si meravigliavano e dicevano: 'Non è lui che a Gerusalemme infieriva contro quelli che invocavano questo nome ed era venuto qui precisamente per condurli in catene ai capi dei sacerdoti?'" (At 9,21).

[99] Nella tradizione letteraria antica l'essere inseriti in una lista (ὁ κατάλογος, ὁ κανών) era segno d'onore a vario titolo. "In Grecia era un elenco dei cittadini iscritti alla milizia. Chi non aveva l'età o il censo per appartenervi era 'fuori catalogo'" (M. GILSON – R. PALAZZI, "Catalogo", *DMAC*, 92). Non è casuale se più tardi la Chiesa — sublimando il concetto classico e universalizzandolo — parlerà di una città celeste (Ap 21,1ss., la "Gerusalemme celeste"), come di una patria ideale di tutti i cristiani. Sarebbe ardito pensare che tale idea parta da qui dove viene ufficializzata la nascita della piccola comunità di cristiani legati da consonanza di sentire (κοινωνία) e dal vincolo di sangue versato per loro da Cristo, oltre che privilegiati dalla notizia delle sue apparizioni?

[100] Cfr. "Poiché siamo suoi collaboratori, vi esortiamo a non accogliere invano la grazia di Dio" (2Cor 6,1).

ἐκοπίασα: per le fatiche innumerevoli dell'Apostolo delle genti si legga il suo racconto nella Seconda Lettera ai Corinzi:

> 5 Ora, io ritengo di non essere in nulla inferiore a questi superapostoli! [...]
> 23 Sono ministri di Cristo? Sto per dire una pazzia, io lo sono più di loro: molto di più nelle fatiche, molto di più nelle prigionie, infinitamente di più nelle percosse, spesso in pericolo di morte. 24 Cinque volte dai Giudei ho ricevuto i quaranta colpi meno uno; 25 tre volte sono stato battuto con le verghe, una volta sono stato lapidato, tre volte ho fatto naufragio, ho trascorso un giorno e una notte in balìa delle onde. 26 Viaggi innumerevoli, pericoli di fiumi, pericoli di briganti, pericoli dai miei connazionali, pericoli dai pagani, pericoli nella città, pericoli nel deserto, pericoli sul mare, pericoli da parte di falsi fratelli; 27 disagi e fatiche, veglie senza numero, fame e sete, frequenti digiuni, freddo e nudità. 28 Oltre a tutto questo, il mio assillo quotidiano, la preoccupazione per tutte le Chiese. 29 Chi è debole, che anch'io non lo sia? Chi riceve scandalo, che io non ne frema? (2Cor 11,5.23-29).

In 1Cor 15,9-10 Paolo corregge in modo molto discreto quelli che si gloriavano dei loro doni spirituali (cfr. 1Cor 12,28-31): anziché vantarsi della sua vocazione come apostolo delle genti, egli si mortifica al punto da definirsi ἐκτρώματι ("feto abortivo" [1Cor 15,8]). La scrittura paolina raggiunge il massimo della propria efficacia espressiva trattando l'argomento dell'espiazione dei propri peccati: è vero che la superbia è il più grave di tutti. Il padre della comunità corinzia parla di sé al genere neutro[101] (v. 10a), come se si trattasse di un oggetto (χάριτι δὲ θεοῦ εἰμι ὅ εἰμι). Accanto a Dio (θεοῦ) egli è una cosa del tutto insignificante, come confermato dalla voce verbale enclitica εἰμι, ripetuta due volte. In quanto atona sembrerebbe voler alludere ad una realtà "afona", relativa alla voce di Paolo ridotto ad essere insignificante, quasi senza voce. La prima enclitica εἰμι non si regge se non si appoggia alla parola precedente (θεοῦ): Paolo non si sente esistente se non appoggiandosi a Dio. La seconda enclitica εἰμι, lontana da θεοῦ, è tenuta ad appoggiarsi al pronome relativo neutro ὅ. Ben poca cosa è quindi Paolo lontano da Dio: egli si considera

[101] Paronomasia nel nome romano dell'Apostolo Paolo? Il latino *Paulus* richiama l'avverbio di quantità *paulum* = "poco", "piccola quantità". *Nomen omen*: magro e di costituzione minuta, ma di statura morale considerevole.

addirittura meno di una monosillabe pronominale neutra[102], dato che il suo essere (εἰμι) dipende da lui: Dio! Siamo ai limiti del pensabile e del dicibile. Paolo scrittore è riuscito a esprimere la sensazione di sentirsi su un gradino inferiore rispetto a una cosa così astratta come una voce grammaticale! È sceso al piano metalinguistico, si è completamente azzerato come creatura, raggiungendo l'intensità stilistica di un concetto analogo all'imo, con il suo trinomio negativo in corrispondenza del quale, agli antipodi, sta non solo l'altissimo veterotestamentario tetragramma[103], il nome impronunciabile di "Io sono colui che sono"[104] (Es 3,14), ma anche il trinomio per eccellenza positiva: la SS. Trinità. Questa autoriduzione dal genere maschile al genere neutro è segno di coraggio morale, di abnegazione completa e di eroico annullamento della propria persona in nome di un ideale superiore: il Vangelo. Nei vv. 1-3 per cinque volte il pronome relativo neutro (ὅ, ᾧ, οὗ) si riferisce al Vangelo[105]. Al v. 10 Paolo, ripetendo il pronome in riferimento a se stesso, riassume la propria identità, esistenza e missione solo in rapporto al Vangelo[106]. Ormai vive solo alla luce del Vangelo per mezzo della grazia di Dio[107]. La sua

---

[102] Un particolare aspetto della definizione che Paolo dà di se stesso: εἰμι ὅ εἰμι (sono quello che sono) è l'invarianza di questo trinomio, sia che si legga in direzione destrorsa sia sinistrorsa. La figura retorica corrispondente è detta palindromo o anfidromo. Vedi B. MORTARA GARAVELLI, *Manuale di Retorica*, 129.

[103] Nome di Dio di quattro lettere: יְהוָה. Notare che i vocaboli θεός e εἰμι (in riferimento a Paolo) sono anche di quattro lettere. "Il *tetragramma*, vale a dire le quattro lettere che compongo in ebraico il nome divino JHWH, è detto *sacro* ed è questo il motivo per cui non viene pronunciato, perché nominare qualcuno con il suo nome significa in certo qual senso avere potere su di lui. Nella Bibbia ebraica, alle consonanti del tetragramma sono state date le vocali di *Adonai*, il Signore; questo amalgama è all'origine del nome *Jehovah* utilizzato soprattutto fino al secolo XIX. La Settanta e il Nuovo Testamento rendono il tetragramma sempre con il termine *Kýrios*, che significa anch'esso Signore" (J.-N. ALETTI – *al.*, *Lessico ragionato dell'esegesi biblica*, 29).

[104] ἐγώ εἰμι ὁ ὤν (Es 3,14 LXX).

[105] Cfr. 1Cor 15,1 (3 volte).2 (1 volta).3 (1 volta).

[106] "La personalità di Paolo e la sua missione sono inseparabili dal vangelo. La rivelazione del Figlio di Dio nella chiamata iniziale definisce l'identità di Paolo e il suo ruolo, nonché il suo metodo missionario e pastorale, come anche quello dei suoi collaboratori itineranti o residenti nelle comunità cristiane. Il vangelo sta alla base dell'esperienza cristiana perché avvia il processo di fede e alimenta l'itinerario di formazione dei credenti. Anche lo stile di vita della comunità cristiana e la sua speranza sono radicati nel vangelo" (R. FABRIS, "Vangelo / vangeli", *TTB*, 1485).

[107] Vedi la *superscriptio* (menzione del mittente) della Lettera ai Romani: "Paolo, schiavo di Cristo Gesù, apostolo per vocazione, prescelto per annunziare il Vangelo di Dio" (Rm 1,1).

umiltà, gesto di carità verso i fratelli e sorelle di Corinto, rappresenta un ulteriore riscontro a conferma dell'intento didascalico e morale messo in opera dall'Apostolo delle genti attraverso l'esempio: "La carità è paziente, è benigna la carità; non è invidiosa la carità, non si vanta, non si inorgoglisce" (1Cor 13,4). Paolo è un uomo di grande integrità morale: il padre dei corinzi applica, prima di tutto, su di sé le massime evangeliche.

**15,11**

**εἴτε οὖν ἐγὼ εἴτε ἐκεῖνοι,**
**οὕτως κηρύσσομεν καὶ οὕτως ἐπιστεύσατε.**

*Pertanto, sia io che loro,*
*così predichiamo e così avete creduto.*

Il versetto conclusivo, *peroratio* della pericope, ribadisce e rafforza la comune proclamazione del Vangelo da parte degli apostoli, altro indice di comunione fraterna: "Dunque sia io sia loro, così annunciamo (come araldi, come banditori)". Degna di nota la scelta di κηρύσσω (verbo denominativo da κῆρυξ, "araldo", "banditore") usato in occasione di aste pubbliche, di spettacoli a teatro, di giochi agonistici allo stadio, di chiamate a turni di guardia di soldati, di fondazioni di colonie[108] e — in genere — per notificare fatti importanti[109]. In comunione con gli altri apostoli l'Apostolo delle genti annuncia ad alta voce la Buona Novella di

---

[108] Merita una citazione particolare il passo di Tucidide (*Historiae*, I,27) con il significato di invito ufficiale rivolto al popolo a partecipare alla fondazione di una colonia e quindi di una nuova città, di una nuova comunità. È noto che quest'ultima si sentiva per sempre legata da vincoli di sangue con la μητρόπολις, la città madre.

[109] "The dissemination of information comprises the transmission of general or current information to a specific or unspecified number of persons. If information is transmitted by order of the state, it could entail the sudden necessity of communicating facts to the population on the one hand, or on the other hand, regular announcements. In both cases, oral as well as written announcements or a combination thereof can be considered. Oral announcements were made in general by the town crier (κῆρυξ/*kêryx*, Lat. *praeco*) [5] if not by the official representatives themselves. They were made depending on the occasion, for example at assemblies of the citizenry, at festivals, in the theatre, on public squares (esp. in front of office buildings or sanctuaries) and could occur spontaneously or regularly. Written announcements, on the other hand, offered the advantage of not being tied to the moment and did not require the presence of many persons" (A. Kolb, "Communications", *BNP*, III, 668).

Cristo morto e risuscitato per gli uomini[110]. Nell'epistolario paolino il verbo κηρύσσω viene abbinato al Vangelo per tre volte[111]. La particella οὖν[112] come congiunzione deduttiva e congiuntiva segnala la chiusura del passo. Il missionario di Tarso è rimasto fedele all'annuncio tradizionale che ha ricevuto e trasmesso ai corinzi. Essi hanno aderito alla tradizione della chiesa primitiva con la loro fede in Cristo, come testimonia l'ultimo termine della pericope: il verbo ἐπιστεύσατε. L'atto di credere infatti è alla base di tutto, è l'unico modo per aderire al Vangelo annunciato da Paolo quando l'Apostolo si trovava fra i corinzi. La fede, risposta affermativa all'annuncio evangelico, è l'unico modo per un essere umano di accettare la risurrezione di Gesù proclamato da Paolo insieme a tutti gli altri apostoli. Particolarmente efficace l'*inclusio* ottenuta mediante la ripetizione in clausola della voce verbale che sintetizza e scolpisce, a mo' di epigrafe, il messaggio cristiano: ἐπιστεύσατε (vv. 2.11). In questo modo l'Apostolo collega il versetto conclusivo (v. 11) con l'esordio della pericope (vv. 1-2). Il credere costituisce il fondamento di tutta la dottrina della risurrezione esposta nei versetti successivi[113].

---

110 "Come 'banditore' del mistero, Paolo grida la notizia che ha ricevuto e che non può non notificare a tutti e dovunque. Da un lato lo spinge una volontà superiore, un dovere che gli viene da colui che lo manda. Dall'altro lo lega il diritto di essere informati che hanno non tanto i membri di una città o i sudditi dell'imperatore, ma coloro che sono in un mondo perverso (Gal 1,4) e che dal potere delle tenebre Dio vuole trasferire al regno del Figlio suo amatissimo (Col 1,13)" (G. BIGUZZI, *Paolo, comunicatore*, 25).

111 Cfr. εὐαγγέλιον ὃ κηρύσσω (Gal 2,2); καὶ μὴ μετακινούμενοι ἀπὸ τῆς ἐλπίδος τοῦ εὐαγγελίου οὗ ἠκούσατε, τοῦ κηρυχθέντος ἐν πάσῃ κτίσει τῇ ὑπὸ τὸν οὐρανόν (Col 1,23); νυκτὸς καὶ ἡμέρας ἐργαζόμενοι πρὸς τὸ μὴ ἐπιβαρῆσαί τινα ὑμῶν ἐκηρύξαμεν εἰς ὑμᾶς τὸ εὐαγγέλιον τοῦ θεοῦ (1Ts 2,9b).

112 La particella οὖν ricorre 124 volte nel corpo paolino di cui 19 volte in Prima Corinzi.

113 "Il giusto vivrà mediante la fede". Cfr. Ὁ δίκαιος ἐκ πίστεως ζήσεται (Gal 3,11); ὁ δὲ δίκαιος ἐκ πίστεως ζήσεται (Rm 1,17).

### Invito all'approfondimento

*Oratorio, un genere musicale a soggetto sacro. 1Cor 15 nel Messiah di G.F. Händel*

L'incantevole Piazza dell'Oratorio, a pochi passi dall'Università Gregoriana e dalla celeberrima Fontana di Trevi, vanta uno degli innumerevoli tesori architettonici di Roma: l'oratorio del Santissimo Crocifisso. All'inizio del XVI secolo, nella vicina Chiesa di San Marcello al Corso, alcuni parrocchiani diedero vita alla Confraternita del Santissimo Sacramento in commemorazione del miracolo del 1519 che salvò il Crocifisso in legno della chiesa, risalente al XIV secolo, da un incendio devastante. In seguito all'approvazione di Papa Clemente VII, nel 1526, la Confraternita crebbe e si sviluppò, in particolare esercitando una notevole attrattiva sui fedeli della città eterna in occasione della processione del Giovedì Santo in cui veniva mostrato il crocifisso miracoloso. Fu ben presto necessario, tuttavia, trovare un più ampio spazio per le frequenti adunanze di preghiera organizzate dalla Confraternita. Perciò, nel 1562 fu deciso di far costruire una nuova cappella per il loro culto nelle immediate vicinanze. Il progetto fu affidato all'architetto Giacomo Della Porta e, grazie alle generose donazioni dei Cardinali Ranuccio e Farnese, questi portò a compimento l'opera nel 1568 (Della Porta sarebbe, di lì a poco, divenuto celebre per i capolavori realizzati con la facciata e la cupola della Chiesa del Gesù nel periodo 1573-1575). Successivamente, i Romani chiamarono la nuova cappella "oratorio" che, a sua volta, diede il proprio nome alla piazza. Durante i propri "Esercizi dell'Oratorio", i membri della Confraternita meditavano su brani della Bibbia, in special modo dei Vangeli, e recitavano poi vari testi Biblici in latino, come parte delle loro preghiere. Fu così che l'Oratorio del Santissimo Crocifisso conferì il proprio nome ad un nuovo genere musicale destinato a diffondersi in tutta Europa, contribuendo all'arricchimento e alla gratificazione sia dei Cattolici sia dei Protestanti[114].

– "oratorio", *EMG*

Termine derivato dal nome degli edifici adibiti dalla seconda metà del sec. XVI agli esercizi spirituali dei laici, e passato a indicare verso il 1630 un genere musicale drammatico o epico-narrativo a soggetto sacro (con narratore o *historicus,* personaggi, dialoghi, spesso un coro in funzione di personaggio

[114] Cfr. http://www.romasegreta.it/trevi/ss-crocifisso.html.

collettivo), normalmente eseguito in forma di concerto, senza le scene. Accanto al termine o. furono in uso nei secc. XVII e XVIII anche altre denominazioni come *historia, dialogo sacro, accademia spirituale, dramma sacro* e (limitatamente agli o. della Settimana Santa) *azione sacra, sepolcro, passione.* Sviluppatosi nella Roma della Controriforma agli inizi del sec. XVII, l'o. segnò l'incontro delle forme musico-drammatiche della tradizione cristiana (in particolare della lauda drammatica e del mottetto dialogico) con i nuovi stili espressivi della monodia accompagnata e del dramma per musica. Per la fase iniziale si suole distinguere fra l'o. *volgare* (in italiano) e l'o. *latino,* diversi fra loro, oltre che per la lingua, anche per l'ambiente culturale e la tradizione musicale da cui traevano origine.

Le origini: "oratorio volgare" e "oratorio latino".

Nel 1517, a Roma, un'assemblea di laici e di religiosi prese a riunirsi presso l'oratorio del Divino Amore, fondato da G. Thiene, per ascoltare il sermone e cantare delle litanie. Su questo esempio, San Filippo Neri (1515-95) fondò nella seconda metà del secolo l'oratorio di San Gerolamo della Carità e quello di Santa Maria della Vallicella. Prima e dopo il sermone l'assemblea cantava delle laude (composte da G. Animuccìa, F. Soto de Langa, G. Ancina, Palestrina e altri). Queste laude a più voci ebbero una rapida evoluzione sia sul piano della drammaticità (scelta di passi biblici dialogati) sia sul piano espressivo, secondo i modelli della monodia accompagnata e del nuovo stile recitativo fiorentino. Un decisivo impulso verso la commistione fra soggetti sacri e nuova sensibilità drammatica venne dalla *Rappresentazione di Anima e di Corpo* di Emilio de' Cavalieri, un'allegoria sacra in forma di dramma per musica, messa in scena nell'oratorio della Vallicella nell'anno 1600. Di qualche tempo dopo sono le prime composizioni in cui compare il ruolo dello *storico,* al quale viene demandata la funzione narrativa (in sostituzione della messinscena), mentre due o più personaggi che cantano in stile monodico svolgono la funzione drammatica, e un coro commenta e conclude, assolvendo soprattutto a una funzione didattica e morale.

Tuttavia, fino al 1630, accanto o al posto della monodia perdura spesso l'impiego della polifonia, e non sempre è possibile distinguere in queste forme embrionali quanto appartenga ancora alla tradizione della lauda polifonica, del madrigale spirituale o del mottetto dialogico, e quanto invece già preluda all'o.: ad es. gli *Affetti spirituali* a due voci (1615) di Severo Bonini, il *Teatro armonico spirituale* a 5-8 voci (1617) di G.F. Anerio, o i *Mottetti e dialoghi concertati* (1627) di P. Quagliati. Il termine o. compare solo negli anni seguenti; il primo a usarlo nel suo significato musicale pare sia stato il poeta siciliano Francesco Balducci (1579-1642), autore dei testi di due o., *Il trionfo* e *La fede* (ca 1630, ma pubblicati postumi nel 1646). In molti casi i compositori di o. in volgare di questo periodo sono anonimi: le loro musiche sono andate in gran parte perdute.

L'o. *in latino* ebbe il suo centro nell'oratorio del Crocefisso in Roma, frequentato dall'aristocrazia (mentre quelli filippini avevano carattere più popolare). Qui si cantavano mottetti in latino sia prima sia dopo il sermone. Anche in questo caso, l'o. si sviluppa dall'impiego di testi dialogati e dall'influsso della monodia accompagnata (mottetto concertato). Il primo e massimo autore fu G. Carissimi, il quale, attingendo i suoi soggetti dall'Antico Testamento, compose prima del 1650 almeno tredici oratori (o *historiae sacrae)* da eseguirsi nei venerdì di Quaresima. Alcuni di essi sono brevi e ancora dipendenti dal modello mottettistico, altri (la maggior parte) piuttosto ampi e complessi sia per struttura drammatica che per numero di esecutori (ad es. *Baltazar, Diluvium universale, Jephte),* perlopiù in uno stile vocale arioso profondamente intriso di religiosità umana e di affetti. Lo storico vi ha differenti incarnazioni, poiché la funzione narrativa può essere a volte sostenuta dal coro, a volte da un profeta o da altri personaggi. Fra i compositori di o. latini del primo '600 si segnalano ancora Domenico e Virgilio Mazzocchi, M. Marazzoli e F. Foggia, ma furono soprattutto i modelli di Carissimi a determinare lo sviluppo del genere, ben presto introdotti anche nell'o. in volgare. A lungo attivo presso il Collegio germanico, Carissimi influì anche sulla diffusione del genere in Germania (attraverso J.K. Kerll) e in Francia (M.-A. Charpentier).

Gli sviluppi nei secoli XVII e XVIII in Italia e in Europa

Nella seconda metà del Seicento, dall'ambiente romano l'o. si diffuse in altre città italiane. Floride tradizioni oratoriali si costituirono soprattutto a Bologna, Modena, Firenze e Venezia, non solo a opera della chiesa e degli annessi oratori, ma anche delle accademie, congregazioni e confraternite laiche, e del mecenatismo ducale. I canoni per la stesura dei libretti di o. furono stabiliti a Roma da Arcangelo Spagna nel *Discorso intorno agli oratori* (1706). Fra i compositori si segnalano M. Cazzati, A. Stradella, A. Melani, A. Scarlatti, A. Caldara; ma in genere quasi tutti i compositori impegnati sul fronte operistico furono anche prolifici autori oratoriali. Ferme restando la derivazione biblica dei soggetti, l'assenza di messinscena e la divisione in due parti (prima e dopo il sermone), l'affinità stilistica fra l'o. e il dramma per musica divenne via via più stretta; già nella seconda metà del sec. XVII la nuova forma musicale aveva recepito lo stile dell'arioso e dell'aria operistica e gli effetti strumentali del concerto grosso (Stradella, Legrenzi), fino ad assimilare agli inizi del Settecento, con Scarlatti, Caldara e Vivaldi, anche la regolare successione teatrale aria-recitativo, le forme col da capo, i recitativi accompagnati, l'orchestrazione descrittiva di tipo scenico, la stilizzazione degli affetti vocali (non senza accenti appassionati, e addirittura erotici, per certe figure bibliche femminili come Susanna, Giuditta, Maddalena). All'influsso dell'opera si deve anche la perdita di alcuni tratti originari (in particolare il ruolo dello storico e del coro, ormai ridotti a brevi interventi e talvolta aboliti), come pure il fatto che l'o. in italiano finì col prevalere quasi dappertutto su quello latino; quest'ultimo continuò a essere coltivato quasi esclusivamente a Venezia (si pensi, ad es., al capolavoro di Vivaldi *Juditha triumphans,* 1716).

Un centro importante di committenza e di produzione dell'o. in stile italiano, dalla fine del Seicento sino a tutto il sec. XVIII, fu la corte imperiale di Vienna, dove l'o. sostituiva l'opera nel periodo quaresimale. Accanto al normale o. fu coltivato un tipo particolare per la Settimana Santa, basato sul racconto della Passione e comunemente noto come azione sacra o rappresentazione del *sepolcro.* Fra i compositori più prolifici A. Dragi, A. Bertali, gli Ziani, i Bonincini; fra i librettisti, soprattutto Pariati, Stampiglia, Zeno e Metastasio. Fuori d'Italia e degli ambienti direttamente influenzati dagli italiani, la nuova forma musicale si propagò solo più tardi, spesso innestandosi su una tradizione locale di dramma sacro; in genere l'adozione dello stile oratoriale andò di pari passo con l'assimilazione dell'opera italiana. In Francia, benché già introdotto verso il 1675 da Charpentier in forme latine ispirate a Carissimi (e denominate *historia, dialogue* o *motet),* il genere non ebbe seguito sino alla seconda metà del sec. XVIII, quando veri e propri o. in francese (di Gossec, F.-A. Philidor, Sacchini, Le Sueur e altri) cominciarono a essere regolarmente eseguiti al Concert Spirituel di Parigi. In Inghilterra l'o. (in inglese) fu una novità introdotta da Händel nel 1732 con l'*Esther.* In quella circostanza la proibizione del vescovo di Londra di mettere in scena soggetti religiosi assicurò al genere uno sviluppo istituzionale autonomo dall'opera, da cui peraltro attingeva gran parte dei suoi tratti stilistici e drammaturgici, sia pure commisti con elementi derivati dalla *tragédie* francese e dalla tradizione inglese degli *anthems.* Capolavoro di questa forma complessa ideata da Händel fu il *Messiah* (1743).

La Germania luterana conosceva sin dalla metà del sec. XVI una propria tradizione di drammaturgia sacra in tedesco, rappresentata dalle *historiae,* per due o più voci soliste, coro e accompagnamento strumentale, di stile austero e basate sul testo letterale della narrazione biblica; quelle basate sul racconto della crocifissione, per il Venerdì santo, erano chiamate *passioni.* I maggiori esempi di questo filone si devono a H. Schütz (ad es. la *Historia der Geburth Gottes,* Storia della natività del Signore, 1664), il quale ne accrebbe la sostanza drammatica ed espressiva, ma senza allentare i tradizionali legami con la pratica liturgica. Tipi di *historia* con parti extrabibliche e più spiccati caratteri drammatici erano anche coltivati col nome di *actus musicus,* ma elementi propri dell'o. di stile italiano, con arie e recitativi e un vero e proprio libretto, non tardarono a insinuarsi anche nelle passioni, dando origine a una forma mista *(passione-oratorio)*, i cui primi esempi risalgono alla metà del Seicento (Th. Selle), ma che si svilupperà soprattutto ad Amburgo (Telemann) e avrà i suoi maggiori capolavori a Lipsia con J.S. Bach. Un posto a sé occupa, infine, nella storia dell'o. in tedesco *La Creazione* di Haydn (1798), in cui converge una rete complessa di modelli antichi e nuovi; la tradizione cattolica viennese e la riscoperta di Händel, il nuovo sinfonismo e quella religiosità laica di matrice illuministica, a cui dovrà apertamente ispirarsi anche l'o. delle *Stagioni* (1801).

L'oratorio nell'ottocento e nel novecento.

Allentati i vincoli con la tradizione sacra, il genere divenne marginale nella produzione dei compositori dell'800. La storia sacra continua a essere la fonte principale dei soggetti (Mendelssohn, *Paulus,* 1836, e *Elias,* 1846; Liszt, *Christus,* 1867), ma spesso ciò che più attrae del sacro sono il suo carattere arcaico e misterioso o romanticamente leggendario (Berlioz, *L'enfance du Christ,* 1854; Liszt, *Die Legende von heiligen Elisabeth,* La leggenda di Santa Elisabetta, 1862; Massenet, *Marie-Magdeleine,* 1873) oppure l'aspetto mistico e soprannaturale (Franck, *La Rédemption,* 1874, *Les béatitudes,* 1879). In alcuni casi, il nome o la forma dell'o. si trovano anche applicati a soggetti profani, come nel favolistico *Il paradiso e la Peri* (1841-43) di Schumann o nella "leggenda drammatica" *La damnation de Faust* (1846) di Berlioz. A poco a poco il termine andò perdendo il suo significato originario e passò a indicare, in modo generico e indipendentemente dal soggetto, una forma drammatico-musicale da eseguirsi in concerto, spesso con impiego di masse corali e orchestrali di proporzioni non comuni. In questo significato ampio è stato perlopiù inteso nel Novecento, sebbene non siano mancati tentativi di recuperarne le forme e la funzione religiosa tradizionali (gli o. di L. Perosi in Italia; Britten in Inghilterra). Nell'*Oedipus rex* (1927) di Stravinskij l'idea oratoriale è soprattutto in funzione di un teatro musicale ridotto alla sua pura essenza uditiva; nei due o. di Honegger *Le roi David* (1921) e *Jeanne d'Arc au bûcher* (1935) sono ammesse entrambe le forme di esecuzione, in scena o in concerto. Tuttavia ciò che continua a contraddistinguere l'o., sia pure d'argomento profano, è l'importanza che in genere vi conserva la componente meditativa, filosofica, didascalica: ad es. Schönberg, *Jacobsleiter* (La scala di Giacobbe, 1917-22); Hindemith, *Das Unaufhörliche* (L'Incessante, 1931); F. Martin, *Le vin herbé* (Il vino fatturato, 1941); A. Schnittke, *Nagasaki* (1958); H.W. Henze, *Das Floss der Medusa* (La zattera della Medusa, 1968).

– "Händel, Georg Friedrich (Halle 1685 – Londra 1759) compositore tedesco", *EMG*

La vita. Il trasferimento a Londra.

Figlio di un barbiere-cerusico, ricevette la prima istruzione musicale da F.W. Zachow, organista della Liebfrauenkirche a Halle. Incominciò a comporre a dieci anni; ma poiché suo padre era contrario alla carriera di musicista, nel 1702 entrò all'università di Halle per studiarvi diritto. Lo stesso anno divenne organista del duomo; l'anno seguente lasciò Halle per Amburgo, dove suonò in orchestra sotto la direzione di R. Keiser e conobbe J. Mattheson. Il suo primo melodramma, *Almira*, parte in italiano e parte in tedesco, fu rappresentato ad Amburgo nel 1705; ad esso ne seguirono altri tre, ora perduti. Nel 1706 raggiunse l'Italia, dove divenne in breve famoso come compositore di melodrammi e dove rappresentò il suo primo oratorio, *La Resurrezione*, a Roma nel 1708, e le opere *Rodrigo* e *Agrippina*, rispettivamente a Firenze e a Venezia fra il 1707 e il 1709. A Hannover, nel 1710, fu nominato Kapellmeister dell'elettore, succedendo a A. Steffani; lasciò tuttavia presto Hannover per Londra, dove nel 1711 fu rappresentata la sua opera *Rinaldo.* L'anno successivo, l'elettore di Hannover gli concesse il permesso di un secondo viaggio a Londra: e qui, salvo sporadiche visite sul continente, H. passò il resto della sua vita, ottenendo anche (nel 1726) la cittadinanza inglese. Nel 1719 assunse la direzione della nuova Royal Academy of Music, stabilita al teatro di Haymarket, e nel 1720, dopo un'interruzione di alcuni anni, riprese a scrivere melodrammi, tutti rappresentati a Londra con alterno successo (fra questi: *Il pastor fido,* in tre versioni dal 1712 al 1734). Nel 1732 l'oratorio in inglese *Esther* fu eseguito privatamente in occasione del suo compleanno, e poi pubblicamente a teatro, ma senza azione. Il successo di questa esecuzione lo incoraggiò a scrivere una serie di altri oratori, da *Deborah* e *Athalia* (1733) a *Il trionfo del tempo e della verità* (The Triumph of Time and Truth, 1757, terza versione da due precedenti su libretto italiano). Il fallimento dell'impresa del teatro di Haymarket, causato anche dalla rivalità locale col Bononcini, e l'insuccesso di quello che sarebbe rimasto il suo ultimo melodramma, *Deidamia* (1741), lo indusse ad accettare un invito a Dublino, dove nel 1742 ebbe luogo la prima, trionfale esecuzione del *Messiah.* Nel 1751, mentre stava lavorando all'oratorio *Jephta,* incominciò a perdere la vista. L'anno seguente fu operato, ma l'operazione fallì ed egli divenne totalmente cieco.

La produzione complessiva.

La produzione di H. comprende: 42 opere italiane (tutte serie, tranne *Serse* che ha elementi comici), in gran parte su soggetti della storia classica e del tradizionale repertorio eroico, come *Radamisto* (1720), *Muzio Scevola* (1721), *Giulio Cesare in Egitto** (1724), *Scipione* (1726), *Ezio* (1732), *Poro, re dell'Indie* (1731), *Arminio* (1737) e, appunto, *Serse** (1738); oppure della storia medievale (in questi casi con una maggiore presenza di elementi fantasiosi e romanzeschi), come *Ottone, re di Germania* (1723), *Tamerlano** (1724), *Rodelinda regina de' Longobardi* (1725), *Faramondo* (1738); occasionalmente anche di tradizione britannica (*Riccardo Primo, re d'Inghilterra,* 1727; *Ariodante**, 1735); talvolta ispirati all'epica cavalleresca del Tasso *(Rinaldo*)* o di ascendenze ariostesche *(Orlando**, 1733; *Alcina**, 1735). Inoltre 19 fra pasticci, musiche di scena, masques (fra cui *Acis e Galatea,* in due versioni, inglese e italiana, 1718-32) e simili; 22 oratori (di cui due in italiano); 2 passioni in tedesco; una quantità di musica sacra (compresi il *Te Deum and Jubilate* di Utrecht, 1713, gli inni per l'incoronazione di Giorgio II, 1727, e il *Te Deum* di Dettingen, 1743); parecchie serenate, odi ecc., come *l'Ode per il compleanno della regina Anna* (1713), la *Festa d'Alessandro* (Alexander's Feast, 1736), *l'Ode per il giorno di* S. Cecilia (1739), *L'Allegro, il Pensieroso e il Moderato* (da Milton, 1741), in inglese, per soli, coro e orchestra; un discreto numero di cantate italiane, a una o più voci e strumenti; un centinaio fra cantate, duetti e terzetti vocali italiani, nonché songs inglesi, arie francesi e Lieder tedeschi, tutti col solo basso continuo; musica strumentale da camera; composizioni per orchestra e concerti per organo; varie composizioni per clavicembalo solo.

Gli oratori e le opere.

Gli oratori sono di vario argomento. I più, come *Saul* (1739), *Samson* (1743), *Belshazzar* (1745), sono basati su storie del Vecchio Testamento; altri, come *Judas Maccabeus* (1747), sono ispirati a episodi della storia ebraica; due, *Semele* (1744) e *Hercules* (1745), sono profani, essendo tratti dalla mitologia greca. Durante il suo lungo soggiorno in Inghilterra, H. imparò perfettamente l'inglese, tanto da riuscire a rivestire con la sua musica le parole dei testi con un'intima aderenza espressiva, come appare dai recitativi con orchestra: per es„ in *Alcina,* là dove la maga abbandonata sfoga la sua disperazione, o, in *Jephta,* alle parole «Sempre più profondo» (Deeper and deeper still), quando il generale vittorioso capisce di dover sacrificare la figlia. Melodrammi, oratori e altre opere corali con orchestra offrono anche molti esempi di strumentazione colorita: l'orchestra in palcoscenico che accompagna Cleopatra in *Giulio Cesare,* il corno obbligato che sottolinea il carattere metaforico dell'aria di Cesare nello stesso lavoro, il carillon nel *Saul,* il mandolino in *Alexander Balus* (1748) ecc. La maestria di H. si manifesta al più alto livello anche nei cori. Gli oratori e le odi gli diedero occasione di scrivere cori che vanno dal semplice commento a lunghi brani articolati in varie parti, di grande imponenza costruttiva, di cui fornisce un esempio significativo l'ampio coro d'apertura del *Saul.* Uno dei più intensi elementi espressivi dell'arte di H. è costituito dalla potente caratterizzazione dei personaggi, sia nelle opere, sia negli oratori. Questi ultimi, del resto, sono in realtà composizioni drammatiche, che differiscono dai melodrammi essenzialmente per la presenza massiccia del coro. Fanno eccezione il *Messiah,* una grandiosa meditazione sulla vita di Cristo, e *Israele in Egitto* (Israel in Egypt, 1739), una sintesi epica della narrazione antico-testamentaria.

La musica strumentale.

H. fu uno dei primi compositori a scrivere concerti per organo e orchestra, destinati a essere eseguiti negli intervalli degli oratori. Nel complesso si tratta di tre serie di concerti (ciascuna ne comprende 6), più 3 singoli, tutti composti fra il 1735 e il 1751; sono opere minori, benché si riscontrino anche in essi momenti di grande bellezza, come l'inizio magnificamente fosco del *Concerto in re minore* op. 7 n. 4. Ben altro rilievo hanno i 12 *Concerti grossi* per archi e basso continuo op. 6, pubblicati nel 1740. La loro varietà di struttura è sorprendente se confrontata con l'uso del tempo. In essi viene sfruttato il virtuosismo dei singoli esecutori di strumenti ad arco, ma anche l'orchestra viene concepita come un organismo dotato di articolazione individuale e specifica. H. scrisse anche 2 concerti doppi per due orchestre con archi e fiati, una suite per orchestra per i diporti fluviali di Giorgio I *(Water Music,* 1715-17) e una suite per banda di fiati e timpani, destinata ad accompagnare lo spettacolo di fuochi artificiali che celebrò nel 1749 la pace di Aix-la-Chapelle (*Music for the Royal Fireworks):* il massiccio organico richiesto da questo lavoro è però un'eccezione nel complesso della musica strumentale di H., il quale scrisse generalmente per un'orchestra relativamente piccola (come per un piccolo coro di professionisti scrisse le sue opere corali). La sua produzione orchestrale comprende ancora una serie di concerti; 3 per oboe, uno per violino e oboe (chiamato *Sonata a cinque),* uno per corni e due clavicembali, 4 per insiemi di fiati, tutti con archi e continuo; e inoltre, sempre con archi e continuo, 6 *Concerti grossi* per flauti, oboi e fagotti op. 3 (1734), e un altro *Concerto grosso* per oboi, nonché 3 ouvertures e 8 sinfonie per vari complessi strumentali.

La musica da camera di H. comprende molte sonate (chiamate anche ora trii, ora concerti, ora soli) per diverse combinazioni di strumenti; si ricordano in particolare quelle delle opp. 1 (15 per flauto, oboe o violino e continuo), 2 (6 per due violini o oboi o flauti e continuo), 5 (7 per 2 violini o flauti e continuo). Le suites (o partite) per clavicembalo (due sole raccolte furono pubblicate durante la vita di H„ mentre le altre rimasero manoscritte) non seguono schemi tradizionali, ma si basano su una notevole varietà di movimenti, che non sono tutti di danza. Lo stesso H. ne fu un eccellente esecutore, e parecchie di queste suites recano il segno del suo virtuosismo: un esempio famoso sono le variazioni sopra un'aria dal titolo *Il fabbro armonioso* (The Harmonious Blacksmith), Altre sue composizioni clavicembalistiche sono fughe (come le sei dell'op. 3), fantasie, pezzi vari.

Lo stile, espressione compiuta del barocco musicale.

Il linguaggio di H. fu influenzato soprattutto dalle musiche ch'egli ebbe occasione di ascoltare in Italia durante il suo soggiorno giovanile. Altri influssi riconoscibili sono quelli della musica strumentale francese (specialmente nelle ouvertures delle opere e degli oratori), degli inni inglesi e della musica sacra tedesca, alla cui scuola avvenne la sua prima formazione; egli stesso dichiarò inoltre che alcune delle migliori idee musicali gli erano state ispirate dai canti sentiti nelle strade di Londra. Sotto un certo aspetto, è possibile affermare che egli fu un compositore cosmopolita; ma la sua personalità mirabilmente forte ed equilibrata diede un'impronta inconfondibile a tutto ciò che egli scrisse, anche nei casi, tutt'altro che infrequenti, in cui utilizzò (ripensandoli e arricchendoli) modi e spunti di altri autori. Anche la sua musica più italianizzante, ad esempio, è incomparabilmente più elaborata di quella dei contemporanei italiani, e si inserisce con assoluta coerenza, come ogni altra sua composizione, nella sostanziale unità della sua opera e del suo mondo espressivo. Coetaneo di Bach, anche H. compie una sintesi di tutti gli stili della propria epoca: ma mentre nel primo l'unità è assicurata da una logica costruttiva ancorata al passato, che conferisce alla musica, in virtù della sua inattualità, una perenne modernità al di fuori d'ogni collocazione storica, in H. gli elementi linguistici di varia provenienza offertigli dalla contemporaneità si compongono in un grandioso organismo splendidamente omogeneo e aderente allo spirito che li suggerisce, volto a esteriorizzare opulenza di forme, di colori armonici e timbrici, di accenti declamatori e drammatici. La sua opera può essere dunque considerata come la più alta e la più completa espressione del barocco musicale.

– spartito del *Messiah*, 1Cor 15, 21-22.50-53

3.2 Soli and Chorus

Handel Messiah Full Score - 240 (c) by CCARH 2003

Handel Messiah Full Score - 241 (c) by CCARH 2003

Handel Messiah Full Score - 242 (c) by CCARH 2003

## 3.3 Recit. accomp.

Handel Messiah Full Score - 243 (c) by CCARH 2003

## 3.4 Air

Handel Messiah Full Score - 244 (c) by CCARH 2003

Handel Messiah Full Score - 245 (c) by CCARH 2003

Handel Messiah Full Score - 246 (c) by CCARH 2003

Handel Messiah Full Score - 247 (c) by CCARH 2003

Handel Messiah Full Score - 248 (c) by CCARH 2003

Handel Messiah Full Score - 249 (c) by CCARH 2003

Handel Messiah Full Score - 250 (c) by CCARH 2003

# CAPITOLO II

## SECONDA LETTERA AI CORINZI

### I. Notizie sulla Seconda Lettera ai Corinzi

**A.** *La Lettera nella liturgia*

1. Lezionario

a. Liturgia romana

**liturgia dei giorni festivi:**

| | |
|---|---|
| 1,18-22 | 7ª domenica del TO / B |
| 3,1b-6 | 8ª domenica del TO / B |
| 4,6-11 | 9ª domenica del TO / B |
| 4,13–5,1 | 10ª domenica del TO / B |
| 5,6-10 | 11ª domenica del TO / B |
| 5,14-17 | 12ª domenica del TO / B |
| 5,17-21 | 4ª domenica di Quaresima / C |
| 5,20–6,2 | Mercoledì delle Ceneri / A, B, C |
| 8,7.9.13-15 | 13ª domenica del TO / B |
| 12,7-10 | 14ª domenica del TO / B |
| 13,11-13 | Santissima Trinità / A |

**liturgia dei giorni feriali:**

Si leggono alcuni passi della Seconda Lettera ai Corinzi dal giovedì della 10ª settimana fino al sabato dell'11ª settimana, anno pari.

b. Liturgia bizantina

**liturgia dei giorni festivi:**

| | |
|---|---|
| 1,21–2,4 | 14ª domenica dopo la Pentecoste |
| 4,6-15 | 15ª domenica dopo la Pentecoste |

| | |
|---|---|
| 6,1-10 | 16ª domenica dopo la Pentecoste |
| 6,16a–7,1 | 17ª domenica dopo la Pentecoste |
| 9,6-11 | 18ª domenica dopo la Pentecoste |
| 11,31–12,9 | 19ª domenica dopo la Pentecoste |
| 1,8-11 | Sabato della 20ª domenica dopo la Pentecoste |
| 3,12-18 | Sabato della 21ª domenica dopo la Pentecoste |
| 5,1-10a | Sabato della 22ª domenica dopo la Pentecoste |
| 8,1-5 | Sabato della 23ª domenica dopo la Pentecoste |
| 11,1-6 | Sabato della 24ª domenica dopo la Pentecoste |
| 5,1-10 | Per i defunti |
| 6,16–7,1 | Unzione degli ammalati (4° *Apostolos*) |
| 1,8-11 | Unzione degli ammalati (5° *Apostolos*) |
| 2,14-16 | In tempo di guerra |

**liturgia dei giorni feriali:**

Si leggono alcuni passi della Seconda Lettera ai Corinzi dal giovedì della 10ª settimana dopo la Pentecoste al mercoledì della 14ª settimana dopo la Pentecoste.

2. Liturgia delle ore

a. Ufficio delle letture

| | |
|---|---|
| 1,1-14 | domenica, 7ª settimana del TO (vol. III) |
| 1,15–2,11 | lunedì, 7ª settimana del TO (vol. III) |
| 2,12–3,6 | martedì, 7ª settimana del TO (vol. III) |
| 3,7–4,4 | mercoledì, 7ª settimana del TO (vol. III) |
| 3,7–4,6 | Trasfigurazione del Signore (vol. IV) |
| 4,5-18 | giovedì, 7ª settimana del TO (vol. III) |
| 4,7–5,8 | per un martire (vol. III, IV) |
| 4,16–5,10 | per i defunti (vol. I, II, III, IV) |
| 5,1-21 | venerdì, 7ª settimana del TO (vol. III) |
| 6,1–7,1 | sabato, 7ª settimana del TO (vol. III) |
| 7,2-16 | domenica, 8ª settimana del TO (vol. III) |
| 8,1-24 | lunedì, 8ª settimana del TO (vol. III) |
| 9,1-15 | martedì, 8ª settimana del TO (vol. III) |

| | |
|---|---|
| 10,1–11,6 | mercoledì, 8ª settimana del TO (vol. III) |
| 11,7-29 | giovedì, 8ª settimana del TO (vol. III) |
| 11,30–12,13 | venerdì, 8ª settimana di TO (vol. III) |
| 12,14–13,13 | sabato, 8ª settimana di TO (vol. III) |

b. lodi, ore media, vespri e compieta

| | | |
|---|---|---|
| 1,3-4 | domenica | primi vespri |
| 1,3-5 | S. Agnese | lodi |
| | S. Lorenzo | lodi |
| | Comune di martiri | lodi |
| 4,10-11 | Domenica delle Palme | ora media |
| 5,14-15 | sabato Pasqua II-VII | ora media |
| 5,19b-20 | comune di apostoli | ora media |
| 6,1b-4a | domenica Quaresima I-IV | primi vespri |
| 6,16b-7,1 | Tutti i Santi | vespri |
| 12,9b-10 | venerdì III | lodi |

**B.** *Occasione, destinatari, luogo e data di composizione*

Nella Seconda Lettera ai Corinzi Paolo difende energicamente il suo apostolato nei confronti di questa comunità ed entra ripetutamente in polemica con i suoi avversari. Non si può, però, stabilire con certezza se si tratti dello stesso genere di oppositori menzionati nella Prima Lettera ai Corinzi e tanto meno se abbia ancora a che fare con le medesime persone. Ad ogni modo, probabilmente, si tratta della quarta missiva paolina inviata alla comunità corinzia, la stessa chiesa a cui era stata indirizzata nella Prima Corinzi, la cosiddetta lettera "D"[1].

Nei primi capitoli (2Cor 1,1–2,13) Paolo ci informa sugli antefatti: salvezza da un pericolo mortale (1,3-11), progetti di viaggio (1,12–2,4.12ss.), offesa subita ad opera di un membro della comunità e il suo desiderio di pacificazione (2,5-11). L'Apostolo si difende da parecchie accuse intentategli riguardo alla sua presunta volubilità. Paolo fu continuamente co-

---

[1] Vedi sopra nel cap. precedente per la nostra presentazione della cronologia delle quattro lettere paoline denominate "Ai corinzi A, B, C, D".

stretto a difendere il suo ministero e il suo servizio apostolico contro gli attacchi esterni. Da tale difesa nasce in 2Cor 2,14–7,4 una meticolosa teologia del ministero. Paolo si rifà alla situazione dell'antico patto: la gloria di esso era passeggera come la gloria sul volto di Mosè (cfr. Es 34,29ss.); il ministero neotestamentario, invece, — eminente sopra ogni altro — è esercizio della libertà, della verità e dello Spirito (2Cor 3,1–4,6). Esso ha forza e pienezza come servizio reso alla parola: nella parola annunciata dalla Chiesa è all'opera Dio stesso (5,19ss.). Mentre le inadeguate facoltà umane portano il ministero "in vasi di creta" (4,7), Paolo descrive tale sacra funzione con dichiarazioni impressionanti che mettono a confronto ricchezza divina e povertà umana (2Cor 4,1-18; 6,3-10; 11,6–12,10; cfr. 1Cor 4,6-13). I capitoli 8 e 9 contengono due appelli per la raccolta di una colletta[2] in favore dei "santi"[3] di Gerusalemme. Paolo vi si era impegnato in occasione della sua visita a Gerusalemme davanti ai primi apostoli e alla comunità gerosolimitana (Gal 2,10) ritenendolo un impegno per lui imprescindibile (cfr. Rm 15,25-28;1Cor 16,1-4); contemporaneamente egli intende rispondere *apertis verbis* alle false accuse secondo le quali egli aveva in animo di distruggere il legame fra Israele e le comunità formate con l'apporto di membri provenienti dalla società dei gentili. Queste nuove formazioni non potevano dimenticare di essere debitrici nei confronti della chiesa madre di Gerusalemme, dalla quale avevano ricevuto il dono spirituale del Vangelo: era giusto che le fossero riconoscenti con elargizioni e offerte[4]. Segue in 2Cor 10–13 un'aspra discussione con alcuni avversari di Corinto, i quali si sono infiltrati tra i fedeli presentando lettere di raccomandazione (cfr. 3,1; 10,12.18). L'Apostolo delle genti li chiama ironicamente "super-apostoli" (τῶν ὑπερλίαν ἀποστόλων [2Cor 11,5; 12,11]), cioè apostoli che si elevano al di sopra degli altri: apostoli della menzogna, strumenti di Satana, che si travestono da apostoli di Cristo (11,13-15). Essi si gloriano della loro discendenza giudaica (11,18.22): sono dunque cristiani provenienti dal giudaismo. Paolo non li accusa di pre-

[2] Colletta = raccolta di denaro, o altro, fra più persone, a scopo di beneficenza.

[3] Nell'epistolario paolino ci si rivolge spesso ai membri delle chiese con l'appellativo di "santi". "... la santità è sia una situazione sia un processo in cui il credente è coinvolto dall'opera di Dio, di Cristo e dello Spirito Santo" (S.E. PORTER, "Santità, Santificazione", *DPL*, 1391).

[4] Cfr. Rm 15,27.

tendere, anche dai neoconvertiti di origine non giudaica, la piena osservanza della legge (pretesa che invece Paolo contesta ai giudaizzanti della Galazia[5]); tuttavia si percepisce che la predicazione di Paolo, ispirata alla liberazione dalla schiavitù della legge, incontra forti resistenze da parte degli oppositori giudaico-gerosolimitani. Non viene detto espressamente — d'altronde sarebbe ben poco probabile — che questi nemici siano gli apostoli stessi di Gerusalemme: Paolo usa nei riguardi di questi ultimi accenti di profondo rispetto, essendo stati essi testimoni della risurrezione di Gesù (cfr. 1Cor 15,5ss.); anzi, si sente in perfetta sintonia con loro (Gal 1,18; 2,9ss.). Nella sua difesa contro i falsi apostoli Paolo ammette di essere forse un profano nell'arte dell'oratoria, "non però della conoscenza" (ἀλλ' οὐ τῇ γνώσει [2Cor 11,6]). Forse gli avversari di Paolo a Corinto si richiamavano a una loro cultura, cercando di integrarla con il giudaismo. Essi tentavano di allontanare la comunità da Paolo, rimproverandogli mancanze ed errori, per esempio la permissività di comportamento (10,1.10; 11,21) e una difettosa capacità di eloquio (11,6). Paolo è costretto ad una "folle" lode di sé, dovendo elogiare la sua esperienza e i suoi doni del tutto straordinari (11,1–12,13). L'Apostolo si difende poi dall'accusa di aver derubato la comunità, giacché al contrario, per non essere di peso a nessuno, provvede al proprio sostentamento con il lavoro manuale (11,7-9; 12,14-18)[6]. Inoltre egli spera di non essere costretto a far valere con severità il proprio potere quando visiterà per la terza volta la comunità di Corinto (13,1-10). La Lettera si conclude con i saluti e con un augurio di benedizione trinitaria, che come tale è di somma importanza dal punto di vista dogmatico e liturgico (13,11-13).

Quasi tutta la prima metà della lettera (1,1–7,16) presuppone, forse, che dopo le discordie sorte in passato fra Paolo e la comunità, si sia instaurata nuovamente un'atmosfera di fiducia. Specialmente nella parte finale (6,1-13; 7,6-16) il tono della scrittura di Paolo non dà adito a dubbi: con-

---

[5] Cfr. Gal 2.

[6] L'αὐτάρκεια era un principio fondamentale degli Stoici. L'αὐτάρκεια (letteralmente "autosufficienza", il bastare a se stesso), era *conditio sine qua non* per conseguire il dominio di sé, necessaria ma non bastevole al cristiano per una esistenza tranquilla che garantisse la gestione del proprio vivere, nell'attesa del ritorno del Signore. Quindi un principio di completa autonomia intesa nel senso di essere pago di sé, contento del proprio stato, la mente sgombra e capace di sollevarsi dalle miserie del vivere quotidiano per volgersi alle verità eterne.

cordia e pace sono tornate a regnare nella comunità e a caratterizzare i rapporti tra l'Apostolo e i corinzi. Tuttavia nella macrounità 10,1–13,10 il padre della comunità corinzia riprende il suo appassionato duello con avversari e detrattori, controbattendo ai più disparati attacchi e prevenendo ogni possibile critica, ma nel contempo contestando la propria inattaccabile buona coscienza e il proprio retto agire. La Lettera termina (13,11-13) con parole di commiato affettuose, dopo il fermo avvertimento in 13,10. Tutte le succitate differenziazioni e fratture potrebbero ricevere una giustificazione nell'ipotesi che Paolo abbia scritto (o dettato) questa ampia Lettera in periodi diversi e di conseguenza in condizioni e circostanze interne ed esterne mutate, alle quali naturalmente egli risponde in modo differenziato. Interpreti, sempre più numerosi, ritengono che la Seconda Corinzi ci sia pervenuta nella sua composizione attuale ad opera di un redattore di poco successivo all'Apostolo. Si continua a dibattere sull'eventualità che nei capitoli 10–13 sia contenuta la lettera delle lacrime (cfr. 2Cor 2,4; 7,8) o una parte di essa. Forse l'ignoto compilatore aveva usato criteri errati nel riunire parti diverse di almeno quattro lettere esistenti nell'archivio della comunità di Corinto? Oppure agì intenzionalmente per creare una parvenza di unità nel testo di Paolo? Per quanto riguarda il luogo e la data di composizione, la questione si complica qualora si accetti l'ipotesi che parti della lettera siano state collegate in fase redazionale. In 2,12; 7,5ss.; 8,1-3; 9,2 si parla della Macedonia come il luogo di stesura. La permanenza di Paolo in Macedonia è menzionata anche in At 20,1-3, dopo la sua partenza da Efeso. Come data di composizione di questa missiva, si può pensare alla tarda estate/inizio autunno del 57 dalla Macedonia, secondo la cronologia tradizionale (cfr. K.H. Schelkle[7], U. Vanni[8], R.E. Brown[9], J.A. Fitzmyer[10], G. Larusso[11]). Per la cronologia revisionista si deve pensare a una data tra il 54 e il 56 (per esempio il 54 secondo J. Lambrecht[12] e A. Sacchi[13], la primavera del 55 se-

[7] Vedi K.H. SCHELKLE, *Paolo. Vita, lettere, teologia*, Brescia 1990, 114.

[8] Vedi U. VANNI, "II lettera ai Corinzi", in *NDTB*, 302-308.

[9] Vedi R.E. BROWN, *Introduction to the New Testament*, 543.

[10] Vedi J.A. FITZMYER, "Paul" in *NJBC*, § 43.

[11] Vedi G. LARUSSO, *La Seconda Lettera ai Corinzi*, 21.

[12] Vedi J. LAMBRECHT, *Second Corinthians*, SP, Collegeville 1999, 4.

[13] Vedi A. SACCHI, "Alla chiesa di Corinto", 125.

condo T.D. Stegman[14], l'inverno del 55/l'estate del 56 secondo A. Pitta[15], l'autumno del 56 secondo M.J. Harris[16]).

### C. *Contenuto*

#### 1. Composizione letteraria

*F. Manzi (2002): Composizione concentrica della Seconda Lettera ai Corinzi*[17]

A) L'introduzione epistolare (1,1-11)
X) Il corpo epistolare (1,12–13,10)
    B) I parte: l'apologia generale del ministero apostolico (1,12–7,16)
        C) II parte: la "grazia" divina della colletta per la chiesa di Gerusalemme (8,1– 9,15)
    B') III parte: l'apologia personale del ministero apostolico (10,1–13,10)
A') La conclusione epistolare (13,11-13)

*R.E. Brown (1996): Divisione formale (delle lettera attuale)*[18]

A.Prescritto/formula di apertura: 1,1-2
Ringraziamento: 1,3-11
Corpo: 1,12–13,10
D. Post-scritto/formula conclusiva: 13,11-13. *
*La versione normale riveduta (= Revised Standard Version) divide il testo greco 13,12 in due versetti, cosicché il versetto finale (13,13) diviene il 13,14.

*R.E. Brown (1996): Divisione secondo i contenuti*[19]

1,1-11: Indirizzo/saluto e ringraziamento, con sottolineatura delle sofferenze di Paolo
1,12–7,16: parte I: i rapporti di Paolo con i cristiani di Corinto

---

[14] Vedi T.D. STEGMAN, *Second Corinthians*, 23-24.
[15] Vedi A. PITTA, *La Seconda Lettera ai Corinzi*, 41.
[16] Vedi M.J. HARRIS, *The Second Epistle to the Corinthians*, 67.
[17] Vedi F. MANZI, *Seconda lettera ai Corinzi*, 28.
[18] Vedi R.E. BROWN, *An Introduction to the New Testament*, 542.
[19] Vedi R.E. BROWN, *An Introduction to the New Testament*, 542.

(a) 1,12–2,13: la sua visita differita e lettera bagnata di lacrime
(b) 2,14–7,16: il suo ministero (interruzione: 6,14–7,1)
8,1–9,15: parte II: la colletta per la chiesa di Gerusalemme
10,1–13,10: parte III: la risposta di Paolo alle sfide rivolte alla sua autorità apostolica
13,11-13: Saluti finali, benedizioni.

Dispositio *retorico-letteraria della Seconda Lettera ai Corinzi*

**Introduzione epistolare (1,1-14)**

***Praescriptum* (1,1-2)**
***Exordium* (1,3-11)**
***Propositio* della lettera (1,12-14)**
[12]Questo infatti è il nostro vanto: la testimonianza della nostra coscienza di esserci comportati nel mondo, e particolarmente verso di voi, con la santità e sincerità che vengono da Dio, non con la sapienza umana, ma con la grazia di Dio. [13]Infatti non vi scriviamo altro da quello che potete leggere o capire. Spero che capirete interamente — [14]come in parte ci avete capiti — che noi siamo il vostro vanto come voi sarete il nostro, nel giorno del Signore nostro Gesù (1,12-14).

***Probatio* (1,15–13,10)**

**Prima parte: 1,15–7,16 (apologia generale dell'apostolato)**
Nella comunità di Corinto si sono verificate tensioni tali che Paolo è stato addirittura offeso, ma non si sa in quali termini. A causa dei forti contrasti egli è costretto a lasciare Corinto diretto verso il nord della Grecia, cioè in Macedonia. Da questo episodio ha origine la cosiddetta lettera delle lacrime: non sappiamo se causate da un dispiacere o dall'ira (cfr. 2Cor 2,4); certo è che la missiva sortisce l'effetto di ristabilire l'intesa tra Paolo e i corinzi. Il testo, attualmente pervenutoci, corrisponde con tutta probabilità a quello della seconda lettera, almeno per quanto concerne la prima parte (capp. 1–7), espressione di questa ripresa di dialogo. Paolo non si limita a manifestare sentimenti di gioia per l'intesa ritrovata, ma ne ricerca in profondità i motivi. L'Apostolo, infatti, si pone il problema della natura e della legittimità del proprio ruolo, difficilmente configurabile in un ambito più generale, rispetto alle consuetudini e alla prassi

della civiltà ellenistica. Colui che mette in moto la vita cristiana è soltanto Dio attraverso il dono di Cristo e il dono dello Spirito: se il contatto è diretto che senso ha la presenza di Paolo? Ha senso la mediazione di un uomo? Accanto all'immediatezza del rapporto tra Dio e il cristiano Paolo si qualifica come servitore e ministro. Egli non risulta né indispensabile, né inutile bensì aiutante in questa trafila generosa e munifica da parte di Dio, che dona Cristo e lo Spirito (cfr. Gal 4,4-6): egli sente di essere ministro in nome di Dio che lo ha reputato degno di designarlo a tale ufficio.

> È noto infatti che voi siete una lettera di Cristo servita da noi, scritta non con inchiostro, ma con lo Spirito del Dio vivente, non su tavole di pietra, ma sulle tavole di carne dei vostri cuori (2Cor 3,3).

Paolo presenta Cristo come l'ideale mittente e il vero autore della missiva e paragona i corinzi a "una lettera servita da noi". Per mezzo dello Spirito di Dio Cristo stesso stende il suo scritto nel cuore di Paolo[20], lettera che poi si incarna nella comunità corinzia per mezzo dell'apostolato del missionario di Tarso. L'Apostolo delle genti si dimostra conscio di dover assolvere a una nobile missione di servizio come ministro di Gesù Cristo[21]. Il testo paolino illustra uno scambio metaforico di tipo sinestetico[22] altamente

---

[20] Vedi A. Pitta, *La Seconda lettera ai Corinzi*, 162.

[21] Vedi queste perorazioni della Lettera ai Romani: "Tuttavia vi ho scritto con un po' di audacia, in qualche parte, come per ricordarvi quello che già sapete, a causa della grazia che mi è stata concessa da parte di Dio, di essere un ministro di Gesù Cristo tra i pagani, esercitando l'ufficio sacro del Vangelo di Dio perché i pagani divengano una oblazione gradita, santificata dallo Spirito Santo" (Rm 15,15-16).

[22] Sinestesia (συναίθησις = "percezione simultanea"): genere di metafora in cui si attua un'associazione di due aree semantiche relative a sfere sensoriali diverse; estensivamente e analogicamente: trasferimento di effetti da un'azione a un'altra. Cfr. B. Mortara Garavelli, *Manuale di retorica*, 167; A. Marchese, *Dizionario di retorica e di stilistica*, 299; G. Barbari Squarotti – *al.*, ed., *Dizionario di retorica e stilistica*, 394-395. Per es. Virgilio (70-19 a.C.): *clamore incendunt coelum* (=cielo incendiato dalle grida). Boccaccia (?): "stava con gli orecchi levati per vedere"; G. Pascoli (1855-1912): "Là, voci di tenebra azzurra" (*Canti di Castelvecchio*, "La mia sera"); "pigolio di stelle". E. Montale (1896-1981): "l'oscura voce"; "fredde luci"; "trillo d'aria"; "lampi d'afa"; "un barbaglio che invischia"; "punge il suono d'una / giga crudele"; una sinestesia complessa (tre campi sensoriali): "fredde luci / parlano". La Mortara Garavelli offre atri es.: "tinte *calde* / *fredde*; profumo *fresco*; voce *chiara* / *cupa* / *profonda*; colori *chiassosi* / *stridenti*; persona *ruvida*; è andato tutto *liscio*; paura *nera* / *blu*; parole *acide*; sorriso *amaro*; prezzi *salati*; *colorito* (nell'esecuzione musicale); *calore* / *fredezza* di voce; suono *vellutato*..."

artistico e raffinato. Non crediamo sia azzardato affermare che nel succitato versetto si attuino una sorta di simbolismo fonico ed un uso iconico delle reazioni psichiche provocate dalla percezione sonora o visiva derivante dalla lettura di parole pregne di significati particolari.

**Seconda parte: 8,1– 9,15 (colletta per la chiesa di Gerusalemme)**

Merita attenzione il breve trattato sulle collette (8,1–9,15) organizzate a sostegno della chiesa di Gerusalemme, sia per sovvenire alle sue difficoltà economiche, sia perché l'aiuto da parte di chiese locali minori valeva non solo come segno di deferenza e di sottomissione, ma anche come espressione dell'unità della Chiesa di Dio. L'unità è al vertice delle preoccupazioni di Paolo[23]. In 8,1 l'Apostolo mette in rilievo l'importanza della grazia di Dio: "Ora, fratelli e sorelle, vogliamo farvi conoscere la grazia che Dio ha concessa alle chiese di Macedonia". La grazia o la benevolenza di Dio (ἡ χάρις τοῦ θεοῦ) può essere intesa in senso attivo: nel senso cioè di Dio che vuole e compie, in contrapposizione con quella dell'uomo che nonostante voglia non riesce a compiere. Cfr. le parole di Paolo sull'argomento nella Prima Corinzi: "Per grazia di Dio, però, sono quello che sono, e la sua grazia in me non è stata vana. Anzi, ho faticato più di tutti loro, non io però, ma la grazia di Dio che è con me" (1Cor 15,10). Dell'uomo si può dire che egli dimostra benevolenza (ἡ χάρις) nei riguardi propri e degli altri, ma si tratta di una benevolenza che non produce effetto: per esempio si può augurare a qualcuno di diventare ricco e potente, ma il desiderio non si trasforma nel bene voluto. Per quanto riguarda Dio la situazione è totalmente opposta. Quando diciamo che "Dio ci ama con amore di Padre" diventiamo immediatamente figli: Dio non può amare semplicemente in teoria e se una qualche benevolenza dovesse rimanere inattuata essa non si riferisce a Dio, nel quale vi è identificazione tra desiderio e compimento. Le collette sono un riflesso della χάρις divina, nel senso che i cristiani cercano di imitare la benevolenza di Dio, la quale si è manifestata in Cristo Gesù: "Conoscete, infatti, la benevolenza (τὴν χάριν) del Signore nostro Gesù Cristo: da ricco che era, si è fatto povero per voi, perché voi diventa-

---

[23] Cfr. Gal 2,2, dove afferma di essersi recato a Gerusalemme per esporre le linee generali del Vangelo da lui predicato, onde prevenire il rischio di essere accusato o anche soltanto sospettato di volere una chiesa parallela a quella di Gerusalemme.

ste ricchi per mezzo della sua povertà" (2Cor 8,9). Con questo ardito passaggio Paolo spinge i corinzi che cercano di realizzare in se stessi i valori di Cristo a fare propria la χάρις di lui.

**Terza parte: 10,1–13,10 (apologia personale dell'apostolato)**

La terza parte, autobiografica, rappresenta una brusca frattura nell'economia dell'insieme. Lo stile è mosso, energico: si tratta di un brano di notevole spessore dal punto di vista letterario, a tal punto da essere definito un capolavoro di Paolo, scrittore e oratore. Egli polemizzava, probabilmente, perché il suo ruolo veniva sottovalutato o addirittura negato da certi personaggi che gravitavano intorno ad alcuni apostoli di Gerusalemme. Paolo arriva a coniare nei loro riguardi un neologismo, l'avverbio iperbolico di "super-apostoli" (cfr. 11,5; 12,11 τῶν ὑπερλίαν ἀποστόλων), neologismo ottenuto mediante la giustapposizione di due avverbi di quantità (ὑπέρ = troppo, oltremisura, e λίαν = assai, molto estremamente). Il risultato dell'operazione linguistica è decisamente comico; ma forse tale ironica definizione non suonava troppo rispettosa alle orecchie dei veri apostoli. Questo tuttavia è un tratto simpatico del temperamento irruento e genuino di Paolo, tratto che lo umanizza e ce lo fa sentire più vicino. Analogo giudizio si può esprimere nel passo del saluto conclusivo (13,13), modello di autentico spirito religioso e di meravigliosa semplicità di dettato; esso è rimasto meritatamente in uso nel rito d'ingresso della santa Messa grazie alle riforme liturgiche del Concilio Vaticano II: "La grazia del Signore Gesù Cristo, l'amore di Dio e la comunione dello Spirito Santo siano con tutti voi."

**Conclusione epistolare (13,11-13)**

> 11 Per il resto, fratelli, siate gioiosi, tendete alla perfezione, fatevi coraggio a vicenda, abbiate gli stessi sentimenti, vivete in pace e il Dio dell'amore e della pace sarà con voi. 12 Salutatevi a vicenda con il bacio santo. Tutti i santi vi salutano. 13 La grazia del Signore Gesù Cristo, l'amore di Dio e la comunione dello Spirito Santo siano con tutti voi (13,11-13).

Infine mentre la Prima Corinzi presenta una composizione compatta per quanto riguarda le argomentazioni successive, la Seconda Lettera ai Corinzi offre non pochi né trascurabili elementi di eterogeneità dal punto di vista compositivo. Per esempio i capitoli dedicati alle collette sembrano costituire un nucleo privo di stretto legame con la restante trattazione: la loro collocazione attuale genera una palese soluzione di continuità. La consequenzialità logica e argomentativa sembra decrescere fino a ridursi del tutto tra la seconda parte, concernente la colletta, e la terza, autobiografica e polemica. In realtà trattandosi di uno scritto di genere epistolare, ma soprattutto di una lettera dettata dalla contingenza, non pare che il brusco cambiamento di tono e quindi di stile deponga a sfavore dell'omogeneità della scrittura: semmai la avvalora, conferendole un tratto di schiettezza e di genuinità.

**2. Redazionalità o integrità della Seconda Lettera ai Corinzi?**

Difficile e seria la questione se la Seconda Lettera ai Corinzi sia dotata di una sua unità e integrità[24] originaria. Vi si possono accertare, infatti, continue cesure: veniamo informati che Paolo in angoscia attende Tito in Macedonia (2Cor 2,13) e che il medesimo è stato consolato dall'arrivo di Tito (7,5); ambedue i passaggi sono collegabili anche contestualmente, tramite l'esplicita menzione dello spostamento di Paolo in Macedonia. Al centro è individuabile la sezione 2,14–7,4: una teologia unitaria del ministero, inframmezzata da quella che ha dato l'impressione di un inserto posteriore (6,14–7,1), ma la cui presenza non interrompe nemmeno temporaneamente il confidenziale scambio di idee tra Paolo e i suoi destinatari, dato il tono parenetico che la informa. Si direbbe anzi che la parentesi, segnata dal momentaneo cambio di prospettiva, serva a Paolo per non appesantire troppo la sua esigenza d'ascolto, in modo da poterla riprendere con immutato vigore. A nostro avviso la teoria dell'aggiunta posteriore non ha alcuna ragion d'essere: i versetti messi sotto accusa appaiono equiparati nel tono alle parti circostanti. L'immagine dell'ampio spazio che l'Apostolo si augura di trovare nel cuore dei corinzi (6,11-13) verrà infatti ripresa in 7,2. La sezione 6,14–7,1 si caratterizza come esortazione a distaccarsi dal mondo e a santificare la carne e lo spirito: è vero che in

---

[24] Integrità: "stato di ciò che è intatto, completo, intero" (s.v. lo Zingarelli). "Si parla della non-integrità di uno scritto o di un testo quando esso viene dichiarato composto, fatto di più spezzoni riuniti in un ordine che dà l'impressione di essere approssimativo. Il fenomeno viene detto anche compilazione (di testi originariamente separati) [...] La questione dell'integrità delle lettere paoline rimane molto dibattuta" (J.-N. ALETTI – *al.*, *Lessico ragionato dell'esegesi biblica*, 107).

tutto il Nuovo Testamento solo in 6,15 il diavolo è chiamato Beliar, ma dobbiamo tener conto del fatto che Paolo può aver creduto opportuno adeguare il proprio linguaggio a quello dei giudeo-cristiani, suoi avversari. L'uso di un termine ebraico corrispondente a Satana ha obbedito forse al desiderio di catturare il loro interesse e la loro attenzione, agevolando l'Apostolo nel suo intento di entrare in sintonia con loro e di intessere un dialogo dialettico che avrebbe sortito il successo sperato. In 7,1 viene chiamato πνεῦμα lo spirito dell'uomo[25], mentre generalmente nelle epistole paoline esso designa lo Spirito di Dio: l'esegesi è giunta, pertanto, gradualmente a ritenere il brano in questione estraneo anche nello stile oltre che nella dottrina. Dal momento che nei rotoli di Qumran il diavolo è spesso chiamato Beliar, senza contare altri punti di contatto[26], ci si chiede se la sezione 6,14-17 provenga dalla penna di un giudeo-cristiano, al quale erano familiari le parole e le idee riportate nei testi di Qumran. I capitoli 8–9 trattano ambedue il tema della colletta in favore della chiesa di Gerusalemme; nel capitolo 8 Tito insieme con altri compagni viene inviato a Corinto per raccomandare alla comunità la raccolta di denaro e per portarla avanti: in base alla succitata esegesi, il capitolo 8 potrebbe essere considerato uno scritto di raccomandazione per Tito; nel capitolo 9 Paolo esorta a concludere con successo l'operazione, prima del proprio arrivo. Tempo e circostanze sono, di volta in volta, diverse fra il capitolo 8 e il capitolo 9: forse i due capitoli sono stati unificati, redazionalmente, in modo approssimativo, a causa della loro affinità tematica?

Oggi molti esegeti (di cui J. Lambrecht[27], che ha fornito un utilissimo quadro informativo) non accettano l'integrità della Seconda Lettera ai Corinzi[28].

---

[25] Cfr. Rm 8,16; 1Ts 5,23.

[26] Per es. in 12,2-4 Paolo parla di un'esperienza estatica. Tale passo ha molti elementi in comune con le visioni del trono o Merkabah, descritte in alcuni testi giudaici (per es. 3Enoch). A tale proposito vedi S.F. Noll, "Qumran e Paolo", *DPL*, 1278.

[27] Per la questione dell'integrità di 2Cor vedi J. Lambrecht, *Second Corinthians*, 7-9.

[28] "Accanto ai difensori dell'integrità di 2Cor (E.-B. Allo, P.E. Hughes, H. Lietzmann, W.H. Bates, N. Hyldahl), abbiamo una maggioranza di sostenitori della tesi che la considera una raccolta di lettere paoline. Si passa dall'ipotesi più semplice di due lettere originariamente distinte (cc. 1–9 e cc. 10–13) a quella più complessa di cinque lettere" (G. Larusso, *La seconda lettera ai Corinzi*, 24). Per le ragioni a favore della natura composita di Seconda Corinzi cfr. A. Pitta, *La Seconda Lettera ai Corinzi*, 20-31. In queste pagine l'Autore fornisce un ottimo riassunto dello *status quaestionis* di questa ipotesi.

Ecco le motivazioni principali di coloro che propendono per la redazionalità[29] della lettera:

a) I capitoli 10–13 sono di stile e argomento diverso da quelli precedenti (secondo alcuni commentatori la differenza si rileverebbe fin dall'inizio del capitolo 8). Ciò costituirebbe una prova di eterogeneità. Dopo la gioia e la felicità espresse dall'Apostolo in seguito alla recente riconciliazione, veniamo introdotti in un'atmosfera di tensione, di ostilità. I corinzi sembrano essere stati ingannati da uomini estranei alla comunità. Fondamentalmente due sono le opposte tesi a confronto: 1) i capitoli 10–13 risalirebbero ad una stesura antecedente; 2) sarebbero cronologicamente posteriori al blocco 2Cor 1–9, come se, dopo la riconciliazione tra Paolo e i corinzi, fosse sorto qualche nuovo focolaio di discordia o di malcontento.
b) Oggetto indiscusso dei capitoli 8 e 9 è la colletta. L'evidente somiglianza argomentativa comune ai due capitoli non presenta un'apparente ragion d'essere. Alcuni esegeti, in assenza di plausibili spiegazioni logiche, hanno tentato di preservare in qualche modo l'unitarietà della Seconda Corinzi, ipotizzando che il capitolo 8 abbia avuto come destinatari i corinzi e che il capitolo 9 sia stato diretto alle altre chiese d'Acaia (cfr. 9,2). Rimane comunque incomprensibile tale insistenza su un tema senza dubbio rilevante ed esteso a tal punto da occupare ben due capitoli. Non resta che suggerire, sommessamente, una modesta spiegazione altrettanto ovvia quanto banale: i 24 versetti del capitolo 8, sommati ai 15 versetti del capitolo 9, totalizzano un capitolo di ben 39 versetti: esso sarebbe in assoluto il più lungo della Seconda Corinzi[30]. Allo stato delle cose non resta se non una conclusione: riprendere, con umiltà e buona volontà, l'esame dei due capitoli, analizzarli con somma attenzione e cercare di scoprire le vere linee conduttrici, le autentiche piste concettuali. Siamo di fronte allo svolgimento magistrale di un tema originato da un enunciato apparentemente di ordinaria amministrazione. Forse non ci siamo interrogati abbastanza a fondo sul significato della colletta nel pensiero di Paolo[31].

---

[29] Redazionalità, compilazione, non-integrità: stato di ciò che è redatto, compilato, composto.

[30] Cfr. il cap. 11, il più nutrito, che consta di 33 versetti.

[31] Per più informazioni sulla colletta vedi A. WODKA, *Una teologia biblica del dare nel contesto della colletta paolina (2Cor 8-9)*, TG.T 68, Roma 2000.

c) La fine del racconto (2,13) segna l'inizio di una diffusa riflessione teologica (2,14–7,4), dopo la quale riprende l'esposizione dei fatti. In seguito a un — per così dire — semplicistico e alquanto arido calcolo, non manca chi vorrebbe espellere come corpo estraneo nato in epoca posteriore, l'intero passo che si interpone tra le due citazioni relative alla Macedonia. In realtà, Paolo sembra aver tenuto presente il filo conduttore, ovvero la cronaca degli avvenimenti, per cui mediante la ripetizione del riferimento alla Macedonia, avrebbe inteso riprendere la narrazione dove l'aveva lasciata. "Giunto a Troas per il Vangelo di Cristo, una porta mi fu aperta dal Signore, ma non ero tranquillo nel mio spirito perché non vi trovai Tito, mio fratello; così, congedatomi da loro, partii per la Macedonia" (2Cor 2,12-13). A dire il vero non abbiamo a disposizione prove ineccepibili per sostenere che i capitoli intermedi siano stati aggiunti in un secondo tempo.
d) Alcuni commentatori considerano il passo 6,14–7,1 un'inserzione scoperta e nettamente circoscrivibile. Quei versetti rivelerebbero idee e conterrebbero vocaboli non-paolini. Secondo tale punto di vista la continuità logica della lettera non ne risentirebbe, qualora il segmento 6,14–7,1 venisse eliminato. Evidentemente, essi dimenticano di avere a che fare con un uomo in carne ed ossa, per il quale spesso il cuore dettava i pensieri. In un temperamento genuino come quello di Paolo le motivazioni religiose e affettive si mescolavano, perché il suo era un Vangelo vissuto, dove la predicazione lasciava spazio alla dottrina, pur mantenendo i contatti con la realtà. Anche per questo Paolo è grande e fa discutere tanto chi anatomizza freddamente, come un chirurgo, le sue creature: le Lettere.

Alcune ipotesi radicali arrivano a smembrare la Seconda Corinzi, addirittura, in cinque missive[32] con l'aggiunta di un'interpolazione successiva: 1) la lettera di riconciliazione (1,1–2,13 e 7,5-16); 2) la lettera dell'"apologia" (2,14–7,4); 3) la prima lettera per la colletta (cap. 8); 4) la seconda lettera per la colletta (cap. 9); 5) la cosiddetta *Vierkapitelbrief*[33],

---

[32] Questa ipotesi risale a G. Bornkamm, discepolo di J. Weiss, tutti e due professori dell'università di Heidelberg. Vedi G. Bornkamm, *Die Vorgeschichte des sogenannten ZweitenKorintherbriefes*, Heidelberg 1961. Per altri studiosi che condividono questa opinione cfr. H.D. Betz, A.J. Dewey – R.W. Hoover – L.C. McGaughy – D.D. Schmidt, M.M. Mitchell, C.J. Roetzel e W. Schmithals, con alcune variazioni.

[33] Dal tedesco: "lettera di quattro capitoli".

denominata anche seconda apologia (capp. 10–13); e 6) il frammento non paolino (6,14–7,1). Nel 1998 J. Sánchez Bosch proporrò una suddivisione quadripartita di Seconda Corina: 1) lettera A, lettera della riconciliazione (capp. 1–7); 2) lettera B, prima nota sulla colletta (cap. 8); 3) lettera C, seconda nota sulla colletta (cap. 9); 4) lettera D, apologia di Paolo (capp. 10–13)[34]. Nel 1919 J. Weiss divisò la Lettera in tre missive: 1) la lettera per la colletta (cap. 8); 2) la lettera delle lacrime (2,14–7,4) insieme con i capitoli 10–13; e 3) la lettera di riconciliazione (1,1–2,13; 7,5-16; cap. 9)[35]. Manca del tutto il consenso sulle parti rimanenti, siano esse lettere o frammenti. Altre interpretazioni meno estremistiche affermano che le lettere si ridurrebbero a due: la lettera della riconciliazione (Lettera D: 2Cor 1–9) e quella polemica o categorica (Lettera E: 2Cor 10–13)[36]. Se accettiamo questa ipotesi, Paolo avrebbe indirizzato alla comunità di Corinto almeno cinque lettere che possiamo denominare "Ai corinzi A, B, C, D, E".

Molti altri biblisti, però, sostengono, a buon diritto, l'unità e l'integrità della Seconda Corinzi[37]. A proposito del problema della "interruzione" (2,14–7,4), è doveroso notare che alcuni termini rinvenibili in 7,5-16 ricorrono anche in 7,2-4: tale constatazione indebolisce notevolmente il punto di vista degli "interruzionisti". Probabilmente, la stesura ha subito un'interruzione nel tempo, ma medesima è la mano. Spesso nelle lettere di Paolo si incontra la composizione concentrica (schema ternario

---

[34] Vedi J. Sánchez Bosch, *Scritti paolini*, 189.

[35] Vedi H. Windisch, *Der zweite Korintherbrief*, Göttingen 1924, 1970⁹. L'ipotesi della tripartizione di Seconda Corinzi è sostenuta anche da M.E. Thrall (i capp. 1–8 e 13,11-13, il cap. 9 e i capp. 10,1–13,10) e da U. Vanni (i capp. 1,8–7,16, i capp. 8,1–9,11 e i capp. 10,1–13,10). Cfr. M.E. Thrall, *Second Corinthians*, I, 3-4; U. Vanni, "Corinzi (II lettera ai)", *NDTB*, 304.

[36] Cfr. A. Pitta, *La Seconda Lettera ai Corinzi*, 49-69. L'ipotesi delle due lettere (la lettera della riconciliazione 2Cor 1–9 e la lettera polemica 2Cor 10–13) risale a J.S. Semler scrivendo nel 1776. Anche commentatori del XX secolo come C.K. Barret, B. Corsani, D.A. de Silva, V.P Furnish, R.P. Martin, J. Murphy-O'Connor e H. Windisch difendono questa opinione. A. Hausrath e R. Penna accettano la suddivisone bipartita di Seconda Corinzi ma cambiano l'ordine cronologica delle lettere: prima la lettera delle lacrime 2Cor 10–13 poi la lettera della riconciliazione 2Cor 1–9.

[37] Per una lista dei commentatori che sostengono l'integrità della Lettera vedi A. Pitta, *La Seconda Lettera ai Corinzi*, 18 n. 2. Vedi anche D. Chaaya, *Becoming a Fool for Christ*. Dispositio *and Message of 2Cor 10–13*, BUSE de Kalik 56, Kaslik 2010; Id., "The Contribution of the Rhetorical *Disposito* of 2Cor 10–13 to the Unity of 2 Corinthians", in F. Bianchini – S. Romanello, ed., *Non mi vergogno del Vangelo, potenza di Dio. Studi in onore di Jean-Noël Aletti SJ, nel suo 70º compleanno*, Fs. J.-N. Aletti, AnBib 200, Roma 2012, 81-97.

o concentrico: ABA'), con la quale l'Apostolo interrompe la sezione narrativa o quella argomentativa[38]. A sostegno dell'integrità della lettera notiamo soprattutto che la tematica dell'apostolato di Paolo, sostenuto in 2Cor 2,14–7,4 e in 2Cor 10,1–13,10, coagula tutta la lettera. A proposito della questione, J. Lambrecht aggiunge tre considerazioni significative di ordine generale[39]. Nella tradizione testuale, non esistono manoscritti o quantomeno non vi è difetto d'integrità: notiamo una certa consistenza dei codici maiuscoli e minuscoli. A suo avviso, i commentatori prima di proporre ipotesi così elaborate dovrebbero produrre ragioni più convincenti. Inoltre, gli interpreti di oggi sembrano insistere troppo sulla mancanza di coerenza: in fondo si tratta di una lettera *ad hoc* e non di un *exposé* sistematico. Insomma, nulla impedisce che in una stessa comunicazione si possa apportare un mutamento di stile ed una diversità di toni (come si nota tra 2Cor 1–9 e 2Cor 10–13, forse dovuti al lasso di tempo intercorso tra le due stesure), pur trattandosi di identico mittente.

### II. Contatto diretto col testo biblico: 2Cor 12,1-10

#### Contesto e composizione retorico-letteraria di 2Cor 12,1-10

*subpropositio* (v. 1) "è necessario vantarsi/gloriarsi: non è conveniente, ma verrò alle visioni e rivelazioni del Signore."

*probatio/argumentatio* (vv. 2-9a)

a. rapimento al 3° cielo e rivelazioni (vv. 2-7a) [doni divini]

b. σκόλοψ τῇ σαρκί ("spina nella carne", "palo (applicato) alla carne"), messaggero di Satana e forza nella debolezza (vv. 7b-9a) [debolezze umane]

*peroratio* (vv. 9b-10) "Mi vanterò/mi glorierò dunque delle mie debolezze"

Paolo parte dal problema del "vantarsi", "gloriarsi", che non significa pretendere gloria terrena, ma riconoscere in se stesso un quid, proprio di Dio: un suo dono. Questa scintilla di assoluto, di cui noi cristiani siamo

---

[38] Per es. 1Cor 12–14: cap. 12 (A); cap. 13 (B); cap. 14 (A').

[39] Vedi J. Lambrecht, *Second Corinthians*, 9.

portatori, può dare luogo ad equivoci, perché non sempre siamo in grado di distinguere la parte nostra, da quella di Dio. È possibile attribuire all'uomo ciò che compete a Dio. Quindi, per Paolo gloriarsi è riconoscersi portatori di un dono di Dio, apprezzando sia il dono sia — nella giusta misura — il portatore del dono. Paolo esita a gloriarsi, perché potrebbe essere frainteso. Si chiede se ciò sia necessario, e pur sostenendo il contrario, ad un certo punto comincia a gloriarsi: tutto il suo discorso è una "gloriazione"[40]: egli contempla in se stesso, i doni di Dio e cerca di discernerli, di vederli distintamente. In primo luogo, egli scorge la forza di Dio in antitesi con la propria debolezza manifestata a un messaggero di Satana che lo tortura per mezzo dello σκόλοψ τῇ σαρκί. C'è quindi un divario tra lo splendido dono di Dio e l'Apostolo, il misero fruitore di questi doni divini (visioni, rivelazioni, chiamate da Paolo "terzo cielo" e "paradiso"[41]). La situazione di debolezza che Paolo sente, deriva dalla fitta provocata nella sua carne dallo σκόλοψ τῇ σαρκί: a questo punto la risposta di Dio lo induce a confidare nella sua benevolenza e allora egli capisce che quanto più lui è debole, tanto più abbondano i doni di Dio[42].

---

[40] Il neologismo (con valore di atto concreto) è necessitato dallo scrupolo di incorrere in equivoci, qualora venisse usato l'astratto "glorificazione".

[41] "...the third heaven or Paradise was not for Paul some undefined ethereal sphere or a location that invited detailed cosmological speculation but [...] for him heaven had been opened up by Christ and received its character from his work. By his use of the Adam-Christ typology Paul has also indicated that Christ, the heavenly Man, brings back Paradise. The Paradise that will be manifested in the future and can be experienced at death is through the work of Christ already present in the invisible world and can be experienced in vision and revelation now. Paul also knows Christ himself to be in heaven. Thus, since Paradise receives its character from Christ, Paul's anticipation of it should be assumed to be also an anticipation of greater intimacy with his heavenly Lord. In this way also the experience of 2 Corinthians 12:1ff can be seen as a form or realized eschatology" (A.T. LINCOLN, *Paradise Now and Not Yet*, 84).

[42] "...l'unità retorico-letteraria di 12,1-10 è abbastanza riconoscibile a causa della posta in gioco che la caratterizza: le visioni e le rivelazioni" (A. PITTA, *La Seconda lettera ai Corinzi*, 482 n. 1). Altri biblisti che concordano con questa delimitazione del testo paolino sono Lambrecht, Manzi, Martin, Matera, Thrall, Vallauri e Wischmeyer. Vedi *Ibid*.

## Visioni e rivelazioni di Paolo: ritratto dell'Apostolo

1 È necessario vantarsi: non è conveniente, ma verrò alle visioni e rivelazioni del Signore. 2 So che un uomo in Cristo quattordici anni fa — vuoi
in corpo non so, vuoi fuori del corpo non so: Dio lo sa — rapito (fu) costui fino al terzo cielo. 3 E so che quest'uomo — sia nel corpo, sia fuori del
corpo non (lo) so: (lo) sa Dio — 4 fu rapito nel paradiso e udì parole ineffabili, che non è dato all'uomo di dire. 5 Riguardo a costui mi vanterò,
ma riguardo a me non mi vanterò se non delle mie debolezze. 6 Qualora
io voglia vantarmi non sarò insensato: dirò infatti la verità; però ci rinuncio non (vorrei) che qualcuno attribuisse a me più di quanto vede
me o ode da me 7 per l'eccellenza delle rivelazioni. Per questo, perché
non mi esalti mi fu applicato un palo alla carne, un messaggero di Satana,
affinché egli mi colpisca, cosicché non mi esalti. 8 A questo proposito per
tre volte pregai il Signore affinché si allontanasse da me. 9 E mi ha detto,
"Ti basta la mia grazia; la forza infatti si perfeziona nella debolezza".
Molto volentieri dunque mi vanterò (ancor) di più delle mie debolezze
perché abiti in me la forza di Cristo. 10 Perciò mi compiaccio nei momenti
in cui si manifestano le debolezze, gli oltraggi, le necessità, le persecuzioni e angosce per Cristo; quando infatti sono debole allora sono forte.

### Lettura dettagliata

### 12,1

**Καυχᾶσθαι δεῖ, οὐ συμφέρον μέν,**
*È necessario vantarsi: non è conveniente,*

Dapprima un'affermazione di principio: "è necessario vantarsi, gloriarsi"; poi un'esitazione superata dopo una lotta interiore. Finalmente Paolo ha il coraggio di parlare delle visioni e rivelazioni del Signore. Il travaglio percepibile nel susseguirsi convulso dei tre predicati — il secondo dei quali, δεῖ[43], è ellittico, mentre il primo, Καυχᾶσθαι[44], è impersonale — dimostra che l'ardire arriva soltanto con il terzo, ἐλεύσομαι[45] (della prossima proposizione), dove il soggetto in prima persona rende

[43] δεῖ = presente attivo, terza persona singolare, modo indicativo.
[44] Καυχᾶσθαι = infinito presente medio di καυχάομαι, "mi vanto", "mi glorio".
[45] ἐλεύσομαι = futuro medio, prima persona singolare, modo indicativo di ἔρχομαι, "vengo".

chiara la decisione: Paolo ha preso in mano la situazione e affronta la propria responsabilità a chiare lettere. Egli comprende che non è possibile trincerarsi dietro un meccanismo di autodifesa, ma che la situazione richiede il massimo di verità. È necessario gloriarsi, cioè riconoscere di essere portatori dei doni di Dio, magari nella croce del Signore che è il suo dono più grande, anche se ciò "non (è) conveniente" [οὐ συμφέρον (ἐστίν)], perché l'ambivalenza consistente nella presenza dei doni divini da una parte, e della fragilità umana dall'altra, può indurre l'uomo in errore: egli rischia di attribuire a se stesso qualcosa che è proprio di Dio. Paolo avrebbe potuto attribuire a se stesso il Vangelo che predicava: mentre era obbligato a far risaltare questo dono di Dio, doveva necessariamente personalizzarlo.

**ἐλεύσομαι δὲ εἰς ὀπτασίας καὶ ἀποκαλύψεις κυρίου.**
*ma verrò alle visioni e rivelazioni del Signore.*

Paolo non menziona le visioni e le rivelazioni che Dio gli ha concesso affinché ne stenda una cronaca, ma per comunicarne spirito e significato, predicando il Vangelo suo con autorità[46]. Purtroppo il suo comportamento e la sua predicazione non venivano valutati e apprezzati adeguatamente dai corinzi. L'Apostolo delle genti sostiene che il contenuto del suo dire si basa sulle visioni e rivelazioni ricevute. Quando gli altri apostoli si rifacevano all'autorità di Cristo, sorgeva spontaneo il riferimento alla loro convivenza con Cristo, e se avevano avuto anche qualche esperienza del Risorto, era logico pensare che, in merito al Vangelo e a Cristo, fossero consapevoli e si sentissero responsabili del proprio messaggio. Paolo, invece, inizialmente, si era mostrato freddo e indifferente, addirittura ostile: un fariseo che "perseguitava la Chiesa di Dio" (1Cor 15,9). Ecco perché certuni confutavano l'annuncio di Paolo: egli era rimasto estraneo alla vita di Cristo durante il suo ministero terreno e ai fatti che riguardavano la sua risurrezione. Provocato da costoro, Paolo mostra le credenziali che lo autorizzano a parlare di Cristo. Il sostantivo κυρίου può essere considerato genitivo soggettivo o oggettivo. Si può trattare rispettivamente di visioni e rivelazioni donate attivamente dal Signore oppure di rivelazioni e visioni che riguardano il Si-

---

[46] "Paul appeals to his visionary and apocalyptic experiences in defending his authority" (G. CAREY, "Vision", *NIDB*, V, 791).

gnore: il Signore costituirebbe il sublime contenuto delle visioni e delle rivelazioni. Difficile la scelta: probabilmente sono implicate entrambe le interpretazioni. Il Signore concede a Paolo queste visioni e rivelazioni e con tale straordinario dono, nei limiti concessi all'essere umano, egli rivela delle realtà di così celestiale bellezza che si può affermare che "rivela se stesso".

**12,2**

**οἶδα ἄνθρωπον ἐν Χριστῷ πρὸ ἐτῶν δεκατεσσάρων,**
*So che un uomo in Cristo quattordici anni fa —*

Paolo parla di se stesso usando la prima persona οἶδα[47] ma, per evitare di mettersi in primo piano, ricorre alla funzione referenziale ossia la terza persona. A causa di esperienze straordinarie l'io di colui che le sperimenta — per così dire — "si ritira"; per lasciare spazio a Dio si oblia. ἄνθρωπον ἐν Χριστῷ ("un essere umano in Cristo") significa un uomo che ha un rapporto speciale con Cristo, che si muove nella sfera di Cristo: il nesso è specificato dalle rivelazioni e visioni che hanno per contenuto Cristo stesso. Paolo racconta un evento realmente accaduto relativo alla sua vita, la sua esperienza rispetto al Signore risorto. Quattordici anni prima, durante gli anni che Martin Hengel chiama gli "anni oscuri"[48], gli anni di cui sappiamo poco, cioè dal momento della sua vocazione fino alla sua attività missionaria iniziata a Antiochia.

**εἴτε ἐν σώματι οὐκ οἶδα, εἴτε ἐκτὸς τοῦ σώματος οὐκ οἶδα, ὁ θεὸς οἶδεν,**
*vuoi in corpo non so, vuoi fuori del corpo non so:*
*Dio lo sa —*

Alcuni biblisti hanno creduto di poter leggere nel primo dei due enunciati un'allusione al dualismo tra corpo e anima, caratteristico del pensiero greco. Da un'interpretazione letterale più aderente al testo, potrebbe

[47] οἶδα — perfetto fortissimo indicativo attivo, prima persona singolare. οἶδα, atematico o primitivo (lat. *vidi*) = "ho visto". In quanto resultativo possiamo tradurre con il presente "so" (so per aver visto, per essere stato testimone).
[48] Vedi M. Hengel, *Il Paolo pre-cristiano*, Brescia 1992.

scaturire l'idea che si sia trattato di un'esperienza parapsichica. L'espressione "nel corpo" o "fuori del corpo" andrebbe intesa rispettivamente "nella concretezza relazionale", oppure "a prescindere da essa, al di là di essa". Quando affermiamo che Paolo ha avuto delle estasi semplifichiamo troppo le sue affermazioni: egli accenna a rivelazioni e visioni, ma non riesce a precisarne le modalità, non sa se queste rivelazioni lo abbiano portato o no ad un livello superiore, in confronto alla concretezza relazionale normale di ogni giorno. Solo Dio lo sa (οἶδεν[49]). Tale esperienza viene esplicitata nel resto del versetto.

**ἁρπαγέντα τὸν τοιοῦτον ἕως τρίτου οὐρανοῦ.**
*rapito (fu) costui fino al terzo cielo.*

Quest'uomo è stato rapito, secondo modalità precisabili in negativo. Esse consistono nella velocità fulminea dell'azione di rapimento e nella sua imprevedibilità: il fatto avviene all'improvviso, inaspettatamente, nella novità assoluta dell'esperienza. Il tutto impedisce a Paolo la misurazione del tempo occorrente per l'effettuazione del rapimento, la sua estensione nello spazio, la dimensione esatta del fenomeno. Di conseguenza, Paolo è indotto a esprimersi in termini aoristici di tempo zero. ἁρπαγέντα[50] presenta appunto un aspetto non temporale. L'"io" è rimasto intatto: non è stata un'esperienza spersonalizzata ma un'esperienza tutta particolare, di cui Paolo non mette in dubbio il verificarsi[51]. Il passivo divino indica agente divino: o il Padre o il Cristo, oppure entrambi (cfr. 1Ts 4,17[52]). Tramite l'ini-

---

[49] οἶδεν — perfetto indicativo attivo, terza persona singolare di οἶδα.

[50] ἁρπαγέντα: participio aoristo passivo forte di ἁρπάζω = "rapisco", "strappo a forza", "afferro", "ghermisco". L'aoristo forte (specialmente quando la voce verbale presenta nel proprio paradigma anche l'aoristo debole) ha di solito significato intransitivo. Qui — trattandosi di un testo del tardo ellenismo — ἁρπαγέντα può essere considerato participio passivo. Propenderei per intenderlo come participio dotato di un dinamismo interno dovuto all'intervento divino nel rapimento di cui Paolo è elemento sì passivo, ma che vive e sente agire nel proprio intimo quell'ineffabile esperienza (mistica?).

[51] τοιοῦτον — accusativo singolare maschile dell'aggettivo dimostrativo composto τοιοῦτος = tale. Di solito correlativo di οἷος; usato assolutamente acquista valore intensivo e allora può significare "così grande", "così nobile", "così brutto", "così cattivo", ecc. Pertanto nel nostro caso siamo autorizzati a tradurre: "Ho visto un uomo così indegno/così come me rapito in Cristo fino al terzo cielo quattordici anni fa, se in corpo non so, se fuori del corpo, (solo) Dio (lo) sa".

[52] Vedi S.N. BRODEUR, *Il cuore di Paolo è il cuore di Cristo*, 152-154.

ziativa del Signore, Paolo è arrivato ad un livello superiore, quello della conoscenza umana, livello definito come "terzo cielo". ἕως τρίτου οὐρανοῦ: è tipica della letteratura apocalittica, la concezione di vari strati e livelli di cielo; in tale contesto, il terzo livello era il più alto. In sistemi filosofici più raffinati si poteva arrivare fino al settimo o addirittura al dodicesimo cielo. Nella concezione gnostica di un secolo posteriore a Paolo, verrà elaborato un sistema complicatissimo di viaggio necessario per raggiungere Dio: prima di conseguire la meta finale si passava attraverso vari cieli, superando innumerevoli insidie (leoni, draghi e altre difficili prove di percorso terrorizzanti o impegnative). "Terzo cielo" è un'espressione semplicissima, non certo gnostica, ma certamente di derivazione apocalittica, forse influenzata dal secondo (o terzo) libro di Enoch[53], in cui veniva chiarito che il terzo cielo è il paradiso[54], zona di contatto immediato con Dio. Dato che il terzo cielo appare come il cielo più alto, l'idea di perfezione suggerisce che Paolo sia stato rapito fino al massimo grado possibile: un livello di contatto al confine con la trascendenza.

**12,3**

**καὶ οἶδα τὸν τοιοῦτον ἄνθρωπον,**
**εἴτε ἐν σώματι εἴτε χωρὶς τοῦ σώματος οὐκ οἶδα, ὁ θεὸς οἶδεν,**

*E so che questo uomo —*
*sia nel corpo sia fuori del corpo non (lo) so, (lo) sa Dio —*

**12,4**

**ὅτι ἡρπάγη εἰς τὸν παράδεισον καὶ ἤκουσεν ἄρρητα ῥήματα**
**ἃ οὐκ ἐξὸν ἀνθρώπῳ λαλῆσαι.**

*fu rapito in paradiso e udì parole ineffabili,*
*che non è dato all'uomo di dire.*

---

[53] Vedi 2Enoch 8,2. Il secondo libro di Enoch, testo apocrifo del II sec. a.C., ha sicuramente influenzato l'apocalittica ma non è certo che abbia condizionato anche Paolo.

[54] "Cielo. Nel senso di paradiso, dimora dei giusti, è detto in ebraico *Gan 'Eden*, giardino dell'Eden, prima dimora di Adamo ed Eva. È anche la dimora divina, dove il Signore è circondato dalle anime dei giusti. La parola 'cielo', in ebraico *shamayim*, è usata anche come sinonimo di Dio, per evitare di pronunciarne il nome. La tradizione rabbinica e soprattutto la mistica ebraica parlano di una pluralità di cieli dove risiedono le schiere angeliche" (D. COHN-SHERBOK, "Cielo", *Ebraismo*, 118).

Nonostante Paolo non riesca a rendersi conto appieno delle modalità di queste visioni e rivelazioni, è conscio però di avere avuto un incontro con la trascendenza. Proprio il suo non saperla precisare, significa che ciò gli è veramente capitato[55], anche se la natura del fatto, mai sperimentato prima, gli crea dei disagi e delle difficoltà nel momento in cui deve riferirlo. Paolo è rimasto sempre cosciente di quello che gli accadeva: è stato rapito da una forza non sua e portato εἰς τὸν παράδεισον, "fino al paradiso". Non descrive l'oggetto delle visioni, non riferisce quello che ha ascoltato: non insiste sui contenuti da lui uditi, bensì sulla loro inesprimibilità e illiceità a essere comunicati: forse perché oltrepassano il limiti delle facoltà umane? Il perfetto οἶδα indica una certezza derivante da esperienza visiva diretta[56], a differenza di γινώσκω che indica una conoscenza teorica e mediata[57]. Dopo aver parlato di visioni, ora Paolo parla di parole udite ma impossibili da pronunciare: egli è stato protagonista di un'esperienza trascendente anche a livello auditivo. Il termine παράδεισον (v. 4) è usato di rado nel Nuovo Testamento (solo tre volte)[58]; il sostantivo preferito dagli autori sacri è "cielo/cieli". παράδεισος, vocabolo persiano importato nella lingua greca da Senofonte (V secolo a.C.)[59], significa "parco"

[55] ἡρπάγη e ἤκουσεν (aoristo indicativo, terza persona singolare) segnalano — forniti come sono di aumento e di desinenza secondaria — la realtà di tempo storico corrispondente al passato remoto italiano.

[56] οἶδα = "ho visto": in quanto resultativo possiamo tradurre con il presente "so".

[57] γινώσκω = "riconoscere", "accorgersi", "farsi un concetto in merito (a qualcosa)", "pensare", "capire". Nel NT significa anche conoscere carnalmente.

[58] Cfr. gli altri due testi: "Gesù gli disse: 'Io ti dico in verità che oggi tu sarai con me in paradiso (ἐν τῷ παραδείσῳ)" (Lc 23,43); "Chi ha orecchi ascolti ciò che lo Spirito dice alle chiese. A chi vince io darò da mangiare dell'albero della vita, che è nel paradiso di Dio (ἐν τῷ παραδείσῳ τοῦ θεοῦ)" (Ap 2,7).

[59] "Il termine 'paradiso' deriva nelle lingue moderne dal latino e dal greco (*parádeisos*) e risale al persiano antico *pairidaēza*, 'recinto', 'riserva'; è un termine derivato anche il corrispondente ebraico *pardēs*, 'frutteto', 'parco'. In queste lingue antiche esso indica un giardino molto speciale posto su un alto monte. Un luogo particolare di tal genere è appunto il giardino dell'Eden (cfr. Gen 2–3), espressione spaziale dello stato originario di Adamo, Eva e degli animali. Tale stato iniziale è idealizzato e collegato con elementi dell''età dell'oro' desunti dalla mitologia romana, soprattutto a partire dai padri della chiesa Ambrogio e Agostino. In tal modo la situazione del paradiso appare come lo stato ideale nel quale si vorrebbe possibilmente tornare. Tale idealizzazione dell'inizio non ha alcuna base nella Bibbia dopo Gen 2–3, se non consideriamo il fatto che il tempo successivo è descritto come 'cacciata' [...] Secondo la teologia biblica la storia della salvezza non può svolgersi secondo uno schema ciclico (A-B-A), bensì lineare, in maniera che il suo punto culminante stia sempre e solo alla fine. Perciò per l'escatologia biblica lo stato finale è in ogni caso qualcosa che supera l'inizio; e ciò avviene precisamente per quanto riguarda la nuova corporeità trasformata e la beatitudine" (K. BERGER, "Paradiso", *TTB*, 950).

dove cresce ogni sorta di piante, anche da frutto. È un giardino speciale, un parco divino, dove il rapporto fra uomo e Dio è armonioso. Una derivazione probabile del termine παράδεισος è quella della traduzione dei LXX dell'ebraico גַּן, "giardino": sappiamo, infatti, che la LXX costituì una fonte letteraria fondamentale per Paolo. La caratteristica più importante del giardino dell'Eden è questa diretta familiarità di Adamo e Eva con Dio. Dio parla all'uomo e l'uomo parla a Dio ma tale reciprocità senza veli cesserà con la cacciata dal paradiso.

> Poi udirono la voce di Dio il Signore, il quale camminava nel *giardino* alla brezza del giorno; e l'uomo e sua moglie si nascosero dalla presenza di Dio il Signore fra gli alberi del *giardino* (Gen 3,8).
>
> וַיִּשְׁמְעוּ אֶת־קוֹל יְהוָה אֱלֹהִים מִתְהַלֵּךְ **בַּגָּן** לְרוּחַ הַיּוֹם
> וַיִּתְחַבֵּא הָאָדָם וְאִשְׁתּוֹ מִפְּנֵי יְהוָה אֱלֹהִים בְּתוֹךְ עֵץ **הַגָּן**׃ (Gen 3,8)
>
> καὶ ἤκουσαν τὴν φωνὴν κυρίου τοῦ θεοῦ περιπατοῦντος ἐν τῷ *παραδείσῳ* τὸ δειλινόν καὶ ἐκρύβησαν ὅ τε Αδαμ καὶ ἡ γυνὴ αὐτοῦ ἀπὸ προσώπου κυρίου τοῦ θεοῦ ἐν μέσῳ τοῦ ξύλου τοῦ *παραδείσου* (LXX Gen 3,8).
>
> et cum audissent vocem Domini Dei deambulantis in *paradiso* ad auram post meridiem abscondit se Adam et uxor eius a facie Domini Dei in medio ligni *paradisi* (VUL Gen 3,8).

Paolo, portato controcorrente fino al terzo cielo (cioè al giardino speciale, luogo di rapporto armonioso tra Dio e uomo), recupera questa relazione immediata con Dio, questa apertura alla trascendenza, un collegamento che gli permette di ascoltare ἄρρητα ῥήματα, "parole ineffabili", parole impossibili da pronunciare, insomma ciò che non gli è lecito articolare[60]. Queste parole sono, appunto, ineffabili perché ascoltate ad un livello sovrumano. Per i mistici è più facile "sentire Dio" che "parlarne". Si capisce, allora, come e perché, il fondatore della chiesa corinzia risponda energicamente ai suoi avversari, radicando in tal modo la sua predicazione e la sua autorità.

---

[60] Paolo, "...quando dice d'aver udito in paradiso, nel terzo cielo, davanti al trono di Dio, cosa ineffabile (cfr. 2Cor 12,4), intende con ciò indubbiamente dire: qualcosa che qui non è possibile esprimere con parole terrene, ma non qualcosa che sarebbe semplicemente inaccessibile al linguaggio. In effetti: non sarà mai possibile 'catturare' e descrivere in parole umane la gloria di Dio. Anche l'*incapabilitas* fa perciò parte degli attributi del paradiso celeste" (K. BERGER, "Paradiso", *TTB*, 955).

**12,5**

**ὑπὲρ τοῦ τοιούτου καυχήσομαι,**
**ὑπὲρ δὲ ἐμαυτοῦ οὐ καυχήσομαι εἰ μὴ ἐν ταῖς ἀσθενείαις.**
*Riguardo a costui mi vanterò,*
*ma riguardo a me non mi vanterò se non nelle mie debolezze.*

A una prima lettura, il versetto lascia perplessi perché l'uomo di cui l'autore sta riferendo coincide con Paolo stesso. Ciò può essere spiegato se ci rifacciamo agli istanti del rapimento e dell'esperienza vissuta da Paolo. Quest'ultimo, infatti, percepisce se stesso come se si trattasse di un'altra persona: tanto grande è stata la differenza o diversità di condizione tra quei momenti e il dopo. Di sé, in quanto trasfigurato, immerso nello splendore della gloria divina, l'Apostolo si vanta con legittimo orgoglio, quasi rivivesse quegli istanti inesprimibili, mentre di sé così come si percepisce quando racconta, proprio a causa dell'abissale contrasto scaturito dalla sua modesta condizione umana, non può minimamente menar vanto, né sentirsi immerso in alcuna gloria, bensì prendere atto, ancor più consapevolmente, delle proprie debolezze, che ora gli paiono tanto più evidenti e marcate. Con amara ironia egli dichiara di potersi vantare soltanto dei suoi difetti, della sua imperfezione: la sua presa di coscienza è di tale portata da sentirsi immerso e quasi travolto in tale condizione di inadeguatezza. È evidente l'uso paradossale del verbo καυχήσομαι[61] associato al concetto di debolezza: sembra che sul volto di Paolo affiori un sorriso di compassione al pensiero che la creatura umana possa credere di trovare in sé qualche motivo di compiacimento da celebrare ad alta voce. Si tratta di mera presunzione. Da una parte Paolo guarda a se stesso obiettivamente come a un essere umano che ha avuto un contatto diretto con la trascendenza, cioè con il Padre, il Figlio, lo Spirito Santo nel paradiso ("il terzo cielo"); il messaggio che Paolo in quei momenti indescrivibili ha percepito e ascoltato e ha capito, non può riferirlo in termini terreni, perché esso appartiene alla sfera del divino, dell'assoluto. Ora che la straordinaria esperienza è cessata ne rimane vivo il ricordo. A buon diritto e a ragion veduta, Paolo può affermare, sia di potersi vantare, sia di non potersi vantare; di gloriarsi e di

---

[61] καυχήσομαι — futuro indicativo medio, prima persona singolare di καυχάομαι.

non gloriarsi, perché ha sperimentato due dimensioni di esistenza totalmente diverse, esattamente opposte. Perciò può vantarsi che Dio lo abbia degnato di tanto onore, ma ora che è rientrato nel ruolo di sempre, si sente più che mai non meritevole e pieno di manchevolezze. Di sicuro nei momenti in cui Dio lo ha fatto sentire partecipe della gloria celeste, veramente egli "si sentiva un altro"[62]. Nel suo stato di normalità, egli non può certo vantarsi, fuorché della sua fragilità, delle sue imperfezioni, delle sue pecche: per Paolo καυχᾶσθαι "vantarsi", "gloriarsi", significa riconoscere qualcosa di assoluto, di divino. L'esperienza e il contenuto della vera gloria appartengono alla trascendenza, ma come potrebbero essere recepiti dal fragile contenitore che è "il Paolo in carne e ossa", così limitato nelle sue possibilità? Siffatti elementi trascendenti si sono impiantati in una situazione puramente umana, e ciò è stato possibile perché Dio l'ha voluto. Paolo perciò si gloria del contenuto trascendente, ma non di sé come recettore di questo assoluto.

**12,6-7a**

**ἐὰν γὰρ θελήσω καυχήσασθαι, οὐκ ἔσομαι ἄφρων,**
**ἀλήθειαν γὰρ ἐρῶ·**
**φείδομαι δέ, μή τις εἰς ἐμὲ λογίσηται**
**ὑπὲρ ὃ βλέπει με η' ἀκούει [τι] ἐξ ἐμοῦ**
**καὶ τῇ ὑπερβολῇ τῶν ἀποκαλύψεων.**

*Qualora io voglia vantarmi, non sarò insensato:*
*dirò infatti la verità;*
*però ci rinuncio, non (vorrei) che qualcuno attribuisse a me*
*più di quanto vede me o ode da me*
*per l'eccellenza delle rivelazioni.*

Prima di passare al commento è buona norma analizzare attentamente il testo, per non dare l'impressione che i giudizi siano predeterminati e che si voglia forzare l'interpretazione di esso. Innanzitutto, constatiamo che Paolo impiega molta attenzione nel costruire il suo discorso, consa-

[62] "Sentirsi un altro" è frase idiomatica che denota appunto l'impressione e la sensazione di un cambiamento totale di stato d'animo.

pevole che le sue parole, per quanto ci si sforzi, possano essere travisate; e nel suo caso, la posta in gioco è troppo alta perché egli si esponga al rischio di un equivoco. Il ragionamento ha inizio con un periodo ipotetico dell'eventualità (II tipo): la protasi (proposizione secondaria condizionale) viene introdotta dalla congiunzione subordinante ἐάν e il verbo è coniugato al congiuntivo aoristo θελήσω[63]; l'apodosi (proposizione principale reggente), espressa da ἔσομαι, è situata nella realtà. Notiamo che anche l'infinito καυχήσασθαι (dipendente dal verbo servile θελήσω) presenta l'aspetto aoristico. Paolo è molto lucido nel fissare le premesse teoriche relative alla narrazione della sua esperienza, ma non dimentica di dover fare i conti con la realtà, la quale del resto è nitida e chiara al suo intelletto, come provano i due futuri semplici di modo indicativo (ἔσομαι[64], ἐρῶ[65]) susseguentisi nell'ordine. La seconda delle due proposizioni coordinate è in un certo senso un'esplicitazione della prima. Non essere insensati può corrispondere a "dire il vero": saggezza e verità vanno in conserto. Egli d'altra parte, conscio che le sue rivelazioni potrebbero causare sconcerto e incredulità a causa della loro "elevatezza", a causa della loro elevatezza rispetto alla mentalità comune, dichiara di astenersi, per non esser frainteso ed accusato da persone pronte a travisare tutto ciò che il suo aspetto e la sua voce comunicano realmente. Le precisazioni preliminari non sono mai di troppo per riuscire nell'intento di tutelarsi. Di ciò Paolo è consapevole; tuttavia egli crede opportuno esporle con serietà e scrupolosità. Una delle prevedibili accuse che, da parte dell'ambiente ellenistico, potrebbe essergli mossa (soprattutto trattandosi di una città come Corinto, vivace non solo dal punto di vista commerciale ma anche culturale) è quella di aspirare ambiziosamente alla divinizzazione, all'ἀποθέωσις[66]. Il concetto tipico delle antiche monarchie orientali si era diffuso tramite le conquiste di Alessandro Magno (che apertamente contribuì a propagandarlo) nel mondo greco e mediterraneo occidentale, quando la civiltà ellenistica aveva investito tutti i territori dell'impero macedone. L'epoca che va dal III secolo a.C. al IV secolo d.C.

---

[63] θελήσω — congiuntivo aoristo attivo, prima persona singolare di θέλω.
[64] ἔσομαι — futuro indicativo attivo, prima persona singolare del verbo εἰμί.
[65] ἐρῶ — futuro indicativo attivo, prima persona singolare del verbo λέγω.
[66] ἀποθέωσις — sostantivo deverbale, da ἀποθειόω/ἀποθεόω = "divinizzo", "deifico", "colloco tra gli dei".

è teatro di evoluzione, talvolta di scontro immane tra concezioni religiose forti nel sentimento generale, ma diversificate: da una parte la lotta in difesa dei culti antichi, influenzati da elementi misteriosofici, dall'altra la forza irrompente del Cristianesimo. Per meglio comprendere l'ambiente culturale in cui Paolo si muove e non di rado incontra resistenze, è opportuno tracciare un quadro seppure sommario, che restringa l'indagine al periodo che va dal II secolo a.C. a tutto il I secolo d.C., periodo idealmente spartito dall'evento degli eventi: la nascita di Gesù di Nazaret. A tale scopo trasceglieremo alcune delle figure più rappresentative che hanno contraddistinto quei tempi, lasciando un segno indelebile del loro passaggio. Il primo in ordine cronologico e anche il più rappresentativo per l'aspetto che ci riguarda è Posidonio di Apamea (Siria) (135-51 a.C.)[67], esponente della Media Stoa, seguace di Panezio di Rodi che ne è il fondatore. Intelligenza versatile fu infatti filosofo, scienziato, viaggiatore, storico della cultura. Egli credeva nell'immortalità dell'anima individuale e nel suo destino ultraterreno[68]. Forse fu l'unico tra gli Stoici ad aderire

---

[67] "Born c. 135 BC in Apamea (Syria), P. went to Athens to study under the Stoic philosopher → Panaetius. Although was his most prominent student, he did not succeed Panaetius as the head of the school in Athens following the latter's death in 110/109 BC. On the contrary he settled in → Rhodes, Panaetius' home town and the centre of philosophical and scientific research at that time. P. became a citizen of Rhodes, but travelled widely in the Mediterranean area: Spain, especially Gadeira (Cadiz), the south of Gaul, Italy, Greece, the Middle East, North Africa and Sicily. He wrote, taught and took part in the political life of Rhodes: he became both a magistrate (*prytanis*) and a member of the legation to Rome in (87-86 BC). P. was so outstanding that Roman politicians also became aware of him: Pompey [I 3] visited him twice in Rhodes during his campaigns (66 BC and 62 BC), → Cicero counted him amongst his friends and regarded him as one of his philosophical mentors. Also among his pupils were Asclepiodotus [2], who wrote about meteorology (Sen. Q Nat. 2,26,6; 6,17,3), Phanias (Diog. Laert. 7,41), possibly Athenodorus [2] of Tarsus and P.' grandson Jason, who took over his school. P. was in his eighties when he died around 51 BC" (B. INWOOD, "Poseidonius", *BNP*, XI, 683).

[68] "His views about the physical nature of the soul (→ Soul, theory of the) and its relationship to the body appear entirely orthodox. By contrast P. probably made significant changes to earlier theories on the internal structure of the soul. According to Galen's *Doctrines of Hippocrates and Plato* P. differed significantly from Chrysippus on the issue of the divisions of the human soul, reverting to the view that reason, 'anger' (θυμός/*thymós*) and desire are distinct powers. Galen traced this view back to Plato and Aristotle, and in doing so made the distinction that Plato located each of these separate powers in a separate part of the body, while Aristotle and P. did not. Galen explains furthermore the Cleanthes adopted this position and that P. for his part held views which linked him to Pythagoras (F 151 EDELSTEIN-KIDD)" (B. INWOOD, "Poseidonius", *BNP*, XI, 685).

a questa sublime concezione (probabilmente si rifaceva al pensiero platonico), la quale lo avvicina a Plotino[69]. Di Posidonio ci interessa, in modo speciale, il forte senso religioso, non esente da venature di misticismo, derivantegli dall'ampia corrente spirituale che a quell'epoca si stava riversando dall'Oriente, attraverso il mondo ellenistico, anche su quello romano. Significativa, in questa complessa temperie di esigenze e tendenze religiose, dove il problema della trascendenza era fortemente avvertito, la figura edificante, anche se molto discussa (a cominciare dalla sua esistenza) di Apollonio di Tiana[70], dedito a pratiche ascetiche (tra cui vegetarianismo e castità), devoto di Pitagora, il viaggiatore, che dopo la sua morte sarebbe stato onorato con l'apoteosi. In epoca successiva, ne fu scritta la biografia commissionata da Giulia Domna, moglie dell'imperatore romano Settimo Severo[71], a un certo Filòstrato[72], autore greco di Atene, bene accetto a Corte[73]. Da tutto ciò si evince quanti e quali elementi si mescolassero e si intrecciassero nel mondo nei primi secoli dell'era volgare, come risposta e reazione al cristianesimo nascente. Da simile travaglio nascerà una civiltà nuova, ricca e complessa, non avulsa dal passato; anzi, ben radicata e proprio per questo capace di imprimere una fisionomia inconfondibile all'epoca che sta per venire: il Medio Evo. In tutto questo crogiolo di sentimenti, aspettative e aspirazioni le istanze portate avanti da Paolo si inseriscono a pieno titolo[74]. La nostra sensibilità è di-

---

[69] "Plotìno [lat. *Plotīnus*] (205-270 d.C.). Filosofo neoplatonico nato a Licopoli, in Egitto. Fu allievo di Ammonio Sacca (→). Dopo aver viaggiato a lungo in Persia e in India, si stabilì a Roma, dove fondò una scuola filosofica, frequentata da uomini e donne. Morì in Campania, dove pare che l'imperatore Gallieno volesse ricostruire una città semidistrutta per affidarla a Plotino, dandogli la possibilità di provare la validità della dottrina politica di Platone. I suoi scritti furono raccolti dal suo discepolo Porfirio sotto il titolo di *Enneadi*" (M. GISLON – R. PALAZZI, "Plotìno", *DMAC*, 339).

[70] Tiana, città della Cappadocia, ai piedi della catena del Tauro. Apollonio visse probabilmente verso la fine del I sec. d.C.

[71] Settimo Severo (123-211 d.C.), nato a Leptis Magna (nell'odierna regione della Tripolitania, oggi territorio libico), fautore della restaurazione pagana.

[72] Tale opera verrà tradotta in latino dal senatore romano Nicomaco Flaviano (fine IV sec. d.C.), tradizionalista convinto, seguace dello Stoicismo.

[73] Vedi M. FREDE, "Apollonius [14] of Tyana", *BNP*, I, 881.

[74] Ci auguriamo che anche questo breve abbozzo di sfondo culturale contribuisca a far luce sulle espressioni dei vv. 6-7a, in modo che esse acquistino un senso ancor più evidente.

versa da quella dei corinzi, i quali, in quanto greci, potevano accettare Paolo come un eroe divinizzato; perciò egli si preoccupa di distinguere, ai limiti della sottigliezza, la propria situazione da qualsiasi altra, anche la più lontanamente ravvicinabile. L'Apostolo Paolo precisa che non vuole ingenerare l'impressione di attribuirsi un qualcosa di indefinibile che potrebbe equipararlo alla divinità: con le sue parole rischierebbe di ingenerare l'impressione di volersi attribuire una dote soprannaturale. Questo contatto con la trascendenza influisce su di lui anche fisicamente, ma egli non intende correre il pericolo di essere frainteso: se Paolo fosse stato scambiato per un mago o per un dio, tutta la sua predicazione e il suo ministero sarebbero andati incontro ad un fallimento. Un breve passo degli Atti degli Apostoli potrebbe illustrare la sua giusta preoccupazione.

> 8 C'era a Listra un uomo paralizzato alle gambe, storpio sin dalla nascita,
> che non aveva mai camminato. 9 Egli ascoltava Paolo mentre parlava e que-
> sti, fissandolo con lo sguardo e vedendo che aveva fede di essere salvato,
> 10 disse a gran voce: "Àlzati, ritto in piedi!". Egli balzò in piedi e si mise a
> camminare. 11 La gente allora, al vedere ciò che Paolo aveva fatto, si mise a
> gridare, dicendo, in dialetto licaònio: "Gli dèi sono scesi tra noi in figura
> umana!". 12 E chiamavano Barnaba "Zeus" e Paolo "Hermes", perché era lui
> a parlare. 13 Intanto il sacerdote di Zeus, il cui tempio era all'ingresso della
> città, recando alle porte tori e corone, voleva offrire un sacrificio insieme
> alla folla. 14 Sentendo ciò, gli apostoli Barnaba e Paolo si strapparono le vesti
> e si precipitarono tra la folla, gridando: 15 "Uomini, perché fate questo?
> Anche noi siamo esseri umani, mortali come voi, e vi annunciamo che dovete convertirvi da queste vanità al Dio vivente, che ha fatto il cielo, la terra,
> il mare e tutte le cose che in essi si trovano. 16 Egli, nelle generazioni passate,
> ha lasciato che tutte le genti seguissero la loro strada; 17 ma non ha cessato
> di dar prova di sé beneficando, concedendovi dal cielo piogge per stagioni ricche di frutti e dandovi cibo in abbondanza per la letizia dei vostri cuori".
> 18 E così dicendo, riuscirono a fatica a far desistere la folla dall'offrire loro un sacrificio (At 14,8-18).

Il Missionario di Tarso desidera esaltare, nell'umiltà della propria persona, la sublime potenza di Dio, senza il pericolo di distorsioni, senza offrire il fianco ad attacchi di calunniatori o di malintenzionati interpreti del suo impegno generoso e disinteressato per la comprensione corretta del messaggio evangelico.

καὶ τῇ ὑπερβολῇ τῶν ἀποκαλύψεων. Paolo è entusiasta delle rivelazioni, delle quali è stato scelto come testimone; non intende affatto minimizzarle, né lasciarle in ombra, anche perché egli ne trae energia e linfa vitale nella scalata verso l'alto. In questo cammino ascendente che occupa tutta la sua storia interiore[75], Paolo avverte una specie di pedagogia di Dio che lo fa restare con i piedi per terra, nonostante che l'eccellenza delle rivelazioni sia tale da trasfigurarlo anche agli occhi altrui.

**12,7b**

**διὸ ἵνα μὴ ὑπεραίρωμαι,**
**ἐδόθη μοι σκόλοψ τῇ σαρκί,**
**ἄγγελος Σατανᾶ,**
**ἵνα με κολαφίζῃ, ἵνα μὴ ὑπεραίρωμαι[76].**
*Per questo perché non mi esalti*
*mi fu applicato un palo alla carne (mi fu messa una spina nella carne),*
*un messaggero di Satana,*
*affinché mi colpisca, cosicché non mi esalti.*

Nel v. 7b si incontra per tre volte la congiunzione subordinante finale ἵνα. La prima enuncia lo scopo fondamentale che sta alla base del argomento; la seconda, lo scopo contingente, ovvero la funzione della punizione che Paolo sente di meritare; la terza, la conseguenza pratica che realizza il disegno perseguito da Dio. Per due volte ἵνα è seguito dalla particella negativa μή e una volta dal pronome personale με: l'associazione paronomastica

---

[75] Nella Lettera ai Filippesi Paolo parla della corsa verso l'alto, come un atleta o una freccia scoccata dall'arco teso: "Non che io abbia già ottenuto tutto questo o sia già arrivato alla perfezione; ma proseguo il cammino per cercare di afferrare ciò per cui sono anche stato afferrato da Cristo Gesù. Fratelli, io non ritengo di averlo già afferrato; ma una cosa faccio: dimenticando le cose che stanno dietro e protendendomi verso quelle che stanno davanti, corro verso la meta per ottenere il premio della celeste vocazione di Dio in Cristo Gesù. Sia questo dunque il sentimento di quanti siamo maturi; se in qualche cosa voi pensate altrimenti, Dio vi rivelerà anche quella. Soltanto, dal punto a cui siamo arrivati, continuiamo a camminare per la stessa via" (Fil 3,12-16).

[76] Il testo è incerto per alcuni problemi di critica testuale non determinanti ai fini dell'interpretazione di fondo.

accenna l'assimilazione di questa ardua lezione da parte di Paolo. Notare la composizione chiastica del versetto[77]: a e a' enunciano finalità e conseguenze (ἵνα μη ὑπεραίρωμαι per due volte) mentre b e b', la dura prova alla quale l'Apostolo è sottoposto:

a δὶὸ ἵνα μὴ ὑπεραίρωμαι,
b ἐδόθη μοι σκόλοψ τῇ σαρκί,
b' ἄγγελος Σατανᾶ,
a' ἵνα με κολαφίζῃ, ἵνα μὴ ὑπεραίρωμαι.

δὶὸ ἵνα μὴ ὑπεραίρωμαι. Paolo, creatura umana, mette in conto di essere suscettibile di cadere nel peccato di superbia: una delle più comuni debolezze umane. Infrazione apparentemente non grave, ma tra le più insidiose, perché si cela sotto l'aspetto più innocente, magari camuffata dalle migliori intenzioni. Troviamo il primo esempio di superbia umana, nel libro della Genesi, con la caduta dell'uomo. Satana tenta Eva, ingannandola con il desiderio di conoscere tanto quanto Dio.

> [1] Il serpente era il più astuto di tutti gli animali selvatici che Dio aveva fatto e disse alla donna: "È vero che Dio ha detto: 'Non dovete mangiare di alcun albero del giardino'?". [2] Rispose la donna al serpente: "Dei frutti degli alberi del giardino noi possiamo mangiare, [3] ma del frutto dell'albero che sta in mezzo al giardino Dio ha detto: 'Non dovete mangiarne e non lo dovete toccare, altrimenti morirete'". [4] Ma il serpente disse alla donna: "Non morirete affatto! [5] Anzi, Dio sa che il giorno in cui voi ne mangiaste si aprirebbero i vostri occhi e sareste come Dio, conoscendo il bene e il male". [6] Allora la donna vide che l'albero era buono da mangiare, gradevole agli occhi e desiderabile per acquistare saggezza; prese del suo frutto e ne mangiò, poi ne diede anche al marito, che era con lei, e anch'egli ne mangiò. [7] Allora si aprirono gli occhi di tutti e due e conobbero di essere nudi; intrecciarono foglie di fico e se ne fecero cinture (Gen 3,1-7).

---

[77] È anche possibile notare una composizione concentrica: "...è importante evidenziare il concatenamento delle tre finali: '... (a) affinché non mi esaltassi... (b) affinché mi schiaffeggiasse... (a') affinché non mi esaltassi'. La disposizione concentrica (a-b-a') delle finali permette d'identificare l'azione violenta dell'angelo di satana come gesto di umiliazione nei confronti di Paolo" (A. PITTA, *La seconda lettera ai Corinzi*, 496).

Il verbo ὑπεραίρωμαι[78] ricorre due volte nel v. 7b e un'altra volta in 2Ts 2,4. Paolo sa che essa rappresenta una tentazione sempre incombente e lo fa capire reiterando (all'inizio e alla fine del v. 7) la sua ferma intenzione di guardarsi in tutti i modi da quel futile e sciocco comportamento assolutamente ingannevole. Notare il verbo ὑπεραίρωμαι e l'avverbio ὑπερλίαν (2Cor 11,5; 12,11), neologismo coniato da Paolo per descrivere i suoi avversari gli 'super-apostoli', collegati dal prefisso ὑπερ-[79].

ἐδόθη μοι. Il verbo ἐδόθη[80] è esempio del passivo divino[81], il cui agente è Dio. Risultato concreto di un'azione punitiva che all'origine è attuata da Dio: senza dubbio Paolo non attribuisce direttamente a Dio il fatto di sentire uno σκόλοψ τῇ σαρκί, ἄγγελος Σατανᾶ. Egli guarda al risultato che ne deriva e giunge alla conclusione che l'origine ultima è la volontà di Dio. In parallelismo, σκόλοψ τῇ σαρκί e ἄγγελος Σατανᾶ sono due espressioni metaforiche che alludono alla presenza continua del rovello dell'Apostolo delle genti: in tale situazione di sofferenza gli vengono rammentate senza sosta la sua imperfezione e la sua debolezza di essere umano. L'insistenza della ripetizione testuale all'inizio e al termine del versetto (a, a')[82] serve, vuoi ad amplificare l'emozione di chi trasmette e di chi riceve, vuoi a neutralizzare il forte timore di Paolo di fronte alla grandezza delle rivelazioni di cui è portatore. Dell'enunciato ἵνα μὴ ὑπεραίρωμαι egli si fa scudo e usbergo affinché e dimodoché possa essergli evitato il trabocchetto dell'autoesaltazione. Al centro del versetto (b, b') campeggia la presenza incessante del tormento, del rimprovero, della pena, i cui effetti lo mantengono in contatto con la realtà (b, b'). A mente fredda Paolo, riflettendo su se stesso, cerca di razionalizzare la propria esperienza. Egli riconosce di essere oggetto di una pedagogia da parte di Dio che lo educa a rimanere al livello di uomo, umile strumento di sublimi doni divini: l'Apo-

[78] ὑπεραίρωμαι — congiuntivo presente passivo prima persona singolare di ὑπεραίρω, "diventare gonfio di orgoglio", essere troppo orgoglioso", "insuperbire".

[79] Vedi P. Barnett, *Second Corinthians*, 568.

[80] ἐδόθη: aoristo passivo indicativo di δίδωμι.

[81] Vedi P. Barnett, *Second Corinthians*, 568; B. Corsani, *La seconda lettera ai Corinzi*, 155; J. Lambrecht, *Second Corinthians*, 202; G. Larusso, *La seconda lettera ai Corinzi*, 294; R.P. Martin, *2 Corinthians*, 412; A. Pitta, *La seconda lettera ai Corinzi*, 494; M.E. Thrall, *Second Corinthians*, II, 806.

[82] Per la figura retorica della ripetizione (*geminatio, iteratio, repetitio;* ἐπανάληψις, παλιλλογία) vedi H. Lausberg, *Elementi di Retorica*, § 244.

stolo riconosce l'efficacia che ha il trattamento di Dio nei suoi confronti, attraverso il supplizio causatogli dallo σκόλοψ τῇ σαρκί, messaggero di Satana. La sofferenza si configura come dolore fisico e morale che non dà tregua e che è aggravato dall'umiliazione e dal dispiacere di doverlo subire meritatamente a causa della propria debolezza. Questo potrebbe essere il motivo per cui Paolo visualizza la pena con l'immagine del messaggero di Satana, che lo percuote ripetutamente.

σκόλοψ τῇ σαρκί. La traduzione invalsa, la più comune, è quella di una spina vera e propria: "una spina nella carne"[83]. La maggior parte dei biblisti interpreta il termine σάρξ come la corporeità di Paolo, la sua fisicità[84]. Ecco la causa delle sue sofferenze, ciò che gli fa ricordare le sue debolezze umane. Crediamo sia possibile leggere nel v. 7b, uno stimolo a mantenere l'equilibrio, a non obliarsi in un vuoto misticismo, a non perdere i contatti con la realtà operativa. Come capire il significato di questo sintagma? Nella storia dell'esegesi vengono offerte quattro possibilità di significati dello σκόλοψ τῇ σαρκί: 1) tentazione sessuale, 2) malattie fisiche o psichiche, 3) reale demonio di Satana, 4) avversari di Paolo.

1) tentazione sessuale

La prima interpretazione appartiene alla storia dell'esegesi: tale interpretazione fu originata dalla traduzione di S. Girolamo (Vulgata): *stimulus carnis meae,* anziché *stimulus carni.* S. Girolamo non sembra aver colto lo spirito delle parole di Paolo, perché una spina nella carne, a meno che una persona non abbia la soglia del dolore molto bassa, stimola e provoca dolore. La lettura della Vulgata è coeva e ravvicinabile al pensiero di Sant'Agostino: nel IV-V secolo, in certi ambienti di rigida osservanza, contigui all'eresia, il matrimonio non era considerato un valore. Per que-

---

[83] Cfr. G. DELLING, "σκόλοψ", *GLNT,* XII, 974-567; T.J. LEARY, "A Thorn in the Flesh — 2 Corinthians 12:7", *JThS* 43 (1992) 520-522. Alcuni preferiscono tradurre τῇ σαρκί con "per la carne", preferendo così il dativo di svantaggio (*dativus incommodi*) invece che il dativo di luogo. Cfr. P. BARNETT, *Second Corinthians,* 569; R.P. MARTIN, *2 Corinthians,* 413; P.E. HUGHES, *The Second Epistle to the Corinthians,* 447.

[84] Cfr. F.F. BRUCE, *1 and 2 Corinthians,* 248; M.J. HARRIS, *The Second Epistle to the Corinthians,* 854; P.E. HUGHES, *The Second Epistle to the Corinthians,* 447; R.P. MARTIN, *2 Corinthians,* 413; A. PITTA, *La seconda lettera ai Corinzi,* 496; M.E. THRALL, *Second Corinthians,* II, 807.

sta mentalità sessuofoba, il passo paolino poteva diventare un terreno quanto mai ricco di spunti su cui far leva, su cui far convergere gli strali della condanna riguardo al piacere sessuale. In quest'ottica Paolo veniva visto come travagliato fra la scelta di esperienze mistiche o tentazioni sessuali. Ragionamento chiaramente estraneo al contesto: innanzitutto perché il passo in questione non ha alcun addentellato con problemi attinenti alla sessualità o a pulsioni del genere. Inoltre, nel mondo antico precristiano, anche in quello ebraico di cui Paolo fa parte, l'esperienza e la coscienza della sessualità erano esenti da qualunque remora o contrasto interiore, perché l'incontro dei sessi era inserito in una gioiosa concezione naturalistica della vita, che vedeva nell'atto riproduttivo un miracolo, uno straordinario dono di cui rallegrarsi e addirittura da favorire. Alla visione austera e intransigente di alcuni settori della Chiesa occidentale di quell'epoca va ascritta la responsabilità di avere coltivato e quasi esasperato il senso di colpa che si dovrebbe provare nei riguardi degli abusi sessuali. Anche ammesso che Paolo fosse dotato di un istinto sessuale vivace, ritengo che ciò non sarebbe stato di ostacolo a quelli che erano i doni di Dio.

2) malattie fisiche, psichiche o spirituali

Nel secondo caso Paolo alluderebbe a un fatto personale: alle difficoltà oggettive da lui affrontate con coraggio e con spirito di sacrificio, senza mai lamentarsene. È innegabile che qui egli palesa un attimo di scoramento, un brevissimo momento di abbandono (o di stanchezza?), ma — non stanchiamoci di ripeterlo — nella sua spontaneità di essere umano, risiede una parte del suo fascino. Tra le varie ipotesi che da questa prendono avvio citiamo l'osservazione di Calvino, secondo il quale il risvolto morale era preminente: Paolo si sarebbe sentito indegno di annunciare il Vangelo, inadeguato di fronte a queste grandi rivelazioni. Lui stesso talvolta ne fa menzione, ma solo per accenni, en passant, senza particolari sottolineature. Nel v. 7 ne fa invece uno dei cardini sui quali poggia tutto l'impianto concettuale. Potrebbe trattarsi di una malattia, ma il campo della ricerca è quanto mai vasto. Si è parlato di epilessia, di febbri malariche, oppure di un disturbo nervoso avente conseguenze sulla regolare funzionalità dell'apparato fonatorio, come la balbuzie. Difetto, quest'ultimo che avrebbe provocato in lui un senso di frustrazione, un complesso d'inferiorità, per il quale aveva — proprio a causa dell'utilizzo a lui necessario della voce e della parola — continuo motivo di soffrire: appunto come una spina confitta nella carne, il cui dolore non dà tregua. Le sue lettere, infatti, erano coraggiose, espressione di uno spirito leonino, sia per la combattività, sia per la potenza delle idee, in contrasto con la sua corporatura, il suo aspetto tutt'altro che imponenti. O forse si trattava di altro morbo imprecisato, fastidioso e ripugnante come la scabbia, o il vaiolo (o la lebbra?). In tali casi, la paura del contagio determinava l'allontanamento, l'abbandono, il rifiuto dei malati da parte delle persone sane, nella convinzione che essere colpiti da simile disgrazia rappresentasse un segno di condanna da parte della divinità, adirata e offesa da chissà quali delitti. Paolo rievoca, con sentimenti di riconoscenza verso i galati, un episodio difficile della sua vita, quando, mentre attraversava la loro regione, fu costretto a fermarsi in Galazia per un certo tempo a causa di un'infermità:

> Voi non mi faceste torto alcuno; anzi sapete bene che fu a motivo di una malattia che vi evangelizzai la prima volta; e quella mia infermità, che era per voi una prova, voi non la disprezzaste né vi fece ribrezzo; al contrario mi accoglieste come un angelo di Dio, come Cristo Gesù stesso. (Gal 4,13-14)

Secondo E. Vallauri e altri esegeti tale ipotesi resta ancora la più ragionevole[85].

3) reale demonio di Satana

Alcuni esegeti preferiscono l'ipotesi di identificazione demonologica dello σκόλοψ τῇ σαρκί (cfr. At 16,16-19; 19,12): un angelo di Satana sarebbe, dunque, un reale demonio mandato dal principe del male per tormentare l'Apostolo[86]. Il problema di questa interpretazione è dovuto al ricorso al testo lucano per descrivere questa vicenda nella vita di Paolo: nelle sue lettere il missionario di Tarso menziona un inviato di Satana solo in questo versetto.

---

[85] Cfr. E. VALLAURI, "La gloria dell'umiliazione", in A. SACCHI – *al.*, ed., *Lettere paoline e altre lettere*, Torino 1995, 375; M.E. THRALL, *Second Corinthians*, II, 814-818; U. VANNI, "Corinzi, II", *NDTB*, 307.

[86] Vedi D. ABERNATHY, "Paul's Thorn in the Flesh", 74-77.

4) avversari di Paolo
σκόλοψ τῇ σαρκί: gli ostacoli, le incomprensioni, le opposizioni, le persecuzioni sofferte da Paolo nel corso della sua opera di apostolato. L'elenco è impressionante. L'ipotesi di identificazione antropologica, formulata per la prima volta da Giovanni Crisostomo[87] nel IV secolo, mantiene una sua carica di attualità[88]. Essa prende in considerazione, in un quadro più ampio, tutti gli elementi che concorrono — e nella descrizione dell'ambiente ostile in cui Paolo si muoveva e riguardo alle responsabilità che gravavano sulle sue spalle — a giustificare il contenuto del v. 7.

> 23 Sono servitori di Cristo? Io (parlo come uno fuori di sé), lo sono più di loro; più di loro per le fatiche, più di loro per le prigionie, assai più di loro per le percosse subite. Spesso sono stato in pericolo di morte. 24 Dai giudei cinque volte ho ricevuto quaranta colpi meno uno; 25 tre volte sono stato battuto con le verghe; una volta sono stato lapidato; tre volte ho fatto naufragio; ho passato un giorno e una notte negli abissi marini.
> 26 Spesso in viaggio, in pericolo sui fiumi, in pericolo per i briganti, in pericolo da parte dei miei connazionali, in pericolo da parte degli stranieri, in pericolo nelle città, in pericolo nei deserti, in pericolo sul mare, in pericolo tra falsi fratelli; 27 in fatiche e in pene; spesse volte in veglie, nella fame e nella sete, spesse volte nei digiuni, nel freddo e nella nudità. 28 Oltre a tutto il resto, sono assillato ogni giorno dalle preoccupazioni che mi vengono da tutte le chiese. 29 Chi è debole senza che io mi senta debole con lui? Chi è scandalizzato senza che io frema per lui? 30 Se bisogna vantarsi, mi vanterò della mia debolezza (2Cor 11,23-30).

Alla luce di tale interpretazione, risalta la forza dell'immagine σκόλοψ τῇ σαρκί: nella prova c'è tutta l'aridità, la resistenza, l'inerzia sperimentate da Paolo durante la sua predicazione, come se egli si fosse trovato a farsi strada in mezzo allo squallore di un paesaggio invaso da sterpaglie e da rovi, che gli impediscono di procedere, straziando la sua carne con

---

[87] Vedi G. Crisostomo, *In Secundam Cor. 12,7*, Homil. 6: Pg 61,577ss.

[88] Cfr. P. Barnett, Second Corinthians, 569; J. Lambrecht, *Second Corinthians*, 205; L. De Lorenzi, "L'ignominia di Paolo", 192; J.W. McCant, "Paul's Thorn of Rejected Apostleship", 567; A. Pitta, *La seconda lettera ai Corinzi*, 507-508. "Non si tratta di una malattia fisica o psicologica, è invece l'opposizione che è costretto ad affrontare in ciascuna delle sue chiese (cfr. Nm 33,55; Ez 28,24)" (J. Murphy-O'Connor, "Corinzi, lettere ai", *TTB*, 230).

ogni sorta di aculei, di triboli, di trafitture, unica risposta di un terreno dove regna la desolazione[89]. Il termine σκόλοψ[90] copre un arco semantico piuttosto ampio. In età più recente, l'attenzione degli esegeti si è concentrata sulle accezioni di "spina" e "palo aguzzo"[91]. Per quanto riguarda il concetto di "palo"[92] la dimostrazione si avvale del fatto che nell'antichità greca e romana i pali venivano usati dai militari[93] per costruire palizzate di difesa, oppure per esporre le teste o i corpi dei nemici uccisi e decapitati[94]. Nella lingua latina il sostantivo *palus* significava anche — come termine tecnico militare — il fantoccio che rappresentava l'avversario contro il quale il soldato romano si esercitava a menar colpi di scherma[95]. A tale proposito è opportuno ricorrere alle parole di Paolo stesso: "fino a questo momento noi abbiamo fame e sete. Siamo nudi, colpiti con pugni (κολαφιζόμεθα) e senza casa" (1Cor 4,11). Il nostro pen-

---

[89] Cfr. la parabola del seminatore in Mt 13,1-9; Mc 4,1-9; Lc 8,4-8. "'Ascoltate: il seminatore uscì a seminare. Mentre seminava, una parte del seme cadde lungo la strada; e gli uccelli vennero e la mangiarono. Un'altra cadde in un suolo roccioso dove non aveva molta terra; e subito spuntò, perché non aveva terreno profondo; 6 ma quando il sole si levò, fu bruciata; e, non avendo radice, inaridì. Un'altra cadde fra le spine; le spine crebbero e la soffocarono, ed essa non fece frutto. Altre parti caddero nella buona terra; portarono frutto, che venne su e crebbe, e giunsero a dare il trenta, il sessanta e il cento per uno'" (Mc 4,3-8).

[90] Cfr. B. HEDERICH, *Lexicon graeco-latinum, et latino-graecum* s.v. σκόλοψ 1) *palus praeacutus, vallus, sudis* 2) *crux* 3) *veru;* H.G. LIDDEL – R. SCOTT – H.S. JONES, *Greek-English Lexicon,* s.v. σκόλοψ 1) *anything pointed*: esp. *pale, stake;* pl. *palisade* 2) *thorn* 3) *an instrument for operating on the urethra* 4) *point of a fishing hook* II. *tree,* E. *Ba.* 983; trad. italiana, *Dizionario illustrato greco-italiano,* s.v. σκόλοψ 1) *palo;* pl. *palizzata, steccato* 2) *spina* 3) *punta di amo* II. *albero,* Eur.; P. CHANTRAINE, *Dictionnaire étymologique de la langue grecque,* m. *pieu, palissade, pal, pointe* ; Et. « Ce terme technique doit appartenir à la racine qui a donné en grec le verbe σκάλλω 'fouir' et en lat. scalpō 'gratter, graver' etc. [...] σκόλοψ s'insère bien dans une famille indo-européenne signifiant 'fouir' ».

[91] Vedi D.M. PARK, "Paul's σκόλοψ τῇ σαρκί: Thorn or Stake? (2 Cor XII 7)", *NT* 22 (1980) 179-183.

[92] "Poiché, Paolo non usa mai questo sostantivo per descriver la croce di Gesù Cristo o in generale, rispetto alla quale si serve dei termini *stauros* (cf. 1Cor 1,17) e *xylon* (cf. Gal 3,13 con la citazione diretta di Dt 21,23), è fuori luogo pensare ad un palo aguzzo sul quale fosse infissa la propria carne" (A. PITTA, *La seconda lettera ai Corinzi*, 496).

[93] Per il senso militare del termine vedi J.P. SAMPLEY, "The Second Letter to the Corinthians", 165.

[94] Per l'immagine dell'impalamento vedi P.E. HUGHES, *The Second Epistle to the Corinthians,* 447. Anche J. MCCLOSKY, "The Weakness Gospel", 239, è d'accordo con la traduzione del sostantivo con "palo".

[95] *Exerceamur ad palum* (dobbiamo agguerrire il nostro animo per essere pronti contro gli attacchi della sorte), Seneca, *Ep.* 18,8; *Vel quis non vidit vulnera pali?* Giovenale, Sat. VI v.247; *aliquem ad palum adligare,* Cicerone. La parola è attestata anche in Ovidio.

siero corre da quelle percosse ai colpi di sferza sopportati da Gesù legato alla colonna durante la flagellazione[96]. Nell'immagine della spina che sfuma in quella di palo, quasi che Paolo fosse legato al palo della croce (o alla colonna dove Gesù fu flagellato?) ἵνα με κολαφίζῃ[97] "affinché mi colpisca" è forte il richiamo alla passione di Cristo. Gocce di sangue colano sul corpo di Cristo: così anche sulla carne di Paolo. Spontanea l'associazione paronomastica *Paulus*[98]*-palus* (possibile esempio di *nomen omen*[99]?): Paolo ha un palo applicato alla carne, è legato a un palo, è diventato tutt'uno con il palo, tutt'uno con Cristo nelle sue sofferenze[100] e nella sua crocifissione[101]. In questa posizione viene colpito, schiaffeggiato dall'avversario, che lo usa come bersaglio. In conclusione vorremmo proporre la seguente traduzione: "mi fu applicato un palo alla carne".

ἄγγελος Σατανᾶ. L'analisi logica del v. 7b individua nel sostantivo σκόλοψ il soggetto del predicato verbale ἐδόθη; il sostantivo ἄγγελος[102] ("messag-

---

[96] Cfr. i seguenti testi dei Sinottici: "Poi gli sputarono in faccia e lo schiaffeggiarono (Τότε ἐνέπτυσαν εἰς τὸ πρόσωπον αὐτοῦ καὶ ἐκολάφισαν αὐτόν); altri poi lo percossero con pugni" (Mt 26,67); "Alcuni cominciarono a sputargli addosso; poi gli coprirono la faccia e gli davano dei pugni (ἤρξαντό τινες ἐμπτύειν αὐτῷ καὶ περικαλύπτειν αὐτοῦ τὸ πρόσωπον καὶ κολαφίζειν) dicendo: 'Indovina, profeta!' E le guardie si misero a schiaffeggiarlo" (Mc 14,65); "Frattanto gli uomini che avevano in custodia Gesù lo schernivano e lo percuotevano, lo bendavano e gli dicevano: 'Indovina: chi ti ha colpito?' E molti altri insulti dicevano contro di lui" (Lc 22,63-65).

[97] κολαφίζῃ = congiuntivo presente terza persona singolare di κολαφίζω (verbo denominativo): "schiaffeggiare", "colpire con pugni" (derivato da κόλαφος, colpo inferto con le giunture del pugno chiuso).

[98] Il nome *Paulus* significa "piccolo".

[99] *Nomen omen*: il nome è un presagio. Per il caso dello schiavo Onesimo nella Lettera a Filemone vedi S.N. Brodeur, *Il cuore di Paolo è il cuore di Cristo*, 333.

[100] "Perché, come abbondano in noi le sofferenze di Cristo, così, per mezzo di Cristo, abbonda anche la nostra consolazione. Perciò se siamo afflitti, è per la vostra consolazione e salvezza; se siamo consolati, è per la vostra consolazione, la quale opera efficacemente nel farvi capaci di sopportare le stesse sofferenze che anche noi sopportiamo. La nostra speranza nei vostri riguardi è salda, sapendo che, come siete partecipi delle sofferenze, siete anche partecipi della consolazione" (2Cor 1,5-7).

[101] Cfr. "Sono stato crocifisso con Cristo: non sono più io che vivo, ma Cristo vive in me. La vita che vivo ora nella carne, la vivo nella fede nel Figlio di Dio il quale mi ha amato e ha dato se stesso per me" (Gal 2,20); "D'ora innanzi nessuno mi procuri fastidi: io porto le stigmate di Gesù sul mio corpo" (Gal 6,17).

[102] Nel NT ἄγγελος ricorre 175 volte con solo 10 ricorrenze nelle lettere protopaoline. 172 volte il termine designa un messaggero celeste di Dio e solo 3 volte indica un messaggero umano. Vedi I. Broer, "ἄγγελος", *DENT*, I, 36.

gero", "angelo") svolge la funzione di apposizione di σκόλοψ, entrambi in caso nominativo e susseguentisi in posizione parallela, consentendo a Paolo di vivacizzare ulteriormente le due immagini mediante la prima proposizione finale: ἵνα με κολαφίζῃ, "affinché mi colpisca". Gli oppositori di Paolo lo hanno preso di mira e le conseguenze dolorose di tali attacchi si ripercuotono su di lui anche fisicamente: "Da quando siamo giunti in Macedonia, infatti, la nostra carne (ἡ σὰρξ ἡμῶν) non ha avuto nessun sollievo, anzi, siamo stati tribolati in ogni maniera; combattimenti (μάχαι in senso figurato)[103] di fuori, timori di dentro" (2Cor 7,5). L'avversario è il messaggero di Satana[104]: "mi fu data una spina nella carne/un palo alla carne, come un messaggero/in veste di messaggero di Satana." Il peccato principale di Satana è senza dubbio la superbia. Due brani dell'Antico Testamento offrono indicazioni preziose sulla ragione che spinse Satana/Lucifero[105] a decadere dalla sua posizione di angelo del Signore. Il primo parla del re di Babilonia e il secondo del re di Tiro, tutti e due nemici mortali di Israele. Per i profeti gli atteggiamenti cattivi e le azioni malvage di questi re svelano le vere motivazioni di Satana, principe del male.

> 12 Come mai sei caduto dal cielo, astro del mattino, figlio dell'aurora? Come mai sei stato gettato a terra, signore di popoli? 13 Eppure tu pensavi nel tuo cuore: "Salirò in cielo, sopra le stelle di Dio innalzerò il mio trono, dimorerò sul monte dell'assemblea, nella vera dimora divina. 14 Salirò sulle regioni superiori delle nubi, mi farò uguale all'Altissimo". 15 E invece sei stato precipitato negli inferi, nelle profondità dell'abisso! (Is 14,12-15).

> 11 Mi fu rivolta questa parola del Signore: 12 "Figlio dell'uomo, intona un lamento sul principe di Tiro e digli: Così dice il Signore Dio: Tu eri un modello di perfezione, pieno di sapienza, perfetto in bellezza; 13 in Eden, giardino di Dio, tu eri coperto d'ogni pietra preziosa: rubini, topazi, diamanti, crisoliti, onici e diaspri, zaffiri, turchesi e smeraldi; e d'oro era il la-

---

[103] Il sostantivo μάχη (al plurale) si trova 4 volte nel NT. Ugualmente il verbo (μάχομαι). Per il senso letterale, vedi Atti 7:26: "Il giorno seguente si presentò a loro, mentre litigavano (μαχομένοις), e cercava di riconciliarli, dicendo: 'Uomini, voi siete fratelli; perché vi fate torto a vicenda?'".

[104] σατανᾶς, ᾶ, ὁ = "avversario" (dall'ebraico שָׂטָן = "avversario", "nemico", "oppositore"); 36 occorrenze nel NT tra cui 10 nel corpo paolino. Cfr. 2Cor 2,11: "per non essere sopraffatti da Satana (ἵνα μὴ πλεονεκτηθῶμεν ὑπὸ τοῦ σατανᾶ)". Il sinonimo διάβολος (34 occorrenze nel NT) non si trova nelle lettere paoline.

[105] Il nome Lucifero significa "astro del mattino".

voro dei tuoi castoni e delle tue legature, preparato nel giorno in cui fosti creato. 14 Eri come un cherubino protettore, ad ali spiegate; io ti posi sul monte santo di Dio e camminavi in mezzo a pietre di fuoco. 15 Perfetto tu eri nella tua condotta, da quando sei stato creato, finché fu trovata in te l'iniquità. 16 Accrescendo i tuoi commerci ti sei riempito di violenza e di peccati; io ti ho scacciato dal monte di Dio e ti ho fatto perire, o cherubino protettore, in mezzo alle pietre di fuoco. 17 Il tuo cuore si era inorgoglito per la tua bellezza, la tua saggezza si era corrotta a causa del tuo splendore: ti ho gettato a terra e ti ho posto davanti ai re, perché ti vedano. 18 Con la gravità dei tuoi delitti, con la disonestà del tuo commercio hai profanato i tuoi santuari; perciò in mezzo a te ho fatto sprigionare un fuoco per divorarti. Ti ho ridotto in cenere sulla terra, sotto gli occhi di quanti ti guardano. 19 Quanti fra i popoli ti hanno conosciuto, sono rimasti attoniti per te, sei divenuto oggetto di terrore, finito per sempre" (Ez 28,11-19).

Per quale motivo Paolo parla del messaggero? Il messaggero annuncia l'arrivo di qualcuno o ne è il portavoce (messaggero, ovvero "portatore di messaggio"). Forse Paolo ha voluto significare che nonostante l'apparenza, la quale si manifesta all'uomo attraverso figure negative (σκόλοψ τῇ σαρκί, ἄγγελος Σατανᾶ), lo scopo finale sarà per lui positivo (ἵνα μὴ ὑπεραίρωμαι, "cosicché non mi esalti"): infatti la sofferenza gli è stata data da Dio, e quindi tutto rientra nei disegni di quest'uomo, che è sommo bene.

**12,8**

**ὑπὲρ τούτου τρὶς τὸν κύριον παρεκάλεσα ἵνα ἀποστῇ ἀπ' ἐμοῦ.**

*A questo proposito per tre volte pregai il Signore affinché si allontanasse da me.*

Con un moto di spontanea umanità, Paolo chiede al Signore di togliergli quelle sofferenze. È sorprendente come un uomo così attivo e dinamico riservasse alla preghiera un ruolo di priorità rispetto a tutte le sue multiformi occupazioni. Di fronte a un momento difficile egli reagisce attraverso un atteggiamento dignitoso, che non è di rassegnazione. Non si tratta dell'unica volta: "Lottate e combattete presso Dio, a mio favore nella preghiera" (Rm 15,30): la preghiera esprime coerentemente la vivacità della persona. Con una naturalezza che lascia stupiti, l'Apostolo si rivolge al κύριον, al Signore Gesù[106], e l'invocazione assume un tono sacrale, rappresentato simbolicamente dalla triplice[107] ripetizione della preghiera, in ricordo della triplice preghiera di Gesù nel luogo chiamato Getsemani[108]. Cfr. 2Cor 11,25: "tre volte sono stato battuto con le verghe [...] tre volte ho fatto naufragio." παρεκάλεσα[109]: il verbo παρακαλέω può essere definito parola chiave quanto al significato nonché alla frequenza con cui Paolo lo usa nei suoi scritti[110]. Immaginiamo quindi che tale vocabolo ricorresse altrettanto di sovente nei suoi discorsi. In modo simile l'autore del libro della Sapienza prega per il dono divino della saggezza.

> Sapendo che non avrei ottenuto la sapienza in altro modo, se Dio non me l'avesse concessa — ed è già segno di saggezza sapere da chi viene tale dono — mi rivolsi al Signore e lo pregai, dicendo con tutto il mio cuore (Sap 8,21).

ἵνα ἀποστῇ[111] ἀπ' ἐμοῦ: il pensiero trascorre alla passione di Gesù nel Getsemani. Egli si rivolge al Padre: "Diceva: 'Abbà, Padre! Ogni cosa ti è possibile; allontana da me questo calice! Però, non quello che io voglio, ma quello che tu vuoi'" (Mc 14,36). È vero che Gesù aggiunge "non quello che io voglio, ma quello che tu vuoi", ma Paolo non è il Salvatore, e questo suo comportamento autonomo e libero da scrupoli comportamentali, ce lo av-

---

106 "As v. 9 shows, the κύριος to whom Paul prayed is Christ: the divine respondent speaks of 'my grace', synonymous with the following 'power' perfected in weakness, and Paul then makes reference to 'the power of Christ' (M.E. THRALL, *Second Corinthians*, II, 819). Cfr. P. BARNETT, *Second Corinthians*, 571; G. LARUSSO, *La seconda lettera ai Corinzi*, 295; R.P. MARTIN, *2 Corinthians*, 417; A. PITTA, *La seconda lettera ai Corinzi*, 498; T.D. STEGMAN, *Second Corinthians*, 271. Per altre preghiere nel NT indirizzate al Signore risorto cfr. At 7,59-60; 9,10-17; 22,19; 1Cor 1,2; 16,22; Ap 22,20.

107 L'avverbio numerale τρίς (tre volte). Cfr. At 10,16; 11,10.

108 Vedi Mc 14,35-41 par. Mt 26,36-46. Inoltre nella narrazione della passione Pietro nega Gesù per tre volte: Mc 14,30.72 par. Mt 26,34.75; Lc 22,34.61; Gv 13,38.

109 παρεκάλεσα = aoristo indicativo prima persona singolare di παρακαλέω = "pregare", "supplicare"; "invitare"; "esortare"; "consolare".

110 Vedi J. THOMAS, "παρακαλέω", *DENT*, II, 775, il quale osserva che soltanto in questo versetto l'Apostolo esprime l'invocazione del Signore con παρεκαλέω. Ci sono 109 riccorrenze del verbo nel NT, di cui 54 nell'epitolario paolino e 18 in 2Cor. Al solito in 2Cor il verbo esprime parole di consolazione fraterna come in 1,3-7.

111 ἀποστῇ — congiuntivo aoristo attivo, terza persona singolare di ἀφίστημι, "ritirare", "allontanare", "togliere".

vicina ancora di più[112]. Non è escluso che Paolo per modestia abbia taciuto il seguito della sua preghiera: certo è che tra il v. 8 e il v. 9 si sente uno iato abbastanza prolungato, tale da poter ipotizzare un processo di accettazione consapevole da parte dell'Apostolo. La risposta arriva in termini naturalissimi, contrassegnati dal sigillo divino.

**12,9a**

**καὶ εἴρηκέν μοι,**
**'Αρκεῖ σοι ἡ χάρις μου, ἡ γὰρ δύναμις ἐν ἀσθενείᾳ τελεῖται.**
*E mi ha detto,*
*"Ti basta la mia grazia; la forza infatti si perfeziona nella debolezza".*

La risposta del Signore arriva prontamente, connotata dagli attributi della perfezione[113]. εἴρηκεν è passato prossimo, cioè un passato che Paolo sente vicinissimo alla sua realtà; tanto vicino da render possibile il prolungamento dei suoi effetti sul presente[114]. Al Signore, perfezione assoluta si addice parlare con un linguaggio adeguato e Paolo ne è avvolto completamente, ne è appagato. La *Spannung*[115] era stata raggiunta drammaticamente nel v. 8: adesso la scena si sta gradatamente placando. Possiamo, a buon diritto, affermare che l'azione rasserenatrice della voce di Cristo ha completamente catturato l'anima e il corpo di Paolo. Forte è quel dire provvisto di due accenti (εἴρηκέν μοι): notiamo il pronome personale tonico, che al termine del v. 8 era risuonato con veemenza, quasi a volersi opporre in senso di rifiuto, prolungato anche in virtù dell'accento circonflesso apposto sul dittongo ἀπ' ἐμοῦ[116]. Sembra che Paolo accom-

---

[112] Ci conforta il fatto che se Paolo così ricco di spiritualità ha vinto la sua battaglia, anche noi, che non siamo all'altezza di tanta abnegazione, possiamo sperare.

[113] εἴρηκεν = indicativo perfetto di εἴρω = "dico", "annunzio".

[114] Caratteristica del perfetto greco è quella di poter assumere la veste di "resultativo".

[115] "Termine tedesco che significa 'tensione' e indica il momento culminante di una situazione narrativa, dopo di che il racconto si avvia alla soluzione" (A. MARCHESE, *Dizionario di retorica e di stilistica*, 303-304).

[116] La forza irrefrenabile di ἐμοῦ è notevole anche perché la preposizione ἀπό ha perduto il proprio accento riducendosi a monosillabo con funzione proclitica: sull'accento circonflesso del complemento di allontanamento si scarica tutto il peso della voce di questo sintagma.

pagni con un gesto significativo le sue parole: il tono alternativamente ascendente e discendente dell'accento circonflesso rende lamentoso il suono della sua voce: è naturale che chi soffre manifesti la sua condizione con il pianto. Nel v. 9 invece il pronome personale è diventato tutt'uno con il verbo εἴρηκέν, anche ai fini dell'accento. L'io di Paolo si è ristretto a monosillabo enclitico e in virtù di tale cambiamento si appoggia completamente alla voce verbale, per quanto concerne il suo ruolo di appendice e di esistenza nella catena parlata. Altrettanto risultato con il predicato ἀρκεῖ σοι. Come l'enclitica forma un corpo unico ai fini della pronuncia (nella pronuncia consiste la condizione necessaria dell'esistenza autonoma delle parole) così Paolo è entrato a far parte della sfera divina e può quietamente ascoltare, recepire, profittare di quanto il Signore trasmette e detta al suo cuore[117]. Se i moduli di tale approccio alle verità rivelate sono tipici dall'Antico Testamento, la novità della scrittura di Paolo è lampante: spira un'aria nuova, dolcissima, che ingloba, in un abbraccio di benevolenza, la piccola povera realtà della terra e la riscalda con il suo amore inesauribile.

'Αρκεῖ σοι ἡ χάρις μου: l'intero discorso di Cristo è svolto sulla linea del presente (ἀρκεῖ, τελεῖται). È noto che le forme verbali coniugate al presente si avvalgono del tema durativo: non si tratta di parole transeunti. Esse permangono e d'altra parte il Signore è "eterno presente"[118]. Paolo non poteva trovare uno stile più appropriato per introdurre sulla scena umana il "personaggio Cristo". L'equilibrio è stato raggiunto e la tempesta dentro al cuore di Paolo è stata sedata: dopo le prime due enclitiche relative alle competenze di Paolo (εἴρηκέν μοι, ἀρκεῖ σοι) segue nella serie la terza enclitica, chiaramente "appendicale" a χάρις (χάρις μου): la grazia è solo del Signore; la grazia non può essere scissa da lui, egli non può essere scisso dalla grazia. È come se Cristo dicesse: la grazia mi appartiene, io sono la Grazia[119]. Cfr. un versetto rilevante del libro

---

[117] La grafia dell'accento circonflesso deriva dall'unione di sillaba tonica e sillaba baritona: ^.

[118] "Il cielo e la terra passeranno, ma le mie parole non passeranno" (Mc 13,31). Cfr. Mt 24,35; Lc 21,33.

[119] μου = genitivo possessivo, ma anche soggettivo. Cfr. "La grazia del Signore Gesù Cristo, l'amore di Dio e la comunione dello Spirito Santo siano con tutti voi" (2Cor 13,13); "Mi meraviglio che così in fretta da colui che vi ha chiamati con la grazia di Cristo (ἐν χάριτι [Χριστοῦ]) passiate ad un altro Vangelo" (Gal 1,6).

della Sapienza: "Sapendo che non avrei ottenuto la sapienza in altro modo, se Dio non me l'avesse concessa — ed è già segno di saggezza sapere da chi viene tale dono —, mi rivolsi al Signore e lo pregai, dicendo con tutto il mio cuore" (Sap 8,21; cfr. anche Sap 3,9.14). Un richiamo alla speciale grazia di conversione che ha fatto di Paolo, l'Apostolo delle genti e che lo sostiene nelle sue attività apostoliche[120]. Paolo acquisisce una chiarezza interiore e la attribuisce a una risposta del Signore. Data l'insistenza della preghiera e dato il suo impeto, si deduce come la risposta si visualizzi in Paolo gradualmente. Il presente ἀρκεῖ[121], con cui la massima prende l'avvio, è una parola fondamentale, il cui significato spazia in un'area semantica molto vasta, in merito alla quale si apre un panorama degno del soggetto χάρις. Il tema ἀρκ- richiama l'idea di un luogo elevato per natura che difende e domina una città o un territorio[122], baluardo sicuro di difesa, di protezione[123]: nell'impero romano l'esempio più noto sarebbe il *Capitolium* (Campidoglio)[124]. Il predicato ἀρκεῖ si pre-

[120] Cfr. J. LAMBRECHT, *Second Corinthians*, 203; R.P. MARTIN, *2 Corinthians*, 419; A. PITTA, *La seconda lettera ai Corinzi*, 499-500.

[121] ἀρκεῖ = presente indicativo di ἀρκέω (lat. *arceo*) = "respingo", "allontano", "preservo"; "aiuto", "soccorro", "proteggo"; "resisto", "sostengo", "sto saldo"; "basto", "sono sufficiente", "sono capace". Anche impersonale: "basta"; altri significati: "sono appropriato", "mi estendo".

[122] Tale il significato del lat. *arx* (= *arc-s*) = "fortezza su altura". Il termine appartiene alla medesima famiglia linguistica.

[123] "Fortifications increased significantly in Italy with the onset of Greek and Etruscan colonization in the 8th cent. BC. Whether there was a fortification which enclosed Rome during the Etruscan period is debatable. The strongly fortified *arx* was built on the Capitol (→ Capitolium) and it alone was defended during the invasion of the Gauls in 387. Soon afterwards the first significant city wall, the Servian Wall, was built in Rome (2nd quarter of the 4th cent.). Roman fortifications developed from Greek and Etruscan components for the protection of Roman colonies founded after the mid 4th cent. The earth embankment (*agger*) that was often present behind a stone wall may be considered a peculiarity (e.g. the Servian Wall). [...] Because the wall enclosed the city, it had legal and sacred functions from the earliest times. The city wall was usually the largest and most expensive public building; this confronted the city with difficult problems of financing, organization and maintenance of construction. The city wall and city gate developed into a symbol of identification for the city and during the Principate was represented by coins as a symbol of the city" (D. BAATZ, "Fortifications", *BNP*, V, 503-504).

[124] "I. Capitol. Hill in Rome, consisting of a summit called C. in the south (46 m) and the Arx in the north (49 m), linked by the depression of the *asylum*. Until Trajan's forum was built, the C. was the south-western spur of the Quirinal and linked it with a bridge. From archaic times, buildings on the C. had to have very deep foundations because of unfavourable geological con-

senta all'inizio della sentenza come uno scudo posto a difesa di Paolo (ἀρκεῖ σοι): con una mossa decisa sta saldo, basta da solo a rassicurare la fragile creatura umana. Leitmotiv costante dell'Antico Testamento: il Signore è roccia, scudo e difensore del suo popolo.

> 3 Voglio proclamare il nome del Signore: magnificate il nostro Dio! 4 Egli è la Roccia: perfette le sue opere, giustizia tutte le sue vie; è un Dio fedele e senza malizia, egli è giusto e retto (Dt 32,3-4).

> 1 Allora Anna pregò così: "Il mio cuore esulta nel Signore, la mia forza s'innalza grazie al mio Dio. Si apre la mia bocca contro i miei nemici, perché io gioisco per la tua salvezza. 2 Non c'è santo come il Signore, perché non c'è altri all'infuori di te e non c'è roccia come il nostro Dio" (1Sam 2,1-2).

> 1 Davide rivolse al Signore le parole di questo canto, quando il Signore lo liberò dalla mano di tutti i suoi nemici e dalla mano di Saul. 2 Egli disse: "Signore, mia roccia, mia fortezza, mio liberatore, 3 mio Dio, mia rupe, in cui mi rifugio; mio scudo, mia potente salvezza e mio baluardo, mio nascondiglio che mi salva, dalla violenza tu mi salvi. 4 Invoco il Signore, degno di lode, e sarò salvato dai miei nemici" (2Sam 22,1-4).

---

ditions; [...] The oldest temple on the C. is generally seen to be the first temple to Jupiter Feretrius, which → Romulus had founded when he offered the *spolia optima* (Liv. I,10,7). On the southern summit stood the most significant temple of roman state religion, that of the *trias capitolina* → Jupiter, → Juno and → Minerva, a model for many Capitol temples across the Roman empire. It was dedicated 509 BC, in the alleged first year of the Republic (Liv. I,38,7; 2,8,6; Tac. Hist. 3,72,2), and replaced the sanctuary of the Latin League on *mons Albanus*, thus making Rome the sacral centre of the league. The temple was the centre of political-religious ceremonies: here new consuls took up their office and held their first Senate session, and military commanders made sacrifices before their departure and swore their oaths; all triumphal processions culminated here, with triumphators allegedly wearing the same costume as that of Jupiter's statue. Wall remains of the substruction are extant, partially in the substructure of the Museo Nuovo Capitolino [...] The best preserved buildings are in the depression between Capitolium and Arx. The *tabularium*, which housed the state archives, with its facade still dominates the forum today (rebuilt in 83 BC by Q. Lutatius Catulus) [...] At the centre of the Arx stood the temple of Juno Moneta, today built over by S. Maria in Aracoeli. The Roman mint was later built nearby. In addition to the *auguraculum* (Liv. I,18,6), it was supposedly also the location of the house of Titus Taius (Plut. Romulus 20,5) in Rome's mythical early times. There is factual background to this myth, inasmuch as time and again remains of private dwellings have been uncovered in this area, alongside those of public buildings. Below the steps of the Piazza di Campidoglio, the existence of an *insula* of at least four storeys has been confirmed since the redevelopment of the Capitol 1931-1942" (R. Förtsch, "Capitolium", *BNP*, II, 1071-1072).

> [1] Al maestro del coro. Di Davide, servo del Signore, che rivolse al Signore le parole di questo canto quando il Signore lo liberò dal potere di tutti i suoi nemici e dalla mano di Saul. [2] Disse dunque: Ti amo, Signore, mia forza, [3] Signore, mia roccia, mia fortezza, mio liberatore, mio Dio, mia rupe, in cui mi rifugio; mio scudo, mia potente salvezza e mio baluardo (Sal 18,1-3).
>
> [1] In quel giorno si canterà questo canto nella terra di Giuda: "Abbiamo una città forte; mura e bastioni egli ha posto a salvezza. [2] Aprite le porte: entri una nazione giusta, che si mantiene fedele. [3] La sua volontà è salda; tu le assicurerai la pace, pace perché in te confida. [4] Confidate nel Signore sempre, perché il Signore è una roccia eterna, [5] perché egli ha abbattuto coloro che abitavano in alto, ha rovesciato la città eccelsa, l'ha rovesciata fino a terra, l'ha rasa al suolo. [6] I piedi la calpestano: sono i piedi degli oppressi, i passi dei poveri" (Is 26,1-6).
>
> Non sei tu fin da principio, Signore, il mio Dio, il mio Santo? Noi non moriremo! Signore, tu lo hai scelto per far giustizia, l'hai reso forte, o Roccia, per punire (Ab 1,12).

Trovando nel Messia la rivelazione della forza salvifica di Dio l'Apostolo delle genti cristologizza la dottrina veterotestamentaria in questo versetto significativo della Seconda Corinzi[125].

---

[125] Per un suggestivo esempio della trasmissione di questa eredità biblica all'interno della compagine ecclesiale vedi i *Lodi di Dio Altissimo* di san Francesco d'Assisi.

"Tu sei santo, Signore Iddio unico, che fai cose stupende.
Tu sei forte. Tu sei grande. Tu sei l'Altissimo.
Tu sei il Re onnipotente. Tu sei il Padre santo, Re del cielo e della terra.
Tu sei trino e uno, Signore Iddio degli dèi.
Tu sei il bene, tutto il bene, il sommo bene, Signore Iddio vivo e vero.
Tu sei amore, carità. Tu sei sapienza. Tu sei umiltà.
Tu sei pazienza. Tu sei bellezza. Tu sei sicurezza. Tu sei la pace.
Tu sei gaudio e letizia. Tu sei la nostra speranza.
Tu sei giustizia. Tu sei temperanza. Tu sei ogni nostra richiesta.
Tu sei bellezza. Tu sei mitezza.
Tu sei il protettore. Tu sei il custode e il difensore nostro.
Tu sei fortezza. Te sei rifugio.
Tu sei la nostra speranza. Tu sei la nostra fede.
Tu sei la nostra carità. Tu sei tutta la nostra dolcezza.
Tu sei la nostra vita eterna, grande e ammirabile Signore,
Dio onnipotente, misericordioso Salvatore".

Oltre a ciò, in età ellenistica, era comune la concezione di αὐτάρκεια[126], del vivere felice con poco, e i sistemi filosofici del tempo ne avevano fatto oggetto di speculazione[127]. Il fondatore della comunità corinzia, più di una volta, si difende da accuse di parassitismo, protestando di sapersi guadagnare il necessario per vivere senza essere di peso a nessuno (cfr. 2Cor 11,9; 12,13.16; 1Ts 2,9; 2Ts 3,8). Paolo quindi aveva validi motivi per trovare questo ideale consono al suo temperamento. Nel v. 9a egli compie un salto di qualità, portandolo alle estreme conseguenze: egli si spoglia di qualsiasi desiderio, svuota l'intero suo intimo di qualunque moto dell'animo, come già avevano teorizzato i saggi stoici, predicando l'ἀπάθεια o assenza di passioni e di sentimenti, ma non si ferma a tale ardua conquista, di per sé stessa negativa, come testimoniato innegabilmente dalla parola[128]. In tal modo Paolo fa posto alla grazia del Signore, la accoglie nella condizione più acconcia all'essere umano così restio a rinunciare non solo a ciò che lo circonda, ma a dimenticare se stesso in nome di un ideale superiore. La risposta che a Paolo basta per superare la prova riguarda il possesso della benevolenza (χάρις) del Signore. In questo commovente dialogo tra Paolo e il Signore essenziale è la benevolenza o l'amore assoluto, comprensivo e incondizionato del Signore: "infatti l'amore di Cristo ci costringe, perché siamo giunti a questa conclusione: che uno solo morì per tutti, quindi tutti morirono" (2Cor 5,14). Il Signore gli risponde esortandolo a affidarsi alla benevolenza divina: in tal modo tutti gli ostacoli

---

[126] Αὐτάρκεια = "autosufficienza" (sostantivo composto dal pronome dimostrativo-personale αὐτός e dal tema ἀρκ-).

[127] L'origine della concezione che sta al fondamento dell'αὐτάρκεια è più antica; essa va individuata nell'epoca della fioritura sofistica (V sec. a.C.). Naturalmente con l'avvento del cosmolitismo e dell'individualismo originati dalla dissoluzione della πόλις che in età classica aveva funto da "collante" sociale, l'uomo è portato a fare i conti con se stesso e a prendere atto di doversi, ma anche di potersi emancipare dalla tutela delle istituzioni che ne determinavano il modo di vivere in seno al gruppo. "*Autarkeia* (self-sufficiency) is the ability to look after oneself without any help from other people. It first became a goal of human endeavor with the ( Sophists, but in the sense that the individual is himself capable of producing everything that he needs. The most radical position was represented by the → Cynic School by reducing needs to a minimum. The *autarkeia* of virtue became a key issue in terms of ethics; whether virtue is sufficient to achieve eudaimonia (S. MEYER-SCHWELLING, "Autarkeia", *BNP*, II, 398).

[128] ἀπάθεια = sostantivo composto dal prefisso privativo ἀ- e del tema παθ- comune al verbo πάσχω = "sperimentare" (in ambedue i sensi: positivo o negativo), "avere un'esperienza", "soffrire".

sulla strada della sua missione non gli sembreranno insormontabili. A Paolo non viene richiesto semplicemente di accettare questa forza di aiuto da parte di Cristo, ma viene richiesto un affidamento interpersonale e un'apertura radicale, viene rivolto un caldo invito profondamente personale a appagarsi dell' amorevolezza dimostratagli dal Signore: tutto il resto verrà da sé. Tale soluzione non era semplice da comprendere, né da mettere in pratica, perché da una parte l'apostolato comporta vigore, efficienza e ottimo stato di salute, mentre Paolo incontra ostacoli che gli intralciano la via. Di conseguenza, l'Apostolo, con semplicità, chiede al Signore di essere aiutato. La risposta divina non giunge come aiuto pratico adeguato alle circostanze, ma sotto forma di un cambiamento di prospettiva: in Paolo si è verificata una vera e autentica μετάνοια[129].

ἡ γὰρ δύναμις ἐν ἀσθενείᾳ τελεῖται, "la forza, infatti, si perfeziona nella debolezza". Questa potenza[130] divina deriva da Cristo risorto e passando in Paolo lo abilita a svolgere il suo compito apostolico. Paradossalmente, nella debolezza, essa si perfeziona: esempio della figura dell'ossimoro[131], una figura della dilatazione semantica. La benevolenza, l'amore misericordioso da parte di Cristo è come qualcosa di assoluto. A Paolo viene ingiunto di preoccuparsi solo della fede verso il Signore; viene suggerita una spiegazione del perché basti quel genere di benevolenza: in tal modo la vitalità, la forza e l'energia di Cristo risorto si spostano in Paolo. Prendendo corpo in

---

[129] "Il significato attenuato di pentimento o cambiamento d'idea (nella vita cristiana) si trova in 2Cor 7,9.10; 12,21. La rara presenza del concetto di conversione in Paolo si spiega col fatto che il suo contenuto è inglobato nel concetto di πίστις" (H. MERKLEIN, "μετάνοια, -ας, μετανοέω", *DENT*, II, 361).

[130] δύναμις: "...non possiamo ignorare la sua connotazione cristologica e pneumatologica nello stesso tempo. Da una parte, Gesù Cristo è definito 'potenza di Dio' (cf. 1Cor 1,24) nell'evento della croce; e dall'altra lo spirito è la potenza operante nella debolezza del ministero di Paolo (cf. 2Cor 4,7)" (A. PITTA, *La seconda lettera ai Corinzi*, 500-501).

[131] "L'antitesi è la contrapposizione di due pensieri di variabile estensione sintattica." In questo versetto troviamo un esempio di antitesi di parole singole; *Ibid.*, § 389,3: "Una variante particolare dell'antitesi di parole singole è l'*oxymorum* (*oxymora verba*, ὀξύμωρον), che costituisce un paradosso intellettuale tra i membri antitetici" (H. LAUSBERG, *Elementi di retorica*, § 386). Ossimoro: acuto sotto un'apparenza di stupidità. Cfr. alcuni esempi di Orazio, poeta latino (65-8 a.C.): "*insaniens sapientia*" (*Carmen saeculare*, 1,34,2); "*strenua inertia*" (*Ep.*, I,11); "*splendide mendax*" (*Odi*, 3,11). Consideri anche un bell'esempio di G. Ungaretti, poeta e scrittore italiano (1888-1970): "con le braccia colme di nulla, / farò da guida alla felicità".

lui questa vitalità esige uno spazio appropriato: le debolezze lasciano scoperto e offrono appunto questo spazio. Il Signore dà a Paolo la forza, ma gliela fornisce nella misura dello spazio di adesione di fede che l'Apostolo riesce a concepire nei riguardi del Signore. Il Risorto trasferisce in Paolo il suo amore benevolo, la sua benevolenza ma, contemporaneamente, questi viene invitato a recepire e a ricambiare quest'affetto gratuito e incondizionato. L'accettazione di un amore misericordioso che non si spiega esige da Paolo una relativizzazione di tutti i suoi programmi a livello operativo[132]. La prova e i suoi limiti portano Paolo a non essere l'unico protagonista nell'apostolato; ne cogliamo un indizio negli Atti degli Apostoli[133]. Il missionario di Tarso ha formulato dei programmi per il suo apostolato, ma a volte essi non si realizzano a causa di ostacoli di varia natura — soprattutto a causa dei suoi avversari. Allora egli prega il Signore di essere liberato da essi, ma il Signore gli risponde di fidarsi della sua grazia e nient'altro. A questo punto le difficoltà e le debolezze che non gli consentivano di realizzare il suo apostolato sono lungi dall'essere risolte nell'ambito in cui sono nate. Paolo si sente quindi incapace e senza risorse per portare avanti la sua missione. La presa di coscienza di tale inadeguatezza, di tale impotenza produce in lui frustrazione, un senso di vanificazione — un vuoto che diventa proprio il canale attraverso cui passa la forza del Risorto. Questo strano stato d'animo lo porta a piegarsi, ad accettare, a lasciar da parte ogni altro progetto, abbandonandosi al Cristo Gesù con grande fede e con piena fiducia. Questa adesione permette il passaggio della forza di risurrezione da Cristo a Paolo e al buon esito del suo apostolato.

---

[132] Vedi Gal 2,20: "Sono stato crocifisso con Cristo e non sono più io che vivo, ma Cristo vive in me. Questa vita che vivo nella carne, io la vivo nella fede del Figlio di Dio, che mi ha amato e ha dato se stesso per me."

[133] "Attraversarono quindi la Frigia e la regione della Galazia, avendo lo Spirito Santo vietato loro di predicare la parola nella provincia di Asia. Raggiunta la Misia, si dirigevano verso la Bitinia, ma lo Spirito di Gesù non lo permise loro; così, attraversata la Misia, discesero a Triade. Durante la notte apparve a Paolo una visione: gli stava davanti un Macedone e lo supplicava: 'Passa in Macedonia e aiutaci!". Dopo che ebbe avuto questa visione, subito cercammo di partire per la Macedonia, ritenendo che Dio ci aveva chiamati ad annunziarvi la parola del Signore" (Atti 16,6-10).

**12,9b**

**ἥδιστα οὖν μᾶλλον καυχήσομαι ἐν ταῖς ἀσθενείαις μου, ἵνα ἐπισκηνώσῃ ἐπ' ἐμὲ ἡ δύναμις τοῦ Χριστοῦ.**

*Molto volentieri dunque di più mi vanterò delle mie debolezze, affinché abiti in me la forza di Cristo.*

Il v. 9b è denso d'implicazioni. Esso segna l'inizio della *peroratio* del passo con οὖν, congiunzione deduttiva e congiuntiva. Il suo andamento ritmico e il suo contenuto gli conferiscono un carattere gnomico nella prima parte, seguita da un efficace risvolto ossimorico. Di γνῶμαι[134] (dette anche *philosophorum sententiae*) è ricco il patrimonio sapienziale di tutti i popoli del mondo antico, in special modo dei greci e degli ebrei. Di γνῶμαι è nutrito il pensiero di Platone; le filosofie ellenistiche, specialmente quella stoica e quella epicurea[135] nella loro ricerca sul piano etico additano il raggiungimento dell'equilibrio, nell'agire umano, come un traguardo; se risaliamo più indietro nel tempo, i Sette Sapienti[136] sono stati additati dall'amministrazione generale, come modelli da imitare. Prototipo di giudice equanime per i giudei, il re Salomone, la cui figura fu talmente idealizzata che gli furono attribuiti alcuni libri dell'Antico Testamento[137] come i Proverbi[138]

---

[134] ἡ γνώμη = "sentenza"; γνωμικός = "gnomico", "sentenzioso". Vedi H.A. GÄRTNER. "Gnome", *BNP*, V, 884-892.

[135] Nel codice che va appunto sotto il nome di *Gnomologium Vaticanum* sono raccolte 81 massime che risalgono a Epicuro e ai primi Epicurei.

[136] Ecco l'elenco dei Sette Sapienti tramandato da Platone nel "Protagora" (343a): Talete di Mileto, Pittaco di Mitilene, Biante di Priene, Solone d'Atene, Cleobulo di Lindo, Misone Cheneo e Chilone di Lacedemone. "Seven Sages [...] Gnomic proverbial wisdom is considered characteristic of the SS (primarily worldly wisdom and political shrewdness; → *gnṓmē*). By the Classical period the legendary and the historical in ancient tradition (Alc.fr. 360 VOIGT, Simon. Fr. 37 and 76 PAGE; esp. Hdt. I,27; 29–33; 59; 74 f.; 170; 7,235) could no longer be separated. Particularly in the Hellenistic period other fictions were echoed in collections of sayings (10,3 DK), epistolary novels (Diog. Laert. I,43–122) and in the literary invention of a symposium of the SS (Plut. Mor. 146b–164d)" (J. CHRISTES, "Seven Sages", *BNP*, XIII, 351).

[137] Nel primo libro dei Re (1Re 3,28) riecheggia la fama di Salomone esempio di saggezza divina: "Tutto Israele udì parlare del giudizio che il re aveva pronunziato, ed ebbero rispetto per il re perché vedevano che la sapienza di Dio era in lui per amministrare la giustizia".

[138] Attraverso i proverbi si è sempre espressa la saggezza popolare.

e la Sapienza[139]. Nel mondo più propriamente orientale, in particolare nel subcontinente indiano, terra d'origine del Buddha (VI sec. a.C.) e in Cina, patria di Confucio (VI-V sec. a.C.), maestro di dottrina morale, sociale e politica, non mancò chi rese omaggio alla qualità più ricercata dagli uomini. Anche Paolo sa quanto importi essere saggi (cfr. v. 6: οὐκ ἔσομαι ἄφρων "non sarò insensato"). Egli assume la sapienza come base per accedere al gradino superiore che è quello teologico.

L'architettura del passo prende le mosse (v. 9b) da una *peroratio* costruita in termini paradossali, dove si afferma, in tono categorico, la legittimità di gloriarsi di valori del tutto relativi, come le proprie debolezze. Paolo sa — per converso — che quanto più esse sono gravi, tanto più occorre forza spirituale per non soccombere a esse. Solo la potenza di Cristo può supplire alle manchevolezze umane: quando l'uomo fa affidamento, esclusivamente, su se stesso, non riesce né a resistere, né a superarle. Il ragionamento aveva preso avvio dal concetto del gloriarsi, del vantarsi (v. 1 καυχᾶσθαι); esso viene reiterato per tre volte, a breve distanza, nel corso della rievocazione delle esperienze soprannaturali dell'Apostolo e ribadito, a mo' di sigillo, nella conclusione[140] (v. 9). Sulla scia di questo atteggiamento di sfida si snoda la logica stringente di Paolo, il cui tema di fondo è l'antitesi tra debolezza (di Paolo) e forza (di Cristo). Il ragionamento di Paolo (v. 9b) si snoda secondo la nuova logica inaugurata dalle parole ispirate: Se io, Paolo, quanto più debole sono, tanto più ricevo da Cristo la sua benevolenza e la sua forza, allora, ben volentieri, metterò ancor più in mostra le mie debolezze. Il Signore, infatti, per il suo connaturato impulso di giustizia riporterà l'equilibrio, correndo a integrare, con l'abbondanza della sua grazia, le mie debolezze: io avrò in me la forza di lui, ne sarò pienamente soddisfatto e non proverò alcun timore di fronte agli attacchi degli avversari.

---

[139] La religione cristiana ha eletto la virtù della sapienza a uno dei sette doni dello Spirito Santo (sapienza, intelletto, consiglio, fortezza, scienza, pietà e timore di Dio) e ne ha fatto uno degli attributi di Dio, sapienza la quale si rispecchia nella Persona del Figlio. "Ed è grazie a lui (Dio) che voi siete in Cristo Gesù, che da Dio è stato fatto per noi sapienza, giustizia, santificazione e redenzione" (1Cor 1,30). Cfr. DANTE, *Inferno*, III, vv. 5-6: "Fecemi la divina potestate, la somma sapienza e'l primo amore".

[140] In tutto cinque volte, di cui la prima volta e la quarta nella forma infinitiva rispettivamente dell'infinito presente καυχᾶσθαι (v. 1) e infinito aoristo καυκήσασθαι (v. 6); la seconda, la terza e la quinta al futuro semplice καυχήσομαι (vv. 5.9).

ἵνα ἐπισκηνώσῃ ἐπ' ἐμὲ ἡ δύναμις τοῦ Χριστοῦ. L'attendarsi[141] fa parte integrante della storia civile e religiosa degli ebrei: simbolo di una tradizione secolare che il popolo d'Israele ha caricato di valenze straordinarie, attraverso tante vicissitudini e peripezie, da Abramo in poi[142]. Per chi — a vario titolo — è soggetto al nomadismo, la tenda (σκηνή)[143] è compagna inseparabile, luogo di aggregazione per i rapporti familiari, sociali, religiosi; dov'è la tenda lì è la comunità, la possibilità di esistenza come gruppo, di sopravvivenza come individuo: la tenda è rifugio e salvezza: dov'è la tenda è Dio[144], come garanzia della sua presenza e della sua protezione. Insomma la tenda è tutto. Sicuramente nel mondo culturale e spirituale del missionario di Tarso saranno riemersi tante volte i ricordi legati alla narrazione dell'Esodo, in cui si descrive il tabernacolo[145] che Mosè deve erigere per ordine di Dio (Es 40,1-11.16-30.33); l'istituzione del sacerdozio nella persona di Aronne e dei suoi figli e l'inizio del loro ministero insieme a Mosè (Es 40,12-15.31-32). "Allora la nube coprì la tenda (σκηνή) della testimonianza e la gloria del Signore la riempì" (Es 40,34).

---

141 ἐπισκηνώσῃ — aoristo congiuntivo, terza persona singolare di ἐπισκηνόω = "metto la tenda", "prendo dimora (e opero)"; *hapax legomenon* nel NT.

142 Cfr. Gn 13,3; 18,1-15 (specialmente i vv. 1.2.6.9.10).

143 ἡ σκηνή = "tenda", "padiglione", "capanna", "dimora", "tabernacolo".

144 Il Pentateuco spiega in modo dettagliato l'importanza della "festa delle capanne (σκηνο πηγία)". "[13]Celebrerai la festa delle Capanne per sette giorni, quando raccoglierai il prodotto della tua aia e del tuo torchio. [14]Gioirai in questa tua festa, tu, tuo figlio e tua figlia, il tuo schiavo e la tua schiava e il levita, il forestiero, l'orfano e la vedova che abiteranno le tue città. [15]Celebrerai la festa per sette giorni per il Signore, tuo Dio, nel luogo che avrà scelto il Signore, perché il Signore, tuo Dio, ti benedirà in tutto il tuo raccolto e in tutto il lavoro delle tue mani, e tu sarai pienamente felice. [16]Tre volte all'anno ogni tuo maschio si presenterà davanti al Signore, tuo Dio, nel luogo che egli avrà scelto: nella festa degli Azzimi, nella festa delle Settimane e nella festa delle Capanne. Nessuno si presenterà davanti al Signore a mani vuote, [17]ma il dono di ciascuno sarà in misura della benedizione che il Signore, tuo Dio, ti avrà dato" (Dt 16,13-17).

145 "Tabernacle (Heb *miškān*). The Israelite tent sanctuary frequently referred to in the Hebrew Bible. It is also known as the tent of meeting (Heb *'ōhel mô'ēd*) and, occasionally, as the Tabernacle (or tent) of testimony (*miškān ha'ēdût*). It is the central place of worship, the shrine that houses the ark of the covenant, and frequently it is the location of revelation. It is presented in biblical narrative as the sign of Yahweh's presence among the people of Israel. More verses of the Pentateuch are devoted to it than to any other object. It contains the ark, an incense altar, a table, a seven-light candelabra, and eternal light, Aaron's staff that miraculously blossomed (Num 17:23-26), the vessels that are used by the priests, possibly a container of manna (Exod 16:33-34), and a scroll written by Moses (*sēper hattôrâ*)" (R.E. Friedman, "Tabernacle", *AncBD*, VI, 292).

Senza dubbio qualsiasi devoto Israelita avrà mandato a memoria l'intero capitolo 40 e Paolo *in primis*. Egli traduce in se stesso il passo dell'Esodo, interpretandone perfettamente la lettera e lo spirito. In quelle righe veterotestamentarie dal sapore epico, l'Apostolo trova un'ulteriore giustificazione di fedeltà alle sue radici ebraiche per accogliere lo Spirito del Signore dentro di sé. Uno come lui, che praticava il mestiere di costruttore di tende (σκηνοποιός)[146] può, a buon diritto, vantarsi di avere preparato se stesso come tenda[147] (σκῆνος) acconcia a ospitare la grazia e la potenza di Cristo[148], sull'esempio di Mosè il quale aveva costruito il tabernacolo, affinché vi potesse prendere dimora la gloria del Signore d'Israele, segno e garanzia dell'Alleanza con il suo popolo: "Erigerai il tabernacolo della testimonianza e vi porrai l'arca" (Es 40,2b-3a). Il ministero della Nuova Alleanza perfeziona e porta a compimento quella gloria:

> [3] È noto che voi siete una lettera di Cristo, scritta mediante il nostro servizio, scritta non con inchiostro, ma con lo Spirito del Dio vivente; non su tavole di pietra, ma su tavole che sono cuori di carne. [4] Una simile fiducia noi l'abbiamo per mezzo di Cristo presso Dio. [5] Non già che siamo da noi stessi capaci di pensare qualcosa come se venisse da noi; ma la nostra capacità viene da Dio. [6] Egli ci ha anche resi idonei a essere ministri di un nuovo patto, non di lettera, ma di Spirito; perché la lettera uccide, ma lo Spirito vivifica (2Cor 3,3-6).

Notiamo con stupore come Paolo ribadisca per dieci volte il concetto di gloria che si accompagna al ministero duraturo dello Spirito[149]. L'Apostolo, facendo leva su tale mallevadore[150], spera di potersi vantare delle proprie carenze e lacune, sicuro che esse saranno tutte colmate dal Signore[151].

---

[146] At 18,3; 20,34-35; cfr. 1Cor 4,12; 1Ts 2,9. Vedi S.N. Brodeur, *Il cuore di Paolo è il cuore di Cristo*, 68-69.

[147] "Il vanto non è motivato dalle sue debolezze viste in se stesse, ma in quanto sono la tenda dell'abitazione di Cristo potente che opera proprio mediante lui debole" (G. Barbaglio, *Il pensare dell'Apostolo Paolo*, 314).

[148] Cfr. 2Cor 5,1.4 dove il corpo umano (σκῆνος) viene visto come una tenda.

[149] 2Cor 3,7-11. Il passo meriterebbe un'attenzione particolare per l'alto numero di occorrenze del termine δόξα (8 volte) e del suo derivato δοξάζω (2 ricorrenze).

[150] 3 volte nel NT; cfr. 2Cor 1,22; 5,5: "la caparra dello Spirito" (τὸν ἀρραβῶνα τοῦ πνεύματος); Ef 1,14: "caparra della nostra eredità" (ἀρραβὼν τῆς κληρονομίας ἡμῶν).

[151] "Non sapete che il vostro corpo è il tempio dello Spirito Santo che è in voi e che avete ricevuto da Dio? Quindi non appartenete a voi stessi" (1Cor 6,19).

**12,10**

**διὸ εὐδοκῶ**
**ἐν ἀσθενείαις, ἐν ὕβρεσιν, ἐν ἀνάγκαις,**
**ἐν διωγμοῖς καὶ στενοχωρίαις,**
**ὑπὲρ Χριστοῦ·**
**ὅταν γὰρ ἀσθενῶ, τότε δυνατός εἰμι.**
*Perciò mi compiaccio*
*nelle debolezze, negli oltraggi, nelle necessità,*
*nelle persecuzioni e angosce*
*per Cristo;*
*quando infatti sono debole, allora sono forte.*

L'abbandono senza riserve della persona, a Cristo, produce in Paolo un senso di rinuncia a tutto quello che l'io considera inalienabile e tende, anzi, a rafforzare come affermazione di ruolo. Il suo stato d'animo lo induce a accettare di buon grado[152], a tal punto da compiacersi ed essere contento di tutte le avversità (che egli espone in una lista). ἀσθενείαις, il primo vocabolo della serie, era già stato incontrato più volte nell'ambito del passo[153]: quando Paolo lo usa al singolare[154], si inserisce nel filone della speculazione classica greca, che aveva riconosciuto nella debolezza sia fisica, sia morale, una proprietà insita nella natura umana[155]. Con il ricorso a una massima di saggezza che non è patrimonio della cultura greca, Paolo, in armonia con la predicazione di Gesù, che si era rivolto ai deboli, agli umili, ai semplici, ai malati, ai poveri, ai peccatori, tende a solennizzare l'intera gamma delle accezioni relative al termine ἀσθένεια, elevando il suo aforisma[156] al rango di verità cristiana conclamata da Cristo stesso, mediante comunicazione fatta direttamente all'ultimo degli apostoli[157]. Tutte quelle categorie di emarginati

---

[152] εὐδοκέω = presente indicativo, prima persona singolare. Il verbo è composto da εὐ (avverbio di modo) = "bene" e da un radicale δοκ- (cfr. ion. dor. eol. δέκομαι / attico δέχομαι = accogliere [un'opinione]) = "sono contento", "sono lieto", "mi compiaccio", "mi diletto", "approvo", "sono disposto a", "mi piace di fare o accettare qualche cosa".

[153] Cfr. 2Cor 12,5.9(2 volte).10.

[154] Cfr. 2Cor 12,9a: ἡ γὰρ δύναμις ἐν ἀσθενείᾳ τελεῖται.

[155] Cfr. PLATONE, *Leggi* 854: ἀσθένεια τῆς ἀνθρωπίνης φύσεως.

[156] Vedi P. BARNETT, *Second Corinthians*, 577.

[157] Cfr. 1Cor 15,9; 2Cor 12,9.

e diseredati sono, infatti, incluse nella condizione di ἀσθένεια[158]. In altri contesti, dove il vocabolo è declinato al numero plurale, lo spettro dei significati possibili s'infittisce, a causa dei molteplici modi in cui il contenuto della parola può venire inteso nella vita pratica. Giunto al termine del suo argomentare, Paolo applica alla I persona singolare quel precetto che a livello teorico la sapienza divina gli aveva trasmesso. La conclusione suggella, in forme concrete, il medesimo pensiero sotteso al detto divino. Mentre, all'inizio del percorso, si indicava la modalità con cui la potenza superiore si attua nella debole realtà umana, ora che Paolo ha compreso questa profonda verità traducendo in pratica quell'insegnamento, l'ordine della coppia forza-debolezza (δύναμις ἐν ἀσθενείᾳ, v. 9a) si è invertito (ἀσθενῶ [...] δυνατός, v. 10b). A ben guardare più che di un'antitesi o di un ossimoro si tratta nel primo caso di una compenetrazione (e il complemento di stato in luogo lo testimonia[159]): la forza per potersi realizzare deve trovare la sua sede nella debolezza; nel secondo caso ci troviamo davanti a una vera e propria identità — evidenziata dalla correlazione della congiunzione temporale ὅτε con l'avverbio di tempo τότε, quasi che l'essere deboli[160] e l'esser forti[161] fossero le due facce della stessa medaglia. Esse sono comprensive di varie sfumature interpretative, ma hanno in comune la caratteristica di provocare umiliazione in chi le subisce. Gli insulti, le prepotenze, i maltrattamenti, l'essere dileggiati, costretti, l'essere cacciati via e perseguitati: innumerevoli forme di rifiuto che ingenerano angoscia e paura. Tutto ciò per Cristo e a causa di Cristo: ecco il motivo per cui Paolo è disposto a qualunque sacrificio. Questo suo elencare impersonale, quasi generico di vocaboli declinati al plurale indica che si tratta di fatti, di episodi di vita vissuta[162], che l'Apostolo passa in rivi-

---

[158] ἀσθένεια sostantivo femmenile singolare (derivato dall'aggettivo qualificativo ἀσθενής) = "mancanza di vigore", "debolezza fisica", "fiacchezza", "impotenza"; "prostrazione", "infermità", "malanno", "malattia"; "ristrettezza di mezzi", "scarsezza di beni", "indigenza", "penuria", "povertà"; "debolezza morale" (Platone, Aristotele).

[159] Il complemento di stato in luogo si esprime con la preposizione ἐν anteposta al caso dativo.

[160] ἀσθενῶ verbo denominativo (derivato dall'aggettivo ἀσθενής) contratto da ἀσθενέω = "essere debole", "malandato", "infermo", "bisognoso". Questo verbo ricorre 33 volte nel NT: 14 volte nel corpo paolino e 7 in 2Cor. Cfr. 2Cor 11,21.29(2 volte); 12,10; 13,3.4.9.

[161] δυνατός = aggettivo verbale di I tipo (da δύναμαι = posso) = "potente", "capace", "abile", "idoneo", "atto", "forte".

[162] Diverso risulterebbe il significato se i medesimi termini fossero declinati al singolare, che notoriamente designa il concetto astratto.

sta come in un film, rammentando tante esperienze spiacevoli, tante apparenti sconfitte, tanti tentativi — se si giudica con la logica degli uomini — falliti. Dietro la serie di temporanei insuccessi non si coglie alcun accento, né di rammarico, né di rimpianto. Non si tratta di un'inutile lamentela: è, piuttosto, una constatazione e contemporaneamente una presa di coscienza, dalla quale Paolo trae nuove energie e nuova linfa per continuare le sue battaglie. Le difficoltà, lungi dall'abbatterlo, lo portano a reagire ma non ripagando la violenza con la violenza[163], bensì con l'amore, la dolcezza, la ragionevolezza, la disponibilità verso gli altri[164]. "Benedite coloro che vi perseguitano, benedite e non maledite" (Rm 12,14). Tutte le migliori qualità dell'uomo vengono in tal modo coltivate, stimolate, esaltate. Quello σκόλοψ τῇ σαρκί, che rischiava di fermarlo, diventa invece un pungolo che lo spinge sempre più avanti. Come l'eroe israelita Sansone, ultimo dei Giudici, era invincibile[165] perché traeva la propria forza dalla sua consacrazione al Signore[166], così l'eroe cristiano Paolo, ogni volta che si sente impari al proprio compito apostolico, attinge rinnovata vitalità dal contatto con il cielo, con il Risorto, il Figlio di Dio, che lo nutre con amore benevolo, mediante la fonte inesauribile dello Spirito Santo. La εὐδοκία è un sentimento di gioia, di compiacimento, di consolazione spirituale. L'Apostolo delle genti ammette che quando viene perseguitato, ne soffre. Eppure egli non cede mai, non tanto per ostinazione, quanto perché ha imparato che in qualsiasi difficoltà Cristo gli offre la sua grazia inesauribile, non già illuminando in modo da renderlo consapevole e quindi metterlo in grado di superare le difficoltà stesse, ma operando in lui

---

163 "Non rendete a nessuno male per male [...] Non lasciarti vincere dal male, ma vinci con il bene il male" (Rm 12,17.21).

164 "La carità non abbia finzioni: fuggite il male con orrore, attaccatevi al bene; amatevi gli uni gli altri con affetto fraterno, gareggiate nello stimarvi a vicenda" (Rm 12,9-10).

165 "... e le (a Dalila) aperse tutto il suo cuore e le disse: 'Non è mai passato rasoio sulla mia testa, perché sono un nazireo, consacrato a Dio, dal seno di mia madre; se mi tagliassero i capelli, la mia forza se ne andrebbe, diventerei debole e sarei come un uomo qualsiasi" (Gdc 16,17). Per uccidere Sansone Dalila fece tagliare le sette trecce della sua testa. Vedi Gdc 16,19.

166 L'eroe mitologico Anteo era imbattibile perché traeva la propria energia dal contatto con la terra madre. Γῆ (sostantivo che è anche nome proprio) = "Terra". "Antèo [gr. *Antáios*] *mit.* Gigante, figlio di Poseidone e di Gea, che risiedeva nel deserto libico. Si diceva che la madre (Gea, la Terra) gli desse la forza quando era a contatto con lei. Eracle, per ucciderlo, dovette sollevarlo dal suolo e solo così riuscì a strozzarlo" (M. Gislon – R. Palazzi, *DMAC*, "Antèo", 32).

un "salto qualitativo" di fede, di pronto affidamento al Signore. Questo e non altro si richiede al cristiano per il superamento di qualunque ostacolo.

ὅταν γὰρ ἀσθενῶ, τότε δυνατός εἰμι, "quando infatti sono debole allora sono forte". Secondo esempio della figura dell'ossimoro nella pericope[167]. Alla luce del ragionamento precedente, Paolo può affermare che, quando si è deboli, poveri, svuotati, se non ci si ripiega nel pessimismo e nello scoraggiamento che la debolezza può determinare, ma ci si affida senza riserve alla benevolenza di Cristo e alla grazia di Dio[168], la soluzione è concretamente raggiunta. Tale risposta può essere definita una struttura a triangolo: *debolezza*[169], sperimentata da Paolo; *fede*, affidamento totale al Signore nonostante le prove e difficoltà; *forza*, energia spirituale e consolatrice che ne deriva[170]. La potenza non scaturisce direttamente dalla debolezza, perché i termini opposti si escludono a vicenda, ma il procedimento è valido introducendo l'elemento mediano dell'affidamento totale, il subentrare dell'elemento positivo al posto di quello negativo. Salmo 27,7 narra giustamente il processo spirituale: "Il Signore è la mia forza e il mio scudo, ho posto in lui la mia fiducia; mi ha dato aiuto ed esulta il mio cuore, con il mio canto gli rendo grazie." In 2Cor 12,1-10 notiamo la cristologizzazione dell'esperienza mistica da parte di Paolo: Dio è Signore, Cristo è Signore — il Signore Gesù è l'unica forza e l'esclusivo riparo dell'Apostolo. Fattualità del ragionamento: in Paolo, debole e sofferente, ma sempre umile e disponibile, si realizza uno straordinario capovolgimento, il quale determina nella sua esistenza quotidiana il miracoloso contatto vivificante con il divino[171]. Non è più Paolo che vive,

---

[167] Vedi G. BARBAGLIO, *Il pensare dell'Apostolo Paolo*, 315.

[168] "Per grazia di Dio però sono quello che sono, e la sua grazia in me non è stata vana; anzi, ho faticato più di tutti loro, non io però, ma la grazia di Dio che è con me" (1Cor 15,10).

[169] Vedi G. DE VIRGILIO, "La debolezza (ἀσθενεία) come categoria teologica in 1-2Corinzi", *RivB* 58 (2010) 67-99.

[170] "E anche noi che siamo deboli in lui (Cristo), saremo vivi con lui per la potenza di Dio." (2Cor 13,4b). Vedi C. NSONGISA KIMESA, *L'agir puissant du Christ parmi les chrétiens. Étude exégético-théologique de 2Co 13,1-4 et Rm 14,1-9*, TG.T 178, Roma 2010.

[171] Cfr. "Infatti egli fu crocifisso per la sua debolezza, ma vive per la potenza di Dio. E anche noi che siamo deboli in lui, saremo vivi con lui per la potenza di Dio nei vostri riguardi" (2Cor 13,4); "Quanto a me invece non ci sia altro vanto che nella croce del Signore Gesù Cristo per mezzo della quale il mondo per me è stato crocifisso, come io per il mondo" (Gal 6,4).

soffre e opera ma è Cristo che vive, soffre e opera in lui (cfr. Gal 2,20a). L'agire paradossale di Cristo, cioè la logica della croce, si concretizza e si manifesta nell'agire paradossale dell'Apostolo delle genti in ogni momento della sua opera missionaria.

> 4 La carità è magnanima, benevola è la carità; non è invidiosa, non si
> vanta, non si gonfia d'orgoglio, 5 non manca di rispetto, non cerca il pro-
> prio interesse, non si adira, non tiene conto del male ricevuto, 6 non gode
> dell'ingiustizia ma si rallegra della verità. 7 Tutto scusa, tutto crede, tutto
> spera, tutto sopporta. 8 La carità non avrà mai fine (1Cor 13,4-8a).

Per mezzo del "palo applicato alla carne", il Signore gli ha fatto imparare il vero senso dell'amore. La figura di Paolo Apostolo testimonia con commovente vivacità che la fede cristiana può trovare consolazione anche nelle prove più ardue e difficili della vita.

### Invito all'approfondimento

*Paolo di Tarso e Ignazio di Loyola. Pedagogia divina e debolezza umana*

In 2Cor 12,7, San Paolo descrive brevemente la sua famosa "spina nella carne", la sua commovente esperienza di debolezza e sofferenza che lo condusse a rivolgersi al Signore in preghiera. Pensando erroneamente di dover risultare vittorioso nei confronti dei propri avversari nell'attività apostolica, Paolo chiede a Cristo di allontanare da lui le sue sofferenze. Al contrario, il Signore offre la sua grazia all'Apostolo, la quale, apprenderà lui stesso, costituisce ciò di cui lui ha veramente bisogno nel proprio ministero del Vangelo. Pertanto, sebbene la spina rimanga in lui, Paolo è stato trasformato dalla sua profonda esperienza della grazia divina. Apprende così che è chiamato a servire i propri fratelli e le proprie sorelle nella debolezza e non nel pieno delle forze. Alla luce di tale esperienza di grazia rinnovata, Paolo di Tarso comprende ora che il Signore gli ha insegnato e che lui stesso ha appreso dall'esperienza. Un altro grande mistico, Ignazio di Loyola (1491-1556), ebbe un'esperienza simile di pedagogia divina negli anni successivi alla propria conversione; esperienza che egli stesso descrive mirabilmente nella sua *Autobiografia*. Quel che segue è il testo completo del Capitolo III della sua *Autobiografia*, dal titolo "Manresa", il paesino dove Ignazio incontrò il Signore durante gli intensissimi mesi che vi trascorse in meditazione e contemplazione.

IGNACIO DE LOYOLA, *Autobiografía*, in *San Ignacio de Loyola. Obras completas*, ed. I. IPARRAGUIRRE, C. de DALMASES y M. RUIZ JURADO, Biblioteca de Autores Cristianos, Madrid 1963, 1991[5], 102-112.

Capitulo III, Manresa

*19. Vida penitente de Ignacio en Manresa. Se le aparece en el aire una extraña visión.—20-21. Empieza a ser agitado por diversos espíritus.—.22-25. Padece una grave tempestad de escrúpulos.—26-33. Recobra la calma interior; es enseñado por Dios; recibe frecuentes ilustraciones divinas y favores celestiales. La eximia ilustración.—34. Padece una grave enfermedad: mitiga los rigores de su penitencia.— 35-37. Se dirige a Barcelona, donde prepara el viaje a Italia.*

19. Y él demandaba en Manresa limosna cada día. No comía carne, ni bebía vino, aunque se lo diesen. Los domingos no ayunaba, y, si le daban un poco de vino, lo bebía. Y porque había sido muy curioso de curar el cabello, que en aquel tiempo se acostumbraba, y él lo tenía bueno, se determinó dejarlo andar así, según su naturaleza, sin peinarlo ni cortarlo, ni cubrirlo con alguna cosa, de noche ni de día. Y por la misma causa dejaba crecer las uñas de los pies y de las manos, porque también en esto había

IGNAZIO DI LOYOLA, *Autobiografia*, in *Gli Scritti di Ignazio di Loyola*, a cura dei Gesuiti della Provincia d'Italia, Roma 2007, 96-109.

Capitolo III, Manresa

*19. Vita di penitenza. Gli appare una strana visione. 20-21. Comincia ad essere turbato da differenti mozioni. 22-25. Entra in una forte crisi di scrupoli. 26-33. Recupera la serenità interiore; viene istruito da Dio; riceve illuminazioni divine e grazie speciali. Illustrazione del Cardoner. 34. Soffre una grave malattia; allegerisce* (sic) *gli eccessi della penitenza. 35-37. Si reca a Barcellona, dove prepara la traversata verso l'Italia.*

19. A Manresa andava a chiedere elemosine ogni giorno. Non mangiava carne e non beveva vino anche se gliene davano. Ma la domenica non digiunava e, se gli offrivano un po' di vino, lo beveva. Poiché, secondo la moda di quel tempo, era stato molto ricercato nel curare i suoi capelli che aveva molto belli, decise di lasciarli crescere, così naturalmente, senza pettinarli né tagliarli, e senza coprirli con qualcosa né di notte, né di giorno. Per lo stesso motivo, si lasciava crescere le unghie dei piedi e delle mani, perché

sido curioso. Estando en este hospital le acaeció muchas veces en día claro ver una cosa en el aire junto de sí, la cual le daba mucha consolación, porque era muy hermosa en grande manera. No devisaba bien la especie de qué cosa era, mas en alguna manera le parecía que tenía forma de serpiente, y tenía muchas cosas que resplandecían como ojos, aunque no lo eran. El se deleitaba mucho y consolaba en ver esta cosa; y cuanto más veces la veía, tanto más crecía la consolación; y cuando aquella cosa le desaparecía, le desplacía dello[1].

[1] Esta misma aparición tuvo, entre otras ocasiones, después de la eximia ilustración, cuando se dirigió a la cruz del Tort; véase más abajo, n.31. El P. Polanco nos la explica con más detalles y hace notar que al fin se dio cuenta Ignacio de que todo aquello provenía del demonio: «En este mismo tiempo se le solía aparecer una serpiente de mucho resplandor con 7 ó 8 ojos, y esto cada día sin faltar ninguno, dos, tres, cinco, seis veces, y consolábase con su presencia, y desconsolábase cuando se le iba; y esta aparición le duró hasta el tiempo que estuvo en París y aun en Roma, aunque él no explica el secreto della» (*Sumario; Fontes narr.* I p.160). Y después de expuesta la eximia ilustración añade Polanco en el mismo *Sumario*: «Vio encima della [de la cruz del Tort] la sierpe que ordinariamente solía mostrársele, y fue certificado que era el demonio» (ib., p.161).

anche in questo era stato ricercato. Mentre si trovava nell'ospizio, gli accadeva molte volte di vedere in aria, in pieno giorno, vicino a sé, una cosa che gli dava molta consolazione, perché era molto bella, estremamente bella. Non riusciva a comprendere bene che genere di cosa fosse, ma gli pareva che in qualche modo avesse forma di serpente e avesse molte cose che brillavano come occhi, ma non lo erano. Nel contemplarla provava molto piacere e consolazione; quanto più spesso la vedeva, tanto più cresceva la consolazione; e quando quella cosa scompariva, ne provava dispiacere[1].

[1] Alcuni studiosi interpretano questa visione come un'allucinazione causata dalla cattiva e scarsa nutrizione; sarebbe un po' come l'effetto delle penitenze che gli rovinarono per sempre la salute. Per il momento, prima dell'illuminazione del Cardoner (cfr n. 30), Ignazio non sa operare un retto discernimento e si limita a constatare e a registrare le mozioni che la visione gli suscita nell'animo. Il p. Polanco spiega con più dettagli e nota che infine Ignazio arrivò a rendersi conto che si trattava di una tentazione del demonio: «in quel tempo gli era solito apparire un serpente che brillava, con 7 o 8 occhi. Ciò gli accadeva più volte al giorno; la consolazione che procurava la sua presenza, si spegneva quando spariva. Tali apparizioni continuarono nel tempo di Parigi e pure di Roma». Dopo aver raccontato l'illuminazione del Cardoner, il p. Polanco aggiunge: «vide sulla croce del Tort il serpente che ordinariamente gli appariva, e così fu chiaro che proveniva dal demonio» (FN I,160).

20. Hasta este tiempo siempre había perseverado cuasi en un mesmo estado interior, con una igualdad grande de alegría, sin tener ningún conocimiento de cosas interiores espirituales[2]. Aquestos días que duraba aquella visión, o algún poco antes que comenzase (porque ella duró muchos días), le vino un pensamiento recio que le molestó, representándosele la dificultad de su vida, como que si le dijeran dentro del ánima: — ¿Y cómo podrás tú sufrir esta vida setenta años que has de vivir?—- Mas a esto le respondió también interiormente con grande fuerza (sintiendo que era del enemigo): — ¡Oh miserable! ¿Puédesme tú prometer una hora de vida?— Y ansí venció la tentación y quedó quieto. Y ésta fue la primera tentación que le vino después de lo arriba dicho. Y fue esto entrando en una iglesia[3], en la cual oía cada día la Misa mayor y las Vísperas y Completas, todo cantado, sintiendo en ello grande consolación; y ordinaria-

[2] Los diez meses largos de permanencia de San Ignacio en Manresa se pueden dividir en tres períodos: el primero, de paz, viviendo «en un mesmo estado interior con una grande igualdad y alegría»; el segundo, de escrúpulos y luchas; el tercero, de grandes ilustraciones y dones interiores.

[3] Parece tratarse de la iglesia de los dominicos o de la Seo.

20. Fino a questo momento era quasi sempre rimasto nello stesso stato d'animo caratterizzato da un'allegria molto costante, senza possedere alcuna conoscenza di cose interiori e spirituali[2]. Nei giorni in cui perdurava quella visione, o poco prima che cominciasse (essa continuò, infatti, per molti giorni), gli venne un pensiero violento che lo molestò mettendogli davanti la difficoltà della sua vita, come se gli dicessero dentro l'anima: «Come potrai tu sopportare questa vita per i settanta anni che dovrai vivere?». Ma a questo, pure interiormente, gli ribatté con grande forza, sentendo che proveniva dal nemico: «O miserabile! Puoi tu promettermi un'ora di vita?». Così vinse la tentazione e restò in pace. Questa fu la prima tentazione che ebbe, dopo quanto sopra è stato narrato. Questo accadde entrando in una chiesa[3], nella quale ogni giorno ascoltava la Messa solenne, i Vespri e la Compieta in canto. E in questo provava grande consolazione. Di solito, durante la Messa leggeva la Passione,

[2] I dieci mesi abbondanti che san Ignazio trascorse a Manresa possono essere divisi in tre periodi: il primo di pace, con «un'allegria molto costante»; il secondo, di scrupoli e lotta; il terzo, di grandi illuminazioni e doni interiori.

[3] Probabilmente si tratta della chiesa dei domenicani, o della cattedrale.

mente leía a la misa la Pasión, procediendo siempre en su igualdad.

21. Mas luego después de la susodicha tentación empezó a tener grandes variedades en su alma, hallándose unas veces tan desabrido, que ni hallaba gusto en el rezar, ni en el oír la misa, ni en otra oración ninguna que hiciese; y otras veces viniéndole tanto al contrario desto, y tan súbitamente, que parecía habérsele quitado la tristeza y desolación, como quien quita una capa de los hombros a uno. Y aquí se empezó a espantar destas variedades que nunca antes había probado, y a decir consigo: — ¿Qué nueva vida es esta que agora comenzamos?— En este tiempo conversaba todavía algunas veces con personas espirituales, las cuales le tenían crédito y deseaban conversarle; porque, aunque no tenía conocimiento de cosas espirituales, todavía en su hablar mostraba mucho hervor y mucha voluntad de ir adelante en el servicio de Dios. Había en Manresa en aquel tiempo una mujer de muchos días, y muy antigua también en ser sierva de Dios, y conocida por tal en muchas partes de España;

andando avanti sempre con lo stesso stato d'animo.

21. Ma subito dopo la tentazione sopra riferita, cominciò ad esperimentare grandi cambiamenti nella sua anima, trovandosi alcune volte talmente arido, che non provava gusto a pregare, né ad ascoltare la Messa, né in qualunque altra preghiera facesse, e altre volte gli succedeva tutto il contrario di questo, in modo tale e così repentinamente, da sembrargli che la tristezza e la desolazione gli fossero tolte come viene tolto qualcuno una cappa dalle spalle. A questo punto cominciò spaventarsi di questi cambiamenti, e a dirsi tra sé: «Che nuova vita è mai questa che ora cominciamo?». In questo periodo conversava ancora, alcune volte, con persone spirituali, che gli accordavano fiducia e desideravano parlargli perché, anche se non aveva conoscenza delle cose spirituali, tuttavia nel parlare mostrava molto fervore e molta volontà di progredire nel servizio di Dio. C'era allora in Manresa una donna molto anziana[4], e pure già da molti anni dedita al servizio di Dio e conosciuta come tale in molte parti della Spagna, fino al punto che una

[4] Di questa donna, di cui Ignazio darà un giudizio ancora più lusinghiero nel n. 37, si è persa ogni traccia e non ne conosciamo neppure il nome.

tanto, que el Rey Católico la había llamado una vez para comunicalle algunas cosas. Esta mujer[4], tratando un día con el nuevo soldado de Cristo, le dijo: — ¡Oh! Plega a mi Señor Jesucristo que os quiera aparecer un día—. Mas él espantóse desto, tomando la cosa ansí a la grosa. — ¿Cómo me ha a mí de aparecer Jesucristo? — Perseveraba siempre en sus sólitas confesiones y comuniones cada domingo[5].

22. Mas en esto vino a tener muchos trabajos de escrúpulos. Porque, aunque la confesión general que había hecho en Monserrate había sido con asaz diligencia y toda por escrito, como está dicho, todavía le parescía a las veces que algunas cosas no había confesado, y esto le daba mucha aflicción; porque, aunque confesaba aquello, no quedaba satisfecho. Y así empezó a buscar algunos hombres espirituales que le remediasen destos escrúpulos; mas ninguna cosa le ayudaba. Y, en fin, un doctor de la Seo,

[4] No nos ha sido posible identificar a esta piadosa mujer, la cual es mencionada otra vez en el n. 37.

[5] Es la primera vez che aparece el uso de la confesión y comunión frecuente, de la cual se hará en adelante San Ignacio ferviente promotor. Véase el índice de materias de los tomos de *Fontes narr.*, en los que se señalan muchos pasajes sobre esta materia.

volta il Re Cattolico l'aveva fatta chiamare per comunicarle alcune cose. Questa donna, intrattenendosi un giorno con il nuovo soldato di Cristo, gli disse: «Oh! piaccia al mio Signore Gesù Cristo di volervi un giorno apparire». Ma egli si spaventò di questo, interpretando la cosa così alla buona: «Come, proprio a me può apparire Gesù Cristo?». Perseverava sempre nella consuetudine di confessarsi e di comunicarsi ogni domenica[5].

22. Ma in questo cominciò ad essere molto tormentato da scrupoli. Infatti, quantunque la confessione generale fatta a Monserrat fosse stata assai diligente e tutta per iscritto — come è stato detto —, tuttavia a volte gli sembrava che alcune cose non fossero state confessate; e questo lo affliggeva molto perché, anche se tornava a confessarsene, rimaneva senza soddisfazione. Allora cominciò a cercare alcune persone spirituali che lo guarissero da questi scrupoli, ma niente lo aiutava. Alla fine un dottore della cattedrale,

[5] È la prima volta che appare in Ignazio l'uso della confessione e della comunione frequente, di cui poi sarà un fervente promotore.

hombre muy espiritual que allí predicaba, le dijo un día en la confesión que escribiese todo lo que se podía acordar. Hízolo así; y después de confesado, todavía le tornaban los escrúpulos, adelgazándose cada vez las cosas, de modo que él se hallaba muy atribulado; y aunque casi conocía que aquellos escrúpulos le hacían mucho daño, que sería bueno quitarse dellos, mas no lo podía acabar consigo. Pensaba algunas veces que le sería remedio mandarle su confesor en nombre de Jesucristo que no confesase ninguna de las cosas pasadas, y así deseaba que el confesor se lo mandase, mas no tenía osadía para decírselo al confesor[6].

23. Mas, sin que él se lo dijese, el confesor vino a mandarle que no confesase ninguna cosa de las pasadas, si no fuese alguna cosa tan clara. Mas, como él tenía todas aquellas cosas por muy claras, no aprovechaba nada este man-

[6] El «doctor de la Seo» con quien el Santo se confesó fue probablemente un confesor ocasional a quien el Santo acudió en aquel período de oscuridad y lucha. Por entonces se hospedaba en el convento de los dominicos, uno de los cuales, el P. Galcerán Perelló, era el confesor del Santo. Véase J.M.ª Coll, San Ignacio de Loyola y el convento de Santo Domingo, de Manresa: Analecta Sacra Tarraconensia, 29 (1956) 313-343; *Fontes narr.* III 198.

uomo molto spirituale che lì predicava, gli disse un giorno in confessione[6] di mettere per iscritto tutto quello che riusciva a ricordare. Fece così, ma, dopo essersi confessato, gli tornarono ancora gli scrupoli, facendosi le cose ogni volta sempre più sottili, di modo che egli si veniva a trovare molto afflitto; e, pur rendendosi conto che quegli scrupoli gli facevano molto danno e che sarebbe stato bene sbarazzarsene, tuttavia da solo non riusciva a compierlo. Alcune volte pensava che il rimedio sarebbe stato se il suo confessore gli avesse comandato, in nome di Gesù Cristo, di non confessarsi più di alcuna cosa passata, e proprio questo desiderava che il confessore gli comandasse, ma non aveva il coraggio di dirglielo.

23. Però, senza che glielo suggerisse, il confessore finì per comandargli di non confessare più alcuna cosa passata, a meno che non si trattasse di cosa ben chiara. Ma siccome tutte quelle cose gli sembravano molto chiare, questo

[6] Il «dottore della Cattedrale» da cui il santo si confessò era probabilmente un confessore occasionale, al quale Ignazio si rivolse per ricevere aiuto nell'oscurità e nella lotta. Il suo confessore ordinario, del quale si parla in seguito (nn. 22.23.25), era un domenicano del convento presso il quale era ospitato, p. Galcerán Perelló.

damiento, y así siempre quedaba con trabajo. A este tiempo estaba el dicho en una camarilla que le habían dado los dominicanos en su monasterio, y perseveraba en sus siete horas de oración de rodillas, levantándose a media noche continuamente, y en todos los más ejercicios ya dichos; mas en todos ellos no hallaba ningún remedio para sus escrúpulos, siendo pasados muchos meses que le atormentaban; y una vez, de muy atribulado dellos, se puso en oración, con el fervor de la cual comenzó a dar gritos a Dios vocalmente, diciendo: — Socórreme, Señor, que no hallo ningún remedio en los hombres, ni en ninguna criatura; que, si yo pensase de poderlo hallar, ningún trabajo me sería grande. Muéstrame tú, Señor, dónde lo halle; que aunque sea menester ir en pos de un perrillo para que me dé el remedio, yo lo haré.

comando non gli servì a nulla, e così continuava ad essere sempre come affaticato. Durante questo tempo viveva in una cameretta che i Domenicani gli avevano messo a disposizione nel loro monastero. Egli perseverava nelle sue sette ore di preghiera in ginocchio, alzandosi regolarmente a mezzanotte, oltre che in tutti gli altri esercizi già menzionati. Tuttavia in nessuno di essi riusciva a trovare qualche rimedio per i suoi scrupoli, che ormai lo tormentavano da molti mesi. Una volta, mentre si trovava molto tribolato a causa di essi, si mise a pregare e, nel fervore della preghiera, cominciò a gridare verso Dio ad alta voce, dicendo: «Soccorrimi, Signore, perché non trovo alcun rimedio negli uomini, né in altra creatura; se io pensassi di poterlo trovare, nessuna fatica mi sembrerebbe grande. Mostrami Tu, Signore, dove lo posso trovare; anche se fosse necessario andare dietro ad un cagnolino perché mi desse rimedio, io lo farò[7]».

24. Estando en estos pensamientos, le venían muchas veces tentaciones, con grande ímpetu, para echarse de un

24. Mentre si trovava in questi pensieri, molte volte gli venivano violente tentazioni di gettarsi da un grande buco

[7] Ignazio non è ancora consapevole della morte interiore attraverso cui dovrà passare. Desidera dar gloria a Dio, però pretendendo di scegliere lui stesso i mezzi. Allora Dio lo abbandona per un po' di tempo alle sue sole forze, finché si renda conto che la forza di Dio si manifesta nella debolezza umana.

agujero grande que aquella su cámara tenía y estaba junto del lugar donde hacía oración. Mas, conociendo que era pecado matarse, tornaba a gritar: — Señor, no haré cosa que te ofenda —, replicando estas palabras, así como las primeras, muchas veces. Y así le vino al pensamiento la historia de un santo, el cual, para alcanzar de Dios una cosa que mucho deseaba, estuvo sin comer muchos días hasta que la alcanzó[7]. Y estando pensando en esto un buen rato, al fin se determinó de hacello, diciendo consigo mismo que ni comería ni bebería hasta que Dios le proveyese, o que se viese ya del todo cercana la muerte; porque, si le acaeciese verse in extremis, de modo que, si no comiese, se hubiese de morir luego, entonces determinaba de pedir pan y comer (como si[8] lo pudiera él en aquel extremo pedir, ni comer).

25. Esto acaeció un domingo después de haberse comulgado; y toda la semana perseveró sin meter en la boca ninguna cosa, no dejando de hacer los

[7] Puede referirse al ejemplo que trae el *Flos Sanctorum* leído por San Ignacio en Loyola: San Andrés apóstol ayunó cinco días para conseguir de Dios el perdón para un viejo llamado Nicolás, que había vivido en pecado sesenta años. Véase *Fotiles narr.* I nota 12, y II p.115.238; III 359.

[8] El original dice en latín: «quasi vero».

che c'era in quella camera, proprio vicino al punto dove faceva orazione. Ma, sapendo che era peccato uccidersi, tornava a gridare: «Signore, non farò mai cosa che ti offenda», ripetendo molte volte queste parole, come pure quelle di prima. E così gli venne in mente la storia di un santo che, per ottenere una cosa da Dio che desiderava molto, restò senza mangiare molti giorni, finché l'ottenne[8]. Dopo averci pensato per un buono spazio di tempo, alla fine si decise a farlo, dicendo a se stesso che non avrebbe mangiato né bevuto fino a quando non si vedesse la morte ormai del tutto vicina. Decise, infatti, che, se gli fosse accaduto di vedersi *in extremis*, al punto di dover morire di lì a poco se non avesse mangiato, allora avrebbe chiesto del pane e avrebbe mangiato (come se poi, ridotto a quegli estremi, fosse stato in grado di chiedere o di mangiare!).

25. Questo avvenne una domenica, dopo essersi comunicato; perseverò tutta la settimana a non mettere nulla in bocca, senza tralasciare i suoi soliti

[8] Questo santo potrebbe essere sant'Andrea Apostolo. Di lui si racconta nel Flos Sanctorum, letto da Ignazio, che abbia digiunato cinque giorni per impetrare da Dio la conversione di un certo vecchio Nicola, vissuto per sessant'anni in stato di peccato.

sólitos ejercicios, aun[9] de ir a los oficios divinos, y de hacer su oración de rodillas, aun a media noche, etc. Mas, venido el otro domingo, que era menester ir a confesarse, como a su confesor solía decir lo que hacía muy menudamente, le dijo también cómo en aquella semana no había comido nada. El confesor le mandó que rompiese aquella abstinencia; y aunque él se hallaba con fuerzas todavía, obedesció al confesor, y se halló aquel día y el otro libre de los escrúpulos; mas el tercero día, que era el martes, estando en oración, se comenzó acordar de los pecados; y así, como una cosa que se iba enhilando, iba pensando de pecado en pecado del tiempo pasado, pareciéndole que era obligado otra vez a confesallos. Mas en la fin destos pensamientos le vinieron unos desgustos de la vida que hacía, con algunos ímpetus de dejalla; y con esto quiso el Señor que despertó como de sueño. Y como ya tenía alguna experiencia de la diversidad de espíritus con las liciones que Dios le había dado, empezó a mirar por los medios con que aquel espíritu era venido, y así se determinó con grande claridad de no confesar más ninguna cosa de las pasadas; y así de aquel día adelante quedó libre de aquellos escrúpulos, teniendo por

[9] Aquí, y poco más adelante, el original emplea el latino *etiam*.

esercizi, compreso l'andare agli Uffici divini e il fare orazione in ginocchio, anche a mezzanotte, ecc... Ma la domenica seguente, dovendo andare a confessarsi, siccome era solito dire molto dettagliatamente al confessore quello che faceva, gli disse pure che in quella settimana non aveva mangiato nulla. Il confessore gli ordinò di rompere quel digiuno ed egli, sebbene si sentisse ancora in forze, tuttavia ubbidì al confessore, e per quel giorno e per il seguente si trovò libero dagli scrupoli. Ma il terzo giorno, che era martedì, mentre era in preghiera, cominciò a ricordarsi dei suoi peccati; e così, come quando si va mettendo in fila una cosa dopo l'altra andava col pensiero da un peccato all'altro della vita passata, sembrandogli di esser obbligato a confessarlo un'altra volta. Ma, alla fine di questi pensieri, gli sopravvenne un gran disgusto della vita che stava conducendo, con alcuni impulsi ad abbandonarla. Proprio a questo punto il Signore volle che si svegliasse come da un sogno. Siccome aveva già una certa esperienza della diversità degli spiriti grazie alle lezioni che Dio gli aveva dato, cominciò a considerare attraverso quali mezzi quello spirito si era introdotto in lui; e così decise definitivamente, con grande chiarezza, di non

cierto que nuestro Señor le había querido librar por su misericordia.

confessare più nessuna cosa passata; da quel giorno in poi, rimase libero da quegli scrupoli, ritenendo come cosa certa che Nostro Signore lo aveva voluto liberare per Sua misericordia.

26. Ultra de sus siete horas de oración, se ocupaba en ayudar algunas almas que allí le venían a buscar, en cosas espirituales, y todo lo más del día que le vacaba daba a pensar en cosas de Dios, de lo que había aquel día meditado o leído. Mas, cuando se iba acostar, muchas veces le venían grandes noticias, grandes consolaciones espirituales, de modo que le hacían perder mucho del tiempo que él tenía destinado para dormir, que no era mucho; y mirando él algunas veces por esto, vino a pensar consigo que tenía tanto tiempo determinado para tratar con Dios, y después todo el resto del día; y por aquí empezó a dubdar si venían de buen espíritu aquellas noticias, y vino a concluir consigo que era mejor dejallas y dormir el tiempo destinado, y lo hizo así.

26. Oltre alle sue sette ore di preghiera, impegnava il suo tempo ad aiutare nelle cose spirituali alcune anime, che venivano a cercarlo; passava tutto il resto della giornata, che rimaneva libera, a riflettere sulle cose di Dio, più precisamente su quello che aveva letto o meditato quel giorno. Ma quando andava a coricarsi, molte volte gli venivano grandi illuminazioni e grandi consolazioni spirituali, in modo tale da fargli perdere molto del tempo che egli aveva destinato al sonno, il quale non era già molto. Facendo alcune volte riflessione su questo, finì per pensare tra di sé che aveva destinato tanto tempo a trattare con Dio e, in più, tutto il resto del giorno. A partire da qui cominciò a dubitare che quelle illuminazioni venissero dallo spirito buono, e venne a concludere con se stesso che era meglio lasciarle perdere e dormire tutto il tempo stabilito. E così fece.

27. Y perseverando en la abstinencia de no comer carne, y estando firme en ella, que por ningún modo pensaba mudarse, un día a la mañana, quando fué levantado, se le representó delante carne para comer, como que la viese

27. Mentre continuava ad astenersi dal mangiare carne e mentre era così saldamente irremovibile in questa posizione che per nessun motivo pensava di cambiare, una mattina, appena alzato, gli si presentò dinanzi carne

con ojos corporales, sin haber precedido ningún deseo della; y le vino también juntamente un grande asenso de la voluntad para que de allí adelante la comiese; y aunque se acordaba de su propósito de antes, no podía dudar en ello, sino determinarse que debía comer carne. Y contándolo después a su confesor, el confesor le decía que mirase por ventura si era aquello tentación; mas él, examinándolo bien, nunca pudo dudar dello[10]. En este tiempo le trataba Dios de la misma manera que trata un maestro de escuela a un niño, enseñandole; y ora esto fuese por su rudeza y grueso ingenio, o porque no tenía quien le enseñase, o por la firme voluntad que el mismo Dios le había dado para servirle, claramente él juzgaba y siempre ha juzgado que Dios le trataba desta manera; antes si dudase en esto, pensaría ofender a su divina majestad: y algo desto se puede ver por los cinco puntos siguientes:

pronta per essere mangiata, come se la vedesse con gli occhi del corpo, senza che ne avesse avuto prima alcun desiderio. Allo stesso tempo gli venne grande assenso della volontà perché da allora in poi ne mangiasse; e pur ricordandosi del proposito di prima, non poteva dubitare su questo assenso, ma poteva solo decidersi di dover mangiare carne. Quando più tardi ne riferì al suo confessore, questi gli disse di considerare se per caso non si trattasse di una tentazione; ma egli, dopo aver esaminata bene la cosa, non poté mai dubitare di essa. Durante questo tempo Dio lo trattava come un maestro di scuola tratta un bambino: gli insegnava. Fosse questo dovuto alla sua rozzezza o al suo ingegno ottuso, o al fatto che non aveva chi lo istruisse, o alla decisa volontà che Dio gli aveva dato di servirLo, egli con chiarezza riteneva allora, e sempre ha ritenuto, che Dio lo trattava in questo modo. Anzi, se ne dubitasse, penserebbe di offendere la Sua divina Maestà. Se ne può avere una qualche idea dai cinque punti che seguono:

28. Primero. Tenía mucha devoción a la Santísima Trinidad, y así hacía cada día oración a las tres Personas distinta-

28. Primo: Aveva molta devozione alla Santissima Trinità, e così ogni giorno faceva orazione alle Tre Persone di-

[10] Como hemos indicado en la introducción, p.71, probablemente tuvo lugar aquí la primera interrupción en el relato autobiográfico.

mente[11]. Y haciendo también a la Santísima Trinidad, le venía un pensamiento, que cómo hacía 4 oraciones a la Trinidad. Mas este pensamiento le daba poco o ningún trabajo, como cosa de poca importancia. Y estando un día rezando en las gradas del mismo monasterio las Horas de Nuestra Señora, se le empezó a elevar el entendimiento, como que vía la Santísima Trinidad en figura de tres teclas, y esto con tantas lágrimas y tantos sollozos, que no se podía valer. Y yendo aquella mañana en una procesión que de allí salía, nunca pudo retener las lágrimas hasta el comer, ni después de comer podía dejar de hablar sino en la Santísima Trinidad; y esto con muchas comparaciones y muy diversas, y con mucho gozo y consolación; de modo que toda su vida le ha quedado esta impresión de sentir grande devoción haciendo oración a la Santísima Trinidad.

29. Segundo. Una vez se le representó en el entendimiento con grande ale-

[11] El P. Laínez dice que, «por ser hombre simple y no saber sino leer y escrebir en romance, se puso a escrebir della [la Santísima Trinidad] un libro» (MI, *Fontes narr.* I 82). El mejor testimonio de la devoción de San Ignacio a la Santísima Trinidad es su *Diario espiritual*, que publicamos en este mismo volumen.

stintamente. E, siccome le faceva pure alla Santissima Trinità, gli veniva da domandarsi interiormente come mai facesse quattro orazioni alla Trinità. Questo pensiero, però, lo disturbava poco o nulla, come cosa di poca importanza. Un giorno, mentre stava recitando le Ore di Nostra Signora sui gradini del medesimo monastero, il suo intelletto cominciò ad elevarsi come se vedesse la Santissima Trinità sotto forma di tre tasti, e tutto questo accompagnato da tante lacrime e da tanti singhiozzi che egli non riusciva a trattenersi. E quella mattina, mentre partecipava ad una processione che partiva di là, non riuscì mai a frenare le lacrime fino a pranzo; e anche dopo pranzo non poteva stare senza parlare della Santissima Trinità, e questo con numerosi e molto diversi paragoni e con molta gioia e consolazione, così che, per tutta la sua vita, gli è rimasta questa impronta di sentire grande devozione nel fare orazione alla Santissima Trinità[9].

29. Secondo: Una volta gli si rappresentò all'intelletto, insieme ad una

[9] Il p. Lainez nota che Ignazio, «pur essendo un uomo semplice e senza cultura, si mise a scrivere un libro sulla Santissima Trinità» (FN I, 82). La conferma più luminosa della devozione di Ignazio alla Trinità è il suo Diario Spirituale.

gría espiritual el modo con que Dios había criado el mundo, que le parecía ver una cosa blanca, de la cual salían algunos rayos, y que della hacía Dios lumbre. Mas estas cosas, ni las sabía explicar, ni se acordaba del todo bien de aquellas noticias espirituales que en aquellos tiempos le imprimía Dios en el alma.

Tercero. En la misma Manresa, adonde estuvo cuasi un año[12], después que empezó a ser consolado de Dios y vio el fructo que hacía en las almas tratándolas, dejó aquellos extremos que de antes tenía; ya se cortaba las uñas y cabellos. Así que, estando en este pueblo en la iglesia del dicho monasterio oyendo misa un día, y alzándose el Corpus Domini, vio con los ojos interiores unos como rayos blancos que venían de arriba; y aunque esto, después de tanto tiempo, no lo puede bien explicar, todavía lo que él vio con el entendimiento claramente fue ver cómo estaba en aquel Santísimo Sacramento Jesucristo nuestro Señor.

Cuarto. Muchas veces y por mucho tiempo, estando en oración, veía con los ojos interiores la humanidad de

[12] Como ya dijimos anteriormente, Ignacio permaneció en Manresa desde el 25 de marzo de 1522 hasta mediados (hacia el 17 ó 18) de febrero de 1523. Véase *Fontes narr.* I 81[16].

grande allegria spirituale, il modo con cui Dio aveva creato il mondo. Gli sembrava di vedere una cosa bianca, dalla quale uscivano raggi e con la quale Dio faceva luce. Queste cose, però, non le sapeva spiegare, e neppure si ricorda esattamente bene di quelle conoscenze spirituali che in quei momenti Dio gli imprimeva nell'anima.

Terzo: Ancora in Manresa, dove si intrattenne quasi un anno[37], dopo che cominciò ad essere consolato da Dio e dopo che vide il frutto che operava nelle anime, trattando con esse, abbandonò quegli eccessi che praticava prima; ora si tagliava le unghie e i capelli. Fu così che, mentre un giorno in questo paese si trovava nella chiesa del suddetto monastero ad ascoltare Messa, vide con gli occhi interiori come dei raggi bianchi che scendevano dall'alto, e benché questo, dopo tanto tempo, non lo possa spiegare bene, tuttavia ciò che egli vide chiaramente con l'intelletto era come Gesù Cristo nostro Signore fosse presente in quel Santissimo Sacramento.

Quarto: Molte volte e per molto tempo, mentre stava in orazione, vedeva con gli occhi interiori l'umanità di Cristo; la figura che gli appariva era

[10] Ignazio si trattenne a Manresa dal 25 marzo 1522 al 17 o 18 febbraio 1523.

Cristo, y la figura, que le parecía era como un cuerpo blanco, no muy grande ni muy pequeño, mas no veía ninguna distinción de miembros. Esto vio en Manresa muchas veces: si dijese veinte o cuarenta, no se atrevería a juzgar que era mentira. Otra vez lo ha visto estando en Jerusalén, y otra vez caminando junto a Padua[13]. A Nuestra Señora también ha visto en símil forma, sin distinguir las partes. Estas cosas que ha visto le confirmaron entonces y le dieron tanta confirmación siempre de la fe, que muchas veces ha pensado consigo: Si no huviese Escriptura que nos enseñase estas cosas de la fe, él se determinaría a morir por ellas, solamente por lo que ha visto.

30. Quinto. Una vez iba por su devoción a una iglesia que estaba poco más de una milla de Manresa, que creo yo que se llama San Pablo[14], y el camino

[13] En la misma *Autobiografía* quedan consignadas otras frecuentes apariciones de Jesucristo a San Ignacio en diferentes épocas de su vida; véanse los n.41.44.48.96.99.

[14] El antiquísimo monasterio de San Pablo y Valldaura, situado al otro lado de la Colina de Santa Clara y sobre el río Cardoner, a unos 400 metros del «Puente viejo», en 1472 pasó a depender del abad cisterciense de Poblet. Los documentos que se conservan no pasan más allá de 1520, por lo cual no podemos saber con certeza el nombre del prior en 1522, cuando San Ignacio visitaba el monasterio. Suelen decir los historiadores que era Alfonso de Agurreta. En 1700 el abad de Poblet

come un corpo bianco non molto grande né molto piccolo, senza, però, vedere distinzione alcuna di membra. Questo egli vide in Manresa molte volte: se dicesse venti o quaranta volte, non si azzarderebbe a giudicarlo una bugia. Un'altra volta Lo ha visto mentre era a Gerusalemme, e un'altra ancora mentre era in viaggio vicino a Padova[11]. Ha visto pure Nostra Signora allo stesso modo, senza distinzione di membra. Queste cose, che egli ha visto, lo confermarono e gli diedero poi per sempre tanta fermezza nella fede da pensare molte volte tra sé che, anche se non ci fosse la Scrittura a insegnarci queste cose della fede, egli si deciderebbe a morire per esse soltanto in forza di quello che egli ha visto.

30. Quinto: Una volta se ne andava per sua devozione ad una chiesa distante da Manresa poco più di un miglio: credo che si chiami San Paolo[12].

[11] Nell'Autobiografia sono ricordate altre frequenti apparizioni di Cristo ad Ignazio, in differenti periodi della sua vita: nn. 41.44.48.96.99.

[12] Si tratta dell'antichissimo monastero di San Paolo e Valldaura, situato a circa 400 metri dal Ponte vecchio di Manresa, dall'altra parte della collina di Santa Chiara. Da Manresa la chiesa del monastero era raggiungibile o tenendosi lungo la riva del fiume Cardoner, oppure per un sentiero che corre lungo il fianco del monte, più in alto. È probabile che Ignazio, quel giorno, abbia preso questa strada, sia perché, percorrendola, ci si imbatteva nella croce del Tort, alla

va junto al río; y yendo así en sus devociones, se sentó un poco con la cara hacia el río, el cual iba hondo[15]. Y estando allí sentado, se le empezaron a abrir los ojos del entendimiento; y no que viese alguna visión, sino entendiendo y conociendo muchas cosas, tanto de cosas espirituales como de cosas de la fe y de letras; y esto con una ilustración tan grande, que le parecían todas las cosas nuevas. Y no se puede declarar los particulares que entendió entonces, aunque fueron muchos, sino que recibió una grande claridad en el entendimiento; de manera que en todo el discurso de su vida, hasta pasados sesenta y dos años[16], coligiendo todas

vendió el monasterio a los Padres de la Compañía de Jesús, los cuales reedificaron la casa y restauraron la capilla. En 1767 perdieron esta propiedad por efecto del decreto de expulsión dictado por Carlos III. El monasterio pasó a manos de particulares, y en esta situación se encuentra el día de hoy. SARRET I ARBÓS, *Historia religiosa de Manresa* 208-217; I. PUIG, *Album de Manresa ignaciana* (Barcelona 1950) lámina 69.

[15] El sentido de esta palabra, claro para el que conoce la topografía del lugar, es que San Ignacio se sentó en un sitio elevado, con el rostro vuelto hacia el río que corría más abajo.

[16] Sobre la edad que se atribuye a sí mismo San Ignacio en este pasaje véase lo que apuntamos en la *Introducción* p.75. Este pasaje dio lugar a una de las opiniones por las que pasó Polanco, la de atribuir a San Ignacio sesenta y tres años al tiempo de su muerte (cf. MI, *Fontes narr.* II 512[5]). Ya dijimos que se retractó y que al fin optó por el nacimiento de San Ignacio en 1495. La opinión intermedia de Polanco, nacimiento en 1493 y edad de sesenta

La strada correva lungo il torrente. E mentre così camminava assorto nelle sue devozioni, si sedette un poco con la faccia rivolta al torrente che scorreva in basso. Mentre stava lì seduto, cominciarono ad aprirglisi gli occhi della mente[13]: non è che avesse una visione, ma capì e conobbe molte cose, sia delle cose spirituali che delle cose concernenti la fede e le lettere, e questo con un'illuminazione così grande che tutte le cose gli apparivano come nuove[14]. Non si possono descrivere tutti i particolari che allora egli comprese, sebbene essi fossero molti, ma si può solo dire che ricevette una grande luce nell'intelletto.

quale egli fa riferimento nel suo racconto (cfr n. 31), sia perché si vede il torrente scorrere «profondo». Questo ha senso solo rispetto ad uno che guardi il torrente da lassù; per questo traduciamo «hondo» con «in basso».

[13] Sembra che le esperienze di Manresa non siano tanto visione immaginative, cioè frutto di un'azione diretta di Dio sulla sensibilità di Ignazio, ma piuttosto visioni intellettuali, nelle quali gli elementi immaginativi sono la ripercussione nella sensibilità dell'azione divina sull'intelligenza. Dunque tentativi imperfetti, da parte dell'intelligenza, di tradurre quel che percepisce dell'intervento di Dio.

[14] In questa illuminazione non sono interessanti solo i misteri della fede, ma tutta la realtà. Si tratta di una nuova visione di tutte le cose, di una conoscenza e di una comprensione più profonda del proprio mondo, delle realtà dell'ordine naturale e di quelle dell'ordine soprannaturale, di quanto appreso per via di esperienza e di quanto imparato attraverso lo studio. Più che una visione oggettiva di Dio e di altri misteri della fede, è una vi-

cuantas ayudas haya tenido de Dios, y todas cuantas cosas ha sabido, aunque las ayunte todas en uno, no le parece haber alcanzado tanto como de aquella vez sola. *Y esto fue en tanta manera de quedar con el entendimiento ilustrado, que le parescía como si fuese otro hombre y tuviese otro intelecto que tenía antes.*

31. Y después que esto duró un buen rato, se fue a hincar de rodillas a una

y tres años a su muerte, es la sostenida por DUDON, *Saint Ignace* p.614. Ya observamos que esta opinión es poco probable.

*E questo di restare con l'intelletto illuminato si verificò in maniera così forte, che gli pareva di essere come un altro uomo e di avere un altro intelletto, diverso da quello che aveva prima.*
Di modo che, in tutto il corso della sua vita, fino ai sessantadue anni compiuti[15], mettendo insieme tutti e quanti gli aiuti ricevuti da Dio, e tutte e quante le cose che aveva appreso, anche riunite tutte insieme, non gli sembrava di aver imparato tanto come in quella sola volta.

31. Questo durò un buon spazio di tempo; poi egli andò ad inginocchiarsi

sione in Dio di tutte le cose. È una visione — seppure di visione in questo caso si possa parlare — sintetica o, come è stato affermato dal p. Nadal, «architettonica» (Scholia, 135): le realtà, più che nella loro molteplicità, vengono colte nella loro unità in Dio. Quasi seguendo il suo sguardo dall'alto del sentiero al basso del fiume che vede «hondo», Ignazio vede tutte le cose nella loro profondità, perché viste dall'Alto nelle loro mutue relazioni e nel loro essere collegate a Dio, dal quale tutte dipendono e derivano.

[15] Dal Memoriale del p. Gonçalves da Câmara, in data 17 febbraio 1555, risulta che Ignazio, a quel tempo, non aveva ancora parlato al suo confidente della visione del Cardoner, perché promette che gliene avrebbe parlato in seguito (FN I, 610). Pertanto egli raccontò la visione del Cardoner dopo l'interruzione nell'estate del 1553, cioè nella seconda tornata di incontri, tra il 9 ed il 23 marzo 1555, l'anno prima della morte. Ignazio aveva allora 64 anni e non 62, come invece erroneamente viene affermato nel testo.

cruz que estaba allí cerca, a dar gracias a Dios; y allí le apareció aquella visión que muchas veces le aparecía y nunca la había conocido, es a saber, aquella cosa que arriba se dijo que le parecía muy hermosa, con muchos ojos[17]. Mas bien vio, estando delante de la cruz, que no tenía aquella cosa tan hermosa color como solía; y tuvo un muy claro conoscimiento, con grande asenso de la voluntad, que aquél era el demonio; y así después muchas veces por mucho tiempo le solía aparecer, y él, a modo de menosprecio, lo desechaba con un bordón que solía traer en la mano.

ai piedi di una croce[16], che si trovava lì vicino, per ringraziare Dio. Lì gli apparve quella visione che molte volte gli era apparsa, e che mai era riuscito a comprendere, cioè quella cosa di cui già sopra si è parlato e che gli sembrava molto bella, con molti occhi. Ma ora, stando davanti alla croce, vide bene che quella cosa così bella non aveva più il colore di prima, ed ebbe una chiarissima conoscenza, accompagnata da un grande assenso della volontà, che quello era il demonio. Anche in seguito, per molto tempo, continuò ad apparirgli spesso, ma egli, in segno di scherno, lo cacciava via con un bastone che era solito portare in mano.

32. Estando enfermo una vez en Manresa, llegó de una fiebre muy recia a punto de muerte, que claramente juzgaba que el ánima se le había de salir luego. Y en esto le venía un pensamiento que le decía que era justo, con el cual tomaba tanto trabajo, que no hacía sino repugnarle y poner sus pecados delante; y con este pensamiento tenía más trabajo que con la misma fiebre; mas no podía vencer el tal pensamiento por mucho que trabajaba por vencerle. Mas, aliviado un poco de la fiebre, ya no estaba en aquel extremo de expirar, y empezó a dar

32. Una volta, mentre era malato in Manresa, per una febbre molto violenta venne in pericolo di morte, tanto da giudicare con chiarezza che la sua anima dovesse proprio partire di lì a poco. In quel momento gli venne un pensiero che gli diceva: «Sei un giusto». Questo gli procurava tanta pena che non faceva altro che respingerlo e mettersi innanzi i propri peccati. Questo pensiero lo faceva soffrire di più che la stessa febbre ma, per quanto si desse molta pena per vincerlo, non ci riusciva. Ma quando la febbre si abbassò un poco, non venne più a trovarsi in peri-

[17] Véase el n.19. La cruz a que se refiere es la llamada Cruz del Tort.

[16] Si tratta della croce del Tort, situata sul sentiero che corre lungo il fianco del monte, sopra il fiume Cardoner.

grandes gritos a unas señoras que eran allí venidas por visitalle, que por amor de Dios, cuando otra vez le viesen en punto de muerte, que le gritasen a grandes voces diciéndole pecador, y que se acordase de las ofensas que había hecho a Dios.

33. Otra vez, veniendo de Valencia para Italia por mar con mucha tempestad, se le quebró el timón a la nave, y la cosa vino a términos que, a su juicio y de muchos que venían en la nave, naturalmente no se podría huir de la muerte[18]. En este tiempo, examinándose bien y preparándose para morir, no podía tener temor de sus pecados, ni de ser condenado; mas tenía grande confusión y dolor, por juzgar que no había empleado bien los dones y gracias que Dios Nuestro Señor le había comunicado.

Otra vez, el año de 50, estuvo muy malo de una muy recia enfermedad, que, a juicio suyo y aun de muchos, se tenía por la última[19]. En este tiempo, pensando en la muerte, tenía tanta ale-

[18] En el año 1535. Véase el n.91.

[19] Trátase de una enfermedad que padeció San Ignacio a fines de 1550 y siguió aquejándole hasta principios de 1551. Véase más arriba la *Cronología* p.49.

colo imminente di morte cominciò a scongiurare ad alta voce alcune signore, che erano venute a visitarlo, perché, per amor di Dio, quando un'altra volta lo avessero visto in punto di morte, lo sgridassero ad alta voce, chiamandolo peccatore e dicendogli che si ricordasse delle offese che aveva fatte a Dio.

33. Una volta, mentre era in mare in viaggio da Valencia verso l'Italia[44], durante una grande tempesta, si ruppe il timone della nave e si giunse al punto che, a giudizio di molti passeggeri, ormai con i soli mezzi naturali non si sarebbe potuto sfuggire alla morte. In quel momento, esaminandosi bene e preparandosi a morire, gli era impossibile aver paura dei propri peccati e neppure di essere condannato; ma provava grande confusione e dolore perché giudicava di non aver impiegato bene i doni e le grazie che Dio nostro Signore gli aveva concesso.

Un'altra volta, nel 1550, si trovava molto malato a causa di una infermità molto grave che, a giudizio suo e anche di molti, doveva essere l'ultima[45]. In

[17] Cfr n. 91. Si tratta del viaggio da Valencia a Genova dell'autunno 1535, che Ignazio intraprese per ricongiungersi a Venezia con i compagni.

[18] Ignazio cadde gravemente malato verso la fine del 1550 e rimase in tale stato d'infermità per tutto il mese di gennaio del 1551, al termine del quale rinunciò al generalato e cercò, senza successo, di persuadere i compagni ad accettare le sue dimissioni.

gría y tanta consolación espiritual en haber de morir, que se derritía todo en lágrimas; y esto vino a ser tan continuo, que muchas veces dejaba de pensar en la muerte, por no tener tanto de aquella consolación.

quell'occasione, pensando alla morte, provava tanta allegria e tanta consolazione spirituale per il fatto di dover morire, che si scioglieva tutto in lacrime. E questo lacrimare venne ad essere così continuo, che molte volte cessava di pensare alla morte per non provare in maniera così abbondante quella consolazione.

34. Veniendo el invierno, se infermó de una enfermedad muy recia, y para curarle le ha puesto la cibdad en una casa del padre de un Ferrera[20], que después ha sido criado de Baltasar de Faria[21]; y allí era curado con mucha diligencia; y por la devoción que ya tenían con él muchas señoras principales, le venían a velar de noche[22]. Y rehaciéndose desta enfermedad, quedó todavía muy debilitado y con frecuente dolor de estómago. Y así por estas causas, como por ser el invierno muy frío, le hicieron que se vistiese y

34. Al sopraggiungere dell'inverno si ammalò molto gravemente e, per curarlo, le autorità cittadine lo fecero portare a casa del padre di un certo Ferrer[19], che più tardi fu a servizio di Baltazar de Faria[20]. Lì era curato con molta attenzione e molte signore della buona società, spinte dalla devozione che già provavano verso di lui, venivano a vegliarlo la notte[21]. Quando si rimise da questa malattia, restò, però, molto debole e con frequenti dolori di stomaco. E così, per questi motivi e perché l'inverno era molto rigido, lo

[20] Según el P. Nonell (*Manresa ignaciana* p.76 nota 1), San Ignacio se refiere probablemente a un hijo de Antonio Benito Ferrer y de su esposa Juana. Más adelante fue criado de Baltasar de Faria, encargado de negocios del rey de Portugal en Roma en 1543-1551. Juana Ferrer (o Ferrera, como entonces se acostumbraba a decir) es contada en los procesos de San Ignacio entre las bienhechoras del Santo. Véase MI, *Scripta* II 367.370.379.738.748.

[21] Véase la nota anterior.

[22] Las piadosas señoras que más favorecieron a San Ignacio en Manresa fueron Inés Pascual, Angela Amigrant, Micaela Canyelles, Inés Clavera, Brianda Paguera.

[19] Probabilmente Ignazio si riferisce ad un figlio di Antonio Benedetto Ferrer (o Ferrera, come si diceva allora) e di sua moglie Giovanna, che spesso è ricordata, nei processi di beatificazione, tra le benefattrici del santo.

[20] Baldassarre de Faria fu ambasciatore del re di Portogallo a Roma dal 1543 al 1551.

[21] Tra di esse certamente vi era Inés Pascual, che lo assistette fin dai primi giorni dopo il suo arrivo a Manresa. Ella aiutò Ignazio anche in seguito, a Barcellona, nel 1523 e nel 1525. Dai processi per la beatificazione fatti a Manresa conosciamo anche il nome di altre signore: Inés Claver, Michaela Canyelles, Angela Amigant, Brianda Paguera.

calzase y cubriese la cabeza; y así le hicieron tomar dos ropillas pardillas de paño muy grueso y un bonete de lo mismo, como media gorra. Y a este tiempo había muchos días que él era muy ávido de platicar de cosas espirituales, y de hallar personas que fuesen capaces dellas. Ibase allegando el tiempo que él tenía pensado para partirse para Jerusalén[23].

35. Y así, al principio del año de 23, se partió para Barcelona para embarcarse[24]. Y aunque se le ofrecían algunas compañías, no quiso ir sino solo; que toda su cosa era tener a solo Dios por refugio. Y así un día a unos que le mucho instaban, porque no sabía lengua italiana ni latina, para que tomase una compañía, diciéndole cuánto le ayudaría, y loándosela mucho, él dijo que, aunque fuese hijo o hermano del duque de Cardona[25], no iría en su compañía; porque él deseaba tener tres virtudes: caridad y fe y esperanza; y llevando un compañero, cuando tu-

convinsero a coprirsi, a calzarsi e a mettersi qualcosa in testa. Gli fecero dunque accettare due casacche scure di panno grossolano e uno zucchetto della stessa stoffa, come se fosse un mezzo berretto. In questo periodo accadeva che, molti giorni, era avido di parlare di cose spirituali e di incontrare persone che ne fossero capaci. Si avvicinava il tempo che egli aveva fissato per partire alla volta di Gerusalemme.

35. Pertanto, al principio del 1523, si recò a Barcellona per imbarcarsi. E benché alcuni gli si offrissero per accompagnarlo, volle partire solo, perché l'unica cosa che per lui contava era avere Dio solo come rifugio. Così un giorno, ad alcuni che lo importunavano molto perché, dato che non sapeva né l'italiano né il latino, prendesse con sé uno come compagno, evidenziando quanto ne sarebbe stato aiutato e facendone molte lodi, egli disse che non sarebbe andato con lui neppure se fosse stato figlio o fratello del duca di Cardona[22]. Egli, infatti, desiderava

[23] Es curioso que San Ignacio no habla de la composición de los Ejercicios en esta su narración de lo que le sucedió en Manresa. Esta omisión la suplió al final de su relato autobiográfico (véase n.99) respondiendo rápidamente a una pregunta del P. Cámara.

[24] Como ya anotamos anteriormente (nota 11), parece que salió de Manresa el 17 ó 18 de febrero de 1523. Cf. *Fontes narr.* I 81[16].

[25] Todos los textos castellanos, con mani-

[22] I Cardona erano una delle famiglie più nobili della Catalogna. Giovanna, sorella del duca di Cardona, fu moglie di Antonio Manrique de Lara, duca di Najera e viceré di Navarra, presso il quale Ignazio aveva prestato servizio dal 1517 fino alla caduta di Pamplona nel maggio 1521.

viese hambre esperaría ayuda de él; y cuando cayese, le ayudaría a levantar; y así también se confiara dél y le ternía afición por estos respectos; y que esta confianza y afición y esperanza la quería tener en un solo Dios. Y esto que decía desta manera, lo sentía así en su corazón. Y con estos pensamientos él tenía deseos de embarcarse, no solamente solo, mas sin ninguna provisión. Y empezando a negociar la embarcación, alcanzó del maestro de la nave que le llevase de balde, pues que no tenía dineros, mas con tal condición, que había de meter en la nave algún biscocho para mantenerse, y que de otra manera de ningún modo del mundo le recibirían.

esercitarsi in tre virtù: carità, fede e speranza; ora, se avesse portato un compagno, quando avesse avuto fame, da lui si sarebbe aspettato aiuto; e, quando fosse caduto, da lui avrebbe atteso di essere aiutato ad alzarsi. Così, per questi motivi, egli avrebbe anche messo la sua fiducia in lui e gli si sarebbe affezionato, mentre, invece, questa fiducia, questo affetto e questa speranza egli voleva riporre in Dio solo. E quello che così diceva, lo sentiva alla stessa maniera nel cuore. Con tali idee egli desiderava imbarcarsi non soltanto senza compagni, ma anche senza alcuna provvista. Quando cominciò a trattare per l'imbarco, ottenne dal padrone della nave di essere preso gratuitamente perché non aveva denaro, ma alla condizione di portare con sé una certa quantità di biscotto per il proprio sostentamento; altrimenti per nessuna ragione al mondo lo avrebbero accettato.

36. El cual biscocho queriendo negociar, le vinieron grandes escrúpulos: —¿Esta es la esperanza y la fe que tú tenías en Dios, que no te faltaría? —, etc.

36. Al momento di dover comprare quel biscotto, gli vennero grandi scrupoli: è questa la speranza e la fede che tu riponevi in Dio, che non ti sarebbe mai mancato, ecc.?

fiesto error, leen Carmona. La familia de Cardona pertenecía a la más ilustre nobleza de Cataluña. Una hermana del duque de Cardona estaba casada con Antonio Manrique de Lara, a quien había servido San Ignacio. Cf. SALAZAR Y CASTRO, *Historia genealógica de la casa de Lara* II p.176.

Y esto con tanta eficacia, que le daba gran trabajo. Y al fin, no sabiendo qué hacerse, porque de entrambas partes veía razones probables, se determinó de ponerse en manos de su confesor; y así le declaró cuánto deseaba seguir la perfección y lo que más fuese gloria de Dios, y las causas que le hacían dubdar si debría llevar mantenimiento. El confesor se resolvió que pidiese lo necesario y que lo llevase consigo. Y pidiéndolo a una señora, ella le demandó para dónde se quería embarcar. El estuvo dudando un poco si se lo diría; y a la fin no se atrevió a decirle más, sino que venía a Italia y a Roma. Y ella, como espantada, dijo: — ¿A Roma queréis ir? Pues los que van allá, no sé cómo vienen — (queriendo decir que se aprovechaban en Roma poco de cosas de espíritu). Y la causa por que él no osó decir que iba a Jerusalén fue por temor de la vanagloria; el cual temor tanto le afligía, que nunca osaba decir de qué tierra ni de qué casa era[26]. Al fin, habido el bizcocho, se embarcó; mas, hallándose en la playa con cinco o seis blancas de las que le habían dado pidiendo por las puertas (porque desta manera solía vivir), las dejó en un banco que halló allí junto a la playa.

[26] Véase el prólogo del P. Luís Gonçalves da Cámara, n.1* p.89.

E tutto questo con tale forza da procurargli grande sofferenza. Alla fine, non sapendo che fare, perché vedeva buone ragioni da tutte e due le parti, decise di mettersi nelle mani del confessore. Gli manifestò, pertanto, quanto desiderasse seguire la via della perfezione e quello che tornava a maggior gloria di Dio, e i motivi che lo inducevano a dubitare sul dovere di procurarsi il sostentamento. Il confessore fu del parere che mendicasse il necessario e che lo prendesse con sé. Una signora, alla quale aveva chiesto l'elemosina, gli domandò per dove volesse imbarcarsi. Egli restò un po' in dubbio se dirglielo, ma alla fine non si arrischiò a dirle altro se non che andava in Italia e a Roma. Ed essa, come spaventata, disse: «Volete andare a Roma? Ma quelli che vanno là, non so come ne tornino» (volendo dire che a Roma le persone fanno poco profitto nelle cose spirituali). Il motivo per cui non osò dire che andava a Gerusalemme fu il timore di vanagloria; questo timore lo affliggeva tanto che non osava dire di quale luogo d'origine e di quale casato egli fosse[23]. Alla fine, ottenuto il biscotto, si imbarcò; ma trovandosi sulla spiaggia con in mano ancora

[23] Cfr il prologo del p. Câmara.

cinque o sei monete che gli avevano dato mentre elemosinava di porta in porta (perché in questo modo era solito campare), le lasciò su un banco lì vicino alla spiaggia.

37. Y se embarcó, habiendo estado en Barcelona poco más de veinte días. Estando todavía aún en Barcelona antes que se embarcase, según su costumbre buscaba todas las personas espirituales, aunque estuviesen en ermitas de la cibdad, para tratar con ellas. Mas, ni en Barcelona ni en Manresa, por todo el tiempo que allí estuvo, pudo hallar personas que tanto le ayudasen como él deseaba; solamente en Manresa aquella mujer, de que arriba está dicho[27], que le dijera que rogaba a Dios le aparesciese Jesucristo: esta sola le parescía que entraba más en las cosas espirituales. Y así, después de partido de Barcelona, perdió totalmente esta ansia de buscar personas espirituales.

[27] N.21.

37. Poi si imbarcò[24], dopo essere stato a Barcellona poco più di venti giorni. Mentre era ancora in Barcellona, prima di imbarcarsi, come al solito, andava in cerca di tutte le persone spirituali con le quali avrebbe potuto intrattenersi, quand'anche si trovassero in eremi lontani dalla città. Ma né in Barcellona, né in Manresa, durante tutto il tempo della sua permanenza, poté trovare persone che lo aiutassero tanto quanto egli desiderava, ad eccezione di quella donna in Manresa della quale si è parlato sopra[25] e che gli aveva detto che pregava Dio affinché Gesù Cristo gli apparisse. Gli sembrava che essa sola entrasse di più nelle cose spirituali. Perciò, dopo la partenza da Barcellona, perdette totalmente quell'ansia di cercare persone spirituali.

[24] Ignazio intraprende il pellegrinaggio più come compagno (di Gesù), che come penitente. A differenza delle intenzioni che aveva a Loyola, adesso prevale il desiderio di essere associato allo stile e alla vita del Cristo inviato in missione: seguirlo nelle pene per seguirlo anche nella gloria (EE., n. 95).

[25] Cfr n. 21.

# CAPITOLO III

## LETTERA AI ROMANI

### I. Notizie sulla Lettera ai Romani

**A.** *La Lettera nella liturgia*

1. Lezionario

a. Liturgia romana

**liturgia dei giorni festivi:**

| | |
|---|---|
| 1,1-7 | 4ª domenica di Avvento / A |
| 3,21-25.28 | 9ª domenica del TO / A |
| 4,18-25 | 10ª domenica del TO / A |
| 5,1-5 | Santissima Trinità / C |
| 5,1-2.5-8 | 3ª domenica di Quaresima / A |
| 5,5-11 | S. Cuore di Gesù / C |
| 5,6-11 | 11ª domenica del TO / A |
| 5,12-15 | 12ª domenica del TO / A |
| 5,12-19 | 1ª domenica di Quaresima / A |
| 6,3-11 | Veglia Pasquale / A, B, C |
| 6,3-4.8-11 | 13ª domenica del TO / A |
| 8,8-11 | 5ª domenica di Quaresima / A |
| 8,8-17 | Pentecoste (giorno) / C |
| 8,9.11-13 | 14ª domenica del TO / A |
| 8,14-17 | Santissima Trinità / B |
| 8,18-23 | 15ª domenica del TO / A |
| 8,22-27 | Pentecoste (vigilia) / A, B, C |
| 8,26-27 | 16ª domenica del TO / A |
| 8,28-30 | 17ª domenica del TO / A |
| 8,31b-34 | 2ª domenica di Quaresima / B |
| 8,35.37-39 | 18ª domenica del TO / A |

| | |
|---|---|
| 9,1-5 | 19ª domenica del TO / A |
| 10,8-13 | 1ª domenica di Quaresima / C |
| 11,13-15.29-32 | 20ª domenica del TO / A |
| 11,33-36 | 21ª domenica del TO / A |
| 12,1-2 | 22ª domenica del TO / A |
| 13,8-10 | 23ª domenica del TO / A |
| 13,11-14 | 1ª domenica di Avvento / A |
| 14,7-9 | 24ª domenica del TO / A |
| 14,7-9a.10c-12 | Tutti i fedeli defunti, 2 novembre |
| 15,4-9 | 2ª domenica di Avvento / A |
| 16,25-27 | 4ª domenica di Avvento / B |

**liturgia dei giorni feriali:**

Si leggono alcuni passi della Lettera ai Romani dal lunedì della 28ª settimana al sabato della 31ª settimana del Tempo Ordinario, anno dispari.

b. Liturgia bizantina

| | |
|---|---|
| 1,1–2,29 | da martedì a venerdì della 1ª settimana dopo la Pentecoste |
| 2,28–6,2 | da lunedì a venerdì della 2ª settimana dopo la Pentecoste |
| 7,1–9,19 | da lunedì a venerdì della 3ª settimana dopo la Pentecoste |
| 9,18–11,36 | da lunedì a venerdì della 4ª settimana dopo la Pentecoste |
| 12,4–16,16 | da lunedì a venerdì della 5ª settimana dopo la Pentecoste |
| 16,17-24 | lunedì della 6ª settimana dopo la Pentecoste |
| 1,7-12 | sabato della 1ª settimana dopo la Pentecoste |
| 3,19-26 | sabato della 2ª settimane dopo la Pentecoste |
| 2,10-16 | 2ª domenica dopo la Pentecoste |
| 3,28-43 | sabato della 3ª settimana dopo la Pentecoste |
| 5,1-10 | 3ª domenica dopo la Pentecoste |
| 6,11-17 | sabato della 4ª domenica dopo la Pentecoste |
| 6,18-23 | 4ª domenica dopo la Pentecoste |
| 8,14-21 | sabato della 5ª settimana dopo la Pentecoste |
| 10,1-10 | 5ª domenica dopo la Pentecoste |
| 9,1-5 | sabato della 6ª settimana dopo la Pentecoste |
| 12,6-14 | 6ª domenica dopo la Pentecoste |
| 12,1-3 | sabato della 7ª settimana dopo la Pentecoste |

| | |
|---|---|
| 15,1-7 | 7ª domenica dopo la Pentecoste |
| 13,1-10 | sabato della 8ª settimana dopo la Pentecoste |
| 14,6-9 | sabato della 9ª domenica dopo la Pentecoste |
| 15,30-33 | sabato della 1ª domenica dopo la Pentecoste |
| 14,19-23;16,25-27 | sabato della 36ª domenica dopo la Pentecoste |
| 13,11–14,4 | La Domenica dei Latticini |
| 5,6-10 | Il Grande e Santo Venerdì (3ª ora reale ) |
| 6,3-11 | Il Grande e Santo Sabato |
| 8,28-29 | commemorazione di più santi martiri |
| 14,5-9 | ai morti, lunedì |
| 15,1-7 | all'unzione dei malati |
| 8,22-27 | al tempo di abbondanti piogge e di diluvi |
| 6,3-11 | al battesimo dei grandi |
| 5,12-21 | al funerale di un sacerdote (II *apostolos*) |
| 14,6-9 | al funerale di un sacerdote (V *apostolos*) |
| 6,3-11 | Battesimo del Signore |

2. Liturgia delle ore (liturgia romana)

a. Ufficio delle letture

| | |
|---|---|
| 1,1-17 | lunedì, 1ª settimana del TO |
| 1,18-32 | martedì, 1ª settimana del TO |
| 2,1-16 | mercoledì, 1ª settimana del T |
| 2,17-29 | giovedì, 1ª settimana del TO |
| 3,1-20 | venerdì, 1ª settimana del TO |
| 3,21-31 | sabato, 1ª settimana del TO |
| 4,1-25 | domenica, 2ª settimana del TO |
| 5,1-11 | lunedì, 2ª settimana del TO |
| 5,12-21 | martedì, 2ª settimana del TO |
| | Immacolata Concezione della BVM |
| 6,1-11 | mercoledì, 2ª settimana del TO |
| 6,12-23 | giovedì, 2ª settimana del TO |
| 7,1-13 | venerdì, 2ª settimana del TO |
| 7,14-25 | sabato, 2ª settimana del TO |
| 8,1-17 | domenica, 3ª settimana del TO |
| 8,5-27 | Domenica di Pentecoste |

| | |
|---|---|
| 8,18-39 | lunedì, 3ª settimana del TO |
| | comune di martiri |
| 8,28-39 | Sacratissimo Cuore di Gesù |
| 9,1-18 | martedì, 3ª settimana del TO |
| 9,19-33 | mercoledì, 3ª settimana del TO |
| 10,1-21 | giovedì, 3ª settimana del TO |
| 11,1-12 | venerdì, 3ª settimana del TO |
| 11,13-24 | sabato, 3ª settimana del TO |
| 11,25-36 | domenica, 4ª settimana del TO |
| 12,1-21 | lunedì, 4ª settimana del TO |
| 13,1-14 | martedì, 4ª settimana del TO |
| 14,1-23 | mercoledì, 4ª settimana del TO |
| 15,1-13 | giovedì, 4ª settimana del TO |
| 15,14-33 | venerdì, 4ª settimana del TO |
| 16,1-27 | sabato, 4ª settimana del TO |

b. Lodi, ore media, vespri e compieta

| | | |
|---|---|---|
| 1,1-2.7 | Ss. Pietro e Paolo | primi vespri |
| 3,23-25a | martedì II | vespri |
| 5,1-2.5 | domenica II | ora media |
| 5,8-9 | lunedì Quaresima V | vespri |
| | lunedì Santo | vespri |
| 5,20b-21 | Immacolata Concezione | vespri |
| 6,4 | domenica Pasqua VII | ora media |
| 6,8-11 | mercoledì Pasqua I | lodi |
| | mercoledì Pasqua | lodi |
| | mercoledì Pasqua VII | lodi |
| 8,1-2 | venerdì IV | vespri |
| 8,3-4 | 4 gennaio | vespri |
| 8,10-11 | giovedì Pasqua I | lodi |
| | giovedì Pasqua | lodi |
| | giovedì Pasqua VII | lodi |
| 8,11 | Pentecoste | primi vespri |
| 8,14-17 | lunedì Pasqua VII | vespri |
| 8,16-17 | Trasfigurazione | vespri |

| | | |
|---|---|---|
| 8,18-21 | giovedì IV | lodi |
| 8,26-27 | martedì Pasqua VII | vespri |
| 8,28-30 | S. Maria Magdalena | vespri |
| | comune di santi | vespri |
| | comune di sante | vespri |
| 8,29a-30 | Immaculata Concezione | primi vespri |
| 8,30 | Assunzione della BVM | primi vespri |
| 8,35.37-39 | comune di martiri | primi vespri |
| 9,4-5 | Ss. Joachim e Anna | vespri |
| | Natale di Maria | vespri |
| 10,8-10 | lunedì di Pasqua | lodi |
| 11,33-36 | Trinità | primi vespri |
| | domenica I | primi vespri |
| 12,1-2 | lunedì di Quaresima I-IV | vespri |
| | S. Maria Magdalena | lodi |
| | comune di santi | lodi |
| | comune di sante | lodi |
| 12,9 12 | martedì III | vespri |
| 12,14-16a | sabato II | lodi |
| 13,8-10 | lunedì I | ora media |
| 13,11-12 | domenica Avvento | lodi |
| 13,11b.12-13a | martedì I | lodi |
| 13,13-14a | domenica Avvento | ora media |
| 14,7-9 | sabato Pasqua I | lodi |
| | sabato Pasqua | lodi |
| | sabato Pasqua VII | lodi |
| 14,17-19 | giovedì II | lodi |
| 15,1-3 | venerdì I | vespri |
| 15,5-7 | sabato IV | ora media |

**B.** *Occasione, destinatari, luogo e data di composizione*

Paolo aveva fondato le sue chiese in Asia Minore e in Grecia; tuttavia, era desideroso di predicare il Vangelo anche a Roma e di venire a contatto diretto con la realtà del cristianesimo quale si era venuto a concretizzare nella famosa capitale dell'impero, quasi a volere sperimentare la differenza di temperie sicuramente esistente e tangibile rispetto a quella della città d'origine del cristianesimo: Gerusalemme. Non è escluso che egli guardasse a Roma come a un polo di riferimento, un termine di paragone con l'ambiente giudaico della Palestina, dal quale con non poca resistenza era stato accettato in veste d'apostolo. Senza volere sviscerare qui le ragioni di tali rapporti non perfettamente tranquilli e pacifici con la sede principale (dovuti non solo alla mentalità alquanto formalistica di alcuni membri, ma anche all'ineliminabile disparità di educazione, di forma mentis e di temperamento, oltre che alla vivacità intellettuale di Paolo, ebreo della diaspora), è naturale che il cristianesimo, nato e sviluppato nelle varie città dell'Asia minore e della Grecia, non poteva riprodurre, come per "clonazione", risposte identiche a quelle della Palestina. Ora Paolo aspirava a un confronto del suo essere e pensare cristiano con la comunità più notevole e interessante del mondo occidentale, in cui la nuova religione era attecchita e prosperava, ma in un habitat culturale e linguistico particolare: differente, sia geograficamente sia come prospettive. Dall'inevitabile e presumibile dibattito che ne sarebbe scaturito, Paolo contava di chiarire, irrobustire, confermare a se stesso e agli altri la validità delle sue posizioni, delle sue acquisizioni, della maniera di presentare le fondamentali verità della dottrina cristiana. Chissà se, consciamente o inconsciamente, l'Apostolo si augurava di trovare a Roma, città così proiettata verso il mondo esterno, un'atmosfera più benevola, più tollerante, più disposta a prestare ascolto, se non addirittura amica, da cui poteva nascere una sorta di tacita alleanza, in vista di ulteriori conquiste spirituali e pratiche della fede. Forse ciò poteva costituire una sorta di patente, atta a suscitare nella chiesa gerosolimitana un atteggiamento di attenzione, scevro di tutte quelle riserve mentali, di tutta quella diffidenza che aveva circondato ogni mossa o decisione di Paolo in merito alle nuove fondazioni, alle sue scelte organizzative e, segnatamente, alle sue espressioni interpretative del Vangelo. Un'accoglienza di tal genere avrebbe rafforzato la posizione del missionario di Tarso, il quale, oltretutto, aveva in animo di spingersi nel suo slancio di evangelizzazione fin nella penisola iberica ormai profondamente romanizzata. In ciò ammiriamo la grandezza della visione ecumenica di Paolo: non a caso definito "Apostolo delle genti".

Ora, mentre politicamente il dominio romano nel suo estendersi aveva già denunciato la bipolarità della doppia civiltà e cultura di occidente e oriente (che di lì a non molto si sarebbe verificata in strutture politiche concrete nella imminente separazione e bipartizione Roma-Bisanzio), per quanto concerne la religione stava emergendo in lui l'alternativa della scelta Gerusalemme-Roma: due centri energetici, dalle potenzialità non comuni, altrettanto affascinanti e gravidi di civiltà, che sicuramente l'Apostolo, nella sua generosità d'intenti e con estrema apertura mentale, avrebbe voluto vedere attivi in mutua e leale collaborazione e sinergia. Come i grandi condottieri dell'Antichità, quali Dario I re dei Persiani, o Alessandro Magno, o Annibale, o Giulio Cesare, i quali avevano tutti ben chiara la consapevolezza delle due facce del mondo, così l'orizzonte geografico di Paolo spaziava oltre i limiti del normale pensabile. Ecco perché Roma esercitava su di lui tanto irresistibile fascino e attrattiva: se egli fosse riuscito nell'intento di essere ammesso con onore e deferenza nell'assemblea dei fedeli della capitale, avrebbe sicuramente potuto contare su amici e collaboratori[1] da associare nella sua impresa di evangelizzazione delle terre occidentali del mar Tirreno: appunto, la Spagna.

Nonostante la sua instancabile iniziativa, Paolo non aveva potuto determinare il formarsi di nessuna nuova comunità a Roma, probabilmente perché, in data molto antica, era già sorta una fondazione ad opera di giudeo-cristiani di Palestina (Gerusalemme?) o di Siria (Antiochia?)[2]. Di tale situazione preesistente, l'Apostolo delle genti si rendeva conto perfettamente. Sorge spontanea la domanda se la chiesa romana delle origini sia stata caratterizzata prevalentemente da ebrei o da gentili. La maggioranza degli studiosi propende per la seconda ipotesi[3], anche se, quasi certamente, nella capitale dell'impero la comunità ebraica rappresentava una minoranza piuttosto nutrita in seno alla popolazione ivi residente. In tal caso, ci si troverebbe di fronte a una comunità di gentili di provenienza varia, costituita anche da greci e microasiatici, provenienti dai paesi più disparati, gravitanti, in qualche modo, intorno al Mediterraneo, per lo più sudo-

---

[1] I non pochi nominativi di personaggi presenti a Roma che Paolo menziona nella lettera (cfr. Rm 16) dimostrano che il suo progetto non era privo di fondamento.

[2] Alcuni giudeo-cristiani dell'Oriente, di cui la loro identità è sconosciuta, hanno portato il Vangelo a Roma. Cfr. C.K. BARRETT, *Romans*, 6; C.E.B. CRANFIELD, *Romans*, I, 17; J.D.G. DUNN, *Romans*, I, xlvii; R. PENNA, *Le prime comunità cristiane*, 84.

[3] Cf. J.A. FITZMYER, *Romans*, 33; D.J. MOO, *Romans*, 11.

rientale. Insomma, fin dalle origini, la chiesa romana godeva di una composizione mista ed era connotata in un senso giudaizzante[4].

Dopo aver esaurito i compiti relativi al suo ministero in oriente (cfr. Rm 15,19), Paolo decide di passare in occidente, con meta privilegiata, la Spagna: durante il viaggio aveva intenzione di far visita ai cristiani di Roma e chiedere il loro aiuto spirituale e materiale (cfr. 15,24)[5]. Quanto alla penisola iberica, la sua conquista da parte di Roma — che l'aveva strappata alle mire della potenza cartaginese — era iniziata fin dalla II Guerra Punica (III sec. a.C.). Al seguito degli eserciti romani si erano mossi coloni, mercanti, viaggiatori e si scrivevano resoconti storici. Quindi, negli anni in cui Paolo scrive le sue lettere, corrispondente all'età di Claudio (41-54 d.C.) e di Nerone (54-68 d.C.), quelle terre erano ben note ed erano state stabilmente acquisite al dominio romano; flussi migratori importanti in ambedue le direzioni (da Roma verso la Spagna e viceversa) ne costituiscono una riprova. In siffatto clima, l'ascesa degli spagnoli alla corte di Roma (sotto la dinastia Giulio-Claudia) era ormai iniziata: lo stesso filo-

---

[4] R. Penna ha ragione di insistere che i gentili si erano avvicinati prima all'ebraismo e poi, in quanto gentili conformi ai costumi ebrei, avevano creduto nel Vangelo. Per la composizione della comunità di Roma vedi ID., *Lettera ai Romani*, I, 25-39. "... la Chiesa di Roma doveva sicuramente avere una composizione mista; ma è difficile stabilire delle percentuali per le varie componenti. Si può comunque ritenere che i cristiani della città, non essendo possibile sapere se qualcuno proveniva direttamente dal paganesimo, erano tutti dei 'giudeo-cristiani', sia che provenissero dal giudaismo sia dal paganesimo" (*Ibid.*, 31). Vedi anche ID., *Le prime comunità cristiane*, 82-104. "It is clear from the evidence that the Roman Christian community lay within the much larger Roman Jewish community. In the later 30s or early 40s of the first century, Jewish believers in Jesus from Jerusalem or Palestine came to Rome. There they won over to belief in Jesus as the Christ some Roman Jews as well as some sympathetic Gentiles associated with the Jewish community. All of this took place within the Roman Jewish community. By the end of the 40s, however, serious conflict developed within the community over belier in Jesus. This lead to the expulsion of both Jewish and Gentile believers in Jesus from the Jewish community. The number of these believers must have been large enough that the disturbances causes by their expulsion came to the attention of the Roman authorities. As a result, the emperor Claudius in 49 expelled from Rome at least some of those involved in these disturbances. By the time Paul wrote to the Roma Christians in 57, the Christian community had been separate from the Jewish community for seven or eight years" (T.H. TOBIN, *Paul's Rhetoric in its Context*, 44-45).

[5] Per il motivo missionario della Lettera ai Romani, cfr. F.F. BRUCE, *Romans*, 13-15; C.E.B. CRANFIELD, *Romans*, I, 22-24; R. JEWETT, *Romans*, 87-91; J. SÁNCHEZ BOSCH, *Escritos paulinos*, 285-286.

sofo stoico Seneca[6], maestro e consigliere dell'adolescente Nerone; i poeti Lucano[7] e Marziale[8]; il rettore Porcio Latrone[9], maestro del poeta Ovidio, il retore Quintiliano[10], personalità di grande rilievo a Roma, erano tutti figli di terra spagnola. Questa serie di glorie della cultura e della politica culminerà con la salita al trono dell'imperatore Traiano, il quale nasceva a Italica (odierna Siviglia, città della *Hispania Baetica*) nel 53 d.C., proprio negli anni in cui Paolo era in piena attività. Ora, se tale processo di "ispanizzazione" della cultura romana è un fatto storico ampiamente documentato, non possiamo esimerci dall'ipotizzare un altrettanto forte interesse di Paolo e dei suoi numerosi correligionari verso le regioni iberiche, tanto più suscettibili di essere evangelizzate, in quanto abbastanza agevolmente collegate, per via di terra, attraverso la provincia romana (odierna Provenza), ma ancor più per via di mare, con le coste che dall'Italia tirrenica e ligure giungono fino all'arcipelago delle Baleari e via via fino allo stretto di Gibilterra, procedendo verso sud. Per quanto detto, l'eco e il rilievo che potevano scaturire da un incontro positivo dell'Apostolo delle genti con i cristiani di Roma erano suscettibili di sortire un effetto favorevole di ricaduta sulla persona di Paolo e sui suoi progetti missionari in Spagna.

---

[6] Lucio Anneo Seneca, figlio del retore Seneca il Vecchio, appartenente a una famiglia di ricchi banchieri, nacque a Corduba (oggi Cordova), capitale della *Hispania Baetica* (odierna Andalusia). Suo fratello Marco Anneo Novato (adottato dal retore Giunio Gallione, dal quale aveva assunto il nome di Lucio Giunio Gallione) fu proconsole di Acaia, destinato dell'accusa mossa a Paolo durante la sua prima permanenza a Corinto. Cfr. At 18,12-17. Vedi J. Dingel, "Seneca, L. Annaeus", *BNP*, XIII, 271-278.

[7] Marco Anneo Lucano, figlio del fratello minore di Seneca, Anneo Mela, anch'egli nativo di Corduba, autore del poema epico-storico "Pharsalia". Vedi D.T. Vessey, "Lucanus, M. Annaeus", *BNP*, VII, 829-833.

[8] Marco Valerio Marziale nacque a Bilbilis Augusta (oggi Calatayud, in provincia di Saragozza) nella *Hispania Tarraconensis* (odierna Aragona), autore dell'*Epigrammata*. Vedi M. Lausberg, "Martialis, M. Valerius", *BNP*, VIII, 408-412.

[9] Marco Porcio Latrone, grande amico di Seneca il Vecchio, nacque in Spagna (probabilmente a Corduba, capitale della *Hispania Baetica*). Docente di retorica a Roma, fra i suoi numerosi studenti figurano Ovidio e Abronio Silo. Porcio Latrone viaggiò molto e fece ritorno più volte in Spagna. Cfr. P.L. Schmidt, "Porcius", *BNP*, XI, 636.

[10] Marco Fabio Quintiliano, autore dell'*Institutio oratoria*, nacque a Calagurris (oggi Calahorra) nella *Hispania Tarraconensis*. Vedi J. Dingel, "Quintilianus", *BNP*, XII, 349-354.

Prima di partire per Roma, però, l'Apostolo sentiva il bisogno di portare a Gerusalemme la colletta delle chiese dei gentili (cfr. Rm 15,25-27). Questa era per lui un segno concreto di solidarietà fra gentili e ebrei nella Chiesa di Dio, e doveva fare in modo di allontanare il sospetto di voler essere autonomo nella gestione della sua opera missionaria. Prima di lasciare Corinto diretto in Giudea, Paolo scrisse ai romani per annunciare la sua visita e la sua permanenza fra di loro[11]. Il particolare contesto religioso, ambientale e culturale romano, per forza di cose, lo vedeva giungere buon ultimo, e quindi necessariamente a margine di un eventuale ruolo direttivo o decisionale, o anche semplicemente consultivo in seno alla chiesa locale. Ciononostante, egli cercò di inserirsi in un rapporto fecondo di scambio e di dialogo (cfr. 1,11-12) con i forti e i deboli della comunità (cfr. 14,1–15,13), mettendo in opera tutte le sue più raffinate abilità umane e diplomatiche, senza venir meno alla sua vocazione di apostolo. Vocazione la quale premeva in lui e lo voleva portavoce di quella Buona Novella che costituiva lo scopo primario della sua esistenza (cfr. 1,13-15). L'Apostolo affidò alla sua lettera il compito di presentare se stesso ed il suo modo di intendere il Vangelo. In poche parole, si trattava di una franca e leale proposta di cosciente autoinvestitura affinché egli rappresentasse nella città simbolo dell'Occidente, il referente di tante chiese dell'Oriente mediterraneo. Ecco Paolo che mostra, attraverso la sua lettera personale, le proprie credenziali. Questo Vangelo di salvezza, egli era desideroso di proclamarlo anche e soprattutto a Roma. È a questo punto che la statura di Paolo si erge in tutta la sua grandezza e nella sua incommensurabile ampiezza di vedute[12]. L'Apostolo scrisse la lettera in un periodo relativamente sereno; sotto certi rispetti, il contrario dell'atmosfera in cui era nata la Lettera ai Galati. Ben-

---

[11] Oggi nessun mette in dubbio la paternità paolina di Romani. Cfr. B. Byrne, *Romans*, 8-10; C.E.B. Cranfield, *Romans*, I, 2; J.A. Fitzmyer, *Romans*, 40-42; A. Pitta, *Lettera ai Romani*, 20.

[12] "Paul undoubtedly had multiple reasons for writing Romans: his upcoming visit to Jerusalem, his mission to Spain, the tensions within the Roman community, the rumors and slanders about his gospel, and his desire to preach the gospel to the Romans. Accordingly, since his missionary work in the East was done, he writes this extended letter, which approaches the form of a letter-essay (Stirewalt 1991), to present himself to the Romans for some or all of the reasons listed above" (F.J. Matera, *Romans*, 10). Per un ottimo sommario dello *status quaestionis*, cfr. K.P. Donfried, "Introduction 1977", xli-lxxii; L.A. Jervis, *The Purpose of Romans*, 11-28; R. Penna, *Romani*, I, 44.

ché si tratti di una missiva *ad hoc*, Romani è una lunga disamina che esplicita la sua comprensione originale e totale del Vangelo di Dio.

Tutti i biblisti oggi accettano Paolo come autore di Romani, eccezion fatta per la parte finale della lettera (la cosiddetta "dossologia": Rm 16,25-27[13]). Paolo scrisse questa giustamente famosissima lettera a Corinto nell'inverno del 57-58,[14] poco prima di effettuare il suo ultimo viaggio a Gerusalemme (cfr. 15,25)[15]. Sentiamo tutto ciò come un atto dirimente, frutto di lunghe meditazioni, di travaglio, di sofferenza. Con questa lettera, Paolo vuole che i cristiani di Roma (e insieme a loro, tutto il popolo cristiano) conoscano a fondo i risultati del suo percorso spirituale, in modo che gli si possa concedere massima fiducia, condizione necessaria in situazioni di così grande responsabilità, quale l'Apostolo si apprestava ad assumere. Nella Lettera ai Romani, Paolo mette in gioco tutto se stesso: traccia l'intero percorso del suo cammino di fede e lo pone, idealmente, su un piatto della bilancia. Sull'altro piatto i maggiorenti della chiesa romana metteranno il peso che determinerà il valore della posta. È questo un momento cruciale, in cui la vita di Paolo si trova a una svolta carica di significato e di conseguenze storiche enormi[16].

---

[13] È probabile che qualcuno l'abbia aggiunta più tardi: la discussione fra studiosi ferve tuttora.

[14] Cfr. J.N. Aletti, *La Lettera ai Romani*, 11; B. Byrne, *Romans*, 9; J.A. Fitzmyer, *Romans*, 87; T.H. Tobin, *Paul's Rhetoric in its Context*, 45.

[15] Per maggiori informazioni sulla chiesa di Roma e sull'occasione, data e luogo di composizione di Rm, cfr. B. Byrne, *Romans*, 8-19; J.A. Fitzmyer, *Romans*, 25-88; R. Penna, *Romani*, I, 25-39.43-52; A. Pitta, *Lettera ai Romani*, 20-28; D.J. Moo, *Romans*, 1-13; A. Sacchi, *Lettere paoline e altre lettere*, 171-174.

[16] "Paul's relationship with the Roman Christians, then, was complex, made more difficult by the fact that they knew each other only through third parties. Hints of this complexity began to emerge with the elaborately respectful way in which Paul approached the Roman Christian community and with his emphasis on how they could mutually benefit each other. It also emerged in Paul's explicit concern that his collection for the poor of the Jerusalem community would not be accepted. This concern was not simply a matter of charity; it was also about maintaining or perhaps even reestablishing the bond of unity, which the collection symbolized, between his largely Gentile Christian communities and the Jewish Christian community of Jerusalem" (T.H. Tobin, *Paul's Rhetoric in its Context*, 76).

## C. *Contenuto*

### 1. Testo: integrità e unità

#### a. Critica testuale[17]

Il testo della Lettera ai Romani è giunto a noi in duplice materiale scrittorio: reperti papiracei[18] frammentari, che non contengono il testo nella sua completezza; manoscritti[19] su pergamena[20], completi quanto al testo, ma di età più recente rispetto a quelli scritti su papiro. In primis, spicca il papiro Chester Beatty ($P^{46}$) risalente all'inizio del III secolo circa. I codici[21] pergamenacei vanno dal III secolo, al tardo Medioevo; il tipo di scrittura dipende dall'evoluzione di questa nel corso dei secoli[22]; fortu-

---

[17] "La *critica testuale* mira a stabilire un testo come è uscito dalla penna del suo autore. Per fare ciò bisogna comparare più manoscritti di un medesimo testo, collezionarne le varianti, stabilire il grado di parentela tra determinati manoscritti, tentare di ricostruire le loro famiglie e stabilire, se possibile, lo *stemma codicum*, vale a dire l'albero genealogico dei manoscritti e delle loro famiglie. Questo lavoro viene chiamato *critica esterna*" (J.-N. ALETTI – *al.*, *Lessico ragionato dell'esegesi biblica*, 27).

[18] "Il *papiro* è un foglio fabbricato a partire da una pianta dello stesso nome, che un tempo cresceva soprattutto sulle rive del Nilo e nel suo Delta. Se ne tagliava il midollo in strisce e queste venivano prima messe una accanto all'altra, poi su queste ne venivano collocate altre trasversalmente. Nel migliore dei casi si poteva scrivere sulle due facce, il *recto* e il *verso*. Rimane il fatto che il papiro è evidentemente fragile" (J.-N. ALETTI – *al.*, *Lessico ragionato dell'esegesi biblica*, 19).

[19] "Un *manoscritto* è un testo scritto a mano da uno scriba o un copista. Il testo è scritto o su un papiro, o su cuoio, o su pergamena, o su carta. Il termine *manoscritto* è spesso dato abbreviato: al singolare *ms.*, o al plurale *mss* (senza punto finale)" (J.-N. ALETTI – *al.*, *Lessico ragionato dell'esegesi biblica*, 19).

[20] "La *pergamena*, dal nome della città di Pergamo, dove fu inventata nel II secolo a.C., è fatta di una pelle di animale, soprattutto di montone, di capro o vitello. La pelle veniva raschiata e lucidata su ambedue le facce. La pergamena è molto più solida del papiro e finisce per soppiantarlo. Vedi *1Tm* 4,13" (J.-N. ALETTI – *al.*, *Lessico ragionato dell'esegesi biblica*, 19).

[21] "Gli altri manoscritti biblici sono o dei papiri o delle pergamene. Se si scriveva su una sola facciata, le pagine scritte potevano essere attaccate le une accanto alle altre per formare una banda, a volte di parecchi metri, che veniva arrotolata: si parla allora di *rotoli* (vedi Ger 36) ed è il significato prima del termine 'volume'. Le pagine potevano essere anche collocate le une sotto le altre per formare un *codex* (al plurale *codices*); in questo caso i fogli o *folio* potevano essere scritti su una sola facciata o, come accadeva molto spesso, su tutte e due, il *recto* e il *verso*" (J.-N. ALETTI – *al.*, *Lessico ragionato dell'esegesi biblica*, 19-20).

[22] "I più antichi manoscritti della *Settanta* e del Nuovo Testamento utilizzano le lettere greche maiuscole o capitali, dette *onciali*; si parla quindi di manoscritti *onciali*. La scrittura greca *corsiva* o *minuscola* fu messa a punto a Bisanzio durante il secolo IX. È quella delle nostre edizioni moderne della *Settanta* e del Nuovo Testamento. In scrittura minuscolo sono importanti per l'esegesi attuale soltanto alcuni manoscritti del Siracide" (J.-N. ALETTI – *al.*, *Lessico ragionato dell'esegesi biblica*, 21).

natamente alcuni di essi si segnalano per il fatto di essere copie di testi più antichi, la cui fedeltà alla stesura paolina può essere difficilmente messa in dubbio, dal momento che fonti storiche accertate, per altre vie, documentano le loro referenze positive quanto a garanzia di precisione. I punti più controversi della lettera riguardano, principalmente, la parte iniziale o indirizzo e la parte finale o conclusiva, culminante nel travagliato cap. 16[23]. L'intestazione riveste particolare importanza perché dall'accertamento dei destinatari dipende la verifica degli scopi e delle intenzioni, di conseguenza una più sicura comprensione dei contenuti e dei messaggi di cui la lettera (o addirittura due lettere secondo alcuni esegeti) sarebbe stata latrice. Le vicissitudini di questo testo riguardano anche la sua estensione. Infatti, la tradizione testuale ce lo ha consegnato in tre dimensioni: 1) fino al cap. 14 compreso (forma breve); 2) fino al cap. 15 compreso; 3) fino al cap. 16 compreso (forma lunga), con l'ulteriore complicazione determinata dalla collocazione anticipata o no di alcuni versetti: per esempio la cosiddetta dossologia (Rm 16,25-27)[24]. Ad ogni modo la maggioranza di biblisti oggi accetta la forma più estesa della lettera, cioè Rm 1–16, come quella originale[25].

Commentatori insigni del passato come Marcione (II sec.), Ireneo di Lione (II sec.) e Origine (II-III sec.), hanno fatto propendere i biblisti per differenti interpretazioni sui vari interrogativi in campo. All'interno di questa nostra schematizzazione, pullulano altre controversie minute, ma non secondarie, riguardo alle numerose e problematiche varianti del testo. Naturalmente, ne è nata una messe di pubblicazioni, alcune di pregio, altre sconfinanti nel fantasioso, ma pur sempre testimonianza dell'interesse dei biblisti e dei teologi. Tutti questi "fiumi d'inchiostro" non sono stati versati invano, se è vero che attualmente riusciamo a orien-

---

[23] Per notizie più dettagliate sull'intera questione cfr. gli eccellenti, approfonditi studi di J.A. FITZMYER, *Romans*, 44-54; R. PENNA, *Lettera ai Romani*, I, 52-54.

[24] Tutt'ora alcuni biblisti identificano interpolazioni non paoline nel testo della Lettera ai Romani. Per esempio secondo A.J. Dewey – R.W. Hoover – L.C. McGaughy – D.D. Schmidt i brani Rm 5,6-7; 13,1-7; 16,17-20 e 16,25-27 sono decisamente non paolini. Vedi ID., *The Authentic Letters of Paul*, xvi.199-200.

[25] Cfr. J.-N. ALETTI, *La Lettera ai Romani*, 123; B. BYRNE, *Romans*, 29; J.A. FITZMYER, *Romans*, 50; D.J. MOO, *Romans*, 19 ; R.H. MOUNCE, *Romans*, 27-30 ; L. MORRIS, *Romans*, 24-31 ; T.R. SCHREINER, *Romans*, 5; B. WITHERINGTON, *Romans*, 5.

tarci nella comprensione della Lettera ai Romani basandoci su alcuni punti fermi ormai universalmente accettati[26]. Per una breve cronistoria delle ricerche degli esegeti, astraendo dalla loro maggiore o minore validità, è consuetudine prendere le mosse dal J.B. Lightfoot[27] e attraverso tappe intermedie giungere fino al lavoro di J. Knox[28], con cui termina il periodo "pionieristico" delle esplorazioni avventurose, quando la critica testuale sulla Lettera ai Romani muoveva i primi passi, in modo ingenuo e poco producente. Il 1977 registra con H. Gamble[29] l'inizio di approfondimenti più seri, tali da consentirci di affermare, con sufficiente cognizione di causa, che la succitata forma lunga è senz'altro da preferire, se vogliamo salvare l'integrità e quindi il valore dell'opera d'arte, nel pieno rispetto della volontà dell'autore[30].

**b. Critica letteraria**

Gli aspetti letterari del testo sottoposto, al nostro vaglio, sono strettamente legati, talvolta dipendenti, talaltra intrecciati all'accertamento della tradizione testuale. La tematica non può essere sganciata dalle acquisizioni preliminarmente assunte, instaurando una bipartizione rigida. Inoltre, molte e sfuggenti sono le forze — alcune di ordine psicologico — nel momento in cui lo studioso si accosta a un testo: oltre all'importante ruolo del mittente, la funzione del destinatario, ma anche quella, sebbene involontaria, del biblista, nel senso della sua formazione, del fine che egli, in perfetta buona fede, persegue. Nonostante tutte le sue migliori intenzioni, proprio in grazia del suo interesse, egli non può tenersi completa-

---

[26] Tutto quanto detto con la riserva (augurabile ma purtroppo poco probabile) che nel frattempo o in futuro avvengano provvidenziali scoperte di nuovi reparti papiracei e pergamenacei!

[27] J.B. LIGHFOOT, *Biblical Essays*, 315-320 (London 1893)

[28] J. KNOX, "A Note on the Text of Romans," *NTS* 2 (1955-1956) 191-193. Cfr. ID., "Epistle to the Romans," *IB*, IX (1954), 365-368.

[29] Vedi H. GAMBLE, Jr., *The Textual History of the Letter to the Romans. A Study in Textual and Literary Criticism*, Grand Rapids 1977.

[30] Anche se i veri fondatori della scienza filologica sono stati nell'età ellenistica bibliotecari della biblioteca di Alessandria d'Egitto (III secolo a.C.), soltanto in epoca moderna (dal XIX secolo in poi) la cultura ha maturato la sensibilità di rispettare la volontà di chi scrive. Nel mondo antico non si esitava a modificare, tagliare, spostare, omettere: in una parola manomettere righe, pagine, capitoli, senza tutti gli scrupoli e le remore che oggi la filologia e le leggi di tutela dei testi e degli editori ci offrono a presidio e salvaguardia da pericoli di plagio o altro.

mente fuori dal gioco ermeneutico. Dopo queste doverose premesse è pacifico che alla critica letteraria compete l'esame dei contenuti della lettera. A questo punto, desideriamo esprimere un'altra riserva: mentre il termine "integrità" interpreta, rettamente, lo sforzo che la ricerca biblica ha profuso, nell'intento di giungere al punto fermo di una Lettera ai Romani veramente intera: integra appunto con tutti e sedici i suoi capitoli, la scelta del termine "unità" non ci pare esaustiva. A nostro giudizio sarebbe opportuno parlare di unicità, o meglio ancora di unitarietà, poiché una volta accettata come preferibile la scelta di una sola Lettera ai Romani (l'unità), la critica letteraria è impegnata nel ravvisarne i motivi ispiratori, gli scopi, il contenuto dottrinario e quello storico: in una parola gli argomenti o temi che fanno di una sola Lettera ai Romani, un tutto organico, armonico nelle sue parti, veramente unitario.

Tra gli esegeti che più di recente hanno rivolto la loro attenzione ai problemi di cui sopra citiamo a puro titolo di menzione Schmithals[31], Scroggs[32], Simonis[33], i quali — ciascuno a suo modo — hanno frazionato la lettera nella convinzione, tutt'altro che suffragata da argomentazioni probanti, che essa fosse stata composta in fasi diverse. I tre autori si sono spinti a ipotizzare la mano di uno o più redattori, i quali avrebbero affiancato Paolo, intervenendo nella stesura vera e propria, parzialmente sostituendosi a lui, o comunque avrebbero ritoccato il testo. Giudizio unanime, oggi, inserisce siffatte posizioni tra quegli aneddoti capaci di far sorridere, ma è innegabile che anche l'indagine, seppure contraddittoria, di questi "pionieri" della ricerca biblica, sulla Lettera ai Romani ha il merito di avere indicato e aperto una strada lungo la quale, con paziente opera di approfondimento, un numero sempre più nutrito di appassionati ricercatori potrà raccogliere frutti più soddisfacenti.

Lungi da noi la pretesa di voler risolvere questioni tanto intricate, ma proprio nella convinzione che Paolo sia il vero e unico autore della Lettera ai

---

[31] W. SCHMITHALS, *Der Römerbrief als historisches Problem*, Gütersloh 1975.

[32] R. SCROGGS, "Paul as Rhetorician. Two Homilies in Romans 1–11," in R.G. HAMERTON-KELLY – R. SCROGGS, ed., *Jews, Greeks, and Christians: Religious Cultures in Late Antiquity. Essays in Honour of W.D. Davies*, Leiden 1976, 271-298.

[33] W. SIMONIS, *Der gefangene Paulus. Die Entstehung des sogenannten Römerbriefes und anderer urchristlicher Schriften in Rom*, Frankfurt – Bern – New York 1990.

Romani non è verosimile che un testo così lungo e complesso sia stato composto tutto di getto, senza soste, ripensamenti, aggiunte, correzioni, riprese, sottolineature o altro[34]. L'Apostolo delle genti, infatti, era conscio che il suo scritto sarebbe stato sottoposto a un esame approfondito da parte dei destinatari e che l'esito della missione più impegnativa della sua vita dipendeva, per buona parte, dell'effetto che la lettera avrebbe provocato in loro.

## 2. Significato

Non è esagerato magnificare, con espressioni di massimo apprezzamento, il testo di questa lettera. Più di qualsiasi altra, nel Nuovo Testamento, Romani ha lasciato la sua impronta indelebile nella storia della Chiesa di ogni epoca, come fonte primaria (e fondamento) della teologia cristiana. L'interpretazione di Romani ha svolto un ruolo essenziale nelle opere dei Padri della Chiesa, nei dibattiti intorno alla Riforma protestante, al punto da costituire pietra di paragone nelle aspre contese e vivaci polemiche sorte tra gli esponenti di quello storico movimento religioso, tendente a rinnovare la Chiesa cristiana: riguardo all'Epistola ai Romani, gli stessi Lutero e Calvino compilarono poderosi commentari, al fine di testimoniare il valore fondante rappresentato dallo scritto paolino. Ma anche il pensiero teologico del nostro secolo è stato profondamente influenzato dalle acquisizioni dottrinarie scaturite dalla mente feconda dell'Apostolo, geniali per profondità d'analisi, fertili di spunti e di echi suggestivi[35]. Paolo rappresenta, ancora oggi, un punto di riferimento, sia per le speculazioni dei biblisti, sia per tutto il Popolo di Dio e anche per la società cosiddetta laica, la quale nel fallimento di tanti facili quanto effimeri ideali, di recente lo ha riscoperto e ha compreso quanto l'uomo abbia bisogno di riflettere su Dio — sulla sua giustizia, sul suo amore e sulla sua gloria come fine ultimo — per non frantumarsi e perdersi come una meteora inseguendo un illusorio progresso.

---

[34] *Ad adiuvandum* vedi anche le interessanti segnalazioni sulle tecniche di scrittura e di dettatura dei testi nell'antichità riportate da R. PENNA, *Lettera ai Romani*, I, 56 n. 129.

[35] Per i concetti principali della teologia di Romani vedi L.E. KECK, *Romans*, 32-38.

### 3. Composizione della Lettera ai Romani[36]

*Schema epistolare*

A. Prescritto / formula di apertura: 1,1-7

B. Ringraziamento: 1,8-17

C. Corpo: 1,18–15,13

D. Post-scritto / formula conclusiva (15,14–16,23) più dossologia (16,25-27)

**R.E. Brown (1996): Divisione della lettera ai Romani secondo i contenuti**[37]

1,1-15: Indirizzo / saluto, ringraziamento e esordio sul desiderio di Paolo di venire a Roma
1,16–11,36: Sezione dottrinale:
- parte I: 1,16–4,25: Giustizia di Dio rivelata per mezzo del Vangelo
  - 1,18–3,20: Ira di Dio e peccati dei gentili e degli ebrei
  - 3,21–4,25: Giustificazione mediante la fede, indipendentemente dalla legge
- parte II: 5,1–8,39: Salvezza di Dio per i giustificati mediante la fede
- parte III: 9,1–11,36: Promesse di Dio a Israele

12,1–15,13: Sezione esortativa:
- parte I: 12,1–13,14: Consigli autorevoli per la vita cristiana
- parte II: 14,1–15,13: I forti devono amore ai deboli

15,14-33: Progetti di viaggio di Paolo e benedizione
16,1-23: Raccomandazione per Febe e saluti alla gente di Roma
16,25-27: Dossologia conclusiva

Se la composizione della Lettera ai Romani ha sollevato molte difficoltà in passato, ciò non è più così oggi: ad eccezione del cap. 5[38], il con-

---

[36] Per una discussione più dettagliata sulla composizione della lettera vedi S. Brodeur, "La dimensione escatologica della morale cristiana in Romani 8," *StMor* 36 (1998) 402-408.

[37] Vedi R.E. Brown, *Introduction to the New Testament*, 560.

[38] Quattro sono le posizioni degli studiosi sulla funzione di Rm 5: 1) Rm 5,1-21 appartiene al blocco formato da Rm 1,18–5,21; 2) Rm 5,1-21 dà l'avvio una nuova sezione, che finirebbe — secondo i più — a Rm 8,39; 3) Rm 5,1-11 funge da conclusione per la parte 1,18–5,11 e Rm 5,12 segna l'inizio di una nuova sezione; 4) Rm 5 è un'unità isolata. Cfr. J.A. Fitzmyer, *Romans*, 96-97 e J.-N. Aletti, *Comment Dieu est-il juste?*, 38-49.

senso fra biblisti è pressoché universale[39]. Consideriamo due diversi criteri di composizione, indicativi del dipanarsi della lettera.

### a. J.-N. Aletti: *Dispositio* retorica della Lettera ai Romani[40]

| | |
|---|---|
| *praescriptum* | 1,1-7 |
| *exordium* | 1,8-17 con appendice di *propositio generalis* (vv. 16-17) |
| *probatio* | 1,18–11,36 |
| | A. 1,18–4,25 |
| | B. 5–8 |
| | C. 9–11 |
| esortazioni | 12,1–15,13 |
| *peroratio* | 15,14-21 |
| notizie | 15,22-33 |
| saluto finale | 16,1-27 |

### b. Parallelismi lessicografici e tematici[41]

La *probatio* (= parte dottrinale o dogmatica della lettera) può essere suddivisa in tre segmenti: A) nei capp. 1–4 si trova illustrata la giustificazione già ottenuta in Cristo per sola fede in lui[42]; B) i capp. 5–8 trattano

---

[39] Per uno studio più approfondito di questo problema, vedi J.-N. ALETTI, *Comment Dieu est-il juste?*, 38-49.

[40] Cfr. J.-N. ALETTI, "Romans", *IBC*, 1554; ID., *La Lettera ai Romani*, 9. "...per non costringere e mutilare i testi biblici su di un ideale 'letto di Procuste' è necessario procedere dal testo, con una sua composizione, struttura o disposizione, e semmai ad un relativo genere retorico. Infine è necessario tener presente che i modelli compositivi della manualistica classica non venivano seguiti *sic et simpliciter* da coloro che intendevano persuadere gli ascoltatori: si era pienamente liberi nel disporre la comunicazione a proprio piacimento. Questo vale anche per gli autori del NT, liberi di fronte ai canoni della retorica, della narrazione e dell'epistolografia, per cui si deve con pertinenza parlare di 'retorica contro la retorica', senza tuttavia cadere nell'assunto che non esista una retorica neotestamentaria. Anche gli autori del NT dimostrano un proprio modo di fare retorica più impronta al *kérigma* che ai canoni estetici del linguaggio. [...] Dunque il percorso contrario del *rhetorical criticism* genera la nuova denominazione della 'retorica letteraria', in cui per 'letteraria' s'intende l'esigenza di conferire priorità al testo biblico, con le sue micro e macrounità" (A. PITTA, "Retorica biblica", 1363).

[41] Cfr. S. LYONNET, "Note sur le plan de l'épître aux Romains," *RSR* 39 (1951) 301-316; R. SCROGGS, "Paul as Rhetorician. Two Homilies in Romans 1–11", in R.G. HAMERTON-KELLY, ed., *Jews, Greeks and Christians. Religious Cultures in Late Antiquity*, Leiden 1976, 271-298; J.A. FITZMYER, *Romans*, 96-102.

[42] "The attention to the eminent rhetorical arrangement in Romans has thus allowed over-

le conseguenze di tale giustificazione per la vita presente e futura dei cristiani; C) nei capp. 9–11 si prende in esame la questione della salvezza di Israele[43]. A causa sia dell'argomentazione scritturistica, sia della tematica teologica che le unisce, 1,18–4,25 e 9–11 costituiscono il parallelismo principale delle ali della *probatio,* la quale ha una struttura concentrica.

| | |
|---|---|
| A. = 1,18–4,25 | ebreo e greco giustificati per mezzo della fede |
| B. = 5–8 | vita nuova e speranza dei giustificati |
| C. = 9–11 | Israele e i gentili: la salvezza di Israele |

In tutta la parte dottrinale, s'instaura una tensione fra il *già da ora* e il *non ancora*. I battezzati sono attualmente *già* giustificati e redenti in Cristo, ma *non* stanno *ancora* godendo della pienezza della salvezza che si realizzerà solo al momento della parusia gloriosa del Signore risorto[44].

Nella parte centrale (5,1–8,39) si chiarisce come l'amore di Dio conceda salvezza ai giustificati[45]. Se Rm 1–4 sviluppa questioni teologiche (per esempio la giustizia divina, sua manifestazione e sue modalità), la prospettiva di Rm 5–8 è fondamentalmente cristologica e soteriologica: in essa si propone

---

coming a major difficulty, that of the connection between the main *propositio* of 1:16f. and the development that is immediately supposed to justify it, 1:18–4:25. We have seen how Paul arrives at showing, without any incoherence and in stages, (1:18–3:20 and 3:21–4:25) that divine justice reaches all humans in the same way, that is to say, by faith without the works of the Law. This then is the main quality of divine justice maintained by Paul and which he expresses as justification by faith alone: beyond the constancy of His judgment, the firmness with which He executes retribution, God is just because He treats all His subjects without making exceptions or giving any privileges. Indeed, the way in which Paul begins his reasoning in 1:18–3:20 can today raise questions—based on the falseness of mankind, is it necessary to highlight the truth of God and to proclaim the Gospel of gracious justification?—but we have seen that it is the imperatives of rhetoric that determine this point of departure" (J.-N. ALETTI, *God's Justice in Romans*, 90-91). Vedi anche F. BIANCHINI, *L'analisi retorica delle lettere paoline*, 45-54.

43 Vedi B. BYRNE, *Galatians and Romans*, 56-58.

44 La giustificazione per Paolo è una realtà ben radicata nel presente, mentre la salvezza è una realtà futura (cfr. Rm 5,1.10). In Rm 5,1 si dimostra che la giustificazione è una realtà presente: Δικαιωθέντες οὖν ἐκ πίστεως εἰρήνην ἔχομεν πρὸς τὸν θεὸν διὰ τοῦ κυρίου ἡμῶν Ἰησοῦ Χριστοῦ. In Rm 5,10 si vede che la salvezza è una realtà futura: πολλῷ μᾶλλον καταλλαγέντες σωθησόμεθα ἐν τῇ ζωῇ αὐτοῦ. Questo vale anche per Israele, perché Dio rimane sempre fedele al suo popolo eletto e lo salverà secondo il suo progetto di amore: καὶ οὕτως πᾶς Ἰσραὴλ σωθήσεται (Rm 11,26).

45 Per uno studio più dettagliato della composizione retorica di Rm 5–8, vedi J.-N. ALETTI, "La présence d'un modèle rhétorique en Romains. Son rôle et son importance", *Bib* 71 (1990) 1-24 ; ID., "Romans", *IBC*, 1570-1571; ID., *La Lettera ai Romani*, 47-49.

le realtà presente e futura dei battezzati, con una particolare insistenza sulla loro vita etica. Detta sezione comincia con un breve *exordium* (5,1-11), nel quale l'Apostolo annuncia che il cristiano giustificato fruisce adesso della facoltà di vivere una nuova vita. Ciò è possibile grazie al dono dell'amore di Dio, che è stato riversato nei cuori dei credenti per mezzo dello Spirito Santo (cfr. 5,5)[46]. I capp. 5–7 approfondiscono questa affermazione, annunciando la liberazione che ne risulta. Nei vv. 5,12-21 si prepara la *probatio* grazie a una comparazione (termine retorico: *comparatio*[47]) fra due persone e due sistemi: Adamo e Cristo, l'economia del peccato e quella della grazia. Il paragone termina con una *propositio*: "La legge poi è intervenuta a moltiplicare la trasgressione; ma dove il peccato è abbondato, la grazia è sovrabbondata, affinché, come il peccato regnò mediante la morte, così pure la grazia regni mediante la giustizia a vita eterna, per mezzo di Gesù Cristo, nostro Signore" (5,20-21). Questa tesi principale verrà sviluppata da Paolo nei capp. 6–8. I cristiani sono ormai liberati dal peccato e dall'ego (6,1-23) e dalla legge mosaica strumentalizzata dal peccato (7,1-25). Questa è davvero una buona novella: è possibile per l'uomo non sottostare più al dominio dei poteri che lo asserviscono, cioè il peccato, la morte e la carne. Eppure tale previsione rimarrebbe assai poco confortante, se non fosse per l'aspetto positivo costituito dal cap. 8: Cristo ha liberato i cristiani dal male, affinché essi vivano liberi come figli di Dio. La prima *subpropositio* di Rm 8 è una risposta alla domanda posta nel v. 7,24: "O miserabile uomo che sono! Chi mi libererà da questo corpo di morte?". La soluzione ovvia è Cristo: "Non c'è dunque con-

---

[46] "Cominciando la sua straordinaria descrizione dell'esistenza del giustificato (cfr. Rm 5–8), Paolo ricorda l'amore di Dio come fondamento di ciò che speriamo: la gloria finale (cfr. Rm 5,1-11; soprattutto il v. 5). Questo amore si manifesta in un luogo storico preciso, che è la morte del Figlio: nella morte di Cristo l'amore di Dio si rivela come amore per l'infermo (cfr. Rm 5,6a), anzi più precisamente per l'empio (cfr. Rm 5,6b), per chi non è né giusto né buono (cfr. Rm 5,7), per chi è peccatore (cfr. Rm 5,8), per chi — in definitiva — è nemico (cfr. Rm 5,10). Questo amore di Dio ci raggiunge in forza dell'effusione della Spirito Santo (cfr. Rm 5,5). Rm 5,1-11 presenta dunque una struttura trinitaria. Alla conclusione del grandioso affresco dei capitoli 5–8, Paolo ritorna sul tema dell'amore di Dio per noi in Gesù Cristo (cfr. Rm 8,31-39): questo amore è la migliore garanzia nel giorno del giudizio. Dio non è infatti l'osservatore asettico della nostra vicenda terrena né tanto meno l'avversario in agguato sul nostro cammino; egli è piuttosto il difensore e il custode di coloro per i quali ha consegnato il suo Figlio" (M. MARCHESELLI, "Amore", *TTB*, 41).

[47] "L'antitesi che (sindeticamente o asindeticamente: § 240) è formulata in frasi o in gruppi di parole (§§ 387-388) e che quindi è già chiaramente un'antitesi comparativa che caratterizza, si chiama *comparatio* (σύγκρισις). Essa può venire approfondita per mezzo della *subnexio* (§ 415)" (H. LAUSBERG, *Elementi di Retorica*, § 391.1).

danna per quelli che sono in Cristo Gesù" (8,1). Dio in Cristo fa sì che i suoi figli adottivi possano vivere secondo lo Spirito Santo. Anche la *probatio* dei capp. 6–8 si sviluppa instaurando un parallelismo tematico concentrico nella sua struttura complessiva: A (6,1–7,6): i battezzati sono morti con Cristo, dunque morti al peccato; B (7,7-25): la legge mosaica è santa, ma è al servizio del peccato; A' (8,1-30): la nuova vita dei battezzati viene inaugurata nello Spirito di Cristo. La macrounità (capp. 5–8) termina con una commossa *peroratio* (8,31-39).

### J.-N. Aletti: *Dispositio* retorica di Rm 5–8[48]

*exordium* 5,1-11
*comparatio* 5,12-21 (confronto tra due figure, Adamo e Cristo e tra due sistemi opposti, l'economia del peccato e quella della grazia) con appendice di
*propositio* (5,20-21)
*probatio* 6,1–8,30 in tre tappe
A. 6,1–7,6 i cristiani sono morti con Cristo per mezzo del battesimo
B. 7,7-25 la legge mosaica, al servizio del peccato, non può salvare ("io" = non cristiani)
C. 8,1-30 i cristiani vivono secondo lo Spirito di vita in Cristo
*peroratio* (8,31-39)

## 4. Composizione di Rm 8

### a. Funzione di Rm 8

Rm 8 svolge il tema maggiore di Rm 5,1-11, dimostrando come l'esistenza cristiana venga segnata dalla nuova vita di grazia nello Spirito Santo. Poiché Dio ha dato il suo Spirito ai cristiani, essi sono chiamati a

[48] Vedi J.-N. Aletti, "Romans", *IBC*, 1571; Id., *La Lettera ai Romani*, 48-49, Id., "Romans 5–8", 61-78. "In short, in Rom 5–8 Paul describes the being of the baptized and the moral action that one can rightly expect of them by means of rhetorical figures that strengthen each other. I hope to have shown how the *synkriseis*, the hyperboles, and the metaphors used are more than an *ornatus*. Perhaps, more than other passages, Rom5–8 shows that for Paul, rhetoric and theology are inseparable, and even that theology is fundamentally rhetorical. However, the further steps of our inquiry have been made possible thanks solely to a consideration of the arrangement of the passage: spotting the micro-units of argumentation and their respective function is not a luxury, but on the contrary, a necessity. Without this, it would be impossible to decide the basis for a rhetorical study. While the rhetorical approach cannot limit itself to the *dispositio*, it seems to me to draw its momentum and all the strength of its trajectory from there" (ID., "Romans 5–8", 77-78).

camminare secondo lo Spirito di Cristo, essendo già figli di Dio, destinati alla gloria eterna. Anche tutta la creazione condividerà la loro sorte beata. L'ultima unità del capitolo (8,31-39) costituisce un inno all'amore di Dio, manifestato in Cristo: questa possiede tutti i requisiti per essere considerata il brano più avvincente di tutto il corpus paolino, il capolavoro poetico di un sommo maestro di stile, oltre che di comportamento e di pensiero.

### b. **Composizione retorica di Rm 8**

Il metodo dell'analisi retorico-letteraria consente di cogliere, più agevolmente, lo snodarsi del capitolo. Si noti, innanzitutto, l'importanza delle due *subpropositio*, con le quali si annunciano due brevi tesi. Nel v. 1 (I *subpropositio*) Paolo proclama la nuova realtà dei credenti in Cristo, il quale li ha salvati dalla schiavitù trascorsa sotto il dominio del peccato, della morte e della legge mosaica: "Ora non c'è nessuna condanna per coloro che sono in Cristo Gesù." Questa breve tesi è seguita nel v. 2 dalla *ratio* che appunto la spiega, mettendo in rilievo il dono dello Spirito Santo nella vita dei battezzati: "Infatti la legge dello Spirito della vita in Cristo Gesù ti liberò dalla legge del peccato e della morte". Nel v. 18 (II *subpropositio*) l'Apostolo si sofferma sull'aspetto del Vangelo che più gli sta a cuore: quello escatologico-apocalittico. L'Apostolo volgendo lo sguardo verso una realtà futura proclama la gloria che finalmente sarà resa palese nei cristiani: "Ritengo, infatti, che le sofferenze del momento presente non siano paragonabili alla gloria futura che sarà manifestata in noi". Dopo avere individuato le *subpropositio*, resta estremamente agevole riconoscere l'*argumentatio* che ne consegue.

Questa la composizione retorico-letteraria di Rm 8:

vv. 1-17 (I parte del capitolo[49])
- v. 1 *subpropositio*: nessuna condanna per i cristiani
- v. 2 *ratio*: lo Spirito della vita in Cristo ha liberato i cristiani dal peccato e dalla morte
- vv. 3-17 *probatio* (in tre microunità concentricamente disposte, il cui elemento centrale è articolato chiasticamente):

[49] Vedi J.-N. ALETTI, "Romans 8", 114-116.

A = vv. 3-4: missione del Figlio di Dio e suo scopo
B = vv. 5-13: vita nuova nello Spirito per i cristiani
a = vv. 5-6: le due condizioni antitetiche (carne-Spirito) e le loro conseguenze: principi generali[50]
b = vv. 7-8: una condizione: la carne (uomo vecchio)
b′ = vv. 9-11: una condizione: lo Spirito (uomo nuovo): applicazione da parte dei romani
a′ = vv. 12-13: le due condizioni antitetiche (carne-Spirito) e le loro conseguenze: applicazione da parte dei romani con un'esortazione esplicita
C = vv. 14-17: avendo lo Spirito, i cristiani sono figli di Dio destinati alla gloria
vv. 18-27 (II parte del capitolo)
v. 18 *subpropositio*: le sofferenze attuali non diminuiscono la gloria futura
vv. 19-27 *probatio*: (in tre microunità concentricamente disposte):
A = vv. 19-22: sospiri della creazione mentre aspetta la liberazione dalla corruzione
B = vv. 23-25: sospiri e speranza dei figli mentre aspettano la redenzione del corpo
C = vv. 26-27: sospiri inesprimibili dello Spirito che viene in aiuto dei cristiani
vv. 28-30 *peroratio* del capitolo: tutto concorre al bene secondo il disegno di Dio (la glorificazione)
vv. 31-39 *peroratio* della sezione Rm 5–8: Dio è per noi in Cristo Gesù

Osserviamo la composizione di ciascuna sezione dell'argomentazione. Nella prima (vv. 1-17), Paolo sviluppa il tema della vita presente dei credenti alla luce del loro passato antecedente a Cristo (tensione *ora–non più*). Paolo sottolinea, fortemente, la rottura fra presente e passato: "Ora non c'è nessuna condanna per coloro che sono in Cristo Gesù" (v. 1)[51].

---

[50] Antitesi comune anche agli scritti di Qumran. Si veda 1QS 3.13-23.

[51] Cfr. la profezia del profeta Sofonìa: "Rallégrati, figlia di Sion, grida di gioia, Israele, esulta e acclama con tutto il cuore, figlia di Gerusalemme! Il Signore ha revocato la tua condanna, ha disperso il tuo nemico. Re d'Israele è il Signore in mezzo a te, tu non temerai più alcuna sventura. In quel giorno si dirà a Gerusalemme: 'Non temere, Sion, non lasciarti cadere le braccia! Il Signore, tuo Dio, in mezzo a te è un salvatore potente. Gioirà per te, ti rinnoverà con il suo amore, esulterà per te con grida di gioia" (Sof 3,14-17).

Egli mette a confronto il secolo vecchio vinto da Cristo, il *non più* cioè il tempo della condanna (v. 1); del dominio del peccato e della morte (v. 2); della carne (vv. 4-9); della servitù (v. 15) con il secolo nuovo, nato or *ora* cioè il tempo dello Spirito (vv. 2.4.5.6.9.10.11.13.14.15.16). "Voi però non siete nella carne, ma nello Spirito, se lo Spirito di Dio abita veramente in voi" (Rm 8,9a). Per contrapporre il presente in Cristo al passato, soggetto alla legge e al peccato, Paolo traccia per i suoi destinatari romani un'immagine che mette in antitesi il nero con il bianco, l'ombra con la luce. È un linguaggio esplicito, che non lasciando spazio a incertezza, qualunque nuovo convertito alla fede recepirebbe facilmente.

Nella seconda parte del capitolo (vv. 18-27), Paolo, rivolgendosi ai romani, evidenzia la distinzione fra realtà qualitativamente tanto differenti, questa volta mettendo in rilievo lo stacco fra la condizione del credente, che pur si dibatte fra le sofferenze del presente, e il pieno compimento del futuro in Cristo (tensione *già da ora–non ancora*): "Ritengo infatti che le sofferenze del momento presente non sono paragonabili alla gloria futura che sarà manifestata in noi" (v. 18)[52]. Benché l'angolo visuale cambi, benché l'Apostolo ora miri al dopo, il suo prisma ottico rimane quello della nuova vita in Gesù: già da ora, Dio ci ha uniti alla croce del suo Figlio, grazie alla prima venuta di Cristo, il quale, però, non ci ha ancora mostrato la pienezza della sua gloria — avvenimento che per avverarsi deve attendere la parusia futura di lui. Paolo mette a confronto il secolo presente: il *già da ora,* cioè la creazione che soffre sotto la schiavitù della corruzione (v. 21a); i gemiti dei credenti (v. 23a); la debolezza del non sapere che cosa sia conveniente domandare nella preghiera (v. 26) con la gloria futura: il *non ancora,* cioè la creazione che condivide la libertà gloriosa dei figli di Dio (v. 21b), la redenzione totale del corpo dei credenti (v. 23b). Questa insistenza sulla netta separazione tra realtà radicalmente opposte è tipica dello stile dell'Apostolo, soprattutto nel discorso escatologico-apocalittico. Altro esempio a livello stilistico di questo dualismo procedente secondo un linguaggio improntato su moduli di ritmo binario in 1Cor 15,44b-49, la cui struttura rivela un accentuato parallelismo antitetico.

---

[52] Per la delimitazione di questa pericope vedi W. Szypuła, *The Holy Spirit in the Eschatological Tension of Christian Life,* 224-230.

Nel capitolo 8 Paolo svolge il suo pensiero in modo analogo a quello di 1Cor 15: l'argomentazione si risolve in una duplice *probatio*. Ecco schematizzate le due sezioni di Rm 8,1-30.

| | **Rm 8,1-17** | **Rm 8,18-27** |
|---|---|---|
| ***subpropositio*** | v. 1 (***ratio*** al v. 2) | v. 18 |
| ***probatio*** | | |
| Libertà del Figlio / figli di Dio | vv. 3-4 | vv. 19-22 |
| vita nello Spirito, in attesa della redenzione del corpo | vv. 5-13 | vv. 23-25 |
| Preghiera nello Spirito | vv. 14-17 | vv. 26-27 |
| ***peroratio*** | vv. 28-30 | |

Ed ora le argomentazioni concentriche delle due *probatio* di Rm 8,3-27.

| **Rm 8,3-17** | **Rm 8,19-27** |
|---|---|
| **A** vv. 3-4<br>Dio ha mandato il proprio Figlio, affinché possiamo camminare secondo lo Spirito | **A** vv. 19-22<br>la creazione sarà liberata dalla corruzione, condividendo la libertà dei figli di Dio |
| **B** vv. 5-13<br>dimora dello Spirito nei cristiani: vita etica nel presente, risurrezione del corpo nel futuro | **B** vv. 23-25<br>i cristiani possiedono le primizie dello Spirito: speranza e perseveranza nel presente, redenzione del corpo nel futuro |
| **C** vv. 14-17<br>quelli guidati dallo Spirito di Dio sono figli di Dio, eredi di Dio e coeredi di Cristo | **C** vv. 26-27<br>lo Spirito viene in aiuto alla debolezza dei cristiani |

Nella prima microunità (A, vv. 3-4), prendendo le mosse dalla prima *probatio* di Rm 8, Paolo tratteggia la nuova vita dei cristiani nello Spirito, alla luce del passato: per essi si tratta della fine del regno della "legge del peccato e della morte". La carne rendeva impotente la legge mosaica, la quale per questa ragione viene definita "spirito di schiavitù" (8,15), che opera il male nel mondo. Ora in virtù della missione del proprio Figlio, Dio ha condannato il peccato nella carne, rendendo liberi tutti in Cristo Gesù[53]. Nella seconda microunità (B, vv. 5-13), egli svolge il tema della dimora dello Spirito di Dio (che è davvero lo Spirito di Cristo) nei cristiani, e lo raccorda con l'argomento principe proclamante la fede cristiana nella risurrezione di Cristo e nostra: un evento escatologico effettivamente realizzato "per mezzo dello Spirito" (8,11). Nella terza (C, vv. 14-17) l'Apostolo guarda in modo positivo alla nuova realtà dei credenti in Cristo, affermando che essi sono giunti all'inizio del regno dello "Spirito di figliolanza" (8,15) nei riguardi di Dio. Soltanto lo Spirito Santo può aiutare i cristiani a fare il bene e a chiamare Dio "Abbà, Padre"[54].

Nella seconda *probatio* di Rm 8, si articola il tema della gloria a venire che Dio vuole per la sua creazione: il futuro viene sentito e letto alla luce dell'ormai instaurato presente. Nella prima microunità (A, vv. 19-22) Paolo interpreta i sospiri della creazione (cioè di tutto il creato sottomesso all'uomo) come cocente desiderio della gloria prossima ad essere rivelata. Nella seconda microunità (B, vv. 23-25), l'Apostolo propone il tema dei lamenti e sostiene l'assunto della speranza dei cristiani. Questa microunità rappresenta l'acme della *probatio*: in essa Paolo sottolinea l'importanza di quella virtù teologale per la vita dei cristiani. La speranza è davvero il cardine che raccorda il *già da ora* della vita dei credenti al *non ancora*. Nella terza (C, vv. 26-27), egli si pone dalla parte di Dio: lo Spirito, con i suoi so-

---

[53] "Romans 8 is without doubt one of the most appropriate texts to help us determine how Paul understands the decisive role that *the sending of the Son of God* has for the situation of the entire human race. This chapter first showed that, by the disposition of the syntactic elements, Romans 8:3 invites us not to limit *the sending* merely to the sacrificial death but to see its maximal extension. *The sending*, as Paul speaks of it here, is oriented towards what it brings, that is, not only the defeat of sin and the ethical transformation of believers but also the future glorious resurrection of those who are already and fully sons and daughters of God" (J.-N. ALETTI, *New Approaches*, 137-138).

[54] Cfr. Gal 4,6. Vedi A. SACCHI, *Lettere paoline e altre lettere*, 73.

spiri ineffabili, nel suo slancio di amore immenso partecipa e intercede in nostro favore presso Dio.

Come abbiamo visto le due *perorationes* sintetizzano chiaramente la posizione di Paolo. La prima (vv. 28-30) conclude il capitolo, mentre la seconda (vv. 31-39), che si effonde in un inno d'esaltazione per l'amore di Dio manifestato in Cristo, conclude tutta la seconda parte della *probatio*, cioè Rm 5–8. Dopo aver terminato il discorso sulla nuova vita nello Spirito, l'Apostolo è ormai libero di passare al tema successivo, tanto caro al suo cuore: la salvezza di Israele (9,1ss.).

c. **Composizione di Rm 8,5-13**

I romani hanno lo Spirito di Dio / di Cristo

Rm 8,5-13 rappresenta nel capitolo una microunità distinta. In pochi versetti, l'Apostolo delle genti illustra il ruolo dello Spirito nella vita etica dei credenti e riassume la sua dottrina sulla risurrezione e di Cristo e nostra. Prima di procedere alla lettura particolareggiata, è opportuno premettere alcune osservazioni sull'insieme della pericope. La microunità è composta di quattro parti e quindi esibisce una composizione chiastica (modello ABB'A'), dove i vv. 5-6, 12-13 (A e A') sono parenetici; i vv. 7-8, 9-11 (B e B') sono dottrinali.

A = vv. 5-6: le due condizioni antitetiche (carne-Spirito) e le loro conseguenze: principi generali (predicato verbale terza persona plurale)
B = v. 7-8: una condizione (carne): uomo vecchio (predicato verbale terza persona singolare e plurale)
B' = vv. 9-11: una condizione (Spirito): uomo nuovo; applicazione da parte dei romani (predicato verbale seconda persona plurale)
A' = vv. 12-13: le due condizioni antitetiche (carne-Spirito) e le loro conseguenze: applicazione da parte dei romani con un'esortazione esplicita (predicato nominale prima persona plurale e predicato verbale seconda persona plurale)

Secondo la maggioranza dei commentatori (per esempio cfr. C.K. Barret, K. Barth, C.E. Cranfield, J.D.G. Dunn, E. Käsemann, L.E. Keck, F.J. Matera, R. Penna, T.R. Schreiner ecc.), i quali dividono il brano diversamente, una nuova unità comincerebbe al v. 12 a causa del suo tono esortativo. In virtù della locuzione ἄρα οὖν (v. 12), che fonicamente richiama in corrispondenza la precedente ἄρα νῦν (v. 1), i vv. 12-13 risulterebbero conclusivi[55]. Paolo si serve di ἄρα οὖν sempre per concludere e mai per introdurre un nuovo argomento[56]. La nostra è certamente una posizione di minoranza (per esempio cfr. J.-N. Aletti, B. Byrne, J.A. Fitzmyer, D.J. Moo, A. Pitta e T.T. Tobin), che tuttavia vedremmo suffragata da argomentazioni di ordine linguistico. Senza dubbio 8,12-13 funge da conclusione esortativa che completa la presentazione dottrinale di 8,7-11 e indirizza i destinatari della lettera verso il tema seguente, cioè la relazione fra lo Spirito e i figli adottivi di Dio.

L'esame approfondito dei vv. 9-11 rivela un dato molto significativo. Paolo ripete per tre volte l'espressione "lo Spirito [...] abita in voi": 1) "se lo Spirito di Dio abita in voi" (Rm 8,9); 2) "Se lo Spirito di colui che ha risuscitato Gesù dai morti abita in voi" (Rm 8,11); 3) "per mezzo del suo Spirito che abita in voi" (Rm 8,11). Questo pensiero dominante si impone come motivo conduttore (*Leitmotiv*[57]) della microunità: con tale ripetizione vuole essere messa in primo piano la dottrina, in base alla quale lo Spirito Santo prende dimora nei credenti (concetto di "inabitazione"). È la presenza stessa dello Spirito ciò che li caratterizza come cristiani. In altri termini essere cristiano significa avere lo Spirito di Cristo. La dimora dello Spirito influenza profondamente la vita dei cristiani, e in questa vita (perché secondo v. 13 i credenti sono già guidati dallo Spirito), e nella vita futura, perché (v. 11) lo Spirito come agente della risurrezione è necessario per la salvezza. Ciò che è essenziale per l'Apostolo è la vita eterna con Dio, non un'assenza con separazione permanente da lui.

In questa microunità Paolo descrive variamente lo Spirito. Per tre volte il vocabolo appare isolato: "nello Spirito" (v. 9); "lo Spirito" (v. 10); e "con l'aiuto dello Spirito" (v. 13). Paolo coglie lo Spirito anche in relazione con

---

[55] La locuzione ἄρα οὖν ricorre 7 volte in Rm: cfr. 5,18; 7,3; 7,25; 9,16.18; 14,12.19. In tutti e sette i casi viene usata immediatamente di seguito per concludere o per riassumere l'argomentazione.

[56] Vedi per esempio Rm 7,25.

[57] "Leitmotiv: Motivo ricorrente e fondamentale di un'opera. Etim.: dal tedesco *leiten* = guidare, dirigere, *Motiv* = motivo" (A. MARCHESE, *Dizionario di retorica e di stilistica*, 163).

Dio: "lo Spirito di Dio (v. 9); e "lo Spirito di colui che ha risuscitato Gesù dai morti" (v. 11). In altre due occasioni lo Spirito è descritto in rapporto a Cristo: "lo Spirito di Cristo" (v. 9) e "per mezzo dello Spirito di lui" (di Cristo) (v. 11). Notevole che in questo brano non si trovi mai l'espressione "Spirito Santo". Di fatto "Spirito Santo" appare sei volte in Romani (5,5; 9,1; 14,17; 15,13.16.19), ma mai in Rm 8. Nell'esegesi che segue cercherò di dimostrare che il vocabolo πνεῦμα in tutte le evenienze di 8,5-13 è allusivo dello Spirito Santo.

## II. Contatto diretto col testo biblico: Rm 8,5-13

### La vita secondo lo Spirito

[5] Infatti quelli che sono secondo la carne, pensano le cose della carne; invece quelli che sono secondo lo Spirito, pensano le cose dello Spirito. [6] Il pensiero costante della carne è morte, invece il pensiero costante dello Spirito è vita e pace; [7] poiché il pensiero pensante carne è inimicizia contro Dio, perché non è sottomesso alla legge di Dio e neppure può esserlo; [8] e quelli che sono nella carne non possono piacere a Dio. [9] Voi però non siete nella carne ma nello Spirito, se certamente lo Spirito di Dio abita in voi. Se qualcuno non ha lo Spirito di Cristo, non gli appartiene. [10] Se Cristo è in voi, sebbene il corpo sia una cosa morta a causa del peccato, lo Spirito però è vita a causa della giustizia. [11] E se lo Spirito di colui che ha risuscitato Gesù dai morti abita in voi, il Risuscitatore di Cristo dai morti darà la vita anche ai vostri corpi mortali per mezzo del suo Spirito che abita in voi. [12] Così dunque, fratelli e sorelle, noi siamo debitori, ma non verso la carne di vivere secondo la carne, [13] poiché se vivete secondo la carne, morirete; se invece con l'aiuto dello Spirito fate morire le opere del corpo, vivrete.

### Lettura dettagliata

### 8,5

**οἱ γὰρ κατὰ σάρκα ὄντες τὰ τῆς σαρκὸς φρονοῦσιν,**
**οἱ δὲ κατὰ πνεῦμα τὰ τοῦ πνεύματος.**

*Infatti quelli che sono secondo la carne, pensano le cose della carne;*
*invece quelli che sono secondo lo Spirito, pensano le cose dello Spirito.*

**8,6**

**τὸ γὰρ φρόνημα τῆς σαρκὸς θάνατος,**
**τὸ δὲ φρόνημα τοῦ πνεύματος ζωὴ καὶ εἰρήνη·**
*Infatti il pensiero costante della carne è morte,*
*invece il pensiero costante dello Spirito è vita e pace;*

I vv. 5-6 sono strutturati secondo un parallelismo antitetico (modello ABA'B') testimoniato dalla presenza della congiunzione δέ avente valore avversativo.

A οἱ γὰρ κατὰ σάρκα ὄντες τὰ τῆς σαρκὸς φρονοῦσιν,
B οἱ δὲ κατὰ πνεῦμα τὰ τοῦ πνεύματος.
A' τὸ γὰρ φρόνημα τῆς σαρκὸς θάνατος,
B' τὸ δὲ φρόνημα τοῦ πνεύματος ζωὴ καὶ εἰρήνη·

Questi versetti descrivono il contrasto fra le due condizioni, cioè le due possibilità di vita determinata dalla carne (A, A'), oppure dallo Spirito (B, B'). Introdotti dalla congiunzione esplicativa γάρ, i vv. 5-6 si presentano come ulteriore ampliamento del v. 1 e sviluppando l'antitesi fra la carne e lo Spirito danno l'avvio a uno dei temi principali dei vv. 5-13. L'Apostolo ricorre al paragone Adamo-Cristo (5,12-21), adducendo ulteriori elementi a dimostrazione della *propositio* della macrounità Rm 5–8, a sua volta articolata in 5,20-21.

I termini σάρξ e πνεῦμα rappresentano i veri poteri in discussione, ciascuno con la propria sfera d'autorità, in totale opposizione l'uno con l'altro[58]. Il sostantivo σάρξ ricorre 147 volte nel Nuovo Testamento, di cui 72 volte nel corpo paolino e 26 volte in Romani. Per Paolo può designare la sostanza corporea, cioè il corpo dell'uomo (cfr. 1Cor 6,16; 2Cor 7,5; Ef

[58] "La prima microunità letteraria (vv. 1-13) di Rm 8 è dominata dal contrasto tra la carne e lo Spirito: infatti, il parallelismo antitetico tra la vita secondo la carne e quella seconda lo Spirito cadenza quasi tutte le affermazioni paoline. A causa di questo contrasto o *sygkrisis* retorica il sostantivo *sarx* non ha più valore neutro, riferito alla condizione umana nella quale si trovava l'io di Rm 7,7-25, ma negativo e morale: è la vita secondo la carne che si oppone a quella secondo lo Spirito" (A. PITTA, *Lettera ai Romani*, 285).

5,31), ma in Rm 7–8 σάρξ ha un altro campo di riferimento: la sfera moralmente negativa con i suoi valori contrapposti a quelli di Dio e quindi l'uomo soggetto alla potenza del peccato, "tutto l'uomo nella sua fragilità"[59]. Insomma in Rm 7,5.18.25; 8,5(bis).6.7.8.9.12(bis)13 σάρξ significa la natura umana peccatrice[60]. Il sostantivo πνεῦμα ricorre 379 volte nel Nuovo Testamento, e soltanto in tre di esse ha il senso originario e generale di "vento, soffio, respiro". Spesso πνεῦμα significa lo spirito dell'uomo, ma molto più spesso designa la Spirito di Dio (circa 275 volte). La presenza del termine è caratteristica di questo testo, comparando dieci volte: Rm 8,5(x2).6.9(x3).10.11(x2).13. Per Paolo il πνεῦμα rappresenta l'elemento caratteristico della nuova alleanza (cfr. Rm 2,29; 7,6; 2Cor 3,6) inaugurate da Cristo. Le prime comunità paoline hanno sperimento lo Spirito Santo e i suoi doni spirituali in mezzo a loro, soprattutto durante l'eucaristia. Lo Spirito, che è lo Spirito di Dio Padre, è dato a tutti coloro che credono in Gesù come Signore (cfr. 1Cor 12,3). Perciò lo Spirito Santo possiede le stesse caratteristiche di Gesù Cristo[61]. Il verbo φρονέω (23 volte nell'epistolario paolino) e il sostantivo corrispondente φρόνημα (solo 4x: 3x in 8,6-7 e 1x in 8,27) indicano due disposizioni personali costanti coinvolgenti l'intera persona. L'Apostolo usa il verbo con un senso forte, consentito dal tempo presente, che ha valore durativo, non certo nel senso puntuale di "aver un pensiero", ma piuttosto di "nutrire un atteggiamento, coltivare un'attitudine, assumere una disposizione personale" come in Fil 2,5: "Abbiate fra di voi lo stesso atteggiamento di Cristo Gesù" (τοῦτο φρονεῖτε ἐν ὑμῖν ὃ καὶ ἐν Χριστῷ Ἰησοῦ). La condizione della carne e quella dello Spirito portano agli uomini conseguenze descritte, anch'esse, in forma antitetica: rispettivamente morte (θάνατος[62]),

---

59 J.-N. ALETTI, *La Lettera ai Romani*, 83.

60 Cfr. A. SAND, "σάρξ", *DENT*, II, 1300-1304; R.J. ERICKSON, "carne", *DPL*, 188-191. "The word we translate, here and elsewhere, as 'flesh' refers to people or things who share the corruptibility and mortality of the world. 'Flesh' is a negative term. For Paul as a Jew the created order, the physical order, was good in itself. Only its wrong use, and its corruption and defacing, are bad. 'Flesh' highlights that wrong use, that corruption and decay" (T. WRIGHT, *Paul for Everyone. Romans Part I*, 140-141).

61 Cfr. J. KREMER, "πνεῦμα", in *DENT*, II, 1009-1022.

62 Ci sono 120 ricorrenze del sostantivo θάνατος nel NT, di cui 47 nel corpo paolino e 22 in Rm (soltanto nei capp. 1–8).

o vita e pace (ζωὴ[63] καὶ εἰρήνη[64]). Questi termini vanno interpretati in senso teologico: morte come fatto assoluto, cioè separazione completa e definitiva da Dio; vita e pace come comunione perfetta con lui. Questa comunione è radicata nell'iniziativa gratuita di Dio che cerca una risposta positiva da parte del credente, cioè la sua prassi conseguente al suo nuovo *status* di cristiano. L'Apostolo parla in modo metaforico per indicare fatti soteriologici. Nella Chiesa primitiva, la morte indicava la schiavitù sotto il peccato, mentre la vita indicava la salvezza come dono gratuito di Dio. In questa microunità, dunque, la pace descrive la nuova relazione fra Dio e i cristiani grazie alla riconciliazione realizzata dalla morte di Cristo in croce. Coloro che credono in Cristo Gesù non sono più sottoposti alla condanna (cfr. Rm 8,1) cioè alla collera del giudizio bensì alla potenza della grazia che emana la giustizia di Dio (cfr. Rm 5,1). La pace è di Dio (cfr. Rm 1,7; 15,13.33; 16,20; 1Cor 14,22; 2Cor 13,11; Fil 4,9; 1Ts 5,23). Essa caratterizza il suo regno: "Il regno di Dio [...] è giustizia, pace e gioia nello Spirito Santo" (Rm 14,17), essendo, infatti, il frutto dello Spirito Santo: "Il frutto dello Spirito invece è amore, gioia, pace, magnanimità, benevolenza, bontà, fedeltà, mitezza, dominio di sé" (Gal 5,22). La preposizione κατά con l'accusativo (κατὰ σάρκα, κατὰ πνεῦμα) ha un significato traslato e significa "secondo", "in modo conforme", "così come"[65]. Questa preposizione, dunque, descrive la somiglianza e la conformità degli uomini all'entità in questione, sia la carne sia lo Spirito.

**8,7**

**διότι τὸ φρόνημα τῆς σαρκὸς ἔχθρα εἰς θεόν,**
**τῷ γὰρ νόμῳ τοῦ θεοῦ οὐχ ὑποτάσσεται, οὐδὲ γὰρ δύναται·**
*poiché il pensiero pensante carne è inimicizia contro Dio,*
*perché non è sottomesso alla legge di Dio e neppure può esserlo;*

**8,8**

**οἱ δὲ ἐν σαρκὶ ὄντες θεῷ ἀρέσαι οὐ δύνανται.**
*e quelli che sono nella carne non possono piacere a Dio.*

---

[63] Ci sono 135 ricorrenze del sostantivo ζωή nel NT, di cui 39 nell'epistolario paolino e 14 in Rm.
[64] Ci sono 92 ricorrenze del sostantivo εἰρήνη nel NT, di cui 26 nel corpo paolino e 10 in Rm.
[65] Cfr. W. KÖHLER, "κατά", *DENT*, I, 1920-1921.

I vv. 7-8 sviluppano i termini negativi della prima condizione presa in considerazione nei vv. 5-6: ciò che comporta l'essere nella carne. I vv. 7-8 denunciano, energicamente, il freno che impedisce di obbedire alla legge divina e quindi di piacere a Dio. Notiamo una composizione concentrica.

A διότι τὸ φρόνημα τῆς σαρκὸς ἔχθρα εἰς θεόν,
B τῷ γὰρ νόμῳ τοῦ θεοῦ οὐχ ὑποτάσσεται, οὐδὲ γὰρ δύναται·
A' οἱ δὲ ἐν σαρκὶ ὄντες θεῷ ἀρέσαι οὐ δύνανται.

Paolo presenta l'essere nella carne e la relazione di inimicizia con Dio che ne risulta (A, A') e la relazione che è descritta a riguardo della legge di Dio (B), centro d'interesse prevalente sugli altri due che le stanno ai lati. Il paradosso annunziato nei vv. 3-4 riprende nei vv. 7-8. Chi si trova ancora soggetto alla legge di Dio (τῷ γὰρ νόμῳ τοῦ θεοῦ), cioè la legge mosaica, la Torah (cfr. 7,22.25), essendo determinato dalla carne, non è in grado di adempiere alla legge di Dio — e questo come espressione della volontà di Dio che l'aveva data a Israele. I vv. 7-8 riassumono infatti il contenuto di 7,14-25, ove la carne dell'io (la sua vita esistenziale contrassegnata dal peccato) è presentata come ragione ultima di una condotta di vita incapace di tradurre la legge in prassi e perciò incapace di piacere a Dio. La preposizione ἐν (οἱ δὲ ἐν σαρκὶ ὄντες; cfr. vv. 9.10.11), con il dativo, ha senso spaziale e nella terminologia religiosa indica l'esser pieni di una cosa e denota uso sociativo. Sfumando l'antitesi σάρξ - πνεῦμα che domina tutto il passo, Paolo contrappone l'umanità vecchia, cioè la condizione dell'uomo in Adamo ("quelli che sono nella carne") all'umantià nuova, cioè la condizione dell'uomo in Cristo ("Voi però non siete nella carne ma nello Spirito" [v. 9a]).

**Rm 8,9-11**

1. **Composizione di Rm 8,9-11**

Nei vv. 5-6 Paolo aveva dettato in modo antitetico i principi generali che regolano l'esistenza di coloro che vivono secondo la carne e di coloro che vivono secondo lo Spirito (nei vv. 12-13 egli riprenderà la stessa tematica, questa volta indirizzata in modo particolare ai romani). Nei vv. 7-8 egli aveva accertato la contingenza dell'esistenza nella carne. Ma nei

vv. 9-11 l'Apostolo recupera una delle costanti della sua teologia: la presenza dello Spirito nei credenti. In sintesi, egli riassume la sua dottrina sulla risurrezione, e di Cristo, e nostra, e il ruolo dello Spirito nella vita dei cristiani. Prima di procedere alla lettura particolareggiata, esponiamo alcune osservazioni sul complesso del brano.

Abbiamo notato sopra che l'analisi approfondita del passo rivela una caratteristica assai significativa. Paolo reitera per tre volte l'espressione "lo Spirito [...] abita in voi". Questo pensiero dominante si impone come motivo conduttore della microunità. Essenziale per l'Apostolo è la vita eterna con Dio, l'inabitazione dello Spirito nei credenti e l'appartenenza a Cristo. In virtù di queste considerazioni, la composizione del testo può essere visualizzata in forma chiastica:

a ὑμεῖς δὲ οὐκ ἐστὲ ἐν σαρκὶ ἀλλὰ ἐν πνεύματι, εἴπερ πνεῦμα θεοῦ οἰκεῖ ἐν ὑμῖν.
b εἰ δέ τις πνεῦμα Χριστοῦ οὐκ ἔχει, οὗτος οὐκ ἔστιν αὐτοῦ.
b' εἰ δὲ Χριστὸς ἐν ὑμῖν, τὸ μὲν σῶμα νεκρὸν διὰ ἁμαρτίαν τὸ δὲ πνεῦμα ζωὴ διὰ δικαιοσύνην.
a' εἰ δὲ τὸ πνεῦμα τοῦ ἐγείραντος τὸν Ἰησοῦν ἐκ νεκρῶν οἰκεῖ ἐν ὑμῖν, ὁ ἐγείρας Χριστὸν ἐκ νεκρῶν ζῳοποιήσει καὶ τὰ θνητὰ σώματα ὑμῶν διὰ τοῦ ἐνοικοῦντος αὐτοῦ πνεύματος ἐν ὑμῖν.

L'Apostolo mette in risalto la novità del tema principale (a, a'), cioè la dimora dello Spirito nei romani; nel contempo, egli sottolinea il contrasto fra il non essere e l'essere nella sfera di Cristo (b, b'). Nell'ordine viene illustrato il leitmotiv dell'intero capitolo 8 e viene richiamato quello del capitolo 7, cioè la dimora del peccato negli uomini lontani da Cristo. Per quelli che sono in Cristo Gesù (v. 1), l'antitesi fra la legge dello Spirito della vita e quella del peccato e della morte (v. 2) arriva alla sua acme al v. 10 e viene superata definitivamente al v. 11, in virtù della risurrezione di Cristo. Dio, per mezzo del suo Spirito, distruggerà definitivamente il peccato e la morte, quando, al momento della risurrezione di tutti coloro che sono in Cristo, darà la vita eterna al corpo mortale.

È importante notare in quante maniere Paolo riesca a cogliere concettualmente lo Spirito Santo. Per due volte il vocabolo appare isolato: "nello Spirito" (v. 9a) e "lo Spirito" (v. 10c). Paolo coglie lo Spirito anche in relazione con Dio: "lo Spirito di Dio (v. 9a); "lo Spirito di colui che ha risuscitato Gesù dai morti" (v. 11a). In altre occasioni, lo Spirito è descritto in rapporto a Cristo: "lo Spirito di Cristo" (v. 9b) "per mezzo dello Spirito di lui" (di Cristo) (v. 11b). Notevole che in questo brano non si trovi mai l'espressione "Spirito Santo". "Spirito Santo" appare sei volte in Romani (5,5; 9,1; 14,17; 15,13.16.19), ma mai in Rm 8. Nell'epistolario paolino, l'aggettivo santo (ἅγιος) corrisponde appieno al senso che oggi diamo all'attributo santo quando lo riferiamo alla Terza Persona della Santissima Trinità? A questo proposito meriterebbe adeguato approfondimento l'uso che se ne fa nel prescritto di alcune lettere paoline. Se concernente i membri delle comunità cristiane potrebbe significare "forniti di carisma", "forniti di grazia", "donati di ispirazione trasmessa dallo Spirito", appunto "destinatari di Spirito". Diversamente, se ἅγιος accompagna il termine πνεῦμα, avrà il valore attivo di "santificatore", "ispiratore di carisma" e dei doni che ne conseguono. ἅγιος perciò avrà valore attivo, in senso assoluto, qualora venga accostato a πνεῦμα, mentre nel caso dei cristiani, pur non perdendo il valore attivo o meglio dinamico, assumerà anche una valenza passiva, che andrà ad occupare quella parte di spazio semantico che consentirebbe di tradurre non "santi" ma "santificati". Di conseguenza, per quel tanto o poco di santità suscettibile di albergare in ciascun cristiano, potremmo tradurre "santificati e resi capaci di trasmettere santità", veicolatori di santità nella misura voluta e concessa da Dio unico "santificatore" per eccellenza. Il fatto che, nel cap. 8 il vocabolo "Spirito" sia privo dell'attributo "santo", ci sembra una prova che secondo Paolo lo Spirito divino è per sua natura di necessità santificatore, quasi che ἅγιος sia una sorta di virtù compresa nel concetto di πνεῦμα, un sottinteso scontato, quasi un epiteto esornativo. Del resto è il contesto che conta per Paolo: egli è sicuro che la sua scrittura è esente di ambiguità.

## 2. Lettura dettagliata di Rm 8,9-11

**8,9**

**ὑμεῖς δὲ οὐκ ἐστὲ ἐν σαρκὶ ἀλλὰ ἐν πνεύματι,**
**εἴπερ πνεῦμα θεοῦ οἰκεῖ ἐν ὑμῖν.**

*Voi però non siete nella carne ma nello Spirito,*
*se certamente lo Spirito di Dio abita in voi.*

Questo è il primo di una lunga serie di periodi ipotetici della realtà[66] (con apodosi anteposta alla protasi). La preposizione ἐν ripetuta per 6x in breve spazio (vv. 8-11a) funziona da sottile nesso, quasi impercettibile (essendo ἐν una particella proclitica, e come tale priva di accento proprio), ma resistente, penetrante e capace di determinare il percorso logico, che si chiude con il v. 11b, dove ἐν va a inserirsi e quasi a sparire come preverbo dentro il participio ἐνοικοῦντος, di cui però essa resta una componente essenziale a livello semantico. Si può dire che la preposizione ἐν — simile al trasparente, quasi invisibile filo che regge una collana di perle — punteggia, scandisce il susseguirsi dei preziosi concetti relativi al rapporto tra cristiani e carne, ma precipuamente tra cristiani e Spirito. L'Apostolo reintroduce il pronome personale usato in seconda persona (com'è appunto caratteristica della funzione conativa e del dialogo epistolare), rendendo il suo insegnamento mirato e diretto verso i romani. Mediante il poliptoto[67] del pronome personale di seconda persone plurale, in associazione con le due costruzioni: l'una rispecchiante l'altra, ma non nel senso di coincidenza delle rispettive aree semantiche. Si creano due immagini di grande potenza evocativa, di forte suggestione non solo estetica, ma soprattutto religiosa, nel senso più alto del termine. Il miracolo dello Spirito che, nella sua infinitezza e immensità, abita nelle creature, la cui caratteristica è l'esatto opposto: limitatezza e estrema ristrettezza. Per converso, si attiva la liberazione verso spazi infiniti e im-

---

[66] Chiamato anche periodo ipotetico di I tipo.

[67] Poliptoto (πολύπτωτον, da πολύς, πτῶσις) = ripetizione della medesima parola in casi diversi. Vedi H. Lausberg, *Elementi di Retorica*, § 280.

mensi riservati alle creature stesse, una volta che siano permeate dello Spirito, cosicché esse possono assurgere alla dimensione di "essere nella sfera di lui". In ciò consiste l'incontro trionfale, l'abbraccio totale del finito e dell'infinito e viceversa. È una stupenda figurazione anfidroma o palindroma, una forma di compenetrazione reciproca, anche se non paritaria. Lui, l'infinitamente grande si riduce nell'infimamente piccolo e lo pervade di luce vitale. Essere nella carne significa essere nella sfera del finito, del terreno, del mortale, dell'imperfetto, di tutto ciò che attraverso i sensi soggiace al peccato, alla morte; essere nello Spirito significa l'esatto opposto: impresa immane e coraggiosa quella di Paolo, che, con parole umane, tenta di definire in che cosa consista la sfera dello Spirito. In tutti e due i casi πνεῦμα[68] (v. 9) si riferisce allo Spirito Santo, visto che questo Spirito è di Dio. La congiunzione avversativa ἀλλά dimostra l'impostazione antitetica del pensiero dell'Apostolo: non più nella carne, *bensì* nello Spirito. La protasi comincia con la congiunzione subordinante εἴπερ, (più forte di εἰ), "se certamente." Il presente indicativo di terza persona singolare οἰκεῖ, con il suo valore di intransitivo durativo, marca inequivocabilmente la stabilità della dimora che lo Spirito ha instaurato nei cristiani[69]. Ripetuto al v. 11 οἰκεῖ ἐν ὑμῖν (anche nella variante ἐνοικοῦντος[70]) si oppone alla dimora del peccato negli uomini, denunciata per ben tre volte in Rm 7,17-20: νυνὶ δὲ οὐκέτι ἐγὼ κατεργάζομαι αὐτὸ ἀλλὰ ἡ *οἰκοῦσα* ἐν ἐμοὶ ἁμαρτία. 18 οἶδα γὰρ ὅτι οὐκ *οἰκεῖ* ἐν ἐμοί. [...] 20 ἀλλὰ ἡ *οἰκοῦσα* ἐν ἐμοὶ ἁμαρτία. L'insegnamento dell'Apostolo è simile a quello di 1Cor 3,16: οὐκ οἴδατε ὅτι ναὸς θεοῦ ἐστε καὶ τὸ πνεῦμα τοῦ θεοῦ *οἰκεῖ* ἐν ὑμῖν. Lo Spirito Santo, in grazia del suo insediarsi, trasforma la Chiesa in un tempio di Dio.

---

[68] Il vocabolo πνεῦμα appare 34 lungo in Rm e 21 lungo in Rm 8. Una sola volta (8,16) si riferisce chiaramente allo spirito umano: "Lo Spirito stesso attesta al nostro *spirito* che siamo figli di Dio". Quindi ancora una volta è il contesto che disambigua il testo.

[69] La preposizione ἐν ricorre tre volte nel versetto.

[70] 'Ενοικοῦντος — participio presente genitivo maschile singolare del verbo composto ἐνοικέω. Lat. *inhabitare* = "abitare in", "vivere in".

**εἰ δέ τις πνεῦμα Χριστοῦ οὐκ ἔχει,
οὗτος οὐκ ἔστιν αὐτοῦ.**

*Se qualcuno non ha lo Spirito di Cristo,
non gli appartiene.*

Il periodo ipotetico della realtà. In luogo del pronome personale ὑμεῖς troviamo il pronome indefinito τις. L'Apostolo generalizza, sfumando i confini del suo messaggio, ma, nel contempo, estende la sfera d'influenza di esso, rendendolo valido per tutti. Il senso è decisamente negativo, come obiettivamente segnalato dalla presenza dell'avverbio οὐκ in ambedue le proposizioni. Il sintagma πνεῦμα Χριστοῦ è molto suggestivo: rappresenta un *hapax legomenon* nelle lettere paoline. Questa dottrina è indizio della novità del Vangelo paolino in rapporto con la tradizione dell'Antico Testamento. Il genitivo possessivo, espresso dal pronome personale d'identità αὐτός (lat: *ipse*, ma anche *ille, is*), indica che si tratta di Cristo[71]. L'attribuzione dello Spirito Santo oltre che a Dio, anche a Cristo, segna nel pensiero e nel testo paolino un allargamento del ruolo dello Spirito Santo in direzione di una dottrina cristologica sempre più consistente, sempre più sviluppata, sempre più, chiaramente, delineata nei suoi contorni. Paolo sta cercando di descrivere lo Spirito per illuminare i romani: lo Spirito di Dio si è pienamente rivelato a noi per mezzo di Cristo. Ormai lo Spirito Santo è riconosciuto in visuale cristologica. Il Figlio è di Dio (1,3) mentre lo Spirito è di Dio e del Figlio. La nuova vita escatologica raggiunta tramite la risurrezione di Cristo è comunicata a noi per mezzo dello Spirito di Cristo.

---

[71] In virtù della regola che esclude l'uso riflessivo del pronome personale di III persona (ἑαυτοῦ ecc.), quando esso si riferisca a termine diverso dal soggetto della proposizione. Qui il soggetto è οὗτος, cioè il non credente, colui che è fuori di Cristo. Notare come l'unico vocabolo avente desinenza -οῦ (fatta debita eccezione per Χριστοῦ) sia αὐτοῦ: il che lo pone in posizione di particolare evidenza, anche per l'effetto retorico della ricaduta morfologica e fonica nel versetto. Si ha l'impressione che Paolo, instaurando una quasi "rimalmezzo", abbia voluto rimarcare il suono -τοῦ (Χρισ<u>τοῦ</u>, αὐ<u>τοῦ</u>) a scopo mnemonico, come sovente era consuetudine nel mondo antico.

**8,10**

**εἰ δὲ Χριστὸς ἐν ὑμῖν,**
**τὸ μὲν σῶμα νεκρὸν διὰ ἁμαρτίαν**
**τὸ δὲ πνεῦμα ζωὴ διὰ δικαιοσύνην.**

*Se Cristo è in voi,*
*sebbene il corpo sia una cosa morta a causa del peccato,*
*lo Spirito però è vita a causa della giustizia.*

Nel terzo periodo ipotetico della microunità, attirano la nostra attenzione le tre proposizioni ellittiche del verbo essere: predicato verbale nella I proposizione, copula nella II e nella III. In alcuni casi, la lingua greca omette la copula, per esempio nelle interrogazioni, nelle interiezioni, nelle costruzioni impersonali, tipiche anche delle massime di saggezza e delle espressioni proverbiali[72]. Il contesto permette di sottintendere la voce εἰμί, il quale era l'ultimo verbo usato da Paolo nel v. 9. Pertanto, abbiamo ragione di integrare la forma verbale coniugata, capace di assumere — in quanto accentata — valore di predicato verbale[73], e, — se non accentata, — valore di copula (lat.: *copula* = vincolo che congiunge). Ecco le tre proposizioni, con le integrazioni proposte: 1) εἰ δὲ Χριστὸς [ἔστιν] ἐν ὑμῖν (v. 10a), 2) τὸ μὲν σῶμά [ἐστιν] νεκρὸν διὰ ἁμαρτίαν (v. 10b), 3) τὸ δὲ πνεῦμά [ἐστιν] ζωὴ διὰ δικαιοσύνην (v. 10c)[74]. Il versetto 8,10 risulta pertanto "equamente" tripartito.

---

[72] Vedi BD, §127.

[73] Cfr. v. 9: οὐκ ἔστιν αὐτοῦ.

[74] Per quanto riguarda la II e III proposizione è possibile tuttavia operare una scelta tra ἐστίν/ἔστιν. È evidente l'oscillazione tra voce verbale autonoma e semplice enclitica, donde anche l'ambivalenza in sede di traduzione, con effetti positivi sul piano dell'arricchimento dei contenuti, salva restando l'ortodossia dell'interpretazione e la congruità e coerenza delle opzioni in fatto di traduzione. Ammirevole l'abilità con la quale Paolo sfrutta gli artifizi retorici, nel percorso dialettico giocato sul verbo εἰμί: ora lo mostra come semplice copula priva d'accento (enclitica), ora lo assume (seppure in sottofondo) come predicato verbale a tutti gli effetti. La suddetta ambivalenza, che vede oscillare sui piatti della bilancia la medesima parola permette di scoprire la profondità intellettiva di Paolo e la ricchezza d'implicazioni linguistiche, che partendo dal gioco degli accenti caricano di un valore non secondario il versante didattico-dottrinale. In perfetta armonia il livello denotativo e quello connotativo si corroborano a vicenda, riverberando vivida luce sul v. 10, con il quale Paolo ci offre un eccellente saggio di periodo esclusivamente nominale.

La prima proposizione funge da protasi, la seconda è correlata mediante la particella μέν alla terza, contenente la particella δέ. Di conseguenza, la seconda e la terza proposizione costituiscono la doppia apodosi della frase (si potrebbe definirla apodosi "disgiuntiva"). Nel greco neotestamentario, μέν è spesso usato in concomitanza con δέ per annunciare una proposizione concessiva[75]. In tal caso possiamo tradurlo con "sebbene". Lo schema della frase risulterebbe: "Se 1, sebbene 2, allora 3." L'enfasi della frase cade sulla terza proposizione, che concorre a mettere in risalto la tesi di Paolo: "Se Cristo è in voi, sebbene il corpo sia una cosa morta a causa del peccato, *lo Spirito però è vita a causa della giustizia.*"

L'esordio del versetto "se Cristo (è) in voi", nella sua brevità e immediatezza, accresciuta dalla funzione conativa (pronome di seconda persona), conferendo forte emotività all'atmosfera, ingenera attese da soddisfare altrettanto immediatamente. Invece il prosieguo, nonostante la strutturazione semplice e piana, inaugura un inaspettato mutamento di scena: i destinatari sono scomparsi, il discorso passa alla fase della riflessione, dimensione propria della funzione referenziale, che fa uso della 3ª persona. La voce di Paolo, che si era levata alta e sonora a pronunciare la parola "Cristo", sembra che abbia subito un arresto reverenziale, dovuto all'importanza dell'annuncio, e dopo una brevissima pausa necessaria all'inspirazione, e che ora fuoriesca con una sonorità più bassa, quasi sottovoce, ma con parole gravi e lentamente scandite. La colorazione della seconda parte del versetto è profondamente cambiata: il tono di Paolo è quello di un vate, che emette un responso oracolare. Per bocca sua, parla il suo Dio; ogni termine viene scandito secondo un ritmo inconfondibile che lo collega al successivo, ma nello stesso tempo ne fa un mondo a sé stante, un unicum, un'emissione favorita dall'andatura insistentemente ellittica che sottintende, allude, lascia spazio all'interpretazione, sostanzialmente univoca, ma ricca di sfumature, di risvolti, di possibilità di letture a vari livelli. Anche l'analisi sintattica del periodo conferma tali impressioni. Infatti, dopo la condizionale, subentra una coppia di proposizioni coordinate mediante le particelle correlative μὲν [...] δὲ [...]. Ciò ha l'effetto di interrompere la sequenza appena iniziata e di rendere la se-

[75] Si veda BD, §447,2a e Zerwick, *Biblical Greek*, §467.

conda parte del versetto, non del tutto consona rispetto alla prima, lasciando quest'ultima quasi in sospeso: dal punto di vista retorico si potrebbe parlare di un originale tentativo di aposiopesi[76] appena abbozzata, superata dall'incalzare della rivelazione, che nella seconda parte del versetto si scopre in tutta la sua complessità e problematicità sotto all'involucro solido delle parole e della struttura scarna ridotta a schema. Parole chiave, come si suol dire, ma con le quali le protesi della realtà si aprono e si chiudono a seconda dell'uso che ne facciamo. Nell'uso linguistico del greco neotestamentario, la proposizione introdotta dalla particella correlativa μέν assume valore concessivo e ciò causa una duplice conseguenza: rende impossibile a tale proposizione di fungere da apodosi nel nostro contesto; induce la proposizione successiva a relazionarsi non tanto come coordinata, quanto come reggente di essa, concessiva. Pertanto, il ruolo di apodosi che teoricamente potrebbe essere attribuito alla proposizione introdotta dalla particella δέ (l'unica proposizione principale a tutti gli effetti), in questa terna di enunciati, viene ancor più scalzata dal suo ruolo di apodosi, anche per la distanza e di spazio e d'intonazione e di strutturazione dell'insieme. Un risultato eccezionale sul piano stilistico e molto efficace su quello della comunicazione dei contenuti. L'ordito del v. 8,10, sembra costituito dall'intervento di più forze, ciascuna delle quali esercita il proprio campo d'azione, determinando un gioco potente di sollecitazioni e di chiamate e di risposte, che lo fa spiccare tra gli altri per condensazione concettosa in così breve spazio sillabico. Quando il ritmo interrotto a circa metà del v. 8,10 riprende con l'inizio del v. 8,11 il rischio di accumulazione di proposizioni condizionali è ormai scongiurato, almeno per quanto riguarda la monotonia dell'espediente, sia per l'interposizione delle due proposizioni sopra analizzate, sia per l'ampiezza di respiro con cui si dispiega la terza condizionale, dove il periodare si stempera in un'ariosa voluta, come un lento abbraccio amoroso dello Spirito nei riguardi delle creature, ormai riconquistate alla vita. Quale, dunque, la funzione del v. 8,10 dentro la microunità 8,9-11? Immagino la parte iniziale εἰ δὲ Χριστὸς ἐν ὑμῖν come un grido; τὸ μὲν σῶμα νεκρὸν διὰ ἁμαρτίαν come la sorda eco del corpo corrotto e

[76] "La *reticentia* (§ 407; *obticentia, interruptio;* ἀποσιώπησις) è l'interruzione di un pensiero iniziato o di una catena di pensieri già iniziata" (H. LAUSBERG, *Elementi di retorica*, § 411).

senza luce; τὸ δὲ πνεῦμα ζωὴ διὰ δικαιοσύνην la risposta soccorrevole che solleva, sostiene e salva i suoi fedeli portandoli "in più spirabile aere"[77]. Sotto un'apparenza spezzata e spigolosa, quasi recalcitrante ad essere ridotta in forma più accessibile alla comprensione dei più, con quella protasi piantata lì come un cuneo inestraibile e quella dicotomia tra corpo e spirito, motivo di perplessità pensosa, il v. 8,10a si impone come anello di congiunzione tra cielo (v. 8,9) e terra (v. 8,11), tra σῶμα (v. 8,10b) e πνεῦμα (v. 8,10c): uno dei momenti di massima tensione della Lettera ai Romani, autentico testamento spirituale di Paolo.

**εἰ δὲ Χριστὸς ἐν ὑμῖν,**

Il titolo di Χριστός[78] (già in 8,1.2.9), si configura, in certo qual modo, come una ripresa della parte finale del v. 9. Χριστὸς ἐν ὑμῖν appare soltanto tre volte nel corpus paolino (Rm 8,11; 2Cor 13,5; Gal 2,20); invece l'espressione "in Cristo" (oppure "in Cristo Gesù", "in Cristo Gesù, nostro Signore") è molto più frequente[79]. "Cristo è in voi", "voi siete in Cristo": apparentemente simili queste due espressioni possono essere percepite così: Cristo per amore è venuto a voi, vi ha visitato; l'evento di Cristo come un turbine vi ha investito e avvolto: voi, perciò, siete permeati di lui, ne siete arricchiti, vivificati. "Cristo è in voi" con tutta la sua esperienza umana di sofferenza, di passione e di morte, ma anche con il suo glorioso risorgere e ascendere al cielo. L'immagine di Cristo in voi, vi permette — in quanto simili a lui nell'umanità — di sperare fiduciosi nel riscatto del vostro corpo mortale e di partecipare alla vita eterna. "Voi siete in Cristo": voi che avete accolto la buona novella, che avete abbracciato il Vangelo, partecipate già da ora alla vita di Cristo risorto, vivete nella sua dimensione superiore, nella sua orbita divina, nella sfera dello Spirito Santo. Già da ora per mezzo della fede voi spaziate nell'immensa beatitudine di lui, gravitate nel suo

---

[77] Si veda A. MANZONI, "Il cinque maggio" v. 89 (ode a Napoleone Bonaparte in morte di Napoleone I).

[78] Χριστός – aggettivo verbale di I tipo (dal verbo Χρίω = ungo) = ungibile (che possiede le qualità per essere unto); unto (che ha ricevuto l'unzione. L'unzione veniva attribuita a re, profeti, sacerdoti, come segno di sacralità. Χριστός corrisponde all'ebraico מָשִׁיחַ.

[79] Per le formule "in Cristo" cfr. 9,1; 12,5 e 16,7; "in Cristo Gesù" cfr. 3,24; 6,11; 8,1.2; 15,17 e 16,3; "in Cristo Gesù, nostro Signore" cfr. 6,23 e 8,39.

regno, vivete nella nuova atmosfera libera da barriere, impedimenti, limiti di sorta, in attesa del compimento della sua promessa. Cristo per amore è in voi; voi per fede siete in Cristo; le due espressioni si rimandano a vicenda. Su tutto ciò aleggia la speranza della seconda parusia. Questa atmosfera di trepida aspettazione invita a riflettere sul modo misterioso con cui Cristo partecipa alla vita dei cristiani di Roma ed essi reciprocamente alla vita di Cristo. "Cristo è in voi": voi respirate nella nuova realtà predicata da Cristo. Con il v. 10 molto più decisamente Paolo entra nel vivo dell'alto argomento per cui l'umanità è attraversata dal grande annuncio che l'ha resa cosciente di poter attingere a un mondo spirituale di infinita libertà e di vita eterna. In virtù di tale consapevolezza Paolo afferma l'ingresso di Cristo, inviato da Dio in mezzo agli uomini fino ad allora destinati a soccombere senza rimedio, a causa della loro appartenenza al mondo delle creature imperfette, soggette al peccato e alla morte.

Per quanto concerne l'apodosi, fatte le dovute riserve, spicca questo riuscito esperimento di ipotassi (subordinazione) combinata con la paratassi (coordinazione). Stante la perfetta simmetria delle parti, le proposizioni segnalate da μέν - δέ (la prima concessiva e quindi dipendente dalla seconda, e purtuttavia ad essa parallela, a motivo del rapporto di correlazione esistente tra μέν e δέ) sono costruite in modo tale da mettere in rilievo i due opposti centri d'interesse. Proposizioni compatte e pregnanti, pur nella loro semplicità e linearità: i concetti si stagliano in una atmosfera di tale lucidità, linearità, nitidezza che non esiterei a definire cristallina.

| | | | | |
|---|---|---|---|---|
| **τὸ μὲν** | **σῶμά** | **[ἐστιν]** | **νεκρὸν** | **διὰ ἁμαρτίαν** |
| **τὸ δὲ** | **πνεῦμά** | **[ἐστιν]** | **ζωὴ** | **διὰ δικαιοσύνην.** |

La disposizione simmetrica delle parole rende il contrasto palmare, quasi tangibile: σῶμα è agli antipodi di πνεῦμα; νεκρόν di ζωή; ἁμαρτίαν di δικαιοσύνην. Troviamo qui un'ottima esemplificazione di antitesi, così tipica negli strumenti argomentativi dell'Apostolo delle genti. La proposizione contrassegnata da μέν si riferisce alla sfera *umana* mentre quella contraddistinta da δέ si riferisce a quella *divina;* la proposizione caratterizzata da μέν riassume il contenuto negativo dei vv. 1-8 (soprattutto vv. 2b.6b.7-8), cioè il potere maligno della carne nei riguardi degli *uomini*: "il corpo è 'cosa morta' a causa del peccato". La proposizione contraddistinta da δέ riassume il contenuto positivo dei vv. 1-8 (soprattutto vv. 2a.3-4.6b) e introduce l'argomento esposto nei vv. 14-17, cioè il potere salvifico dello Spirito in virtù di un attributo di Dio: "lo Spirito è vita a causa della giustizia".

Il sostantivo σῶμα, "corpo", ricorre 142 volte nel Nuovo Testamento, di cui 96 volte nel corpo paolino e 13 volte in Romani. σῶμα può designare la struttura fisica dell'uomo e delle altre creature (per esempio animali terrestri e corpo celesti: vedi 1Cor 15,35ss.). Il corpo delimita l'io dell'individuo e lo distingue da altri: esso rappresenta uno strumento di comunicazione, di interattività che apre il singolo ad altri[80]. In generale, per Paolo il significato di σῶμα corrisponde a "tutta la persona nella sua concretezza relazionale"[81]. Se σῶμα è agli antipodi di πνεῦμα, lo è a livello puramente denotativo. I due vocaboli sono in perfetta simmetria, vuoi sul piano logico-sintattico[82], vuoi sul piano morfologico[83], vuoi sul piano fonetico[84]. Per bocca di Paolo, dopo la splendida produzione degli inni sacri, cosiddetti "omerici", frutto della profonda religiosità e dell'autentica arte poetica e musicale insite nel popolo greco a partire dall'età arcaica fino alla prima fase dell'età ellenistica, la lingua greca, divenuta cristiana, canta il suo inno di lode alla divinità unica e vittoriosa sulla morte, la divinità che da sempre esiste, è somma giustizia e fa intravvedere per il corpo umano la possibilità della salvezza eterna, mediante la dimora dello Spirito Vivificatore.

Va notato che Paolo non ritenne opportuno usare un aggettivo per qualificare lo Spirito, ma preferì il sostantivo ζωή, che, contemporaneamente al significato di "dare vita", come concetto astratto ne implica la realizzazione. Dunque πνεῦμα ζωή si riferisce allo Spirito Santo, inteso attivamente come datore della vita divina agli uomini[85]. Attraverso e a causa della giu-

---

[80] Cfr. E. Schweizer, "σῶμα", *DENT*, II, 1535-1544.

[81] U. Vanni, *L'ebbrezza nello Spirito*, 67.

[82] Ciascuno di essi è soggetto della propria proposizione ellittica del predicato.

[83] L'uno e l'altro in caso nominativo, genere neutro, numero singolare.

[84] Bisillabi ambedue, con identica terminazione sillabica del tema puro (-μα).

[85] Per la connotazione teologica di πνεῦμα cfr. i commentari di Aletti, Byrne, Cranfield, Dunn, Fee, Jewett, Käsemann, Légasse, Moo, Penna, Pitta e Wright. Per una discussione più dettagliata di questa interpretazione vedi S. Brodeur, *The Holy Spirit's Agency*, 192.202. "Si può dunque ben dire che lo Spirito è quello divino, ma pure che esso è caratterizzato da una funzione antropologica, in quanto è abitante nel cristiano (cf. lo 'in voi' dei vv. 9a.10a.11bis) e finalizzato

stizia di Dio i credenti ricevono lo Spirito Santo, condividono in Cristo la vita divina e diventano giusti nelle loro relazioni con Dio e con gli altri.

Il termine δικαιοσύνη[86] è l'ultimo sostantivo del versetto. Il vocabolo si potrebbe riferire a Dio oppure all'uomo, ma a causa della sua posizione dentro la proposizione, va connesso con "Spirito" e "vita". Paolo parla delle cose di Dio (v. 10c): lo Spirito di Dio, la vita di Dio, la giustizia di Dio. Egli vuole mettere in contrasto la giustizia di Dio con il peccato dell'uomo, concetto già espresso (v. 10b). In questo modo così conciso l'Apostolo riassume uno dei temi principali di Rm 1–7. Non è la prima volta che egli ha contrapposto il peccato alla giustizia: "Non prestate le vostre membra al *peccato* come strumenti d'iniquità, ma presentate voi stessi a Dio, come dei morti fatti viventi, e le vostre membra a Dio come strumenti di *giustizia*" (Rm 6,13). L'accenno a δικαιοσύνη richiama la *propositio* della lettera (Rm 1,17) e ripete uno dei temi più significativi trattati dall'Apostolo. Per mezzo dell'evento-Cristo, Dio rivela la sua δικαιοσύνη[87], ora proclamata nell'annuncio del Vangelo. L'espressione δικαιοσύνη θεοῦ diventa una specie di breve formula del kerygma che Paolo è mandato a proclamare. Il genitivo è soggettivo: la giustizia di Dio, oppure la rettitudine di Dio è infatti un attributo divino, una caratteristica di Dio che egli ha liberamente manifestato a tutti gli uomini nell'evento di Cristo[88]. Il senso paolino di questa espressione va cercato nell'AT, soprattutto con la connotazione del termine usata dai profeti nel periodo dopo l'esilio. La giustizia di Dio, la sua צְדָקָה, è l'attributo divino con cui Dio manifesta la

---

a un esito escatologico della dimensione umana" (R. PENNA, *Lettera ai Romani*, II, 155). Altri esegeti (per esempio Fitzmyer, Haacker, Lagrange, Légasse, Lohse, RSV, Sanday – Headlam), però, preferiscono la connotazione antropologica, cioè lo spirito umano.

[86] 92 volte nel NT, di cui 57 volte nel corpo paolino e 33 volte in Rm.

[87] Con suffisso di appartenenza ai *nomina actionis* significa "facimento di giustizia", "pratica della giustizia". Ovviamente è possibile lo scambio con il significato dei "*nomina rei actae*", nel senso di giustizia che viene effettivamente praticata, ovvero: atto/atti di giustizia. In conclusione: giustizia come sostantivo astratto denota la qualità, la virtù, il sentimento di giustizia; il significato concreto è stato sopra segnalato.

[88] Vedi J.A. FITZMYER, *Romans*, 106-107: "Paul adopts this postexilic understanding of 'God's uprightness' in Romans. [...] God manifests it towards humanity when through the death and resurrection of Jesus Christ he brings about the vindication and acquittal of sinful human beings. It is a manifestation of God's saving and acquitting power", e K. KERTELGE, "δικαιοσύνη", *DENT*, I, 861-874.

sua potenza salvifica in un giudizio giusto: "Faccio avvicinare *la mia giustizia*; non è lontana, la mia salvezza non tarderà. Porrò in Sion la salvezza, a Israele darò la mia gloria" (Is 46,13; cfr. Esd 9,15, Ne 9,8 e Dn 9,14). Questo momento escatologico, già annunziato dai profeti di Israele, è arrivato per tutti gli uomini nell'evento di Cristo. Secondo Paolo, Dio salva gli uomini, in perfetta conformità con ciò che è giusto e retto, mostrando per mezzo di Cristo crocifisso che "Egli manifesta *la sua giustizia* nel tempo presente per essere giusto e giustificare chi ha fede in Gesù" (Rm 3,26). Il verbo δικαιόω, "giustificare", significa "rendere *giusto*" (lat. *iustificare* < *iustum facere*), cioè discolpare i peccatori grazie all'emanazione di una sentenza di assoluzione. Il Dio giusto e retto giustifica gli uomini per mezzo di Cristo crocifisso, e gli uomini accettano la loro nuova situazione di giustificati per mezzo della fede nel Figlio crocifisso.

**8,11**

**εἰ δὲ τὸ πνεῦμα τοῦ ἐγείραντος τὸν Ἰησοῦν ἐκ νεκρῶν οἰκεῖ ἐν ὑμῖν,**

*E se lo Spirito del Risuscitatore di Gesù*[89] *dai morti abita in voi,*

Protasi del IV periodo della realtà della nostra pericope. Attira immediatamente l'attenzione il complesso e articolato soggetto della proposizione condizionale. Ciò che nel v. 9b πνεῦμα θεοῦ adesso viene precisato come τὸ πνεῦμα τοῦ ἐγείραντος τὸν Ἰησοῦν ἐκ νεκρῶν. Grazie a questa ripetizione epanalettica ampliata e arricchita, Paolo opera miracolosamente l'invisibile sutura, crea l'anello di congiunzione, il riuscito raccordo tra le coppie 8,9-10 e 8,12-13. Il passaggio è efficacissimo per velocità e agilità di movimenti, che integrano il concetto di "dimora dello Spirito" con quello di "Spirito vivificatore". Dio (Padre) risuscita Gesù dai morti e di conseguenza tutti coloro che lo credono inviato da Dio come Messia, ovvero Cristo. Dunque, "lo Spirito di Dio abita in voi" (v. 9a), "Cristo è in voi" (v. 10a) e "Lo Spirito di colui che ha risuscitato Gesù

---

[89] Oppure *"lo Spirito di colui che ha risuscitato Gesù"*. Nel campo metafisico qual è quello della religione siamo costretti a utilizzare il meno possibile parole che evochino l'idea del tempo. Meglio fare uso di sostantivi, i quali per loro natura non sono legati a concetti cronologici. Per questo motivo abbiamo tradotto il "Risuscitatore".

dai morti abita in voi" (v. 11a), sono le tre modalità attraverso le quali Paolo trasmette il messaggio e traghetta tutti i credenti da uno stato di morte ad uno di vita (v. 10: da νεκρόν a ζωή)[90]. La lingua greca, sotto le mani dell'Apostolo, viene plasmata come morbida cera. Nel v. 11 fa la sua apparizione un elemento essenziale: il concetto di "risveglio", di "risurrezione". Ecco il punto cruciale: il genitivo τοῦ ἐγείραντος[91] da un lato (a sinistra) è collegato e dipende dal nominativo-soggetto πνεῦμα; dall'altro (a destra) è collegato con il complemento diretto Ἰησοῦν e con il complemento indiretto ἐκ νεκρῶν. Un simile succedersi di componenti, concatenati in modo tale che non si possa fare a meno di nessuno di essi, pena la dissoluzione del perfetto meccanismo, dove ogni parte ha il suo ruolo e collabora a formare un insieme di incastri e snodi lubrificati e funzionanti, ci lascia convinti e ammirati. Significativo il legame fra la dimora dello Spirito e la risurrezione di Gesù: un punto che viene ripetuto nell'apodosi. Paolo descrive Dio (Padre) come "colui che ha risuscitato Gesù dai morti". Anche questo elemento è reiterato nell'apodosi ὁ ἐγείρας Χριστὸν ἐκ νεκρῶν, con un trasferimento che essendo graduale, recepiamo in condizioni di estrema naturalezza — sia concettualmente, sia stilisticamente — per l'equilibrio delle frase. L'intercambiabilità tra "Gesù" e "Cristo" dimostra che i due nomi per Paolo sono equipollenti. L'Apostolo attribuisce la risurrezione di Gesù Cristo a Dio[92]. Il verbo

---

[90] "L'inabitazione dello Spirito nel corpo del battezzato è una promessa di rigenerazione nella risurrezione (Rm 8,11). Lo Spirito Santo, dopo aver rigenerato l'anima, porterà a compimento l'opera della salvezza trasformando il corpo e rendendolo un corpo spirituale. La metafora del chicco di grano, usata da Paolo, sottolinea la differenza tra il corpo in questo tempo e il corpo spirituale (1Cor 15,36-38), ma implica anche una continuità. C'è identità somatica ma non materiale. Dio ha voluto per ogni specie un corpo specifico (1Cor 15,38). Questa volontà risale alla Genesi. Così gli esseri terrestri si differenziano tra loro in base alla carne (*sárx*), come quelli celesti in base alla gloria (*dóxa*). La diversità si basa su un elemento comune. Se la carne è una realtà comune a tutte le creature terrene, quella degli uomini differisce notevolmente da quella degli altri animali (1Cor 15,39-41). Questa differenza è illustrata in modo particolare per l'uomo nella risurrezione, corpo particolare voluto da Dio per l'uomo dopo la creazione. La risurrezione è il compimento dell'opera del Creatore" (J.-B. ÉDART, "Corpo, corporeità", *TTB*, 234-235).

[91] Ἐγείραντος — participio aoristo attivo, genitivo maschile singolare (da ἐγείρω = "destare", "risvegliare").

[92] Cfr. Rm 4,24 ἀλλὰ καὶ δι' ἡμᾶς, οἷς μέλλει λογίζεσθαι, *τοῖς πιστεύουσιν ἐπὶ τὸν ἐγείραντα Ἰησοῦν τὸν κύριον ἡμῶν ἐκ νεκρῶν*, e Rm 10,9 ὅτι ἐὰν ὁμολογήσῃς ἐν τῷ στόματί σου κύριον Ἰησοῦν καὶ πιστεύσῃς ἐν τῇ καρδίᾳ σου ὅτι *ὁ θεὸς αὐτὸν ἤγειρεν ἐκ νεκρῶν, σωθήσῃ·*

ἐγείρω si trova dieci volte nell'Epistola ai Romani[93]. Con l'eccezione di 13,11, Paolo usa il senso transitivo di questo verbo portandone l'effetto alle sue estreme conseguenze di causativo: "risvegliare/destare"; anzi: far ritornare più che sveglio: addirittura "risvegliare dal sonno della morte", "far ritornare in vita", e quindi "risuscitare". Il fatto che Paolo replichi ἐγείρω, per due volte nella medesima frase, denota l'enorme importanza da lui attribuita al misterioso evento della risurrezione. I participi ἐγείραντος della protasi e ἐγείρας dell'apodosi sono ambedue all'aoristo: la risurrezione di Gesù, che è risurrezione di Cristo. È un evento che ha valore di eterno presente, nel senso che ogni cristiano ne partecipa. Il verbo ἐγείρω nella forma sintattica di participio sostantivato lega le due parti del versetto in maniera indissolubile, consentendo qui l'identificazione dei termini τὸν 'Ιησοῦν (v. 11a) e Χριστόν (v. 11b). La menzione di (τὸ μὲν σῶμα) νεκρόν (v. 10); ἐκ νεκρῶν (v. 11a) e (τὰ) θνητὰ (σώματα) (v. 11b) evidenza la portata immensa di questo salto di qualità dell'uomo che ricevendo lo Spirito di Cristo, ovvero divenendo cristiano, rinasce in tutto e per tutto a nuova vita e in tal modo accede e partecipa alla vita eterna. È lecito chiedersi come mai, nell'ambito del medesimo versetto e del medesimo concetto di risurrezione, Paolo abbia usato ora il nome proprio Gesù (v. 11a), ora l'attributo Χριστόν (v. 11b). Non si tratta certo di un mero espediente retorico, obbediente all'esigenza della sostituzione sinonimica, allo scopo di evitare la monotonia causata dalla ripetizione di un vocabolo. Ci si accorge che, dall'una all'altra proposizione, l'orizzonte d'attesa cambia. Nel v. 11a Paolo intende affermare la risurrezione di Gesù — Figlio di Dio — uomo fra gli uomini, storicamente conosciuto e accertato. Ciò rende comprensibile ai credenti, uomini anch'essi, la possibilità, ormai tradotta in realtà, del grandioso miracolo della risurrezione del corpo. Nel v. 11 con lo scambio tra i due termini complemento oggetto (τὸν 'Ιησοῦν...Χριστόν), nell'ambito della medesima azione espressa dal participio (τοῦ ἐγείραντος...ὁ ἐγείρας), l'Apostolo mostra la coesistenza della dimensione umana e della natura divina nel medesimo attore, che è appunto Gesù Cristo. Con il v. 11 Paolo ha operato apertamente lo stacco dalla tradizione ebraica, la quale sen-

[93] Cfr. Rm 4,24.25; 6,4.9; 7,4; 8,11 (2x).34; 10,9 e 13,11.

tiva il messia come l'inviato del Signore, promesso ma non ancora arrivato sulla terra: tutto l'Antico Testamento si era nutrito di tale attesa. Da questo punto in poi, la tradizione cristiana attesta, a gran voce, il verificarsi dell'evento, come fatto avvenuto e dirimente, la cui azione salvifica sugli uomini, da ora in poi, prosegue nel tempo fino alla fine dei secoli.

**ὁ ἐγείρας Χριστὸν ἐκ νεκρῶν ζῳοποιήσει**
**καὶ τὰ θνητὰ σώματα ὑμῶν**
**διὰ τοῦ ἐνοικοῦντος αὐτοῦ πνεύματος ἐν ὑμῖν.**

*il Risuscitatore di Cristo dai morti darà*
*la vita anche ai vostri corpi mortali*
*per mezzo del suo Spirito che abita in voi.*

Apodosi del IV periodo ipotetico della realtà del brano. Il predicato verbale ζῳοποιήσει, della proposizione principale, significa "dare vita"; nel Nuovo Testamento viene usato soltanto in senso soteriologico[94]. Si trova due volte in Romani, puntualmente collegato con la risurrezione dei morti. Cfr. Rm 4,17: "Infatti sta scritto: Ti ho costituito padre di molti popoli; (è nostro padre) davanti al Dio nel quale credette, che *dà vita* ai morti e chiama all'esistenza le cose che ancora non esistono". Questa affermazione teologica è essenziale per Paolo: Dio è Creatore di tutto ciò che esiste; per di più, egli crea di nuovo, dando la vita escatologica ai morti[95]. Nel v. 11b il soggetto logico del verbo è Dio. Il tempo usato in ζῳοποιήσει indica che Paolo si riferisce a un evento futuro: la risurrezione finale dai morti. L'oggetto del verbo "anche ai vostri corpi mortali" personalizza per i romani la dottrina generale sulla risurrezione. τὰ θνητὰ σώματα sono i corpi naturali dei romani (cfr. 1Cor 15,44), il corpo di questa terra destinato a perire. Proprio questi corpi saranno risuscitati al momento della parusia del Signore. Ora

---

[94] Il senso causativo si coglie ancor più chiaramente attraverso la II parte del composto ζῳοποιήσει (ζῳο-ποιέω: ζῷον = animale vivente, cosa vivente, ποιέω = faccio).

[95] "Paul's train of thought can be summarized in this way: The Romans are no longer in the realm of the flesh, because God's Spirit/Christ's Spirit dwells in them. Their bodies may be destined for death because of sin, but the presence of the Spirit that they received when they were justified is the promise of life that will be fulfilled when God raises them from the dead, just as God raised Christ from the dead" (F.J. MATERA, *Romans*, 196).

che lo Spirito Santo abita in questi corpi mortali, essi sono pieni di una potenza divina. Non soltanto gli spiriti e le anime dei credenti, ma anche i loro corpi sono pervasi dalla presenza di Dio. Come può avvenire tutto ciò? διὰ τοῦ ἐνοικοῦντος αὐτοῦ πνεύματος ἐν ὑμῖν: Dio (Padre) darà questa nuova vita eterna "per mezzo del suo Spirito che abita in voi". Ecco l'unico versetto, nel corpus paolino, dove l'Apostolo conferisce allo Spirito (Santo) un ruolo esplicito nella risurrezione dei morti. Si tratta dello Spirito di Cristo che rappresenta l'agente della risurrezione, e perciò è intimamente associato con il Risorto[96]. Dio risusciterà i corpi mortali dei credenti per mezzo dello Spirito di Cristo che già abita in loro. Fino al giorno in cui sarà ritornato il Risorto, il suo Spirito (che è lo Spirito di Dio) continuerà a dimorare sulla terra, abitando nei corpi di coloro che credono in Gesù Cristo, permanendo nella Chiesa di Dio.

### Rm 8,12-13

#### 1. Composizione di Rm 8,12-13

La conclusione esortativa del distico 8,12-13, che completa la presentazione dottrinale contenuta nel blocco 8,9-11, indirizza i destinatari della lettera verso il tema seguente, cioè la relazione fra lo Spirito e i figli di Dio. In virtù della locuzione ἄρα οὖν (v. 12), che fonicamente richiama in corrispondenza la precedente ἄρα νῦν (v. 1), i vv. 12-13 risulterebbero conclusivi[97]. Paolo si serve di ἄρα οὖν, sempre per chiudere e mai per introdurre un nuovo argomento[98]. Vero è che la maggioranza dei commentatori[99] dividono il brano diversamente, individuando l'inizio di una nuova unità al v. 12, a causa della sua intonazione esortativa. La nostra è certamente una posizione di minoranza, che tuttavia vedremmo suffragata da argomentazioni di ordine stilistico[100].

---

[96] Vedi S. Brodeur, *The Holy Spirit's Agency*, 218.

[97] Ἄρα οὖν 7 volte in Rm. Cfr. 5,18; 7,3; 7,25; 9,16.18; 14,12.19. In tutti e sette i casi la locuzione viene usata immediatamente di seguito in funzione conclusiva o riassuntiva.

[98] Vedi per esempio Rm 7,25.

[99] Cfr. Barret, Barth, Cranfield, Dunn, Käsemann, Kuss, Michel, Murray, Sanday–Headlam, Schlier, Wright e altri.

[100] Per l'interpretazione di questo problema vedi J.A. Fitzmyer. "Paul now draws a conclusion from what he has said so far in this chapter. Despite the introductory *ara oun*, vv 12-13 form

Prescindiamo da tale disputa meramente accademica, la cui soluzione è lungi dall'inficiare il senso della predicazione paolina, per analizzare la composizione della microunità. Il v. 12 si distingue per la sua brevità e per l'effetto di forte sospensione derivante dall'interruzione improvvisa di quella parte del discorso che all'autore interessa porre in rilievo. Appunto, la forza evocativa del silenzio autoimposto a se stesso dallo scrivente fa acquisire particolare risalto all'antitesi lasciata a metà, coinvolgendo i destinatari nell'opera di completamento del braccio omesso dall'autore, il quale si affida alla loro capacità d'interpretazione e di conseguente integrazione. Con questo tipo di relazione logica dimezzata, l'Apostolo sta invitando i suoi destinatari a completare la frase da soli. Il nostro raziocinio ci porta a concludere il versetto in chiave ottimistica: ἀλλὰ ὀφειλέται ἐσμέν τῷ πνεύματι τοῦ κατὰ πνεῦμα ζῆν, "invece siamo debitori verso lo Spirito, per vivere secondo lo Spirito". L'Apostolo era consapevole dell'efficacia di tale procedimento retorico (definito "implicazione formale"), e lo utilizzò egregiamente per porre in rilievo i rapporti semantici non solo espressi, ma anche nascosti. Qui affiorano, soprattutto, quelli nascosti. Strutturando l'enunciato in tal guisa viene sollecitata l'attenzione proprio sulla zona volutamente tenuta in ombra. Benché l'ampiezza di possibilità lasciata al loro discernimento sia notevole, non c'è pericolo che si possa verificare il benché minimo fraintendimento. I segnali messi a disposizione sono determinati dalla presupposizione di conoscenze condivise sui valori evangelici dei quali la comunità è profondamente convinta. Perciò i supporti formali di cui usualmente ci si serve per farsi capire, non vengono utilizzati. Qui è soprattutto il contesto che conta. La posta in gioco è alla base di tutta la costruzione evangelica, nel suo messaggio vivificatore: lo Spirito[101]. Ecco il parallelismo alternato instaurabile.

---

that conclusion and provide that transition to what follows. Some commentators think that v 12 begins the new topic; so Cranfield, Dunn, Käsemann, Kuss, Murray, Sanday – Headlam, and Schlier. It seems better, however, to take vv 12-13 with 1-11, because the content of vv 12-13 is closer to that of the foregoing verses, and that of vv 14ff. is different; so Byrne, Lipsius, Moo, and Wilckens. In any case, Paul, in drawing a conclusion, begins his discussion of the consequences of this condition of the indwelling of Christ and his Spirit" (Id., *Romans*, 492).

[101] Si tratta della figura retorica chiamata ἀποσιώπησις (lat. *reticentia*): reticenza. Vedi H. Lausberg, *Elementi di retorica*, § 411.

a ῎Αρα οὖν, ἀδελφοί, ὀφειλέται ἐσμέν οὐ τῇ σαρκὶ τοῦ κατὰ σάρκα ζῆν,
[b ἀλλὰ τῷ πνεύματι τοῦ κατὰ πνεῦμα ζῆν.]
a′ εἰ γὰρ κατὰ σάρκα ζῆτε, μέλλετε ἀποθνῄσκειν·
b′ εἰ δὲ πνεύματι τὰς πράξεις τοῦ σώματος θανατοῦτε, ζήσεσθε.

In a e a′, l'Apostolo descrive la situazione umana secondo la carne, mentre in b′ (se fosse completato, anche in b) descrive la nuova vita etica per mezzo dello Spirito.

Riguardo alla composizione del testo è interessante notare come in queste due microunità (vv. 9-11 e vv. 12-13) sia contenuta una seria protratta di periodi ipotetici di tipo analogo. Siffatta compagine sintattica aiuta Paolo a unire indissolubilmente tra loro i concetti che fanno procedere l'argomentazione, portando avanti il processo deduttivo. La congiunzione subordinante rafforzata εἴπερ (composta da εἰ e dal suffisso -περ = "appunto", "davvero", "certamente"), introduce la protasi della prima proposizione condizionale (v. 9a), quasi che Paolo, dovendo prendere l'aire per la sua impegnativa maratona oratoria, avesse bisogno di un'adeguata spinta di partenza. La forma più usuale annuncia le restanti condizionali, che si susseguono (vv. 9b.10.11.13a.13b). Il fatto che ben sei periodi ipotetici della realtà si succedano, pressoché in fila, permette un riscontro positivo sulla compattezza della dimostrazione e delle certezze concettuali nei vv. 9-13, nonché della continuità posseduta dall'intero discorso all'interno del capitolo, in cui il v. 12, con la sospensione della voce e della parola, potrebbe corrispondere a quell'attimo di respiro e quindi di silenzio necessario al predicatore, affinché egli possa portare a termine l'ultima parte della propria disamina. Ecco una tavola dei sei enunciati in questione[102].

| **Rm 8,9-13** | **Periodi ipotetici della realtà** |
|---|---|
| v. 9a | I periodo ipotetico: apodosi + protasi |
| v. 9b | II periodo ipotetico: protasi + apodosi |
| v. 10 | III periodo ipotetico: protasi + apodosi |
| v. 11 | IV periodo ipotetico: protasi + apodosi |
| v. 12 | Presa d'atto della problematica |
| v. 13a | V periodo ipotetico: protasi + apodosi |
| v. 13b | VI periodo ipotetico: protasi + apodosi |

[102] Vedi S. Brodeur, *The Holy Spirit's Agency*, 170-172.

Paolo usa questo sistema di argomentazione deduttiva per convincere i destinatari circa la verità da lui sostenuta, ma, nel contempo, vuole rispettare la loro libertà e la loro intelligenza. La presenza di espressioni condizionali induce i romani a riflettere e li lascia liberi di valutare l'insegnamento dell'Apostolo, il quale —, sia detto a suo merito, — si è premurato di basarsi, esclusivamente, su acquisizioni e / o presupposizioni tratte da una *Weltanschauung* condivisa dai destinatari.

## 2. **Lettura particolareggiata di Rm 8,12-13**

### 8,12

**Ἄρα οὖν, ἀδελφοί,**
**ὀφειλέται ἐσμέν οὐ τῇ σαρκὶ τοῦ κατὰ σάρκα ζῆν,**
*Così dunque, fratelli e sorelle,*
*noi siamo debitori, ma non verso la carne di vivere secondo la carne,*

Questa breve proposizione intercala la serie dei periodi ipotetici. Il versetto può essere bipartito così: Ἄρα οὖν, ἀδελφοί, ὀφειλέται ἐσμέν funge da completamento conclusivo della svelta presentazione dottrinale dei vv. 9-11; οὐ τῇ σαρκὶ τοῦ κατὰ σάρκα ζῆν preannuncia l'esortazione esplicita che segue nel v. 13. Pertanto il v. 12 è cerniera tra la dottrina apostolica di Paolo e la sua parenesi fraterna. I romani sono suoi "fratelli", cioè sono condiscepoli[103]; Cristo e i cristiani hanno Dio come Padre: spiritualmente sono tutti fratelli nella medesima nuova famiglia escatologica che è la Chiesa. Il parallelismo che ha segnato il testo fino a questo punto subisce un arresto inaspettato e il momento assume una rara valenza comunicativa, dove la soppressione e l'autocensura allargano enormemente lo spazio, determinando la prevalenza di dimensioni emotive per lo più non utilizzate nei rapporti umani. Paolo sta "facendo atmosfera", sta preparando gli animi prima di pronunciare le parole decisive, contenute nel v. 13: parole lapidarie, scultoree. L'Apostolo si esprime in termine negativi οὐ τῇ σαρκὶ τοῦ κατὰ σάρκα ζῆν, e lascia volutamente il discorso a metà, sicuro

---

[103] Il vocabolo ἀδελφός compare 19 volte in Rm; cfr. 1,13; 7,1.4; 8,12.29; 9,3; 10,1; 11,25; 12,1; 14,10(2x).13.15.21; 15,14.30 e 16,14.17.23.

che il senso delle sue parole sarà colto pienamente. Paolo, dal canto suo, aveva opportunamente preparato il terreno mediante la nutrita e incalzante progressione di protasi e apodosi in stretta relazione l'una con l'altra, al punto da potersi affidare tranquillamente alla mossa cooperativa dei destinatari, chiamati, per forza di cose e per necessità di congruenza logica, ma in piena autonomia di pensiero, a recuperare il "non detto". La libertà dei romani è sempre molto apprezzata da Paolo, il quale conosceva per esperienza la forza ostinata e inibente del conformismo formalistico, rigidamente fissato a voler governare la società mediante le regole, ma incapace d'interpretare la realtà interiore dell'uomo. In precedenza, i romani si erano sentiti chiamati in causa quando avevano ascoltato l'affermazione secondo la quale i cristiani coerenti vivono "secondo lo Spirito" (v. 4) e "in questo modo possono piacere a Dio" (v. 8); e poco più avanti Paolo soggiunge rivolto ai medesimi "se Cristo è in voi" (v. 10). Nel v. 12 si insiste sul fatto che i romani non sono più debitori verso la carne (ma verso lo Spirito che prende dimora in essi): l'insieme è tutto giocato sui sottintesi.

**8,13**

**εἰ γὰρ κατὰ σάρκα ζῆτε, μέλλετε ἀποθνῄσκειν·**
**εἰ δὲ πνεύματι τὰς πράξεις τοῦ σώματος θανατοῦτε, ζήσεσθε.**
*poiché se vivete secondo la carne, morirete;*
*se invece con l'aiuto dello Spirito fate morire le opere del corpo, vivrete.*

Periodi ipotetici quinto e sesto dei vv. 9-13. Ancora una volta, il pensiero dell'Apostolo si articola appoggiandosi all'espediente retorico dell'antitesi: Paolo vuole contrapporre i due modi dell'esistenza tra i quali i cristiani possono scegliere[104]. La prima opzione è distruttiva (μέλλετε ἀποθνῄσκειν); la seconda, positiva (ζήσεσθε). I cristiani che continuano a vivere secondo la carne — cioè come nemici di Dio — moriranno; invece se essi vivono se-

[104] "Il v. 13 è ben costruito, secondo il parallelismo dei membri: da una parte si trova la carne per la morte, dall'altra lo Spirito per la vita. Con quest'ultima opposizione, Paolo sembra ribadire l'incomunicabilità tra la carne e lo Spirito: ciò che noi facciamo morire, per mezzo dello Spirito, sono le azioni del corpo e non le opere della carne, perché queste sono state crocifisse, una volta per sempre, con la nostra partecipazione alla morte e alla risurrezione di Cristo" (A. PITTA, *Lettera ai Romani*, 294).

condo lo Spirito — cioè come eredi di Dio e coeredi di Cristo — vivranno. Le conseguenze escatologiche del loro comportamento sono determinanti e irrevocabili. I due futuri (μέλλετε ἀποθνῄσκειν, ζήσεσθε) sono usati in senso metaforico: la morte significa allontanamento totale da Dio, la vita comunione completa con lui. Sintatticamente parlando, il primo futuro, perifrastico, detto anche futuro intenzionale, trasmette l'idea di azione imminente, con l'aggravio dell'atto di volontà personale della creatura, e quindi di responsabilità individuale. Il secondo futuro, osservato nella sua composizione morfologica, presenta il suffisso sigmatico desiderativo, che ben si concilia con la parte tematica, corrispondente al tema verbale allungato: come se, anche graficamente, l'idea di vita espressa dal tema verbale tendesse a proiettarsi avanti, appunto verso il futuro. Dunque, un futuro carico di aspettativa, riferentesi — nella fattispecie — a una vita che il cristiano percepisce in uno sfondo di allettante salvezza. Notare anche il modo di porsi dei cristiani rispetto alle loro scelte: essi muoiono alle tentazioni di questo mondo con l'aiuto dello Spirito (πνεύματι)[105], facendo "morire le opere del corpo" (τὰς πράξεις τοῦ σώματος θανατοῦτε), cioè il corpo dominato dal peccato, il modo peccaminoso di agire del corpo. Questa dottrina è simile a quella di Rm 6,6 e Gal 5,24.

> Lo sappiamo: l'uomo vecchio che è in noi è stato crocifisso con lui, affinché fosse reso inefficace questo corpo di peccato, e noi non fossimo più schiavi del peccato (Rm 6,6).
>
> Quelli che sono di Cristo Gesù hanno crocifisso la carne con le sue passioni e i suoi desideri (Gal 5,24).

Ma lo Spirito di Cristo viene in aiuto non soltanto in questa vita: lo Spirito Santo fin da adesso garantisce, al momento della risurrezione dei morti, la pienezza della vita escatologica promessa. Pienezza esplicitata da ζήσεσθε[106], in cui raccogliamo l'idea di pieno coinvolgimento nell'azione. Idea di medio dinamico, d'interesse, oppure passiva tout-court, con tutti i risvolti che l'accostamento a πνεύματι comporta e mette in circolo. Notare la forma chiastica dei predicati verbali: A) ζῆτε [...] B)

---

[105] Nel v. 13 πνεύματι è un esempio di dativo di mezzo.

[106] Ζήσεσθε — futuro semplice, indicativo medio-passivo, seconda persona plurale di ζάω = "vivere".

μέλλετε ἀποθνῄσκειν [...] B') θανατοῦτε [...] A') ζήσεσθε. È una dialettica degli opposti parallelismi, che viene innescata come una gara di tiro alla fune tra due squadre rivali, tra il vivere e il morire, tra la salvezza e la perdizione[107]. L'atmosfera instaurata nel versetto è mossa e drammatica. L'uso della seconda persona, ponendo il rapporto autore-mittente in presa diretta con i destinatari (esempio del dialogo epistolare), conferisce al messaggio una penetrante carica profetica pervasiva, che li avvince emotivamente. La clausola ζήσεσθε è un salvacondotto che garantisce la vita eterna, assicurando l'adempimento della promessa divina. E i cristiani, forti di questa consapevolezza, si sentiranno impegnati a cooperare con lo Spirito Santo che abita in loro.

La microunità termina facendo emergere il tema della vita eterna, risultato finale di vita nello Spirito Santo. In questo capitolo sulla dimora dello Spirito, Paolo conclude l'impresa già assicurata all'inizio della lettera: Ὁ δὲ δίκαιος ἐκ πίστεως *ζήσεται* (1,17). Queste parole (chiarissima allusione a Dt 30,15-16[108]) tradiscono l'eredità ebraica dell'Apostolo. Ministro della nuova alleanza inaugurata da Cristo Gesù (cfr. 2Cor 3,7-18), l'Apostolo delle genti invita i destinatari a eleggersi uno stile di vita "con l'aiuto dello Spirito" in vista della pienezza di vita eterna che ha come unica fonte il "Dio vivo e vero" (1Ts 1,9).

**Invito all'approfondimento**

*Le avventure di Huckleberry Finn* di Mark Twain. Alcuni contrasti commoventi tra "la vita secondo lo Spirito" e "la vita secondo la carne".

La buona narrativa spesso ci apre gli occhi e ci consente di apprezzare il mistero della condizione umana in modi sempre nuovi e diversi. Il meritatamente celebre romanzo di Mark Twain, *Le Avventure di Huckleberry Finn*, non fa eccezione. Osservò una volta Ernest Hemingway: "Tutta la moderna letteratura americana trae origine da un libro di Mark Twain dal titolo *Huckleberry Finn*", e pochi critici letterari contemporanei dissentirebbero con tale concisa affermazione. Al

[107] Vedi S. Brodeur, *The Holy Spirit's Agency*, 230-232.

[108] "Vedi, io pongo oggi davanti a te la vita e il bene, la morte e il male; poiché io oggi ti comando di amare il Signore tuo Dio, di camminare per le sue vie, di osservare i suoi comandi, le sue leggi e le sue norme, perché tu viva e ti moltiplichi" (Dt 30,15-16).

pari di tutti i grandi romanzi, questo capolavoro letterario si presta a vari livelli di lettura. Possiamo considerarlo come una semplice storia di avventure di un ragazzo bianco, Huck, e del suo amico di colore, Jim, durante il loro viaggio attraverso il fiume Mississippi negli anni precedenti la Guerra Civile americana (1861-1865). Pur tuttavia, i numerosi reati e misfatti dei principali antagonisti, il duca e il delfino (re), offrono al lettore la possibilità di riflettere e considerare molto di più. La sincera e matura decisione da parte di un ragazzo coraggioso di rischiare la propria vita aiutando uno schiavo in fuga, lo colloca in un forte e pericoloso contrasto con la società basata sulla schiavitù nella quale egli lotta per crescere. E' riuscito Twain, scrivendo dopo gli orrori della Guerra Civile, nel tentativo di dar vita ad un nuovo universo morale come balsamo da donare ai propri compatrioti? Una simpatica coppia di improbabili amici contro un ridicolo paio di odiosi farabutti. Il bene contro il male, la vita contro la morte, la libertà contro la schiavitù, la giustizia contro il razzismo. Ovvero, tanto per usare le categorie antitetiche di San Paolo indicate nella Lettera ai Romani (e anche in quella ai Galati), "la vita secondo lo Spirito" contro "la vita secondo la carne". Buona lettura!

M. Twain,

*The Adventures of Huckleberry Finn*, chap. XXXI: *Ominous Plans, News from Jim, Old Reflections, A Sheep Story, Valuable Information*

We dasn't stop again at any town, for days and days; kept right along down the river. We was down south in the warm weather, now, and a mighty long ways from home. We begun to come to trees with Spanish moss on them, hanging down from

M. Twain,

*Le avventure di Huckleberry Finn*, cap. xxxi: *I bugiardi non riescono a pregare*

Anche stavolta per giorni e giorni non ci fermiamo in nessuna città, ma proseguiamo diritti giù per il fiume. Eravamo parecchio a sud e molto lontano da casa, e faceva caldo. Cominciamo a vedere gli alberi colle tillandsie[1] che pendono dai rami come

[1] tillandsie: tipiche piante del sud degli Stati Uniti; sono prive di radici e crescono sui rami degli alberi. (n.d.t.)

the limbs like long gray beards. It was the first I ever see it growing, and it made the woods look solemn and dismal. So now the frauds reckoned they was out of danger, and they begun to work the villages again.

First they done a lecture on temperance; but they didn't make enough for them both to get drunk on. Then in another village they started a dancing school; but they didn't know no more how to dance than a kangaroo does; so the first prance they made, the general public jumped in and pranced them out of town. Another time they tried a go at yellocution; but they didn't yellocute long till the audience got up and give them a solid good cussing and made them skip out. They tackled missionarying, and mesmerizering, and doctoring, and telling fortunes, and a little of everything; but they couldn't seem to have no luck. So at last they got just about dead broke, and laid around the raft, as she floated along, thinking, and thinking, and never saying nothing, by the half a day at a time, and dreadful blue and desperate.

And at last they took a change, and begun to lay their heads together in the wigwam and talk low and confidential two or three hours at a time. Jim and me got uneasy. We didn't like the look of it. We judged

lunghe barbe grigie. Erano le prime che vedevo, e ai boschi ci davano un aspetto cupo e solenne, Così quando hanno la sicurezza che sono fuori pericolo, le due canaglie ricominciano a lavorare nei villaggi.

Per prima cosa fanno una conferenza sulla temperanza, ma quello che ci ricavano non basta neanche per sbronzarsi tutti e due. Poi in un altro paese aprono una scuola di danza, ma quando ballano sembrano due canguri, e alla prima piroetta il pubblico salta in piedi a protestare e li sbatte fuori dalla città. Un'altra volta provano a fare una "allocuzione", che però non dura molto perché la gente comincia a urlarci dietro e a sfotterli, e li fa sloggiare subito. Allora tentano con le raccolte di soldi per le missioni, con l'ipnotismo, con la medicina, colla chiromanzia e con un po' di tutto, ma sembra che non ci hanno fortuna. E così alla fine sono tutti ingrugnati, e se ne stanno sdraiati sulla zattera — che continua ad andare avanti colla corrente — a pensare e pensare, senza dire una parola magari per mezza giornata, incarogniti e con un diavolo per capello.

Infine cambiano, e cominciano a starsene nel wigwam e a parlottare per due o tre ore di fila. Quella faccenda non ci piace per niente a me e Jim. Non siamo tranquilli, perché pensiamo che stanno preparando

they was studying up some kind of worse deviltry than ever. We turned it over and over, and at last we made up our minds they was going to break into somebody's house or store, or was going into the counter-feit-money business, or something. So then we was pretty scared, and made up an agreement that we wouldn't have nothing in the world to do with such actions, and if we ever got the least show we would give them the cold shake, and clear out and leave them behind. Well, early one morning we hid the raft in a good safe place about two mile below a little bit of a shabby village, named Pikesville, and the king he went ashore, and told us all to stay hid whilst he went up to town and smelt around to see if anybody had got any wind of the Royal Nonesuch there yet. ("House to rob, you *mean*," says I to myself; "and when you get through robbing it you'll come back here and wonder what's become of me and Jim and the raft—and you'll have to take it out in wondering.") And he said if he warn't back by midday, the duke and me would know it was all right, and we was to come along.

qualche diavoleria peggio delle altre. Ci abbiamo riflettuto e alla fine decidiamo che stanno per fare un furto con scasso in qualche casa o negozio, o che si vogliono mettere a spacciare soldi falsi, o qualcosa del genere. Così ci viene una bella strizza, e fra noi ci mettiamo d'accordo che non vogliamo proprio entrarci per niente in pasticci come quelli, e se ci abbiamo l'occasione ce la filiamo e gli facciamo il bidone. Beh, una mattina di buon'ora nascondiamo la zattera in un bel posto sicuro, circa due miglia al di sotto di un paesotto scalcinato che si chiama Pikesville, e il re va a terra e ci dice di rimanere nascosti mentre lui è in città e dà un'occhiata per vedere se in quel posto c'è qualcuno che ha già sentito parlare del "Cammellopardo del re". ("Di' piuttosto che vuoi vedere se c'è qualche casa, per andarci a rubare", mi dico fra me; "e quando tornerai qui dopo il furto ti domanderai dove diavolo ci siamo cacciati io e Jim e la zattera, e non ci sarà lì nessuno a darti una risposta".) Dice che se lui non è di ritorno per mezzogiorno, vuol dire che tutto è a posto, e io e il duca dobbiamo andarci anche noi.

So we staid where we was. The duke he fretted and sweated around, and was in a mighty sour way. He scolded us for everything, and we

Così restiamo lì. Il duca pareva che ci aveva la fregola in corpo e la luna storta. Ci sgridava per tutto e sembrava che non facevamo niente di

couldn't seem to do nothing right; he found fault with every little thing. Something was a-brewing, sure. I was good and glad when midday come and no king; we could have a change, anyway—and maybe a chance for *the* change, on top of it. So me and the duke went up to the village, and hunted around there for the king, and by-and-by we found him in the back room of a little low doggery, very tight, and a lot of loafers bullyragging him for sport, and he a cussing and threatening with all his might, and so tight he couldn't walk, and couldn't do nothing to them. The duke he begun to abuse him for an old fool, and the king begun to sass back; and the minute they was fairly at it, I lit out, and shook the reefs out of my hind legs, and spun down the river road like a deer—for I see our chance; and I made up my mind that it would be a long day before they ever see me and Jim again. I got down there all out of breath but loaded up with joy, and sung out—

"Set her loose, Jim, we're all right, now!"

But there warn't no answer, and nobody come out of the wigwam. Jim was gone! I set up a shout—and then another— and then another one; and run this way and that in the woods, whooping and screeching; but it warn't no use—old Jim was

giusto, e trovava da ridire su ogni minima cosa. Stava covando qualcosa, sicuro. Io sono contento quando arriva mezzogiorno e non si vede tornare il re, perché almeno si faceva qualcosa di nuovo — e magari saltava anche fuori la possibilità di tagliare la corda. Allora io e il duca andiamo al paese e cerchiamo il re, e dopo un po' lo troviamo in una specie di bettola, piuttosto sbronzo, con un fracco di bighelloni che lo sfruculiavano per divertirsi, e lui che strepitava e minacciava con tutto il fiato che aveva in corpo, ma era così sbronzo che non riusciva neppure a camminare. Il duca comincia a prenderlo a male parole e a dirgli che è un vecchio scemo, e il re gli risponde, e proprio quando stanno per menarsi, io esco e scendo giù come un fulmine per la strada del fiume, che quella era l'occasione buona; stavolta ci vorrà un pezzo prima che potranno rivedere me e Jim, Arrivo che sono senza fiato ma pieno di felicità e grido:

«Molla gli ormeggi, Jim, siamo liberi!».

Ma non c'è risposta, e dal wigwam non viene fuori nessuno. Jim è sparito! Caccio un urlo, e poi un altro, e poi un altro ancora, e vado di qua e di là nel bosco gridando e strillando, ma non c'è niente da fare: il vecchio Jim è sparito. E allora mi siedo e mi

gone. Then I set down and cried; I couldn't help it. But I couldn't set still long. Pretty soon I went out on the road, trying to think what I better do, and I run across a boy walking, and asked him if he'd seen a strange nigger, dressed so and so, and he says:

"Yes."

"Whereabouts?" says I.

"Down to Silas Phelps's place, two mile below here. He's a runaway nigger, and they've got him. Was you looking for him?"

"You bet I ain't! I run across him in the woods about an hour or two ago, and he said if I hollered he'd cut my livers out—and told me to lay down and stay where I was; and I done it. Been there ever since; afeard to come out."

"Well," he says, "you needn't be afeard no more, becuz they've got him. He run off f'm down South, som'ers."

"It's a good job they got him."

"Well, I *reckon*! There's two hunderd dollars reward on him. It's like picking up money out'n the road."

"Yes, it is—and I could a had it if I'd been big enough; I see him *first*. Who nailed him?"

"It was an old fellow —a stranger— and he sold out his chance in him for forty dollars, becuz he's got to go up the river and can't wait. Think o' that,

metto a piangere; non posso evitarlo. Ma non riesco a stare seduto per tanto tempo. Dopo un po' vado sulla strada pensando a che cosa è meglio fare, e incontro un ragazzo e gli chiedo se ha visto un negro forestiero, vestito i così e così, e lui mi fa:

«Sì».

«Da che parte?», dico io.

«Giù alla casa di Silas Phelps, due miglia sotto. E un negro che è scappato, e adesso l'hanno beccato. Lo stai cercando?»

«No! Mica lo sto cercando. L'ho incontrato nel bosco un'ora o due fa, e mi ha urlato dietro che mi mangiava vivo, e che dovevo starmene quieto lì dov'ero; e io ho fatto proprio così. È da allora che sto qui; ho fifa a uscir fuori».

«Beh», fa lui, «adesso non devi più avere fifa, perché l'hanno beccato. È scappato da qualche posto, giù a Sud».

«È stato un bel colpo che l'hanno preso».

«E ti credo! C'è un premio di duecento dollari per chi lo prende. E come trovare i soldi per strada».

«Davvero... potevo guadagnarli io se ero più grande; l'ho visto io *per primo.* Chi l'ha incastrato?»

«Oh, è stato un vecchio, un forestiero, e ha venduto l'informazione per quaranta dollari, perché deve risalire il fiume e non può aspettare.

now! You bet *I'd* wait, if it was seven year."

"That's me, every time," says I. "But maybe his chance ain't worth no more than that, if he'll sell it so cheap. Maybe there's something ain't straight about it."

"But it *is,* though—straight as a string. I see the handbill myself. It tells all about him, to a dot—paints him like a picture, and tells the plantation he's frum, below New*rleans.* Nosirree-*bob,* they ain't no trouble 'bout *that* speculation, you bet you. Say, gimme a chaw tobacker, won't ye?"

I didn't have none, so he left. I went to the raft, and set down in the wigwam to think. But I couldn't come to nothing. I thought till I wore my head sore, but I couldn't see no way out of the trouble. After all this long journey, and after all we'd done for them scoundrels, here was it all come to nothing, everything all busted up and ruined, because they could have the heart to serve Jim such a trick as that, and make him a slave again all his life, and amongst strangers, too, for forty dirty dollars.

Once I said to myself it would be a thousand times better for Jim to be a slave at home where his family was, as long as he'd *got* to be a slave, and so I'd better write a letter to Tom

Pensa che scemo. Se ero io aspettavo anche sette anni!».

«Anch'io», dico io. «Però magari a lui ci basta, se ha venduto l'informazione a così poco. Magari c'è sotto qualcosa».

«Ma no, è chiaro come il sole. L'ho visto anch'io l'avviso. Dalla descrizione, è lui fatto e sputato, col nome della piantagione da dove è scappato, sotto New Orleans. Proprio no, non ci sono problemi in questa faccenda, puoi stare sicuro: Senti un po', non ci hai una cicca di tabacco da masticare?».

Non ne avevo e me ne sono andato. Sono tornato alla zattera e mi sono seduto nel wigwam a riflettere. Però non sono arrivato a una decisione. Ho continuato a riflettere fino a farmi venire il mal di testa, ma non riuscivo a vedere una soluzione. Dopo tutto 'sto viaggio e dopo tutto quello che avevamo fatto per quei farabutti, tutto era finito in fumo, tutto era andato in rovina, perché avevano avuto il coraggio di fare a Jim una carognata simile, e riportarlo alla schiavitù per il resto della vita, e come se ciò non bastasse anche fra gente estranea, e tutto questo per quaranta sporchi dollari.

Una delle cose che mi sono venute in mente è stata che era mille volte meglio che Jim era schiavo nel paese dove stava la sua famiglia, visto che comunque *doveva* rimanere uno

Sawyer and tell him to tell Miss Watson where he was. But I soon give up that notion, for two things: she'd be mad and disgusted at his rascality and ungratefulness for leaving her, and so she'd sell him straight down the river again; and if she didn't, everybody naturally despises an ungrateful nigger, and they'd make Jim feel it all the time, and so he'd feel ornery and disgraced. And then think of *me*! It would get all around, that Huck Finn helped a nigger to get his freedom; and if I was to ever see anybody from that town again, I'd be ready to get down and lick his boots for shame. That's just the way: a person does a lowdown thing, and then he don't want to take no consequences of it. Thinks as long as he can hide it, it ain't no disgrace. That was my fix exactly. The more I studied about this, the more my conscience went to grinding me, and the more wicked and lowdown and ornery I got to feeling. And at last, when it hit me all of a sudden that here was the plain hand of Providence slapping me in the face and letting me know my wickedness was being watched all the time from up there in heaven, whilst I was stealing a poor old woman's nigger that hadn't ever done me no harm, and now was showing me there's One that's always on the lookout, and ain't ago-

schiavo, e perciò facevo bene a scrivere a Tom Sawyer e a dirgli di dire a Miss Watson dove si trovava Jim. Ma presto ho scartato questa idea per due ragioni: perché se facevo così lei si sarebbe arrabbiata assai di quella canagliata di Jim e della sua ingratitudine nel lasciarla, e l'avrebbe subito venduto in qualche posto del Sud; e poi, anche se non lo vendeva, tutti disprezzano i negri ingrati, e gliel'avrebbero fatto sentire per sempre, a Jim, e per lui sarebbe stata una cosa bruttissima. E poi pensate a me! Tutti sarebbero venuti a sapere che Huck finn ha aiutato un negro a diventare libero, che se mi capitava d'incontrare qualcuno di quella città mi sentivo obbligato a buttarmi per terra a leccargli le scarpe per la vergogna. La vita è così: la gente fa le brutte cose e poi non vuole portarne le conseguenze. Però, se nessuno lo sa, non c'è niente di male. Ed era proprio questo il caso mio. Più ci pensavo, più la coscienza mi rodeva e mi sentivo un verme schifoso. E quando, finalmente, mi viene in mente che lì c'era la mano della Provvidenza, che così mi aveva dato un bello schiaffone in faccia per farmi sapere che la mia cattiveria era stata vista dall'alto del cielo — e l'aveva fatto perché io stavo rubando il suo negro a una povera donna vecchia che non mi aveva fatto nessun male — e adesso mi dimostrava che c'è Qualcuno che ti vede

ing to allow no such miserable doings to go only just so fur and no further, I most dropped in my tracks I was so scared. Well, I tried the best I could to kinder soften it up somehow for myself, by saying I was brung up wicked, and so I warn't so much to blame; but something inside of me kept saying, "There was the Sunday school, you could a gone to it; and if you'd a done it they'd a learnt you, there, that people that acts as I'd been acting about that nigger goes to everlasting fire."

It made me shiver. And I about made up my mind to pray; and see if I couldn't try to quit being the kind of a boy I was, and be better. So I kneeled down. But the words wouldn't come. Why wouldn't they? It warn't no use to try and hide it from Him. Nor from *me,* neither. I knowed very well why they wouldn't come. It was because my heart warn't right; it was because I warn't square; it was because I was playing double. I was letting *on* to give up sin, but away inside of me I was holding on to the biggest one of all. I was trying to make my mouth *say* I would do the right thing and the clean thing, and go and write to that nigger's owner and tell where he was; but deep down in me I knowed it was a lie—and He knowed it. You can't pray a lie—I found that out.

sempre e che ti permette di andare solo fino a un certo punto nelle tue mascalzonate, beh, quando mi viene in mente questo, sono quasi cascato per terra dalla paura che ho provato. Ho fatto del mio meglio per giustificarmi dicendo che mi avevano educato male, e dunque non avevo tanta colpa, però qualcosa dentro di me continuava a dirmi: "C'era l'oratorio, e tu perché non ci sei andato? Se ci andavi, t'imparavano che la gente che fa come hai fatto tu con questo negro finiscono diritti nel fuoco eterno".

Mi sono venuti i brividi. E stavo quasi per mettermi a pregare, che magari così la piantavo di essere quello che ero e diventavo meglio. Allora mi sono inginocchiato, ma non mi venivano le parole. Perché? Era inutile cercare di nascondere le cose a Lui, E anche fare finta che io non ci capivo niente, io lo sapevo benissimo perché le parole non mi venivano. Era perché il mio cuore non era a posto dentro di me; e non era a posto perché io non ero onesto, facevo il doppio gioco. Volevo fare credere che rinunciavo al peccato, ma dentro di me mi tenevo il peccato più grosso di tutti. Cercavo di costringere la lingua a dire che avrei fatto l'unica cosa giusta e pura — che sarei andato a scrivere alla padrona di quel negro per dirci dove lui stava —, ma nel mio profondo sapevo che quella era

So I was full of trouble, full as I could be; and didn't know what to do. At last I had an idea; and I says, I'll go and write the letter—and *then* see if I can pray. Why, it was astonishing, the way I felt as light as a feather, right straight off, and my troubles all gone. So I got a piece of paper and a pencil, all glad and excited, and set down and wrote:

> Miss Watson your runaway nigger Jim is down here two mile below Pikesville and Mr. Phelps has got him and he will give him up for the reward if you send.
>
> Huck Finn.

I felt good and all washed clean of sin for the first time I had ever felt so in my life, and I knowed I could pray now. But I didn't do it straight off, but laid the paper down and set there thinking—thinking how good it was all this happened so, and how near I come to being lost and going to hell. And went on thinking. And got to thinking over our trip down the river; and I see Jim before me, all the time, in the day, and in the nighttime, sometimes moonlight, sometimes storms, and we a floating along, talking, and

una bugia, e che Lui lo sapeva. E non si può pregare colle bugie.

Cosi ero nelle peste, e c'ero proprio bene, e non sapevo che fare. Alla fine ho un'idea, e mi dico che vado subito a scrivere la lettera, così vedo se poi riesco a pregare. Beh, mi sono sentito subito leggero come una piuma, calmo e tranquillo, senza più guai, e allora prendo un pezzo di carta e una matita, tutto felice ed eccitato, e mi metto a scrivere così:

> Miss Watson, il vostro negro Jim è qui a due miglia sotto Pikesville, che lo ha beccato Mr. Phelps, e ce lo darà in cambio del premio che voi mandate.
>
> Huck Finn.

Allora per la prima volta in vita mia mi sono sentito senza peccati, e ho sentito che stavolta potevo pregare. Però non ho cominciato subito a pregare, ma ho messo giù il foglio e mi sono seduto a pensare — e ho pensato che era stato bello quello che era successo, che per poco non ero dannato e finivo all'inferno. Poi ho continuato a pensare, e mi sono ricordato del nostro viaggio lungo il fiume, e così mi vedo davanti Jim, a tutte le ore del giorno e della notte, qualche volta colla luce della luna, qualche volta coi temporali, e noi che continuavamo ad

singing, and laughing. But somehow I couldn't seem to strike no places to harden me against him, but only the other kind. I'd see him standing my watch on top of his'n, stead of calling me, so I could go on sleeping; and see him how glad he was when I come back out of the fog; and when I come to him again in the swamp, up there where the feud was; and suchlike times; and would always call me honey, and pet me, and do everything he could think of for me, and how good he always was; and at last I struck the time I saved him by telling the men we had small-pox aboard, and he was so grateful, and said I was the best friend old Jim ever had in the world, and the *only* one he's got now; and then I happened to look around, and see that paper.

It was a close place. I took it up, and held it in my hand. I was a trembling, because I'd got to decide, forever, betwixt two things, and I knowed it. I studied a minute, sort of holding my breath, and then says to myself:

"All right, then, I'll *go* to hell"—and tore it up.

It was awful thoughts, and awful words, but they was said. And I let them stay said; and never thought no more about reforming. I shoved the

andare colla corrente, e parlavamo, e cantavamo, e ridevamo. Però non mi veniva in mente nulla contro di lui — tutto il contrario. Lo vedevo che continuava a fare il suo turno di notte invece di chiamarmi, così che io potevo dormire; lo vedevo così contento quando lo avevo ritrovato dopo il nebbione; e quando ero andato da lui nella palude, quella volta della faida; e altre occasioni del genere; e quando lui mi chiamava "tesoruccio", e mi accarezzava, e faceva l'impossibile per me, ed era sempre buono; e alla fine m'è venuta in mente quella volta che io l'ho salvato dicendo agli uomini che a bordo avevamo il vaiolo, che mi era stato così grato e aveva detto che io ero il meglio amico che il vecchio Jim aveva al mondo, e così mi è venuto in mente che adesso io sono davvero *l'unico* amico che lui ha; e poi, guardando in giro, vedo per caso il foglio.

Beh, devo proprio decidermi. Lo prendo su e lo tengo in mano. Tremavo perché dovevo scegliere fra due cose, ed era una scelta che facevo per sempre, e lo sapevo. Ci ho studiato per un minuto, che quasi non respiravo, e poi dico fra me:

«E va bene, allora andrò all'inferno!», e straccio il foglio.

Sto male, dopo che ho detto quelle parole terribili, ma ormai quello che è detto è detto, e non ci penso neanche a cambiare idea. Quella cosa lì

whole thing out of my head; and said I would take up wickedness again, which was in my line, being brung up to it, and the other warn't. And for a starter, I would go to work and steal Jim out of slavery again; and if I could think up anything worse, I would do that, too; because as long as I was in, and in for good, I might as well go the whole hog.

Then I set to thinking over how to get at it, and turned over considerable many ways in my mind; and at last fixed up a plan that suited me. So then I took the bearings of a woody island that was down the river a piece, and as soon as it was fairly dark I crept out with my raft and went for it, and hid it there, and then turned in. I slept the night through, and got up before it was light, and had my breakfast, and put on my store clothes, and tied up some others and one thing or another in a bundle, and took the canoe and cleared for shore. I landed below where I judged was Phelps's place, and hid my bundle in the woods, and then filled up the canoe with water, and loaded rocks into her and sunk her where I could find her again when I wanted her, about a quarter of a mile below a little steam sawmill that was on the bank.

Then I struck up the road, and when I passed the mill I see a sign

me la tolgo proprio dalla testa, e quindi torno a fare il ragazzo cattivo, che mi riesce bene, mentre la vita del bravo ragazzo, beh, non è proprio una cosa che fa per me. Così, per cominciare libererò di nuovo Jim dalla schiavitù, e magari poi farò anche di peggio, perché già che ci sono voglio proprio darci dentro.

Allora mi metto a pensare come fare, e mi vengono in mente un sacco di possibilità, così alla fine mi fisso su un piano che secondo me va bene. Allora studio la posizione di un'isola tutta coperta di alberi che era sul fiume, un po' più giù, e non appena è abbastanza buio esco colla zattera e ci vado, la nascondo là e poi vado a dormire. Dormo tutta la notte e mi alzo prima della luce, faccio colazione e mi metto il vestito comprato nel negozio; quindi ficco gli altri vestiti e qualche, altra cosa in un fagotto, prendo la canoa e vado a riva. Sbarco un po' sotto rispetto a dove mi pare che c'è la casa dei Phelps, e nascondo il fagotto nel bosco, e poi riempio d'acqua la canoa e ci metto dentro dei sassi per mandarla a fondo, ma in un posto dove posso ritrovarla se mi serve, a circa un quarto di miglio sotto una piccola segheria ad acqua che era sulla riva.

Poi prendo la strada, e quando passo la segheria vedo che ci ha

on it, "Phelps's Sawmill," and when I come to the farmhouses, two or three hundred yards further along, I kept my eyes peeled, but didn't see nobody around, though it was good daylight, now. But I didn't mind, because I didn't want to see nobody just yet—I only wanted to get the lay of the land. According to my plan, I was going to turn up there from the village, not from below. So I just took a look, and shoved along, straight for town. Well, the very first man I see, when I got there, was the duke. He was sticking up a bill for the Royal Nonesuch—three-night performance—like that other time. *They* had the cheek, them frauds! I was right on him, before I could shirk. He looked astonished, and says:

"Hel-*lo*! Where'd *you* come from?" Then he says, kind of glad and eager, "Where's the raft?—got her in a good place?"

I says:

"Why, that's just what I was agoing to ask your grace."

Then he didn't look so joyful—and says:

"What was your idea for asking *me*?" he says.

"Well," I says, "when I see the king in that doggery yesterday, I says to myself, we can't get him home for hours, till he's soberer; so I went a loafing around town to put

un'insegna con su scritto «Segheria Phelps», e quando sono alle fattorie, due o trecento iarde più in là, scruto ben bene, ma non vedo nessuno, anche se ormai è giorno fatto. Però non me ne frega niente, perché mica voglio vedere qualcuno, voglio solo esplorare il posto, Secondo il mio piano devo arrivare dal villaggio, e non da sud. Quindi do giusto un'occhiata, e continuo diritto verso il paese. Beh, il primo che vedo lì è il duca. Stava attaccando un manifesto per "Il cammellopardo del re" — tre serate di spettacolo, come l'altra volta. Ci avevano una bella faccia di bronzo, i due gaglioffi! Non riesco a schivarlo e mi trovo davanti a lui. Lui mi guarda sbalordito e fa:

«Ciao! Da dove vieni?». E poi mi chiede, tutto contento e sorridente: «E la zattera dov'è? L'hai messa in un posto sicuro?»

Io dico:

«Mah... era proprio quello che ci volevo domandare a vostra grazia».

Allora si vede che non è più tanto contento, e mi dice:

«E perché volevi chiederlo proprio a me?»

«Beh», faccio io, «ieri, quando ho visto il re che aveva preso quella sbronza, mi sono detto che ci volevano delle ore prima che gli passava e tornava a casa, e allora sono andato a fare

in the time, and wait. A man up and offered me ten cents to help him pull a skiff over the river and back to fetch a sheep, and so I went along; but when we was dragging him to the boat, and the man left me aholt of the rope and went behind him to shove him along, he was too strong for me, and jerked loose and run, and we after him. We didn't have no dog, and so we had to chase him all over the country till we tired him out. We never got him till dark, then we fetched him over, and I started down for the raft. When I got there and see it was gone, I says to myself, 'they've got into trouble and had to leave; and they've took my nigger, which is the only nigger I've got in the world, and now I'm in a strange country, and ain't got no property no more, nor nothing, and no way to make my living;' so I set down and cried. I slept in the woods all night. But what *did* become of the raft then?—and Jim, poor Jim!"

"Blamed if *I* know—that is, what's become of the raft. That old fool had made a trade and got forty dollars, and when we found him in the doggery the loafers had matched half dollars with him and got every cent but what he'd spent for whisky; and when I got him home late last night and found the raft gone, we

un giro in città ad aspettare. Un uomo è venuto da me a offrirmi dieci centesimi se lo aiutavo ad andare a prendere un montone dall'altra parte del fiume con la barca, e io sono andato, ma quando lo stiamo trascinando alla barca, e l'uomo mi ha mollato la corda per andare dietro a spingerlo, il montone ha dato uno strattone tremendo e si è liberato ed è scappato, e noi dietro. Però non avevamo il cane, e così abbiamo dovuto corrergli dietro per un sacco di tempo, finché l'abbiamo stancato. Era scuro quando l'abbiamo preso, e poi l'abbiamo riportato di là e io sono tornato alla zattera. Però ho visto che non c'era più, e allora mi sono detto: "Si sono messi nei casini e hanno dovuto scappare, però si sono presi il mio negro, che è l'unico negro che ci ho, e pensare che sono in un paese forestiero, e non ci ho più soldi, non ci ho niente, e non ci ho modo di guadagnarmi da vivere"; e così mi sono seduto a piangere. Per tutta la notte ho dormito nel bosco. Ma dov'è finita la zattera, allora? E Jim, povero Jim?»

«Che mi venga un colpo se lo so — dico della zattera. Quel vecchio scemo ha fatto un qualche affare per quaranta dollari, e quando l'abbiamo trovato sbronzo i fannulloni del paese stavano facendo scommesse con lui a mezzo dollaro a botta e gli hanno cuccato tutto, tranne i soldi che aveva speso per il whisky; e così quando ieri sera

said, 'That little rascal has stole our raft and shook us, and run off down the river.'"

"I wouldn't shake my *nigger,* would I?—the only nigger I had in the world, and the only property."

"We never thought of that. Fact is, I reckon we'd come to consider him *our* nigger; yes, we did consider him so—goodness knows we had trouble enough for him. So when we see the raft was gone, and we flat broke, there warn't anything for it but to try the Royal Nonesuch another shake. And I've pegged along ever since, dry as a powder-horn. Where's that ten cents? Give it here."

I had considerable money, so I give him ten cents, but begged him to spend it for something to eat, and give me some, because it was all the money I had, and I hadn't had nothing to eat since yesterday. He never said nothing. The next minute he whirls on me and says:

"Do you reckon that nigger would blow on us? We'd skin him if he done that!"

"How can he blow? Hain't he run off?"

"No! That old fool sold him, and never divided with me, and the

l'ho riportato a casa e ho trovato che la zattera non c'era più, ci siamo detti: "Quella piccola carogna ci ha fregato la zattera e ci ha piantato, ed è scappato giù per il fiume"».

«E che faccio? Me ne scappo e pianto qui il *mio negro*? Il solo negro che ho al mondo, che è la mia unica proprietà?»

«Non ci abbiamo pensato. Il fatto è che avevamo preso a considerarlo il *nostro* negro; sì, lo consideravamo nostro, con tutte le grane che ci ha dato. Così quando abbiamo visto che la zattera era andata, e noi eravamo proprio strapelati, non c'è rimasto niente altro che fare un altro tentativo col "Cammellopardo del re". Ed è da allora che mi sto sbattendo in giro lavorando come un mulo, e con la gola secca. Dov'è quel dieci centesimi? Dammelo».

Di quattrini ne ho, e allora gli do un dieci centesimi, ma lo prego di prenderci qualcosa da mangiare perché sono gli unici soldi che ho e non ho mangiato da ieri. Lui non dice niente. Un minuto dopo si gira verso di me e mi fa:

«Credi che quel negro è capace di farci la spia? Se lo fa lo peliamo vivo!».

«Come può fare la spia? Non ha tagliato la corda?»

«No! Quel vecchio scemo l'ha venduto, e non ha neanche fatto a metà

money's gone."

"*Sold* him?" I says, and begun to cry; "why, he was *my* nigger, and that was my money. Where is he?—I want my nigger."

"Well, you can't *get* your nigger, that's all—so dry up your blubbering. Looky here—do you think *you'd* venture to blow on us? Blamed if I think I'd trust you. Why, if you *was* to blow on us—"

He stopped, but I never see the duke look so ugly out of his eyes before. I went on a-whimpering, and says:

"I don't want to blow on nobody; and I ain't got no time to blow, nohow. I got to turn out and find my nigger."

He looked kinder bothered, and stood there with his bills fluttering on his arm, thinking, and wrinkling up his forehead. At last he says:

"I'll tell you something. We got to be here three days. If you'll promise you won't blow, and won't let the nigger blow, I'll tell you where to find him."

So I promised, and he says!

"A farmer by the name of Silas Ph—" and then he stopped. You see he started to tell me the truth; but when he stopped, that way, and begun to study and think again, I reckoned he was changing his mind. And so he was. He wouldn't trust me; he wanted to make sure of having me out of the way the whole

con me, e adesso la grana è sparita».

«*Venduto?*», faccio io, e comincio a piangere; «ma era il mio negro, e quei soldi erano miei. Adesso dov'è?... Voglio il mio negro».

«Beh, ora non puoi più riprendertelo, il tuo negro... quindi piantala di frignare. Senti un po', non ti verrà in mente di fare la spia? Accidenti, come faccio a fidarmi di te? Guarda che se fai la spia...».

Si ferma, ma una grinta come quella non l'avevo mai vista sulla faccia del duca. Io continuo a piagnucolare e dico:

«Io non faccio la spia a nessuno; e non ci ho neanche tempo, che devo andare in giro a cercare il mio negro».

Lui fa una faccia un po' scocciata e se ne sta lì coi manifesti appesi al braccio e la fronte corrugata. Alla fine dice:

«Sai che ti dico? Noi qui ci dobbiamo stare tre giorni. Se prometti che non fai la spia, e non la lasci fare al negro, ti dico dove lo trovi».

Io ho promesso, e lui mi fa:

«C'è un agricoltore che si chiama Silas Ph...», e qui si ferma un'altra volta. Aveva cominciato a dirmi la verità, ma quando si è fermato in quella maniera e si è rimesso a riflettere e a pensare ho immaginato che aveva cambiato idea. Ed era proprio così, perché non si fidava di me. Voleva essere sicuro che per tre giorni

three days. So pretty soon he says: "The man that bought him is named Abram Foster—Abram G. Foster—and he lives forty mile back here in the country, on the road to Lafayette."

"All right," I says, "I can walk it in three days. And I'll start this very afternoon."

"No you won't, you'll start *now;* and don't you lose any time about it, neither, nor do any gabbling by the way. Just keep a tight tongue in your head and move right along, and then you won't get into trouble with *us,* d'ye hear?"

That was the order I wanted, and that was the one I played for. I wanted to be left free to work my plans.

"So clear out," he says; "and you can tell Mr. Foster whatever you want to. Maybe you can get him to believe that Jim *is* your nigger—some idiots don't require documents—least-ways I've heard there's such down South here. And when you tell him the handbill and the reward's bogus, maybe he'll believe you when you explain to him what the idea was for getting 'em out. Go 'long, now, and tell him anything you want to; but mind you don't work your jaw any *between* here and there."

So I left, and struck for the back country. I didn't look around, but I kinder felt like he was watching me.

io me ne stavo fuori dai piedi. Così subito dopo mi dice: «Quello che l'ha comprato si chiama Abram Foster — Abram G. Foster — e abita a quaranta miglia da qui, nell'interno sulla strada di Lafayette».

«Bene», dico io, «se vado a piedi posso farcela in tre giorni, Parto questo pomeriggio».

«No, partirai subito; e non devi perdere tempo a chiacchierare lungo la strada. Tieni la bocca chiusa e va' avanti diritto, e noi non ti faremo passare guai, hai capito?».

Era proprio l'ordine che volevo, e avevo fatto in modo che me lo desse. Volevo essere lasciato libero di seguire i miei piani.

«Sloggia», fa lui; «a Mr. Foster puoi dirgli quello che vuoi. Magari riuscirai a fargli credere che Jim è il tuo negro — alcuni idioti non chiedono i documenti —, almeno ho sentito dire che qui al Sud ci sono dei tipi del genere. E quando gli racconti che il manifesto colla ricompensa è un trucco e gli dici perché l'abbiamo fatto, magari ti crede. Vai, e digli quello che vuoi; ma sta' attento a non ficcare il naso qui».

Io me ne sono andato e mi sono diretto verso l'interno, ma sentivo che lui mi seguiva. Però sapevo anche

But I knowed I could tire him out at that. I went straight out in the country as much as a mile, before I stopped; then I doubled back through the woods towards Phelps's. I reckoned I better start in on my plan straight off, without fooling around, because I wanted to stop Jim's mouth till these fellows could get away. I didn't want no trouble with their kind. I'd seen all I wanted to of them, and wanted to get entirely shut of them.

che potevo perderlo. Sono andato diritto per circa un miglio prima di fermarmi; poi ho svoltato e sono tornato indietro verso la casa di Phelps passando per il bosco. Ho deciso che era meglio partire subito col mio piano, senza perdere tempo, perché volevo tappare la bocca a Jim finché quei due non se ne andavano. Non volevo grane con tipi del genere. Ne avevo abbastanza, e con loro volevo chiudere per sempre.

# CAPITOLO IV

## VANGELO PAOLINO
## QUADRO TEOLOGICO COMPLESSIVO DEL PAOLINISMO

### Introduzione

Esaminare in forma sistematica alcune tra le più importanti tematiche teologiche paoline è un compito che stimola a tracciare preliminarmente un quadro teologico complessivo del Paolinismo[1]. In tale prospettiva, le lettere protopaoline possono risultare di grande aiuto. Quanto alle deuteropaoline, specialmente Colossesi e Efesini, conferiscono un'impronta teologica *sui generis* al messaggio dell'Apostolo delle genti. Questo è vero anche per le lettere Pastorali, che contengono materiale d'insieme proveniente dal Paolinismo autentico, arricchito dalla consapevolezza dello sviluppo che la Chiesa, nel corso di pochi decenni, aveva raggiunto nella liturgia, nella gerarchia e nel comportamento etico.

Nel primo volume del nostro studio introduttivo[2] e nei primi tre capitoli di questa seconda opera (in occasione della lettura esegetica di sette brani diversi: 1Ts 4,13-18; Gal 4,1-7; Fil 2,6-11; Fm 10b-11; 1Cor 15,1-11; 2Cor 12,1-10; Rm 8,5-13), abbiamo ritenuto opportuno adottare il metodo diacronico, abbiamo cioè esaminato le lettere di Paolo in base all'ordine cronologico tradizionale. In questo ultimo capitolo, riprenderemo le lettere dell'Apostolo delle genti sotto il profilo sincronico, ovvero tematicamente, cercando di recuperare il significato teologico degli argomenti in funzione della nostra vita cristiana. L'esegesi lontana dalla vita è vano esercizio; d'altro canto una vita condotta, prescindendo da un codice morale che non contempli la necessità della Parola di Dio, sarebbe povera di significato, perché priva della dimensione trascendente.

---

[1] Per una breve introduzione al Paolinismo vedi S.N. Brodeur, *Il cuore di Paolo è il cuore di Cristo*, 80-85.

[2] Vedi S.N. Brodeur, *Il cuore di Paolo è il cuore di Cristo. Studio introduttivo esegetico-teologico delle lettere paoline*, Theologia 2, Roma 2012.

Nel panorama suaccennato è possibile distinguere sette grandi blocchi teologici: 1) Dio e il suo progetto salvifico; 2) il Vangelo che è Cristo; 3) Spirito Santo; 4) fede in Cristo Gesù; 5) giustizia di Dio e giustificazione gratuita *sola fide*; 6) Chiesa; 7) escatologia. Nel pensiero paolino spiccano due caratteristiche significative: "la cristologizzazione di tutti i campi del discorso teologico"[3], la "formulazione paradossale dell'itinerario di Cristo e dei battezzati"[4]. A questo punto iniziamo il nostro studio delle tematiche teologiche paoline con il discorso dell'Apostolo delle genti riguardo Dio[5].

---

[3] J.-N. ALETTI, "Paolina (teologia)", *DCT*, 971.

[4] J.-N. ALETTI, "Paolina (teologia)", *DCT*, 974.

[5] *Nemo nascitur artifex*. Questo capitolo sul Vangelo paolino e l'epilogo conclusivo sull'attualizzazione della Parola di Dio devono molto a nostri maestri J.-N. Aletti e U. Vanni, le cui opere e lezioni sono state fondamentali nella nostra formazione esegetico-teologica. Di primaria importanza segnaliamo J.-N. ALETTI, "Paolina (teologia)", *DCT*, 970-977 e U. VANNI, *L'ebbrezza dello Spirito. Una proposta di spiritualità paolina*, Bibbia e Preghiera, Roma 2001 nonché le lezioni di quest'ultimo sugli argomenti in questione nel suo corso di primo ciclo 'corpo paolino'. Cfr. anche J.-N. ALETTI, *Comment Dieu est-il juste? Clefs pour interpréter l'épître aux Romains*, Parole de Dieu 30, Paris 1991; ID., "L'apôtre Paul et la parousie de Jésus Christ. L'eschatologie paulinienne et ses enjeux", *RSR* 84 (1996) 15-41 ; ID., "Le statut de l'Église dans les lettres pauliniennes. Réflexions sur quelques paradoxes", *Bib* 83 (2002) 153-174; ID., "La giustificazione nell'epistola ai Romani", in V. SCIPPA, ed., *La lettera ai Romani. Esegesi e teologia*, Napoli 2003, 33-55; ID., *Essai sur l'ecclésiologie des lettres de saint Paul*, EtB 60, Pendé 2009; ID., *God's Justice in Romans. Keys for Interpreting the Epistle to the Romans*, SibBi 37, Roma 2009; ID., *New Approaches for Interpreting the Letters of Saint Paul. Collected Essays. Rhetoric, Soteriology, Christology and Ecclesiology*, SubBPont 42, Roma 2012; U. VANNI, "La vocazione escatologica", in A. FAVALE, ed., *Vocazione comune e vocazioni specifiche*, LAS, Roma 1981, 392-405; ID., "Punti di tensione escatologica del Nuovo Testamento", *RivBiblt* 30 (1982) 363-380; "Romani, (Lettera a)", *NDTB*, 1376-1383; ID., "Salvezza giudaica, salvezza greca, salvezza paolina", in L. PADOVESE, ed., *Atti del II simposio su san Paolo Apostolo*, Roma 1994, 29-41; ID., "Dio Padre di Cristo e dei cristiani nella prospettiva del Nuovo Testamento", in L. ANDREATTA, ed., *In cammino verso il Padre*, Casale Monferrato 1999, 34-70; ID., "Il futuro e la vita vissuta del cristiano. Spunti di riflessione biblica", in F. COMPAGNONI – S. PRIVITERA, ed., *Il futuro come responsabilità etica*, Cinisello Balsamo 2002, 114-138; ID., "Dal dopo Pasqua alla pienezza escatologica: il futuro nella vita del cristiano", in ID., *Con Gesù verso il Padre. Per una spiritualità della sequela*, Roma 2003, 287-316. Novità nella continuità.

### 1. Dio e il suo progetto salvifico

La dottrina di Dio è fondamentale in tutte le lettere paoline. L'Apostolo delle genti condivide pienamente l'idea di Dio creatore dell'universo, già presente nell'Antico Testamento (condivisa anche dagli altri autori del Nuovo Testamento) e la convinzione giudaica dell'alleanza di Dio, segno d'amore per Israele. Dio è il Santo, trascendente rispetto alla creazione, ma nel contempo in relazione con il mondo per via immanente mediante la presenza divina ora individuata nella figura del Gesù terreno, soprattutto attraverso la sua morte e la sua risurrezione, cioè nell'evento Cristo. In Gesù, il Redentore, Dio rivela il suo amore immutabile e la sua grazia misericordiosa, sia per gli ebrei, il suo popolo eletto, sia per i gentili, ora eredi delle promesse tramite il Vangelo. L'idea di Dio come padre è la caratteristica più accentuata nella dottrina del Nuovo Testamento: "Per Paolo, è la paternità che definisce la specificità di Dio"[6]. Nel *corpus* paolino la paternità di Dio[7] è vista sotto tre aspetti: come padre di Gesù, come padre dei cristiani, come padre di tutta la creazione. I fedeli nelle comunità paoline usavano il vocativo *Abbà* per rivolgersi a Dio, certamente derivato dall'uso che ne aveva fatto Gesù stesso (cfr. Rm 8,15; Gal 4,6). I cristiani hanno un rapporto intimo e familiare con Dio grazie all'opera e alla testimonianza dello Spirito di Cristo che abita in loro. Qui di seguito elenchiamo alcuni titoli divini reperibili nella letteratura paolina: Dio è re e giudice, salvatore, onnipotente, altissimo, sovrano; ugualmente alcuni attributi divini: la gloria di Dio, la sapienza e scienza di Dio, la santità di Dio, la giustizia di Dio, l'amore e la grazia di Dio, la bontà e la fedeltà di Dio, l'incomparabilità di Dio, l'unità di Dio[8].

---

[6] J.-N. Aletti, "Paolina (teologia)", *DCT*, 972.

[7] "La paternità di Dio, allora, è amore infinito, tenerezza che si china su di noi, figli deboli, bisognosi di tutto. Il Salmo 103, il grande canto della misericordia divina, proclama: «Come è tenero un padre verso i figli, così il Signore è tenero verso coloro che lo temono, perché egli sa bene di che siamo plasmati, ricorda che noi siamo polvere» (vv. 13-14). È proprio la nostra piccolezza, la nostra debole natura umana, la nostra fragilità che diventa appello alla misericordia del Signore perché manifesti la sua grandezza e tenerezza di Padre aiutandoci, perdonandoci e salvandoci" (Benedetto XVI, Udienza generale del 30 gennaio 2013, http://press.catholica.va/news_services/bulletin/news/30401.php?index=30401&po_date=30.01.2013&lang=en.

[8] Vedi D. Guthrie – R.P. Martin, "Dio", *DPL*, 445-468.

Dio ha anche un progetto amorevole e sapienziale[9]: egli prende liberamente la decisione di creare[10] e di salvare l'uomo in Gesù Cristo[11]. La cristologizzazione della teologia è una delle costanti più considerevoli della dottrina dell'Apostolo[12]. Questa sovrana intenzione divina presente nella mente di Dio anche prima della creazione costituisce il suo progetto[13] misterioso di salvezza che l'Apostolo Paolo ha intuito e descritto mediante i termini πρόθεσις e προτίθεμαι. Il sostantivo πρόθεσις[14] ricorre sei volte

---

[9] Per il piano salvifico di Dio nella Lettera ai Romani cfr. J.A. FITZMYER, *Romans*, 108-109; trad. italiana, *Lettera ai Romani*, 149-150.

[10] "I racconti della creazione nel Libro della Genesi ci introducono anche in questo misterioso ambito, aiutandoci a conoscere il progetto di Dio sull'uomo. Anzitutto affermano che Dio formò l'uomo con la polvere della terra (cfr. Gen 2,7). Questo significa che non siamo Dio, non ci siamo fatti da soli, siamo terra; ma significa anche che veniamo dalla terra buona, per opera del Creatore buono. A questo si aggiunge un'altra realtà fondamentale: tutti gli esseri umani sono polvere, al di là delle distinzioni operate dalla cultura e dalla storia, al di là di ogni differenza sociale; siamo un'unica umanità plasmata con l'unica terra di Dio. Vi è poi un secondo elemento: l'essere umano ha origine perché Dio soffia l'alito di vita nel corpo modellato dalla terra (cfr. Gen 2,7). L'essere umano è fatto a immagine e somiglianza di Dio (cfr. Gen 1,26-27). Tutti allora portiamo in noi l'alito vitale di Dio e ogni vita umana – ci dice la Bibbia – sta sotto la particolare protezione di Dio. Questa è la ragione più profonda dell'inviolabilità della dignità umana contro ogni tentazione di valutare la persona secondo criteri utilitaristici e di potere. L'essere ad immagine e somiglianza di Dio indica poi che l'uomo non è chiuso in se stesso, ma ha un riferimento essenziale in Dio" (BENEDETTO XVI, Udienza generale del 6 febbraio 2013, http://press.catholica.va/news_services/bulletin/news/30446.php?index=30446&lang=en).

[11] "Nel suo senso biblico primario la volontà di Dio viene a coincidere con ciò che Dio ha inteso liberamente attuare e ha realmente attuato a favore dell'umanità. Si tratta di un'opera che rinvia alla sua iniziativa: un disegno sapienziale, misterioso e amorevole, finalizzato alla salvezza integrale dell'uomo. Esso è contraddistinto dalla gratuità e mira alla comunione sempre più profonda dell'umanità stessa, unificato al suo interno, con la Trinità" (P. TREMOLADA, "Volontà di Dio", *TTB*, 1533).

[12] "Paolo cristologizza anche la sua teologia. Egli non parla dell'opera redentrice di Dio senza menzionare ogni volta Cristo, che diventa così la prova per eccellenza della misericordia e dell'amore divini (Gal 2,20s; Rm 5,8; 8,39; Ef 2,4s; 4,32; 5,1s; 2Ts 2,16). E Dio è ormai "il Padre del Signore Nostro Gesù Cristo" (cf. 2Cor 1,3; 11,31; Rm 15,6; Col 1,3; Ef 1,3)" (J.-N. ALETTI, "Paolina (teologia)", *DCT*, 972).

[13] I termini italiani "progettare"; "progetto" (dal latino *proiectare* = "esporre": Ennio III-II sec. a.C.; "biasimare": Anniano Marcellino II sec. d.C., frequentativo di *proicere*: "lanciare; protendere a, gettare avanti, rimandare a un tempo determinato, differire").

[14] Vedi H. BALZ, "πρόθεσις", *DENT*, II, 1111-1112. πρόθεσις = offerta, esposizione, presentazione; intenzione, deliberazione, decisione. In Mc 2,26 par. Mt 12,4/Lc 6,4 (riprendendo 1Re 21,7) si trova l'espressione ἄρτοι τῆς προθέσεως (lat. *panes propositionis*), alla lettera "pani della

nell'epistolario paolino sul totale delle dodici del Nuovo Testamento. Il medio προτίθεμαι[15] compare tre volte in Paolo sul totale delle tre ricorrenze del Nuovo Testamento; è quindi una sua modalità espressiva tipica e personale (che, però, stante il numero esiguo, non è suscettibile di conclusioni definitive). Per lo meno è lecito ipotizzare che l'idea sottesa ai due succitati vocaboli gli sia molto cara e occupi un posto di rilievo nell'elaborazione del suo pensiero. Segnaliamo di seguito i passi ai quali facciamo riferimento, trascelti sia dalle protopaoline (Romani), sia dalle deuteropaoline (Efesini), sia dalle tritopaoline (Seconda Timoteo).

### πρόθεσις

Del resto, noi sappiamo che tutto concorre al bene di coloro che amano Dio, che sono stati chiamati *secondo il suo disegno* (κατὰ πρόθεσιν) (Rm 8,28).

quando essi ancora non erano nati e nulla avevano fatto di bene o di male, perché rimanesse fermo *il disegno di Dio* (πρόθεσις τοῦ θεοῦ) fondato sull'elezione non in base delle opere, ma alla volontà di colui che chiama (Rm 9,11).

In lui siamo stati fatti anche eredi, essendo stati predestinati *secondo il disegno* (κατὰ πρόθεσιν) di colui che tutto opera efficacemente conforme alla sua volontà (Ef 1,11).

---

presentazione", cioè presentazione dei pani consacrati nel tempio ebraico. Cfr. ἡ πρόθεσις τῶν ἄρτων "esposizione dei pani" (Eb 9,2). In At 11,23; 27,13 e in 2Tm 3,10 πρόθεσις significa "intento, proposito, deliberazione, decisione". Balz precisa che nella Rm 8,28; 9,11; Ef 1,11; 3,11; 2Tm 1,9 si tratta "Del *proposito/progetto/consiglio* di Dio nel senso di una sua decisione salvifica che si pone prima della storia e al di là della storia [...] Dunque si tratta sempre della libera, originaria decisione salvifica di Dio".

[15] Vedi H. BALZ, "προτίθεμαι", *DENT*, II, 1182-1183. προτίθεμαι = imbandisco (cibo) per qualcuno (Chionide, Πτωχοί, 4); faccio conoscere, notifico (Iscrizioni, papiri, Aristotole); bandisco, notifico (Sofocle, Antigone, v. 161); proporsi (qualcosa) (Platone, Fedro, § 259); proporsi una scelta (Platone, Leggi, § 858); prestabilire (il tempo) (Tucidide: 5,35; Polivio: Passim); preferire (Sofocle, Edipo a Colono, v. 419); Metto, colloco avanti (Polibio 1,33,9). Sulla base delle acquisizioni lessicografiche sopra accennate tenteremo di tracciare un insieme di percorsi logici che ci permettano di interpretare al meglio il pensiero di Paolo. Nel passo Rm 3,25 ogni parola ha un peso e una valenza enormi. È degno di riflessione il fatto che il significato di γνωρίζω = rendo noto, faccio conoscere (Ef 1,9) potrebbe essere considerato una variante di προτίθεμαι = notifico, e forse Paolo ha esitato di usarlo in due luoghi così vicini per evitare ambiguità. Sul fatto che Dio abbia prestabilito il tempo dell'evento di salvezza non esiste dubbio alcuno per i seguaci di Cristo.

*secondo il disegno eterno* (κατὰ πρόθεσιν τῶν αἰώνων) che ha attuato in Cristo Gesù nostro Signore (Ef 3,11).

Egli infatti ci ha salvati e ci ha chiamati con una vocazione santa, non già in base alle nostre opere, ma *secondo il suo proposito* (κατὰ ἰδίαν πρόθεσιν) e la sua grazia (2Tim 1,9).

Tu invece mi hai seguito da vicino nell'insegnamento, nella condotta, *nel proposito* (τῇ προθέσει), nella fede, nella magnanimità, nell'amore del prossimo (2Tim 3,10).

**προτίθεμαι**[16]

Non voglio pertanto che ignoriate, fratelli e sorelle, che più volte *mi sono proposto* (προεθέμην) di venire fino a voi (Rm 1,13).

Dio lo *prestabilì* (προέθετο) a servire come strumento di espiazione per mezzo della fede, nel suo sangue, al fine di manifestare la sua giustizia (Rm 3,25).

poiché egli ci ha fatto conoscere il mistero della sua volontà, secondo quanto nella sua benevolenza *aveva* in sé *prestabilito* (προέθετο) (Ef 1,9).

Per quanto concerne il sostantivo πρόθεσις nei primi cinque casi ci si riferisce al progetto eterno di Dio; una sola volta Paolo lo rapporta a se stesso. Per προτίθεμαι, nel primo caso Paolo descrive i propri propositi di convinta, piena partecipazione alle vicende dei fratelli ai quali si rivolge; negli altri due è indispensabile ricercare come in Paolo sia nata l'idea secondo la quale Dio ha un piano da realizzare. Quale significato ha questo "progettare" da parte di Dio? L'Apostolo delle genti è dotato di un sentimento acuto di Dio: le espressioni usate nei suoi scritti lo testimoniano ampiamente: il tema "Dio" provoca in lui una forte, irresistibile ri-

[16] Il fatto che detta forma verbale venga usata da Paolo soltanto nella diatesi media ci porta a osservare che egli vedeva nell'intervento divino un coinvolgimento al massimo grado da parte del Padre in questo immenso atto d'amore verso l'uomo. Per ulteriori considerazioni sul senso e il valore della diatesi media nei verbi non deponenti vedi il commento su 1Ts 4,16. In Rm 1,13 sia ai destinatari della Lettera, sia a noi fruitori del messaggio paolino viene trasmesso nella sua intensità e dinamicità lo slancio della partecipazione attiva dell'Apostolo alle vicende dei cristiani di Roma.

sonanza, un incontenibile entusiasmo[17]. L'esperienza personale di Dio derivatagli dall'ambiente giudaico, di tendenza farisaica, non è quell'atteggiamento ipocrita e degenerato che troviamo condannato nei Vangeli o in alcune lettere di Paolo stesso. Il farisaismo di cui parla l'Apostolo è un movimento in cui si cerca di attualizzare al meglio la legge mosaica. Il fariseo è il "separato" dalla massa, colui il quale si propone di approfondire i valori religiosi nella pratica di vita[18]. Paolo appartiene alla setta farisaica e viene educato secondo questa tendenza del giudaismo, pervaso da uno spirito ben distinto dall'ellenismo[19]. Nonostante vivesse nell'ambiente ellenizzato di Tarso egli poteva frequentare la sinagoga e ottemperare a tutti i doveri religiosi consueti (per esempio l'osservanza delle norme alimentari o la recita dello *Shemá Israel* nella sua preghiera personale). Quest'educazione che Paolo aveva ricevuto fin dalla prima giovinezza esercitò su di lui una decisiva influenza[20]. In seguito — com'è naturale — l'esperienza vissuta a Gerusalemme contribuì ad allargare ulteriormente i suoi orizzonti. Il temperamento del giovane fariseo lo

---

[17] "Paul's understanding of God is both old and new. On the one hand it is old inasmuch as it remains in continuity with Israel's faith and understanding of God—at least from Paul's perspective. On the other hand, it is new inasmuch as Paul now understands who God is and what God is doing in light of the saving grace manifested in Jesus Christ. Thus we might say that whereas Paul's understanding of Christ is theological, his understanding of God is christological" (F.J. MATERA, *God's Saving Grace*, 217).

[18] "...dal momento che il sacerdote, per via del suo servizio nel Tempio, era in parte separato dal resto della popolazione in quanto doveva osservare determinate regole di purità, ci furono in quel tempo sempre più Giudei che volevano estendere le regole di purità sacerdotale alla vita di tutti i giorni; per mezzo della santificazione della vita quotidiana l'intero Israele sarebbe stati consacrato al suo Dio: alcuni Giudei, quindi, pur restando sempre una minoranza, compirono per sé la *pĕrūšā* ('separazione') sacerdotale" (D. SCHNEIDER, "Farisei", *GEIB*, 531).

[19] "Un recente studio di J. Neyrey, comunque, dimostra che l'antropologia culturale illumina le lettere paoline e Paolo come giudeo. Secondo Neyrey, la prima educazione di Paolo, come giudeo fariseo nel senso stretto del termine, ha condizionato la sua concezione del mondo e della realtà. Conseguentemente, Paolo dimostra una preoccupazione appassionata per categorie come ordine, gerarchi e norme di purità (*vedi* Purità e impurità). La preoccupazione di Paolo per queste categorie si prolungava fino al periodo successivo alla sua conversione (*vedi* Conversione e chiamata di Paolo). Così Paolo non fu del tutto una nuova persona dopo la sua conversione: il suo passato giudaico continuava a influenzarlo (W.R. STEGNER, "Giudeo, Paolo come", *DPL*, 773)".

[20] Per "Il punto di partenza: Paolo fariseo protagonista di spiritualità" vedi U. Vanni, *L'ebbrezza dello Spirito*, 18-20.

rendeva particolarmente incline alla dimensione umana e quindi alle cerimonie dell'acqua, del fuoco, della luce: tutti i riti celebrati nel tempio erano per lui simboli essenziali di una realtà ultraterrena. Ne è prova il fatto che anche quando quella liturgia sarà superata e il luogo sacro (punto di riferimento e di coesione dell'intero popolo d'Israele, come testimoniato dalla tradizione dell'Antico Testamento) non sarà più al centro dell'interesse, l'Apostolo rimarrà affezionato al tempio, al punto da essere catturato proprio dentro quelle mura (At 21,26-40), dove egli ritrovava la sola protezione sicura, a somiglianza di un bambino che si rifugia tra le braccia della madre. Nonostante le sue radici ebraiche, sebbene si fosse formato nell'ambiente a cui sia la sua famiglia sia la sua comunità erano profondamente legate, Paolo si dimostrò sempre aperto estimatore della cultura ellenistica. Del resto Tarso, sua città natale, era sede di studi, prestigiosa e molto frequentata: ne è conferma la sua padronanza linguistica e la sua competenza nel campo della retorica greca[21]. Anche quando egli ebbe modo di recarsi ad Atene non si limitò a ridursi nel quartiere ebraico, ma compì il giro della città: tanto è vero che si imbatte nella statua dedicata "al dio ignoto" (At 17,23). È vero che l'Apostolo non manifesta propensione per la natura: durante i suoi viaggi attraverso paesaggi meravigliosi egli non si sofferma mai sulle impressioni o sensazioni suggeritegli da spettacoli sicuramente carichi di suggestione che la natura offre, a differenza di Gesù che rivela profonda capacità di apprezzamento e rara sensibilità verso il mondo degli animali e delle piante. Senza dubbio, alcune pagine

---

[21] "Par sa formation, Paul est bien juif. Même si les biographes signalent encore les nombreux points d'ombre sur les lieux e les temps où le jeune Saul fut formé à la foi de ses pères et initié à la rhétorique grecque, plus personne ou presque ne conteste actuellement que l'apôtre ait eu une formation à la fois juive — par les techniques d'interprétation des Écritures, qu'on peut repérer en ses écrits — et grecque. Longtemps on a nié *a priori* que Paul ait pu être initié à la rhétorique grecque. Qu'il ait eu une formation supérieure, cela semble peu probable, mais qu'il ait fait l'équivalent des *progymnasmata*, les nombreuses techniques rhétoriques utilisées tout au long de ses argumentations et exhortations le montrent à l'envie — il faut être aveugle ou borné pour refuser ces évidences. Certains passages sont même d'une rhétorique très poussée, qui force l'admiration. Voilà sans doute pourquoi beaucoup admettent que l'apôtre fut bilingue et très à l'aise dans les deux cultures, grecques et juive : si, son grec n'a pas les joliesses d'autres écrivains, il pense manifestement dans cette langue (la *Koinè*). Quant à sa culture juive, elle s'exprime en de nombreux passages de ses lettres" (J.-N. ALETTI, "Où en sont les études sur S. Paul ? Enjeux et propositions", *RSR* 90/3 (2002) 339-340).

evangeliche sull'argomento sono degne di essere annoverate tra i brani di alta poesia[22]. Paolo era totalmente assorto e concentrato su una dimensione talmente lontana dalla terra, che non gli si può imputare a colpa o a difetto di delicatezza d'animo, l'avere trascurato un aspetto così pervasivo della nostra "terrestrità". Il suo io era assetato di eternità, d'infinito, di trascendente[23]; Paolo mistico era totalmente assorbito e occupato dal sentimento acuto di Dio, la cui impronta ravvisava nella creatura umana vista nelle sue multiformi espressioni. L'uomo è stato creato da Dio (cfr. Gn 1–2): quale rapporto intercorre tra la creatura e il Creatore, tra il "finito" e l'Infinito? Paolo intuisce che dalla tensione tra l'elemento verticale (il rapporto tra Dio e uomo) e l'elemento orizzontale (l'esperienza di comunità tra gli esseri umani) scaturisce l'idea del disegno di salvezza. L'uomo in tutte le sue iniziative è progettato da Dio: siffatto assioma, in Paolo, assume una valenza del tutto nuova, scaturente dall'incontro tra due dimensioni apparentemente eterogenee e antitetiche. L'Apostolo matura la seguente idea: l'attività dell'uomo si muove in una programmazione che parte dalla trascendenza di Dio, da un disegno soprannaturale che trae origine e forma in Dio stesso. Il verbo προτίθεμαι indicherebbe quel proporsi, non sull'asse cronologico dell'anticipo, concetto prettamente umano, bensì nel senso traslato della priorità d'importanza, della preferenza nella scelta. Tutto ciò che Dio fa riguarda il bene, il vantaggio, la difesa sia dell'uomo che del cosmo. Tale concezione onnicomprensiva, al di sopra di tutto, essendo elaborata da Dio pone l'uomo avanti, colloca in esso il destino soprannaturale della creatura fatta appunto a immagine e somiglianza del Creatore.

> Dio disse: "Facciamo l'uomo a nostra immagine, secondo la nostra somiglianza: dòmini sui pesci del mare e sugli uccelli del cielo, sul bestiame, su tutti gli animali selvatici e su tutti i rettili che strisciano sulla terra" (Gn 1,26).

---

[22] "Guardate gli uccelli del cielo: non seminano, non mietono, non raccolgono in granai, e il Padre vostro celeste li nutre. Non valete voi molto più di loro? E chi di voi può con la sua preoccupazione aggiungere un'ora sola alla durata della sua vita? E perché siete così ansiosi per il vestire? Osservate come crescono i gigli della campagna: essi non faticano e non filano" (Mt 6,26-28). La notte della sua passione Gesù non si chiude in qualche casa ma sale al monte degli Ulivi. Cammina lungo la riva del mare di Galilea e recluta i suoi seguaci tra i pescatori. Anche i pesci, oltre all'acqua limpida sono protagonisti delle sue meditazioni.

[23] Vedi G. de Gennaro – E.C. Salzer, *Letteratura mistica. San Paolo Mistico*, "Capitolo quinto: Esperienza mistica della trasformazione esistenziale", 409-558.

Dai brani sopramenzionati (cfr. Rm 8,28; 9,11) si ricava l'intuizione di questa realtà che coinvolge il problema della trascendenza. Paolo scrive ai romani a proposito di Cristo Gesù: "Dio lo *prestabilì* (προέθετο) perché servisse come strumento di espiazione per mezzo della fede, nel suo sangue, al fine di manifestare la sua giustizia" (Rm 3,25). Ciò significa che il progetto, esistente nell'interiorità stessa di Dio, è destinato a venire — a tempo debito — realizzato concretamente sulla linea temporale della storia nell'evento-Cristo. Come l'artista elabora dentro di sé l'ispirazione che verrà alla luce nell'opera d'arte, così tale concezione viene estesa e rapportata a Cristo, fondamento e modello della vicenda umana. Dio guarda al Figlio suo dapprima quale inizio, e nuovamente a lui quale compimento[24]. Tutta la realtà umana e cosmica parte da Cristo e si conclude in Cristo. Ecco la profonda intuizione della teologia paolina: tutto converge nel Figlio, secondo il disegno del Padre.

### 2. Il Vangelo che è Cristo

Cristo ha mandato Paolo a predicare il Vangelo (1Cor 1,17a), cioè ad annunciare alle genti la buona novella di Gesù crocifisso[25], morto e risorto[26] (cfr. 1Ts 3,2; 1Cor 2,2; 9,12; 2Cor 1,19; 2,12; 4,4s; 9,13; 10,14; Gal 1,7;

---

[24] "Egli ci ha manifestato il mistero della sua volontà secondo il suo benevolo disegno che aveva in lui formato, per realizzarlo nella pienezza dei tempi: accentrare nel Cristo tutti gli esseri, quelli celesti e quelli terrestri. In lui poi siamo stati scelti, essendo stati predestinati secondo il disegno di colui che tutto compie in conformità del suo volere, per essere noi, i primi che hanno sperato in Cristo, a lode della sua gloria. In lui anche voi, dopo avere udita la parola della verità, il Vangelo della vostra salvezza, e aver anche creduto, siete stati segnati con lo Spirito Santo che fu promesso; questi è l'anticipo della nostra eredità, per il riscatto della sua proprietà, a lode della sua gloria" (Ef 1,9-14). Verso la fine del I sec. questo concetto paolino sarà sviluppato nel libro dell'Apocalisse: "Io sono l'Alfa e l'Omega, dice il Signore Dio, Colui che è, che era e che viene, l'Onnipotente!" (Ap 1,8; cfr. 1,11; 21,6; 22,13).

[25] "For Paul, the cross is the key not only to understanding God's election of Israel and the function of the Mosaic law (e.g. Rom. 9:4-5; Gal. 3:22-29) but also to understanding the whole of human history. The obedient death of Christ, 'the last Adam', counteracts the sin of the first Adam (Rom. 5:12-21; 1 Cor. 15:20-22,45-50) and will bring about the eschatological transformation of the created order. Thus, as Peter Stuhlmacher puts it, 'It is precisely the crucified and risen Christ whom Paul proclaims as the one through whom God creates and by whom all God's work is brought to completion; thereby Paul's theology of the cross has a universal scope and covers the history that spans from the first day to the day of eschatological redemption'" (D.A. HAGNER, *The New Testament*, 388).

[26] "Nei testi paolini il Cristo crocifisso e risorto costituisce il nucleo vitale e potente del Van-

Rm 1,1ss; 15,19; 16,25; Fil 1,12-18.27; Col 1,27; ecc.) per la salvezza degli uomini[27]. Poiché il Vangelo rivela in modo pieno e perfetto i giudizi imperscrutabili e le vie inaccessibili di Dio (cfr. Rm 11,33), il Vangelo di Cristo è anche quello "di Dio" (cfr. 1Ts 2,2.8s; 2Cor 11,7; Rm 1,1; 15,16)[28]. "Proprio per questo anche noi ringraziamo Dio continuamente, perché, avendo ricevuto da noi la parola divina della predicazione, l'avete accolta non quale parola di uomini, ma, come è veramente, quale parola di Dio, che opera in voi che credete" (1Ts 2,13). "In breve, aderire al Vangelo equivale praticamente a credere in Gesù Cristo"[29].

La Lettera ai Romani propone una singolare definizione del Vangelo.

Io infatti non mi vergogno del Vangelo, poiché è potenza di Dio per la salvezza di chiunque crede, del Giudeo prima e poi del Greco. È in esso che si rivela la giustizia di Dio di fede in fede, come sta scritto: Il giusto vivrà mediante la fede (Rm 1,16-17).

Paolo ricorre nei suoi scritti al sostantivo "Vangelo" e al suo derivato verbale numerose volte. Eccone il prospetto:

| Terminologia | Corpo paolino | NT | Percentuale occorrenze paoline |
|---|---|---|---|
| εὐαγγέλιον | 60 | 76 | 78,9% |
| εὐαγγελίζομαι | 21 | 54 | 38,9% |
| Totale | 81 | 130 | 62,3% |

Sulla base di tali acquisizioni la critica ha formulato varie ipotesi compendiabili come segue: 1) Paolo ha coniato il termine εὐαγγέλιον ripren-

gelo: Gesù è manifestazione reale e sconcertante della giustizia di Dio (cfr. Rm 3,21-26) e insieme testimone esemplare di quella perfezione di bene di cui la libertà umana è capace (cfr. Rm 5,6-9). L'una e l'altra forma di giustizia si riconducono alla medesima realtà, che può essere opportunamente riassunta nel termine *agápē*, amore divino proveniente dal mistero del Padre e amore divinamente umano proveniente dal cuore del Figlio incarnato, l'uno e l'altro ora riversati attraverso lo Spirito nel cuore dei credenti (cfr. Rm 5,5; 8,31-38; 1Cor 13,13)" (P. Tremolada, "Volontà di Dio", *TTB*, 1533).

[27] Vedi J.-N. Aletti, "Paolina (teologia)", *DCT*, 971.

[28] Vedi J.-N. Aletti, "Paolina (teologia)", *DCT*, 971.

[29] Vedi J.-N. Aletti, "Paolina (teologia)", *DCT*, 971.

dendolo dall'uso dell'Antico Testamento; 2) l'Apostolo delle genti ha sentito pronunciare il termine εὐαγγέλιον durante il soggiorno ad Antiochia di Siria nel periodo che intercorre tra la sua vocazione e il primo viaggio missionario[30]. Antiochia era, infatti, sede di una chiesa vivace, dove per la prima volta i credenti in Cristo furono detti cristiani (cfr. At 11,26b). Nella succitata statistica prevale l'uso del sostantivo sul verbo: Paolo da intellettuale attento sintetizza il concetto sul versante nominale e di conseguenza esprime il dato di fatto (del resto εὐαγγελίζομαι[31] non è voce primitiva[32]). "Vangelo" è la sintesi ideale di tutto ciò che Paolo ha osservato e sperimentato circa l'annuncio apostolico[33], il contenuto espresso dal termine εὐαγγέλιον è esclusivo e fondamentale: è un *unicum*.

---

[30] "Normalmente si ritiene — e lo studio di P. STUHLMACHER, *Das paulinische Evangelium*, si muove su questa linea, basando le sue conclusioni su un'analisi impressionante di materiale — che la terminologia riguardante il Vangelo e il suo annunzio preesista a Paolo e che la si riscontri, anche se con un ambito semantico più limitato, già a livello delle prime tradizioni sinottiche. Le esigenze di chiarificazione e lo sviluppo della comprensione teologica determinati dalla missione verso i pagani, che ebbe il suo centro propulsivo in Antiochia, avrebbero dato luogo — sempre secondo Stuhlmacher — a quell'impulso terminologico e concettuale riguardante l'annuncio che Paolo elaborerà poi personalmente" (U. VANNI, *L'ebbrezza nello Spirito*, 105).

[31] εὐαγγελίζομαι: diatesi media d'un attivo non accertato: è verbo denominativo coniato sulla scorta di εὐαγγέλιον. Significa "annuncio cosa lieta, do buona novella"; in senso scritturale = evangelizzo. Il verbo in questione non esiste nella letteratura classica, mentre un'accezione religiosa è attestata negli scritti ellenistici: secondo Filone (20/15 a.C. – 50 d.C., ca.), indica la guarigione o l'ascesa al trono dell'imperatore (*Legatio ad Gaium* 18.231). In Filostrato, storico della Seconda Sofistica (II/III sec. d.C.), segna l'arrivo di un θεῖος ἀνήρ portatore di salvezza (*Vita Apollonii* 1,28; 8,27). Vedi G. STRECKER, "εὐαγγελίζω", *DENT*, 1424-1427 e ID., "εὐαγγέλιον", *DENT*, 1427-1438. "Nella storia della tradizione la base primaria dell'εὐαγγέλιον neotestamentario dovrebbe ricercarsi nell'ambito del culto ellenistico del sovrano. È di qui che il concetto di εὐαγγέλιον è entrato nel linguaggio cristiano. Anche se il N.T. non traccia esplicitamente una linea divisoria nei confronti della terminologia tipica del culto ellenistico-romano dell'imperatore, essa tuttavia risulta chiara sul piano del contenuto, poiché il sing. εὐαγγέλιον distingue l'evento di Cristo come accadimento escatologico unico da tutti gli εὐαγγέλια annunciati nel mondo cristiano" (ID., "εὐαγγέλιον", in *DENT*, 1431).

[32] "Innanzitutto 'evangelizzare' (*euangelizomai*). Questo verbo, a parte qualche caso particolare (*Ef* 2,17; *1 Ts* 3,6) — è tipico per esprimere l'attività dell'annuncio (21 volte in Paolo; 15 negli Atti; 10 in Luca; 1 in Matteo; altre 7 volte nel Nuovo Testamento). Talvolta vengono specificati i destinatari (*Gal* 1,8.9; 4,13; *Rm* 1,15; *Ef* 3,8; cfr. *2 Cor* 10,16); più spesso viene indicato il contenuto (*Gal* 1,11.16.23; *1 Cor* 15,1; *2 Cor* 11,7; *Rm* 10,15; *Ef* 3,8). Questo verbo ha assunto tanta ampiezza di significato da essere usato anche in senso assoluto (*1 Cor* 9,16-18; *1 Ts* 3,6; *Rm* 15,20; *1 Cor* 1,17; *2 Cor* 10,16)" (U. VANNI, *L'ebbrezza nello Spirito*, 105-106).

[33] "Infatti il termine 'Vangelo' (*euangelion*) assume in Paolo una proporzione vistosa — 60 ri-

a. Non è la somma semplicistica di un'etimologia campata sull'ingenua giustapposizione di εὐ- (bene) e di -ἀγγέλιον, dato che *ἀγγέλιον non esiste: esistono invece ἡ ἀγγελία, "messaggio, annunzio, notizia" e ὁ, ἡ ἄγγελος, "messaggero, messaggera; angelo";

b. ma è:
1. L'annuncio di Cristo *morto* e *risorto* per l'uomo;
2. La chiamata in causa dell'uomo dovunque egli si trovi;
3. La necessità della risposta dell'uomo nell'un senso ("sì") o nell'altro ("no");
4. Dal tenore della sua scelta libera dipende la sorte escatologica dell'essere umano: salvezza o perdizione.

La somma delle quattro condizioni precedenti costituisce "la buona novella" annunciata da Paolo. 1) In primo luogo Paolo annuncia la morte[34] e la risurrezione di Cristo, non semplicemente come accadimento, ma come atto che libera e salva dai peccati e dalla morte: "Cristo morì per i nostri peccati secondo le Scritture" (1Cor 15,3b)[35]. Siamo di fronte ad eventi in funzione di altro. Gesù è veramente morto e risorto, è il Signore dell'universo[36],

---

correnze in confronto con le altre 16 di tutto il Nuovo Testamento — e ha un valore teologico denso e preciso, che rappresenta il punto di arrivo nell'evoluzione linguistico-teologica complessa che esso subìto nell'arco di tutto il Nuovo Testamento: significa l'annuncio di Cristo morto e risorto, che interpella come tale la persona, spingendola a una decisione di portata escatologica. È l'annuncio di Cristo povero che arricchisce" (U. VANNI, *L'ebbrezza nello Spirito*, 105).

[34] "Se Gesù costituisce l'oggetto primario del suo Vangelo, Paolo non conserva praticamente che la sua morte in croce (1Cor 1,18-25; Gal 3,1). Non che egli abbia avuto una predilezione per questo tipo di morte, al contrario, proprio lui l'aveva trovata indegna delle vie di Dio. Da evento insopportabile, essa divenne per lui il luogo stesso di ogni consolazione. Questo non significa d'altro canto che egli abbia cercato di minimizzarne lo scandalo, nel senso che la sua finalità soteriologica (una morte in croce *per tutti*) permettesse di riassorbirne l'enigma. Se, al seguito della tradizione apostolica, egli ha interpretato e riletto l'evento alla luce delle Scritture (cf. 1Cor 15,3s), se ha superato i suoi rifiuti e percepito la coerenza di una tale morte, egli non l'ha mai espressa che in termini paradossali, in formule sbalzate, fatte apposta per risvegliare i suoi lettori a ciò che rappresenta il colmo delle vie divine" (J.-N. ALETTI, "Paolina (teologia)", *DCT*, 974).

[35] Secondo Paolo Cristo è morto ὑπὲρ τῶν ἁμαρτιῶν ἡμῶν. Cfr. Rm 5,8; 8,31.32.34; 2Cor 5,21; Gal 3,13; 1Ts 5,10.

[36] "Paolo mette Gesù accanto a Dio, tendenza che si potrebbe qualificare come teologizzazione progressiva della sua cristologia. A seconda dei casi, vengono così attribuiti a Gesù titoli divini, dalle prime alle ultime lettere. Egli viene dichiarato "Signore" (*kyrios*, per es., 1Cor 2,8; 8,5s; 2Cor 3,14-17; Rm 10,6-13; Fil 2,9ss) a causa della sua risurrezione. Applicata a Cristo, que-

ma non è questo il nucleo dell'annunzio, bensì la sua morte e risurrezione comunicano la vita divina all'uomo[37]. 2) Tale messaggio arriva come dono all'uomo nel suo ambiente, lo chiama in causa individualmente e direttamente; 3) questi dovrà operare una scelta: riposta affermativa o negativa. Il "sì" è l'accoglienza della fede. Da tale risposta data al Vangelo dipende l'evoluzione ulteriore della persona: 4) la sua salvezza o la sua perdizione. Ci rendiamo conto in quale accezione il Vangelo sia lieto annuncio: solo nel caso in cui l'uomo lo accolga e vi aderisca con tutte le proprie energie vitali. In tal modo si determina una tensione o bipolarità tra una certa trascendenza e la personalizzazione del Vangelo: Paolo afferma che il Vangelo è "di Dio"[38] (Rm 1,1; 15,16; 1Ts 2,2.8.9; 1Tm 1,11) e "di Cristo" o "di Gesù" (Rm 1,9; 2Cor 9,13; 2Ts 1,8), ma menziona anche "il mio Vangelo"[39] (Rm 2,16; 16,25; 2Tm 2,8).

| | | |
|---|---|---|
| Trascendenza | εὐαγγέλιον θεοῦ/Χριστοῦ | di Dio/di Cristo |
| Filtro personalizzante | εὐαγγέλιον μοῦ | di Paolo |

sta parola, che può designare anche delle creature (cf. 1Cor 8,5; Col 3,22; 4,1; Ef 6,5.9), prende una connotazione forte. Di fatto Paolo riprende parecchi passi biblici, dove *kyrios* designa chiaramente Dio e traduce l'ebr. *Adonai*, ossia YHWH, e li applica a Gesù (cf. Gl 3,5 in Rm 10,13; Is 45,23 in Fil 2,10s) [...] Altri titoli, come *sôtèr* ("salvatore"), che non appaiono che nelle lettere della prigionia o nelle pastorali, valgono altrettanto bene per Dio (1Tm 1,1; 2,3; Tt 1,3; 2,10; 3,4) che per Cristo (Fil 3,20; Ef 5,23; 1Tm 4,10; 2Tm 1,10; Tt 1,4; 2,13; 3,6)" (J.-N. ALETTI, "Paolina (teologia)", *DCT*, 972).

[37] "To summarize, Pauline Christology is rooted in Paul's Damascus road experience, when God revealed his Son to the former persecutor. At that moment Paul understood the identity of the one whom he called Christ, Son and Lord. The coherence of Paul's Christology, which is at the origin of the Christology of the letters that bear his name, is grounded in an experience of the crucified and risen Christ" (F.J. MATERA, *God's Saving Grace*, 81).

[38] "L'espressione 'vangelo di Dio' ne sottolinea l'origine e l'autorevolezza. Assieme agli altri collaboratori, come Timòteo e Sila/Silvano, Paolo sta al servizio del vangelo (cfr. 1Ts 3,2; Fil 2,22; Fil 4,3)" (R. FABRIS, "Vangelo/Vangeli", *TTB*, 1484).

[39] "Per motivare la sua missione alle genti Paolo risale alla chiamata con la quale Dio gli ha affidato il suo vangelo (cfr. Gal 1,15-17). Egli parla del 'mio' vangelo, che coincide con il vangelo di Cristo, contrapposto a quello proclamato da altri predicatori (cfr. Gal 1,7-9; 2Cor 11,4; Rm 2,16). In Gàlati, dove sostiene con forza che la fede in Cristo è l'unica via di salvezza per le genti, parla di 'verità del vangelo', che difende nonostante la pressione dei giudeo-cristiani per imporre agli etnico-cristiani l'osservanza della legge e nonostante i tentennamenti di Pietro, che abbandona la condivisione della mensa con gli etnico-cristiani per paura dei giudeo-cristiani (cfr. Gal 2,5.14)" (R. FABRIS, "Vangelo/Vangeli", *TTB*, 1484).

Di chi è allora il Vangelo: di Dio o di Paolo? Possiamo rispondere che è di entrambi nel senso che il Vangelo di Dio viene interpretato dall'intelletto e dal cuore di Paolo. Evidentemente la dottrina paolina sulla salvezza è essenzialmente cristologizzata. L'Apostolo descrive l'intervento divino in due modi complementari: a partire da Dio, che ha rivelato la sua giustizia e la sua misericordia mandando Gesù Cristo per la nostra redenzione (cfr. Rm 3,21-26; 5,8; 8,3s; 2Cor 5,18s.21; Gal 4,4ss; Ef 2,4s; Col 1,22; 2,13); a partire da Cristo (cfr. Rm 5,6.8; 5,12-19; 14,15; 1Cor 8,11; 15,3; 2Cor 5,14s; 8,9; Gal 1,4; 2,20; 3,13; Ef 2,13-17; 5,2; 5,23.25; Fil 2,7s; Col 2,14s; 1Ts 5,9s)[40]. Per esprimere l'azione di Dio e di Cristo nella storia degli uomini, Paolo fa uso di termini differenti: "amore, grazia, riscatto, liberazione (dalla legge mosaica, dal peccato, dalla morte), giustificazione, perdono, riconciliazione, solidarietà, obbedienza e umiliazione, espiazione (o propiziazione), sacrificio, creazione, vita, salvezza"[41]. La mediazione salvifica di Cristo si rivela perfetta e universale e "si esercita ancora oggi perché, essendo risorto, egli regna sui morti e sui vivi (1Cor 15,21-28; Rm 14,9; Fil 2,10s)"[42].

### 3. **Spirito Santo**

L'Apostolo e le sue comunità hanno sperimentato la presenza salvifica dello Spirito Santo in mezzo a loro. "Non spegnete lo Spirito" (1Ts 5,19) rappresenta un'esortazione paolina che testimonia la presenza attiva e vivificante dello Spirito nella Chiesa primitiva. Nel Nuovo Testamento il sostantivo verbale πνεῦμα ricorre 379 volte tra cui 158 volte nel corpo paolino. Il vocabolo è molto caro al missionario di Tarso: può designare lo spirito dell'uomo, spiriti cattivi o spiriti dei defunti o degli angeli, ma molto spesso (da 112 a 115 volte nel corpo paolino a seconda dell'interpretazione di alcuni passi[43]) πνεῦμα viene applicato allo Spirito di Dio[44]. In più Paolo mette in rilievo il legame tra l'invio del Figlio di Dio e l'invio dello Spirito del Figlio (Gal 4,4ss).

---

[40] Vedi J.-N. ALETTI, "Paolina (teologia)", *DCT*, 971.

[41] J.-N. ALETTI, "Paolina (teologia)", *DCT*, 971.

[42] J.-N. ALETTI, "Paolina (teologia)", *DCT*, 971.

[43] Cfr. T. PAIGE, "Spirito Santo", *DPL*, 1490; G.D. FEE, *God's Empowering Presence*, 25. Ci sono tre ricorrenze di πνεύματα (al plurale) dove il vocabolo può indicare sia lo spirito dell'uomo sia lo Spirito di Dio. Per i tre passi contestati cfr. 1Cor 12,10; 14,12.32.

[44] Vedi J. KREMER, "πνεῦμα", *DENT*, II, 1012.

Lo Spirito Santo, che è di Dio e anche di Cristo (cfr. Rm 8,9; Gal 4,6) abita nel cuore dei cristiani. È lo Spirito di Cristo presente e attivo in noi, Spirito che abbiamo ricevuto al momento del nostro battesimo; è lo Spirito di Dio che ci aiuta a dare testimonianza a Cristo nel nostro mondo. Il vivere "con l'aiuto dello Spirito" (Rm 8,13) costituisce il principio fondamentale dell'etica cristiana. Lo Spirito Santo, fonte della vita divina, determina la nascita della Chiesa e rappresenta la fonte della grazia per tutti i redenti: "lo Spirito è vita a causa della giustizia" (Rm 8,10). Nella Prima Lettera ai Corinzi Paolo esorta i destinatari a glorificare Dio nel loro corpo, perché sono stati comprati a caro prezzo: con il sangue di Cristo stesso (cfr. 1Cor 6,13-20). L'Apostolo collega la risurrezione di Cristo all'opera redentrice che Dio compie in noi "con la sua potenza" (v. 14), il che equivale alla nostra risurrezione. Verosimilmente si tratta di un'allusione allo Spirito Santo, concetto che Paolo espliciterà in Rm 8,11.

**Riflessioni teologiche su Rm 8,5-13:**

**"Lo Spirito è vita a causa della giustizia" (8,10).**

**Lo Spirito e la nuova vita dei cristiani**

La Rm 8 sviluppa il tema principale della presenza e dell'azione dello Spirito Santo, con un'attenzione particolare al suo ruolo nella nuova vita dei credenti (8,5-6.12-13) e alla sua dimora in essi (8,9-11), ma proprio la ricchezza e la complessità della dottrina di Paolo suscitano in noi molti interrogativi. Nel breve volgere dei periodi, nella limitata estensione delle frasi, si accumulano e si intersecano tante profonde intuizioni, che, a buon diritto, rendono le Lettere paoline uno dei pilastri fondanti della speculazione cristiana. Ciononostante, di fronte a certi passaggi arditi del suo pensiero, non possiamo esimerci dal chiedere a noi stessi se l'Apostolo sia sempre coerente quando traccia le linee direttrici delle sue verità; se esse verità risultino sempre chiaramente trasmesse nella pagina così compatta. Alcune tra le non poche domande, che corrispondono a momenti più o meno brevi di sospensione del giudizio, e anche a qualche esitazione della nostra sensibilità avveduta di appassionati cultori della scrittura paolina potrebbero essere: quale il rapporto fra lo Spirito e i cristiani di Roma? E anche: come Paolo personalmente si rapporta a Dio e a Cristo? Che cosa significa "lo Spirito è vita a causa della giustizia"? E' il caso di prendere in esame ancora una volta il testo, con lo scopo di sceverare almeno quest'ultima terna di concetti, tanto bella, ma così densa, che l'uno sembra fare forza sullo spazio dell'altro.

Nella lettura particolareggiata di Rm 8,5-13 abbiamo notato i procedimenti diversi con cui Paolo enuncia il πνεῦμα: lo "Spirito" (8,5.6.9.10.13); lo "Spirito di Dio", lo "Spirito di Cristo" (8,9); lo "Spirito di colui che ha risuscitato Gesù dai morti" (8,11); lo "Spirito di lui", cioè lo Spirito di Cristo (8,11). A uno studio più attento su queste espressioni, scopriamo che esse rappresentano tre maniere diverse secondo le quali lo Spirito si presenta. L'Apostolo si riferisce a 1) lo Spirito, 2) lo Spirito di Dio e 3) lo Spirito di Cristo. Paolo avrebbe fatto volutamente tre distinte affermazioni sulla persona dello Spirito Santo.

Come spiegare la presenza di tale varietà di qualificazioni? Come interpretare la dottrina dell'Apostolo? A un primo esame si potrebbe accordare con la tesi secondo la quale ci troviamo alle prese con una delle classiche aporie, rintracciabili anche nei sistemi filosofici più accreditati, per cui gli studiosi rinunciano a cimentarsi, temendo di imbattersi in discussioni interminabili ma poco produttive. Paolo quindi non avrebbe colto le interconnessioni fra Dio, Gesù Cristo e lo Spirito, e conseguentemente sembrerebbe essere stato indotto a usare un linguaggio poco decantato, rendendo palese la propria confusione e coinvolgendoci[45]. Oppure potremmo optare per l'ipotesi secondo cui l'Apostolo avrebbe usato vocaboli sinonimi per descrivere l'esperienza cristiana nello Spirito, senza peraltro volere insistere sulle differenze ontologiche che distinguono nettamente le persone della SS. Trinità[46]. Credo che un'altra strada sia percorribile. Il Nostro appare aver maturato piena consapevolezza della differenza fra lo Spirito e la persona del Figlio, di come tutti e due siano in rapporto con Dio, vuoi reciprocamente tra loro, vuoi con i cristiani. Per questo motivo, egli con occhi ispirati dalla fede, con intelletto amplificato e reso vivido dalla speranza, con cuore ricolmo, traboccante di carità ha cercato di rappresentare in una visione di completezza

---

[45] Vedi J.A. FITZMYER, "Pauline Theology", *NJBC*, §62.
[46] Vedi J.D.G. DUNN, *Jesus and the Spirit*, 322.

e perfezione il perenne, continuo intercomunicare delle tre Persone. Ammiriamo pensosi, con animo reso umile, questo sforzo gigantesco di proporre nei termini più appropriati e accessibili un argomento che travalica la nostra limitatezza, essendo trascendente[47].

Ritengo che la nostra pregressa lettura particolareggiata di Rm 8,5-13 giustifichi quest'ultima interpretazione. La ricchissima e articolata teologia dell'Apostolo si esprime pienamente nella giustapposizione di voci e di locuzioni che, causa l'inadeguatezza e l'insufficienza del linguaggio umano, sembrano differenti, se non opposte. Questo connotato del suo stile non mette in crisi il suo pensiero; anzi, lo potenzia e lo esalta notevolmente. Dal momento che Paolo usa sostanzialmente tre espressioni diverse per descrivere lo Spirito, sembra più ragionevole inferire, basandoci sul testo di Rm 8, che lo Spirito vada considerato sotto tre aspetti diversi. Se tutto ciò è vero, come possiamo interpretare la concezione che ne discende?

1) Paolo scrive semplicemente lo "Spirito" con lo scopo di confermare la realtà della sua esistenza. Lo Spirito esiste davvero, abita nei credenti e agisce dentro di essi. Questo Spirito, pur essendo in relazione con Dio e con Cristo, è diverso dalle prime due persone della SS. Trinità: "C'è poi varietà di doni, ma un solo Spirito; c'è varietà di ministeri, ma un solo Signore; c'è

---

[47] Ecco come il Sommo Poeta si accosta al mistero: "Oh abbondante grazia ond'io presunsi/ ficcar lo viso per la luce etterna/ tanto che la veduta vi consunsi!/ nel suo profondo vidi che s'interna,/ legato con amore in un volume,/ ciò che per l'universo si squaderna…" (Dante, *Paradiso* Canto XXXIII, vv. 82-87). Per mostrare una volta di più quanto l'argomento sia appassionante, fermo restando il nostro convincimento a continuare a guardare con occhi attenti, ma con animo nutrito di profonda umiltà al mistero, presentiamo qui di seguito il contenuto di un'antica iscrizione latina che riporta un episodio della vita di Sant'Agostino (354-430). (L'iscrizione fu pristinata nell'anno centenario agostiniano 1987, e la cui trascrizione italiana può essere letta in località Pantano, alla periferia di Civitavecchia.) Su un vecchio muro, relitto di antica costruzione archeologicamente interessante, situato a fianco della chiesa dedicata dalla pietà popolare alla cosiddetta "Madonnina delle Lacrime" sta scritto: "Qui presso questo lido/ chiamato a quel tempo di Bertaldo/ ma una volta detto di Giano/ il divo Aurelio Agostino/ mentre era totalmente assorto/ a meditare sull'imperscrutabile/ mistero della divina Trinità/ a seguito dell'incontro prodigioso/ e del messaggio di un fanciullo/ bellissimo e veramente divino/ intento a versare/ col cavo della mano infantile/ l'acqua del mare/ entro una fossetta da lui stesso scavata/ sull'estremo margine del lido/ capì che l'argomento/ su cui in quel momento rifletteva/ e che aveva cominciato a trattare/ nel vicino oratorio della SS. Trinità/ era veramente immenso/ e impossibile a mente umana/ comprendere e spiegare."

varietà di operazioni, ma un solo Dio, che opera tutto in tutti" (1Cor 12,4-6). Dio rimane presente fra i credenti per mezzo del proprio Spirito.

> O Galati sciocchi, chi mai vi ha incantato, voi dinanzi ai cui occhi Gesù Cristo fu presentato crocifisso? Questo solo desidero sapere da voi: avete ricevuto lo Spirito dalle opere della legge o prestando ascolto al messaggio della fede? Così sciocchi siete? Avendo prima iniziato con lo Spirito, ora finite con la carne? Tante e così grandi cose avete sperimentato invano? Se almeno fosse invano! Colui dunque che vi dona con abbondanza lo Spirito e opera miracoli in mezzo a voi, fa tutto questo perché osservate la legge o perché credete alla predicazione? (Gal 3,1-5).

2) Lo Spirito non è di chiunque: con l'espressione "Spirito di Dio" Paolo unisce lo Spirito alla sua fonte divina e insegna da dove provengano la sua potenza e autorità. Lo Spirito Santo ha origine nella profondità di Dio stesso, che ce lo concede: "Or colui che ci ha formati per questo è Dio, il quale ci ha dato la caparra dello Spirito" (2Cor 5,5). Per Paolo lo Spirito è unico a causa del suo rapporto particolare con Dio: "Infatti, chi, tra gli uomini, conosce le cose dell'uomo se non lo spirito dell'uomo che è in lui? Così nessuno conosce le cose di Dio se non lo Spirito di Dio" (1Cor 2,11).

3) Paolo insegna che questo Spirito unico che è di Dio, è davvero lo stesso "Spirito di Cristo". Non ci sono due spiriti per i cristiani: c'è un solo Spirito. In questo modo l'Apostolo ci offre una visione fugace del mistero, mostrando come lo Spirito viene a noi. Il Padre non ci dà lo Spirito direttamente, ma lo riversa nei nostri cuori per mezzo della nostra fede in Cristo Gesù. Ecco perché conosciamo lo Spirito soltanto cristologicamente: conosciamo lo Spirito di Dio tramite Cristo che ce ne ha resi partecipi[48]. "E, perché siete figli, Dio ha mandato lo Spirito del Figlio suo nei nostri cuori, che grida: 'Abbà, Padre'" (Gal 4,6). Il cuore è sede della conoscenza, dell'intelletto e

---

[48] Paolo "si rifiuta anche di separare lo Spirito (*pneuma*) dal Cristo Signore e lo Spirito da Dio: la sua pneumatologia dipende dalla sua cristologia e dalla sua teologia (1Cor 12,4ss; Rm 8,914ss), ed è legata al suo discorso sulla Chiesa (1Cor 12,12-30). Il dono dello Spirito filiale, Spirito della promessa, è avvenuto in stretto legame con la morte/risurrezione di Gesù. Per Paolo, Cristo ha inaugurato l'èra del *pneuma*, e che sia egli stesso '*pneuma* vivificante' (1Cor 15,45) indica chiaramente che la vita intera dipende *da* lui" (J.-N. Aletti, "Paolina (teologia)", *DCT*, 972).

della volontà[49], il vero centro dell'uomo[50]. Solo con l'aiuto del vento dello Spirito Santo, quel grido dei figli al Padre diventa grido di amore (carità), di fiducia (fede), di aspettativa (speranza) in lui[51]. In conclusione, essere in comunione con Cristo ["Fedele è Dio che vi ha chiamati alla comunione con il Figlio suo Gesù Cristo, Signore nostro" (1Cor 1,9)] significa essere in comunione con il suo Spirito ["La grazia del Signore Gesù Cristo, l'amore di Dio e la comunione dello Spirito Santo siano con tutti voi" (2Cor 13,13)].

Visto tutto ciò, possiamo riprendere Rm 8,10 per apprezzarne più a fondo l'insegnamento. Paolo insegna che questo unico Spirito, essendo nello stesso momento e di Dio e di Cristo, è "vita a causa della giustizia". Ad un'attenta e particolareggiata lettura abbiamo visto che il sostantivo ζωή, seguendo immediatamente al vocabolo πνεῦμα, implica un senso attivo o dinamico, cioè che lo Spirito è dono e fonte di vita[52]. Possiamo,

---

[49] Cfr. A. SAND, "καρδία", *DENT*, I, 1909.

[50] "Può aiutarci un'espressione di san Paolo, quando afferma: 'Con il cuore si crede' (*Rm* 10,10). Il cuore, nella Bibbia, è il centro dell'uomo, dove s'intrecciano tutte le sue dimensioni: il corpo e lo spirito; l'interiorità della persona e la sua apertura al mondo e agli altri; l'intelletto, il volere, l'affettività. Ebbene, se il cuore è capace di tenere insieme queste dimensioni, è perché esso è il luogo dove ci apriamo alla verità e all'amore e lasciamo che ci tocchino e ci trasformino nel profondo. La fede trasforma la persona intera, appunto in quanto essa si apre all'amore. È in questo intreccio della fede con l'amore che si comprende la forma di conoscenza propria della fede, la sua forza di convinzione, la sua capacità di illuminare i nostri passi. La fede conosce in quanto è legata all'amore, in quanto l'amore stesso porta una luce. La comprensione della fede è quella che nasce quando riceviamo il grande amore di Dio che ci trasforma interiormente e ci dona occhi nuovi per vedere la realtà" (*LF*, §26).

[51] "...il cristiano nell'ottica di Paolo deve esporsi completamente alla pressione, al 'vento' dello Spirito. Qui sta il segreto della sua riuscita. Lo Spirito farà sempre la sua parte e il cristiano non dovrà né prevenirla né sottovalutarla. L'attenzione allo Spirito è il perno del suo atteggiamento filiale. Senza lo Spirito il suo rapporto con Dio scadrebbe, nella migliore ipotesi, in quel rapporto vago e generico con la divinità che i cristiani di Paolo potevano trovare anche nei loro coetanei pagani, i quali si rivolgevano a Zeus 'padre degli uomini e degli dei' (Omero). La filiazione del cristiano non è un'aggiunta, quasi un soprammobile rispetto alla sua identità di uomo: o il cristiano è figlio in pieno e allora sarà anche uomo in pieno, realizzando in maniera ottimale il progetto di Dio 'in Cristo' che lo riguarda; oppure, vivendo stentatamente la sua filiazione o, peggio ancora, accantonandola andrà incontro a un fallimento anche come uomo. Per Paolo l'uomo e il cristiano coincidono, una volta che Cristo è entrato nella linea dell'uomo come secondo Adamo: ma il Cristo allo stato vivo viene portato nella vita dell'uomo soltanto attraverso l'influsso dello Spirito" (U. VANNI, "Dio Padre", 69).

[52] "...lo Spirito può essere pensato come la vitalità, la capacità di vita, la ricchezza di vita, la ricchezza di amore" (U. VANNI, *L'ebbrezza nello Spirito*, 79).

dunque, dedurre che lo Spirito è datore divino di vita, fonte della vita escatologica per i credenti[53]. Poiché lo Spirito è di Dio e di Cristo, è vero anche che Dio e Cristo danno la vita tramite lui. Lo Spirito è il loro agente nella trasformazione dei cristiani. È lui che conduce dalla morte, alla vita spirituale, sia in questa vita (infatti la sua dimora nei credenti permette loro di abbandonare la sfera della carne e vivere nella sfera della grazia), sia nella vita futura: perché al momento della parusia di Cristo egli tramuterà i loro corpi naturali, in corpi gloriosi e immortali, nuovi corpi che saranno capaci di riflettere la gloria di Dio per tutta l'eternità.

Quando Paolo afferma che "lo Spirito è vita", esprime la nuova e straordinaria condizione di coloro che condividono gli effetti dell'evento-Cristo. Questa realtà rappresenta un nuovo stadio dell'esistenza umana, che comporta molte conseguenze per la vita presente e futura dei cristiani. L'annuncio: "lo Spirito è vita" insegna che lo Spirito Santo è il datore di vita escatologica per i cristiani e anche il dono divino stesso. Lo Spirito è vita, perché egli è il dono profuso da Dio a tutti coloro che credono in Cristo. Nel suo ruolo di santificatore lo Spirito è vita adesso, perché egli infonde la forza per la vita morale nel mondo, permettendo ai cristiani di prestare testimonianza al Signore risorto. Nel suo ruolo di divinizzatore lo Spirito è vita per il futuro, perché egli è l'agente divino per mezzo del quale Dio crea il corpo spirituale, trasformando i credenti, "eredi di Dio e coeredi di Cristo" (Rm 8,17) nell'immagine del Signore Risorto. Dunque ζωή caratterizza non solo la vita presente dei cristiani, perché descrive il nuovo modo di vivere nella libertà come figli di Dio, ma anche la vita futura, perché suggerisce che i credenti la condivideranno nello splendore del corpo risorto, eterno e glorificato di Cristo.

Ora, è davvero possibile camminare secondo lo Spirito e piacere al Signore: ecco, in sintesi, un'altra prospettiva secondo la quale Paolo coglie la buona novella di Cristo morto e risorto per noi. Lo Spirito ha davvero la

---

[53] "If God is revealed in Christ, God is experienced in the Spirit of God, which is the Spirit of Christ. It is the Spirit that makes God known and knowable. The Spirit gives life and is the promise of resurrection life. To experience the Spirit is to know the risen Lord; it is to know God. Although Paul does not develop a doctrine of the Trinity—three persons in one God—what he says about Christ and the Spirit opens the way to thinking about the one God as a Trinity of persons" (F.J. MATERA, *God's Saving Grace*, 248).

potenza di combattere la carne (σάρξ), la potenza del male e della morte, affinché i credenti possano sperimentare la pienezza della vita voluta dal Creatore. Il suo atteggiarsi in loro, completamente in armonia con Dio e con Cristo, diventa il modo di pensare dei redenti: "Infatti il pensiero costante dalla carne è morte, invece il pensiero costante dello Spirito è vita e pace" (Rm 8,6). Lo Spirito Santo trasforma i credenti in Cristo, sempre di più, nell'immagine del loro Salvatore: "La nostra lettera siete voi, lettera scritta nei nostri cuori, conosciuta e letta da tutti gli uomini; poiché è noto che voi siete una lettera di Cristo redatta da noi, vergata non con inchiostro, ma con lo Spirito del Dio vivo, non su tavole di pietra, ma su tavole che sono cuori di carne" (2Cor 3,2-3). La presenza potente dello Spirito è il nuovo fatto della condizione dei credenti[54] che costruisce le fondamenta della loro vita etica[55]. Camminare nello Spirito, trasforma radicalmente la vita dei cristiani. Negativamente espresso, significa rinunciare alle tentazioni del peccato per poter morire con Cristo: "Or io dico: camminate secondo lo Spirito e non adempirete i desideri della carne" (Gal 5,16). Positivamente, significa accettare umilmente di essere guidati dallo Spirito per potere ricevere il suo frutto: "Invece il frutto dello Spirito è amore, gioia, pace, longanimità, bontà, benevolenza, fiducia, mitezza, padronanza di sé" (Gal 5,22-23). Nel cuore dei cristiani lo Spirito è l'energia di Dio che fa germogliare il seme di Cristo, facendolo fruttificare per mezzo della grazia della sua presenza divina, e facendo prosperare la nuova vigna spirituale che è la Chiesa, in attesa del raccolto escatologico per il giorno del Signore. Il suo frutto più significativo è l'amore.

> 1 Se parlassi le lingue degli uomini e degli angeli, ma non avessi amore,
> sarei un rame risonante o uno squillante cembalo. 2 Se avessi il dono di pro-
> fezia e conoscessi tutti i misteri e tutta la scienza e avessi tutta la fede in
> modo da spostare i monti, ma non avessi amore, non sarei nulla. 3 Se di-
> stribuissi tutti i miei beni per nutrire i poveri, se dessi il mio corpo a essere
> arso, e non avessi amore, non mi gioverebbe a niente. 4 L'amore è paziente,
> è benevolo; l'amore non invidia; l'amore non si vanta, non si gonfia, 5 non

[54] Lo stringente procedimento dialettico di Paolo (Rm 8,9-11) è impostato sull'uso del modo indicativo.

[55] Il discorso di Paolo è contrassegnato da un tono di sicura convinzione, che conferisce all'indicativo futuro il carattere perentorio tipico dell'imperativo (Rm 8,12-13).

si comporta in modo sconveniente, non cerca il proprio interesse, non s'inasprisce, non addebita il male, [6] non gode dell'ingiustizia, ma gioisce con la verità; [7] soffre ogni cosa, crede ogni cosa, spera ogni cosa, sopporta ogni cosa. [8] L'amore non verrà mai meno. Le profezie verranno abolite; le lingue cesseranno; e la conoscenza verrà abolita; [9] poiché noi conosciamo in parte, e in parte profetizziamo; [10] ma quando la perfezione sarà venuta, quello che è solo in parte, sarà abolito. [11] Quando ero bambino, parlavo da bambino, pensavo da bambino, ragionavo da bambino; ma quando sono diventato uomo, ho smesso le cose da bambino. [12] Poiché ora vediamo come in uno specchio, in modo oscuro; ma allora vedremo faccia a faccia; ora conosco in parte; ma allora conoscerò pienamente, come anche sono stato perfettamente conosciuto. [13] Ora dunque queste tre cose durano: fede, speranza, amore; ma la più grande di esse è l'amore (1Cor 13,1-13).

Se lo Spirito è vita per i credenti, se ci offre il frutto dell'amore, è ragionevole domandarsi per quale via è accettabile che questo sia vero. Come lo Spirito Santo è fonte della nostra nuova vita in Cristo? L'unica risposta plausibile e possibile allo stato delle cose è che lo Spirito è vita per noi, perché egli è prima di tutto la vita stessa di Dio. Sarebbero occorsi molti secoli alla Chiesa per definire in modo chiaro la dottrina del Nuovo Testamento sullo Spirito Santo, soprattutto la sua origine in Dio e la sua relazione intima con il Figlio di Dio, nel disegno di salvezza. In seguito, la Chiesa parlerà di "generazione" nei riguardi del Figlio e di "processione" nei riguardi dello Spirito. Il contributo straordinario di Rm 8 a tale elaborazione sistematica degli articoli di fede, ha offerto e continua ad offrire alla Chiesa un deposito prezioso di rivelazione in merito alla natura e alle relazioni delle tre persone della SS. Trinità[56]. Con uno studio vieppiù approfondito di questo capitolo,

---

[56] "We conclude that Paul formulates the ingredients for a doctrine of the Holy Trinity. But his main emphasis is less on doctrine, which is implied, than on practical experience. The Spirit inspires us to pray, comforts and strengthens us in time of doubt or hardship, makes Christ real to us and nurtures a Christlike mindset within us, and is our lifeline to the world of God in Christ. [...] The Spirit has rightly been called 'the Beyond that is Within'" (A.C. THISELTON, *The Living Paul*, 66). Cfr. F. WATSON, "The Triune Divine Identity. Reflections on Pauline God Language, in Disagreement with J.D.G. Dunn", *JSNT* 80 (2000) 99-124; R.C. FAY, "Was Paul a Trinitarian? A Look at Romans 8", in S.E. PORTER, ed., *Paul and His Theology*, PS 3, Leiden – Boston 2006, 327-345; A.K. GABRIEL, "Pauline Pneumatology and the Question of Trinitarian Presuppositions", in S.E. PORTER, ed., *Paul and His Theology*, PS 3, Leiden – Boston 2006, 347-362.

gli esegeti possono continuare a fornire molti altri interessanti apporti e stimoli agli studiosi di teologia fondamentale, dogmatica e morale. Ci sforziamo di riflettere insieme sul mistero del Dio uno e trino, che ha deciso, in modo assolutamente libero, di amarci fino alla morte di croce (Fil 2,8), per poter condividere la sua vita eterna con noi. "Ma ora, liberati dal peccato e fatti servi di Dio, avete per frutto la vostra santificazione e per fine la vita eterna; perché il salario del peccato è la morte, ma il dono di Dio è la vita eterna in Cristo Gesù, nostro Signore" (Rm 6,22-23).

### 4. **Fede in Cristo Gesù**

La fede cristiana è la risposta positiva al mistero di Gesù Cristo, morto e risorto per la redenzione di tutti gli uomini, disponibilità piena e senza riserve al progetto salvifico di Dio presentato, focalizzato e attualizzato attraverso l'annuncio del Vangelo, mediante la guida premurosa dello Spirito Santo[57]. Per grazia[58] l'accettazione totale, volontaria e incondizionata della fede postula l'accoglimento del Vangelo e suscita anche la sua proclamazione: "La fede dipende dunque dalla predicazione e la predicazione a sua volta si attua per la parola di Cristo" (Rm 10,17). Credere in Cristo è "l'effetto di una visita, di un dono che ci precede, che rimane in noi e che richiede solo di essere accettato, e poi confessato"[59]. L'assenso radicale e libero di se stessi a Cristo si concretizza poi nel battesimo e comporta una crescita continua[60].

| Terminologia | Corpo paolino | NT | Percentuale occorrenze paoline |
|---|---|---|---|
| πίστις | 142 | 243 | 58,4% |
| πιστεύω | 54 | 243 | 22,2% |
| Totale | 196 | 486 | 40,3% |

[57] Vedi *CCC* § 150-152.

[58] Cfr. "La fede è un dono di Dio, una virtù soprannaturale da Lui infusa" (CCC § 153); "È impossibile credere senza la grazia e gli aiuti interiori dello Spirito Santo. Non è però meno vero che credere è un atto autenticamente umano (CCC § 154).

[59] J.-N. ALETTI, *La Lettera ai Romani e la giustizia di Dio*, 119.

[60] Vedi U. VANNI, *L'ebbrezza nello Spirito*, 40.

La frequenza con cui Paolo ricorre al sostantivo πίστις (fede) è apprezzabile. Egli nutre interesse per il concetto espresso mediante il nome astratto, che tuttavia ha a che fare con un sentimento che viene dal cuore, piuttosto che per lo svolgimento dell'azione. Riteniamo possibile raccogliere e organizzare in quattro asserti quanto l'Apostolo ha scritto, sia a proposito della fede (πίστις), sia del credere (πιστεύω).

1) adesione iniziale-battesimo;

2) assimilazione progressiva nel corso di tutta la vita;

3) espressione comunitaria;

4) spinta missionaria verso l'annunzio e la condivisione con tutti.

Si deve considerare come premessa, un livello generale sottostante ai quattro assunti: *la fede per Paolo è un'apertura al contenuto del Vangelo di Dio, al mistero di Gesù Cristo morto e risorto per noi*. Ogni persona viene interpellata dall'annuncio del Vangelo: Gesù Cristo è morto e risorto per te. L'essenza del Vangelo tende a diventare transitiva e operativa, a entrare in ogni fibra della vita umana, a comunicare la vita divina a tutti coloro che credono in Cristo e che vivono spiritualmente in lui[61].

> 16 Io infatti non mi vergogno del Vangelo, poiché è potenza di Dio per la salvezza di chiunque crede, del Giudeo prima e poi del Greco. 17 È in esso che si rivela la giustizia di Dio di fede in fede, come sta scritto: Il giusto vivrà mediante la fede (Rm 1,16-17).
>
> 8 Ma se siamo morti con Cristo, crediamo che anche vivremo con lui, 9 sapendo che Cristo, risorto dai morti, non muore più; la morte non ha più potere su di lui. 10 Infatti egli morì, e morì per il peccato una volta per tutte; ora invece vive, e vive per Dio (Rm 6,8-10).
>
> 8 Che cosa dice dunque? Vicino a te è la Parola, sulla tua bocca e nel tuo cuore, cioè la parola della fede che noi predichiamo. 9 Perché se con la tua bocca proclamerai: "Gesù è il Signore!", e con il tuo cuore crederai che Dio lo ha risuscitato dai morti, sarai salvo (Rm 10,8-9).
>
> 21 Poiché infatti, nel disegno sapiente di Dio, il mondo, con tutta la sua sapienza, non ha conosciuto Dio, è piaciuto a Dio salvare i credenti con la

---

[61] Vedi D.M. HAY, "Paul's Understanding of Faith as Participation", in S.E. PORTER, ed., *Paul and His Theology*, PS 3, Leiden – Boston 2006, 45-76.

stoltezza della predicazione. 22 Mentre i giudei chiedono segni e i greci cercano sapienza, 23 noi invece annunciamo Cristo crocifisso: scandalo per i giudei e stoltezza per i pagani; 24 ma per coloro che sono chiamati, sia giudei che greci, Cristo è potenza di Dio e sapienza di Dio (1Cor 1,21-24).

1 Vi rendo noto, fratelli e sorelle, il Vangelo che vi ho annunciato, che anche avete ricevuto, nel quale anche restate saldi, 2 mediante il quale anche siete salvati, se lo mantenete in quella forma in cui ve l'ho annunciato, a meno che non abbiate creduto invano. 3 Vi ho trasmesso dunque, anzitutto, quello che anch'io ho ricevuto: che cioè Cristo morì per i nostri peccati, secondo le Scritture (1Cor 15,1-3)[62].

13 Animati tuttavia da quello stesso spirito di fede di cui sta scritto: Ho creduto, perciò ho parlato, anche noi crediamo e perciò parliamo, 14 convinti che colui che ha risuscitato il Signore Gesù, risusciterà anche noi con Gesù e ci porrà accanto a lui insieme con voi (2Cor 4,13-14).

La Scrittura invece ha rinchiuso ogni cosa sotto il peccato, perché la promessa venisse data ai credenti mediante la fede in Gesù Cristo (Gal 3,22).

27 Comportatevi dunque in modo degno del Vangelo di Cristo perché, sia che io venga e vi veda, sia che io rimanga lontano, abbia notizie di voi: che state saldi in un solo spirito e che combattete unanimi per la fede del Vangelo, 28 senza lasciarvi intimidire in nulla dagli avversari. Questo per loro è segno di perdizione, per voi invece di salvezza, e ciò da parte di Dio (Fil 1,27-28).

Proprio per questo anche noi rendiamo continuamente grazie a Dio perché, ricevendo la parola di Dio che noi vi abbiamo fatto udire, l'avete accolta non come parola di uomini ma, qual è veramente, come parola di Dio, che opera in voi credenti (1Ts 2,13).

Se noi crediamo infatti che Gesù morì e risuscitò, così anche Dio per mezzo di Gesù condurrà con lui quelli che si sono addormentati (1Ts 4,14)[63].

4 Rendo grazie al mio Dio, ricordandomi sempre di te nelle mie preghiere, 5 perché sento parlare della tua carità e della fede che hai nel Signore Gesù e verso tutti i santi. 6 La tua partecipazione alla fede diventi operante, per far conoscere tutto il bene che c'è tra noi per Cristo (Fm 4-6).

---

62 Per il nostro commento su questi versetti vedi il capitolo su Prima Corinzi.

63 Per il nostro commento su questo versetto vedi S.N. Brodeur, *Il cuore di Paolo è il cuore di Cristo*, 131-134.

Se il contenuto del Vangelo viene riconosciuto, nella pienezza del suo valore, dall'individuo, con l'aiuto dello Spirito Santo, si genera la fede, che corrisponde all'accoglienza piena e totale al Vangelo di Cristo. Siffatto concetto di fede ha i suoi antecedenti nell'Antico Testamento (per esempio Abramo[64] "credette [ἐπίστευσεν] al Signore che glielo accreditò a giu-

[64] "Ed è proprio su Abramo, che vorrei soffermarmi e soffermare la nostra attenzione, perché è lui la prima grande figura di riferimento per parlare di fede in Dio: Abramo il grande patriarca, modello esemplare, padre di tutti i credenti (cfr. Rm 4,11-12). La Lettera agli Ebrei lo presenta così: «Per fede, Abramo, chiamato da Dio, obbedì partendo per un luogo che doveva ricevere in eredità, e partì senza sapere dove andava. Per fede, egli soggiornò nella terra promessa come in una regione straniera, abitando sotto le tende, come anche Isacco e Giacobbe, coeredi della medesima promessa. Egli aspettava infatti la città dalle salde fondamenta, il cui architetto e costruttore è Dio stesso» (11,8-10). L'autore della Lettera agli Ebrei fa qui riferimento alla chiamata di Abramo, narrata nel Libro della Genesi, il primo libro della Bibbia. Che cosa chiede Dio a questo patriarca? Gli chiede di partire abbandonando la propria terra per andare verso il paese che gli mostrerà, «Vattene dalla tua terra, dalla tua parentela e dalla casa di tuo padre, verso la terra che io ti indicherò» (Gen 12,1). Come avremmo risposto noi a un invito simile? Si tratta, infatti, di una partenza al buio, senza sapere dove Dio lo condurrà; è un cammino che chiede un'obbedienza e una fiducia radicali, a cui solo la fede consente di accedere. Ma il buio dell'ignoto – dove Abramo deve andare – è rischiarato dalla luce di una promessa; Dio aggiunge al comando una parola rassicurante che apre davanti ad Abramo un futuro di vita in pienezza: «Farò di te una grande nazione e ti benedirò, renderò grande il tuo nome... e in te si diranno benedette tutte le famiglie della terra» (Gen 12,2.3). La benedizione, nella Sacra Scrittura, è collegata primariamente al dono della vita che viene da Dio e si manifesta innanzitutto nella fecondità, in una vita che si moltiplica, passando di generazione in generazione. E alla benedizione è collegata anche l'esperienza del possesso di una terra, di un luogo stabile in cui vivere e crescere in libertà e sicurezza, temendo Dio e costruendo una società di uomini fedeli all'Alleanza, «regno di sacerdoti e nazione santa» (cfr. Es 19,6). Perciò Abramo, nel progetto divino, è destinato a diventare «padre di una moltitudine di popoli» (Gen 17,5; cfr. Rm 4,17-18) e ad entrare in una nuova terra dove abitare. Eppure Sara, sua moglie, è sterile, non può avere figli; e il paese verso cui Dio lo conduce è lontano dalla sua terra d'origine, è già abitato da altre popolazioni, e non gli apparterrà mai veramente. Il narratore biblico lo sottolinea, pur con molta discrezione: quando Abramo giunge nel luogo della promessa di Dio: «nel paese si trovavano allora i Cananei» (Gen 12,6). La terra che Dio dona ad Abramo non gli appartiene, egli è uno straniero e tale resterà sempre, con tutto ciò che questo comporta: non avere mire di possesso, sentire sempre la propria povertà, vedere tutto come dono. Questa è anche la condizione spirituale di chi accetta di seguire il Signore, di chi decide di partire accogliendo la sua chiamata, sotto il segno della sua invisibile ma potente benedizione. E Abramo, "padre dei credenti", accetta questa chiamata, nella fede. Scrive san Paolo nella Lettera ai Romani: «Egli credette, saldo nella speranza contro ogni speranza, e così divenne padre di molti popoli, come gli era stato detto: Così sarà la tua discendenza. Egli non vacillò nella fede, pur vedendo già come morto il proprio corpo – aveva circa cento anni – e morto il seno di Sara. Di fronte alla promessa di Dio non esitò per incredulità, ma si rafforzò nella fede e diede gloria a Dio, pienamente convinto che quanto egli aveva promesso era anche capace di por-

stizia" [Gn 15,6]), ma per Paolo "fede" non è solo apertura verso Dio o fiducia in Dio[65]: è precipuamente l'apertura radicale con cui in un secondo momento viene percepito, recepito e personalizzato il contenuto stesso del Vangelo. Questo aprirsi senza riserve esige dall'uomo una scelta libera di volontà. Non si può accettare solo una parte dell'evento pasquale, non si può accettare il Cristo nella propria vita ponendo condizioni: un'accettazione limitante in partenza, non è più fede, oppure è una mera preparazione alla fede. La fede vera e propria implica una totalità, postula che si adotti completamente tutto il Cristo presentato dal Vangelo. Questo è un punto importante, meritevole di sottolineatura. L'accoglienza deve essere assoluta, indiscriminata, incondizionata. Non solo l'uomo che crede deve abbracciare tutto il Cristo che gli viene presentato, ma questa totalità deve essere lasciata penetrare in tutte le pieghe dell'esistenza. Fin dall'inizio, la fede non è un atto separato, scontato, ma un atteggiamento che entra e plasma la creatura umana fino a riempire tutti gli spazi della vita: un'adesione *totale*, ovvero assenza di limitazione all'atto di recepire; *piena*, perché questo contenuto tende a permeare tutti gli aspetti della vita.

Il primo grado di adesione al contenuto del Vangelo[66] — la fede al primo livello — nella prassi paolina precedeva il battesimo[67]. Il metodo

---

tarlo a compimento» (Rm 4,18-21). La fede conduce Abramo a percorrere un cammino paradossale. Egli sarà benedetto ma senza i segni visibili della benedizione: riceve la promessa di diventare grande popolo, ma con una vita segnata dalla sterilità della moglie Sara; viene condotto in una nuova patria ma vi dovrà vivere come straniero; e l'unico possesso della terra che gli sarà consentito sarà quello di un pezzo di terreno per seppellirvi Sara (cfr. Gen 23,1-20). Abramo è benedetto perché, nella fede, sa discernere la benedizione divina andando al di là delle apparenze, confidando nella presenza di Dio anche quando le sue vie gli appaiono misteriose" (BENEDETTO XVI, *Udienza generale del 23 gennaio 2013*, http://press.catholica.va/news_services/bulletin/news/30341.php?index=30341&lang=en).

[65] Questo credere in Dio (cfr. Rm 4) rimane nondimeno un punto essenziale: nel pensiero paolino "la fede è descritta come una struttura relazionale in cui è implicito Dio" (J.-N. ALETTI, *La Lettera ai Romani e la giustizia di Dio*, 103).

[66] "Il Vangelo, che il cristiano accoglie attraverso la prima apertura de fede, è l'annuncio di Cristo morto e risorto, che, con tutte le potenzialità di liberazione e di vitalità legate sia alla morte sia alla risurrezione, entra nella sua vita e la trasforma" (U. VANNI, *L'ebbrezza nello Spirito*, 40-41).

[67] "O non sapete che quanti siamo battezzati in Cristo Gesù, siamo stati battezzati nella sua morte? Per mezzo del battesimo siamo dunque stati sepolti insieme a lui nella morte, perché come Cristo fu risuscitato dai morti per mezzo della gloria del Padre, così anche noi possiamo camminare in una vita nuova" (Rm 6,3-4).

seguito da Paolo, nel rivolgersi agli ebrei, presupponeva la credenza in Dio; con i gentili il primo passaggio adottato era quello di esortarli ad abbandonare lo stato di idolatria (cfr. 1Ts 1,9) per elevarli all'accettazione del Dio vivente: "vi siete convertiti a Dio, allontanandovi dagli idoli, per servire al Dio vivo e vero" (1Ts 1,9b). A coloro che non ammettevano l'esistenza di Dio, l'Apostolo delle genti annunciava, prima di tutto, la verità inconfutabile di quell'esistenza. Infatti, nell'Areopago (At 17), rivolto agli ateniesi, il cittadino di Tarso parte dalla loro esperienza di primitiva, semplice superstizione e, con la forza irresistibile del suo ragionamento, li porta alla concezione del Dio "vivo e vero" (1Ts 1,9), approdando a Gesù Cristo. Quando l'accoglimento pieno di Dio era ormai un dato acquisito, egli affrontava immediatamente il nodo "Cristo", considerato come il Figlio divino mandato dal Padre agli uomini. Una volta presentata la missione di Cristo e il contenuto principale del mistero pasquale, il medesimo si volgeva alla piena esplicitazione della fede, fino a ottenere l'adesione definitiva del contenuto del mistero pasquale di Cristo da parte dei neofiti, accettazione che è appunto l'apertura alla fede. A questa conseguiva il battesimo, che porta con sé il dono dello Spirito Santo e la giustificazione del peccatore[68]. Paolo rievoca il messaggio del Vangelo e la risposta di fede da parte dei corinzi con queste parole:

> [1]Vi rendo noto, fratelli e sorelle, il Vangelo che vi ho annunciato, che anche avete ricevuto, nel quale anche restate saldi, [2]mediante il quale anche siete salvati, se lo mantenete in quella forma in cui ve l'ho annunciato, a meno che non *abbiate creduto* invano [...] [11]Pertanto, sia io che loro, così predichiamo e così *avete creduto* (1Cor 15,1-2.11).

L'Apostolo prosegue con l'esortazione ad acconsentire a quell'annuncio nei termini in cui esso è stato proclamato e presentato.

---

[68] "The initial coming of the Spirit results in an indwelling that sets God's seal upon the believer and gives assurance that he belongs to Christ. It is apparently conceived 'spatially' and may be expressed either as the individual's baptism *in* the Spirit or the Spirit's presence *in* the individual or *in* the Christian community. The conception of 'baptism in the Spirit' is very similar, if not identical, to 'baptism into Christ' and to the believer's existence 'in Christ' or 'Christ in him'. To belong to Christ means by definition 'to have the Spirit'" (E.E. ELLIS, *Pauline Theology*, 30-31).

> L'atto di fede non ammette eccezioni: *tutti*, senza differenza di stato sociale (schiavo / libero), fisico (maschio / femmina) e soprattutto religioso (giudeo / greco), possono credere, poiché vi sono invitati. L'atto di fede livella in altezza, eleva veramente tutti quelli che lo desiderano alla stessa dignità di figli, di eredi, ecc. Questo punto è molto sottolineato in Rm: la fede non è o non è più una caratteristica specificamente giudaica![69]

Decisamente l'atto di credere in Gesù Cristo definisce l'essere-cristiano e possiede una caratteristica universale[70].

La fede al secondo livello può essere definita come acquisizione progressiva e ininterrotta, tendente a coprire tutta la vita, al fine di realizzare quella pienezza a suo tempo prefigurata nella prima apertura alla fede[71]. La volontaria ricezione dell'annuncio di Cristo morto e risorto (prima apertura della fede) non solo va mantenuta, ma anzi continuamente approfondita, esplorata e coltivata: essa si risolve in un graduale adeguamento alla morte e alla risurrezione di Cristo, pervasivo di tutti i dettagli della vita.

> [1]Vi rendo noto, fratelli e sorelle, il Vangelo che vi ho annunciato, che anche avete ricevuto, *nel quale anche restate saldi,* [2]*mediante il quale anche siete salvati, se lo mantenete in quella forma in cui ve l'ho annunciato*, a meno che non abbiate creduto invano (1Cor 15,1-2).

> [15] Né ci vantiamo indebitamente di fatiche altrui, ma abbiamo la speranza, col crescere della vostra fede, di crescere ancora nella vostra con-

---

[69] J.-N. Aletti, *La Lettera ai Romani e la giustizia di Dio*, 101.

[70] Cfr. J.-N. Aletti, *La Lettera ai Romani e la giustizia di Dio*, 103.

[71] "L'affidamento radicale di se stessi a Dio e a Cristo si concretizza di fatto nel battesimo. Il battesimo è un fatto fondamentale, ma che va sempre e ulteriormente ripensato e approfondito. Tipica è, a questo proposito, l'insistenza con cui Paolo provoca i Romani a 'sapere', a 'valutare' pianamente le implicazioni che il battesimo ha per la loro vita di ogni giorno (cfr *Rm* 6,4-12: 'Non sapete...?'; 'Valutate voi stessi...')." C'è una crescita, uno sviluppo, sia nella vita vissuta in dipendenza dal battesimo, sia nell'autocomprensione che ne devono avere i cristiani. Questo è un aspetto fondamentale di tutta la spiritualità di Paolo che, a livello di condivisione e di messaggio, rispecchia la sua esperienza personale di riflessione continua, sempre intensa, talvolta tormentata, sui fatti e sui valori che vive. La sua spiritualità non si riduce infatti a una dimensione intellettuale di autocomprensione, pur implicandola irrinunciabilmente. Questa autocomprensione aperta porterà il cristiano, sempre a partire dal battesimo, ad approfondire tutti gli aspetti della sua realtà, stimolandolo a viverli meglio, con un'interpretazione continua e progressiva, quasi una reazione a catena, tra la presa di coscienza e la vita" (U. Vanni, *L'ebbrezza nello Spirito*, 79).

siderazione, secondo la nostra misura, [16] per evangelizzare le regioni più lontane della vostra, senza vantarci alla maniera degli altri delle cose già fatte da altri (2Cor 10,15-16).

[19b] Sono stato crocifisso con Cristo; [20] non vivo più io, ma Cristo vive in me. La vita che vivo ora nella carne (la) vivo nella fede del Figlio di Dio, che mi ha amato e ha dato se stesso per me (Gal 2,19b-20).

[25] Per conto mio, sono convinto che resterò e continuerò a essere d'aiuto a voi tutti, per il progresso e la gioia della vostra fede, [26] perché il vostro vanto nei miei riguardi cresca sempre più in Cristo, con la mia nuova venuta tra voi (Fil 1,25-26).

Linguaggio paradossale quello della Lettera ai Galati: non tanto sul piano grammaticale, quanto su quello logico-simbolico: la soggettività dell'adepto non viene eliminata da Cristo; in essa, bensì, emergono gli elementi tipici di Cristo, a guisa di energie guida che arricchiscono la sua vita. Il mistero pasquale, anche rispetto alla morte di Cristo, forza liberante e purificatrice del vivere cristiano, era funzionale per l'instancabile predicatore delle genti: egli sentiva tutta la propria debolezza e inadeguatezza (cfr. 2Cor 12,1-10), avvertiva l'esigenza di questa purificazione, capace di renderlo docile strumento nelle mani del Signore, percepiva l'urgenza di un'azione catartica che lo investisse e gli facesse rivivere, fino nelle sue più riposte fibre, l'evento della passione e della morte di Cristo[72]. Il medesimo ragionamento può essere applicato, nell'economia della vita dell'Apostolo, al rapporto con l'aspetto della risurrezione: il Cristo che vive in lui è il Risorto che spinge a "farsi tutto a tutti", farsi donazione totale, completa, incondizionata (cfr. 1Cor 9,19-23). Paolo non vuole essere equiparato ad un "iniziato" appartenente alla religione in auge a quell'epoca ma, con sottile

[72] "La morte di Cristo avvenuta per gli uomini peccatori, nemici di Dio, si esprime in un tipo di amore al di sopra di qualunque esempio anche il più bello e Paolo ne è affascinato. Per lui Cristo è 'il Figlio di Dio che lo amò e diede se stesso per lui' (cfr. Gal 2,20), ricomprandolo e conquistandolo. Ne deriva un senso di appartenenza, un'interpersonalità che accompagnerà Paolo per tutta la vita. La morte di Cristo permette a Paolo la scoperta di Cristo e della propria reciprocità con Lui. Paolo porrà volentieri non solo la sua vita, ma anche la sua morte in rapporto con Cristo, nel tentativo di corrispondere al suo amore. Potrà affermare 'nessuno di noi vive per se stesso e nessuno muore per se stesso: se viviamo, viviamo al Signore, se muoriamo, muoriamo al Signore: sia che viviamo, sia che muoriamo siamo del Signore' (Rom 14,7)" (U. Vanni, "Dalla morte 'Nemico' alla morte 'Guadagno'", 59-60).

autoanalisi psicologica, fornisce elementi utili ad attuare la purificazione dalle debolezze, una capacità suprema d'amore sempre più perfettibile: Gesù Cristo, con le implicazioni specifiche del mistero pasquale, fa sentire i suoi effetti vitali nell'intimo dell'esistenza dell'Apostolo. La vita che Paolo conduce come essere umano, la vita che egli vive "nella carne", ha un'apertura verso l'alto rappresentata dalla fede: il secondo livello, appunto. È la vita permanentemente aperta al Figlio di Dio che lo ha amato e ha dato se stesso per lui. Instancabile atteggiamento d'apertura a una fede sempre più consona alle promesse battesimali, fede in continuo progresso di perfezionamento dentro il cristiano. La differenza con il primo livello consiste appunto nella continuità.

Nel dibattito sul terzo livello di fede, il panorama si amplia: qual è il rapporto fra la fede del singolo e quella della comunità cristiana, fra la componente individuale e quella collettiva? Nel dibattito sul terzo livello di fede, registriamo posizioni antitetiche fra gli studiosi (due fondamentalmente). A chi[73] sostiene la legittimità della propria interpretazione, si contrappone chi[74] la esclude recisamente. Nella sua ineccepibilità, l'affermazione secondo la quale la mancanza di fede del singolo non può venire compensata, né sostituita dallo slancio ideale messo in movimento dalla comunità ecclesiale, rivela una ben ristretta e limitativa concezione della prima tra le tre virtù teologali, quasi si trattasse di un oggetto da pesare anziché di un modo di essere, da valutare dal punto di vista della qualità. Si tratta di un'osservazione poco persuasiva e piuttosto fragile: sicuramente la dimensione di fede instaurata nell'assemblea liturgica riunita, lungi dall'essere concepita come pura e semplice somma del sentire di ciascun partecipante (il quale continua a nutrire le proprie aspettative di credente anche durante gli altri momenti della propria esistenza), incrementa la componente del singolo grazie all'incontro, alla compartecipazione[75], alla sincera comunione del sentire tra le

---

[73] Vedi R. Bultmann, *Glauben und Verstehen*, Tübingen 1964; trad. italiana, *Fede nel Nuovo Testamento*, Brescia 1995.

[74] Vedi H. Conzelmann, *Grundriss der Theologie des Neuen Testaments*, München 1968; trad. italiana, *Teologia del Nuovo Testamento*, Brescia 1972.

[75] La κοινωνία. "Il calice della benedizione, che noi benediciamo, non è forse la comunione (κοινωνία) con il sangue di Cristo? Il pane che noi rompiamo, non è forse la comunione (κοινωνία) con il corpo di Cristo?" (1Cor 10,16). Cfr. Rm 15,26; 1Cor 1,9; 10,16; 2Cor 6,14; 8,4; 9,13; 13,13; Gal 2,9; Fil 1,5; 2,1; 3,10; Fm 1,6.

anime. In tal modo, le due componenti (individuale e collettiva) interagiscono, potenziando il risultato complessivo in un felice gioco di rimandi, come ben sa chi abbia osservato il fenomeno che si determina in occasione delle imponenti processioni religiose o delle celebrazioni solenni officiate presso i più famosi santuari mariani. Ormai la scienza stessa è convinta che la forza della preghiera recitata con fervore e concentrazione riesca là dove la fisica o la medicina riconoscono la loro inadeguatezza. Perfino quando non si verifica il fatto miracoloso, chiunque si sia trovato in mezzo a siffatti appuntamenti e li abbia vissuti convintamente e in perfetta coscienza, ne esce arricchito e pervaso da autentica commozione, la quale sprigionatasi in quella circostanza continuerà a produrre i suoi effetti anche in seguito[76]. Le risorse messe in circolo dall'espressione dell'assemblea liturgica non si limitano all'esaltazione corale della preghiera tramite la voce (il parlato o il canto) dei partecipanti. Durante la celebrazione rituale — dove pure il dialogo con l'officiante costituisce un valore aggiunto — interviene il valido ausilio della musica: il canto corale sostenuto e guidato dall'accompagnamento strumentale, sapientemente dosato e inframmezzato da pause di silenzio, carico di meditazione e favorente un opportuno ripiegamento su se stessi, può rappresentare, in certe situazioni, il massimo dell'espressione di fede cosiddetta di terzo livello. La letteratura neotestamentaria allarga e sostanzia il panorama relativo or ora descritto offrendoci il prologo del Vangelo di Giovanni quale esempio concreto delle nostre argomentazioni. Esso deriverebbe — fatte salve le più che giustificabili modificazioni attribuibili al genio dell'autore del Quarto Vangelo — da un originario inno di lode fondato sulla parola chiave λόγος ("Verbo"), inno solitamente cantato nelle assemblee liturgiche del primitivo cristianesimo. A prova di tale assunto viene addotto il testo Gv 1,14.16, in cui la funzione referenziale della terza persona singolare (v. 14a, 16) slitta poeticamente nella funzione emotiva della prima persona plurale, con un passaggio d'ineccepibile eleganza stilistica[77].

---

[76] Tale constatazione — seppure su un piano diverso — può essere esperita per es. in occasione di riunioni parentali per festività familiari quali nozze, battesimi, compleanni ecc.; o tra gli aderenti a gruppi politici, club / associazioni sportive ecc.

[77] Si tratta di una raffinata, magistrale *gradatio* che presenta notevoli caratteristiche amplificanti, ottenute con mirabile naturalezza, degna di una moderna sequenza filmica avvalentesi della dissolvenza incrociata.

> [14] E il Verbo si fece carne e venne ad abitare in mezzo a noi, e *noi* vedemmo la sua gloria, gloria come di unigenito dal Padre, pieno di grazia e di verità […] [16] Dalla sua pienezza noi tutti abbiamo ricevuto grazia su grazia (Gv 1,14.16).

Nella frase (vv. 14b.16) in cui il soggetto grammaticale è rappresentato dalla prima persona plurale sottintesa, protagonista incontrastato rimane lui, il Verbo. Dominatore a tal punto nella pagina, che l'effetto religioso laudativo non risente affatto dell'audace concordanza instaurata tra l'aggettivo πλήρης[78] (pieno) strategicamente posizionato nella chiusa del v. 14 e il lontano sostantivo iniziale λόγος (Verbo). A dispetto di tale lontananza, il qualificativo πλήρης interviene come propizio anello della stretta concatenazione che lega l'uno all'altro, senza soluzione di continuità, la serie di componenti morfologici nominali (qui sostantivi, aggettivo, pronomi personali sottintesi) costitutivi della prosa giovannea, dall'andatura stringente e dal tessuto decisamente compatto[79]. Nel succitato testo di Giovanni, la continuità, come attributo della fede in senso comunitario (fede al terzo livello), riceve il suo meritatissimo riconoscimento e il suo inimitabile omaggio.

Nel prologo della Lettera agli Efesini (1,3-14), troviamo una benedizione tipica della liturgia sinagogale, in cui dopo aver preso coscienza dei doni che Dio nella sua immensa bontà ci elargisce, si esprime un tipo di lode e di benedizione come contraccambio da parte dei fedeli riconoscenti[80]. Considerata la non irrilevante estensione di tale preghiera (12 versetti), possiamo affermare che si tratta di un vero e proprio inno liturgico, appartenente al genere celebrativo, inserito o composta dentro la lettera stessa. Il corpo paolino

---

[78] πλήρης — maschile singolare dell'aggettivo a due uscite πλήρης (maschile e femminile) πλῆρες (neutro) = pieno.

[79] Vedi analogamente — con le dovute riserve — gli esempi di *traiectio* rinvenibili nella prosa di Tacito (53 ca.-120 ca. d.C.), storico di spicco della letteratura latina.

[80] "Benedetto sia Dio, Padre del Signore nostro Gesù Cristo, che ci ha benedetti con ogni benedizione spirituale nei cieli, in Cristo. In lui ci ha scelti […] predestinandoci a essere suoi figli addottivi […] abbiamo la redenzione […] la remissione dei peccati […] Egli ha abbondantemente riversato (la sua grazia) su di noi […] ci ha fatto conoscere il mistero della sua volontà […] il disegno di ricapitolare in Cristo tutte le cose […] In lui siamo stati fatti eredi, essendo stati predestinati […] avete ricevuto il suggello dello Spirito Santo che era stato promesso, il quale è caparra della nostra eredità, in attesa della completa redenzione a lode della sua gloria" (Ef 1,3-14).

contiene anche composizioni meno prolungate, ravvicinabili al genere innologico, forse riportate integralmente, forse rielaborate (cfr. Fil 2,6-11; Col 1,15-20): erano espressioni naturalmente collegate con atti comunitari esplicati durante le funzioni religiose nel culto. Nei due casi citati la lunghezza del testo (sei versetti ciascuno) permette di catalogarli ancora fra gli inni. In molti altri — e il Corpus ne è costellato — ci troviamo davanti a brevi formule credali stabilmente codificate, recitate dall'assemblea o cantate solennemente[81]. Con tutta probabilità, queste formule, in certi casi, hanno offerto lo spunto per un ulteriore sviluppo in una dimensione più o meno ampia. Quanto alla paternità di tali composizioni, l'anonimato (tipico non solo nel mondo antico) era un fatto per nulla eccezionale, trattandosi di una espressione spontanea e genuina, aliena da qualsivoglia ambizione di primeggiare. Infatti, una delle condizioni dell'ascolto da parte di Dio è costituita dall'umiltà con cui l'uomo cerca di attingere alla dimensione spirituale[82]. Evidentemente, nell'epistolario paolino è attivo e operante il gruppo, il "noi" della comunità ecclesiale[83], saggiamente alternato con l'impegno determinante da parte dell'individuo considerato singolarmente e non soltanto come elemento di una somma di componenti destinati a formare l'insieme[84]. La partecipazione al

---

[81] Vedi per esempio le formule di fede ravvisabili in Rm 6,8; 1Cor 15,1-2; 2Cor 4,13-14; Gal 2,16; Ef 1,19; 1Ts 4,14; 2Ts 2,13; 1Tm 1,16; 2Tm 3,14-15.

[82] Cfr. la parabola del vangelo sull'orgoglio e sull'umiltà...

[83] "La fede ha una forma necessariamente ecclesiale, si confessa dall'interno del corpo di Cristo, come comunione concreta dei credenti. È da questo luogo ecclesiale che essa apre il singolo cristiano verso tutti gli uomini. La parola di Cristo, una volta ascoltata e per il suo stesso dinamismo, si trasforma nel cristiano in risposta, e diventa essa stessa parola pronunciata, confessione di fede. San Paolo afferma: 'Con il cuore infatti si crede [...], e con la bocca si fa la professione di fede...' (*Rm* 10,10). La fede non è un fatto privato, una concezione individualistica, un'opinione soggettiva, ma nasce da un ascolto ed è destinata a pronunciarsi e a diventare annuncio. Infatti, 'come crederanno in colui del quale non hanno sentito parlare? Come ne sentiranno parlare senza qualcuno che lo annunci?' (*Rm* 10,14). La fede si fa allora operante nel cristiano a partire dal dono ricevuto, dall'Amore che attira verso Cristo (cfr *Gal* 5,6) e rende partecipi del cammino della Chiesa, pellegrina nella storia verso il compimento. Per chi è stato trasformato in questo modo, si apre un nuovo modo di vedere, la fede diventa luce per i suoi occhi" (*LF*, §22).

[84] "È impossibile credere da soli. La fede non è solo un'opzione individuale che avviene nell'interiorità del credente, non è rapporto isolato tra l''io' del fedele e il 'Tu' divino, tra il soggetto autonomo e Dio. Essa si apre, per sua natura, al "noi", avviene sempre all'interno della comunione della Chiesa. La forma dialogata del *Credo*, usata nella liturgia battesimale, ce lo ricorda. Il credere si esprime come risposta a un invito, ad una parola che deve essere ascoltata e non procede da me, e per questo si inserisce all'interno di un dialogo, non può essere una mera con-

momento comunitario di preghiera e la necessaria pausa di riflessione fuori dall'assemblea interagiscono: l'alternanza tra essi stimola e migliora nei cristiani le prerogative essenziali della fede[85]. In questo gioco di continui ri-

fessione che nasce dal singolo. È possibile rispondere in prima persona, 'credo', solo perché si appartiene a una comunione grande, solo perché si dice anche "crediamo". Questa apertura al 'noi' ecclesiale avviene secondo l'apertura propria dell'amore di Dio, che non è solo rapporto tra Padre e Figlio, tra 'i' e 'tu', ma nello Spirito è anche un 'noi', una comunione di persone. Ecco perché chi crede non è mai solo, e perché la fede tende a diffondersi, ad invitare altri alla sua gioia. Chi riceve la fede scopre che gli spazi del suo "io" si allargano, e si generano in lui nuove relazioni che arricchiscono la vita" (*LF*, §39).

[85] Il rapporto tra canto (parole di lode e di benedizione) e musica in seno all'assemblea riunita in occasione dell'appuntamento religioso meriterebbe un'indagine paziente di genere storico, artistico, letterario. In primis prendendo le mosse dall'eredità veterotestamentaria (per esempio i Salmi, il Cantico dei Cantici, i canti eseguiti a Gerusalemme durante le solenni processioni con relativo accompagnamento di strumenti musicali). Non senza contare l'influsso inevitabile nelle comunità cristiane dell'Asia Minore da parte dei riti preesistenti all'avvento del Cristianesimo; infatti, i destinatari di Paolo erano a loro volta portatori di echi e di risonanze della civiltà classica ed ellenistica. Ricordiamo a titolo di esempi la ricca tradizione di "inni omerici" dedicati alle numerose divinità del Pantheon greco-orientale. Tutto ciò non può essere scomparso senza lasciare alcuna traccia nell'esperienza e negli scritti dell'epoca contemporanea e/o posteriore all'Apostolo delle genti. Si dice che il linguaggio della musica si radichi profondamente nella parola: è opinione comune che il linguaggio della musica sia radicato ecc. Basterebbe pensare all'enorme differenza intercorrente tra la nuda e fredda recitazione del parlato di una qualunque canzone in confronto all'effetto provocato sugli ascoltatori dalla medesima canzone eseguita da un solista e/o dal coro con sottofondo di adeguato accompagnamento musicale. Tutto ciò avanziamo allo scopo di scoprire nel testo delle epistole un aspetto rimasto in ombra dell'ingegno di Paolo, e per poter eventualmente valorizzare con l'ausilio di questa lente di lettura determinati passi dell'epistolario paolino. "A. Cult Hymns [...] *Hymnos* becomes the general term for 'religious song', to which belong forms of song allocated to individual cults e.g. the → paean or the → dithyrambos [...] *Hymnos* describes both what is sung — i.e. the words and the melody — and the recital of the song itself: a cult community sings to the accompaniment of the aulos or kithara around the altar — or on the way to the altar — a poem addressed to one or several deities that together with other cult activities (e.g. sacrifices, the offering of wine, prayer) should be regarded as a component of the worship of the god. The song is intended to draw the deity's attention to the worship of the people and to propitiate him. Out of this purpose, a typical form has emerged, recognizable from the earliest source at our disposal and one which is to be found — allowing for differences in emphasis — in almost all cultures and literary genres: (1) first the hymn addresses the deity (deities) by mentioning the name, appellation, genealogy and favourite dwellings of the god (*invocatio*); as the hymn is a form of communication, we can understand this opening as an oral 'address' for the message to follow, designating the deity addressed as precisely as possible. (2) Next various reasons are listed by the person making the request showing why this deity in particular is able to fulfill his wishes; the predication of divine attributes as analyzed by E. Norden ensues: participles, relative

mandi è opportuno mettere in luce un aspetto particolare: l'accrescimento congiunto è favorito in ognuno dei partecipanti all'incontro rituale. Tale esperienza avrebbe luogo a livello personale negli intervalli tra le varie convocazioni assembleari. Un dato interlocutore qualora si tratti di personalità eminentemente dotata — Paolo per esempio o all'occorrenza qualche personaggio ben identificabile (Timoteo[86]; Evodia e Sintiche[87]; Tito[88]) — è in grado di trasmettere entusiasmo e zelo all'assemblea nel suo insieme op-

---

clauses, whole narratives are arranged next to each other in second-person style or in third-person style in order to describe and praise divine powers (*pars epica, aretalogia, sanctio* [2]). (3) After this preparation the request is made (*precatio*) — whether this be very general ('Lord, give your worshippers well-being') or specific ('Lord, save us from this plague'). The *Iliad* already mentions various types of hymns to the gods: paeans to Apollo to banish the plague (Hom. Il. I,472-4); the *linos* — a harvest thanksgiving song (ibid. 18,570); girls' choruses for Artemis (ibid. 16,183). Lyricists like → Pindarus, → Bacchylides, → Simonides composed a large number of different cult songs that were collected separately by their Alexandrian editors but that with exception of some papyrus finds (paeans and dithyrambs by Pindar and Bacchylides) are lost [...] B. Literary Hymns. Apart from the cult hymns (mostly lost), a number of literary hymns has been passed down to us whose formal features are adapted to the respective literary genre to which they belong [6]. The hexametric 'Homeric' hymns, among these the four 'great' ones to Demeter, Apollo, Hermes and Aphrodite, certainly are not by Homer, but stand firmly in the tradition of the epic art of recitation of the 7th and 6th cents. (→ Epic). They represent an opening song (*prooímion*) of the → rhapsode with which he wanted to ensure the goodwill of gods listening to him before his own contribution to the Homeric competition [7]. [...] From the Hellenistic period come several distinctly literary poems that are classified by the authors with an archaizing intention as belonging to the genre 'hymns to the gods': the hymns of → Callimachus continue the narrative tradition of the Homeric hymn or that of the citharodic prooemium in order to report erudite details from the life and cult of Zeus, Artemis, Leto (Delos hymn), Apollo, Athena (in elegiac distichs) and Demeter [...] From the 4th cent. BC on a series of hymnic poems to abstract or personified concepts is composed commencing with the hymn to Arete (Virtue) by → Aristotle, which he wrote in honour of his late friend Hermeias in the dactylic-epitritic metre, and Ariphron's paean to Hygieia (Health); this type becomes increasingly important in subsequent years. There are hymns to Tyche (Good fortune), the Moirae (Fate), Mnemosyne (Memory), later also a hymn to Rome by → Melinno (SH 541). The traditional figure of Zeus is radically changed in the Zeus hymn of the Stoic → Cleanthes (331-232 BC) into the *archḗ* (principle) that is inherent in the cosmos" (T. FUHRER, "Hymn", *BNP*, VI, 616-619).

[86] Cfr. Rm 16,21; 1Cor 4,17; 16,10; 2Cor 1,1.19; Fil 1,1; 2,19; Col 1,1; 1Ts 1,1; 3,2.6; 2Ts 1,1; 1Tm 1,2.18; 6,20; 2Tm 1,2; Fm 1,1; Eb 13,23.

[87] Emblematica l'esortazione a Evodia e a Sintiche: "Raccomando a Evodia ed esorto Sintiche a vivere in buona armonia nel Signore. Prego caldamente anche te, mio fedele cooperatore, di aiutarle, perché hanno strenuamente lottato con me, per il Vangelo, insieme a Clemente e ai restanti miei collaboratori, i cui nomi sono scritti nel libro della vita" (Fil 4,2-3).

[88] Cfr. Tt 1,4.

pure a una determinata categoria[89]. Questa compartecipazione dà un'idea di quanto sia ricca di sfaccettature la dimensione del terzo livello di fede. A sostegno di tale ipotesi si può attingere ai seguenti testi.

> 11 Ho infatti un vivo desidero di vedervi per comunicarvi qualche dono spirituale perché ne siate fortificati, 12 o meglio, per rinfrancarmi con voi e tra voi mediante la fede che abbiamo un comune, voi e io (Rm 1,11-12).
>
> Fratelli e sorelle, non vogliamo che siate nell'ignoranza riguardo a quelli che dormono, affinché non siate tristi come gli altri che non hanno speranza (1Ts 4,13).
>
> Vi scongiuro nel Signore che questa lettera sia letta a tutti i fratelli (1Ts 5,27)[90].

Il canale comunicativo "energetico" si muove, a seconda della necessità, in ambedue le direzioni: da Paolo ai fratelli e viceversa. Questa corrente "anfidroma[91]" si alimenta con il continuo movimento, assicurando alla fede la sua perenne vitalità. Il mistico di Tarso condivide l'esperienza dell'assemblea liturgica e la fa sua, filtrandola e rielaborandola in perfetta armonia di contenuti e di intenti, con l'aiuto vivificante dello Spirito Santo. Il passo in cui Paolo sembra riprendere un inno preesistente (Fil 2,6-11) dall'uso liturgico della Chiesa primitiva[92], ci pone di fronte al caso di un interscambio tra una comunità preesistente e la comunità di recente

---

[89] Ai mariti, alle mogli, ai figli, ai padroni, agli schiavi. Per i codici di famiglia nelle deuteropaoline cfr. Col 3,18–4,1; Ef 5,21–6,9.

[90] La frase di Paolo ci offre la possibilità di valutare il suo stile, sul piano delle finalità in base alle quali esso è stato concepito. L'Apostolo sa che il testo del suo messaggio (ne ha richiesta esplicita) verrà trasferito in recitazione ad alta voce. Nel mondo antico — diversamente da quanto si verifica oggi — il verbo leggere (lat. *legere*) significava non operazione puramente mentale, ma "lettura ad alta voce". Chissà se qualcuno degli incaricati della lettura avrà imparato qualche passo particolarmente significativo: certo è che l'arrivo di quelle comunicazioni non era un avvenimento di poco conto, ma segnava un momento importante nell'itinerario di fede della comunità. L'ascolto delle parole di Paolo tramite la voce di uno dei fratelli di Tessalonica contribuiva a rafforzare i cristiani tessalonicesi nelle loro intenzioni e convinzioni, fungeva da stimolo, da conforto nell'incertezza, nel dubbio: era una luce vivida e benefica sulla quale potevano contare, che li rendeva più forti, più saldi nell'adesione al Vangelo di Dio.

[91] Si dice anfidroma, o meglio palindroma, la parola che si può leggere in senso destrorso o sinistrorso.

[92] Nel nostro capitolo sulla Lettera ai Filippesi presentiamo una valutazione critica di questa ipotesi significativa di Lohmeyer. Vedi S.N. Brodeur, *Il cuore di Paolo è il cuore di Cristo*, 284-290.

formatasi per iniziativa, e alla cui conduzione l'Apostolo sovrintende e collabora con la predicazione e gli scritti. Le lettere paoline, dunque, rappresentano un'efficace cartina tornasole per comprendere il significato del terzo livello di fede e valutarne la portata[93].

---

[93] La relazione tra il singolo rispetto al gruppo trova un paragone chiarificatore nel confronto con la visuale religiosa esaltata dalla tragedia greca classica, dove il "corifeo" (o capocoro) instaura con il coro una sorta di duetto (o dialogo musicale), talvolta limitandosi a segnare l'avvio del canto, talaltra provocandone le risposte, in sintonia con le idee dell'autore. La cultura ebraica dell'AT conosce nei Salmi numerosi esempi di dialogo in musica tra capocoro e popolo. Una ricerca proficua non dovrebbe astenersi dal gettare uno sguardo sulla natura e l'evoluzione del "mottetto", forma polifonica vocale nata nell'ambito della Scuola di Notre Dame, la cui storia nella Chiesa forse affonda le sue radici molto più indietro del sec. XIII dell'era volgare, come usualmente si pensa. Sarebbe opportuno rammentare altri elementi tra loro interagenti, i quali contribuiscono a creare la cosiddetta "atmosfera", elemento emotivo insostituibile per la preghiera comunitaria: per esempio l'incenso bruciato durante le funzioni religiose, le luci delle torce o delle candele accese. "A. Concept. Χορός (Chorós), 'Ring dance, troupe of dancers, dance floor, chorus of singer' (original meaning not ascertainable with certainty' Frisk). Ring or group dance associated with singing; in the narrower sense the chorus trained for the performance of choral lyrics and songs in Attic drama. Surviving evidence (texts of choral lyrics, pictorial representations, descriptions) provides scarcely more than sketchy impressions of the lively whole. The loss of song meant that the union of word, movement, gesture and dance created by it also disappeared. It seems possible, though, that the metre may still provide access to the → rhythm. B. Manifestations, Genres. Cult-associated group dances occurred widely in the ancient orient, in Egypt and in Israel (→ Dance). The particular course of development among the Greeks, which must have been set in train long before the emergence of the written tradition, presupposes that cult and festival were not confined to theurgical song. Among the earliest evidence are the verses of Homer and depictions of ring dances on vases of the geometric period. The choral lyric discernible since the 7th cent. BC blossomed in ever new creative guises during the 6th and down to the 5th cent., enjoying a discrete late flowering in the choral song of Attic drama. The union of poetry, music and dance required the intervention of the professional 'impresario' (ποιητής; *poiētḗs*) and the specialist chorus. [...] C. Attic Drama. In Attic drama, with its genres of → tragedy, → satyr play and → comedy originating in the chorus, each with its own (nowadays disputed) developmental history, the art of the choral song developed independently. The musical component of the drama, vital to its festive character, fell to the chorus (later also to the → monody), its status as an element distinct from the 'recitative' character of the actors accentuated by use of the Doric accent. The repeated individual strophe or triad was replaced by a series of ever new pairs of strophes, melded rhythmically and musically to each moment of the action. The choral component comprised → *parodos*, → *stasimon* and → *exodos*, in ancient comedy the seven-part → *parabasis*. There was also verbal interchange between chorus/chorus leader and actors, as well as shared laments [...] In the Hellenistic theatre there was promotion of actors, virtuoso singers and instrumentalists; the age of the dramatic chorus was past. In Rome from the 1st cent. BC, *chorus* entered language and literature as a loan-word (revival of the cho-

Il quarto livello di fede può essere qualificato come missionario: "la fede, che è risposta al Vangelo, suscita anche la proclamazione: l'atto di credere diventa anche buona novella proclamata, parola stessa di Dio"[94]. Una comunità, come quella di Antiochia di Siria, consapevole di aver maturato lo stadio della fede ai tre livelli appena descritti, avverte l'esigenza di estendere il campo della propria azione con una proposta rivolta a coloro i quali non hanno mai sentito parlare di determinati valori.

> [1] C'erano nella chiesa stabilita ad Antiochia profeti e dottori: Barnaba, Simeone detto il Nero, Lucio di Cirene, Manaèn, educato insieme ad Erode il tetrarca, e Saulo. [2] Mentre essi prestavano servizio cultuale al Signore e facevano digiuni, lo Spirito Santo disse: 'Mettetemi da parte Barnaba e Saulo per l'opera a cui li ho destinati'. [3] Allora, dopo aver digiunato e pregato, imposero loro le mani e li lasciarono partire (At 13,1-3).

Caratteristica della prima fra le virtù teologali è il suo fluire inesauribile e il suo incrementarsi con l'esercizio: alla stregua di una vena purissima d'acqua sorgiva alle cui fonti più si attinge, più abbondante sgorga il flusso. La logica che presiede al quarto livello corrisponde, fatte le dovute riserve, al processo di fondazione delle colonie nel mondo antico. Tra le molteplici cause che ne determinavano la nascita, citiamo la più naturale e la più ovvia: quando in un territorio ci si rendeva conto di essere arrivati a un

---

rus in the tragedies of Seneca). D. Christianity. A new order was emerging in the Hellenistic world. The Septuagint translates the Hebrew *mahôl* with χορός (*chorós*) in the sense of round dance (Pss 149,3; 150,4; Ex 32,19). The same word then came to denote the Christian flock or community (Ignatius Ant. ad Rom. 2,2). Clement of Alexandria called the Church a holy chorus of the soul (str. 7,14 = § 87,3); the Gnostic became one with the divine chorus through sacrifice, prayer etc. (7,7 = § 49,4), and, spiritually speaking, lived in the chorus of the saints (§ 80,2), always surrounded by the chorus of the angels (7,12 = § 78,6). The Jewish conceptions, of the ἄγγελος (*ángelos*) as messenger of God (OT) and of accompanying χοροί (*choroí*) (Ios. Ant. Iud. 7,85), underwent reinterpretation under Christianity (NT, individualized forms, patron saints, archangels, hierarchy). The mystic concept, influenced by Neoplatonism, of ascent towards god via the three times three hierarchy of the angelic chorus reached the Latin world of the Middle Ages via Ps.-Dionysius Areopagites. The Christian demand that the community sing as it were with one voice (Ignatius ad Ephes. 4,2) found expression in the singing of the liturgy in choral unison (cf. Marcus Diaconus Vita Porph. 20). And finally, from the 7th century, the place in the church occupied by the clerical chorus was called the *chorus* (choir) (Johannes Moschus, Pratum spirit. 126 Migne, PG 87,2988 B)" (F. Zaminer, "Chorus", *BNP*, III, 247-250).

[94] J.-N. Aletti, *La Lettera ai Romani e la giustizia di Dio*, 103.

tasso di sovrappopolazione eccessiva rispetto al limite di sostenibilità (soprattutto spaziali e economiche)[95], veniva decisa la partenza di un contingente di persone giovani, sane, coraggiose e intraprendenti allo scopo di creare un nuovo insediamento, che d'altra parte manteneva stretti legami di amicizia con la madrepatria[96]. Allo stesso modo può accadere che la fede di un gruppo disponga di energie propulsive tali da raggiungere limiti che tracimano come un fiume in piena dai confini di quella comunità e che venga avvertita l'esigenza di portare ad altri il contenuto del proprio complesso di valori trascendenti insiti nel cuore umano, estendendo così la zona d'influenza di quel credo, diffondendolo tra nuovi adepti. Se ne deduce il significato della missione, qual è configurata nei viaggi di Paolo: la missione non è propaganda, non è fanatismo, non è impulso irrazionale; la motivazione per la missione è slancio di comunicazione entusiastica della Buona Novella, di condivisione fraterna e di amore vicendevole nella verità per mezzo dello Spirito Santo[97].

---

[95] "During the 5th and 4th cents. BC, Rome and its Latin neighbours founded *coloniae* on confiscated land to provide for their own excess population and to secure conquered cities. Some of these were founded alone and some acting together within the scope of the *nomen Latinum*. → Ostia, Sutrium and Nepet, near the Etruscan border, probably go back to this period; their legal position at that time is, however, unclear. From 338 BC onwards, Rome founded citizens' colonies and Latin colonies for the reasons described above, and the numbers of colonists became larger and larger. For the most part, the founding of colonies in Italy stops in the 2nd cent. However, in Gallia Cisalpina the number of *coloniae* continues to increase, and when all the municipalities south of the Po receive citizenship in 90/89 BC, the Gaulish and Venetian *civitates* to the north have their status transferred to that of Latin colonies without *deductio* (Ascon. 3 C), a model, which continued to be widely followed in Gallia and Hispania under Caesar and Augustus. The first citizens' colonies outside Italy were the *colonia Iunonia* in Carthage, although this lost its colony statute after the fall of C. Gracchus in 121 BC, and then in 118 Narbo Martius, on the road from Italy to Spain. Dating from the time of Marius and Sulla, colonies providing for → veterans become common (cf. the legion numbers of Augustan colonies in the Narbonensis in Plin. HN 3,36). The deduction of Latin colonies had already ceased in the 1st cent. BC and the establishment of new colonies ceased completely in the 1st cent. AD" (H. GALSTERER, "Coloniae", *BNP*, III, 553).

[96] La μητρόπολις = "città madre", da cui il sostantivo metropoli per indicare città popolosa, importante.

[97] "Essi dunque, inviati dallo Spirito Santo, discesero a Seleucia e di qui salparono verso Cipro" (At 13,4). Cfr. At 13,9; 15,28; 16,6-7; 19,21; 20,22-23; 21,4.

9 Quel Dio, al quale rendo culto nel mio spirito annunziando il vangelo del Figlio suo, mi è testimone che io mi ricordo sempre di voi, 10 chiedendo sempre nelle mie preghiere che per volontà di Dio mi si apra una strada per venire a voi. 11 Ho infatti un vivo desiderio di vedervi per comunicarvi qualche dono spirituale perché ne siate fortificati, o meglio, per rinfrancarmi con voi e tra voi mediante la fede che abbiamo in comune, voi e io (Rm 1,9-11).

Cristo infatti non mi ha mandato a battezzare, ma a predicare il Vangelo; non però con un discorso sapiente, perché non venga resa vana la croce di Cristo (1Cor 1,17).

1 Perciò, investiti di questo ministero per la misericordia che ci è stata usata, non ci perdiamo d'animo; 2 al contrario, rifiutando le dissimulazioni vergognose, senza comportarci con astuzia né falsificando la parola di Dio, ma annunziando apertamente la verità, ci presentiamo davanti a ogni coscienza, al cospetto di Dio (2Cor 4,1-2).

9 L'abbiamo già detto e ora lo ripeto: se qualcuno vi predica un vangelo diverso da quello che avete ricevuto, sia anatema! 10 Infatti, è forse il favore degli uomini che intendo guadagnarmi, o non piuttosto quello di Dio? Oppure cerco di piacere agli uomini? Se ancora io piacessi agli uomini, non sarei più servitore di Cristo! (Gal 1,9-10).

1 Per questo, io Paolo, il prigioniero di Cristo per voi gentili ... 2 penso che abbiate sentito parlare del ministero della grazia di Dio, a me affidato a vostro beneficio: 3 come per rivelazione mi è stato fatto conoscere il mistero di cui più sopra vi ho scritto brevemente. 4 Dalla lettura di ciò che ho scritto potete ben capire la mia comprensione del mistero di Cristo. 5 Questo mistero non è stato manifestato agli uomini delle precedenti generazioni come al presente è stato rivelato ai suoi santi apostoli e profeti per mezzo dello Spirito (Ef 3,1-5).

3 Ringrazio il mio Dio ogni volta ch'io mi ricordo di voi, 4 pregando sempre con gioia per voi in ogni mia preghiera, 5 a motivo della vostra cooperazione alla diffusione del vangelo dal primo giorno fino al presente, 6 e sono persuaso che colui che ha iniziato in voi quest'opera buona, la porterà a compimento fino al giorno di Cristo Gesù (Fil 1,3-6).

21 E anche voi un tempo eravate stranieri e nemici con la mente intenta alle opere cattive che facevate, 22 ma ora egli vi ha riconciliati per mezzo della morte del suo corpo di carne, per presentarvi santi, immacolati e irreprensibili al suo cospetto: 23 purché restiate fondati e fermi nella fede e non vi lasciate allontanare dalla speranza promessa nel vangelo che avete ascoltato, il quale è stato annunziato ad ogni creatura sotto il cielo e di cui io, Paolo, sono diventato ministro (Col 1,21-23).

> Proprio per questo anche noi ringraziamo Dio continuamente, perché, avendo ricevuto da noi la parola divina della predicazione, l'avete accolta non quale parola di uomini, ma, come è veramente, quale parola di Dio, che opera in voi che credete (1Ts 2,13).

> 1 Per il resto, fratelli, pregate per noi, perché la parola del Signore si diffonda e sia glorificata come lo è anche tra voi 2 e veniamo liberati dagli uomini perversi e malvagi. Non di tutti infatti è la fede (2Ts 3,1-2).

> 11 Ma tu, uomo di Dio, fuggi queste cose; tendi alla giustizia, alla pietà, alla fede, alla carità, alla pazienza, alla mitezza. 12 Combatti la buona battaglia della fede, cerca di raggiungere la vita eterna alla quale sei stato chiamato e per la quale hai fatto la tua bella professione di fede davanti a molti testimoni (1Tm 6,11-12).

> 8 Ricordati che Gesù Cristo, della stirpe di Davide, è risuscitato dai morti, secondo il mio Vangelo, 9 a causa del quale io soffro fino a portare le catene come un malfattore; ma la parola di Dio non è incatenata! 10 Perciò sopporto ogni cosa per gli eletti, perché anch'essi raggiungano la salvezza che è in Cristo Gesù, insieme alla gloria eterna (2Tm 2,8-10).

> 1 Paolo, servo di Dio, apostolo di Gesù Cristo per chiamare alla fede gli eletti di Dio e per far conoscere la verità che conduce alla pietà 2 ed è fondata sulla speranza della vita eterna, promessa fin dai secoli eterni da quel Dio che non mentisce, 3 e manifestata poi con la sua parola mediante la predicazione che è stata a me affidata per ordine di Dio, nostro salvatore, 4 a Tito, mio vero figlio nella fede comune: grazia e pace da Dio Padre e da Cristo Gesù, nostro salvatore (Tt 1,1-4).

Per apprezzare doverosamente un alto principio ideale è necessario non chiuderlo egoisticamente in se stessi, ma condividerlo con gli altri e gioirne insieme[98]. In tal modo, verrà esaltata la sua carica positiva e favorito il suo fecondo, instancabile diffondersi. Paolo stesso afferma che l'amore di Cristo fa pressione in noi (cfr. 2Cor 5,14). L'autore degli Atti[99] fornisce una descrizione calzante della fisionomia di Paolo in atteggiamento missionario: giustamente quest'ultimo viene additato come modello per una Chiesa che voglia proporsi una regola di condotta finalizzata a un comportamento evangelizzatore. La figura di Paolo di Tarso può, a buon diritto, definirsi la punta di diamante di questa Chiesa veramente viva, vitale e missionaria.

---

[98] Il donare (μεταδίδωμι) è un tema caro a Paolo, che egli eredita dalla letteratura sapienziale. Cfr. Rm 1,11; 12,8; Ef 4,28; 1Ts 2,8. "Senza frode imparai e senza invidia io dono (μεταδίδωμι), non nascondo le sue ricchezze" (Sap 7,13).

[99] Vedi At 9–28.

5. **Giustizia di Dio e giustificazione gratuita** ***sola fide***

L'argomento dottrinale è particolarmente delicato, anche perché, non solo la Riforma, ma finanche la Controriforma, hanno adottato come vessillo programmatico proprio la giustificazione, cadendo però in alcuni abbagli storici e in fraintendimenti esegetici e teologici piuttosto marcati, sia da parte protestante che cattolica. Il movimento che ha ruotato attorno alla giustificazione mediante la fede aiuta a capire quale importanza rivestisse e tuttora rivesta questo tema nella dottrina di Paolo[100]. Ai fini di un maggior chiarimento, indichiamo di seguito un semplice prospetto di sei parole chiave, estremamente significative e utili a inquadrare il problema nelle sue molteplici sfaccettature e implicazioni.

| Terminologia | Corpo paolino | NT | Percentuale ricorrenze paoline |
|---|---|---|---|
| δίκαιος, -α, -ον | 17 | 79 | 21,5% |
| δικαίως | 3 | 5 | 60% |
| δικαιοσύνη | 57 | 91 | 62,6% |
| δικαίωσις | 2 | 2 | 100% |
| δικαίωμα | 5 | 10 | 50% |
| δικαιόω | 27 | 39 | 69,2% |
| Totale | 111 | 226 | 49,1% |

[100] Vedi per esempio N.T. WRIGHT, *Justification. God's Plan and Paul's Vision*, Downers Grove 2009. "Obviously, the question of the center of Paul's theology depends on what is meant by 'center'. Most of the proposals for the center, including justification by faith, salvation, redemption, forgiveness of sins, reconciliation, participation in Christ, union with Christ, the inbreaking of a new age, and so on, focus on the fruit of what God has done for us through the coming of Christ. All of these things are true and important, but to decide which one is essential is rather like chasing after the wind. A more significant question involves asking what is basic to all of these as their cause. For the answer to that, we must go back to Paul's basic kerygma: the death and resurrection of Christ. It is, above all, *God's grace in the cross* that makes all else possible. And this therefore qualifies to be the center of Paul's theology because all else derives from it. Inasmuch as justification by faith is the clearest articulation of how the grace of the cross is mediated to the believer, how the righteousness of God is received by sinners, it remains an excellent way to express the center. But reconciliation is also an appealing possibility" (D.A. HAGNER, *The New Testament*, 387).

δίκαιος, -α, -ον (aggettivo qualificativo < δίκη diritto, giustizia) significa "giusto", "retto", "conforme alla legge, alla norma"; "(il) giusto", "il Giusto" (con riferimento alla giustizia di Dio). δικαίως (avverbio di modo) significa "giustamente", "rettamente", "secondo equità", "giustizia", "rettitudine". δικαιοσύνη[101] (sostantivo < δίκαιος) significa "giustizia", "rettitudine morale", "equità"; tema caro a Paolo, come facilmente si deduce dall'alta frequenza del suo uso nel testo relativo. δικαίωσις[102] (sostantivo deverbale < δικαιόω) significa restaurazione nel giusto rapporto con Dio: "giustificazione", "amnistia", "assoluzione", "perdono". L'uso del vocabolo è esclusivo della Lettera ai Romani (4,25; 5,18), ma l'esiguità della presenza non è prova definitivamente risolutiva. δικαίωμα[103] (altro sostantivo deverbale < δικαιόω) significa "obbedienza al comando"; "giustificazione", "assoluzione" (come collocazione nel giusto rapporto con Dio). Registriamo cinque presenze in Paolo sulle dieci complessive del Nuovo Testamento. Percentuale tutt'altro che trascurabile, se teniamo conto che la proporzione tra le pagine relative alle altre opere raggruppate a formare il Nuovo Testamento (Vangeli, Atti degli Apostoli, Lettere Cattoliche, Apocalisse di Giovanni) è preponderante rispetto al numero delle pagine di Paolo. δικαιόω (verbo denominativo contratto derivato dall'aggettivo qualificativo δίκαιος a tre uscite, a sua volta derivato dal sostantivo δίκη), significa "rendo giusto", "correggo"; "reputo giusto"; "giustifico"; "dichiaro "giusto. δικαιόω è verbo causativo o fattitivo[104].

La frequenza numerica delle 111 ricorrenze nel corpo paolino riferite a questo grappolo semantico sulle 226 di tutto il Nuovo Testamento (notevole la proporzione del 49,1%) sono indizi che illuminano la ricerca. L'alta percentuale induce a chiedersi quali possano essere i significati di

---

101 δικαιοσύνη — il suffisso tematico -σύνα, da cui la forma nominale organizzata δικαιοσύνη, indica che si tratta di un *nomen qualitatis*.

102 δικαίωσις — il suffisso tematico -σι rivela che si tratta di un *nomen actionis*.

103 δικαίωμα — il suffisso tematico -ματ (tipico dei temi in dentale) denota un *nomen rei actae*, con cui si indica il risultato di un'azione.

104 δικαιόω — In epoca ellenistica si assiste a un incremento nella coniazione di verbi denominativi (ovvero derivanti da sostantivi o aggettivi). Per quanto riguarda la "quaterna" dei sostantivi sopra esaminati, la cui derivazione dalla radice δικ- è comune, meriterebbe più che un fuggevole cenno la riflessione sulla forte valenza del vocabolo δίκη nel mondo greco: valenza interessantissima per i suoi riflessi nel campo religioso e quindi sacro, giuridico, civile.

fondo da attribuire al concetto di giustizia/giustificazione nei suoi molteplici aspetti morfologici. Il tema è centrale e rimane molto dibattuto: per un verso a causa delle vicissitudini legate alla storia della Chiesa nel corso dei secoli, per l'altro a causa delle soluzioni originali escogitate da Paolo. Valutare la portata dei succitati termini alla luce del pensiero paolino e cogliere le differenze tra loro intercorrenti, consente una più fedele traduzione del testo e un conseguente più preciso approccio alle problematiche sottese ad esso.

**Contesto veterotestamentario**

Un possibile ulteriore chiarimento potrebbe essere rinvenuto nel raffronto con la lingua ebraica. Il termine ebraico equivalente a δικαιωσύνη, cioè צֶדֶק (sedeq) o צְדָקָה (sedāqāh), ha un senso preciso tipico dell'Antico Testamento come concetto di relazione: indica l'equilibrio, l'esatta corrispondenza tra una misura e una realtà concreta. Da tale correlazione che può, scaturire dai vari ambiti della vita sociale è possibile estendere il ragionamento anche al campo religioso. La società agricola quale viene rispecchiata nell'Antico Testamento presenta esempi concreti di צֶדֶק in riferimento alle misure di capacità, alle quali doveva conformarsi il quantitativo tangibile dei prodotti della terra, quali olio, vino, cereali (grano prima di tutto)[105]. Nel campo dei rapporti sociali si ispirava alla צֶדֶק il codice del diritto pubblico e privato: la legge prescriveva il criterio da seguire, era la norma che indicava una condotta. La parificazione tra norma e relativo comportamento nella vita pratica, determinava la giustizia/giu-

---

[105] "1. OT Capacity Measures. These are, in approximately descending order of size: kor (*kr*, cor in KJV-RSV), homer (*ḥmr*), letech (*ltk*), ephah (*'ph, 'yph*), bath (*bt*), seah (*s'h*), hin (*hyn*), kab (*qb*, cab in KJV), issaron (*'śrwn*) / omer (*'mr*), log (*lg*). Some of these belonged originally to distinct systems of liquid (bath, hin, log) and dry (homer, letech, ephah, kab, issaron/omer), while others (kor, seah) reflect Babylonian systems and probably belong to a postexilic stratum. In the postexilic period, probably under Babylonian influence, there seems to have been an attempt to merge dry and liquid measures into one system by identifying the absolute capacities of kor and homer and of bath and ephah, as explicitly stated in Ezek 45:10-14. Divergent systems and norms nevertheless persisted, as Ezekiel 45 tacitly admits by insisting that the bath and ephah should be identical but then names them together (45:10), showing that by custom, and probably by shape, they were distinct" (M.A. POWELL, "Weights and Measures", *AncBD*, VI, 903).

stificazione in senso legale[106]. Per il popolo eletto la giustificazione raggiungeva il suo apice nella sfera del sacro. Per esempio lo Shemá Israel, "Tu amerai il Signore tuo Dio con tutto il cuore, con tutta l'anima e con tutte le forze" (Dt 6,5ss.) è anch'esso una legge alla quale doveva attenersi, con le proprie azioni, ogni figlio di Israele. L'adeguamento, o almeno il tentativo di far coincidere la lettera della prescrizione religiosa (l'ideale) con la realizzazione pratica, rendeva possibile il giudizio sulla qualità della giustizia applicata all'uomo nel mondo ebraico. Peraltro l'applicazione all'Essere Sommo di un analogo principio di giustizia commutativa, non è un'operazione valida, quando i protagonisti sono gli appartenenti alla comunità umana. Ognuno di noi è titolare di diritti e di doveri: il concetto di reciprocità conferisce un differente senso al nostro agire, secondo giustizia. Il metro di valutazione cambia totalmente, perché l'idea di Dio prescinde dalla nostra dimensione corporea; tutte le sue azioni sono spontanee e gratuite, dettate dall'amore, meno che mai dal calcolo utilitaristico: l'alleanza, da lui inaugurata con l'uomo, è un'iniziativa di puro amore da parte sua.

> [3]Voglio proclamare il nome del Signore: date gloria al nostro Dio! [4]Egli è la Roccia; perfetta è l'opera sua; tutte le sue vie sono giustizia; è un Dio verace e senza malizia; Egli è giusto e retto (Dt 32,3-4).
>
> Giusto è il Signore in tutte le sue vie, santo in tutte le sue opere (Sal 144,18).

Anche l'Altissimo, d'altronde, può essere chiamato il Giusto, ma non perché egli esige il rispetto dei suoi diritti, quanto piuttosto sulla base delle promesse da lui stesso fatte ad Abramo e ai suoi figli. Dio è perfettamente coerente con l'impegno assunto: l'equiparazione rimane necessariamente interna a lui, non esistendo tra gli uomini un interlocutore degno, col quale potersi rapportare.

---

[106] Per esempio la legge del taglione. Cfr. "Ma se segue una disgrazia, allora pagherai vita per vita: occhio per occhio, dente per dente, mano per mano, piede per piede, bruciatura per bruciatura, ferita per ferita, livido per livido" (Es 21,23-25); "Se uno farà una lesione al suo prossimo, si farà a lui come egli ha fatto all'altro: frattura per frattura, occhio per occhio, dente per dente; gli si farà la stessa lesione che egli ha fatto all'altro" (Lv 24,19-20); "Il tuo occhio non avrà compassione: vita per vita, occhio per occhio, dente per dente, mano per mano, piede per piede" (Dt 19,21).

**Prospettiva salvifica della giustizia evangelica**

La coerenza suprema, la rettitudine di Dio nella storia della salvezza ora rivelata a tutti gli uomini nell'evento Cristo: questo attributo divino Paolo lo definisce "giustizia di Dio" (δικαιοσύνη θεοῦ)[107]. L'elemento forense o giuridico rimane essenziale nella concezione paolina della giustificazione dei peccatori, un'idea che non si identifica completamente con la misericordia di Dio, pur convergendo verso quest'ultima[108]. Nel contesto paolino il ruolo di Dio, in quanto giusto e retto, è integrato e accresciuto dalla sua iniziativa di giustificante a vantaggio dell'uomo peccatore:

> 25 Dio lo ha prestabilito a servire come strumento di espiazione (ἱλαστήριον; lat.: *propitiatio*) per mezzo della fede, nel suo sangue, al fine di manifestare la sua giustizia, dopo la tolleranza usata verso i peccati passati, 26 nel tempo della divina pazienza. Egli manifesta la sua giustizia nel tempo presente, per essere giusto e giustificante chi ha fede in Gesù. (Rm 3,25-26)

Oltre a essere ineccepibilmente giusto e retto (δίκαιος) in senso assoluto, Dio è anche capace di rendere giusto l'uomo che ha fede in Gesù Cristo: Dio è "giusto e giustificante" (Rm 3,26). La giustificazione dell'uomo è la rettificazione della sua posizione di fronte a Dio. L'esegesi condotta da protestanti e da cattolici, pur con sfumature diverse, è sostanzialmente convergente: Dio interviene donando il Vangelo, che è Cristo, chiedendo l'apertura della fede. A colui che accolga il suggerimento di Dio e crede in Gesù Cristo, viene applicata gratuitamente la giustificazione. Tramite il battesimo con il dono dello Spirito Santo il cristiano raggiunge l'equilibrio tra l'essere uomo secondo il progetto divino e la realtà storica nella quale è immerso. L'uomo può vivere concretamente in armonia con questo schema e l'intendimento supremo che lo riguarda: "Facciamo l'uomo a nostra immagine e somiglianza" (Gn 1,26). Immagine e somiglianza sono sinonimi, ma non coincidenti, in quanto l'immagine è potenzialmente la somma di quei tratti di Dio che l'uomo ha la

---

[107] "La δικαιοσύνη θεοῦ è la proprietà in virtù della quale Dio opera attivamente, perdonando e giustificando il suo popolo peccatore, manifestando nei suoi confronti la propria potenza e la volontà di grazia nell'ambito di un giudizio giusto [...] Questa giustizia viene manifestata ora a beneficio dell'umanità grazie a quello che Cristo Gesù ha fatto per gli uomini" (J.A. FITZMYER, *Romans*, 257-258; traduzione italiana, *Lettera ai Romani*, 309).

[108] Vedi J.A. FITZMYER, *Romans*, 107; traduzione italiana, *Lettera ai Romani*, 148.

facoltà di manifestare, cioè amore, bontà, intelligenza, volontà, capacità creativa; essa diventa somiglianza quando l'immagine si concretizza nei fatti. L'uomo immagine di Dio è l'uomo progettato da Dio così come appare nella Genesi; la somiglianza dell'uomo a Dio non è costituita solo dalla sua immagine ma dall'attuazione di quei valori propri e specifici di Dio. Dio vuole che l'uomo sia dotato delle suddette qualità, ma spetta al senso di responsabilità di quest'ultimo attuarle e svilupparle, esprimendole "con l'aiuto dello Spirito" (Rm 8,13). Dio le ha prestabilite per lui, gliele ha comunicate dopo averle immesse nel disegno ideale della creatura umana. A tale costellazione di valori si possono aggiungere, secondo Paolo e Giovani, i lineamenti esclusivi di Dio quali appaiono nella figura impareggiabile di Cristo: Gesù di Nazaret è visto come la personificazione dei valori propri di Dio: "chi vede me, vede colui che mi ha mandato" (Gv 12,45): espressione che sicuramente Paolo condividerebbe. Non è questione certo di somiglianza fisica: grezza banalizzazione, del tutto aliena dall'intendimento del testo, bensì nel senso che le scelte proprie di Gesù sono quelle stesse del Padre. Chi intende il criterio e segue l'indirizzo in base al quale Gesù si muove, parla e agisce è sicuro di interpretare rettamente le motivazioni, gli atteggiamenti, i sommi valori del Padre. In questo senso Gesù è immagine e somiglianza del Padre. Il prototipo di uomo delineato da Paolo è l'uomo che esprime i caratteri peculiari di Dio, visti esemplarmente in Cristo Gesù. Paolo poteva affermare: "Cristo vive in me" (Gal 2,20)[109], perché nel proprio intimo sentiva la forza purificatrice della passione e della morte di Cristo e avvertiva la spinta operativa propria della sua risurrezione e della sua gloria. L'applicazione dell'esperienza di Paolo all'uomo, in generale, esige la necessità per quest'ultimo di imitare i sentimenti e i comportamenti di Gesù Cristo (cfr. Fil 2,5), affinché l'umanità possa dispiegarsi al meglio. Come rappresentiamo gli eredi del primo Adamo, così ci attende il glorioso destino di assumere il modello unico dell'ultimo Adamo, cioè Cristo (cfr. Rm 5,12-21; 1Cor 15,20-22.45-49). La linea uomo comincia con Adamo ma non termina con Adamo, bensì con Cristo, uomo autentico, cioè uomo nuovo (cfr. Ef 4,24; Col 3,10) è colui nel quale emergono le fattezze in-

---

[109] Cfr. Rm 15,18; 1Cor 1,17; 2Cor 11,10; 12,9; 13,13.

confondibili di Cristo. Nell'Antico Testamento e nel Nuovo Testamento scorgiamo chiaramente la perfetta concordanza tra le parole e le azioni di Dio. Non vi è accento di Dio che cada nel vuoto: un sospiro di Dio, un suono da lui emesso sortisce compiutamente il suo effetto: "Dio disse: 'Sia la luce!'. E la luce fu" (Gn 1,3). Ribadisco: Dio è nel contempo giusto e giustificante (Rm 3,26), sì che l'uomo attraverso la grazia può conseguire la parificazione tra l'idea di uomo: immagine e la corrispondente realtà propria dell'uomo: la somiglianza. L'origine di ogni uomo è riconducibile antropologicamente alla figura biblica di Adamo, capostipite della progenie umana; Cristo si colloca su questa retta, come termine paradigmatico. L'uomo, visto come discendente di Adamo, non sarebbe tale, se non fosse anche rapportato a Cristo: il suo legame con Adamo riguarda la sua nascita; è in grazia di Cristo, l'ultimo Adamo, che la specie umana conduce tutti i propri sforzi verso il traguardo[110]. La creatura umana prende le mosse da due aspetti illuminati, suggeriti da Dio: l'immagine è l'origine o il concetto; la somiglianza è la visualizzazione dell'immagine, come lo è la pianta fiorita, frondosa, carica di frutti rispetto al seme. Nel Nuovo Testamento Gesù è l'adempimento tanto atteso dell'uomo in quanto somigliante a Dio. Gesù Cristo entra nella linea antropologica di Adamo e porta nell'uomo la possibilità di realizzarsi a immagine e somiglianza di Dio. Potremmo affermare che la definizione di "uomo" è immagine e somiglianza di Dio discesa sulla terra nella forma di Cristo Gesù (cfr. Fil 2,6-8). Il progetto si compie se si ottiene la compensa-

---

[110] "Il ricorso alla creazione appare anzitutto necessario per far comprendere l'opera di salvezza realizzata in Cristo come una nuova creazione: Paolo può parlare dell'escatologia, che non è stata ancora compiuta, attraverso la protologia, di cui si è già fatto esperienza. Inoltre per mostrare l'universalità della redenzione cristologica [...] e la sua perenne validità, è messo in campo Adamo in quanto rappresentante dell'intera umanità creata da Dio e in quanto primo uomo dal quale discendono gli esseri umani di tutti i tempi. Le conseguenze dell'azione di Adamo, legate al destino di morte dell'essere umano, sono evidenziate per sottolineare le conseguenze dell'opera di Cristo, attraverso la risurrezione di vita aperta a ogni uomo; dalla solidarietà con un capostipite a quella con l'altro, primizia dell'umanità salvata. Ma il richiamo ad Adamo e alla dimensione creazionista intende anche rilevare l'integralità della salvezza cristiana che riguarda l'uomo tutto intero, anima e corpo, e l'assoluta novità e gratuità della redenzione rispetto a una storia di peccato che segna l'umanità. Infine, per Paolo è importante utilizzare la storia primordiale per includere nella liberazione finale tutto il creato, senza eccezioni, e per mostrare la piena unità del piano salvifico di Dio creatore e redentore" (F. Bianchini, "Dalla creazione alla nuova creazione", 315-316).

zione tra il modello (l'ideale), e l'uomo nella dimensione spazio-temporale, ossia in carne e ossa, che vive entro le due coordinate, ovvero nella storia (la realtà materiale). Egli è pienamente se stesso quando mette in atto i valori assoluti dell'immagine di Dio, nelle sembianze di Cristo, cioè quando esprime la sua autentica vocazione, acquisendo la propria identità più vera (cfr. Rm 8,28-30). Il primo approccio di Paolo al problema è sconfortante: l'uomo gli si presenta lacunoso, peccatore, vuoto. L'Apostolo nota che in questo traguardo relativo all'uomo, e dell'uomo c'è solo un'ombra; quasi il contrario dell'immagine di Dio: "Tutti hanno peccato e sono privi della gloria di Dio, ma sono giustificati gratuitamente per la sua grazia, in virtù della redenzione realizzata da Gesù Cristo" (Rm 3,23-24). La dottrina dell'Apostolo in Rm 3,21-28 quindi si articola in tre parole chiave: la *giustificazione* per mezzo della *grazia* mediante la *fede*[111].

A causa delle proprie decisioni sciagurate e peccaminose, l'essere umano viene deprivato dei contenuti positivi che erano insiti nella sua natura, al momento della creazione: dell'immagine di Dio sembra rimanere poco o nulla. Il peccato è sì un errore, ma la somiglianza di Dio non può essere applicata alla creatura appesantita, confusa e resa irriconoscibile da elementi eterogenei e contrastanti. Dio, perfezione infinita e coerenza assoluta, vuole giustificare l'uomo e allora come primo impegno deve assumere quello di liberarlo dal peccato, dai detriti e dal materiale d'ingombro che la creatura umana ha accumulato dentro di sé per via del proprio comportamento malvagio, istintivo e irrazionale. Dio rimuove queste macerie, mediante il ricorso al mistero pasquale, ovvero alla morte e risurrezione di Cristo[112].

---

[111] Cfr. Ef 2,8 per lo sviluppo teologico di questo trinomio: la *salvezza* per la *grazia* mediante la *fede*.

[112] "One of Paul's arguably distinctive contributions, along with John, is to downplay the naive moralistic idea of sin as committing acts or missing the mark, and to emphasize the more serious concept of sin as state, which often involves bondage and alienation. Bondage, as Augustine and Luther saw, shatters the illusion that humanity can deal with the problem on its own. Alienation underlines the difficulty of calling upon God, if the problem of sin is unresolved. It becomes, in effect, a vicious circle, to which only the work of Christ offers a solution. On the basis of Christ's work, the Holy Spirit may begin a process which humanity cannot achieve on its own" (A.C. THISELTON, *The Living Paul*, 77).

> [8] Ma Dio dimostra il suo amore verso di noi perché, mentre eravamo ancora peccatori, Cristo è morto per noi. [9] A maggior ragione ora, giustificati per il suo sangue, saremo salvati dall'ira per mezzo di lui (Rm 5,8-9).
>
> perché come il peccato aveva regnato con la morte, così regni anche la grazia con la giustizia per la vita eterna, per mezzo di Gesù Cristo (Rm 5,21).
>
> [31] Che diremo dunque in proposito? Se Dio è per noi, chi sarà contro di noi? [32] Egli che non ha risparmiato il proprio Figlio, ma lo ha dato per tutti noi, come non ci donerà ogni cosa insieme con lui? [33] Chi accuserà gli eletti di Dio? Dio giustifica. [34] Chi condannerà? Cristo Gesù, che è morto, anzi è risuscitato, sta alla destra di Dio e intercede per noi? [35] Chi ci separerà dall'amore di Cristo? (Rm 8,31-35a).
>
> E tali eravate alcuni di voi; ma siete stati lavati, siete stati santificati, siete stati giustificati nel nome del Signore Gesù Cristo e nello Spirito del nostro Dio! (1Cor 6,11).
>
> Colui che non ha conosciuto peccato, Dio lo rese peccato per noi, affinché diventassimo giustizia di Dio in lui (2Cor 5,21).
>
> [15] Noi che per nascita siamo giudei e non pagani peccatori, [16] sapendo tuttavia che l'uomo non è giustificato dalle opere della legge ma soltanto per mezzo della fede in Gesù Cristo, abbiamo creduto anche noi in Gesù Cristo per essere giustificati dalla fede in Cristo e non dalle opere della legge; poiché dalle opere della legge non verrà mai giustificato nessuno." [17] Se pertanto noi che cerchiamo la giustificazione in Cristo siamo trovati peccatori come gli altri, forse Cristo è ministro del peccato? Impossibile! (Gal 2,15-17).
>
> [8] ritengo che tutto sia una perdita a motivo della sublimità della conoscenza di Cristo Gesù, mio Signore. Per lui ho lasciato perdere tutte queste cose e le considero spazzatura, per guadagnare Cristo [9] ed essere trovato in lui, avendo come mia giustizia non quella derivante dalla legge, ma quella che viene dalla fede in Cristo, la giustizia che viene da Dio, basata sulla fede (Fil 3,8-9).

Una volta liberata da tutte le scorie dovute al peccato[113], è possibile ravvisare nella specie umana l'aspetto ideale dell'immagine e della somi-

[113] "Quindi, come a causa di un solo uomo il peccato è entrato nel mondo e, con il peccato, la morte, e così in tutti gli uomini si è propagata la morte, poiché tutti hanno peccato" (Rm 5,12).

glianza di Dio, presenti nei lineamenti di Cristo: l'uomo viene giustificato e diventa figlio e erede di Dio, grazie alla forza vivificatrice comunicata dal Risorto. In virtù del fatto che il cristiano ha acquisito la condizione di figlio, possiede anche lo Spirito di Cristo (cfr. Rm 8,9), lo Spirito del Figlio di Dio (Gal 4,5-6). Lo Spirito Santo elargito al cristiano, non è altro che la trasmissione della vitalità storica del Cristo risorto (interpretazione dei primi tempi della Chiesa): "Infatti tutti coloro che si lasciano guidare dallo Spirito di Dio sono figli di Dio" (Rm 8,14). Grazie all'evento Cristo già da ora c'è la "nuova creatura" (Gal 6,15), cioè l'uomo nuovo che attualizza in pienezza il disegno salvifico di Dio.

Consideriamo gli asserti di alcuni esegeti cattolici sull'argomento.

La giustizia appartiene propriamente a Dio, il quale la dona all'umanità mediante e in Gesù Cristo. Così facendo, Dio dimostra la fedeltà alle sue promesse ai padri (Rm 4,9ss) e non fa che rivelare ciò che già era "testimoniato dalla legge e dai profeti" (Rm 3,21), cioè dall'AT. Poiché giustizia è l'azione salvifica divina e dono di Dio, essa si contrappone alla giustizia che gli uomini cercano autonomamente[114].

Dunque, all'origine della visione paolina della giustizia si trova Dio che è giusto e che giustifica coloro che credono: per quanto risulti decisiva l'azione di Cristo, non si può negare che la giustizia chiama in causa innanzitutto Dio, che, essendo giusto, giustifica tutti gli uomini. Forse bisogna riconoscere che la soteriologia paolina, soprattutto a causa della "strettoia barthiana" è stata spesso focalizzata sul ruolo pur centrale di Cristo, rischiando però di porre in secondo piano quello altrettanto decisivo di Dio[115].

Effetto della giustizia divina è la giustificazione dell'uomo, la rettificazione cioè della sua posizione di fronte a Dio, che avviene sotto il segno della fede: è il credente, non l'osservante della legge mosaica, che si rapporta rettamente al Dio di Gesù Cristo. E Paolo sottolinea con forza, anche ripetendosi, il carattere d'incondizionata grazia dell'azione giustificante divina, proprio perché essa avviene "al di fuori della legge" e "mediante la fede in Gesù Cristo"[116].

---

[114] A. Bonora, "Giustizia", *NDTB*, 723.

[115] A. Pitta, "Il vangelo paolino e la giustizia", 181.

[116] G. Barbaglio, *Il pensare dell'apostolo Paolo*, 175.

L'agire di Dio che giustifica è ciò che rende possibile il nostro accedere a una relazione con lui. È un atto di gratuità assoluta, poiché tale relazione è resa possibile in una nostra situazione di peccato. Essa è, quindi, frutto della redenzione di Cristo, ed è accolta dal nostro affidarsi alla sua azione per noi (fede). La fede comporta l'esclusione delle opere della legge da questo momento originario, fondativo della nostra relazione con Dio. *Destinatari* di questo dono sono le persone in tutte le loro identità etniche, siano essi giudei o gentili[117].

La nuova esposizione (Rm 3,21-31), da parte sua, si caratterizza ora per un paio di asserzioni fondamentali e originalissime. La prima verte sulla rivelazione di una giustizia di Dio quanto mai diversa (nella sua natura e nella sua modalità) da quella retributiva precedentemente considerata, appunto perché non più relazionata alle opere dell'uomo ma alla morte di Cristo. La seconda riguarda l'unico atteggiamento possibile da parte dell'uomo stesso, inteso non più quale condizionamento previo di quella giustizia (come sarebbero le opere), ma solo come conseguente risposta a essa, cioè la nuda fede, presentata in modo tale da condurre l'uomo assolutamente fuori sia dalla logica commerciale soggiogamento alla sovranità del Peccato[118].

Secondo Paolo, in sintesi, la giustificazione del peccatore avviene mediante l'accettazione per fede della misericordiosa giustizia di Dio rivelatasi in Cristo crocifisso-risorto. Ma c'è un interrogativo a cui bisognerebbe ancora rispondere: in che rapporto sta la giustificazione per fede, che prescinde dalle opere delle legge, con l'affermazione secondo cui ci sarà un giudizio finale condotto sul criterio delle opere? Infatti i testi epistolari che perlomeno sembrano andare in questo senso non mancano (cfr. Rm 2,6.12s.16; 14,10-12; 1Cor 3,15; 4,5; 2Cor 5,10; 11,15; Gal 5,5; Fil 2,12). L'apparente contradizione non si risolve se non tenendo presenti almeno quattro ordini di considerazione: a) il principio della giustificazione per fede, per quanto questa sia gratuita, anticipa già di fatto il tema del giudizio, nel senso che sul credente è già stata emessa una sentenza assolutoria; b) il dato della partecipazione "mistica" alla morte e alla vita di Cristo rappresenta già per parte sua una sottrazione radicale alla sfera del Peccato, che propriamente non può essere annul-

[117] R. Fabris – S. Romanello, *Introduzione alla lettura di Paolo*, 248.

[118] R. Penna, *Lettera ai Romani*, I. *Rm 1–5*, 313.

lata se non mediante l'apostasia da Cristo stesso; c) la prospettiva del giudizio escatologico ricorda al cristiano che egli è tuttora esposto a compiere peccati e fonda perciò la necessità di una parenesi anche dettagliata, funzionale a un vissuto conforme alla volontà di Dio (la quale peraltro va ricercata oltre la *Torah*), su cui appunto verterà il giudizio; d) infine, nello svolgimento del giudizio sarà determinante per il cristiano l'intercessione di Cristo, che allora si rivelerà come salvatore definitivo (cfr. i testi chiarificatori di 1Ts 1,10; Fil 3,20; Rm 5,9-10; ma anche 1Gv 2,1[119].

E qui dobbiamo dire qualcosa sul concetto paolino della "giustizia di Dio". All'inizio della lettera ai Romani 1,17, Paolo definisce l'evangelo in base anche a questo concetto. Gli scrive: "*È in esso (cioè nell'evangelo) che si rivela la giustizia di Dio di fede in fede, come sta scritto: Il giusto per fede vivrà*" (con citazione di Abacuc 2,4). Qui dobbiamo un'altra volta prescindere dalla nostra precomprensione di una giustizia retributiva. La giustizia di Dio non è una giustizia retributiva. Il nostro senso della giustizia è quello di rendere a ciascuno il suo, di retribuire secondo le opere, cioè di dare un premio a chi opera bene, e un castigo a chi fa il male. Ma il Dio del Vangelo non opera così. La giustizia di Dio di cui parla Paolo (ed è solo Paolo che utilizza questo modo di esprimersi) è in realtà sinonimo di misericordia, di grazia, di bontà, secondo un concetto che noi troviamo sia in Isaia, sia nei Salmi, sia a Qumran. Lì troviamo dei testi, che se voi li riferite al Vangelo, sembrano scritti da un cristiano; così a Qumran: "*Se io inciampo nelle mie colpe, la Tua giustizia mi tira su ed espia i miei peccati*"! E dire che gli uomini di Qumran erano i più giudei dei giudei, una setta vera e propria. Ma la giustizia di Dio è proprio questa, è quella che altrove, nella stessa lettera ai Romani, è sostituita dal concetto di grazia e di amore (cf. 5,2.8)[120].

The theme of Romans is the righteousness of God (*dikaiosynē theou*). Taken as a subjective genitive, this expression refers to a quality of God. Whereas there is a judicial aspect to God's righteousness in Romans (see 3:5), Paul tends to use this expression in a manner that highlights God's salvific work in Christ, whereby God justifies sinful humanity. Understood in this way, God's righteousness takes on a dynamic quality that manifests his saving justice and covenant loyalty in the death and res-

---

[119] R. PENNA, "Giustificazione / Giustizia", *TTB*, 638-639.

[120] R. PENNA, *Tra la gente*, 51-52.

> urrection of Jesus Christ. As Romans unfolds, it becomes apparent that Paul employs God's righteousness to highlight the gracious and unexpected manner in which God justifies the ungodly and manifests his covenant loyalty, even when the covenant has been breached. God's righteousness is another way of speaking of God's integrity, God's faithfulness to the divine self[121].

Completiamo il quadro sul significato di "giustizia divina e giustificazione gratuita" presentando il seguente schema trinitario del pensiero paolino: 1) la "giustizia di Dio" (cfr. Rm 1,16-17; 3,21-26; 2Cor 5,21); 2) "Cristo nostra giustizia" (1Cor 1,30); 3) "giustificati per mezzo dello Spirito" (1Cor 6,11; cfr. Rm 8,10; 14,17; Gal 5,5; 1Tm 3,16)[122].

Concludendo, l'uomo "giustificato" è colui che, apertosi all'influsso di Dio giustificatore[123], è depositario del dono del mistero pasquale. L'energia vivificante del Signore risorto, trasmessa al cristiano per mezzo dello Spirito Santo, produce in lui lo *status* di figlio di Dio, con facoltà autonoma di conformarsi agli intendimenti di Gesù Cristo. L'uomo reso e dichiarato giusto è l'uomo "cristificato"[124] (e perciò "divinizzato", come diranno successivamente i Padri greci della Chiesa), colui che comincia a operare nella propria vita le identiche scelte fondamentali del Figlio di Dio. "L'uomo giusto agisce giusto", scrive G.M. Hopkins[125]. D'altra parte, sarebbe prefe-

---

[121] F.J. Matera, *God's Saving Grace*, 232-233.

[122] Cfr. A. Pitta, "Il vangelo paolino e la giustizia", 179-185.

[123] "Egli manifesta la sua giustizia nel tempo presente per essere giusto e giustificare chi ha fede in Cristo Gesù" (Rm 3,26).

[124] "L'esperienza di unione d'amore di Paolo con Cristo, che chiamiamo itinerario di cristificazione, è un pellegrinaggio di conoscenza e di trasformazione ontologica, che permette a Paolo di donarci la prima autentica testimonianza cristiana di quella esperienza di unione mistica trasformante e trasfigurante, che poi sarà vissuta nell'originalità ed irripetibilità propria da numerosi testimoni nella Storia della santità cristificata della Storia della spiritualità cristiana" (F. Pieri, *L'itinerario di cristificazione di Paolo di Tarso*, 291).

[125] "As Kingfishers Catch Fire / S'accende il martin pescatore", by Gerard Manley Hopkins

"As Kingfishers catch fire, dragonflies draw flame; / As tumbled over rim in roundy wells / Stones ring; like each tucked string tells, each hung bell's / Bow swung finds tongue to fling out broad its name; / Each mortal thing does one thing and the same: / Deals out that being indoors each one dwells; / Selves—goes itself; *myself* it speaks and spells, / Crying *Whát I dó is me: for that I came.* / I say more: the just man justices; / Keeps grace: thát keeps all his goings graces; / Acts in God's eyes what in God's eyes he is— / Christ—for Christ plays in ten thousand places, /

ribile guardare alla giustificazione come processo, piuttosto che come stato di fatto: non siamo soltanto δικαιωθέντες[126] (Rm 5,1.9; Tt 3,7), cioè destinatari di un'azione avvenuta nel passato, bensì anche δικαιούμενοι[127] (Rm 3,24) in quanto l'azione di giustificazione è iniziata e continua a persistere[128]: la fede in Cristo permette l'accoglimento progressivo del messaggio divino comunicato attraverso il Vangelo. La posta in gioco è "la cristologizzazione di tutti i campi dal discorso teologico"[129] e anche la cristificazione dell'uomo stesso[130].

---

Lovely in limbs, and lovely in eyes not his / To the Father through the features of men's faces."

"S'accende il martin pescatore, avvampa la libellula; / rotolato dal bordo nel tondo pozzo / il sasso suona; vibra ogni corda pizzicata, d'ogni appesa campana / la bocca scossa trova lingua per scagliare il suo nome; / ogni cosa mortale fra una cosa e sempre quella: / dirama l'essere che entro ognuno ha dimora; / sé è — sé va; *me stesso* dice e scandisce, / proclamando *Quel che faccio è me: per questo venni.* / Dico di più: l'uomo giusto agisce giusto; / cura la grazia: che cura degli atti le grazie; / all'occhio di Dio compie quel che all'occhio di Dio egli è — / Cristo. Poiché Cristo gioca in diecimila luoghi, / bello nelle membra, e bello in occhi non suoi / per il Padre nei lineamenti del volto dell'uomo."

[126] δικαιωθέντες – participio aoristo passivo di δικαιόω (azione puntuale).

[127] δικαιούμενοι – participio presente medio-passivo di δικαιόω (azione durativa).

[128] Cfr. Rm 3,26; 4,5 per le occorrenze di δικαιοῦντα, participio presente attivo di δικαιόω (azione attribuita a Dio che giustifica l'uomo peccatore).

[129] J.-N. ALETTI, "Paolina (teologia)", *DCT*, 971.

[130] "Although the Pauline letters employ several metaphors and concepts to describe the benefits of Christ's saving death and resurrection, they point to the same reality from different vantage points and so are intimately related to one another. Their interrelationship can be summarized in this way. Through Christ's saving death and resurrection, God *justified and reconciled* humanity. This new situation came about through the *redemption* that occurred on the cross, where sins were *forgiven* and humanity was *freed* from the powers of sin and death, and released from being under the law. Justified, reconciled, redeemed, forgiven and freed, believers are *sanctified* because God has communicated his holiness to them. As a *new creation* in Christ, the justified are presently being *transformed*, from one state of glory to another, into the image of God's Son. This transformation will be complete when they are *glorified* with Christ at the general resurrection of the dead. At that moment, they will experience the fullness of salvation because death, the last enemy, will have been destroyed. Isolated from each other, these metaphors and concepts are incomplete. Related to each other and interpreted in light of each other, they provide us with an insight into the benefits God bestows in Christ" (F.J. MATERA, *God's Saving Grace*, 123).

### 6. **Chiesa**

Il termine ἐκκλησία[131] ("Chiesa") si trova usato di frequente oltre che negli Atti, anche nell'epistolario paolino: 62 volte sulle 114 complessive del Nuovo Testamento (54%). È importante notare la molteplicità di sfaccettature che la parola ἐκκλησία assume nell'evoluzione del pensiero paolino, a seconda della prospettiva, delle situazioni, delle condizioni in base alle quali l'Apostolo guarda all'evento "Chiesa". Di conseguenza possiamo capire la necessità di precisare, attraverso vari complementi del nome, il rapporto nel quale essa si pone nella realtà concreta (per esempio la chiesa dei Tessalonicesi ecc.). Segnaliamo anche la duplice relazione: Chiesa come tempio di Dio, famiglia di Dio; Chiesa come corpo di Cristo; Chiesa come dimora abitata dallo Spirito; inoltre, Chiesa come gruppo credente in unitario e armonico sviluppo, corrispondente a un solo uomo nuovo. Non va dimenticato che Cristo rimane pur sempre il cardine intorno al quale ruota la Chiesa: egli è il fondamento, la pietra angolare su cui la Chiesa riceve la sua legittimazione, basa la sua esistenza[132]. La Chiesa è l'insieme dei giustificati incoativamente[133], ovvero nello stadio iniziale, i quali, a un certo punto, si trovano riuniti in un contesto specificamente cristiano, verosimilmente strutturato. Troviamo il primo esempio di chiesa organizzata come un'assemblea locale di cristiani nella Prima Lettera ai Tessalonicesi, in cui alcune persone si dedicano, a tempo pieno, agli altri.

> [12] Vi preghiamo poi, fratelli, di aver riguardo per quelli che faticano tra di voi, che vi sono preposti nel Signore e vi ammoniscono; [13] trattateli con molto rispetto e carità, a motivo del loro lavoro. Vivete in pace tra voi (1Ts 5,12-13).

---

[131] ἐκκλησία = "assemblea", "adunanza". Nel NT "riunione di fedeli", "Chiesa" (il suffisso -σία interviene nella formazione dei *nomina actionis*).

[132] "L'ecclesiologia paolina non è esclusivamente cristologica. L'uso del termine 'Chiesa' nelle lettere dimostra che il sostantivo è seguito da diversi complementi di nome (Chiesa 'di Dio', 'dei Tessalonicesi', etc.), tra i quali non figura mai Cristo. Inoltre, per descrivere il gruppo credente nella sua unità e nella sua crescita, Paolo non usa che (*sic*; meglio "soltanto") espressioni cristologiche; così, noi formiamo il tempio di Dio, una dimora abitata dallo Spirito, o ancora un solo uomo nuovo (1Cor 3,9.16s; Ef 2,15.21s). Tuttavia, la presentazione multiforme dell'essere-Chiesa non è separata dalla cristologia, poiché Cristo è il fondamento (1Cor 3) o la pietra angolare (Ef 2) del tempio costituito dalla Chiesa" (J.-N. ALETTI, "Paolina (teologia)", *DCT*, 972-973).

[133] Dal lat. *incoho*/*inchoo* = "cominciare".

La comunità sussiste salda e compatta fintantoché si sente partecipe della vitalità di Cristo come Signore[134]. Nella Lettera ai Filippesi, a suggello del cosiddetto inno cristologico, l'Apostolo esordisce con un elogio: "Signore è Gesù Cristo a gloria di Dio Padre" (Fil 2,11). Stanti gli elementi filologici in nostro possesso — la Lettera ai Filippesi ci offre un valido punto d'appoggio — Paolo elabora il significato del termine "Signore" (Κύριος) piegandolo alle esigenze della nuova religione, pur mantenendo saldo il collegamento con l'origine giudaica e traendo ispirazione dalla LXX[135]. In essa Κύριος traduce quasi sempre il nome proprio di Dio, ovvero il tetragramma JHWH (יְהוָה). Il nome proprio di Dio, JHWH indica "Colui che è" in se stesso, ma che fa essere anche la creazione e soprattutto il suo popolo Israele. Il contesto in cui, per la prima volta, troviamo linguisticamente l'espressione del nome di Dio, "Io sono colui che sono" (Es 3,14), è relativo all'affermazione del concetto di "popolo di Dio". Dio è colui per merito del quale la stirpe di Abramo acquista esistenza in mezzo alle altre popolazioni, preparandosi ad assumere un ruolo privilegiato, forte della pienezza della vita, propria del suo Dio. La funzione esercitata da Dio nel II libro dell'Antico Testamento si manifesta attraverso la liberazione della sua gente dalla schiavitù d'Egitto — quasi una nascita, o meglio una redenzione — e di conseguenza attraverso la decisione di decretarne ufficialmente la costituzione, ai piedi del monte Sinai. Il Sinai è l'ancora di salvezza della nave Israele che si appresta a continuare la navigazione, in attesa di approdare nella terra promessa. Come seconda tappa di questo tragitto Paolo, facendo leva sulla presa di posizione di Dio in favore e a difesa della nazione di Israele, legge, nella venuta di Gesù Cristo, la continuazione dell'atteggiamento divino esteso senza distinzioni etniche a tutti gli uomini. Il ponte fra il Primo e il Nuovo Testamento è gettato su basi indistruttibili e incontestabili. Così l'appellativo di Κύριος riceve piena legittimazione nel suo riferimento a Gesù Cristo. L'atto di fede nel Figlio morto e risorto, da parte dell'assemblea, funge da anello di congiunzione tra Cristo e la Chiesa, la quale lo evoca presente e vitale, celebrandolo con le confessioni credali e gli inni liturgici. Ispirati

---

[134] Cfr. U. Vanni, *L'ebbrezza nello Spirito*, 55.

[135] Nella LXX il termine κύριος ricorre 6000 volte ca.

dal sincero trasporto del sentimento d'amore e di gratitudine verso la bontà divina, essi sono testimonianza non di categorie concettuali teologiche distaccate ma di accenti usciti dal cuore, travalicanti la semplice accoglienza della fede. Per individuare i vari stadi attraverso i quali passa il concetto di ἐκκλησία nell'ambito paolino dobbiamo tener presente la genesi di questa esperienza in Paolo, cioè la constatazione della presenza di una moltitudine di persone riunite con Dio nel tempio di Gerusalemme. Paolo predilige il tempio, perché in esso si manifesta e si realizza un contatto tutto particolare tra Dio che esce dal suo essere trascendente e l'uomo che supera il suo essere profano[136]. Possiamo dire che nel tempio, Dio concede il suo favore e la sua benevolenza, manifestando la sua preferenza nei riguardi dei discendenti di Abramo e, per contro, essi dichiarano la loro accettazione della volontà di Dio: da questa adesione reciproca scaturisce la realizzazione completa del patto.

Paolo stesso vive una prova che lo rende capace di riconoscere in Cristo morto e risorto colui il quale dà impulso alle comunità cristiane attraverso una crescita dinamica continua. Ciò è facilmente intuibile anche nel famoso episodio della conversione di Paolo, raccontato in tre passi da Luca negli Atti degli Apostoli[137]. Il Signore lo apostrofa così esclamando, "Saulo,

---

[136] "Tutti i luoghi sacri furono, alla fine, superati per importanza dal tempio di Gerusalemme, che divenne il luogo per eccellenza, in un certo senso unico, della presenza di Dio in mezzo al popolo. La preghiera che Salomone pronuncia per la sua consacrazione (1Re 8) sviluppa una teologia del tempio molto lucida e profonda. Al primo posto la viva consapevolezza della trascendenza e dell'infinità di Dio [...] Lo spazio del tempio non è il perimetro della presenza divina. Tuttavia è proprio in questo luogo che Dio *decide* ('la città che ti sei scelta': 8,44) di incontrare il suo popolo ed è in questo luogo che il popolo può incontrare il suo Dio. Non un incontro magico, però, ma personale: l'uomo incontra il suo Dio se sale al tempio con cuore disponibile, per un incontro sincero: 'Se ti pregano in questo luogo, se lodano il tuo nome e si convertano dal loro peccato' (8,35). Il tempio non è il luogo dove Dio abita, ma piuttosto il luogo dove si avvicina all'uomo che viene a cercarlo, si manifesta e salva, ascolta e perdona" (B. MAGGIONI, "Liturgia e culto", *NDTB*, 837-838).

[137] Cfr. Atti 9; 22; 26. "A questo punto si ha l'incontro con Cristo risorto (cfr *At* 9,5), che ha segnato una svolta decisiva per Paolo. Ed è stato per lui una scoperta. In Cristo risorto lo ha colpito proprio il tipo di vita che gli era proprio e che egli è riuscito gradualmente a comprendere, ripercorrendo personalmente l'itinerario di scoperta della chiesa primitiva. Cristo risorto 'non muore più' (*Rm* 6,9); la sua vita è ormai al di sopra dell'insidia della morte. Questo per Paolo non significava soltanto il superamento di un male: la morte costituiva, positivamente, il livello di realizzazione ottimale della vita. E tale livello ottimale comporta una caratteristica inconfondibile: Cristo risorto 'vive a Dio' (*Rm* 6,10). Si è agli antipodi di quell'orientamento egocentrico che prende il proprio io come elemento determinante della vita" (U. VANNI, *L'ebbrezza nello Spirito*, 228).

Saulo, perché mi perseguiti? Ti è duro recalcitrare contro i pungoli (πρὸς κέντρα λακτίζειν)" (At 26,14b). Paolo si vede paragonato a un quadrupede riottoso, che riluttante scalpita, si oppone caparbiamente al morso, ma dentro di sé lo sente quanto mai imminente, necessario e ineludibile[138]. Uno spunto per la spiegazione circa questi stimoli-pungoli può venire da quel "perché mi perseguiti?". Il futuro martire di quella stessa fede osteggia rabbiosamente i seguaci della nuova dottrina, quasi a voler cancellare dai suoi occhi il simbolo indistruttibile della presenza sconvolgente di Cristo, ormai padrone, seppure contrastato, del suo cuore. Quale avversario temibile, scorge in questa setta, apparentemente irrilevante, al punto da accendersi di zelo contro di essa? Come membro di una borghesia di livello discreto, la quale vantava una sua cultura, ne andava a buon diritto orgoglioso e fiero. Quale serio pericolo potevano rivestire per lui persone appartenenti a un ceto inferiore, socialmente insignificanti? È vero che le prime comunità cristiane aiutavano i mendicanti e quindi non erano poi così misere, anche se tra di loro certamente figuravano dei poveri. Con tutta probabilità, prima della sua conversione, Paolo intuì nel nucleo di estrazione medio-bassa, costituito dai giudeo-cristiani, l'ammirevole, rara capacità di osservare la legge in forma nuova e genuina, in un rapporto spontaneo e sincero con Dio e con il prossimo, che lui fariseo, seppure impegnatissimo, non aveva saputo realizzare. Nell'ambiente di formazione — data la raffinata sensibilità della persona e la sua acuta capacità di lettura della condizione umana — l'Apostolo coglieva un'energia diversa dalle altre, di qualità e natura nuova e originale, che scompigliava i suoi piani, lo sconcertava e determinava in lui una reazione incontrollata di rifiuto. Questo atteggiamento, esageratamente irrazionale, era segno di un intimo travaglio, nel quale egli si dibatteva, poiché inconsciamente sentiva che il suo perseguitare, con accanimento, i cristiani, era metafora di un'attrazione superiore alle sue forze, di un inconfessato desiderio di mettersi al seguito di colui che aveva rappresentato le istanze e aveva incarnato

---

[138] L'espressione greca ha valore proverbiale (λακτίζειν πρὸς κέντρα = ricalcitrare al pungolo o allo sprone). "...come immagine dell'impennarsi di una cavalcatura o di un animale da tiro, in senso traslato riferita all'opposizione dell'uomo a una forza superiore (cfr. Pind. *Pyth.* 2,94 ss.; Aesch. *Ag.* 1624; Eur. *Ba.* 794 s. e *passim*, non attesta in ambito giudaico" (H. Balz, *DENT*, "κέντρον", II, 9).

il modello da lui invano cercato nella categoria di appartenenza. Paolo rimane profondamente colpito dall'energia sui generis che anima i primi nuclei cristiani, è ammirato dal loro spirito d'iniziativa e dalla loro straordinaria disponibilità ad amare incondizionatamente i loro fratelli e sorelle, dalla loro dedizione a valori religiosi autentici. Tutto ciò concorre a formare nel suo intimo l'impulso decisivo verso la conversione-vocazione sulla via di Damasco[139]. Come un tempo egli era stato feroce e spietato persecutore di cristiani, con altrettanto ardore ne diviene instancabile animatore e sostenitore; nelle comunità cristiane egli ha trovato la spinta, la motivazione, lo spazio in cui poter praticare la sua indefessa operosità. Paolo nota, nella professione di fede cristiana, quella vivacità e freschezza d'atteggiamenti che corrispondeva al suo temperamento impetuoso, ricco di generosi slanci. Ciò che nell'Apostolo appare un repentino mutamento di campo non è in realtà un rovesciamento di posizioni: è dovuto piuttosto alla sensazione di inaridimento che il giovane, colto fariseo, coglieva nella religione dei padri, la quale non riusciva più a soddisfare le sue giuste attese di credente. Non si accontenta, vuole sempre di più: si rivela un personaggio molto scomodo. Per questo motivo al momento della conversione a Cristo decide di trasferirsi in una terra più fertile e feconda, dove la sua anima affamata e assetata trovi il sospirato nutrimento. L'Apostolo non ha tregua e non dà tregua, mantenendo le sue chiese sempre vive e pervase da zelo, diligenza ed entusiasmo inesauribili.

> Chi dà, lo faccia con semplicità; chi presiede, lo faccia con diligenza (ἐν σπουδῇ); chi fa opere di misericordia, le compia con gioia (Rm 12,8b).
>
> Non siate pigri nello zelo (τῇ σπουδῇ); siate invece ferventi nello Spirito, servite il Signore (Rm 12,11).

---

[139] "According to the Pauline Corpus, it was at the Damascus road Christophany that Paul understood that the crucified one is God's Messiah, the exalted Lord. He comprehended that Jesus' death was salvific, that Jesus had died for sins. Because of this Christophany, Christ became the focal point of Paul's life. With Christ as the focal point of his life, Paul joined the community he formerly persecuted and lived his new life in terms of Christ. In light of this Christophany, Paul comprehended the mystery of God, the plan hidden for ages but now revealed in Christ. Through this Christophany, he saw that the end of ages had begun, since Christ's resurrection was the first fruits of the general resurrection of the dead. Paul's personal experience of God's saving grace, then, has christological, soteriological, ecclesiological, ethical, and eschatological implications" (F.J. MATERA, *God's Saving Grace*, 46).

> [11] Ecco, infatti, quanta sollecitudine (σπουδήν) ha prodotto in voi proprio questo rattristarvi secondo Dio; anzi quante scuse, quanta indignazione, quale timore, quale desiderio, quale affetto, quale punizione! Vi siete dimostrati innocenti sotto ogni riguardo in questa faccenda. [12] Così se anche vi ho scritto, non fu tanto a motivo dell'offensore o a motivo dell'offeso, ma perché apparisse chiara la vostra sollecitudine (τὴν σπουδὴν) per noi davanti a Dio (2Cor 7,11-12).

Il missionario di Tarso non si stanca mai di raccomandare la spinta incentivante che tende a presentare Gesù Cristo come Signore. L'Apostolo, animato da una forza travolgente, impersona l'elemento motore per eccellenza nella Chiesa, che secondo le sue aspettative, vorrebbe vedere attivamente impegnata con l'ausilio di tutti i partecipanti dell'assemblea. La continua ricerca di una Chiesa sempre più conforme al dettato di Cristo, lo accompagna per tutta la vita.

**Chiesa, "corpo di Cristo" (1Cor 12,27)**

Per descrivere la relazione privilegiata della Chiesa con Cristo Paolo utilizza il vocabolo σῶμα ("corpo").

> Le ragioni che hanno favorito questo vocabolo sono numerose: connotazione di crescita, di unità nella diversità e la complementarità dei membri, etc. Più fondamentalmente è tuttavia la sua determinazione cristologica: i credenti non formano un corpo sociale, ma il corpo *di Cristo,* essi sono le sue membra (1Cor 1,13; 6,15; 12,12-27; Rm 12,5; Col 1,18.22; Ef 1,23; 4,12s.25; 5,23.30)[140].

Essendo corpo di Cristo, la comunità cristiana ha il dovere di testimoniare l'unica signoria di Cristo su di lei[141]. In base alla nostra riflessione sul percorso e l'evoluzione mentale maturati dall'Apostolo nel volgere degli anni, riteniamo che possano essere delineati i seguenti tre stadi della sua ecclesiologia: I) la realtà organica della Chiesa; II) l'unicità della relazione tra Cristo e la Chiesa; III) la Chiesa come corpo stesso di Cristo in crescita.

---

[140] J.-N. ALETTI, "Paolina (teologia)", *DCT,* 973.

[141] Cfr. J.-N. ALETTI, "Paolina (teologia)", *DCT,* 973.

**I. Realtà organica della Chiesa**

Cristo si presenta sempre come Signore che fa vivere la sua comunità, conferisce un'impronta di movimento alla sua Chiesa eminentemente intorno all'eucaristia, ovvero al Corpo e Sangue di Cristo[142]. In un primo momento la Chiesa si forma come comunità intorno alla Cena del suo Signore morto e risorto per la salvezza gli uomini.

> Il calice della benedizione che noi benediciamo, non è forse comunione con il sangue di Cristo? E il pane che noi spezziamo, non è forse comunione con il corpo di Cristo? (1Cor 10,16).

La presenza eucaristica di Cristo ha un influsso vivacizzante sulla comunità che la celebra, al punto da farla sentire particolarmente unita, a condizione che essa sia recettiva. Noi siamo un corpo solo perché partecipiamo del pane che è uno. Precisazione importante, la quale pone l'eucaristia come centro propulsore dell'energia che genera l'efficienza operativa ecclesiale: secondo Paolo è proprio l'eucaristia che ci fa Chiesa. Cristo Signore vitalizza e forma la sua Chiesa nell'eucaristia. Possiamo sintetizzare così questo primo aspetto di considerazioni sulla realtà organica della Chiesa: intorno al corpo eucaristico di Cristo si forma il corpo ecclesiale di Cristo. La comunità non è un agglomerato informe ma si struttura in un'entità morale che nel giorno di domenica si riunisce in una casa particolare, una chiesa domestica, per commemorare il sacrificio di Cristo. La casa di Filemone fu usata come luogo di culto a Colosse (Fm 2), mentre Gaio ospitò la comunità di Corinto (Rm 16,23)[143]. La Chiesa sussiste come unico corpo in Cristo.

> 4 Poiché, come un solo corpo abbiamo molte membra e queste membra non hanno tutte la medesima funzione, 5 così anche noi, pur essendo molti, siamo un solo corpo in Cristo e ciascuno per la sua parte siamo membra gli uni degli altri (Rm 12,4-5).

> Poiché c'è un solo pane, noi, pur essendo molti, siamo un corpo solo: tutti infatti partecipiamo dell'unico pane (1Cor 10,17).

---

[142] Cfr. U. Vanni, *L'ebbrezza nello Spirito*, 54-56, "Il movimento di reciprocità tra il corpo eucaristico e il corpo ecclesiale di Cristo".

[143] Per altri esempi cfr. 1Cor 14,23; 16,19; Rm 16,5; Col 4,15.

> Come, infatti, il corpo, pur essendo uno, ha molte membra e tutte le membra, pur essendo molte, sono un corpo solo, così anche Cristo (1Cor 12,12).

Cristo Gesù trasfonde, nella comunità ecclesiale, il suo Spirito che instilla la vitalità del Signore risorto, da lui trapiantata nella sua Chiesa. Quando Gesù la sera di Pasqua si presenta da risorto nel Cenacolo, si rivolge ai discepoli pronunciando queste parole "'Pace a voi! Come il Padre ha mandato me, anche io mando voi.' Detto questo, soffiò e disse loro: 'Ricevete lo Spirito Santo'" (Gv 20,22). Il soffiare significa immettere la propria energia datrice di vita. Anche nella creazione di Adamo Dio soffia nel fango plasmato per infondergli la vita: "allora il Signore plasmò l'uomo con polvere del suolo e soffiò nelle sue narici un alito di vita e l'uomo divenne un essere vivente" (Gn 2,7). La vitalità di Cristo trasfusa nella Chiesa — il dono dello Spirito Santo — dà luogo a molte capacità di prestazione, cioè ai carismi[144]: il linguaggio di sapienza e di scienza, la fede, il dono di operare guarigioni, il potere di compiere miracoli, il dono di profezia e di discernimento degli spiriti, le varietà delle lingue, l'interpretazione delle lingue (cfr. Rm 12,3-8; 1Cor 12,4-11). In questo raggruppamento, animato dallo Spirito, emergono delle capacità di tipo differenziato: tutte frutto del medesimo Spirito. Ogni carisma ha la sua specificità; non esiste una chiesa senza carisma e non esiste cristiano che non sia portatore di un carisma. L'Apostolo arriva alla sua formulazione, riflettendo proprio sulla ripartizione e distribuzione dei compiti, sulla complessa organizzazione, pur nella sostanziale unità di ciascuna famiglia e assemblea ecclesiale: come nel corpo le varie membra — e ogni parte possiede una sua specificità di funzioni ma tutte cooperano e convergono a inserirsi mirabilmente nell'insieme del medesimo organismo — così è la Chiesa. Numerosi e molteplici sono i carismi, ma la loro diversità, anziché sconcertare, si traduce in una grande ricchezza e in un armonico concorso di tutte le parti verso un unico fine. Infatti, su tali carismi veglia lo Spirito Santo che li diffonde e li dispensa generosamente, contrassegnandoli con la sua grazia vivificante.

---

[144] "Le varie membra, unite e animate da Cristo, ritornano a lui, costituendo il suo corpo. In quanto tale, esso si esprime nell'unità ecclesiale, risultante dalla convergenza, dall'integrazione organica, dalle capacità specifiche dei 'doni' che appaiono nelle singole persone: doni che Paolo chiama 'carismi'" (U. VANNI, *L'ebbrezza nello Spirito*, 55).

### II. Unicità della relazione tra Cristo e la Chiesa

Nella Prima Lettera ai Corinzi, Paolo conclude la prima fase della sua lunga riflessione sui doni spirituali con un'affermazione davvero stupefacente per l'ecclesiologia: "Ora voi siete corpo di Cristo e sue membra, ciascuno per la sua parte" (1Cor 12,27). Nella Lettera ai Colossesi egli sviluppa questo tema del corpo di Cristo, evidenziando, però, il ruolo essenziale del Signore in rapporto ai suoi discepoli. Il vocabolario è identico a quello delle lettere protopaoline (Romani e Prima Corinzi) ma la prospettiva è differente: "non è la Chiesa nella sulla realtà organica, che forma unità nella molteplicità e la complementarità delle sue membra, che interessa qui, ma la sua dipendenza in rapporto al Figlio e l'unicità di questo corpo (essa sola è il suo corpo)"[145].

> 18 Egli è anche il capo del corpo, cioè della Chiesa; il principio, il primogenito di coloro che risuscitano dai morti, per ottenere il primato su tutte le cose. 19 Perché piacque a Dio di fare abitare in lui ogni pienezza 20 e per mezzo di lui riconciliare a sé tutte le cose, rappacificando con il sangue della sua croce, cioè per mezzo di lui, le cose che stanno sulla terra e quelle nei cieli. 21 E anche voi un tempo eravate stranieri e nemici con la mente intenta alle opere cattive che facevate, 22 ma ora egli vi ha riconciliati per mezzo della morte del suo corpo di carne, per presentarvi santi, immacolati e irreprensibili al suo cospetto: 23 purché restiate fondati e fermi nella fede e non vi lasciate allontanare dalla speranza promessa nel vangelo che avete ascoltato, il quale è stato annunziato ad ogni creatura sotto il cielo e di cui io, Paolo, sono diventato ministro (Col 1,18-23).

La Chiesa, quindi, è santa, immacolata e irreprensibile, dipende assolutamente dal Signore risorto che è il suo capo e dal Vangelo che è il suo unico fondamento. Essa sola come realtà escatologica è il corpo di Cristo.

### III. La Chiesa come corpo stesso di Cristo in crescita

L'autore della Lettera agli Efesini approfondisce gli spunti significativi della sua ecclesiologia già presenti in Prima Corinzi, in Romani e in Colossesi e sviluppa ulteriormente il processo di cristologizzazione, soffermandosi sul legame stretto, personale, sostanziato di carità fra il Signore

---

[145] J.-N. ALETTI, "Paolina (teologia)", *DCT*, 973.

e la Chiesa. Da ciò scaturisce il motivo per cui essa viene investita di virtù dello Spirito Santo, di una superiore, invincibile forza e vitalità, che la rende capace di svolgere nel mondo, senza discriminazioni di sorta, universalmente (καθόλου), ovvero cattolicamente, la funzione di rappresentante e di tramite della grazia di Dio, per tutti gli uomini. Affinché tale missione venga realizzata, la Chiesa ha il privilegio — ma anche il compito — di farsi interprete del significato dell'amore di Cristo: un amore infinito, incondizionato, disinteressato e appunto per questo perfetto, in grado di riconciliare con il Padre l'uomo peccatore, schiavo della carne e della morte, cioè della natura umana peccatrice[146]. L'opera della Chiesa non termina qui: essa ha il dovere di illuminare l'umanità, di farle comprendere che la sua riconciliazione con l'Assoluto non esaurisce la portata dell'immenso miracolo della discesa del Figlio-uomo sulla terra[147]. In virtù della sua morte e risurrezione egli, in quanto Salvatore, ha messo in moto un'energia che aumenta sempre più in velocità, in estensione, in vigore: questa corrente, questo flusso investe l'umanità coinvolgendola sempre più intimamente nel processo di identificazione con il corpo stesso di Cristo in crescita, dove Cristo è il capo e la Chiesa-umanità, le membra. Ecco il Cristo in divenire visto in termini escatologici nel suo cammino ascensionale verso il *Christus totus*.

La parola chiave rimane "corpo" (σῶμα) come nel caso delle lettere precedenti; però, con la Lettera agli Efesini la posta in gioco diventa la cristificazione dell'umanità intera.

> 21 Siate sottomessi gli uni gli altri nel timore di Cristo. 22 Le mogli siano sottomesse ai mariti come al Signore; 23 il marito infatti è capo della moglie, come anche Cristo è capo della Chiesa, lui che è il salvatore del suo corpo. 24 E come la Chiesa sta sottomessa a Cristo, così ance le mogli siano soggette ai loro mariti in tutto (Ef 5,21-24).

---

146 Cfr. Rm 5–8; Gal 5–6.

147 "...poiché strettamente unita al suo Signore e vivificata da lui, la Chiesa diventa il segno privilegiato della grazia di Dio offerta all'umanità intera; essa riceve anche questa responsabilità di manifestare l'amore totalmente gratuito e riconciliatore di Cristo per tutti, e in lei deve disegnarsi la nuova umanità, il corpo stesso di Cristo in crescita" (J.-N. ALETTI, "Paolina (teologia)", *DCT*, 973).

Il termine σῶμα[148], di matrice greca, viene adottato in età ellenistica dalla cultura cristiana attraverso il filtro di Paolo, il quale risente del background ebraico di provenienza, in cui aveva ricevuto tutta la sua formazione religiosa. In tale passaggio multiculturale, ha un suo peso determinante la speculazione platonica, secondo la quale non il corpo (σῶμα), ma l'anima (ψυχή)[149] ci permette di ascendere al mondo immortale delle idee. Di conseguenza σῶμα, componente materiale, rappresenterebbe il principio inferiore, squalificante, contrapposto alla componente spirituale, la parte nobile, cioè l'anima. La speculazione filosofica greca, sin dall'epoca di Pitagora[150] (VI a.C.) e di Eraclito[151] (VI-V a.C.) per giun-

---

[148] σῶμα – sostantivo neutro appartenente al gruppo dei *nomina rei actae* = "corpo" (cfr. lat. *tomentum* = "borra", "cimatura", "materiale usato per imbottiture"). In Omero designa "cadavere", in antitesi con il "corpo vivo" (δέμας). In tutti gli altri autori, da Esiodo (VIII a.C.), operante in Beozia, agli Attici σῶμα sta per "corpo vivo". Così in Pindaro (VI a.C.), poeta esponente della lirica corale. Talvolta in Aristotole (384-322 a.C.) anche per una parte di esso, cioè un organo. In Tucidide e Senofonte (storici), in Lisia, Antifonte (oratori) situabili nel secolo V a.C., σῶμα assume il senso assoluto di vita, persona. Dal punto di vista linguistico-glottologico σῶμα viene ravvicinato sia all'aggettivo σῶς- σῶν (lat. *Salvus, incolumis*) = sano e salvo. Con tale significato è attestato in Omero e segg., sia al verbo σαόω, corrispondente al verbo σῴζω = salvare. Secondo autorevoli glottologi significherebbe la cosa salvata, da σαω = σω. (A. Mancini, *Grammatic della lingua greca*, Milano 1937³). Notiamo en passant che dal medesimo tema derivano σωτήρ salvatore, σωτηρία = salvezza ecc. In età posteriore compresa l'età classica il vocabolo specializza il campo dei suoi significati, oscillando tra un'accezione complessiva dell'intera struttura fisica e quella di un parte di essa, sia esterna (un membro) sia interna (un organo). Troviamo la voce σῶμα specificata da un aggettivo qualificativo o da un genitivo epesegetico e — in senso lato — scientifico.

[149] ψυχή (lat. *anima*): "anima" e quindi "vita", forza vitale; anima (dei defunti). Sulle orme di Aristotele, il quale aveva visto nel corpo la materia con cui l'anima forma il capolavoro uomo (*De Anima*, 2, 1F) lo Stoicismo intende l'anima come corporea e l'uomo come unità di corpo e di anima. I due concetti sembrano sfumare facilmente l'uno nell'altro se ancora oggi in campo demografico definiamo il numero degli abitanti di un insediamento con l'espressione di "anime". D'altra parte non dobbiamo estremizzare il rapporto tra le due aree semantiche rammentando che il significato non negativo di corpo come sostanza (*Fedro*, 245) e quello di corpo del mondo, dell'universo (*Timeo*, 31,31) è tutt'altro che estraneo a Platone.

[150] "There is unequivocal evidence for P.' belief in the migration of the soul; possibly influenced by Orphism [15] and Pherecydes [1] of Syrus, he taught that the human soul was immortal and could migrate into other living things (cf. Xenoph. 21 B 7 DK; Dicaearchus in Porph. Vita Pythagorae 19 etc.; [5. 120-123]). This is based on the premise that all animated beings are related (Dicaearchus *ibid.*, who also mentions the periodic return of everything as P.' teaching)" (C. Riedweg, "Pythagoras", *BNP*, XII, 278).

[151] "The mutual relationship between the epistemic and the physical is also apparent in H.'s theory of the soul. The cosmic fire, which is rational and alive, is equated with the soul (Aris-

gere a Platone[152] (V-IV a.C.) e oltre aveva colto la rilevanza del dualismo tra mondo sensibile e mondo soprasensibile: tale distinzione è all'origine del travaglio di pensiero di tutta la civiltà greca, compresa quella ellenistica che ci interessa[153]. In tale epoca, durata molti secoli (IV a.C. – VI d.C.), prende forma la cultura multiforme in cui Paolo, lucido e consapevole delle sue origini giudaiche, si ritroverà immerso. Ciò premesso, la visuale veterotestamentaria, dalla quale egli prende le mosse, era estranea e lontana per quanto concerne il concetto di uomo, inteso sia individualmente sia come parte di una collettività, anche perché in ambiente ebraico il rapporto con la morte e con Dio rivestiva particolare importanza[154]. A differenza della Grecità dove il concetto di corpo era stato oggetto di approfondita ricerca filosofica, in ambiente veterotestamentario esso non aveva mai riscosso grande attenzione: ne è riprova il termine גַּף ("corpo vivo"), rinvenibile soltanto in un passo di Es 21,3(x2).4, dove pure è citato per tre volte. Di solito si ricorreva a בָּשָׂר: propriamente

tot. An. 405a25). The soul in turn participates in the cosmic process of fire (B 36). Man can participate in cosmic rationality through fire: the more fiery the soul of a person, the more intelligent it is (B 1 17, B 1 18) and, therefore, the more capable it is of grasping the divine principle of the cosmos" (G. Betegh, "Heraclitus", *BNP*, VI, 177-178).

[152] "At the basis of the doctrine of the four cardinal virtues is a distinction between the three parts of the soul: *epithymētikón – thymoeidés – logistikón* (Resp. 435c–441c: the 'appetitive'–'spirited'–'thinking' parts of the soul). [...] However, the 'original' and 'true' nature of a human being is not the tripartite soul, but the divine thinking soul, which alone can be immortal (Resp. 611b–612a; Ti. 90ad). Human → happiness consists in 'becoming like God' (ὁμοίωσις θεῷ/*homoíōsis theôi*) as the highest ethical as well as philosophical possibility, consisting in the thinking soul's growing ever more similar to the divine object of its thought, the world of ideas (Resp. 500cd) and the cosmos (Ti. 90cd). [...] At the same time 'becoming like God' means 'fleeing' from this world to the world beyond (ἐνθένδε ἐκεῖσε/*enthénde ekeîse*, Tht. 176a-b, *et alibi*), preparing the individual for a necessary return to the body after a period during which the soul exists free of its bodily ties (Resp. 498d; → Soul, migration of the)" (T.A. Szlezák, "Plato", *BNP*, XI, 346-347).

[153] Nell'ellenismo confluiscono i più svariati apporti: orientali (dall'Egitto fino all'India), occidentali (da parte della cultura latina).

[154] Nel variegato panorama dell'età ellenistica, in cui il pensiero greco si era sviluppato su strade diverse a seconda degli interessi coltivati dalle numerose scuole, è opportuno riconoscere però che sia l'Epicureismo sia lo Stoicismo "nei loro sistemi filosofici avevano subordinato gli altri aspetti della realtà finalizzando alla soluzione del problema etico, dimostrando come ormai fossero maturi i tempi in cui l'uomo sentiva l'esigenza morale di comprendere l'importanza del suo comportamento individuale su questa terra, ai fini di un proprio positivo inserimento nell'Universo.

"carne". Anche nel Nuovo Testamento, a proposito delle parole pronunciate da Gesù nell'Ultima Cena: "Prendete, mangiate: questo è il mio corpo" (Λάβετε φάγετε, τοῦτό ἐστιν τὸ σῶμά μου)[155], il vocabolo aramaico usato è appunto carne (בָּשָׂר). Evidentemente l'area semantica del termine aramaico non coincide con quella coperta dalla voce σῶμα. Nella lingua greca σῶμα corrisponde a "essere vivente", persona vista nella sua globalità. D'altra parte non va sottaciuto il fatto che nel Nuovo Testamento, certo per influsso storicamente spiegabile del pensiero filosofico precedente all'età ellenistica, cioè quello platonico e aristotelico, non mancano esempi di dualismo testimoniati dalla differenziazione tra σῶμα e ψυχή. Nello stesso mondo classico greco-latino si registrano ulteriori distinzioni tra ψυχή e θυμός[156]. Come si vede le accezioni oscillano sfumando l'una nell'altra, pur rimanendo ancorate ad un'idea di principio vitale, entità mentale, sede del pensiero[157].

Quando Paolo parla di corpo (σῶμα)[158] — in armonia con il proprio bagaglio culturale — lo concepisce non tanto come entità destinata alla morte ma come ciò che sulla terra viene messo a disposizione del Signore.

---

155 Mt 26,26; cfr. Mc 14,22; Lc 22,19. "The Lord's Supper, like baptism, ensures that all Christian experience is anchored in the cross, or in the death and resurrection of Jesus Christ. It allows the Church, both corporately and individually, to 'relive' the event of the cross, and to become intimately involved in it. To understand what Paul says we need to pay attention to the Passover framework. This helps with the meaning of 'This is my body', and 'Do this in remembrance of me.' Here Paul is at one with what the apostles transmitted. The narrative and its meaning is the earliest tradition of the post-Easter Church, and the legacy of Jesus. In moments of doubt, to see, to touch, to share, and to eat and to drink constitute an assurance, a pledge, a promise, and an 'effective sign' of covenant grace" (A.C. THISELTON, *The Living Paul*, 125).

156 θυμός (lat. *fumus*); cfr. *spiritus, anima, animus*): principio vitale, sede dei sentimenti (emozioni e passioni), della volontà, dell'intelligenza. Cfr. Rm 2,8; 2Cor 12,20; Gal 5,20; Ef 4,31; Col 3.8.

157 Vedi Ap 18,13: καὶ σωμάτων, καὶ ψυχὰς ἀνθρώπων.

158 σῶμα — "Il NT eredita questa nozione dalla Settanta. Il suo senso primo è il riferimento alla manifestazione fisica, concreta della persona, il corpo fisico. Ciò può rimandare al corpo di una persona vivente (Mc 5,29; Gc 2,16) o al cadavere (Mt 27,52.58; Gv 19,31). Questo significato primo si caricherà di numerose altre sfumature in funzione dell'uso fatto del termine [...] Gli scritti paolini sviluppano due significati specifici: per un individuo sōma designerà spesso la persona nella sua esistenza corporea e non semplicemente il corpo (Rm 12,1). Questo corpo è segnato dal peccato, è la sede della concupiscenza e, perciò, talvolta è chiamato 'corpo del peccato' (Rm 6,6). Questo 'corpo naturale', cioè animato dal soffio vivente naturale, è chiamato dalla risurrezione a diventare un 'corpo spirituale', animato dallo Spirito Santo (1Cor 15,45-46)" (J.-B. ÉDART, "Corpo, corporeità", *TTB*, 234).

Da qui partono tutte le sue deduzioni così innovative e creative, ma anche così coerenti con la predicazione di Gesù e con l'ambiente ebraico in cui essa aveva avuto luogo. Tanto più encomiabile è la soluzione personalissima di Paolo, il quale si trovava nella condizione di conciliare le idee di mondi tanto differenti, in modo tale da poter predicare le sue tesi con la sicurezza di non essere frainteso dai gentili, senza peraltro tradire il messaggio del Vangelo. Possiamo dedurre che il significato di σῶμα, in generale, corrisponde a "tutta la persona nella sua concretezza relazionale"[159]. L'insegnamento delle lettere gemelle deuteropaoline ai Colossesi e agli Efesini può essere sintetizzato nella formula: la Chiesa è il corpo di Cristo (cfr. 1Cor 12,27). La concezione, più generale, di corpo ricavabile da tale proposizione è quella relativa a una "concretezza relazionale" della persona. In primo piano quindi viene la persona: σῶμα per Paolo rappresenta un'entità unitaria, dotata di funzioni prevalentemente concrete, ma non priva di possibilità di apertura nei riguardi di Dio e di funzioni superiori come ψυχή. Il concetto di σῶμα in Paolo è complesso, dal momento che indica la totalità dell'uomo in carne e ossa in rapporto ad altre persone. Nello sforzo di esplicitare il proprio pensiero, l'Apostolo giunge ad utilizzare un'espressione al limite del paradosso: "infatti siete stati comprati a caro prezzo. Glorificate dunque Dio nel vostro corpo!" (1Cor 6,20), anziché ricorrere alla citazione dell'anima come parte più degna di menzione. Ne deduciamo che, di sicuro, al corpo viene da lui attribuita una funzione più elevata e complessa rispetto al senso usualmente corrente nel mondo greco. Quindi, glorificare Dio nel proprio corpo significa "in tutta la vostra concretezza relazionale", cioè nella vita concreta, nel tempo e nello spazio, da parte di persone a contatto con altre persone. Per capire in che senso la Chiesa sia il corpo di Cristo[160] è necessario chiarire i termini di confronto, senza limitarsi a una semplice equivalenza o a un vago rapporto analogico. Infatti, se nell'accezione cor-

[159] U. VANNI, *L'ebbrezza nello Spirito*, 67.

[160] "...the community of believers understands itself as the eschatological people of God and is so intimately related to the one who sanctified it by his saving death and resurrection that it can be called Christ's body. While 1 Corinthians and Romans on the one hand, and Colossians and Ephesians on the other, employ this metaphor differently, they agree that the church is the saving community of God's grace in which believers dwell in Christ; it is the presence of his crucified and risen body in the world" (F.J. MATERA, *God's Saving Grace*, 153).

rente, il corpo denota la concretezza relazionale della persona, possiamo sostenere che la Chiesa è "la concretezza relazionale di Cristo"[161]. Gesù Cristo è personalmente risorto e dispone della pienezza di quella vita che da risorto gli compete: Cristo è individuo senza riserve. Quanto al Cristo in divenire, ovvero alla tensione verso il *Christus totus*, Dio ha voluto unirsi all'uomo in maniera irreversibile, per cui il Cristo pieno non è il Cristo individualmente completo ma il Cristo che ha messo in azione un meccanismo, una rete di connessioni in grado di coinvolgere tutti gli esseri umani, comunicando loro il suo mistero pasquale, la sua capacità di liberazione, grazie alla sua morte e la sua vitalità di risurrezione. Il Cristo al quale ci riferiamo è per così dire il totale, il risultato di un'addizione i cui termini sono costituiti dalla somma di se stesso e degli uomini, senza limiti né di spazio né di tempo. Cristo, in quanto perfettissimo, avrebbe potuto esibire una sua pienezza individuale di vita anche in confronto agli altri, ma un Cristo senza gli uomini non è pensabile. Egli ha voluto questo nesso strettissimo: Cristo è intimamente "saldato" agli uomini; ciò che è in lui passa agli uomini[162] e proprio ciò che è degli uomini tramite la loro fede passa in Cristo: Cristo è il nuovo Adamo che completa la linea antropologica. La Chiesa, corpo di Cristo, indica l'insieme dei giustificati, la κοινωνία dei figli adottivi di Dio che tendono a raggiungere anche i non credenti per formare insieme con loro un reticolo di partecipazione. La concretezza relazionale può essere intesa così: gli uomini ricevendo la vitalità di Cristo estendono la realtà di Cristo stesso; le virtualità concentrate in lui vengono diffuse nel tempo e nello spazio raggiungendo i singoli uomini. Immensa è la portata dell'espressione "la Chiesa è il corpo di Cristo" nel senso di "concretezza relazionale di Cristo": il Cristo singolo si espande e si totalizza, portando se stesso alla perfetta pienezza. Che queste non siano fantasie esegetiche è comprovato dalle seguenti parole vigorose e potenti: "Ha posto tutto sotto i suoi piedi e lo ha costituito, al di sopra di tutto, capo della Chiesa" (Ef 1,22). Riteniamo che l'espressione "capo della Chiesa" non sia da intendere in senso

---

[161] Cfr. U. Vanni, *L'ebbrezza nello Spirito*, 57.

[162] "Ma il dono di grazia non è come la caduta: se infatti per la caduta di uno solo tutti morirono, molto di più la grazia di Dio e il dono concesso in grazia del solo uomo Gesù Cristo si sono riversati in abbondanza su tutti" (Rm 5,15).

astrattamente metaforico, come persona investita di una funzione di comando e di guida, poiché tale interpretazione ci sembra fredda, arida e in certo qual modo riduttiva. Preferiremmo leggere in maniera più aderente e vicina all'immagine concreta evocata dal significato fisico di ciò che, situato nella parte superiore del tronco, è sede centrale di comando delle varie funzioni assolte dagli organi. Regolatori della vita sensitiva e intellettuale, in grado di assicurare la salute fisica e mentale della persona. Siffatta interpretazione consente di rispettare i contorni dell'immagine tracciata nella Ef 1,22, dove si parla oltre che di corpo anche di piedi. Così rimarremo fedeli al testo e arricchiremo il senso del vocabolo κεφαλή di tutti gli echi che fin dalla più remota antichità gli autori greci da Omero a Pindaro, da Erodoto a Platone avevano colto e sentito: quelli legati alla vita e a ciò che di più nobile ne può derivare. È possibile, percorrendo velocemente le strade della letteratura classica e posteriore, trovare la conferma del nostro assunto e addirittura integrarlo con qualche altra idea non estranea all'oggetto di cui ci occupiamo. Per esempio sia Aristotele sia la LXX leggono la parola κεφαλή come parte sostanziale, parte principale, principio e origine. Platone e la LXX rafforzano la nostra linea allargando l'interpretazione ai concetti di base, fondamento. Le strade della letteratura precedente al Nuovo Testamento consentono di reperire pensieri, idee, figure, locuzioni, modi di dire per cui κεφαλή serve a esprimere concetti positivi di trionfo, di esaltazione del valore e dell'importanza della testa come sineddoche[163] dell'intero individuo, sia riguardo a rapporti affettivi e di intima risonanza di sentimenti, sia come parte sostanziale e principale, sia come base e fondamento dell'intero. Concludiamo con la citazione di due autori molto diversi tra loro ma accomunati nell'attribuire al vocabolo κεφαλή una valenza importante e centrale. Nel primo la testa è identificata con la sorgente di un fiume[164]; il secondo vede nella testa il luogo eminentemente deputato a essere coperto, ornato e premiato con la corona[165]. *Ad adiuvandum* è doveroso sug-

---

[163] "La parte viene espressa dal tutto [...] 1. Allo scopo di uno straniamento poetico [...] 2) Per motivo di economia dell'espressione condizionata dalla situazione o dal contesto." (H. LAUSBERG, *Elementi di Retorica*, § 192; § 195).

[164] Vedi ERODOTO, 4,91.

[165] Vedi PLATONE, *Timeo*, 69; *Gorgia*, 505.

gerire un'allusione a Cristo sorgente di vita per la Chiesa e sublime monarca da essa acclamato. Non escluderemmo l'ipotesi che nell'iconografia del mondo artistico-religioso, gravitante intorno all'orientalizzante città di Efeso, dentro alla testa della Chiesa presentata come matrona o come sposa[166] sia stata inserita simbolicamente la figura di Cristo, mente, guida e punto di riferimento di colei che è appunto governata da Cristo[167]. Ef 1,23 può essere tradotta in due differenti modi: 1) l'interpretazione da noi proposta secondo cui "la quale Chiesa è la pienezza risultante di lui", dove la pienezza corrisponderebbe alla completezza di partecipazione, di dono, di condivisione con tutti gli uomini, raggiungibile in una dimensione escatologica; 2) la seconda interpretazione ufficiale, che deriva dalla traduzione filologicamente più fedele al testo e assai coinvolgente, è quella proposta dalla CEI: "la quale (Chiesa) è la pienezza di colui che realizza se stesso interamente in tutte le cose". Di conseguenza: la Chiesa è la pienezza di colui che con la sua partecipazione realizza se stesso, non soltanto come individuo, che in quanto tale è già realizzato, ma come parte di un insieme concorde di persone che, in comunione di Spirito, si sentano in armonia con la sua scelta. Abbiamo raggiunto il vertice della concezione ecclesiologica dell'intero *Corpus paulinum*: la Chiesa, corpo di Cristo, "concretezza relazionale di Cristo", una volta attuata pienamente sarà anche la pienezza di Cristo.

Dall'ecclesiologia paolina alla sua antropologia e alla sua etica: ambedue sono cristologizzate. L'antropologia paolina prende le mosse da Cristo, l'ultimo Adamo, "e l'uomo escatologico porta i tratti specifici di lui (cf. 1Cor 15,44b-49)"[168]. È soltanto in Cristo "che la nostra umanità scopre le dimensioni della sua dignità filiale allo stesso tempo che l'esigenza di fraternità, d'attenzione amorosa, per formare veramente la famiglia

---

[166] "E vidi la santa città, la nuova Gerusalemme, scendere giù dal cielo da presso Dio, pronta come una sposa adorna per il suo sposo" (Ap 21,2).

[167] In certe icone tuttora circolanti in Occidente abbiamo notato come l'autore abbia rappresentato la figura di Cristo inserita all'interno della figura femminile (Maria? la Chiesa?) seduta in trono. A tal proposito sarebbe interessante una ricerca sulla pittura di quadri, affreschi, ceramiche, miniature di codici, icone e su tutto quanto della produzione artistica iconografica possa aiutare a comprendere al meglio il significato di κεφαλή in rapporto al binomio "Chiesa – corpo".

[168] J.-N. ALETTI, "Paolina (teologia)", *DCT*, 974.

di Dio (1Ts 4,9; Rm 8,29; 12,9s)"[169]. L'etica paolina trova le sue motivazioni principali solo in Gesù Cristo e non più nella legge mosaica. Il Risorto con Dio Padre è il modello etico da seguire, l'unico modello di Paolo stesso che diventa lui pure modello etico per i fratelli delle sue comunità (cfr. Rm 15,7; 1Cor 11,1; 2Cor 8,9; Ef 5,2.25-30; Fil 2,5-11; Col 3,13)[170]. La fede nel Signore risorto si dimostra effettiva nell'amore per il prossimo (cfr. Rm 13,9), per i più deboli (Rm 14,1-2) e anche per i nemici (Rm 12,14.20)[171].

## 7. **Escatologia**

Per descrivere il cammino della Chiesa verso la pienezza del tempo[172], l'Apostolo Paolo pone un accento particolare sulla storia intesa come sviluppo degli avvenimenti che si susseguono nel corso del tempo. Nel suo epistolario figurano due termini temporali chiave: χρόνος e καιρός. χρόνος è il tempo in generale che fluisce perenne, il tempo nel suo svolgimento, o anche un periodo di tempo. Il momento più significativo nella storia è appunto la missione dell'unico Figlio di Dio per la salvezza degli uomini: "Quando però giunse la pienezza del tempo (χρόνου), Dio mandò il Figlio suo, nato da donna, nato sotto la legge, affinché riscattasse coloro che erano sotto la legge, affinché ricevessimo l'adozione a figli" (Gal 4,4-5). καιρός, segmento cronologicamente definito, viene inteso invece come occasione,

---

[169] J.-N. Aletti, "Paolina (teologia)", *DCT*, 974.

[170] "The soteriological dimension of the moral life, the gift of the Spirit, the sacraments, the love commandment, and eschatological hope are the outcome of God's saving grace in Christ. What is 'new' in Pauline ethics, then, is not the individual moral commandment of Paul's teaching (many of which are grounded in Israel's moral teaching and Hellenistic philosophy) but the manner in which he relates them to Christ. It is Christ who models and makes the moral life possible; it is Christ who is the origin and goal of the moral life Paul proposes" (F.J. Matera, *God's Saving Grace*, 184).

[171] "La parenesi ecclesiale è incentrata sull'edificazione, al suo interno, del segno della *koinonia*, 'comunione'. In 1Cor 11, Paolo ricorda ai credenti che, partecipando all'Eucaristia, essi si uniscono non soltanto con il corpo del Signore, ma anche tra di loro. C'è, dunque, uno stretto legame di reciproca appartenenza tra la 'Cena del Signore', dono supremo del suo amore, e il vissuto dell'*agapê* (amore) nell'esistenza di ogni credente. Un'esistenza non chiusa, ma aperta alla tracce di verità-bontà-bellezza presenti nel mondo: 'Tutto quello che è vero, nobile, giusto, puro, amabile, onorato, quello che è virtù e merita lode, tutto questo sia oggetto dei vostri pensieri' (Fil 4,8)" (P. Iovino, *L'esperienza spirituale di Paolo apostolo*, 127).

[172] Cfr. U. Vanni, *L'ebbrezza nello Spirito*, 58-61.

circostanza, tempo definito, momento opportuno che richiede la decisione. È quindi un segmento di tempo con una definizione più precisa e particolare: "Questo voi farete, consapevoli del tempo (καιρόν): è ora ormai di svegliarvi dal sonno, perché la nostra salvezza è più vicina ora di quando diventammo credenti" (Rm 13,11). Con questa avvertenza Paolo non si riferisce alla fine dei tempi o alla fine del mondo, ma καιρός viene interpretato nel senso di un momento favorevole, opportuno in quel dato momento. Per quanto riguarda la storia della salvezza Paolo insiste molto sul presente, sul momento irripetibile: νῦν, "ora" (52 volte sulle 144 del Nuovo Testamento)[173]. Sul versante stilistico è caratteristico di Paolo l'uso dell'avverbio rafforzato νυνί[174], "proprio ora", "in questo preciso momento": evidentemente all'Apostolo sta a cuore l'accentuazione del concetto sotteso al vocabolo. Che il momento presente polarizzi la sua attenzione e il suo interesse, è dimostrato dalla frequenza con cui detto avverbio νυνί ricorre nelle lettere paoline: ben 15 volte sulle 18 del Nuovo Testamento. Quando Paolo presenta il Vangelo e i valori cristiani della vita, coinvolge gli uditori

---

173 "'Ecco ora il momento favorevole, ecco ora il giorno della salvezza!' (2Cor 6,2). Le parole dell'apostolo Paolo ai cristiani di Corinto risuonano anche per noi con un'urgenza che non ammette assenze o inerzie. Il termine "ora" ripetuto più volte dice che questo momento non può essere lasciato sfuggire, esso viene offerto a noi come un'occasione unica e irripetibile. E lo sguardo dell'Apostolo si concentra sulla condivisione con cui Cristo ha voluto caratterizzare la sua esistenza, assumendo tutto l'umano fino a farsi carico dello stesso peccato degli uomini. La frase di san Paolo è molto forte: Dio 'lo fece peccato in nostro favore'. Gesù, l'innocente, il Santo, 'Colui che non aveva conosciuto peccato' (2Cor 5,21), si fa carico del peso del peccato condividendone con l'umanità l'esito della morte, e della morte di croce. La riconciliazione che ci viene offerta ha avuto un prezzo altissimo, quello della croce innalzata sul Golgota, su cui è stato appeso il Figlio di Dio fatto uomo. In questa immersione di Dio nella sofferenza umana e nell'abisso del male sta la radice della nostra giustificazione. Il 'ritornare a Dio con tutto il cuore' nel nostro cammino quaresimale passa attraverso la Croce, il seguire Cristo sulla strada che conduce al Calvario, al dono totale di sé. E' un cammino in cui imparare ogni giorno ad uscire sempre più dal nostro egoismo e dalle nostre chiusure, per fare spazio a Dio che apre e trasforma il cuore. E san Paolo ricorda come l'annuncio della Croce risuoni a noi grazie alla predicazione della Parola, di cui l'Apostolo stesso è ambasciatore; un richiamo per noi affinché questo cammino quaresimale sia caratterizzato da un ascolto più attento e assiduo della Parola di Dio, luce che illumina i nostri passi" (Benedetto XVI, Omelia della Santa Messa, mercoledì delle ceneri 13 febbraio 2013, http://press.catholica.va/news_services/bulletin/news/30485.php?index=30485&lang=en).

174 νυνί — avverbio di tempo, composto dall'avverbio semplice di tempo νῦν e dal suffisso deittico -ι, che ha valore rafforzativo.

in un impegno da prendere all'istante, senza esitazioni: egli coglie e apprezza nella sua irripetibile significatività, la suggestione e il fascino del tempo nel suo misterioso e continuo fluire. Paolo si rivela poeta dell'attimo fuggente e cerca di coglierlo in tutta la sua rilevanza, riuscendo a presentarcelo idealmente prolungato, ingigantito, affinché possiamo valutarne tutto il peso, essendo noi creature limitate proprio dalla durata della nostra vita e soggette all'avvicendarsi del χρόνος, non in grado di influire sull'accadimento del καιρός. Il presente si presenta alla nostra attenzione illuminato, per così dire, da due fari emananti fasci di luce: l'uno proveniente dal passato, l'altro dal futuro. Entrambi riverberano il loro chiarore concentrandolo sul presente: lì infatti tutto si gioca. Affinché si possa apprezzare l'importanza del presente, in tutte le sue implicazioni, l'Apostolo rievoca la storia trascorsa e protende lo sguardo verso l'avvenire. In tale prospettiva, l'oggi viene inquadrato in una posizione di attento esame che tende a renderlo eminentemente nitido, leggibile, quasi fosse visto sotto una lente. A sua volta "ieri" è rappresentato dalla storia della salvezza: in particolare, quella contenuta nelle pagine dell'Antico Testamento, cominciando con la vocazione di Abramo, i cui episodi sono rievocati e interpretati come insegnamento per il vivere attuale (cfr. Rm 4,1-25; Gal 3,1–4,7). L'esegesi di Paolo non è astratta, fredda, distaccata, bensì profondamente segnata dalla vicenda personale e trasferita sul piano della lettura e della riflessione, costantemente lumeggiata e filtrata dalla figura e dall'evento Cristo. La luce proiettata dal futuro è di natura complessa: essa rischiara il campo del futuro individuale e quello del futuro collettivo, universale. Il primo si inaugura con la morte e il conseguente giudizio, ovvero valutazione delle azioni compiute da ciascuno. Al decesso del singolo, subentra il cosiddetto stadio intermedio, situato tra vita presente e stato finale di risurrezione universale, qualitativamente più elevato rispetto alla vita presente, ma inferiore rispetto allo stato definitivo di risurrezione universale. Il valore aggiunto che lo rende più prezioso rispetto alla nostra vita, consiste nella partecipazione e vicinanza a Cristo. A questo proposito l'Apostolo Paolo esprime il desiderio sincero e genuino di ogni credente.

> 23 Sono preso da due sentimenti: desidero andarmene ed essere col Cristo, e sarebbe preferibile; 24 ma continuare a vivere nella carne è più necessario per il vostro bene (Fil 1,23-24).

> [2] Perciò sospiriamo in questa tenda, desiderosi di rivestire la nostra dimora celeste, [3] se però saremo trovati spogli, non nudi. [4] E quanti siamo nella tenda, sospiriamo come sotto un peso, non volendo venire spogliati ma rivestirci di sopravvesti, affinché ciò che è mortale venga assorbito dalla vita. [5] È Dio che ci ha fatti per questo e ci ha dato la caparra dello Spirito. [6] Così, dunque, siamo sempre pieni di fiducia e sapendo che finché abitiamo nel corpo siamo in esilio lontano dal Signore, [7] camminiamo nella fede e non ancora in visione. [8] Siamo pieni di fiducia e preferiamo andare in esilio dal corpo e abitare presso il Signore. [9] Perciò ci sforziamo, sia dimorando nel corpo sia esulando da esso, di essere a lui graditi. [10] Tutti infatti dobbiamo comparire davanti al tribunale di Cristo, ciascuno per ricevere la ricompensa delle opere compiute finché era nel corpo, sia in bene che in male (2Cor 5,2-10).

La situazione del cristiano vivente in questo mondo passeggero è povera, modesta e misera in confronto con lo stato che si realizza nel passaggio intermedio. Vorremmo saperne di più, ma Paolo non si addentra nell'argomento[175], se si eccettua il dato secondo cui la persona intesa in tutte le sue implicazioni (cioè la sua concretezza relazionale) non finisce con la morte ma prosegue nel giudizio. Si tratta di uno stadio intermedio "maggiorato" rispetto alla vita terrena, e tuttavia neppure lontanamente equiparabile alla visione beatifica finale[176]. È di origine recente la domanda (tuttora irrisolta) se dopo la morte abbia subito luogo la risurrezione individuale. L'ipotesi secondo la quale la risurrezione individuale assumerebbe una nuova concretezza dello stesso tipo di quella del corpo di Cristo risorto — pur restando intatta l'individualità di ciascuno — è plausibile, ma gli elementi biblici a nostra disposizione non offrono argomentazioni né conclusioni cogenti. Purtroppo, dobbiamo limitarci a ritenerla anziché probabile come desidereremmo, perlomeno possibile. La compiutezza di vita deriverebbe dalla somma della piena risurrezione dei singoli, i quali nello stadio intermedio sperimenterebbero un'esistenza in-

[175] "Certo, avremmo voluto saperne di più su questa condizione *post mortem*. Ma con ogni probabilità lo stesso apostolo non era in grado di dettagliare ulteriormente. Egli ci ha detto tutto quello che sapeva in base alla propria fede e alla propria speranza. Ed 'essere con Cristo' non è poco; in un certo senso è tutto: specialmente se Cristo già è stato tutto in questa vita" (R. PENNA, *Paolo scriba di Gesù*, 99).

[176] U. VANNI, *L'ebbrezza nello Spirito*, 59.

completa sotto ogni aspetto: quella dell'anima priva del corpo. Anche se la persona risuscitasse immediatamente dopo il decesso, la pienezza verrebbe percepita solo alla fine quando, cioè una volta risorti trovandoci tutti insieme, ci trasmetteremo reciprocamente quel potenziamento di gloria divina, quell'arricchimento di gioia e di carità che abbiamo definito appunto concretezza relazionale.

Rinveniamo un elemento utile al nostro argomentare nel passo in cui Paolo affronta il problema della conclusione di tutta la storia della salvezza: "è la risurrezione di Gesù che richiede la risurrezione finale"[177].

> [20] Ora, invece, Cristo è risuscitato dai morti, primizia di coloro che sono morti. [21] Poiché se a causa di un uomo venne la morte, a causa di un uomo verrà anche la risurrezione dei morti; [22] e come tutti muoiono in Adamo, così tutti riceveranno la vita in Cristo. [23] Ciascuno però nel suo ordine: prima Cristo, che è la primizia; poi, alla sua venuta (ἐν τῇ παρουσίᾳ αὐτοῦ) quelli che sono di Cristo; [24] poi sarà la fine (τέλος), quando egli consegnerà il regno a Dio Padre, dopo aver ridotto al nulla ogni principato e ogni potestà e potenza. [25] Bisogna infatti che egli regni finché non abbia posto tutti i nemici sotto i suoi piedi. [26] L'ultimo nemico ad essere annientato sarà la morte, [27] perché ogni cosa ha posto sotto i suoi piedi. Però quando dice che ogni cosa è stata sottoposta, è chiaro che si deve eccettuare Colui che gli ha sottomesso ogni cosa. [28] E quando tutto gli sarà stato sottomesso, anche lui, il Figlio, sarà sottomesso a Colui che gli ha sottomesso ogni cosa, perché Dio sia tutto in tutti (1Cor 15,20-28).

Il percorso storico necessario per il raggiungimento del vertice (τέλος[178]), alla sommità del quale sta il Signore, è immaginato come evoluzione, progressivo perfezionamento derivante dall'incremento delle conversioni alla nuova religione, dalla sempre più vasta diffusione della fede in Cristo, nel mondo degli uomini. Storia della salvezza: non già una dialettica tra bene e male (dualismo pericoloso per gli ulteriori sviluppi che sfoceranno nel

---

[177] J.-N. Aletti, "Paolina (teologia)", *DCT*, 972.

[178] τέλος (1Cor 15,24) sostantivo di genere neutro, appartenente al gruppo dei *nomina rei actae*, come si deduce dal suffisso. La parola spazia in un vasto campo di significati: "compimento", "termine", "risultato", "evento"; "fine", "pieno sviluppo", "punto culminante", "culmine"; "perfezione"; "decisione"; "autorità completa", "potere", "potestà", "dignità", "comando", "governo"; "imposta", "tassa", "tributo".

manicheismo), ma una concezione ottimistica in cui la vittoria del bene è il presupposto e il sottinteso traguardo. Una semplice scorsa all'area semantica del sostantivo τέλος ci consente di apprezzare la magnificenza dello scenario delineato da Paolo, a proposito dell'esito a cui approderà la storia dell'uomo, inquadrata nella prospettiva della salvezza operata da Cristo. Si tratta di un "evento[179]" che è il "risultato", "la fine", e anche "il fine", l'"ideale" di un percorso giunto al suo "pieno sviluppo". In tal senso esso rappresenta il "punto culminante" attraverso il quale si manifesta la "perfezione" raggiunta sul piano della vivificazione di ciascuno. Cristo supremo salvatore nostro prenderà il posto spettantegli secondo la "decisione" *ab aeterno* stabilita di incontrastata "completa autorità" e "dignità". Egli con la forza del suo "potere" renderà inefficace qualunque sforzo dei suoi nemici, sopprimerà ogni loro velleità, renderà vani i loro tentativi di opporsi alla παρουσία[180]: venuta e apparizione, presenza assoluta nell'universo tutto. Cristo li costringerà a rendere il giusto "tributo" alla sua invitta "potenza". Sua sarà l'"imposta" dovuta alla somma "potestà".

> [15] Questo infatti vi diciamo sulla parola del Signore (cioè) che noi, i viventi, i rimanenti fino alla venuta (παρουσία) del Signore non precederemo quelli che si sono addormentati. [16] Poiché il Signore stesso, a un ordine, alla voce dell'arcangelo e al suono della tromba di Dio discenderà dal cielo e per prima cosa risorgeranno i morti in Cristo. [17] Poi noi, i viventi, i rimasti, insieme con loro saremo rapiti sulle nubi per andare incontro al Signore nell'aria; e così saremo sempre con il Signore. [18] Consolatevi dunque a vicenda con queste parole (1Ts 4,15-18).

Ma l'Apostolo non si limita soltanto alla prospettiva futura della speranza escatologica, come abbiamo visto nel nostro studio di 1Ts 4,13-18 e di 1Cor 15,1-11. Egli mette in rilievo anche la prospettiva presente della sua escatologia, sottolineando ciò che è già da ora vita nuova in Cristo:

---

[179] D'ora in poi tutte le parole contrassegnate dalle virgolette saranno ricavate dalla traduzione del vocabolo τέλος in tutti (o quasi) i possibili significati.

[180] παρουσία — sostantivo femminile deverbale da πάρειμι (lat. *adsum*), composto dal preverbio παρά e dal verbo εἰμί: essere presente, essere vicino, esserci (talora anche "venirci"); apparire, comparire, presentarsi = presenza, venuta, arrivo, il presentarsi. Il sostantivo è attestato negli autori classici e posteriori: SOFOCLE, *Elettra*, 1104; EURIPIDE, *Alcesti*, 209; TUCIDIDE, I, 128; DIONIGI D'ALICARNASSO, 1, 45.

"Quindi se uno è in Cristo, è una creatura nuova; le cose vecchie sono passate, ecco ne sono nate di nuove" (2Cor 5,17)[181]. La Lettera agli Efesini prosegue nell'approfondimento e visualizza la vittoriosa diffusione di Cristo nella storia come pienezza di sviluppo del divino disegno, verso la "statura" completa di Cristo: "finché arriviamo tutti all'unità della fede e della conoscenza del Figlio di Dio, allo stato di uomo perfetto, nella misura che conviene alla piena maturità di Cristo" (Ef 4,13). Il Cristo come Signore influisce attualmente (νυνί) nella vita dell'assemblea comunitaria; il suo agire nella comunità dei cristiani comporta già da ora una sua presenza (παρουσία) nella Chiesa radunata attorno all'eucaristia. Lì Cristo è presente spazio-temporalmente, e in quanto presente agisce facendo sì che anche il corpo ecclesiale si senta unito. Tutta l'azione di Cristo nei riguardi della Chiesa è impensabile, qualora si ritenga Cristo lontano e assente: affinché la Chiesa sussista realmente, l'opera del Salvatore comporta di necessità la sua presenza. Ricordiamo le parole di Gesù nel Vangelo secondo Matteo.

> 19 In verità io vi dico ancora: se due di voi sulla terra si metteranno d'accordo per chiedere qualunque cosa, il Padre mio che è nei cieli gliela concederà. 20 Perché dove sono due o tre riuniti nel mio nome, lì sono io in mezzo a loro (Mt 18,19-20).

In questo senso Cristo è già adesso simultaneo e presente nella vita della comunità dei suoi discepoli. Riteniamo che abbia senso parlare di una "venuta", di un presentarsi come evento che sul piano logico prelude al concetto di comparizione e quindi di presenza. Nell'articolazione proposta nelle righe precedenti sulla παρουσία è possibile individuare il

---

[181] "Oggi facciamo un passo avanti e vediamo l'impatto di Gesù sull'uomo, cioè le cadute o ricadute antropologiche dell'evento-Cristo. Per dirlo con un costrutto tipicamente paolino, "*chi è in Cristo è una creatura nuova*". Non è però l'*homo novus* di cui parlano i testi latini, che alludono a chi si è innalzato nella scala sociale. Qui invece non c'è distinzione di classi sociali. Si tratta invece di una novità radicale e, tenuto conto che questo costrutto ha un suo uso nei testi apocalittici giudaici in riferimento alle cose ultime, alla nuova creazione finale, occorre notare l'originalità di Paolo che utilizza questo sintagma non in rapporto al futuro ma in rapporto all'oggi, al presente" (R. PENNA, *Tra la gente*, 42-43).

[182] ἀποκάλυψις — sostantivo femminile deverbale (da ἀποκαλύπτω) = scoprimento; rivelazione; manifestazione; apparizione. Il suffisso in -σι lo classifica tra i *nomina actionis*, i quali indicano l'azione sia attivamente che passivamente.

varco che dall'accertamento del fatto consente l'esplicitazione, ovvero l'entrata in scena dell'ἀποκάλυψις[182], "rivelazione", "manifestazione". Si tratta di una transizione, in qualche modo materiale, ma avente accesso sul piano della consapevolezza, le cui categorie sono la presenza (in opposizione all'assenza o alla lontananza) e la manifestazione (opposta all'occultamento e alla latenza). Il confronto inevitabile si ha tra un polo positivo e uno negativo: è uno scontro che ha a che fare con il livello della qualità. È di tipo qualitativo, ma — in subordine anche quantitativo — il passaggio dall'imperfezione alla perfezione: seppure l'effetto che siamo capaci di ricevere da Cristo sia di natura parziale. Il dono attuale dello Spirito Santo è già una caparra[183], una parte dell'intero dono dello Spirito che verrà alla fine: allora non potremo più morire e sarà stata realizzata la pienezza di vita. Non saremo soltanto con Cristo per sempre, ma riceveremo in comunione la sua vita di risorto[184]. Quando parliamo della venuta di Cristo, della discesa di Cristo, usiamo un linguaggio apocalittico metaforico che abbisogna di adeguata interpretazione. Paolo ha una visione della βασιλεία[185] diversa, ma non opposta, a quella dei Vangeli Sinottici: per questi il regno di Dio è già inaugurato da Cristo e si trova nel seno della Chiesa. Secondo Paolo, invece, il Risorto regna già da ora, "finché non abbia posto tutti i nemici sotto i suoi piedi" (1Cor 15,25). La Chiesa sarà regno di Dio solo quando Cristo si manifesterà nella sua gloria alla fine dei tempi e consegnerà il suo regno a Dio Padre. Ne consegue che regno di Dio è soltanto quello inaugurato con il τέλος, cioè in senso apocalittico: chiaramente, tale concezione ingloba in sé anche quella sottesa ai Sinottici. In questa fase finale che è la parusia, ovvero la manifestazione ultima della giustizia di

---

183 Cfr. 2Cor 1,22; 5,5.

184 "La cristologizzazione dell'escatologia paolina si opera in modo più decisivo ancora: la vita eterna non consiste soltanto nell'essere con Cristo, ma nel ricevere in partecipazione la sua propria vita di risorto. Una risurrezione (risurrezione dei morti) per la punizione o per la distruzione rimane esclusa (cfr. 1Cor 15,35-49). Il peggio che possa capitare a una persona è di non essere risuscitato, detto altrimenti, di non partecipare alla gloria di Cristo. La cristologia irriga dunque la sua finalità, il suo contenuto e la sua estensione" (J.-N. ALETTI, "Paolina (teologia)", *DCT*, 972).

185 βασιλεία — sostantivo femminile deverbale (da βασιλεύω) = "regno"; "dominio o governo regio"; "potestà regia"; "reame". Il suffisso -εία lo classifica tra i *nomina actionis*, i quali indicano l'azione sia attivamente che passivamente.

Dio e la sua vittoria definitiva sul male, abbiamo una presenza che si esplicita e diventa rivelazione e regno nel senso di completa realizzazione del tutto, concetto che Paolo esprime con una proposizione finale lapidaria: "Dio tutto in tutti" (1Cor 15,28)[186]. Essa rappresenta il progetto di Dio pienamente attuato e realizzato mediante le missioni del suo Figlio e dello Spirito del Figlio suo (cfr. Gal 4,4-6)[187].

**Riassunto dei sette grandi blocchi teologico-biblici**

Riassumiamo richiamando la serie dei sette grandi blocchi teologico-biblici:

1) il progetto di *Dio* che concentra tutto in Cristo;
2) lo svolgimento di questo progetto, cioè l'annuncio del Vangelo che è l'annuncio di *Gesù Cristo;*
3) lo *Spirito Santo,* che è di Dio e di Cristo e abita e agisce nei credenti;
4) l'apertura della *fede;*
5) la *giustificazione* gratuita che si realizza a
6) livello *ecclesiale* (libertà figliale in Cristo dell'uomo nuovo che vive secondo lo Spirito);
7) sviluppo nel tempo del progetto salvifico che si conclude con la parusia di Cristo e l'inaugurazione del regno di Dio (τέλος). La parte *escatologica* è trainante, nel senso che il pensare a questa conclusione positiva e massima del bene incoraggia la Chiesa nel suo cammino faticoso verso tale attualizzazione, perennemente fedele sulla via del bene.

In forma più discorsiva possiamo affermare che 1) Dio progetta concentrando tutto in Cristo, 2) mediante l'annuncio del Vangelo il cui contenuto

---

[186] "*...the parousia proclaims the ultimate victory of God.* Inasmuch as the parousia will usher in the resurrection of the dead and the final judgment, it proclaims the final victory of God over the powers of sin and death. Death will no longer be victorious because the dead will have been raised, and sin will be defeated because God will have pronounced the last and final judgment, the only judgment that will endure. Faith in the parousia, then, is faith in God, the confident assurance that God will be victorious, that creation will achieve its purpose, and that God will be all in all" (F.J. Matera, *God's Saving Grace,* 213).

[187] Cfr. U. Vanni, "Punti", 363.366-371.

è Cristo, 3) per mezzo dello Spirito Santo; 4) grazie alla risposta della fede celebrata nel battesimo 5) attua la giustificazione gratuitamente per mezzo della sua grazia 6) nella Chiesa (comunità fraterna dei figli di Dio, credenti giustificati e liberi, comunione formata da Gesù Cristo intorno all'eucaristia e unita nello Spirito Santo), 7) la quale si proietta verso il regno di Dio.

### Invito all'approfondimento

*San Paolo e Caravaggio*

Michelangelo Merisi o Amerighi, noto come il Caravaggio (Milano, 29 settembre 1571 – Porto Ercole, 18 luglio 1610), è giustamente considerato uno dei più celebri e influenti pittori della storia dell'arte italiana. Attivo a Roma, Napoli, Malta e la Sicilia tra il 1593 e il 1610, le sue opere sono lodate per il loro intenso realismo e il fortissimo contrasto tra la luce e l'ombra. Il suo stile unico contribuì alla genesi della scuola di pittura del Barocco e la sua influenza sull'arte occidentale si sente ancora oggi. Le sue profonde osservazioni della condizione umana, sia psicologica sia fisica, lo resero particolarmente sensibile all'esperienza spirituale in generale ed alla conversione religiosa in particolare. Fu idealmente incline, poi, a dipingere la vocazione di San Matteo (una bellissima tela visibile attualmente nella Chiesa di San Luigi dei Francesi a Roma) e la conversione di San Paolo. E' affascinante apprendere che Caravaggio, di fatto, ritrasse due versioni piuttosto diverse del fondamentale incontro dell'Apostolo dei gentili con il Cristo risorto sulla via di Damasco. Entrambe le opere si trovano a Roma: la prima versione costituisce attualmente parte della collezione privata del Principe Guido Odescalchi, mentre la seconda si trova nella Cappella Cerasi della Chiesa di Santa Maria del Popolo. Gli storici dell'arte ci parlano dei dettagli della genesi di questi due capolavori d'arte, che furono dipinti nel 1600, come di un racconto del mistero. In un interessante articolo pubblicato su *Paulo Apostolo Martyri. L'apostolo San Paolo nella storia, nell'arte e nell'archeologia*, Y. zu Dohna ci aiuta a meglio apprezzare proprio il modo in cui Caravaggio fornì il suo contributo, unico e durevole, all'arte occidentale.

ZU DOHNA, Y., "La conversione di San Paolo nell'interpretazione di Raffaello e Michelangelo", in O. BUCARELLI – M.M. MORALES, ed., *Paulo apostolo martyri. L'apostolo San Paolo nella storia, nell'arte e nell'archeologia*, MHP 69, Roma 2011, 45-67.

La sintesi di Caravaggio

Schiere di artisti sono stati influenzati dalle opere di Raffaello e Michelangelo; la *Conversione di San Paolo* ce ne offre un chiaro esempio attraverso le due versioni del tema prodotte da Caravaggio. Nelle due 'Conversioni' di Caravaggio, infatti, si possono vedere chiaramente le influenze dei due maestri, che il Merisi assorbe, fonde e sintetizza in modo magistrale, offrendoci una visione intima dell'animo dei due artisti attraverso le sue brillanti e profonde elaborazioni dell'opera. L'analisi dei cambiamenti presenti nelle due versioni, infatti, solleva importanti interrogativi e apre spiragli e luci inaspettate sulle motivazioni intime dell'artista.

Nel 1600 Clemente VIII Aldobrandini aveva concesso al suo tesoriere monsignor Tiberio Cerasi il privilegio di avere una cappella per il suo sepolcro in Santa Maria del Popolo. Cerasi, grazie ai contatti stabiliti dal Cardinale Giustiniani, aveva commissionato a Caravaggio due quadri per la Cappella: la conversione di San Paolo e la crocifissione di San Pietro. La prima versione della Conversione di San Paolo ad opera di Caravaggio venne rifiutata ed è ora conservata a Palazzo Odescalchi; la seconda versione, completamente diversa dalla prima, venne accettata ed è a Santa Maria del Popolo.

Ma qual è la differenza tra la prima conversione di San Paolo di Caravaggio e la seconda? Solo un cambiamento di stile? Semplicemente la scelta di un diverso momento del dramma? Un prosaico mutamento dell'iconografia per far sì che il quadro venisse accettato? Un secondo tentativo riuscito di seguire le regole della Chiesa e così accontentarla? O siamo invece di fronte a un cambiamento della spiritualità stessa dell'artista e della sua elaborazione religiosa, conseguente alle sue esperienze esistenziali? Possiamo dare una risposta a ciò attraverso l'analisi della 'spiritualità' di queste opere?

Queste domande hanno già avuto in parte un'elaborazione a opera di importanti storici dell'arte[1], che hanno posto l'accento sullo stretto contatto tra la vita dell'artista e l'opera d'arte.

1.1. *Prima Versione*

Nella prima versione della *Conversione di San Paolo*, Caravaggio si è ispirato a Michelangelo. In questo quadro ci sono molte figure, come in quello di Michelangelo, e l'immagine d'insieme ne esce ancora più confusa e affollata.

Il Santo ci appare come un uomo anziano, dalla lunga barba. Il suo volto è completamente nascosto tra le mani. Riverso, nudo, senza un volto, privo di personalità non appare come un Santo, come una figura piena di dignità. Tutta la sua espressione, al contrario, sembra indicare un'assenza di santità, una debolezza, l'immagine di un uomo normale.

Un compagno, il suo servo, vuole proteggere il Santo e si oppone con la sua lancia a Cristo. La lancia, come nell`opera di Raffaello, è un elemento classico nella *Conversione*, ma mai era stata usata come fa Caravaggio. La lancia aggressiva del soldato contro Cristo è un elemento nuovo nell'iconografia e diventa l`elemento centrale per la comprensione del quadro.

Sembra infatti che il Santo e il soldato siano la stessa persona, quasi a catturare due stati d'animo e due momenti diversi in due figure che raffigurano lo stesso soggetto: il Santo che inizialmente si scaglia contro Cristo e il Santo

[1] TREFFERS 2002, p. 61. Treffers ad esempio parlando di Caravaggio ha riproposto il quesito, ricorrente nel caso del Merisi, di quale fosse la relazione tra le esperienze di vita dell'artista e la sua produzione artistica. Treffers non crede che i temi siano scelti da Caravaggio perché egli si identifica con essi, tanto più che sono spesso il risultato di commissioni precise, tuttavia Caravaggio scopre che i temi biblici commissionati hanno una verità importante per lui e finiscono col diventare degli imperativi normativi, delle aspirazioni esistenziali per il pittore. Il dramma secondo Treffers è che Caravaggio si annulla in quegli assoluti raffigurati, ma al tempo stesso avverte che non li può raggiungere. Ma questo dramma è interno all'artista e non viene proiettato nell'opera d'arte se non forse attraverso l'uso del realismo nelle opere pittoriche. Treffers dunque conclude che dobbiamo analizzare i significati del contenuto delle tematiche religiose delle opere perché questi danno la cornice spirituale in cui l`artista lavora, e l'ideale esistenziale su cui basare la salvezza della propria anima. Treffers dunque indica la stretta relazione tra l'opera d'arte e la visione della vita. Per questo autore la salvezza è nell'imitazione delle figure della Bibbia. Frommel invece pensa che Caravaggio dipinse solo temi che egli poteva trasformare e elaborare in un senso personale ed intimo, e che la reinterpretazione che Caravaggio fa dei temi religiosi è possibile perché l'artista sfrutta il suo vissuto e lo proietta nella sua arte.

che è stato vinto e gettato in terra. Questo è un fenomeno ricorrente nell'opera di Caravaggio, come ad esempio nel martirio di San Matteo, dove vediamo a sinistra quattro persone che sviluppano una sequenza di emozioni, dal mero guardare fino alla paura.

Ma com'è la reazione di Cristo? Mentre in Michelangelo vediamo un San Paolo sofferente, in Caravaggio la relazione è profondamente diversa. Nel dipinto del Merisi, San Paolo sembra chiudersi completamente. Ci appare una creatura poco attraente che è già vinta, ma Cristo lo vede e vuole aiutarlo. Si avverte chiara la compassione, una compassione che è cosi forte, che l'angelo deve tenere fermo Cristo per trattenerlo dal lanciarsi verso il Santo. Questo non è un Cristo severo e forte come quello di Michelangelo, ma è un Cristo pieno d'amore. Lui vuole andare da San Paolo, vuole avvicinarsi a lui, vuole essere vicino all'uomo per prenderlo tra le sue braccia misericordiose. Caravaggio definisce il Cristo in modo completamente diverso da Michelangelo. Un Cristo che mostra il suo amore, che è compassionevole verso l'uomo, creatura insignificante e caduca.

Così Caravaggio, nella sua versione, segue nella forma Michelangelo, ma cambia completamente il rapporto tra il Santo e Cristo. In Michelangelo l'amore si esprime nel fatto che il Santo è preso, trasformato dal potere di Cristo. Una trasformazione che fa male, una trasformazione totale per l'uomo. Caravaggio, a suo modo, mostra questo momento in modo radicale: San Paolo vuole chiudersi, ma Cristo si mostra pieno d'amore e compassione. L'uomo si chiude verso Cristo, ma Cristo è amore. E questo amore del divino per la creatura, che caratterizza la prima versione, si sviluppa e si espande, come vedremo, nella seconda versione della *Conversione di San Paolo*, fino ad arrivare al Santo e pervaderlo.

Un altro elemento sorprendente è il comportamento dell'angelo: protegge Cristo dalla lancia. Se Cristo scende verso il Santo il suo corpo sarà infilzato dalla lancia. Simbolicamente Cristo accetta di dare la sua vita per questo uomo. Ma l'angelo lo ferma e lo protegge. Ma Cristo non ha bisogno di essere protetto. Caravaggio mostra Cristo come un uomo reale. Una persona come noi, che ha bisogno dell'aiuto dell'angelo. Questo era difficile da accettare per i committenti o per la Chiesa in quel periodo. Tuttavia questo elemento profondamente umano diventa sempre più forte e si trasforma, nella seconda versione, in un aspetto sempre più astratto, al punto da poter essere rappresentato addirittura da un cavallo.

1.2. *Seconda versione*

Nella seconda versione di Caravaggio, infatti, vediamo un uomo sdraiato supino sul terreno, pieno di luce, solo, a braccia aperte. La figura ci offre un'immagine potente e impressionante del momento della conversione. Questo sviluppo dell`amore sembra ricalcare la versione della *Conversione* nell'arazzo che Raffaello aveva disegnato per la Cappella Sistina. Sembra che Caravaggio sia influenzato dall'innovazione originale di Raffaello, che pone l'accento sul dialogo intimo. Raffaello si immedesima nelle figure e nelle situazioni della Bibbia e rende visibile la vicinanza fisica e spirituale con Dio. Dunque, non convince chi sostiene che Caravaggio sia influenzato nella prima versione da Raffaello[2], mentre nella seconda versione segue Michelangelo nel ritrarre il Santo in *trance*[3].

Casomai è vero il contrario. Inoltre è importante sottolineare come Caravaggio, invece, sembri aver compreso profondamente le due diverse spiritualità nelle opere di Raffaello e Michelangelo e sia andato oltre entrambi nelle sue raffigurazioni. Infatti Caravaggio, a differenza di Michelangelo, non vede nella *trance* della sua seconda versione un atto di dominio divino, che fa soffrire il Santo, bensì l'unione spirituale di umano e divino nel solco di Raffaello. Caravaggio inoltre sembra avvertire la disarmonia interiore nella rappresentazione di Michelangelo, in cui Paolo non è ancora completamente d'accordo, e subisce una conversione forzata e, dunque, sceglie la postura e l'atteggiamento del San Paolo di Raffaello.

La seconda versione, a prima vista, colpisce per l'assenza di Cristo, che non è più nel quadro.

Caravaggio è uno dei primi a eliminare la figura di Cristo dal tema della *Conversione*. Come è diversa questa versione dalla prima, che mostra un Cristo pieno di amore e compassione per l'uomo, che vuole sostenerlo e aiutarlo. Ma se guardiamo nuovamente e più in profondità la seconda versione di Caravaggio, ci accorgiamo che anche in essa c'é la presenza del divino, anche se non si vede, attraverso quel che fa al Santo, attraverso l'atteggiamento del corpo.

È sorprendente tuttavia come la figura dominante del quadro sia il cavallo. Si sente quasi l`odore dell'animale, così vero e tangibile[4]. Nella *Conversione* di

---

[2] HELD 1996, p. 100.

[3] HELD 1996, p. 102.

[4] Caravaggio, *Conversione di San Paolo*, 1600, Roma, Santa Maria del Popolo.

Francesco Mazzola detto il 'Parmigianino', del 1524, appare già questa composizione (Fig. 14). Nel suo disegno preparatorio si vede un impianto simile a quello di Raffaello . In verticale, Cristo nel cielo guarda San Paolo in terra e i due sono in contatto. A destra si vedono delle persone spaventate in fuga[5]. Nella versione finale del quadro realizzato dal Parmigianino, al contrario del disegno, ci sono solo due figure principali: San Paolo e il cavallo. Un cavallo elegante e decorato e San Paolo in terra. Non si vede più Cristo, né gli angeli. Grazie alla luce che arriva dall'alto e lo sguardo pieno di stupore di San Paolo, possiamo intuire che è successo qualcosa di soprannaturale. Il Santo non capisce, ma girando la testa e alzando la mano sembra avvertire una forza divina. Caravaggio, originario del Nord, conosceva senz'altro questo quadro.

Anche nel quadro di Caravaggio appaiono solo il cavallo e il Santo come figure principali. Ma Caravaggio ha cambiato completamente i gesti e così il senso spirituale dell'immagine. Parmigianino lascia uscire la luce dalle nuvole, dalla sfera divina. Lo scuro del cielo è illuminato e anche se non si vede Cristo o gli angeli se ne capisce il significato. Invece Caravaggio mostra un cielo scuro, nero. Appare una luce sul corpo del Santo, ma non è chiaro da dove venga. Non viene dal cielo. Sembra che il cavallo faccia parte di questa illuminazione. Il cavallo è marrone, ma la zampa destra che è alzata per non ferire il Santo (sembra quasi che il cavallo capisca la situazione meglio dell`uomo anziano che gli è accanto) è chiara e piegata, a forma di fulmine. Questo fulmine è posto sopra il corpo del Santo e sembra quasi illuminarlo. Anche il corpo del cavallo è pieno di luce. Il cavallo non scappa spaventato come in tutte le altre raffigurazioni. Al contrario, questo cavallo è tranquillo e guarda con tenerezza il Santo. Il cavallo domina tutto il quadro e sembra disegnare, con le braccia del Santo, un cerchio perfetto. Un cerchio che contiene tutto l`universo con il divino, l`uomo e l`animale. Nessuno disturba questa armonia e questa relazione così forte e reale.

La natura appare dunque divina. Come il sole è luce e natura. La luce come natura diventa un simbolo del divino. Caravaggio cerca i simboli divini nella realtà. Le idee di Spinoza sembrano pre-incarnate in questo quadro. La sfera divina è tra di loro e dentro di loro. Questo realismo delle forme crea un realismo spirituale[6]. Un'astrazione che riecheggia Michelangelo: il Santo non vede Cri-

---

[5] Francesco Mazzola detto 'Parmigianino' Disegno per una conversione di San Paolo 1524-26 circa Londra, Courtauld Institute (inv. PG 360 verso), Herrmann-Fiore, Roma 2009, p. 43.

[6] Treffers 1986, p. 61.

sto, si vede solo un raggio di luce. In Caravaggio Cristo non c`è, ma San Paolo entra in profonda comunione con una energia astratta, ma visibile per l'osservatore nel cerchio tra animale e uomo.

E a questa integrazione astratta si è ispirato Caravaggio nella seconda versione, mostrando elementi di Raffaello e di Michelangelo e trasformandoli in modo più emotivo, con la presenza del cavallo che sovrasta il Santo.

2. Conclusione

La Conversione di San Paolo non rappresenta soltanto un tema che ci permette di comprendere lo sviluppo della spiritualità dell'artista rinascimentale, ma anche un importante strumento per osservare lo sviluppo storico dell'immagine del Santo in quei secoli. Una rivoluzione iconografica unita a un fermento spirituale che avvertiamo nell`opera di Raffaello, ma specialmente nell´affresco di Michelangelo. Così, mentre il santo medievale era raffigurato orante e rappresentato in tutte le sue azioni ufficiali nei suoi interventi nel mondo, nel Rinascimento il santo appare come uomo autonomo e forte. Michelangelo ci mostra un nuovo livello di interiorità che non esisteva nell`arte prima di lui. Il Santo di Caravaggio non è il santo della controriforma, ma ne è già la reazione. Mentre Federico Zuccari, tipico rappresentante della controriforma, mostra nel suo Santo un'obbedienza assoluta, una rinuncia alla volontà indipendente e alla esistenza terrena, Caravaggio ne mette in risalto il carattere di umana fragilità. Ciò che colpisce nel lavoro di Caravaggio, profondamente indebitato verso le opere di Raffaello e Michelangelo, è l'aver catturato questa rinuncia e l'anelito all'elevazione spirituale attraverso immagini profondamente realistiche e profondamente umane. Una tensione che l'artista aveva nel suo animo e che ha reso lui e le sue opere immortali come quelle dei suoi due grandi predecessori.

# CAPITOLO V

## EPILOGO
## ATTUALIZZAZIONE ERMENEUTICA DELLA PAROLA DI DIO

### 1. **Visione d'insieme: teoria generale dell'attualizzazione**

L'attualizzazione ermeneutica è il passaggio della Parola di Dio dallo stato di parola scritta a quello di vita vissuta. La Parola di Dio che ci arriva per iscritto è destinata a vivere e al vivere: Dio non ci dà la sua Parola per disperderci in disquisizioni esegetiche e teologiche, bensì affinché essa venga trasformata in materia vivente e possa essere applicata a un'esperienza veramente nostra. È lecito chiedersi come questa Parola, grafia inerte sulla carta, riesca a essere trasferita e diventare materia vivente. L'aggiornamento delle proposte interpretative percorre questa serie di passaggi e porta a compimento nella realtà tale complessa operazione. La concatenazione tendente a permettere alla Parola scritta di venire a contatto con la vita copre anche, in senso inverso, le tappe storiche che hanno veicolato la Parola di Dio dalla realtà vissuta della Chiesa delle origini ai testi della Sacra Scrittura. Questo iter è chiamato trafila ermeneutica o attualizzazione ermeneutica, perché non obbedisce semplicemente al fine di mettere in pratica la Parola di Dio, ma anche a quello di conservare validità ai contenuti del passato mediante l'atto di spiegazione e conseguente comprensione, tale da illuminare i credenti e far cogliere loro il senso della vita. La Parola di Dio acquista il punto più elevato di chiarezza, efficacia, persuasività e quindi, di realizzazione, quando i suoi dettami vengono applicati con estrema aderenza: l'uomo vivente che intelligentemente accetta questi suggerimenti mostra di comprendere la portata della Parola di Dio. Come tra la musica contrappuntata sullo spartito e la musica eseguita sullo strumento intercorre una differenza che non ha bisogno di dimostrazioni: qualunque artista (musicista, cantante, direttore d'orchestra che sia) è in grado di sperimentarlo; così l'acme della fruizione verrà raggiunto, non tanto quando egli scorra con gli occhi le battute sulla partitura, quanto piuttosto allorché esegua la composizione con l'ausilio ineliminabile dello strumento, o della voce o della tradizionale, caratteristica bacchetta. È appunto la messa in atto che rende comprensibile a un più largo uditorio il suono della musica: non quindi limitatamente al piano virtuale, ma a quello dell'esecuzione. Analogamente nell'approccio alla Parola di Dio non ci si può fermare allo stadio dell'esegesi (lettura critica, interpretazione, spiegazione): non se ne potrà cogliere il senso autentico e compiuto se non integrando il momento teorico con la fase operativa nei modi più appropriati ai tempi, ai luoghi, al tipo di comunità verso cui la Parola è diretta[1]. La Parola di Dio non potrà conseguire i risultai ottimali che stanno alla base della sua essenza e giustificano l'ascolto da parte dell'uomo, se il cristiano manca di renderla vera nella realtà quotidiana. L'accoglienza della Parola di Dio non ha soltanto una valenza intellettuale, qualora si riduca a un atto d'ossequio formale di un accertamento storico-critico da parte degli "addetti al lavoro". Nessun commento, neanche il più dotto e approfondito, può competere con la compiutezza di comprensione che può essere raggiungibile nel momento in cui la Parola di Dio viene ad illuminare i problemi della nostra esistenza e a darci la forza per affrontarli. In tal modo, essa viene vivificata e resa attiva e operante nella dinamica dell'agire cristiano.

Nella storia dell'esegesi rientra la "storia dell'effetto", *Auswirkungsgeschichte*, secondo cui la Parola di Dio sortisce un risultato che ne influenza l'efficacia, il valore di risonanza nella vita della Chiesa, nonché di più radicata e più cosciente acquisizione. Per esempio nel caso del passo evangelico, "E io a te dico: tu sei Pietro e su questa pietra edificherò la mia Chiesa e le potenze degli inferi non prevarranno su di essa" (Mt 16,18), contrariamente alla tesi sostenuta da U. Luz[2], studioso protestante secondo il quale — sulle orme di Sant'Agostino — era chiara l'allusione a Cristo in riferimento alla pietra, la corrente dei seguaci della teoria dell'*Auswirkungsgeschichte* ha cercato di dimostrare che il personaggio in questione è Pietro e non Cristo. La corrente dei biblisti favorevoli alla tesi dell'*Auswirkungsgeschichte*, invocando a sostegno la circostanza in base alla quale la risposta interpretativa della Chiesa, espressa in maniera continuata e variamente diffusa, ha costituito un evento di riferimento per l'ortodossia: fatto che sarebbe dive-

---

[1] Vedi D. SARTORE, "Attualizzazione della Parola", *DO*, 156.

[2] Vedi U. LUZ, "Das Primatwort Matthaus 16.17-19 aus Wirkungsgeschichtlicher Sicht", *NTS* 37 (1991) 415-433.

nuto determinante per l'esegesi successiva. Nel rapporto di interazione tra studio e vita riconosciamo una pendolarità, che lungi dall'essere relegata a impressione soggettiva, si esplicita in una mirabile e preziosa interconnessione reale, purtroppo raramente messa in pratica. La corretta esegesi, infatti, deve portare la Parola di Dio a contatto con la vita senza alcuna limitazione a livello di apprendimento e di apprezzamento. Un'equilibrata concatenazione ermeneutica tra la Scrittura quale distillata e imperitura essenza della vita vissuta nel rispetto delle tradizioni religiose e vita da questo Libro illuminata e ad esso conformata: ecco come si forma la cosiddetta trafila genetica. La ricerca di approfondimento sul piano psicologico circa l'origine e il significato di trafila genetica relativamente alla Parola di Dio ci consente di seguire tale processo dallo stato fluido di vissuto a quello codificato nella Scrittura. La Bibbia appare quale essenza distillata e imperitura delle tradizioni religiose facenti parte dell'esistenza umana, da tale Libro illuminata e, nel corso del tempo, ad esso conformata.

La Parola di Dio dapprima è stata vissuta in un contesto ecclesiale guidato dallo Spirito Santo. Successivamente sono emersi gli agiografi, i quali, sotto l'influsso dello Spirito, hanno condensato per iscritto i valori della tradizione presenti nella Chiesa, corpo di Cristo (cfr. 1Cor 12,27), trasmettendo fedelmente ciò che avevano ricevuto (cfr. 1Cor 11,23; 15,3a).

> 7. Dio, con somma benignità, dispose che quanto egli aveva rivelato per la salvezza di tutte le genti, rimanesse per sempre integro e venisse trasmesso a tutte le generazioni. Perciò Cristo Signore, nel quale trova compimento tutta intera la Rivelazione di Dio altissimo, ordinò agli apostoli che l'Evangelo, prima promesso per mezzo dei profeti e da lui adempiuto e promulgato di persona venisse da loro predicato a tutti come la fonte di ogni verità salutare e di ogni regola morale[3], comunicando così ad essi i doni divini. Ciò venne fedelmente eseguito, tanto dagli apostoli, i quali nella predicazione orale, con gli esempi e le istituzioni trasmisero sia ciò che avevano ricevuto dalla bocca del Cristo vivendo con lui e guardandolo agire, sia ciò che avevano imparato dai suggerimenti dello Spirito Santo, quanto da quegli apostoli e da uomini a loro cerchia, i quali, per ispira-

[3] Cfr. Mt 28,19-20 e Mc 16,15. Concilio di Trento, Decreto De canonicis Scripturis: Dz 783 (1501) [Collantes 2.006].

> zione dello Spirito Santo, misero per scritto il messaggio della salvezza[4]. Gli apostoli poi, affinché l'Evangelo si conservasse sempre integro e vivo nella Chiesa, lasciarono come loro successori i vescovi, ad essi "affidando il loro proprio posto di maestri"[5]. Questa sacra Tradizione e la Scrittura sacra dell'uno e dell'altro Testamento sono dunque come uno specchio nel quale la Chiesa pellegrina in terra contempla Dio, dal quale tutto riceve, finché giunga a vederlo faccia a faccia, com'egli è (cfr. 1 Gv 3,2). (*DV* § 7).

All'inizio si è passati dalla vita di fede alla codificazione della Scrittura; in seconda istanza, poi, il percorso inverso. Pertanto, il lavoro scientifico di critica testuale, esegesi, traduzione, commento, teologia biblica sono certamente utili, anzi indispensabili per intendere il messaggio che è consegnato nella Bibbia. Esso ritorna a vivere mediante l'apparato messo a punto dalle note di commento, ma raggiunge l'optimum della comprensione quando viene messo a contatto con la vita della Chiesa, corpo di Cristo, specialmente durante la celebrazione dell'eucaristia. In tal modo, si riproducono le condizioni che, fin dalle più lontane generazioni di cristiani, animarono e resero operanti le comunità.

> 8. Pertanto la predicazione apostolica, che è espressa in modo speciale nei libri ispirati, doveva esser conservata con una successione ininterrotta fino alla fine dei tempi. Gli apostoli perciò, trasmettendo ciò che essi stessi avevano ricevuto, ammoniscono i fedeli ad attenersi alle tradizioni che avevano appreso sia a voce che per iscritto (cfr. 2Ts 2,15), e di combattere per quella fede che era stata ad essi trasmessa una volta per sempre[6]. Ciò che fu trasmesso dagli apostoli, poi, comprende tutto quanto contribuisce alla condotta santa del popolo di Dio e all'incremento della fede; così la Chiesa nella sua dottrina, nella sua vita e nel suo culto, perpetua e trasmette a tutte le generazioni tutto ciò che essa è, tutto ciò che essa crede. Questa Tradizione di origine apostolica progredisce nella Chiesa con l'assistenza dello Spirito Santo[7]: cresce infatti la comprensione, tanto delle

---

[4] Cf. Concilio di Trento, l.c.; Concilio Vaticano I, Costituzione dogmatica sulla fede cattolica *Dei Filius*, cap. 2: Dz 1787 (3006).

[5] Cfr. S. Ireneo, Adv. Haer., III, 3, 1: PG 7, 848; Harvey, 2, p. 9.

[6] Cfr. Concilio di Nicea II: DZ 303 (602). Concilio di Costantinopoli IV, Sess. X, can. 1: Dz 336 (650-52).

[7] Cfr. Concilio Vaticano I, Costituzione dogmatica sulla fede cattolica, *Dei Filius*, cap. 4: Dz 1800 (3020) [Collantes 1.085].

cose quanto delle parole trasmesse, sia con la contemplazione e lo studio dei credenti che le meditano in cuor loro (cfr. Lc 2,19 e 51), sia con la intelligenza data da una più profonda esperienza delle cose spirituali, sia per la predicazione di coloro i quali con la successione episcopale hanno ricevuto un carisma sicuro di verità. Così la Chiesa nel corso dei secoli tende incessantemente alla pienezza della verità divina, finché in essa vengano a compimento le parole di Dio.
Le asserzioni dei santi Padri attestano la vivificante presenza di questa Tradizione, le cui ricchezze sono trasfuse nella pratica e nella vita della Chiesa che crede e che prega. È questa Tradizione che fa conoscere alla Chiesa l'intero canone dei libri sacri e nella Chiesa fa più profondamente comprendere e rende ininterrottamente operanti le stesse sacre Scritture. Così Dio, il quale ha parlato in passato non cessa di parlare con la sposa del suo Figlio diletto, e lo Spirito Santo, per mezzo del quale la viva voce dell'Evangelo risuona nella Chiesa e per mezzo di questa nel mondo, introduce i credenti alla verità intera e in essi fa risiedere la parola di Cristo in tutta la sua ricchezza (cfr. Col 3,16). (*DV* § 8).

Il continuo, alterno riprodursi del ciclo di andata e ritorno dello Spirito presiede, sia alla fissazione per iscritto della Parola, sia alla sua attualizzazione ermeneutica e alla sua attuazione pratica. È opportuno precisare che la vita della famiglia ecclesiale, a prescindere dall'epoca storica in cui si situa, trova perenne ispirazione nella presenza dello Spirito, che veglia su di essa, ne guida i passi, ne accompagna le vicissitudini: in tal senso l'atteggiamento con cui la stessa si pone davanti al testo sacro non varia, nonostante l'evolversi della società o la differenza dei luoghi o il mutare delle persone. A queste condizioni si può parlare di "storia dell'effetto" (*Auswirkungsgeschichte*) con la certezza che nella nostra imprevedibile navigazione nel mare delle cose disponiamo di un'ancora di salvezza: lo Spirito Santo, all'aiuto del quale volentieri ricorriamo.

## 2. Il Vangelo paolino nella vita e nella missione della Chiesa

L'interpretazione della Bibbia, anche se compito particolare degli esegeti, non è tuttavia loro monopolio poiché essa comporta nella Chiesa, degli aspetti che vanno al di là dell'analisi scientifica dei testi. La Chiesa, infatti, non considera la Bibbia semplicemente un insieme di documenti storici concernenti le sue origini; l'accoglie come Parola di Dio che si rivolge ad essa, e al mondo intero nel tempo presente. Questa convinzione di fede ha come conseguenza uno sforzo di attualizzazione e di inculturazione del messaggio biblico, come pure l'elaborazione di diversi modi di uso di testi ispirati, nella liturgia, nella *lectio divina*, nel ministero pastorale e nel movimento ecumenico[8].

## I sette blocchi della teologia paolina

### 2.1 *Dio* progetta concentrando tutto in Cristo ...

Per Paolo il progetto di Dio interpreta tutta la realtà: quella terrena e quella ultraterrena. La creazione come frutto che matura dentro Dio e che egli decide di attuare al di fuori della sua vita trinitaria assume la forma di progetto creativo che stabilisce in Cristo, suo Figlio, il punto di partenza. Dio si ispira a Cristo e in Cristo identifica il suo punto di arrivo. Dobbiamo evitare di parlare in termini astratti facendo di Dio una mente super-raziocinante. Non è questione di leggi della fisica, quali possono essere studiate o verificate dagli scienziati, bensì di un atto di volontà determinato dall'amore: nel suo operare Dio guarda il "suo Figlio diletto" (Col 1,13). Dio Padre è mosso dall'amore quando elabora siffatto progetto e quando lo esegue: un amore per il Figlio e un amore per tutte le sue creature, sebbene si tratti di un amore di natura diversa. Dio appare "il completamente diverso": "[8]Perché i miei pensieri non sono i vostri pensieri, le vostre vie non sono le mie vie. Oracolo del Signore. [9]Quanto il cielo sovrasta la terra, tanto le mie vie sovrastano le vostre vie, i miei pensieri sovrastano i vostri pensieri" (Is 55,8-9). Le vie del Signore non sono le nostre e allora, spesso, l'esecuzione concreta di questo progetto di Dio e le circostanze fattuali in cui l'uomo si trova a vivere non appaiono immediate e evidenti secondo la logica di quell'amore che l'uomo immagina tracciata sulla scorta degli schemi umani. Ci sono tanti "perché" dell'uomo che non trovano risposta. Il piano di Dio invece è una confortante certezza, la cui motivazione, però, rimane trascendente. La sua attuazione avviene secondo ritmi estranei alle nostre previsioni e, in tale forma, solo gradualmente risulta alla portata della mente umana.

[8] PCB, *L'interpretazione della Bibbia nella Chiesa*, Collana "Documenti Vaticani", 104.

**2.2 ... mediante l'annuncio del *Vangelo* il cui contenuto è *Cristo* ...**

Con il Vangelo la persona singola disposta ad accogliere il messaggio di salvezza viene chiamata a far parte integrante del progetto di Dio. Il contenuto del Vangelo non è semplicemente una buona notizia, ma diventa "la Buona Notizia" per eccellenza quando viene accolto dall'apertura della fede: è il Cristo nella sua completezza, Figlio di Dio e uomo, e in funzione degli uomini.

1) Non ci servirebbe un Cristo che non fosse Figlio di Dio: in tal caso egli corrisponderebbe ad uno qualsiasi dei tanti grandi personaggi che nel corso della storia l'hanno onorata nelle varie branche del sapere e nel campo delle imprese più meritevoli. Nonostante le loro geniali invenzioni e famose scoperte, essi non hanno risolto alla radice il problema dell'uomo;
2) Non ci servirebbe un Cristo che fosse solo Figlio di Dio a livello trinitario: in tal caso non ci sarebbe stato motivo che egli scegliesse di renderci figli di Dio e, salvi con lui, a formare la Chiesa.

Queste due dimensioni vanno considerate simultaneamente: l'accentuazione dell'una a scapito dell'altra produce una visione distorta di Cristo. Purtroppo, nella realtà quotidiana l'errato inquadramento della figura di Cristo porta a stravolgimenti, a travisamenti ed a equivoci, a conclusioni che, sotto l'apparenza di una logica argomentativa, sfociano in un terreno lontano dalla verità. L'immagine completa di Cristo che noi ci aspettiamo non è quella improntata alla semplice dimensione umana, né all'astratta o vaga affermazione di Unigenito di Dio, ma quella di un Figlio di Dio che impegna tutta la propria divinità al servizio dell'uomo: "Anche il Figlio dell'uomo infatti non è venuto per farsi servire, ma per servire e dare la propria vita in riscatto per molti" (Mc 10,45). Cristo è Figlio di Dio ontologicamente per sua stessa natura, e noi lo sperimentiamo tale perché egli convoglia tutta la propria forza e la propria divinità al servizio dell'uomo per una realizzazione piena della creatura umana. L'inserimento di Cristo nella dimensione antropologica spiega l'identificazione paolina dell'uomo con il cristiano e viceversa.

In merito alla trasmissione della Buona Notizia è necessario distinguere il retroterra culturale del periodo in cui il Vangelo fu annunciato per la prima volta e la realtà in cui oggi ci troviamo immersi: il linguaggio di

Paolo era univoco, mentre quello odierno è un aggregato eterogeneo e ibrido, in cui la commistione conferisce caratteri di equivocità e ambiguità ai nostri moduli espressivi. È necessaria la più scrupolosa e vigile attenzione al linguaggio che usiamo, dato che, spesso, ci rivolgiamo a persone appartenenti a culture distanti dalla nostra. Altra condizione necessaria per un corretto annuncio del Vangelo è quella implicita della condivisione rispetto al suo significato fondamentale come impegno di vita. Nella dottrina cristiana non manca un fondamento filosofico, ma esso non fa parte del messaggio da trasmettere alle genti. Ne consegue che colui il quale intende trasmettere correttamente la Parola di Dio deve assolutamente ottemperare a una *conditio sine qua non*: quella di essere preventivamente partecipe di tali insegnamenti nella pratica della propria vita. In caso contrario egli sarebbe ridotto a impersonale e astratto presentatore di eventi biografici relativi a un glorioso, straordinario personaggio di nome Gesù e nulla più. Non si può essere evangelizzatori se non si è prima evangelizzati.

### 2.3 ... e per mezzo dello *Spirito Santo*; ...

La nostra lettura particolareggiata di Gal 4,1-7 e di Rm 8,5-13 ha dimostrato la ricchissima e articolata pneumatologia dell'Apostolo delle genti. Paolo usa sostanzialmente tre espressioni diverse per descrivere lo Spirito Santo: 1) egli scrive semplicemente lo "Spirito" con l'intenzione di attestare la realtà della sua esistenza e la sua dimora nel cuore dei credenti; 2) con il sintagma "Spirito di Dio" egli accentua il rapporto lo Spirito e Dio Padre, che lo concede; 3) infine, egli insegna che questo unico Spirito, che è di Dio, è davvero lo "Spirito di Cristo". Dio Padre riversa il suo Spirito nei nostri cuori per mezzo della nostra fede in Cristo Gesù. Perciò conosciamo lo Spirito di Dio solo tramite Cristo che ce ne ha resi partecipi. "E, perché siete figli, Dio ha mandato lo Spirito del Figlio suo nei nostri cuori, che grida: 'Abbà, Padre'" (Gal 4,6). Lo Spirito "tende alla vita e alla pace" (Rm 8,6); lo Spirito "è vita a causa della giustizia" (Rm 8,10); "la lettera uccide, lo Spirito invece dà vita (2Cor 3,6b). Essendo in unione con Gesù Cristo, noi viviamo "con l'aiuto dello Spirito" (Rm 8,13) per la gloria di Dio Padre.

### 2.4 ... grazie alla risposta della *fede* celebrata nel battesimo ...

Distinguiamo quattro livelli della fede:

1) Adesione iniziale-battesimale: l'approccio è determinato dal "sì" iniziale, un "sì" totale per l'accoglienza piena del Vangelo.
2) Assimilazione progressiva nel corso di tutta la vita: il contenuto del Vangelo entra in tutti i risvolti dell'esistenza dei credenti. L'atteggiamento di Paolo è radicale: qualsiasi particolare atteggiamento deve essere compenetrato dal Vangelo, altrimenti rimane materiale inerte, privo di vita.
3) Espressione comunitaria: la condivisione è il valore aggiunto che il singolo cristiano conquista quando, nell'assemblea, si trova in rapporto di mutua compartecipazione con altri cristiani.
4) Spinta missionaria: quando la comunità ha la percezione di essere matura e trabocca di empito evangelizzatore, sente il bisogno di farsi annunciatrice presso altri. Così prende corpo il progetto missionario.

La fede corrisponde sempre ad uno staccarsi dal proprio io superando i limiti del proprio egoismo, mentre il Vangelo è qualcosa che ci viene offerto dal di fuori: lungi, però, dall'essere un'elaborazione geniale scaturita dalla mente di un uomo, ci viene donato dall'alto e l'uomo, per accettarlo, deve uscire dal sistema, ribaltare la logica che ha presieduto alle sue azioni fino a quel momento, dare una prova di fiducia e di coraggio. "[16]Io infatti non mi vergogno del Vangelo, perché è potenza di Dio per la salvezza di chiunque crede, del Giudeo, prima, come del Greco. [17]In esso infatti si rivela la giustizia di Dio, da fede a fede, come sta scritto: Il giusto per fede vivrà" (Rm 1,16-17). La fede è apertura, atto di volontà: non comporta necessariamente uno stato di chiarezza intellettuale. Naturalmente, non si può accettare il Vangelo, che è Cristo, se non ci si rende conto del significato e del Vangelo e di Cristo con la sua morte e risurrezione; tuttavia, non è indispensabile che tutto sia scontato e lampante. Molte verità appariranno evidenti man mano che l'esperienza sarà intervenuta a illuminare il vissuto. La fede non va concepita in chiave intellettualistica, tale da eliminare ogni dubbio e ogni oscurità. La fede cristiana è una forma di accoglienza favorita dalla buona volontà e dalla disponibilità: essa permane anche quando si attraversano periodi di crisi della fede stessa, solitamente chiamati "momenti bui". Molti ritengono di non possedere la fede perché non ne comprendono le motivazioni. In verità, affinché la fede sussista, è sufficiente la volontà di credere. Qualunque difficoltà vi si frapponga non è tale da annullare o spegnere la fede. Anzi, la miracolosa essenza della fede consiste precipuamente nel credere senza capire. La fede si sente con il cuore, non la si accresce con la speculazione intellettuale. Perciò la fede è un dono originario di Dio offerto a tutti — non è un dono selettivo.

> A partire da questa partecipazione al modo di vedere di Gesù, l'Apostolo Paolo, nei suoi scritti, ci ha lasciato una descrizione dell'esistenza credente. Colui che crede, nell'accettare il dono della fede, è trasformato in una creatura nuova, riceve un nuovo essere, un essere filiale, diventa figlio nel Figlio. "Abbà, Padre" è la parola più caratteristica dell'esperienza di Gesù, che diventa centro dell'esperienza cristiana (cfr. Rm 8,15). La vita nella fede, in quanto esistenza filiale, è riconoscere il dono originario e radicale che sta alla base dell'esistenza dell'uomo, e può riassumersi nella frase di san Paolo ai Corinzi: "Che cosa possiedi che tu non l'abbia ricevuto?" (1Cor 4,7). Proprio qui si colloca il cuore della polemica di san Paolo con i farisei, la discussione sulla salvezza mediante la fede o mediante le opere della legge. Ciò che san Paolo rifiuta è l'atteggiamento di chi vuole giustificare se stesso davanti a Dio tramite il proprio operare. Costui, anche quando obbedisce ai comandamenti, anche quando compie opere buone, mette al centro se stesso, e non riconosce che l'origine della bontà è Dio. Chi opera così, chi vuole essere fonte della propria giustizia, la vede presto esaurirsi e scopre di non potersi neppure mantenere nella fedeltà alla legge. Si rinchiude, isolandosi dal Signore e dagli altri, e per questo la sua vita si rende vana, le sue opere sterili, come albero lontano dall'acqua. Sant'Agostino così si esprime nel suo linguaggio conciso ed efficace: "*Ab eo qui fecit te noli deficere nec ad te*", "Da colui che ha fatto te, non allontanarti neppure per andare verso di te" (*De continentia*, 4, 11: *PL* 40, 356). Quando l'uomo pensa che allontanandosi da Dio troverà se stesso, la sua esistenza fallisce (cfr. Lc 15,11-24). L'inizio della salvezza è l'apertura a qualcosa che precede, a un dono originario che afferma la vita e custodisce nell'esistenza. Solo nell'aprirci a quest'origine e nel riconoscerla è possibile essere trasformati, lasciando che la salvezza operi in noi e renda la vita feconda, piena di frutti buoni. La salvezza attraverso la fede consiste nel riconoscere il primato del dono di Dio, come riassume san Paolo: "Per grazia infatti siete stati salvati mediante la fede; e ciò non viene da voi, ma è dono di Dio" (*Ef* 2,8) (*LF*, §19).

Anche una fede travagliata è una fede rispettabile, una fede ancor più meritevole, perché è espressione di un animo scrupoloso. Una fede non sofferta, difficilmente dura per tutta la vita: i momenti di dubbio — li chiamerei provvidenziali — rientrano nella norma e, infatti, le crisi esistenziali aiutano a maturare e ad acquisire maggiore consapevolezza del problema. La fede può incrementarsi come esperienza condivisa nella reciprocità ecclesiale. In seno alla comunità cristiana primitiva, la dimensione comunitaria era necessariamente più sviluppata. Ci domandiamo quanto spazio oggi essa occupi, vuoi nei nostri rapporti privati, familiari e sociali, compresi quelli allargati alla collettività dei fedeli riuniti nelle parrocchie, vuoi anche in merito alla responsabilità di certi pastori, forse a volte troppo sicuri del possesso stabile e indisturbato di questa preziosa virtù teologale.

**2.5 ... attua la *giustificazione* gratuitamente per mezzo della sua grazia ...**

Il nucleo che caratterizza la teologia paolina propone come modello di uomo in carne e ossa colui il quale riesca ad uniformarsi con scrupolosa aderenza alla formula che lo vuole immagine e somiglianza di Dio nei tratti di Cristo. Solo a tale condizione il cristiano può considerarsi giustificato. Elemento determinante acché ciò si verifichi: è l'aiuto particolare di Dio. L'impatto di Dio sull'uomo porta quest'ultimo a realizzare pienamente se stesso, a superare il peccato, a diventare figlio di Dio e a comportarsi in armonia con l'intervento dello Spirito Santo. Il termine giustificazione[9] sembra un termine tecnico coniato sul frasario paolino (dove si legge il vocabolo δικαιοσύνη[10]) da sostituire con altre formule, anche se è difficile trovarne una convincente. Si è proposto "riabilitazione", "autenticità": concetti che tuttavia abbracciano un aspetto limitato della questione. A nostro modesto giudizio, la via migliore per esprimere l'idea di giustificazione è quella di evitare la polemica linguistica, per concentrarsi piuttosto sulla sostanza che essa giustificazione incarna: la formula "uomo", l'autenticità piena dell'uomo, che Dio si impegna a portare a realizzazione completa, purché questi accolga l'istanza divina. Potremmo azzardare, con le dovute

[9] Cfr. il tardo latino degli scrittori ecclesiastici: *iustificatio*.

[10] δικαιοσύνη propriamente significa "giustizia".

cautele, che la giustificazione è la realizzazione piena e totale dell'uomo senza segni di aspirazioni mancate. Concezione di stretta attualità, soprattutto dopo il radicale mutamento di prospettiva intervenuta nel secolo appena trascorso, da quando cioè si è cominciato a guardare all'individuo in un'ottica antropocentrica: Dio si è fatto uomo per l'uomo, non per rimanere confinato sul piano della trascendenza.

**2.6 ... nella *Chiesa* (comunità fraterna dei figli di Dio, credenti giustificati e liberi, comunione formata da Gesù Cristo intorno all'eucaristia e unita nello Spirito Santo) ...**

L'insieme dei giustificati costituisce la Chiesa articolata secondo quanto sopra descritto. I tre stadi dell'ecclesiologia paolina:

1) Realtà organica della Chiesa: reciprocità tra il corpo eucaristico e il corpo ecclesiale;
2) Unicità della relazione tra Cristo e la Chiesa;
3) La Chiesa come corpo stesso di Cristo in crescita.

Per quanto riguarda il mistero della Chiesa, "corpo di Cristo" (1Cor 12,27), permane un'insopprimibile bipolarità tra storicità e trascendenza: la Chiesa è santa e peccatrice; ciononondimeno, la Chiesa è "Chiesa di Cristo"; ha il compito di facilitare la comprensione di Cristo. Nella Chiesa rimane sempre una realtà umana da cristificare, ma, provvidenzialmente, in essa il dono totale e incondizionato di Cristo salva dal naufragio: Cristo mantiene saldo il timone della "nave Chiesa" e la destina a immancabile luogo di salvezza per tutti.

**2.7 ... la quale si proietta verso il regno di Dio (*escatologia*).**

Avevamo già prospettato come Paolo accentui nel compito del cristiano il dovere d'impegnarsi nel presente, sia alla luce del passato (l'Antico Testamento, la storia della Chiesa), sia in prospettiva futura (la parusia del Signore). Per quel che riguarda il futuro abbiamo percorso le varie tappe (lo stadio intermedio, la risurrezione finale, lo stadio definitivo). Va usata estrema cautela nella presentazione dell'aldilà che, in una concezione autenticamente cristiana, sarebbe preferibile definire come transito verso un "al dipiù". Talvolta, da parte dei sacerdoti, vengono evocate immagini artificiose e storicamente datate, che risentono di influssi apocalittici e che, pertanto, richiedono nei riguardi dei destinatari un'interpretazione e una decodificazione molto accurata: situazioni tutto sommato da evitare, a meno che non si abbia a che fare con un uditorio culturalmente preparato. I predicatori dovrebbero possedere sensibilità e capacità psicologica, in modo da evitare inutili complicazioni e rischi di prese di posizione inopportuni, sconcertanti, se non addirittura controproducenti. La competenza in campo storico e teologico, unitamente alla spontaneità, rimangono i requisiti più sicuri dal punto di vista della trasmissione dell'annuncio.

### 3. **Oggi fra la gente con Paolo**

Paolo, Apostolo delle genti, pastore premuroso, missionario desideroso di annunciare la Buona Novella e di elaborarla in una forma valida e personalizzata per le sue comunità — come portare questo Paolo vivo fra la gente oggi? Per l'uso pastorale del suo epistolario un possibile itinerario potrebbe essere: le lettere protopaoline (Prima Tessalonicesi, Galati, Filippesi, Filemone, Prima Corinzi, Seconda Corinzi, Romani), le deuteropaoline (Efesini, Colossesi, Seconda Tessalonicesi) e poi le tritopaoline (Prima Timoteo, Seconda Timoteo, Tito). San Paolo è la coscienza che scuote i nostri spiriti e le nostre anime, rendendo certi ristagni ecclesiali inquieti e turbati: la sua figura ha avuto un impatto pastorale nella Chiesa di ogni epoca.

> L'animazione biblica della pastorale
> In tale linea, il Sinodo ha invitato ad un particolare impegno pastorale per far emergere il posto centrale della Parola di Dio nella vita ecclesiale, raccomandando di "incrementare la 'pastorale biblica' non in giustapposizione con altre forme della pastorale, ma come animazione biblica dell'intera pastorale"[11]. Non si tratta, quindi, di aggiungere qualche incontro in parrocchia o nella diocesi, ma di verificare che nelle abituali attività delle comunità cristiane, nelle parrocchie, nelle associazioni e nei movimenti, si abbia realmente a cuore l'incontro personale con Cristo che si comunica a noi nella sua Parola. In tal senso, poiché l'"ignoranza delle Scritture è ignoranza di Cristo'[12], l'animazione biblica di tutta la pastorale ordinaria e straordinaria porterà ad una maggiore conoscenza della persona di Cristo, Rivelatore del

[11] *Propositio* 30; Cfr Concilio Ecumencio Vaticano II, Costituzione dogmatica sulla divina Rivelazione *Dei Verbum*, 24.

[12] S. Girolamo, *Commentariorum in Isaiam libri, Prol.*: *PL* 24, 17 B.

> Padre e pienezza della Rivelazione divina.
> Esorto pertanto i Pastori e i fedeli a tenere conto dell'importanza di questa animazione: sarà anche il modo migliore per far fronte ad alcuni problemi pastorali emersi durante l'Assemblea sinodale legati, ad esempio, alla proliferazione di sette, che diffondono una lettura distorta e strumentale della sacra Scrittura. Là dove non si formano i fedeli ad una conoscenza della Bibbia secondo la fede della Chiesa nell'alveo della sua Tradizione viva, di fatto si lascia un vuoto pastorale in cui realtà come le sette possono trovare terreno per mettere radici. Per questo è necessario anche provvedere ad una preparazione adeguata dei sacerdoti e dei laici che possano istruire il Popolo di Dio nel genuino approccio alle Scritture.
> Inoltre, come è stato sottolineato durante i lavori sinodali, è bene che nell'attività pastorale si favorisca anche la diffusione di piccole comunità, "formate da famiglie o radicate nelle parrocchie o legate ai diversi movimenti ecclesiali e nuove comunità"[13], in cui promuovere la formazione, la preghiera e la conoscenza della Bibbia secondo la fede della Chiesa (*VD* § 73).

Non si deve pensare soltanto a un Paolo che si addentra in dissertazioni e monografie specializzate, ma a un Paolo attuale e dinamico che parla alle nostre parrocchie e alle nostre comunità, a un Paolo più a misura d'uomo, le cui idee si possono discutere, condividere e partecipare a tutti. Il missionario di Tarso viveva con gioia e con entusiasmo i contenuti del suo comunicare e desiderava fare conoscere Gesù Cristo, morto e risorto, a tutti gli uomini (cfr. 1Cor 9,19-23). Anche noi, con la libertà dei figli di Dio, vogliamo condividere la nostra fede, la nostra gioia e la nostra speranza con tutti quanti, soprattutto con coloro che non conoscono ancora il Signore. Da creature nuove, da uomini redenti e giustificati, anche noi vogliamo annunciare il Vangelo, che salva ogni persona, e salvaguardare la memoria di Gesù Cristo[14]. L'Apostolo delle genti, dunque, rappresenta il nostro modello per la *missio ad gentes*.

---

[13] *Propositio* 21.

[14] "Dunque noi siamo chiamati, come cristiani, a salvaguardare non dico i valori ma a salvaguardare Gesù Cristo: anzitutto a salvaguardare la sua memoria. Ma la memoria di Cristo può anche essere salvaguardata dalla 'Vita di Gesù' di Hegel o di un qualsiasi non-cristiano. C'è però qualcosa di più da salvaguardare: non solo Lui, la figura storica di Gesù Cristo, ma anche la nostra partecipazione a Lui, la nostra immersione in Lui, la nostra comunione con Lui. In definitiva siamo chiamati a salvaguardare la nostra identità cristiana, che consiste non solo nel ricordo di Gesù come figura del passato ma soprattutto nelle ricadute o effetti che egli ha sul nostro presente" (R. PENNA, *Tra la gente*, 66).

La necessità della "missio ad gentes"
Nell'esortare tutti i fedeli all'annuncio della divina Parola, i Padri sinodali hanno ribadito la necessità anche per il nostro tempo di un impegno deciso nella *missio ad gentes*. In nessun modo la Chiesa può limitarsi ad una pastorale di "mantenimento", per coloro che già conoscono il Vangelo di Cristo. Lo slancio missionario è un segno chiaro della maturità di una comunità ecclesiale. Inoltre, i Padri hanno espresso con forza la consapevolezza che la Parola di Dio è la verità salvifica di cui ogni uomo in ogni tempo ha bisogno. Per questo, l'annuncio deve essere esplicito. La Chiesa deve andare verso tutti con la forza dello Spirito (cfr. 1Cor 2,5) e continuare profeticamente a difendere il diritto e la libertà delle persone di ascoltare la Parola di Dio, cercando i mezzi più efficaci per proclamarla, anche a rischio della persecuzione[15]. A tutti la Chiesa si sente debitrice di annunciare la Parola che salva (cfr. Rm 1,14) (*VD* § 95).

Un modo di presentare il santo di Tarso interessa ancora oggi, non solo i biblisti e i teologi ma anche la gente comune, i nostri parrocchiani, i nostri confratelli e consorelle, i nostri amici e parenti. Nella sua spontaneità e genuinità di persona alle prese con le realtà della vita quotidiana, Paolo è sempre rimasto, innanzitutto, un appassionato discepolo di Gesù Cristo. Senza esitazioni e titubanze, assumiamo Paolo a tutti i livelli come modello a contatto con la vita pastorale e con la *missio ad gentes*. "Paolo, schiavo di Cristo Gesù, apostolo per vocazione, prescelto per annunziare il Vangelo di Dio" (Rm 1,1) — ecco Paolo: pastore ammirevole, teologo ineccepibile e modello esemplare per la Nuova Evangelizzazione.

---

[15] Cfr. *Propositio* 49.

# ELENCO BIBLIOGRAFICO


ABERNATHY, D.
"Paul's Thorn in the Flesh. A Messenger of Satan?", *Neot* 35 / 1 (2001) 69-79.

ADAMS, S.A.
"Paul's Letter Opening and Greek Epistolography", in S.E. PORTER – S.A. ADAMS, ed., *Paul and the Ancient Letter Form*, PS 6, Leiden – Boston 2010, 33-55.

AGOSTINO D'IPPONA
*Le confessioni*, a cura di G. VIGINI, Cinisello Balsamo (MI) 2001.

ALBERTO HURTADO
*Un fuoco che brucia altri fuochi*,
http://padrealbertohurtado.cl/italiano/index.php?pp=legado&qq=publicaciones&rr=publ_01_43;
orig. español, *Un fuego que enciende otros fuegos*, Santiago del Chile, 2004, 2005[7].
"Una visita de Dio in Cile" (breve biografia di Alberto Hurtado),
http://padrealbertohurtado.cl/italiano/index.php?pp=san_alberto

ALETTI, J.-N.
"La présence d'un modèle rhétorique en Romains. Son rôle et son importance", *Bib* 71 (1990) 1-24.
*Comment Dieu est-il juste? Clefs pour interpréter l'Épître aux Romains*, PD, Paris 1991.
"L'apôtre Paul et la parousie de Jésus Christ. L'eschatologie paulinienne et ses enjeux", *RSR* 84 (1996) 15-41.
*La Lettera ai Romani e la giustizia di Dio*, NVE, Roma 1997.
"Paolina (teologia)", in J.-Y. LACOSTE, ed., *DCT*, edizione italiana a cura di P. CODA, 970-977; texte orig., "Paulinienne (théologie)", in J.-Y. LACOSTE, ed., *DCT*, 866-872.
"Romans", *IBC*, 1553-1600.

"Le statut de l'église dans les lettres pauliniennes. Réflexions sur quelques paradoxes", *Bib* 83 (2002) 153-174.

"Où en sont les études sur S. Paul ? Enjeux et propositions", *RSR* 90/3 (2002) 325-348.

"La giustificazione nell'epistola ai Romani", in V. SCIPPA, ed., *La lettera ai Romani. Esegesi e teologia*, Napoli 2003, 33-55.

*Essai sur l'ecclésiologie des lettres de saint Paul*, EtB 60, Pendé 2009.

*God's Justice in Romans. Keys for Interpreting the Epistle to the Romans*, SibBi 37, Roma 2009.

"Romans 5–8. The Arrangement and Its Theological Relevance", in ID., *New Approaches for Interpreting the Letters of Saint Paul. Collected Essays. Rhetoric, Soteriology, Christology and Ecclesiology*, SubB 43, Roma 2012, 61-78.

"Romans 8. The Incarnation and Its Redemptive Impact", in ID., *New Approaches for Interpreting the Letters of Saint Paul. Collected Essays. Rhetoric, Soteriology, Christology and Ecclesiology*, SubB 43, Roma 2012, 111-138.

ALETTI, J.-N. – GILBERT, M. – SKA, J.-L. – DE VULPILLIÈRES, S.

*Vocabulaire raisonné de l'exégèse biblique. Les mots, les approches, les auteurs*, Paris 2005 ; trad. italiana, *Lessico ragionato dell'esegesi biblica. Le parole, gli approcci, gli autori*, Brescia 2006; trad. española, *Vocabulario razonado de la exégesis bíblica. Los términos, las aproximaciones, los autores*, IEB 15, Estella 2007.

ALEXANDER, L.C.A.

"Hellenistic Letter-Forms and the Structure of Philippians", *JSNT* 37 (1989) 87-101.

"Chronology of Paul", *DPL*, 115-123; trad. italiana, "Cronologia di Paolo", *DPL*, 408-421.

ARTZ-GRABNER, P.

"Paul's Letter Thanksgiving", in S.E. PORTER – S.A. ADAMS, ed., *Paul and the Ancient Letter Form*, PS 6, Leiden – Boston 2010, 129-158.

AUSTEN, J.

*Pride and Prejudice*, 1813; PEL, London 1972; PC, London 1985.

BAATZ, D.
"Fortifications", *BNP*, V, 499-505.

BALZ, H.
"κέντρον", *DENT*, II, 8-9.
"πρόθεσις", *DENT*, II, 1111-1112.
"προτίθεμαι", *DENT*, II, 1182-1183.

BARBAGLIO, G.
*La prima lettera ai Corinzi. Introduzione, versione, commento*, SOCr 16, Bologna 1995.
*Il pensare dell'Apostolo Paolo*, BS 9, Bologna 2004.

BARBERI SQUAROTTI, G.
*Dizionario di retorica e stilistica*, TEA, Torino 1995.

BARNETT, P.
*The Second Epistle to the Corinthians*, NICNT, Grand Rapids – Cambridge 1997.

BARRETT, C.K.
*A Commentary on the Epistle to the Romans*, BNTC, London 1991.

BENEDETTO XVI
XII Assemblea generale ordinaria del sinodo dei vescovi, *Meditazione del Santo Padre Benedetto XVI nel corso della prima congregazione generale*, Aula del sinodo, lunedì mattina, 6 ottobre 2008.
*San Giovanni Eudes e la formazione del clero*. Udienza generale mercoledì, 19 agosto 2009.
Udienza generale del 23 gennaio 2013, http://press.catholica.va/news_services/bulletin/news/30341.php?index=30341&lang=en.
Udienza generale del 30 gennaio 2013, http://press.catholica.va/news_services/bulletin/news/30401.php?index=30401&po_date=30.01.2013&lang=en.
Udienza generale del 6 febbraio 2013, http://press.catholica.va/news_services/bulletin/news/30446.php?index=30446&lang=en).

Omelia della Santa Messa, mercoledì delle ceneri 13 febbraio 2013, http://press.catholica.va/news_services/bulletin/news/30485.php?index=30485&lang=en.

BERGER, K.
"Paradiso", *TTB*, 950-955.

BERNARDINO DA SIENA
"Discorso 49, sul glorioso nome di Gesù Cristo", cap. 2; *opera omnia*, 4, 505-506.

BETEGH, G.
"Heraclitus", *BNP*, VI, 176-178.

BIANCHINI, F.
*L'analisi retorica delle lettere paoline. Un'introduzione*, LTPMV 107. CB, Cinisello Balsamo 2011.
"Dalla creazione alla nuova creazione. L'uso paolino di Gen 1–11", in E. MANICARDI – L. MAZZINGHI, ed., *Genesi 1–11 e le sue interpretazioni canoniche: un caso di teologia biblica. XLI Settimana Biblica Nazionale (Roma, 6-10 settembre 2010)*, *RSB* 1-2 (2012) 295-317.

BIGUZZI, G.
*Paolo, comunicatore. Tra interculturalità e globalizzazione*, FC 5, Milano 1999.

BINDER, V.
"Multilingualism", *BNP*, IX, 269-276.

BONORA, A.
"Giustizia", *NDTB*, 713-726.

BORNKAMM, G.
*Die Vorgeschichte des sogenannten ZweitenKorintherbriefes*, Heidelberg 1961.

BRODEUR, S.N.
*The Holy Spirit's Agency in the Resurrection of the Dead. An Exegetico-Theological Study of 1 Corinthians 15,44b-49 and Romans 8,9-13*, TG.T 14, Roma 1996.

"La dimensione escatologica della morale cristiana in Romani 8," *StMor* 36 (1998) 402-408.
*Il cuore di Paolo è il cuore di Cristo. Studio introduttivo esegetico-teologico delle lettere paoline*, Theologia 2, Roma 2012.

BROER, I.
"ἄγγελος", *DENT*, I, 35-41.

DE BROER, M.C.
*The Composition of 1 Corinthians, NTS* 40 (1994) 229-245.

BROWN, R.E.
*An Introduction to the New Testament*, New York 1997; trad. française, *Que sait-on du Nouveau Testament?* Paris 2000 ; trad. italiana, *Introduzione al Nuovo Testamento*, Brescia 2001; trad. española, *Introducción al Nuevo Testamento*, Madrid 2002 ; trad. portuguesa, *Introdução ao Novo Testamento*, São Paulo 2004.

BRUCE, F.F.
*1 and 2 Corinthians*, NCBC, London 1971.
*The Letter of Paul to the Romans. An Introduction and Commentary*, TNTC, Grand Rapids – Leicester 2002.

BULTMANN, R.
*Glauben und Verstehen*, Tübingen 1964; trad. italiana, *Fede nel Nuovo Testamento*, Brescia 1995.

BYRNE, B.
*Romans*, SP 6, Collegeville 1996.
*Galatians and Romans*, Collegeville 2011.

CAREY, G.
"Vision", *NIDB*, V, 791.

CHAAYA, D.
*Becoming a Fool for Christ.* Dispositio *and Message of 2Cor 10–13*, BUSE de Kalik 56, Kaslik 2010.

"The Contribution of the Rhetorical *Disposito* of 2Cor 10–13 to the Unity of 2 Corinthians", in F. BIANCHINI – S. ROMANELLO, ed., *Non mi vergogno del Vangelo, potenza di Dio. Studi in onore di Jean-Noël Aletti SJ, nel suo 70° compleanno,* Fs. J.-N. Aletti, AnBib 200, Roma 2012, 81-97.

CHANTRAINE, P.
*Dictionnaire étymologique de la langue grecque. Histoire des mots,* Paris 1968-1980.

CHRISTES, J.
"Seven Sages", *BNP*, XIII, 351-352.

COHN-SHERBOK, D.
"Cielo", *Ebraismo,* 118.

COLLINS, R.F.
*First Corinthians,* SP 7, Collegeville 1999.
"A Significant Decade: The Trajectory of the Hellenistic Epistolary Thanksgiving", in S.E. PORTER – S.A. ADAMS, ed., *Paul and the Ancient Letter Form,* PS 6, Leiden – Boston 2010, 159-184.

CONZELMANN, H.
*Grundriss der Theologie des Neuen Testaments,* München 1968; trad. italiana, *Teologia del Nuovo Testamento,* Brescia 1972.

CORSANI, B.
*La seconda lettera ai Corinzi. Guida alla lettura,* PCM.SB 83, Torino 2000.

CRANFIELD, C.E.B.
*A Critical and Exegetical Commentary on the Epistle to the Romans,* I, ICC, Edinburgh 1980.

DE LA SERNA, E.
"Los orígenes de 1 Corintios", *Bib* 72 (1991) 192-216.

De Virgilio, G.
"La debolezza (ἀσθενεία) come categoria teologica in 1-2Corinzi", *RivBIt* 58 (2010) 67-99.

Deissmann, A.
*Licht vom Osten. Das Neue Testament und die neuentdeckten Texte der hellenistisch-römischen Welt*, Tübingen 1909, 1923[4]; English trans., *Light from the Ancient Near East. The New Testament Illustrated by Recently Discovered Texts of the Graeco-Roman World*, tr. L.R.M. Strachan, New York 1927.

Delling, G.
"σκόλοψ", *GLNT*, XII, 555-568.

Dewey, A.J. – *al.*
*The Authentic Letters of Paul. A New Reading of Paul's Rhetoric and Meaning*, Salem 2010.

Dingel, J.
"Quintilianus", *BNP*, XII, 349-354.
"Seneca. [2] L. Annaeus S. (the Younger, Seneca Philosophus)", *BNP*, XIII, 271-278.

Dion, P.E.
"Aramaic Letters", *AncBD*, IV, 285-290.

zu Dohna, Y.
"La conversione di San Paolo nell'interpretazione di Raffaello e Michelangelo", in O. Bucarelli – M.M. Morales, ed., *Paulo apostolo martyri. L'apostolo San Paolo nella storia, nell'arte e nell'archeologia*, MHP 69, Roma 2011, 45-67.

Domenico di Guzmán
«Storia dell'Ordine dei Predicatori», in *Libellus de Principiis O.P.; Acta canoniz. sancti Dominici*; Monumenta O.P. Mist. 16, Romae 1935.

DONFRIED, K.P.
"Introduction 1977. The Nature and Scope of the Romans Debate", in ID., ed., *The Romans Debate* (revised edition), Peabody 1991, xli-lxxii.

DOTY, W.D.
*Letters in Primitive Christianity*, NTS.GBS, Philadelphia 1973.

DUNN, J.D.G.
*Jesus and the Spirit. A Study of the Religious and Charismatic Experience of Jesus and the First Christians as Reflected in the New Testament*, NTL, London 1975.
*Romans*, I, WBC 38a, Dallas 1988.
*1 Corinthians*, NTG, Sheffield 1999.

ECK, W.
"Iunius", *BNP*, VI, 1101.

ÉDART, J.-B.
"Corpo, corporeità", *TTB*, 231-236.

ELLIS, E.E.
*Pauline Theology. Ministry and Society*, TMS 1, Eugene 2005.

ERICKSON, R.J.
"carne", *DPL*, 188-193.

FABRIS, R.
*Prima lettera ai Corinzi. Nuova versione, introduzione e commento*, LB.NT 7, Milano 1999.
"Vangelo/vangeli", *TTB*, 1479-1488.

FABRIS, R. – ROMANELLO, S.
*Introduzione alla lettura di Paolo*, Roma 2006.

FAY, R.C.
"Was Paul a Trinitarian? A Look at Romans 8", in S.E. PORTER, ed., *Paul and His Theology*, PS 3, Leiden – Boston 2006, 327-345.

FEE, G.D.
*The First Epistle to the Corinthians*, NICNT, Grand Rapids 1991.
*God's Empowering Presence. The Holy Spirit in the Letters of Paul*, Peabody 1994.

FIRMAGE, E.
"Zoology (Animal Profiles)", *AncBD*, VI, 1119-1151.

FITZMYER, J.A.
"Introduction to the New Testament Epistles", *NJBC*, § 45, 768-771; trad. italiana, "Introduzione alle epistole del Nuovo Testamento", *NGCB*, 1004-1008.
"Paul", *NJBC*, § 79, 1329-1337; trad. italiana, "Paolo", *NGCB*, § 79, 1747-1758.
"Pauline Theology", *NJBC*, § 82, 1382-1416; trad. italiana, "Teologia paolina", *NGCB*, § 82, 1817-1862.
*Romans. A New Translation with Introduction and Commentary*, AncB 33, New York – London 1993; trad. italiana, *Lettera ai Romani. Commentario critico-teologico*, Religione, Casale Monferrato 1999.
*First Corinthians. A New Translation with Introduction and Commentary*, AncYB 32, New Haven – London 2008.

FÖRTSCH, R.
"Capitolium", *BNP*, II, 1071-1072.

FRANCESCO
*Lumen Fidei*, Lettera enciclica, Città del Vaticano 2013.

FREDE, M.
"Apollonius [14] of Tyana", *BNP*, I, 881.

FRIEDMAN, R.E.
"Tabernacle", *AncBD*, VI, 292-300.

FUHRER, T.
"Hymn", *BNP*, VI, 616-619.

GABRIEL, A.K.
"Pauline Pneumatology and the Question of Trinitarian Presuppositions", in S.E. PORTER, ed., *Paul and His Theology*, PS 3, Leiden – Boston 2006, 347-362.

GALSTERER, H.
"Coloniae", *BNP*, III, 545-554.

GAMBLE Jr., H.
*The Textual History of the Letter to the Romans. A Study in Textual and Literary Criticism*, Grand Rapids 1977.

GARLAND, D.E.
*1 Corinthians*, BECNT, Grand Rapids 2003.

GÄRTNER, H.A.
"Gnome", *BNP*, V, 884-892.

DE GENNARO, G. – SALZER, E.C.
*Letteratura mistica. San Paolo mistico*, CM, Città del Vaticano 1999.

GIENIUSZ, A.
"'Come a un aborto'. Significato e funzione della metafora in 1Cor 15,1-11 alla luce di Nm 12,12 (LXX)", in F. BIANCHINI – S. ROMANELLO, ed., *Non mi vergogno del Vangelo, potenza di Dio. Studi in onore di Jean-Noël Aletti SJ, nel suo 70° compleanno*, Roma 2012, 135–151.

GIOVANNI CRISOSTOMO
*Omelie 2. Panegirico di san Paolo, PG* 50.
*In Epistolam ad Romanos, TLG* 155.60.680; *PG* 61.

GISLON, M. – PALAZZI, R.
"Antèo", *DMAC*, 32.
"Catalogo", *DMAC*, 92.
"Giòco", *DMAC*, 217.
"Plotino", *DMAC*, 339.
"Poseidóne", *DMAC*, 345.

GUTHRIE, D. – MARTIN, R.P.
"Dio", *DPL*, 445-468.

HAGGE, H.
"Die beiden überlieferten Sendschreiben des Apostels Paulus in die Gemeinde zu Korinth", *Jahrbücher für protestantische Theologie* 2 (1876) 481-531.

HAGNER, D.A.
*The New Testament. A Historical and Theological Introduction*, Grand Rapids 2012.

HARRIS, M.J.
*The Second Epistle to the Corinthians. A Commentary on the Greek Text*, NIGTC, Grand Rapids 2005.

HAY, D.M.
"Paul's Understanding of Faith as Participation", in S.E. PORTER, ed., *Paul and His Theology*, PS 3, Leiden – Boston 2006, 45-76.

HAYS, R.B.
*First Corinthians*, Int, Louisville 1997; trad. italiana, *I Corinzi*, Strumenti 63, Torino 2013.

HECK, E.
"Prostitution. II. Classical Antiquity", *BNP*, XII, 58-61.

HEDERICH, B.
*Lexicon graeco-latinum, et latino-graecum*, Romae 1832.

HENGEL, M.
'Der vorchristliche Paulus', in M. HENGEL and U. HECKEL, ed., *Paulus and das antike Judentum*, WUNT 58, Tübingen 1991, 177-291; English trans., *The Pre-Christian Paul*, London – Philadelphia 1991; trad. italiana, *Il Paolo precristiano*, Brescia 1992.

HUGHES, P.E.
*The Second Epistle to the Corinthians. The English Text with Introduction, Exposition and Notes*, NICNT, Grand Rapids 1992.

HUNTER, R. – FANTUZZI, M.
"Apollonius Rhodius", *BNP*, I, 869-874.

IGNAZIO DI LOYOLA
*Autobiografía*, in *San Ignacio de Loyola. Obras completas*, ed. I. IPARRAGUIRRE, C. de DALMASES y M. RUIZ JURADO, BAC, Madrid 1963, 1991[5]; trad. italiana, *Autobiografia*, in *Gli Scritti di Ignazio di Loyola*, a cura dei Gesuiti della Provincia d'Italia, Roma 2007.

INWOOD, B.
"Poseidonius [3] Stoic Philosopher, 2nd Century A.D.", *BNP*, XI, 683-687.

IOVINO, P.
*La prima lettera ai Tessalonicesi. Introduzione, versione, commento*, SOCr 13, Bologna 1992.
*L'esperienza spirituale di Paolo apostolo*, RP, Trapani 2011.

JERVIS, L.A.
*The Purpose of Romans. A Comparative Letter Structure Investigation*, JSNT.SS 55, Sheffield 1991.

JEWETT, R.
"Romans as an Ambassadorial Letter", *Int* 36 (1982) 5-20.
*Romans. A Commentary*, Herm, Minneapolis 2006.

KECK, L.E.
*Romans*, ANTC, Nashville 2005.

KERTELGE, K.
"δικαιοσύνη", *DENT*, I, 861-874.

KIERDORF, W.
"Mummius [I 3]", *BNP*, IX, 279-280.

KLAUCK, H.J.
*Die Antike Briefliteratur und das Neue Testament. Ein Lehr- und Arbeitsbuch*, UTB, Stuttgart 1998; English trans., *Ancient Letters and the New Testament. A Guide to Context and Exegesis*, Waco 2006.

KNOX, J.
"Epistle to the Romans," *IB*, IX (1954), 353-668.
"A Note on the Text of Romans," *NTS* 2 (1955-1956) 191-193.

KÖHLER, W.
"κατά", *DENT*, I, 1920-1921.

KOLB, A.
"Communications. II. Classical Antiquity", *BNP*, III, 665-670.

KREMER, J.
"πνεῦμα", *DENT*, II, 1009-1022.

LAFOND, Y. – WIRBELAUER, E.
"Corinthus / Corinth", *BNP*, III, 797-804.

LAMBRECHT, J.
"1 Corinthians", *IBC*, 1601-1632.
*Second Corinthians*, SP, Collegeville 1999.

LANZA, A. – *al.*, ed.
"Oratorio", *EMG*, 627-630.
"Händel, Georg Friedrich (Halle 1685 – Londra 1759) compositore tedesco", *EMG*, 374-375.

LARUSSO, G.
*La Seconda Lettera ai Corinzi. Introduzione, versione, commento*, SOCr 8, Bologna 2007.

LAUSBERG, H.
*Elemente der literarischen Rhetorik. Eine Einführung für Studierende del klassischen, romanischen, englischen und deutschen Philologie*, Ismaning 1963,

1990[10]; trad. española, *Elementos de retórica literaria. Introducción al estudio de la filología clásica, románica, inglesa y alemana*, tr. M.M. Casero, BRH.III.M 36, Madrid 1993; trad. italiana, *Elementi di retorica*, CTS:LCT, Bologna 1969.

LAUSBERG, M.
"Martialis, M. Valerius", *BNP*, VIII, 408-412.

LEARY, T.J.
"A Thorn in the Flesh — 2 Corinthians 12:7", *JThS* 43 (1992) 520-522.

LEVINE, L.I.
*Judaism and Hellenism in Antiquity. Conflict or Confluence?* Seattle – London 1998.

LIDDEL, H.G. – SCOTT, R. – JONES, H.S., *Greek-English Lexicon*, Oxford 1996.

LIGHFOOT, J.B.
*Biblical Essays*, London 1893.

LINCOLN, A.T.
*Paradise Now and Not Yet. Studies in the Role of the Heavenly Dimension in Paul's Thought with Special Reference to his Eschatology*, SNTSMS 43, Cambridge 1981.

DE LORENZI, L.
"L'ignominia di Paolo alla luce di 2Cor 12,7b-10", in ID., *"Ed ebbero vergogna"*, *PSV* 20 (1989) 179-203.

LUZ, U.
"Das Primatwort Matthaus 16.17-19 aus Wirkungsgeschichtlicher Sicht", *NTS* 37 (1991) 415-433.

LYONNET, S.
"Note sur le plan de l'épître aux Romains," *RSR* 39 (1951) 301-316.

MAGGIONI, B.
"Liturgia e culto", *NDTB*, 835-847.

MALHERBE, A.J.
*Ancient Epistolary Theorists*, SBLSBS 19, Atlanta 1988.

MANCINI, A.
*Grammatica della lingua greca*, Milano 1940, 1937[3].

MANZI, F.
*Seconda lettera ai Corinzi. Nuova versione, introduzione e commento*, LB.NT 9, Milano 2002.

MANZONI, A.
"Il cinque maggio", da *Inni sacri e odi*, in ID., *Opere*, a cura di R. BACCHELLI, Ricciardi, Milano – Napoli 1973.

MANNS, F.
"Le troisième jour il y eut des noces à Cana", *Marianum* 40 (1978) 160-163.

MARCHESE, A.
*Dizionario di retorica e di stilistica. Arte e artificio nell'uso delle parole retorica, stilistica, metrica, teoria della letteratura*, Milano 1984.

MARCHESELLI, M.
"Amore", *TTB*, 34-42.

MARTIN, R.P.
*2 Corinthians*, WBC 40, Waco 1986.

MARTIN, T.W.
"Investigating the Pauline Letter Body: Issues, Methods, and Approaches", in S.E. PORTER – S.A. ADAMS, ed., *Paul and the Ancient Letter Form*, PS 6, Leiden – Boston 2010, 185-212.

MASALLES, V.
*La profecía en la asamblea cristiana. Análisis retórico-literario de 1Cor 14,1-25*, TG.T 74, Roma 2001.

MATERA, F.J.
*Romans*, Paideia, Grand Rapids 2010.
*God's Saving Grace. A Pauline Theology*, Grand Rapids 2012.

MCCANT, J.W.
"Paul's Thorn of Rejected Apostleship", *NTS* 34 (1988) 550-572.

MCCLOSKY, J.
"The Weakness Gospel", *BT* 28 (1990) 235-241.

MERKLEIN, H.
"μετάνοια, -ας, μετανοέω", *DENT*, II, 354-363.

MEYER-SCHWELLING, S.
"Autarkeia. B. Philosophical", *BNP*, II, 398-399.

MITCHELL, M.M.
*Paul and the Rhetoric of Reconciliation. An Exegetical Investigation of the Language and Composition of 1 Corinthians*, Tübingen 1991.

MOO, D.J.
*The Epistle to the Romans*, NICNT, Grand Rapids 1996.

MORRIS, L.
*The Epistle to the Romans*, PNTC, Grand Rapids 1988.

MORTARA GARAVELLI, B.
*Manuale di retorica*, Milano 1988, 1993[7].

MOUNCE, R.H.
*Romans. An Exegetical and Theological Exposition of Holy Scripture*, NAC 27, Nashville 1995.

MURPHY-O'CONNOR, J.
"The First Letter to the Corinthians", *NJBC*, 798-815.
*Paul, the Letter-Writer. His World, his Opinion, his Skills*, GNS 41, Collegeville 1995.

*Paul et l'art épistolaire. Contexte et structure littéraires*, tr. J. Prignaud, Paris 1994; English orig., *The Pauline Letters, Literary Context and Structure.*
*Paul. A Critical Life*, Oxford 1996; trad. italiana, *Vita di Paolo*, tr. A. FRACCHIA, ISB.S 13, Brescia 2003.
*St. Paul's Corinth. Texts and Archaeology*, Collegeville 1983, 2002³.
*Paul. His Story*, Oxford 2004; trad. portuguesa, *Paulo de Tarso. História de um apóstolo*, São Paulo 2008.
"Corinzi, lettere ai", *TTB*, 223-230.

NOLL, S.F.
"Qumran e Paolo", *DPL*, 1275-1285.

NSONGISA KIMESA, C.,
*L'agir puissant du Christ parmi les chrétiens. Étude exégético-théologique de 2Co 13,1-4 et Rm 14,1-9*, TG.T 178, Roma 2010.

O'BRIEN, P.T.
"Letters, Letter Forms", *DPL*, 550-553; trad. italiana, "Lettere, forme epistolari", *DPL*, 951-955.

PAIGE, T.
"Spirito Santo", *DPL*, 1489-1504.

PAO, D.W.
"Gospel within the Constraints of an Epistolary Form: Pauline Introductory Thanksgivings and Paul's Theology of Thanksgiving", in S.E. PORTER – S.A. ADAMS, ed., *Paul and the Ancient Letter Form*, PS 6, Leiden – Boston 2010, 101-127.

PARDEE, D.
"Hebrew Letters", *AncBD*, IV, 282-285.

PARK, D.M.
"Paul's σκόλοψ τῇ σαρκί: Thorn or Stake? (2 Cor XII 7)", *NovT* 22 (1980) 179-183.

PELLEGRINO, C.
*Paolo, servo di Cristo e padre dei Corinzi. Analisi retorico-letteraria di 1Cor 4*, TG.T 139, Roma 2006.

PENNA, R.
*Lettera ai Romani. Introduzione, versione, commento*, I. *Rm 1–5*, II. *Rm 6–11*, III. *Rm 12–16*, SOCr 6, Bologna 2004-2008.
*Paolo, scriba di Gesù*, ColB, Bologna 2009.
*Tra la gente con il Vangelo di Paolo*, Fossano 2010.
"Giustificazione/Giustizia", *TTB*, 633-639.
*Le prime comunità cristiane. Persone, tempi, luoghi, forme, credenze*, Saggi 61, Roma 2011.
"'Morì per i nostri peccati' (1Cor 15,3b)", in F. BIANCHINI – S. ROMANELLO, ed., *Non mi vergogno del Vangelo, potenza di Dio. Studi in onore di Jean-Noël Aletti SJ, nel suo 70° compleanno*, Fs. J.-N. Aletti, AnBib 200, Roma 2012, 199-219.

PERROT, C.
"Ministeri/ministri", *TTB*, 844-851.

PIERI, F.
*L'itinerario di cristificazione di Paolo di Tarso. Caratteristiche di una esperienza di Dio*, V.S, Roma 2010.

PITTA, A.
*Sinossi paolina*, Cinisello Balsamo (MI) 1994.
"Retorica biblica", *DO*, 1361-1365.
*Lettera ai Romani. Nuova versione, introduzione e commento*, LB.NT 6, Milano 2001.
"Il vangelo paolino e la giustizia", in S.A. PANIMOLLE, ed., *Giustizia e giustificazione nella Bibbia*, DSBP 28, Roma 2001, 170-208.
*La Seconda Lettera ai Corinzi*, ComB, Roma 2006.

PITTS, A.W.
"Philosophical and Epistolary Contexts for Pauline Paraenesis", in S.E. PORTER – S.A. ADAMS, ed., *Paul and the Ancient Letter Form*, PS 6, Leiden – Boston 2010, 269-306.

PODANY, A.H.
*Brotherhood of Kings. How International Relations Shaped the Ancient Near East*, New York 2010.

PONTIFICIA COMMISSIONE BIBLICA
*L'interpretazione della Bibbia nella Chiesa*, Collana "Documenti Vaticani", Città del Vaticano 1993.

PORTER, S.E.
"Santità, Santificazione", *DPL*, 1390-1398.

POWELL, M.A.
"Weights and Measures", *AncBD*, VI, 897-908.

POWERS, W.
*Hamlet's BlackBerry. A Practical Philosophy for Building a Good Life in the Digital Age, New York 2010.*

PROBST, H.
*Paulus und der Brief. Die Rhetorik des antiken Briefes als Form der paulinischen Korintherkorrespondenz (1 Kor 8-10)*, WUNT 2ª serie 45, Tübingen 1991.

QUASIMODO, S.
*Dall'Antologia palatina*, Milano 1968.

RIEDWEG, C.
"Pythagoras", *BNP*, XII, 276-281.

SACCHI, A.
"Alla chiesa di Corinto", in ID. – *al.*, ed., *Lettere paoline e altre lettere*, L.CSB 6, Leumann (TO) 1996, 107-134.

SACCHI, A. – *al.*
*Lettere paoline e altre lettere*, L.CSB 6, Leumann (TO) 1996.

SAMPLEY, J.P.
"The Second Letter to the Corinthians. Introduction, Commentary, and Reflections", *NIB* XI, 3-180.

SÁNCHEZ BOSCH, J.
*Escritos paulinos*, IntEB 7, Estalla (Navarra) 1998, 2007$^4$; trad. italiana, *Scritti paolini*, ISB 7, Brescia 2001.

SAND, A.
"καρδία", *DENT*, I, 1909-1913.
"σάρξ", *DENT*, II, 1300-1304.

SARTORE, D.
"Attualizzazione della Parola", *DO*, 156-160.

SCHELKLE, K.H.
*Paulus. Leben-Briefe-Theologie*, EF 152, Darmstadt 1981; trad. italiana, *Paolo. Vita, lettere, teologia*, BCR 56, Brescia 1990.

SCHENKE, H.-M. –FISCHER, K.M.
*Einleitung in die Schriften des Neuen Testaments*, Gütersloh 1978.

SCHMIDT, P.L.
"Porcius Festus", *BNP*, XI, 636.

SCHMITHALS, W.
*Die Gnosis in Korinth. Eine Untersuchung zu den Korintherbriefen*, Göttingen 1956; English trans., *Gnosticism in Corinth*, Nashville 1971.
*Der Römerbrief als historisches Problem*, Gütersloh 1975.
*Die Briefe des Paulus in ihrer ursprünglichen Form*, Zürich 1984.

SCHNEIDER, D.
"Farisei", *GEIB*, I, 531-532.

SCHREINER, T.R.
*Romans*, BECNT 6, Grand Rapids 1998.

SCHWEIZER, E.
"σῶμα", *DENT*, II, 1535-1544.

SCROGGS, R.
"Paul as Rhetorician. Two Homilies in Romans 1–11," in R.G. HAMERTON-KELLY – R. SCROGGS, ed., *Jews, Greeks, and Christians: Religious Cultures in Late Antiquity. Essays in Honour of W.D. Davies*, Leiden 1976, 271-298.

SELLIN, G.
„1Korinther 5–6 und der ‚Vorbrief' nach Korinther. Indizien für eine Mehrschichtigkeit von Kommunikationsaktern im ersten Korintherbrief", *NTS* 37 (1991) 535-558.

SENFT, C.
*La première Épître de Saint Paul aux Corinthiens*, CNT 2ᵉ série 7, Neuchâtel 1979.

SERRA, A.M.
*Le nozze di Cana (Gv 2,1-12). Incidenze cristologico-mariane del primo "segno" di Gesù*, MTB 3. BB 11, Padova 2009.

SIMONIS, W.
*Der gefangene Paulus. Die Entstehung des sogenannten Römerbriefes und anderer urchristlicher Schriften in Rom*, Frankfurt – Bern – New York 1990.

STEGMAN, T.D.
*Second Corinthians*, CCSS 8, Grand Rapids 2009.

STEGNER, W.R.
"Giudeo, Paolo come", *DPL*, 773-786.

STIREWALT, Jr., M.L.
*Paul, the Letter Writer*, Grand Rapids – Cambridge 2003.
"The Form and Function of the Greek Letter-Essay", in K. DONFRIED, ed., *The Romans Debate. Revised and Expanded Edition*, Edinburgh 1977, $1991^2$, 147-171.

STOWERS, S.K.
"Letters (Greek and Latin)", *AncBD*, IV, 290-293.
*Letter Writing in Greco-Roman Antiquity*, Philadelphia 1989.
"Social Typification and the Classification of Ancient Letters", in J. NEUSNER – *al.*, ed., *The Social World of Formative Christianity and Judaism*, Fs. H.C. Kee, Philadelphia 1988, 78-90.

STRECKER, G.
"εὐαγγελίζω", *DENT*, I, 1424-1427
"εὐαγγέλιον", *DENT*, I, 1427-1438.

SZLEZÁK, T.A.
"Plato. G. Plato's Philosophy", *BNP*, XI, 346-352.

SZYPUŁA, W.
*The Holy Spirit in the Eschatological Tension of Christian Life. An Exegetico-Theological Study of 2 Corinthians 5,1-5 and Romans 8,18-27*, TG.T 147, Rome 2007.

TANNER, T.
"Introduction and Notes", in J. AUSTEN, *Pride and Prejudice*, PC, 7-48.

TERESA DI GESÙ BAMBINO
*Autobiografia*, Manuscrits autobiographiques, Lisieux 1957.

THISELTON, A.C.
*The First Epistle to the Corinthians. A Commentary on the Greek Text*, NIGTC, Grand Rapids – Cambridge 2000.
*The Living Paul. An Introduction to the Apostle's Life and Thought*, Downers Grove 2009.

THOMAS, J.
"παρακαλέω", *DENT*, II, 767-777.

THRALL, M.E.
*A Critical and Exegetical Commentary on the Second Epistle to the Corinthians*, I-II, ICC, Edinburgh 1994, 2000.

TITE, P.L.
"How to Begin, and Why? Diverse Functions of the Pauline Prescript within a Greco-Roman Context", in S.E. PORTER – S.A. ADAMS, ed., *Paul and the Ancient Letter Form*, PS 6, Leiden – Boston 2010, 57-99.

TOBIN, T.H.
*Paul's Rhetoric in its Context. The Argument of Romans*, Peabody 2004.

TREMOLADA, P.
"Volontà di Dio", *TTB*, 1532-1539.

TWAIN, M.
*The Adventures of Huckleberry Finn*, With an Introduction by John Seelye, Notes by Guy Cardwell, New York 2003; trad. italiana, *Le avventure di Huckleberry Finn*, Introduzione di Enzo Giachino, prefazione e traduzione di Giovanni Baldi, IGL, Milano 1992, 2009[5].

VALLAURI, E.
"La gloria dell'umiliazione", in A. SACCHI – *al.*, ed., *Lettere paoline e altre lettere*, Torino 1995, 369-379.

VANNI, U.
"La vocazione escatologica", in A. FAVALE, ed., *Vocazione comune e vocazioni specifiche*, Roma 1981, 392-405.
"Dalla morte 'Nemico' alla morte 'Guadagno'. Lo sviluppo della concezione della morte in Paolo", in *Sens de la mort dans le christianisme et les autres religions*, SM 31 (1982), 37-60.
"Punti di tensione escatologica del Nuovo Testamento", *RivBIt* 30 (1982) 363-380.
"Corinzi (II lettera ai)", *NDTB*, 302-308.
"Romani (Lettera ai)", *NDTB*, 1376-1383.
"Salvezza giudaica, salvezza greca, salvezza paolina", in L. PADOVESE, ed., *Atti del II simposio su san Paolo Apostolo*, Roma 1994, 29-41.
"Dio Padre di Cristo e dei cristiani nella prospettiva del Nuovo Testamento", in L. ANDREATTA, ed., *In cammino verso il Padre*, Casale Monferrato 1999, 34-70.

*L'ebbrezza nello Spirito (1Cor 12,13; Ef 5,18). Una proposta di spiritualità paolina*, BP 38, Roma 2001.
"Il futuro e la vita vissuta del cristiano. Spunti di riflessione biblica", in F. COMPAGNONI – S. PRIVITERA, ed., *Il futuro come responsabilità etica*, Cinisello Balsamo 2002, 114-138.
"Dal dopo Pasqua alla pienezza escatologica: il futuro nella vita del cristiano", in ID., *Con Gesù verso il Padre. Per una spiritualità della sequela*, Roma 2003, 287-316.

VESSEY, D.T.
"Lucanus, M. Annaeus", *BNP*, VII, 829-833.

VIELHAUER, P.
*Geschichte der urchristlichen Literatur*, Berlin 1975.

VINCENZO DE' PAOLI
"Lettera 2546", *Correspondance, entretiens, documents*, Paris 1922-1925.

WATSON, F.
"The Triune Divine Identity. Reflections on Pauline God Language, in Disagreement with J.D.G. Dunn", *JSNT* 80 (2000) 99-124.

WEIMA, J.A.D.
"Sincerely, Paul: The Significance of the Pauline Letter Closings", in S.E. PORTER – S.A. ADAMS, ed., *Paul and the Ancient Letter Form*, PS 6, Leiden – Boston 2010, 307-345.

WHANG, Y.C.
"Paul's Letter Paraenesis", in S.E. PORTER – S.A. ADAMS, ed., *Paul and the Ancient Letter Form*, PS 6, Leiden – Boston 2010, 253-268.

WHITE, J.L.
*Light from Ancient Letters*, Philadelphia 1986.
"Ancient Greek Letters", in D.E. AUNE, ed., *Greco-Roman Literature and the New Testament*, Atlanta 1988, 85-105.

WINDISCH, H.
*Der zweite Korintherbrief*, Göttingen 1924, 1970[9].

WITHERINGTON III, B.
*Paul's Letter to the Romans. A Socio-Rhetorical Commentary*, Grand Rapids – Cambridge 2004.

WODKA, A.
*Una teologia biblica del dare nel contesto della colletta paolina (2Cor 8-9)*, TG.T 68, Roma 2000.

WRIGHT, N.T.
*Justification. God's Plan and Paul's Vision*, Downers Grove 2009.
*Paul for Everyone. Romans: Part One Chapters 1-8*, Louisville 2005.

YATES, J.W.
*The Spirit and Creation in Paul*, WUNT 251, Tübingen 2008.

ZAMINER, F.
"Chorus", *BNP*, III, 247-250.

ZERWICK, M.
*Graecitas Biblica*, Romae 1944, 1960[4]; English trans., *Biblical Greek. Illustrated by Examples*, tr. J. Smith, Rome 1963; trad. italiana, *Il greco del Nuovo Testamento*, tr. G. Boscolo, SubB 38, 2010.

## INDICE DEGLI AUTORI

# INDICE

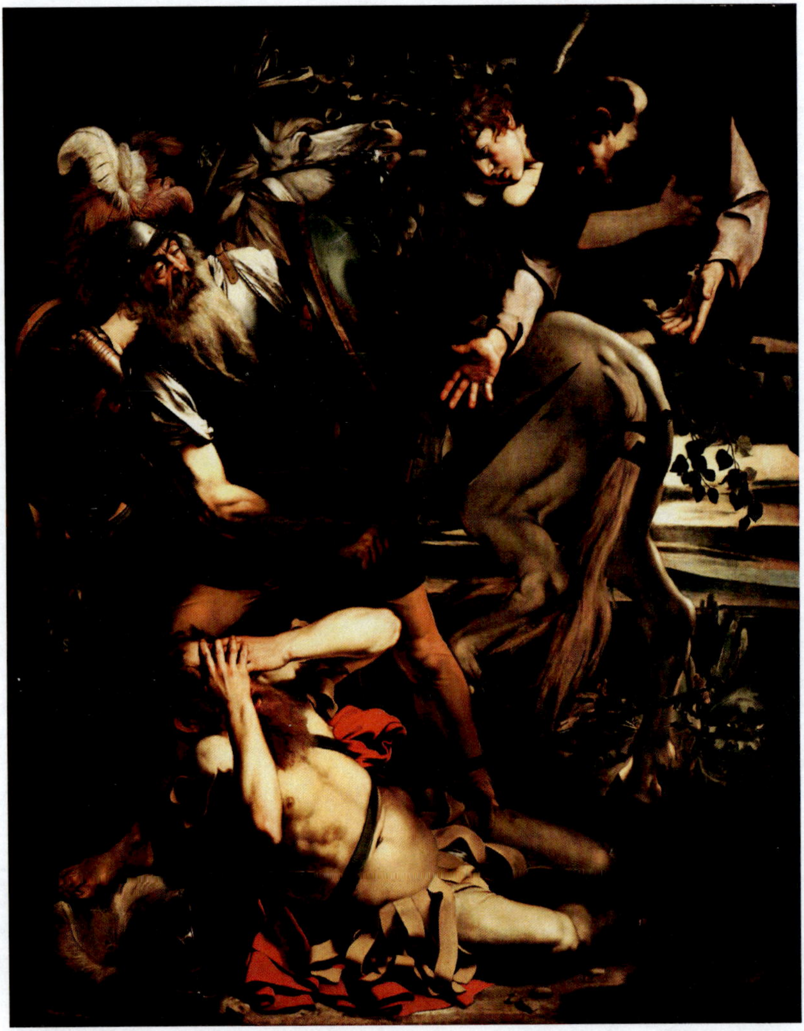

Caravaggio, *La Conversione di San Paolo* (prima versione) (1600). Roma, collezione privata del Principe Guido Odescalchi

Caravaggio, *La Conversione di San Paolo* (seconda versione) (1600). Roma, Santa Maria del Popolo.

2 BRODEUR Scott Normand Sj.
**Il cuore di Paolo è il cuore di Cristo**

2013⁴ • pp. 400
ISBN 978-88-7839-176-5

Con questo volume l'autore intende avviare una panoramica ampia e ben costruita dell'epistolario paolino e fornire utili chiavi ermeneutiche per la comprensione del pensiero di Paolo. Il libro si presenta come un'originalissima introduzione che ricostruisce con accuratezza scientifica lo sfondo di ogni lettera del *corpus* paolino. Seguito da un secondo volume che si occuperà dei restanti libri e di una sintesi teologica essenziale del vangelo paolino attenta all'attualizzazione nella Chiesa di oggi, il testo si propone di favorire l'ingresso degli studenti del primo ciclo di teologia nel ricco e complesso mondo del pensiero di Paolo mediante un impatto appassionante. Due i tratti specifici dell'opera: l'enfasi sull'impiego liturgico delle lettere e sul loro carattere di testi legati alla proclamazione in ambito comunitario ed ecclesiale, che rivela il riconoscimento sin dall'inizio di questi scritti come testi ispirati, e l'esegesi puntuale di brani significativi del *corpus*, attraverso il ricorso al metodo sincronico dell'analisi retorico-letteraria. Altra intuizione, l'approccio interdisciplinare alle lettere che coinvolge gli ambiti della letteratura e della storia e l'attenzione all'eredità del messaggio paolino, alla sua trasmissione all'interno della compagine ecclesiale e all'attualizzazione del Vangelo nella testimonianza dei santi. Attestata dalla fecondità di un ministero, quello di Paolo, che da secoli ha reso visibile l'esempio di Gesù, questa eredità ha suscitato in passato e suscita tutt'ora fascino e attrazione nel cuore di molti che guardando a Paolo si sono appassionati maggiormente o per la prima volta a Cristo, cuore pulsante della sua predicazione e della sua missione, come si evince in ogni sua lettera.

**Scott Normand Brodeur sj**, presbitero della Compagnia di Gesù (provincia di New England), ha compiuto i suoi studi presso il Pontificio Istituto Biblico e la Pontificia Università Gregoriana, conseguendo il Dottorato con la tesi *The Holy Spirit's Agency in the Resurrection of the Dead. An Exegetico-Theological Study of 1 Corinthians 15,44b-49 and Romans 8,9-13* (Tesi Gregoriana Teologia 14, Roma 1996). Dal 2011 è professore straordinario di Teologia Biblica nella Facoltà di Teologia della Pontificia Università Gregoriana.

www.gbpress.net

THEOLOGIA

Collana della Pontificia Università Gregoriana

10 MILLÁS José M.

**Cristianesimo e Realtà**

**La credibilità di Cristo nell'epoca della scienza**

2013 • pp. 132
ISBN 978-88-7839-252-6

L'origine di questo scritto sono le *Dispense* per i miei studenti; la ricezione positiva mi ha incoraggiato a trasformarle in materiale pubblicabile. Il testo presenta elementi della *filosofia zubiriana* della realtà e dell'uomo (1 e 2) e l'approccio all'*enigma* della realtà di J. Monserrat, per il quale la risposta agnostica ha coerenza razionale sufficiente. Il riconoscimento di senso nell'esperienza del silenzio di Dio porta all'affermazione razionale di Dio, e ad una rinnovata e approfondita giustificazione razionale della verità di Cristo nell'epoca della Scienza (3 e 4). Ciò conduce a considerare la convenienza di un *cambio di paradigma* nel pensiero cristiano (5). Il testo corrisponde alla *prima parte* di uno scritto in spagnolo, la cui *seconda parte* espone l'applicazione della filosofia di X. Zubiri alla teologia. Mi auguro di poter offrire più avanti il testo spagnolo completo.

**José M. Millás sj** (Barcellona 1940) ha studiato filosofia e teologia presso Sant Cugat (Spagna). Nel 1984 ha ottenuto il dottorato in Teologia (Frankfurt a. M.) e dal 1985 è stato docente di teologia presso la Pontificia Università Gregoriana. Si è interessato alla filosofia di X. Zubiri e al tema della credibilità di Cristo, attraverso la prima pubblicazione *La figura di Cristo* (2006), e con *Cristianesimo e Realtà* in modo più approfondito.

THEOLOGIA

Collana della Pontificia Università Gregoriana

9 a cura di SALATIELLO Giorgia

**Karl Rahner**

**Percorsi di ricerca**

2012 • pp. 304

ISBN 978-88-7839-237-3

La domanda sul significato che oggi può avere un teologo scomparso da un quarto di secolo obbliga a fare delle distinzioni: la sua persona era di un'altra epoca rispetto a quella attuale – Rahner appartiene al ventesimo secolo. La sua opera vive nei suoi discepoli e nelle sue testimonianze, siano esse pubblicate o conservate in archivi. L'uomo di oggi può ricorrere ad esse. Il suo pensiero, spesso, ha così tanto peso, che vale la pena rifletterci sopra e, benché inizialmente sia stato sviluppato nella sua epoca, coinvolge di nuovo la persona. I sentieri qui tracciati muovono dunque dalla rilettura del suo pensiero che, al di là di qualsiasi facile esagerazione, ha segnato profondamente la teologia e anche alcuni ambiti della filosofia del ventesimo secolo. Nessuna tentazione apologetica, ma soltanto la convinzione che, così come la riflessione di Rahner ha segnato il secolo precedente, analogamente ora essa può essere ripensata da chi voglia collocarsi nell'oggi con lo stesso impegno e con la stessa onestà che ieri sono stati di Rahner.

**Giorgia Salatiello** è Professore Ordinario della Facoltà di Filosofia della Pontificia Università Gregoriana. Tra gli scritti pubblicati: *L'ultimo Orizzonte. Dall'antropologia alla filosofia della religione*, Roma 2003; *L'esperienza e la grazia. L'esperienza religiosa tra filosofia e teologia*, Napoli 2008; con Théoneste Nkeramihigo, *Pensare la religione*, Napoli 2010.

www.gbpress.net

THEOLOGIA

Collana della Pontificia Università Gregoriana

8 CALDUCH-BENAGES Nuria

**The perfume of the Gospel:**
**Jesus' encounters with women**

2012 • pp. 160
ISBN 978-88-7839-231-1

*The Perfume of the Gospel* seeks to present some of Jesus' encounters with women. As the title suggests, some of these are characterized by the presence of perfume, an element charged with connotations and a rich symbolic content, open to many interpretations depending on the context.
Women are the protagonists of this book. Jesus openly sides with them and, sharing both their bodily and spiritual pain, generates from within himself a new current of humanity. Thus, he changes the hierarchy of the values proposed by society and transcends cases of discrimination with his loving attitude and through his relations of solidarity and equality with people.
The book concludes with an original encounter—not between Jesus and a woman, but rather between Jesus and Sophia.

**Nuria Calduch-Benages** is Professor of Old Testament at the Pontifical Gregorian University of Rome, Italy. Since 2000 she is Book Review Editor of Biblica (Pontifical Biblical Institute, Rome). Her main fields of research are Wisdom Literature, especially the book of Ben Sira and biblical anthropology. She has written extensively on wisdom books, especially on Sirach. She is member of the International Advisory Panel of the «International Society for the Study of Deuterocanonical and Cognate Literature» (ISDCL).

THEOLOGIA

Collana della Pontificia Università Gregoriana

7 MEYNET Roland F. Sj.

**«Selon les Écritures»**

2012 • pp. 224

ISBN 978-88-7839-215-1

Le portrait de Jésus que dessinent les trois premiers évangiles tout au long du récit de la passion et de la résurrection laisse apparaître en filigrane toute une série de figures du Premier Testament: «les figures de l'origine», Adam, Abel, Noé, Abraham et Joseph; «les figures de l'histoire», de Moïse à Jérémie en passant par Josué, David surtout et Élie; «la figure de la fin» avec le Serviteur souffrant qui représente la fin des figures.

Est ainsi proposée une lecture renouvelée de la Pâque de Jésus qui remet à l'honneur la lecture «typologique», ou «figurative», des Pères de l'Église. Ce sont les évangélistes eux-mêmes qui présentent l'événement central et fondateur de la foi chrétienne, comme advenu «selon les Écritures». Les figures anciennes, qui ponctuent toute l'histoire depuis l'origine, sont assumées, récapitulées et portées à leur accomplissement en Christ.

Deux articles fondamentaux de Paul Beauchamp sur l'accomplissement et la typologie encadrent le corps de l'ouvrage. Un appendice réunit des illustrations, tirées de la *Biblia pauperum* et du *Speculum humanae salvationis*, qui avaient déjà accompagné la plupart des chapitres.

**Roland Meynet**, jésuite, est professeur émérite de théologie biblique à l'Université Grégorienne de Rome. Spécialiste de rhétorique biblique, il a publié, entre autres: Jésus passe. *Testament, jugement, exécution et résurrection du Seigneur Jésus dans les évangiles synoptiques* (1999); *Une nouvelle introduction aux évangiles synoptiques* (2009); *Traité de rhétorique biblique* (2007); *L'Évangile de Luc* (3e édition 2011); *La lettre aux Galates* (2012); avec P. Bovati, *Le livre du prophète Amos* (1994).

www.gbpress.net

THEOLOGIA

Collana della Pontificia Università Gregoriana

6 LADARIA Luis F. Sj.

**Introduzione alla antropologia teologica**

2011 • pp. 176

ISBN 978-88-7839-211-3

«Non è facile determinare il "genere letterario" di una Introduzione come quella presente. Essa non deve diventare un riassunto della materia, ma neppure deve accontentarsi di indicare dove possono essere studiate con maggiore ampiezza le questioni, senza neanche formularle o senza indicare almeno ciò che, nell'opinione dell'autore sarebbe un principio di soluzione. Ho cercato di evitare entrambi gli estremi, offrendo nelle sue linee generali i contenuti fondamentali della Antropologia Teologica e dando contemporaneamente un certo spazio all'informazione relativa alle differenti opinioni sui problemi più importanti».

**Luis F. Ladaria**, gesuita dal 1966, ordinato sacerdote nel 1973, ottenne il dottorato in Teologia presso la Pontificia Università Gregoriana nel 1975. Iniziò subito a insegnare Teologia dogmatica nella Facoltà di Teologia della Universidad Pontificia Comillas di Madrid e dal 1984 è professore ordinario di Teologia dogmatica nella Facoltà di Teologia della Gregoriana. È stato Vice-Rettore di questa Università dal 1986 al 1994, membro della Commissione Teologica Internazionale dal 1992 al 1997 e Segretario Generale della medesima Commissione dal 2004 al 2009. Nel 2008 è nominato Segretario della Congregazione per la Dottrina della Fede.

www.gbpress.net

Finito di stampare nel mese di ottobre 2013
presso Mediagraf Spa – Monterotondo (RM)